实战案例165

中国广告案例年鉴

2013~2014

中国广告杂志社 编

中国出版集团

東方出版中心

数字化运用正在成为广告案例的要素

——《中国广告案例年鉴 2013-2014》序

在我们紧锣密鼓编撰这本案例年鉴的时候，作为创意行业风向标的戛纳创意节又如期到来了。这个国际大奖依然“高大上”，感觉却已经不再遥远，甚至觉得“就在身边”。原因当然不止于本刊今年特派了记者，更重要的是，现场丰富的各种数字工具，每个参与者手上的各种自媒体工具，已经把戛纳现场与千里之外每个关注者零距离地无缝连接。这就是数字时代的大事件特征。

更值得关心的，是数字不仅戛纳现场无处不在，而且正在贯穿于戛纳的大部分优秀作品。数字也同样渗透于本年度的大部分广告案例之中。正如安索帕全球CEO林友琴所言：“以前数字渠道一直是人们做后续渠道时想要的部分，现在不一样了，如果不把数字放在全部策略中间，基本上无法真正思考出有差异性的策略。”虽然已经有不少传统广告公司在数字化的进程中倒下了，本人依然认为，数字化对于品牌有效传播乃至广告代理业，是机会大于挑战。因为数字化提供了品牌与消费者之间的更多互通的连接点，而数据库更是点燃洞察力的宝藏。数字化提供了更近距离甚至无距离接近消费者的方式。这个时代需要与消费者没有距离的创意。可以发现，收入本年度案例年鉴的优秀案例，都是以对消费者的精细洞察见长。

读完本年度的优秀广告案例， 会使我们对于数字化有更深的理解。确实，数字已经不仅是一种营销工具，它已经像血液般地融入到几乎每个案例之中。因此，戛纳早就取消了专门的数字营销类别，而广告公司也正在纷纷取消已经成立的数字部。数字化运用已经成为案例策划与执行的基本要素。而数字化确实为品牌传播与营销带来了前所未有的功能。可以说，能够运用好数字化要素的话，就能够更有效地把握消费者。而对于广告代理商来说，数字化可以带来更大的话语权。因为从某种意义上说，把握了消费者，也就把握了客户。

中国广告杂志社社长兼主编

2014年8月20日

Content

目次

Content

目次

Content

目 次

Content

目 次

化妆品类

家电与家居类

零售与服务企业类

酒精饮料类

Content

目 次

金融保险类

信息通讯类

媒体与文化产品类

Content

目次

编选体例及说明

征稿情况：

《中国广告案例年鉴2013～2014》于2012年10月起正式向全国广告公司与广告主征集2013～2014年度运作的广告案例，征稿要求所送案例必须为某一实际品牌的策划与创意。并由送稿者担任主要策划与创意工作，必须经客户认可，进入实际执行阶段，有媒体执行成果。其间共收到国内180家单位符合上述要求的案例386套。

编选原则：

1. 入选作品必须无违反《中华人民共和国广告法》的内容。

2. 坚持案例"必须由送审者实际运作"与"完成媒体投放"的基本原则，对所有送审案例进行认真审核，杜绝"飞机稿"。

3. 强调案例的整体性原则，所送案例必须交代清楚策划与创意过程，如背景、条件、目的、战略、执行、效果等情景因素。

4. 强调案例的决胜点原则。考察案例解决问题的创造力与整合能力。坚持宁缺毋滥原则，严格把关，最终入选90家公司所送案例165套，其中包括创意作品上千幅。这些案例的实际运作比例是100%，其中91%为首次发表。

编选方式：

年鉴编委会的12位广告与传播专家对参选作品进行严格审定，并确定基本体例与整体设计；中国广告编辑部担任常务编选工作。47位广告专家作为资深评委进行了评点工作。

基本体例：

基本依据行业分类原则排列，165套案例，共分为15个类别，并以此编制总目录。同时编制"入选广告公司索引"与"入选品牌索引"，查考十分方便。每篇案例前有案例简介，后有名家点评，便于学习。

特别说明：

1. 本年鉴要求收入近年来影响较大的所有广告案例，但有个别出色的案例由于保密、客户不许可以及尚在实施中等种种技术原因未能入选；

2. 本年鉴要求案例运作时间为2013~2014年间，但由于案例运作的周期性特征，不少案例的起始期较早，为尊重案例运作的规律，依然选入其中。

3. 本年鉴强调广告案例的实效性，因此要求送审单位提供执行效果。但所有数据都由送审单位提供，未经核实，仅供参考。同时，本年鉴认为这些效果应视为品牌、产品、销售力与广告力综合作用的结果。

The Public and Social Advertising

公益类

中央电视台《回家篇》春节系列公益广告

广 告 主：
中央电视台广告部
广告代理：
上海麦肯光明广告有限公司

在2013年CCTV春节联欢晚会现场，播出了公益广告片《迟来的新衣》的1分钟版本， 这是31年来全国观众第一次在春晚节目中观看的第一个广告片，做到了传播效益的最大化， 覆盖了全中国13亿观众以及所有海外华侨。在繁忙工作中可能会忽视给身边的亲人带去一句问候，或是工作在外很少回家的亲身经历，这能够在很大程度上让全球的华人都产生共鸣。

从古至今，春节对中国人来说意味与家人团聚在一起。但近年来，随着中国经济的快速发展，城镇化进程让更多的人在异乡工作生活，他们与家人、父母分离。因此，春节团聚的意义正从人们的思维中不断被削弱。我们的客户—— 中国中央电视台CCTV，希望在新年之际推出一个公益广告系列，来唤醒人们对于春节团聚的原有思考，并重新审视它对中国社会所带来的重要意义。

“回家”是一个传统的公益主题，之前很多年已经有各种形式的公益广告来阐述这个概念，所以如何用一种新角度来阐述， 贴近大众生活，并有足够亮点吸引注意，不让观众产生厌倦感， 而且还需要让全中国人都能够产生共鸣，这是我们遇到的非常巨大的挑战。

目标

呼吁更多人探讨春节的意义，重新认识“回家”对中国家庭所承载的重要性。

洞察

在中国有几亿人为了更好的发展远离家乡，习惯了每天用电话问候，用网络与亲人团聚的生活，现代通讯手段似乎让回家变得不那么重要。可怕的是，似乎人们越来越觉得一条短信、一个电话能够替代回家带给父母子女的那份亲情。我们自身在繁忙工作中可能会忽视给身边的亲人带去一句问候，或是工作在外很少回家的亲身经历，让我们产生了共鸣，找到了大家都能触动的结合点，萌发出要做“回家”这一主题。

创意执行

我们希望做一条能够让全中国13亿观众感动的、能激发大家重新去思考什么是回家的真正意义所在的公益广告。

我们史无前例地在2013年CCTV春节联欢晚会现场， 播出了公益广告片《迟来的新衣》的1分钟版本， 这是31年来全国观众第一次在春晚节目中观看的第一个广告片，做到了传播效益的最大化， 覆盖了全中国13亿观众以及所有海外华侨。在春晚以后我们继续在春节期间，在中国最大的传播媒体CCTV的13个频道播出了2分钟版本和1分钟版本（包括中英文版）， 尽量覆盖了中国绝大多数的收视人群，同时也让外国友人通过《回家》系列了解了中国的传统文化。《回家篇》系列公益广告在央视的13个频道上均有播出，播出时间从2013年2月7日至3月16日两会结束，播出频道为央视全频道，总共播出时长为156 900秒。中央电视台《回家篇》春节系列公益广告播出后，引发了社会各界的强烈反响。

迟来的新衣

等待63年

家乡的滋味

过门的忐忑

传播效果

国内主流媒体对春节公益广告进行关注报道。中央电视台《新闻联播》发表了题为“公益广告 聚焦民生 传递积极正能量”的专题报道；“春节期间，中央电视台加大了公益广告的宣传。聚焦回家团圆，彰显亲情的力量；关注老年群体，体现人文的关怀。这些公益广告，不仅充满了情感因素，也充满了温馨的正能量。”单支广告在播出期间的平均收视率为1.15%。

观众及网友纷纷被春节公益广告打动。网上视频播放量超过100万次，微博转发评论次数超过200万。网友纷纷留言评论说：“央视的公益广告们个个真心好啊”、“幕幕催泪，条条动情”、“每次看都能看到我眼泪打转，很感人”、“反映出的是千千万万中国人的心声！”；广告语“这一生，我们都走在回家的路上”成为网络流行语。

《人民日报》、《新闻联播》、《新华网》、《北京晚报》等近100多家主流媒体予以主动报道，各大门户网站和社交媒体主动参与了讨论与积极传播，专家学者对春节公益广告做出积极评价。广大观众也自发的在各大社交媒体进行了热烈的讨论与网络分享。

点评：

《迟来的新衣》是31年来全国观众第一次在春晚节目中观看的第一个公益广告片，也是中央电视台《回家篇》春节系列公益广告中的首发。而在当年长达40天的春运期间，也许仅仅只为看一眼母亲欣喜的笑容，摸一摸稚子温暖的小手，抑或是坐下来与父亲喝一杯酒，三十多亿人次的中国人顶着刺骨的寒风返乡离乡。这个时候，万里之遥也不算距离，一辆摩托车奔波数十小时也不辞辛苦，“回家”二字便足以使再柔弱的身躯也迸发出惊人的力量。

五千年华夏文明，通过“家文化”的不断传承，悄然渗入每个中国人的血液里。它可以是一件带给小女儿的新毛衣，也可以是一个援非工程师的背囊；它可以是一碗热气腾腾的饺子，也可以是余光中的一首《乡愁》。央视通过上海麦肯光明，把一件件“近乡情更怯”的真实故事用白描的手法进行勾画，因为任何程度的夸张在亲情面前都是矫饰。高超的摄影剪辑技术也只提供了基本保证，因为正能量的传递本不需要刻意造就。

人们对于“春节”的原有思考被唤醒，“团聚”对于中国社会的重要意义被重新审视。其实，用语言来描述《回家篇》的价值，本身就是苍白无力的。泪水和笑容，才是它最好的注解。

没有家，就没有天下。这一生，我们都走在回家的路上。

——万木春

SMG明星爱科学公益广告

广 告 主：
上海东方传媒集团有限公司（SMG）
广告代理：
上海东方传媒集团有限公司（SMG）

《爱科学》系列公益广告，凝结了政府、媒体、创意等社会各方的力量，传递科学精神，营造科学氛围。在《爱科学》公益广告的潜移默化影响下，社会的每一个细胞都能够有所启发，促使更多家长行动起来，注意培养孩子的科学兴趣和好奇心，为科学人才的培养提供良好环境，推动中国科技发展和社会文明进步。

2013年5月8日下午，上海科技馆。

所有人都屏气凝神地看着屏幕：一条胖乎乎的“菜青虫”被吊到了蜘蛛网上，定睛一看，“菜青虫”原来是东方卫视主持人骆新！所有人会心而笑。究竟发生了什么？

原来这里是《爱科学》系列公益广告首发仪式的现场。《爱科学》是由上海市科委、上海市文明办、SMG联合推出的系列公益广告，旨在向社会倡导“爱科学”的风尚。《爱科学》近日将登陆沪上电视荧屏，与观众见面。SMG知名主持人陈蓉、骆新、陈辰、阿彦、周瑾倾情加盟，和小朋友共同演绎5个妙趣横生的故事。

《爱科学》系列公益广告，凝结了政府、媒体、创意等社会各方的力量，传递科学精神，营造科学氛围。希望在《爱科学》的潜移默化下，激活每一个社会细胞，促使更多家长行动起来，多注意培养孩子的科学兴趣和好奇心，为科学人才的培养提供良好环境，推动中国科技发展和社会文明进步。助推中国梦！

“大主持”+“小机灵” 呵护孩子好奇心

当一个个爱科学的“小机灵鬼”遇到端庄稳重的主持人，会产生怎样的化学反应？

骆新一秒变“菜青虫”，周瑾化身为“女博士”，陈蓉变身“赛车手”，阿彦成了“宇航员”，陈辰身着迷彩服装……主持人突破既有的屏幕形象，让人觉得十分新鲜。这一切改变均出自本片创意总监陶为民之手。作为《爱科学》系列公益广告的创意总监，同时也是脍炙人口的广告歌《喜欢上海的理由》的词作者，陶为民说：“好的公益广告要引发对社会现象的思考，引领公众角色参与到公益活动当中去。”他在创意这组公益广告时，让主持人化身为科普爱好者，和孩子一起发现科学的魅力。主持人代表的“大人”，不再高高在上、无所不知，而小朋友的机灵聪慧则在片中游戏氛围中显露无遗。

《爱科学》系列公益广告的目标观众群锁定为学龄左右孩子的家长。对科学的兴趣往往源于孩提时代，而家长是孩子最重要的引导者。主持人亲和的态度和互动，也意味着本片的诉求：希望家长能够呵护孩子的好奇心，抽空带他们到科技场馆或其他有趣的地方，培养他们对科学的爱好，探索未知的世界。

科普+公益广告=？创新模式！

“爱科学”是如何与公益广告相遇的？《爱科学》出品方之一，上海市科技党委书记陈克宏表示，大众媒体是科普宣传的重要阵地；从电视、广播的科普栏目的开设，到科普微博的建立，市科委一直致力于拓展科普宣传的平台，积极探索更有利于提升科普效果的宣传模式。这次，科委首次立项制作“爱科学”系列公益广告，希望能够借助

骆新《爱科学·蜘蛛丝篇》

陈蓉《爱科学·汽车篇》

陈辰《爱科学·蝴蝶篇》

周瑾《爱科学·天文篇》

SMG的主流媒体平台大量播放的影响力，引起大众对科学的兴趣，进而促使更多的人关注“科学”话题，吸引更多的家长主动带着孩子去科技场馆探索未知。这次跨界合作可谓是推进科普的一种创新模式。

1亿元广告时段资源

上海广播电视台党委书记王建军表示：“SMG将拿出价值1亿元的广告时段资源，支持《爱科学》的播放。”这次合作对于SMG而言，也是一次公益广告的新型合作模式。自2012年SMG启动公益传播计划以来，《爱科学》是计划中首个由上海政府机构设立专项资金，SMG负责创意制作、播出的公益广告项目。2012年，SMG贡献的公益广告时段市场刊例价值超过10亿元。尽管中国公益广告近年来发展迅速，但创意制作水平还有很大提升空间。这种“政府+媒体”的模式有利于提升公益广告的制作水准和传播力度，促进公益广告步入良性循环。

公益广告不仅是号召，更能转变人们的思想，激发人们善意的行动。科技发展是社会文明进步，中国梦实现的重要动力源泉。追求创新驱动和转型发展的城市，必定会大力推进全民科学知识的普及、注意提升科学素养和弘扬科学精神。但如何能够激发大众对科学的兴趣，尤其促使青少年爱上求知探索，从而推进整个民族的创新能力和科技进步，是各级政府、教育界一直关注的议题。

阿彦《爱科学·太空篇》

点评：

SMG从2012年开始启动公益传播计划，履行媒体社会责任，积极打造公信力媒体形象。《爱科学》系列公益广告是SMG与政府进行的公益广告新型合作模式。它是首个由政府机构设立专项资金，SMG负责创意制作、播出的公益广告项目。上海市科委希望通过公益广告唤起公众对科普的兴趣，让科普成为大众生活不可或缺的一部分。SMG创意制作的广告风格轻松活泼，让SMG知名主持人与小朋友一起展示“科学是件有趣味的事情”。广告通过SMG主流媒体平台大量播放的影响力，促使更多家长带孩子去科技场馆探求未知的世界。带有新意和诚意的公益广告降低了观众在广告时间段内的转台率，同时还提升了媒体的品牌认同度。

公益广告新型合作模式不仅让广电媒体履行了社会职责，收获了社会效益，同时也兼顾了经济效益。

——周文娟

腾讯“真情三部曲”的前世今生

广 告 主：

腾讯

广告代理：

北京Grey传众广告有限公司

同样是在春节时候，腾讯也推出了三支感人的广告片。三支片子要表现的内容不太一样，从亲情、兄弟到爱情，三支片子的导演都非常细腻、各有所长，对故事中人物感情的刻画描述非常到位。广告业不负众望，得到了一致好评。

亲情友情之后的爱情余温

在很多使用过腾讯品牌产品的消费者心目中，或多或少存在着一层隔膜：知道有QQ这个产品品牌，这个产品也往往是他们生活中很重要的一部分，但并没有具体的形象，为此，在几年前北京Grey就开始帮助腾讯建立与消费者沟通的形象。在三年前的布局谋篇中，其实最早诞生的脚本是《爱情篇》，也出现了几个故事，但最终还是决定在首轮推出《亲情篇》。一晃两年过去，从《兄弟篇》到《爱情篇》，腾讯的“真情三部曲”一气呵成，而且，《爱情篇》的投放时间既是春节，也刚好赶上2013年的情人节这班车。

《亲情篇》那支最能打动人，它是很多中国人生活的写照。在中国，很多人都处在流动中，总是处于每逢佳节倍思亲的状态，因而它最容易引发共鸣；《兄弟篇》是对挚友情怀的再现，其中需要拿捏的是一些女生看到后的感受，也许她们不能理解，但好在部分女生表示还是对那种感情和梦想能感同身受；《爱情篇》是难度最大的一支片子，为此斟酌良久。回想起来，十几年前人们刚开始使用QQ这种聊天工具时，除了让人们方便沟通，也相应地浮现了一些负面的效果，让人们产生一种“不规范”的认知，对此客户其实耿耿于怀，不愿意扮演这样的角色。在《亲情篇》之前，Grey为腾讯拍过一支不怎么感性的片子叫做“在线精彩”，让人们了解腾讯是一个很大的提供资讯的沟通平台和网络媒体，他们非常希望改变消费者对他们的认知和市场位置。作为一家媒体，腾讯也希望自己的广告主都是优质、有分量的广告主，而不是只有一些小MM愿意聚集的地方。为了实现应有的价值，首先就是要把自身形象扭转过来。

重回心灵的老地方

《爱情篇》很容易让人踩到“地雷”。男和女，是个敏感地带，在这个故事里面，他们之间会产生怎样的问题？这个问题应该怎么去化解？子筠介绍说，其实最初的脚本是没有修成正果的一对男女的邂逅，但最终却决定用一个更成熟的角度——从一对夫妻的角度来刻画诠释。腾讯作为一家国内的大品牌，也应该从一定的高度去看人际关系和人生的关系。那些1998年左右还在读高中和大学的使用QQ的学生，2013年应该差不多30岁左右的样子，能引发他们共鸣的就是刚刚走过的三十载时光。从恋爱时的聊不完到后来慢慢淡化，慢慢冷漠，对一切习以为常，表面风平浪静，其实内在很多已经不一样了，我们想在这时来点提醒：可以多一点沟通吗？

在《亲情篇》当中，品牌产品出现次数不少，母子俩一直在用QQ沟通；兄弟篇也讲述了在不同地方的男孩们用QQ来保持联系的情境；而《爱情篇》中几乎没出现产品，只有在一开始出现了结婚前两人有说不完的话，回到家还继续用QQ聊天直至深夜，这个镜

《爱情篇》

《亲情篇》

《兄弟篇》

头一闪而过，另外在高潮处出现了丈夫用微信的方式向妻子发出的邀请：再去老地方聊聊吧！这个情节完全不是针对产品，也没有提倡用微信沟通的用意，只是为了提醒你我那个“心里的老地方”。老地方不是他们婚后再去已经人去楼空的那家烧烤店，可是老地方还在，还是可以坐下来聊。老地方应该是心灵的某个角落，是他们一直坚持为彼此保留的一方空间、一份默契。因而，从创意的角度来说，今年的大片更加有深度和深刻的意蕴。

一分钟讲不完的人性人情

客户看得很准，在春节这个对中国人最重要的团聚日子里，说出这样的故事，人与人的关系会拉得更近。虽然投放费用很大，但此时的收视率会更高，回响也更大。当《亲情篇》取得很好的反响后，我们就决定每年在这个时刻投放。很多人看了TVC不过瘾，也会上网寻找是否有完整版，所以继《亲情篇》在网络推出2分钟完整版、《兄弟篇》推出网络4分钟完整版后，《爱情篇》也推出最长的5分钟网络完整版。

三支片子要表现的内容不太一样，子筠说选择导演时会考虑导演的风格和个性。三支片子的导演都非常细腻，各有所长，也都是香港的一线导演。子筠向来很欣赏他们并与他们都有过合作。第一支《亲情篇》的导演David Tsui，把握人的情绪非常准确到位，让人觉得是发生在身边活生生的写实而不是在演绎，第二支《兄弟篇》的导演Alfred Hau就会让人有戏剧性的感觉，镜头运用和画面设计会比较大胆，而第三支《爱情篇》选择香港导演Maisy Choi，有本身作为女性导演的细腻，也不太会尝试很夸张的镜头，但作品会很唯美。在抓住女性的心态方面更有优势。

点评：

世界上最遥远的距离，不是生与死的距离，而是相对太久，竟忘记如何说爱你。

世界上最遥远的距离，不是你头也不回的远离，而是你远走之后，我却不知道到何处去寻你。

高科技与低接触、高科技与高抵触，是近年来几乎每个普通人都有切身体会且各界有识之士争论不休的一项重要的社会议题。生活节奏的加快、工作压力的增大、闲暇时间的减少、活动范围的扩张、人际关系的疏远，因与果之间缠绕纠葛、循环滚动，在忽视他人的同时，我们也逐渐迷失了自己。

腾讯从2011年开始，连续三年围绕着人类最重要的三种情感展开传播战役，通过群体回忆汇聚洞察，把亲情、友情、爱情的细微之处展现得淋漓尽致。在保持品牌内核连续性的前提下，整合各种媒介资源，充分利用自身平台优势，实现了广告理念的多维扩散，品牌形象得到进一步的优化提升。

腾讯QQ和微信的生存意义，并不在于提供了某些物质层面的软件产品，而是为人们提供了精神层面的沟通。解决人际关系的疏离问题，形成了腾讯产品或服务的核心竞争能力，形成了腾讯与其他竞争者之间的清晰区隔。一只憨态可掬的小企鹅，居然能够在弹指之间将传达心意的距离缩减为零，这不仅仅是技术的胜利，它的背后闪烁着更为耀眼的人性光芒。人非佛子，焉离七情六欲；我有腾讯，何耽四海五湖。

期盼着小企鹅继续讲述真情流露的故事，讲述平凡人也拥有的伟大情怀。

——万木春

央视“关爱老人”系列公益广告

网络暴力，文明用语，诚信礼貌，儿童成长……从若干备选主题中采撷的一粒萌发的种子，在2013年春节缓缓绽放，催生了无数的感动和行动。传统话题，强大平台，完美执行，为社会增添了无数温情。正如盛世长城上海业务总监唐睿（Twelve）所言，广告除了商业价值之外，还有真正的社会价值。“看过之后哪怕只有一次触动，驱动你拿起电话问问家里，回去看看父母，让他们也感受到你的孝心，我们已非常宽慰，很有成就感了。”

盛世长城国际广告负责的是“关爱老人”一系列共三支公益广告：“爸爸的谎言”，“妈妈的等待”和“关爱失智老人-打包篇”。由盛世长城香港和上海两支创意团队倾力打造。

《爸爸的谎言》用恬淡朴实的拍摄手法，讲述一个作为父亲的老人在某一天的平凡生活。我们看见他一个人注视着挂在墙上的家人的照片，一个人穿衣，一个人出门，在小店买了一袋橘子，穿过小巷，去医院探望因小病入院的老伴。不煽情，不浮夸，不做作，只是平实深情地展现一个寻常老人家的寻常日子。但画外音配上老爸与女儿的日常电话对话，当家中的老爸总是说“我们都很好，别担心”时，你听得出他话里的意思吗？我们知道，“中国式的爸爸”在我们眼里的形象都是宽宏大度，威严少语，他们对儿女的情感总是那么内敛含蓄，不善表达。因此，这支公益广告展现的最后“悬念”——当母亲有病时，父亲宁愿独自承担起照顾的责任，最后用“善意的谎言”不让在外地的女儿为此担心，刻画了父亲是儿女和家庭的坚强后盾的写照。

在《妈妈的等待》中，当她用光了她的青春和时日，她仍然孤单地等着她的儿子回来。在视觉上，我们会看到儿子儿时可爱的片段，也会看到妈妈和儿子从前的快乐时光，从年幼到少年，从年少到青年。曾经，多少个年月，妈妈每天都默默地在学校的路边等待着她的孩子下课。孩子是她生命的一切，孩子是她快乐和幸福的源泉。慢慢地，妈妈的青春在消逝，孩子却长大了，终有要放手让他高飞的那一天，妈妈也希望儿子有一个自己的更广阔的世界。但是，不管我们走得多远，飞得多高，妈妈永远是牵系我们的那根线，永远会在故事的原点默默地等待着儿子的归来。这是爱的等待，也是等待的爱。

《关爱失智老人-打包篇》则以儿子的口吻讲述了令人动容的故事。老父亲患了“老年痴呆症”（在国际医学上被称为“阿尔茨海默病”），他记不得刚刚做过的事情，走到楼下找不到家门在哪儿，甚至忘记了儿子的模样。这一切让儿子感到烦恼不堪。一家人到餐厅吃饭，老父亲用颤巍巍的手把盘子里剩下的饺子揣到了兜里，家人都觉得很难堪也很不解，老父亲痴痴地说：“这是留给我儿子的，我儿子最喜欢吃这个。”这句话瞬间击中了观众心中最柔软的地方，正如广告语所说：“他忘记了很多事情，但却从未忘记爱你。” 正如央视“我的父亲母亲”公益行动策划人杨继红所讲，父亲母亲都曾经年轻过，而我们不曾年老过，中国进入了老龄化社会，如何让我们的父母活得有尊严，让我们

广 告 主：
中央电视台广告部
广告代理：
盛世长城国际广告有限公司

中国广告协会会长李东生近日表示：“我们原来谈论如何做公益比较多，现在开始谈论如何去传播公益的价值观，因为只有在每一个人的内心深处播下爱心的种子，才能使人人自觉地参与到公益事业慈善当中来。”2012年央视“关爱老人”系列公益广告拉开了中国公益广告价值观传播的序幕。

《关爱失智老人－打包篇》

的家庭多享受些天伦，让我们挚爱的人，以及我们自己，能够有准备地走进暮年，那我们就应该知道他们走进暮年的时候，最需要的是什么，然后科学地给予他们，这是对父亲母亲的大孝。

全Open的项目

这次的campaign有点特别，因为“客户”不是CCTV，而是普天之下做儿女的人。CCTV只是这次公益活动的发起人和牵头人。因而，带给创意人的感受也很不同：需要自己去找客户和目标人群，找一些首先能打动自己的话题和点，再通过执行来打动别人。不必非要出现Logo和产品信息，让我们觉得机会很难得。公益广告最大的价值就是传播正能量。全新的合作方式给了我们新的挑战。

不同以往的突破

以往CCTV的公益广告在人们印象中一般是说教式的、自上而下的，这次则是在开放平台下做出一些不同，挑战过去的公益广告。在过往的几十年里，中国人接受讯息的主流方式其实还是自上而下的，包括在广告方面也都是一些信息传递式的公益广告，而公益广告和社会话题又很容易引起人们的不同想法或误解，因而在前几年中，单纯、直接的传递式广告更加适合中国的市场。而现在，中国的公益广告应该可以有一些转变了——每个中国的创意人或广告人都会多少有些反省，为什么我们自己做出来的公益广告没国外的那么有趣？其实不是我们做不出，而是当时的市场氛围不允许不适合。如果更早去尝试，恐怕在那个时代或氛围下会有不同的理解，甚至导致更多的不接受和负面话题。而现在，中国的消费者有条件和足够的心态来接受一些非教条非售卖式的公益广告。重要的是，通过CCTV的平台发布出去，将是一个良好的开始和标志性的动作。

CCTV带来的提示和空间

不同于以往自己制作或找行业协会来合力制作，这一次，CCTV第一次开始找4A广告公司来合作，中国的公益广告需要更好的成长，这是在创意层面找到提升的机遇点。

佘贤君主任及其央视广告中心团队在项目的推进中，给人的印象是“给力”。佘主任思维开阔，加上心理学的学术背景，都让他能更专业地指导这个项目。

Twelve至今记得提案时的一个细节：《爸爸的谎言》篇中，香港导演最初的设想是妈妈生病坐在轮椅上，由爸爸来推。佘贤君主任当时提出商榷说，在内地这边，坐在轮椅上已经是很大的病情了，在这种情况下如果父亲还用谎言来隐瞒女儿的话，情节就有点“过”，而变得不近人情了。不如改成躺在医院里打吊针。在这里其实用到了一些本土的洞察。包括演员的服装、动作等细节，也会跟导演一点点再确认。当然导演最厉害的是他讲故事的方式。谎言篇和打包篇都是很简单的情节，却能在短短的60秒、90秒当中，让你感受到满满的、快要溢出来的情感。这种情感甚至感染了片场的工作人员和创意人员，让他们感慨这是比商业广告更有意义的事情。

国际视野，本土语言

十年前，盛世长城为CCTV拍过一支公益广告，叫做《别人的孩子》，当时虽然也以较高的水准引发圈内不小反响，但影响力仍然无法与今时相比。

CCTV出了这个开放的命题，其实也等来了最好的作品，在这个自然筛选的过程里，一些以商业创意为核心的公司或不够深刻的作品立刻会淘汰出局。留下的都是最过硬的精品。目前，盛世长城与CCTV第二次公益广告的合作已在进行中，今年年底前应该可以面世，相信可以迸发出更撼动人心的力量。

4A如何把国际视野与本土语言融会贯通，把4A的视角、广角和深度应用于更长远的公益合作，《回家》系列只是一个开始，在接下来的路上，更多价值点会得到

《妈妈的等待》

《爸爸的谎言》

点评：

艺术来源于生活，却又高于生活。公益广告之所以能够感动人，感染人，主要是因为这些洞察来源于生活。真实的故事富有不一样的感染力。生活中的小细节被广告宣传无限放大以后，实际上能给我们带来很多关于人性的思考，特别是在有着千年文化底蕴的中国社会。

在盛世长城为中央电视台打造的“关爱老人”系列公益广告中，盛世长城广告公司的专业团队从生活中寻找真实的故事，广告播出以后打动了亿万的中国人。正如案例文章中所说，在急剧转型期的中国，子女对父母的关爱一直是一个突出的社会问题。略带残酷的现实生活往往使父母与子女两地分离，子女有孝心却不能尽孝道。“关爱老人”系列公益广告关注到了时代变迁所带来的震痛，记录了时代的心声。

——唐　超

多层次的展现，也令CCTV这一公益事业领头人形象得到全新的再定位。

三支片子
都源自盛世长城创意人的真实生活

孝道是盛世长城上海四个创意小组（每组10人左右）不约而同提到的备选主题，而且中国独生子女、留守老人的现状也着实令人深思。打包篇其实就是发生在其中一个创意组员杨国靖身上的真实故事。

对香港最牛导演侯仲贤来说，也经历了执行的坎坷和波折。短短的几十秒片子当中，节奏感和真实感、艺术性并存。为了体现最真实典型的场景，导演的团队也在北上广不停地寻找合适的场景和细节。最后成片会让人觉得是非常有中国特色，但同时也有导演独到的风格。打包篇里的高潮部分，黑白相片凝固瞬间的场景是导演淬炼的结果，相信也给观众留下深刻印象。

很多人以为CCTV比较程式化、定式化，有时难免给人留下不太开放的形象，实际上这次与盛世长城的合作却非常顺畅——提案之后得到央视的迅速回馈，在导演选择上也很开放，语言表达上也给了创意公司足够的空间，真正做到了充分地尊重创意。

只为真实的爱

“爱”是一个很大的题目，经验告诉我们，越伟大的题目，在创意上越难把握，一不小心，很容易变得空洞。所以，从一开始，我们就决定，在创作的过程中，每个人都要把自己的真心掏出来。因为只有最真实的感情，才会引发大家的共鸣。

爸爸篇：老爸的谎言，灵感就是来自我们团队中一位同事的真实经验，大家一交流，发现原来大家都有类似的经验（包括我自己），无论孩子在外地打拼的，或是在同一个城市分开住的，爸爸妈妈都是这样子的……这，就是真实的爱！在写剧本的时候，我们利用爸爸的话，跟真实的情况来个对比，刻意用“淡”一点的拍摄手法，去突出这种强烈的感情。希望观众看过片子之后，用行动去响应父母对我们的这份爱。

妈妈篇：如果“爸爸篇”是提醒我们，父母年纪已经很大,那么“妈妈篇”就是反过来提醒我们，其实老爸老妈都曾经年轻过。老妈不是一生出来就这么老的，她也有过青春活力的岁月，她把她最好的时间、最美的青春，无悔无怨地花在我们身上。用一生的爱，换来今天的等待……只是一个简单的愿望，孩子又有什么理由让她失望呢？在“妈妈篇”的创意执行上，我们相信Less is More，结构尽量简单，在细节上给力，希望在纷扰喧闹的世界中，来一点安静的、清新的爱心分享。

我们希望，这三支片子，不单带来感动，还可以带来行动。看完之后会有很想立即回家看看的冲动，就是我们最大的寄望。希望你们也感受到这一分爱。

深圳地铁文明乘车公益广告

在这个“文明”缺失的年代，公益事业变得越来越重要。公益广告作为一种广告形式，在规范社会行为、改善社会风气、营造良好社会环境方面发挥了重要作用，它是以推广有利于社会的道德观念、行为规范和思想意识为目的的广告传播活动。

文明乘车，创作背景

深圳是一个拥有1000多万人口的城市，每天上下班高峰期巨大的人流、客流量让这座城市变得似乎有些拥挤，人也变得有些麻木。深圳地铁自开通以来，每天承载着几百万人次的出行，让人们的工作生活变得更加井然有序，也让这座城市变得更有活力。为了让每一位乘客都能做到“文明乘车、安全出行”，深圳地铁急需一部贴近市民出行、表现温馨关爱、互助礼让的公益宣传片来推广深圳地铁营运理念。本片通过记录在深圳地铁中人与人相互关爱、亲切的笑容写真、贴心的服务等画面，唤起地铁乘客重新发现身边的美好点滴，做到文明乘车，从我做起。影片反映了深圳城市精神文明建设，体现了深圳市民“和平、和谐、和睦”的行为追求，为构建文明城市而努力。

资深导演，精确定位

这是一支为深圳文明乘坐地铁的公益广告片，它的意义非同凡响，经过反复选择，深圳地铁集团最后确定由著名导演李文浩执导这系列公益广告，李导有着多年的广告拍摄经验，执导的公益广告获得过众多奖项，他善于用镜头诠释人物内心的故事，用影像呈现生活的丰富经验。

在“文明”变得越来越重要的今天，我们的团队也在这场文明活动中肩负了重任，因为里面涵盖的要素很多，要弘扬社会公德，倡导友爱、互助、团结的社会风尚和地铁出行的文明礼让规则，注重遵章守序、尊老爱幼等主题内容。在30秒里要完成全部内容，这无形中给创作的起点造成了一定的难度。

创意清晰，真情实感

中视星艺创作人员经过一次次的探讨、一次次的总结，做了充足的脚本沟通和各项准备。有秩序的乘车环境，直接反映了这个城市的文明程度，本创意主要体现了深圳地铁安全有序的乘车出行是社会和谐的文明体现。

城市里，地铁已经成为忙碌的都市人群生活的一部分，他们的每一天就从搭乘地铁开始。人们相聚在地铁里，演绎着种种有秩序的文明行为，彼此间真正发自内心的一种

广 告 主：
深圳市地铁集团有限公司
广告代理：
深圳市中视星艺文化传播有限公司

作为一支为深圳文明乘坐地铁的公益广告片，它的意义非同凡响。影片反映了深圳城市精神文明建设，体现了深圳市民“和平、和谐、和睦”的行为追求，为构建文明城市的努力。而短短的30秒内要完成倡导友爱、互助、团结的社会风尚和地铁出行的文明礼让规则，注重遵章守序、尊老爱幼等主题内容，这也无形中给创作的起点造成了一定的难度。

关爱，这种文明将会影响着我们身边的每一个人。本片以一位女性白领作为地铁文明乘客的行为展现为主线，用白领乘搭地铁的过程和所见的场景，导出自觉排队购票、排队上车、相互礼让等文明行为。

传播精准，效果明显

文明乘坐地铁公益片表现手法生动直观，运用地铁中发生的点点滴滴、平实的语言、舒缓的音乐，倡导在“和谐地铁 安全出行 传递文明”的宣传口号下文明乘坐地铁的道德理念。通过一位女白领乘坐地铁微笑这个符号化的肢体语言诠释了文明、礼貌的中华礼仪，该广告片高频次的在深圳卫视、深圳地铁站台、车厢屏幕媒体循环播出，得到广大市民的一致好评，让人们在文明出行“讲文明、促和谐”行为意识上也得到了很大的提高！

点评：

地铁作为承载城市交通的主要工具，如同城市的动脉一样给城市带来活力和效率。每天匆忙的市民进入地铁就融入了这个城市的脉搏，感知着城市的气息。地铁上人与人之间的交流与互动，直接影响着社会风气环境，甚至成为了城市形象精神内核的重要部分。

深圳地铁作为由市政府投资建设的公益性交通工具，不仅承担每天几百万人次的交通运输的职责，同时它也是进行市民素质教育和传播精神文明的重要平台。地铁公益广告已成为体现城市精神、展现城市文明形象的重要渠道。

深圳地铁文明乘车公益广告展现的都是每天真实出现在地铁里的乘客和场景，平实地演绎排队购票、排队上车、相互礼让等文明行为。乘客在地铁站台、车厢屏幕媒体看到广告时，美好而温馨的广告内容唤起了乘客内心深处的情感共鸣，从而对搭乘地铁行为产生移情的联想。这种移情联想能让乘客发现身边美好的点滴——人与人之间相互关爱、和睦相处，潜移默化提升乘客的“文明乘车、安全出行”的意识。

共鸣的情感策略塑造的不仅是和谐的地铁环境和深圳地铁运营理念，还展现出深圳城市“和平、和谐、和睦”的文明都市形象。

——周文娟

赛诺菲：用气球赶走恐惧

广 告 主：
赛诺菲
广告代理：
阳狮广告上海分公司

最微小的改变也能让生活变得更加美好，公益不仅在于捐赠一栋图书馆，也在于生活中的细节。“Happy Shot”公益活动从一个很小的点入手，却带来了很好的效果和媒体关注度。这得益于上海阳狮团队的精心策划，在活动结束后拍摄的小纪录片也得到了超高的访问量。问当下花7200元能做一场什么样的广告活动，“Happy Shot”就是最好的答案。

背景

在中国，12岁以下的儿童总数已接近3亿，大约70%的儿童生病时会接受打针输液治疗，但是全中国的儿童医院却只有68家！拥挤嘈杂之外，“针头”、“输液袋”是每个儿童心中的恶梦，而眼看自己的小孩在输液时又哭又闹，也是每一位父母心中最痛苦揪心的时刻！

策略

长期致力关注中国儿童健康的赛诺菲，一直希望可以为医院里的病童做点什么！我们观察到小孩最大的恐惧：打针输液！

能不能让这个恐惧源头，变成一个能与病童互动的有趣设计，从而转移他们对打针输液的注意力？这是我们的挑战！

于是我们想到小孩都喜欢五颜六色的气球，一个专属于自己的可爱气球，也是让单纯的孩子们瞬间忘记痛苦恐惧的最好方法。

执行过程

我们用了7200元制作了20个各种卡通造型的气球，这些气球只是个包装，里面可以放入打针用的输液袋，当小孩输液时就好像牵着一个气球在玩！我们希望通过这一设计，转移他们的注意力，减轻他们对打针输液的恐惧。

于是，我们与上海三家儿童医院合作，让他们的医护人员在儿童输液时使用这些特殊的“气球”。结果活动现场反响热烈，很多家长与小孩纷纷主动记录这个活动，发表微博开心地与亲友分享。

现场，我们同步拍摄了“Happy Shot”记录片，后续在微博和视频网站推广。同时通过杂志或电视媒体，发布“Happy Shot”的新闻稿和公关软文。

同时，我们还制作了DM，投递给其他儿童医院，积极在全国各大医疗机构推广。

效果

“Happy Shot”活动推广后，其热烈反响远超我们预期。

活动当天，共有128个病童获得气球，原本还在哭闹的病童们，一看到气球出现，立刻转而好奇地盯着气球，分散了对输液的恐惧。

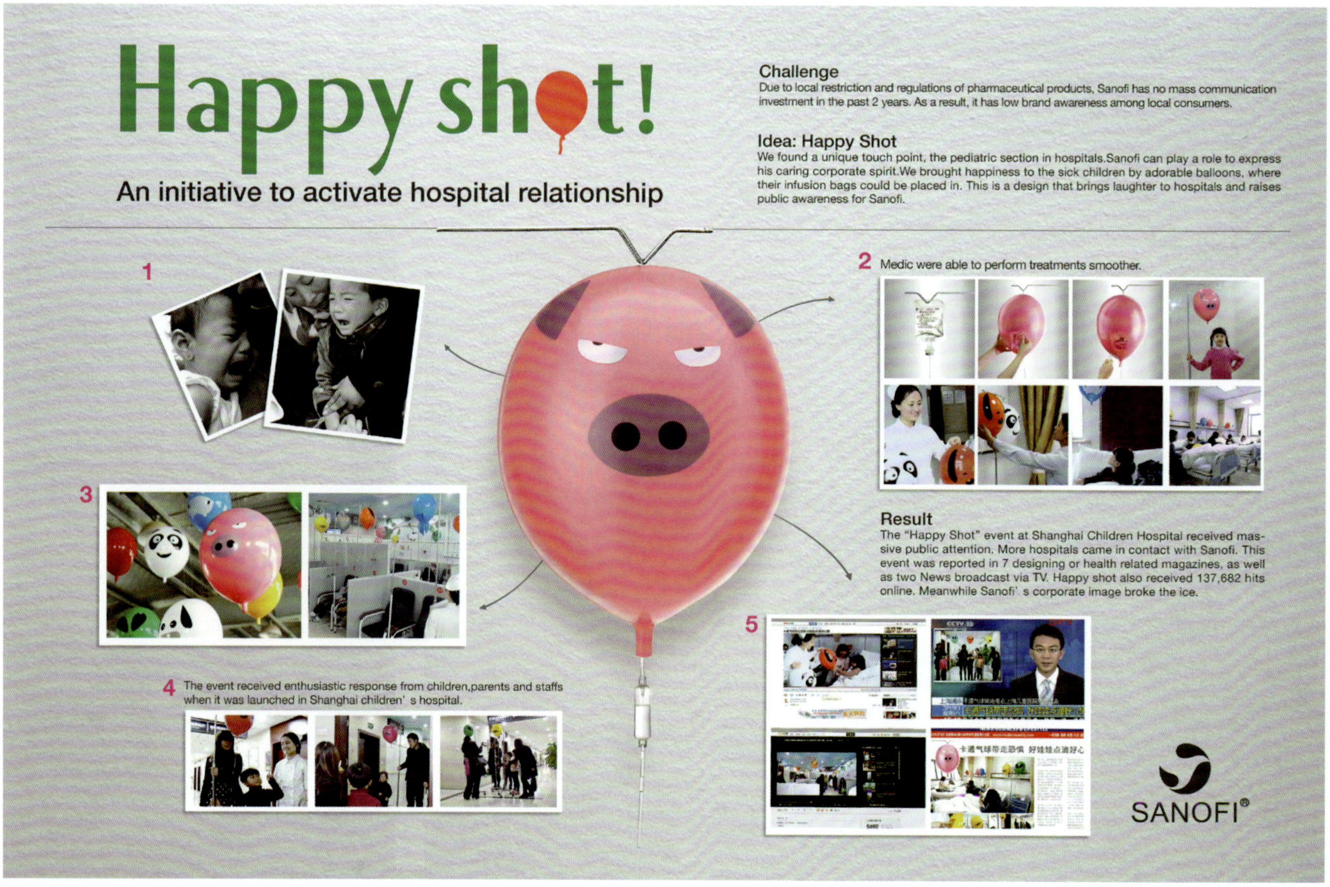

医院的医护人员也表示，输液工作完成得比以往更顺利。

活动期间，我们一共受到7家医学健康类、设计类杂志的采访，吸引两家电视媒体的专题报道。同时我们也拍摄了"HappyShot"纪实影片上传网络，通过微博等社交媒体的网络传播，发布两周内的点击率已达137 682次，并还在持续增加中。

整个"Happy Shot"活动，深受公众的关注与讨论，目前国内已经有多家儿童医院接触赛诺菲，希望能参与后续的活动。同时赛诺菲更正在酝酿"全球Happy Shot"计划，即将在南美巴西的各大医院重制这个创意。

未来"Happy Shot"将在更多的城市推广，赛诺菲希望能让更多的病童不再抗拒打针治疗，让他们少一点眼泪，多一点欢笑！

点评：

公益活动是品牌传播中常用的手段，但如果运营不好，往往吃力不讨好，关键就是传播主题的选择上。从小处着手，以最小的投入，触动人们心中最柔软的地方，从而引起共鸣，最终实现公益活动和品牌相得益彰，双赢的效果。由于主题明确，又切中实际需求，再加上媒体传播得当，执行高效，使本次赛诺菲"少一点眼泪，多一点欢笑"取得成功的重要原因。

一说到公益活动，首先想到的是一些"高大上"的主题活动，虽然这些活动能够吸引更多眼球，但有时存在因牵涉面太广，无法执行的尴尬，好看不中用。适合的才是最好的，重要的是用一颗爱心去发现生活中的点点细节，然后从细节入手，展现大爱情怀。不论是一盆水，还是一滴水都可以反射太阳的光芒，只要心中有爱，公益无处不在。

——侯明廷

长安：汇聚爱的力量

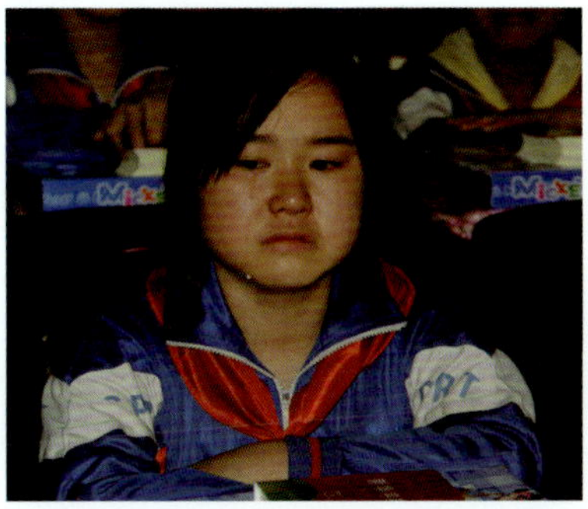

广 告 主：
欧诺汽车
广告代理：
重庆金欣广告公司

在长安商用车1.5L欧诺即将上市之际，金欣广告抓住社会热点，以“关爱留守儿童”公益活动与欧诺产品形象结合，以用户之名，长安替用户奉献爱心为由，为长安商用量身策划了“长安欧诺关爱交车仪式暨关爱留守儿童公益行动”。

前瞻性与时宜性

前瞻性，即围绕萌芽的新闻热点进行研究。时宜性，指媒体社会公益活动策划的最佳时机，通常是指以新闻事实的发生为起点，研究寻找活动策划的最佳契机，使活动策划的社会效果达到最佳状态。时宜性不仅表现在对事件发生、发展的“先知先觉”和把握上，也体现出策划人的政治敏感、全局意识和对新闻重要性的认知程度。因此，策划前，须结合品牌诉求，对社会背景、舆论导向作详细的分析和研究。

公益策划：长安汇聚爱的力量

近年来，我国农村留守儿童数量达5800万，“留守儿童”逐渐成为政府及社会广泛关注的焦点，政府部门也出台政策号召关怀留守儿童。

长安商用的目标客户群多为留守儿童的父母及亲友，在长安商用车1.5L欧诺即将上市之际，金欣广告抓住社会舆论导向及市场契机，以“关爱留守儿童”公益活动与欧诺产品形象结合，以用户之名，长安替用户奉献爱心为由，为长安商用量身策划了“长安欧诺关爱交车仪式暨关爱留守儿童公益行动”（以下称“长安公益行动”）。内容包括从每卖出一台长安欧诺车的售价中提取500元作为关爱留守儿童的爱心基金，且购买长安欧诺的用户即可成为爱心大使，与长安欧诺一起将爱心送到学校去关爱留守儿童。

时效性

由于主流媒体的号召，有关部门以及热心人的参与，使本次的公益策划得到越来越多人的关注。长安公益行动什么时候举行、在哪里举行、有哪些人捐赠，我们与有关部门人员对此次活动进行了精心策划。

此次策划内容为关怀留守儿童，所以活动定于“六一”国际儿童节前后举行，希望留守儿童能在自己的节日里，感受到来自社会的关怀。

6月1日前后，金欣广告召集了140名首批欧诺用户代表，包括各行业的私营业主和行业精英等，分别在重庆涪陵、万州、江津、荣昌、璧山、南川、永川等七地，先后举行了交车仪式和爱心捐赠，为7所小学的351名贫困留守儿童，送出书包、字典、文具等学习用品，并为爱心大使颁发了“爱心荣誉证书”，活动现场人山人海、场面热闹、气氛活跃。

点评：

毫不避讳地说，广告的最终目的就是为了产品销售。然后，我们在策划广告的时候可不可以不用那么的功利？似乎这是两个相互矛盾的概念。

欧诺汽车对我们说“NO”。欧诺汽车成功地将商业和公益结合在一起，以公益之名达到品牌推广的效果。既完成了商业目标，又践行了企业的社会责任。谁说“鱼与熊掌不可兼得”！

——唐　超

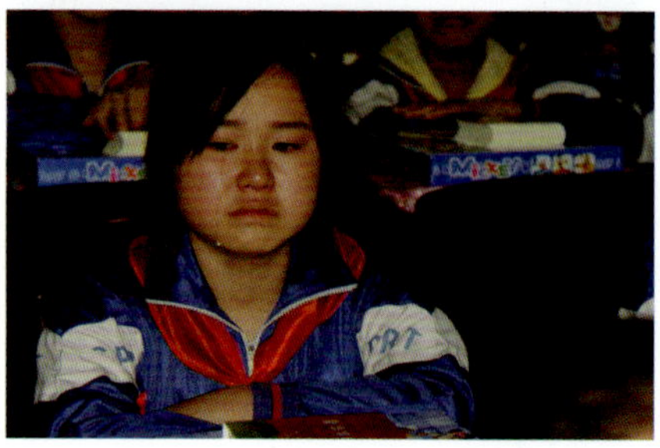

持续性

随后，金欣广告整合媒体资源，在重庆各区县电台、重庆电台、重庆晨报、重庆晚报、重庆商报、三峡都市报、易车网等主流媒体中纷纷对本次活动做了大篇幅的报道，引起了社会的广泛关注。在关注的同时，增进了长安商用品牌与受众的互动，建立了长安1.5L欧诺品牌关注度与信赖感，进而带动了长安1.5L欧诺的热销。

小结

事实证明，广告策划人员致力于在生活中寻找、发现潜在的新闻事实后，结合企业品牌，发挥媒体的舆论导向，制造新闻热点，往往会提升受众对品牌信息的接收程度、传播深度，同时，也提升了投资回报率，据有关人士统计分析，企业运用事件营销手段取得的传播回报率约为一般传统广告的3倍。所以，我们对一个新品牌的塑造，要想在短时间内成交更多“订单”，结合时事的事件营销应是一个不错的选择。

Automation

汽车类

新甲壳虫：乐，不宜迟

广 告 主：
大众汽车
广告代理：
DDB中国（DDB China Group）

在颇具色彩的音乐声中，一群耄耋之年的老头儿老太太，兴致盎然地尝试滑板、涂鸦、冲浪、蹦迪这些时髦的年轻人活动，且乐在其中，当他们玩了整夜刚坐下歇歇的时候，一辆红色的新甲壳虫跃入视野，再度点燃他们随年轻人乐上一把的冲动。片子大意很简单——“乐，不宜迟”，无论你多大年纪，也无论外界如何看你，抓紧时间，尽享快乐。在汽车广告充斥着性能灌输、品牌宣讲的今天，这条逃离旧有思维模式的新甲壳虫电视广告片，看似并不聚焦产品，却通过营造产品精神的方式，侧面传达了产品本身希望突破传统的改变。

在颇具色彩感的音乐声中，一群耄耋之年的老头儿老太太，兴致盎然地尝试滑板、涂鸦、冲浪、蹦迪这些时髦的年轻人活动，且乐在其中。当他们玩了整夜刚坐下歇歇的时候，一辆红色的新甲壳虫跃入视野，再度点燃他们随年轻人乐上一把的冲动。片子大意很简单——“乐，不宜迟”，无论你多大年纪，也无论外界如何看你，抓紧时间，尽享快乐。在汽车广告充斥着性能灌输、品牌宣讲的今天，这条逃离旧思维模式的新甲壳虫电视广告片，看似并不聚焦产品，却通过营造产品精神的方式，侧面传达了产品本身希望突破传统的改变。敢采取此种策略打造广告形象的汽车产品，大多是对自身产品力拥有高度自信的车型，或是品牌本身拥有广泛受众和历史沉积的产品，这两者的定位，显然同时体现在甲壳虫身上，能想出这种颠覆性创意的广告也非DDB莫属。为什么这一则广告能够与消费者产生如此大的共鸣？DDB中国负责新甲壳虫广告的执行创意总监梅若俊（Stephen Mui）先生在接受采访时告诉记者：“这是一则跳出产品本身、营销生活方式的汽车广告，甲壳虫的主体购买人群固然是新锐的年青一代，但它所代表的生活方式却同样能打动50岁的您所怀抱的那颗年轻的心。这也是这则广告关注消费者的个性和心理需求，而非年龄层级、细分市场的核心原因。除此之外，我想这条广告片能唤起人们内心共鸣的另一个重要原因，在于价值观的诠释。我们所身处的这个时代，是中国快速成长赶超的上升期，我们从孩童时代就开始树立争强好胜的价值导向，人们对成功的渴望大过一切，人们急于用外物证明自己身份、地位的欲求随处可见。正因如此，我们看到的绝大多数汽车广告，都在竭尽全力地渲染成功、有为、梦想、尊贵，附带照顾到全家人的幸福体验，这样的话语路径，让买车之人从一开始便自觉不自觉地踏上了证明自己、取悦他人的需求轨迹。当我们迷失在悦人的价值观中时，悦己的内心需求被渐渐隐藏，趋同的价值理念忽略了本能的基本需求，所以当西方社会一直崇尚的快乐导向价值理念冲进我们迷失的内心世界时，我们很难不被打动。”

梅若俊在回忆《乐，不宜迟》整整一年的拍摄过程的时候，摇摇头很遗憾地告诉我，他无法将这种感受传达给我，他说这一年的每一天对于他来讲都非常的感动、有趣，这一年来发生了太多让他感触颇深的事情，他感动于现在很多老人都是非常有个性的一群人，非常符合这部广告片的定位。梅若俊先生说：“现在我们年轻人整天忙于工作，压力非常大，不懂得生活，往往失去了生活的乐趣，当我们在与老人交流拍摄之时，让我很吃惊的是老人家的精力比我们好，老人们生活状态正是年轻人应有而又缺失的部分，这种状态符合我们的广告定位，最重要的是在拍摄过程中，他们可以很真实地将这种感情表达出来，老人家的角色又反映到我们甲壳虫的一种心态，这部广告的精华就在于利用老人内心最真实的感情去把这个创意完美地表达出来。”

挑战

中国新甲壳虫的市场传播方案，一定要传承Bill Bernbach 50年前就提出的思想精髓。尽管如此，一个品牌的“ICON”也不是说说就好的，它是由个性、行为以及品牌所讲述的故事综合定义而成。甲壳虫自诞生开始，便是“非传统”的车型，并且将沿着“非传统”的路线走下去。我们的发布方案必须和1960年的截然不同，必须符合今天的市场，我们必须打动中国年轻一代的消费者们。这一代消费者被传统和压力束缚，一直在寻找的就是逃离和超越传统。

解决方案

因此，我们制定的沟通策略就是让甲壳虫通过各种不同的方式来讲述自己的故事，但是一切故事都维持一个最基本的声音，那就是甲壳虫真正的灵魂和本质。我们想展示的是甲壳虫是有力的、动感的、充满男子气概的。当然我们首先想打动的是年轻群体，然而甲壳虫是老幼皆爱的车，它已经成了这个时代的一个真正的标志性事物。在信息嘈杂的汽车行业传播中，甲壳虫是与众不同且个性鲜明的。我们创造了一套“甲壳虫语言体系”，它深深激起年轻一代中国消费者共鸣的同时，我们广告的表现也注定是突破传统。该广告的创意在于：生活中的快乐和兴奋不需要等待，你现在就可以出发。在执行上，我们采用大众汽车一向广为人知的诙谐的、国际化的、人性化的却非传统的方式，请老年人来描绘出他们内心对于青春灵魂的渴望，从而讲述“乐，不宜迟”；充满冲击力的电视广告和平面广告都描绘出了一个强大的、充满吸引力的，并且凸显独特个性气质的全新一代甲壳虫：乐，不宜迟！

当我们把一切放到网上，随人们去自由评论我们的作品，然后我们发现，我们真的成功了。

成果

截至2012年11月，在线TVC的观看量已经达到940万次，活动主页的访问量达到270万次，7100多个在线讨论，以及意料之外的55000个百度提问。一切都始于广告方案的上线。95.7%的在线讨论都是积极正面或者是中立的。总的来说，新甲壳虫的上市是迷你宝马上线时的社交媒体讨论量的3倍。非常让人印象深刻的成

点评：

“乐，不宜迟”——快乐就在现在，体现出强烈的价值导向与价值感召，通过产品价值观的传播倡导越来越多的人“抓紧时间，尽享快乐！”这不仅是产品的灵魂更是消费者精神的所需，让人振奋感动的创意。

——陈姝

绩。

一个好的广告创意带来的不仅仅是销量的提升，更是消费者精神的共鸣，对汽车企业而言，传播路径的创新链条远远短于产品创新的整个周期，而具有开创性意义的传播案例往往会带来与经典产品相齐名的后续影响和口碑效应，也会长久地停留在一群人的记忆里。对于这则广告创意的颠覆性，DDB的价值观就是这样的，DDB北中国区总裁兼首席执行官陈仲翰（Richard Tan）是这样阐述的：“在创作的时候，我们鼓励员工，要做出好的创意就要不断地尝试，不要怕失败，你有失败的自由。”没有百发百中的子弹，只有经过挫折才能学到最好，没有尝试永远没有突破。现在车企的广告主往往没有冒险精神，倾向于选择比较安全的创意方案。奔驰、宝马的广告大同小异，要想与消费者产生共鸣就要看谁敢颠覆，谁就会突破，所以才会有了DDB的《乐，不宜迟》。创意就是生意上最大的一股推动力，当客户面临着巨大的竞争和压力之时，广告代理公司必须要站出来进行突破。

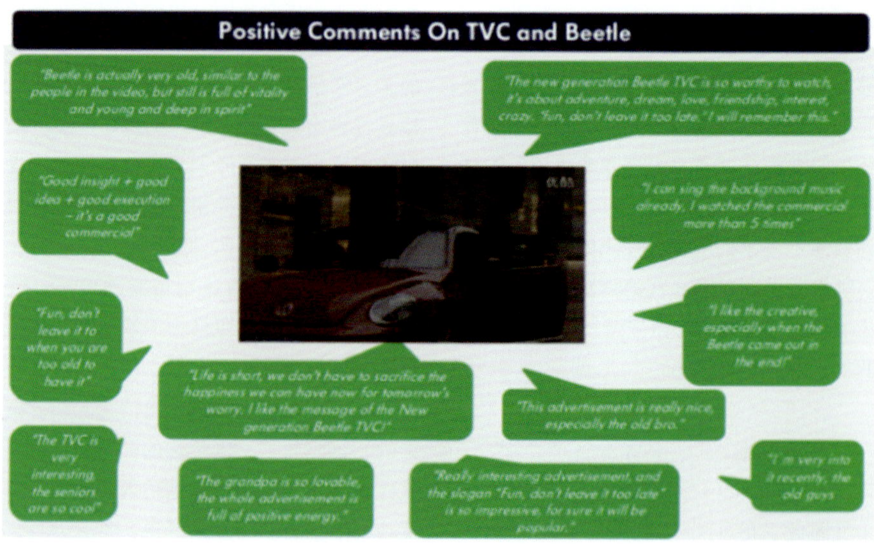

大众汽车："蓝色移动"应用程序

Tribal DDB 北京与T+D (Trommsdorff + Druner)携手，共同开发出了中国首个环保驾驶应用程序“蓝色移动”。

挑战

2010年，中国机动车废气排放量达5220万吨。乍听之下若是没什么概念，那么请想象一下，960万头亚洲象在中国疯跑时尘烟滚滚的画面。中国汽车销量的年度增长百分比已经持续两位数多年，SUV销量更是超过行业增速。环境的恶化，不会留给我们太多时间思考。

大众汽车希望能尽自己应尽的责任。他们找到我们，希望开发一个方案，唤醒驾驶员们降低废气排放的意识。

解决方案

中国近年来成长迅速，人们越来越关注未来的财产安全问题。也许一些中国人对于拯救地球没有兴趣，但是对于省钱他们绝对是兴致勃勃。这就给了我们灵感。

我们想做的，不仅是唤醒人们的意识；我们还要改变他们的行为。如何能准确测量废气排放量？如果开发一个应用程序，用起来有趣，为你省钱，还能同时减少废气排放，怎么样？

创意

我们的创意建立在三个原则上：

1. 要立竿见影：如果发现改变有效，人们就会改变。

我们决定着手开发中国首个车载应用程序，实时追踪驾驶行为。它会分析你的行为，给你改正的建议，并展示给你看，你节省了多少油耗。

2. 要有社交性：如果其他人都在改变，人们就会改变。

我们开发出了“蓝色移动”，你可以把自己的分数在社交网络上与朋友分享，彼此比赛看谁能省得更多。

3. 要好玩有趣：如果改变很有趣，人们就会改变。

我们用“关怀”战术来促使人们改变行为，而不是用许多惊人的数据来“恐吓”人们。我们选择了一种可爱的、可亲近的北极熊做形象代表，鼓励驾驶者下载这个应用程序，在玩的过程中和品牌创建一种情感联系。

广 告 主：
大众汽车
广告代理：
DDB中国（DDB China Group）

广告想做的，不仅是唤醒人们的意识，还要改变人们的行为。如何能准确测量废气排放量？如果开发一个应用程序，用起来有趣，为消费者省钱，还能同时减少废气排放。创意建立在三个原则上：要立竿见影：如果发现改变有效，人们就会改变；有社交性；好玩有趣：如果改变很有趣，人们就会改变。在周密的策划下，这个活动取得了很大成功。

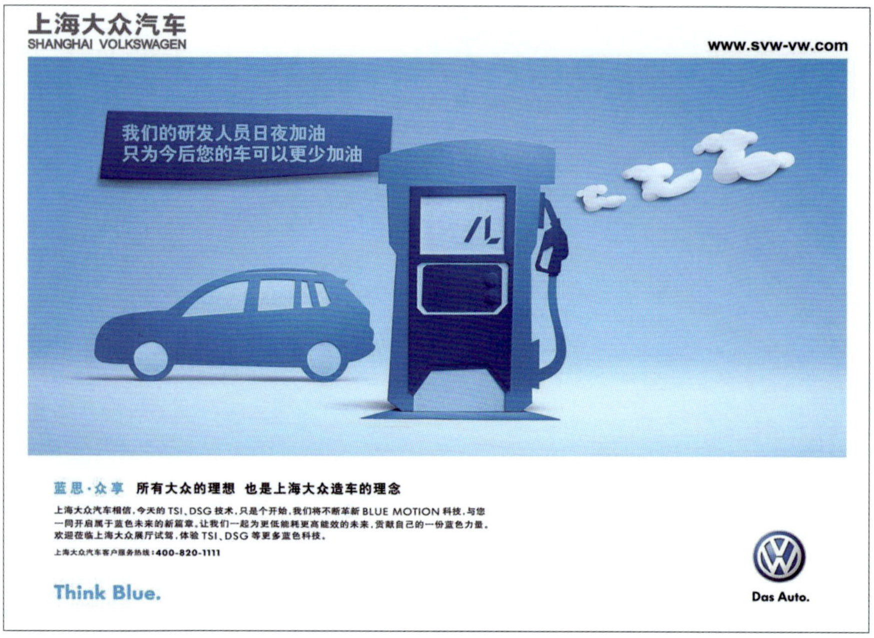

结果

下载量：目标：133000；成绩：110万下载量，是预估数字的八倍。

使用量：消费者使用“蓝色移动”的行驶里程超过180万公里。比绕着地球45圈还要多。

节省量：在数据追踪的基础上，参与者们的行驶历程超过180万公里，并使用这个程序节省了至少5%的油耗。

社交性：社交网络上共计有超过220000个评论和分享。

2012年6月12日，“蓝色移动”获得FWA颁发的Mobile of The Day (MOTD)荣誉。FWA 成立于2000年，是业内公认的权威评奖平台，只关注顶尖科技和出色创意，引导业内人士思考未来发展方向。

点评：

“如果发现改变有效，人们就会改变”、“如果其他人都在改变，人们就会改变”、“如果改变很有趣，人们就会改变”，建立在上述三个创意原则基础上的大众汽车“环保驾驶”小应用，因为“好玩、有趣”，达到了110万下载量，在有效激发消费者需求的同时也彰显了企业和品牌的社会责任感。

——王伟明

雪佛兰科鲁兹：摘星的你

广 告 主：
雪佛兰
广告代理：
上海麦肯光明广告有限公司

上海通用雪佛兰携手上海麦肯，为科鲁兹掀背车的上市，发布了一系列整合了线上线下的宣传方案 “掀活青春，表现由我”，鼓励当代年轻一代勇敢追逐自己的梦想。整体方案旨在突出科鲁兹掀背车为时下年轻人带来更多个性化的用车体验，引领掀背潮流和年轻新潮的生活态度，更好地满足时下年轻人更个性、更运动、更自由的诉求。

上海通用雪佛兰携手上海麦肯，为科鲁兹掀背车的上市，发布了一系列整合了线上线下的宣传方案 “掀活青春，表现由我”，鼓励当代年轻一代勇敢追逐自己的梦想。整体方案旨在突出科鲁兹掀背车为时下年轻人带来更多个性化的用车体验，引领掀背潮流和年轻新潮的生活态度，更好地满足时下年轻人更个性、更运动、更自由的诉求。

上海麦肯光明SGM Works团队负责科鲁兹掀背车的创意代理。广告片从四个毕业五年后年轻人的重聚，引出一个关于青春与梦想的故事。该片洋溢着“全力以赴，积极进取”的人生态度，对雪佛兰科鲁兹的品牌主张“表现由我”进行了全新演绎，希望借此触动年轻人，激发青春正能量，引领当代青年人的生活方式。

提及此次的创意策略，上海麦肯光明SGM Works总经理骆晓谷（Camel Luo）说道：“我们的方案旨在吸引更多年轻人中的奋斗行动派；传递雪佛兰科鲁兹品牌长期所崇尚的“表现由我”的品牌精神——即用自己的行动，为梦想去奋斗的天性,去实现自我，做最闪亮的自己。我们将这样的过程用创意转为“摘星”的概念，而那些追逐梦想的人就是‘摘星的人’。”此次电视广告片中那首让人印象深刻的主题曲，正是来自北京的原创乐队“逃跑计划”的《夜空中最亮的星》，与“摘星”的创意概念契合，如同雪佛兰科鲁兹与年轻一代一同成就心中的热爱。

继2010年和2011年，雪佛兰科鲁兹先后在优酷平台推出11度青春系列微电影《老男孩》和《父亲》后取得了巨大成功，2012年，最新打造的青春微电影三部曲之《摘星的你》无疑将雪佛兰科鲁兹与年轻人之间的情感联系更进一步。该部微电影由80后的新锐“鬼才”导演五百亲自操刀执导，作为优酷出品“青年导演扶植计划”扶植导演之一，他将对自己以及所有人青春的感受和理解贯穿片中，希望以此片激励那些带着热爱和奋斗精神前行的年轻人，摘下夜空中最亮的星，做生活里最闪耀的自己。

骆晓谷补充道：“考虑到当下年轻人多元化生活方式的需求，我们这次的整套策划和创意方案更加全面和集中化，从第二季中国好声音的‘掀声夺人’到青春微电影‘摘星的你’的正式上线，无论是一场演唱会，一部微电影还是一首歌的背后始终坚守的是我们的品牌精神，我们力求，每一个细节都做到将这样的精神通过最年轻鲜活的方式来百分百地传递给消费者。”

创作人员名单:
项目名称：科鲁兹掀背车上市
客户：上海通用雪佛兰
创意代理：上海麦肯光明广告
首席创意: 莫康孙

执行创意总监: 张志强
创意总监: 李伟、魏齐鸿、王鹤
美术指导：吴明洲
文案：刘玮
资深客户总监：伍竞

制片人：薛翌
制作公司：MIC
投放：电视，平面，户外（楼宇和机场），网站，线下活动等

点评：

继2010年和2011年，雪佛兰科鲁兹先后在优酷平台推出11度青春系列微电影《老男孩》和《父亲》后取得了巨大成功，2014年，最新打造的青春微电影三部曲之《摘星的你》无疑将雪佛兰科鲁兹与年轻人之间的情感联系更进一步。这种情感联系是建立在整合线上线下的宣传方案的基础之上的，并以体验式互动营销传播品牌形象，凸显品牌的差异性。

——王伟明

一汽丰田rav4：《阿伦与春晓》微电影

广 告 主：
一汽丰田
广告代理：
新势整合

一汽丰田在2012年末推出RAV4微电影《阿伦与春晓》，借此传达“尽情尽兴”品牌理念，面临如何在众多微电影中脱颖而出的挑战。微电影收视普遍缺乏内容引导，观众不了解节目的类型，无法判断是否适合自己观看，如果从内容引导方面让观众了解，便能吸引对应兴趣的用户收看。根据RAV4的“尽情尽兴”主题定制Pad视频专刊，PPTV以电影中的城市与人为线索，为观众推荐优秀的城市情感影视剧，巧妙地将《阿伦与春晓》、《婚姻保卫战》、《男人帮》影片集合在视频专刊里。

背景

汽车行业纷纷借助微电影或者结合影视剧进行内容植入进行传播，一汽丰田在2012年末推出RAV4微电影《阿伦与春晓》，借此传达“尽情尽兴”品牌理念，面临的挑战是：如何在众多微电影中脱颖而出?

营销目标

目标：提升微电影的播放量

目标受众

结合PPTV平台用户人群特征，得到贴合目标受众的PP人群为Pad端的高端用户群体（具有购买力、高学历、30至45岁黄金年龄段、移动收视偏好明显）

执行时间

2012年10月26日－11月22日

创意

媒介渠道洞察：
微电影收视普遍缺乏内容引导，观众不了解节目的类型，无法判断是否适合自己观看，如果从内容引导方面让观众了解，便能吸引对应兴趣的用户收看

传播策略

结合电影三部曲打造专区

执行

根据RAV4的“尽情尽兴”主题定制iPad视频专刊，PPTV以电影中的城市与人为线索，为观众推荐优秀的城市情感影视剧，巧妙地将《阿伦与春晓》、《婚姻保卫战》、

《男人帮》影片集合在视频专刊里

效果

1.品牌TA：20至40岁女性

推广目标：提升品牌知名度及喜好度

评估工具：PV&CLICK，评估是否达到预估值。

2.四周推广期内，视频专刊总点击近18万，《阿伦与春晓》VV:28.491

点评：

在汽车行业纷纷借助微电影或者结合影视剧通过内容植入进行传播的背景下，一汽丰田在2012年末推出RAV4微电影《阿伦与春晓》，借此传达“尽情尽兴”品牌理念，该则微电影结合PPTV平台用户人群特征，贴合Pad端的高端用户群体（具有购买力、高学历、30至45岁黄金年龄段、移动收视偏好明显）为目标受众人群，洞察媒介渠道，从内容引导方面让观众了解其微电影，根据RAV4的“尽情尽兴”主题定制iPad视频专刊，PPTV以电影中的城市与人为线索，为观众推荐优秀的城市情感影视剧，巧妙地将《阿伦与春晓》、《婚姻保卫战》、《男人帮》影片集合在视频专刊里，同时结合电影三部曲打造专区，表现RAV4在都市·性情·追爱中的魅力，达到其传播目的。

——许正林

上海通用汽车—雪佛兰迈锐宝

广 告 主：

上海通用汽车—雪佛兰迈锐宝

广告代理：

华扬联众数字技术股份有限公司

迈锐宝作为雪佛兰旗下重点打造的中高级车，虽然有八代历史，但作为一款全新车型在中国市场的知名度并不高。新浪微博已成网民社会化行为的中流砥柱，发展成熟并正式开始商业化。借微博商业化契机将迈锐宝的品牌植入进去，打造一个划时代的社会化营销事件，充分提升迈锐宝的知名度和好感度。策划案以独创的“微博史诗”让网友在回顾其微博历程的同时，回归心灵的本源，体现迈锐宝真我本色的品牌内涵。

一、背景/挑战

1. 新浪微博已成网民社会化行为的中流砥柱，发展成熟并正式开始商业化。

2. 迈锐宝作为雪佛兰旗下重点打造的中高级车，虽然有八代历史，但作为一款全新车型在中国市场的知名度并不高。

3. 迈锐宝上市后所传播的“真我本色 驾享有为人生”品牌理念需要让消费者得到进一步的感知和认同。

二、目标

借微博商业化契机将迈锐宝的品牌植入进去，打造一个划时代的社会化营销事件，充分提升迈锐宝的知名度和好感度。

三、策略

以独创的“微博史诗”让网友在回顾其微博历程的同时，回归心灵的本源，体现迈锐宝真我本色的品牌内涵。

“在微博，你第一次对世界发出声音；

因为微博，你结识了很多好友，开始分享你的喜怒哀乐；

通过微博，你经历了很多社会大事件。

因为你的参与，这个世界开始有了改变。但你始终保持真我本色，铭记着出发时的荣耀。”

通过“微博史诗”与多个好友的分享，使传播产生裂变效应，自然而迅速地扩大活动的影响力。

创举性利用新浪微博与迈锐宝联合巨献：新浪微博首次对外开放后台数据、第一次深入的商业合作。

四、执行过程

以两年多来新浪微博上流动的社会性大事件为背景；

追寻用户的第一条微博、第一个评论、第一位关注与粉丝，第一张照片……根据语义分析，抓取用户发布的“喜、怒、哀、乐”的微博，追溯微博记忆的碎片；

通过后台数据抓取，得出用户在微博上互动最紧密的朋友；

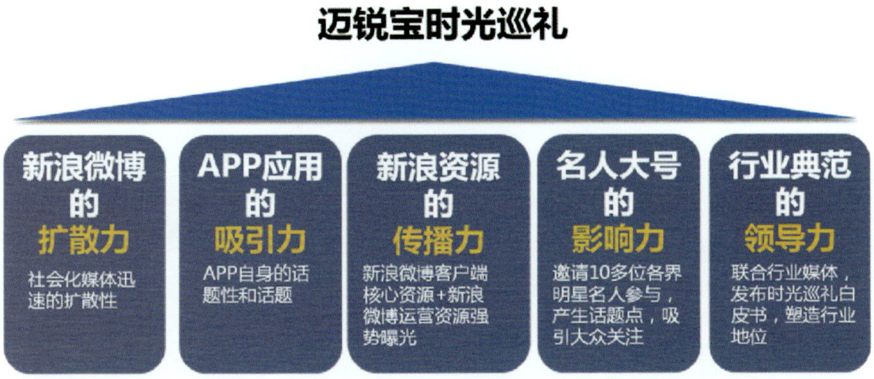

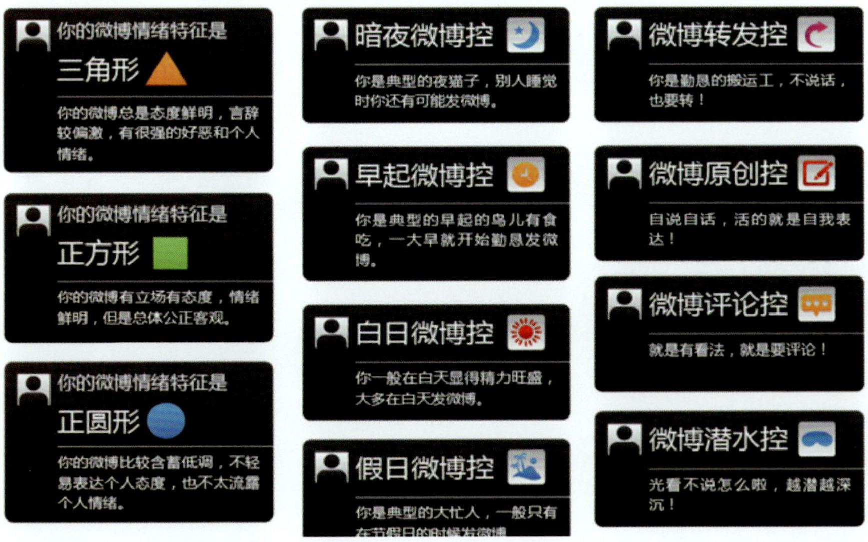

同时提供了一份有趣的心理和行为分析，总结用户发微博的时间、行为、情绪和性格特征，并以数据视觉化的方式，总体呈现中国人在微博上的行为模式与性格特征，其心理学模型由北大心理学博士、芝加哥大学博士后研究学者、现北京大学前沿交叉学科研究院讲师葛鉴桥博士根据国际知名的五大人格模型，结合微博特征整合而成。

最终形成一部时长三分半钟、实时呈现的3D影像的个人微博史诗。

"迈锐宝时光巡礼"五大法则

第一法则：新浪微博的扩散性

发布内容：

我刚主演了@雪佛兰 #迈锐宝时光巡礼#！追溯我微博的心路，回归我心灵的本源，原来我第一位关注是@ 、第一位粉丝是@！@ 是评论我最多的人，我最@ 的人是@，快来开始你的时光史诗吧。

用户可以自行编辑内容，而被@出来的用户是参与者微博上互动比较多的好友，形成互动，进一步扩散活动的影响力

第二法则：APP应用的吸引力

强大的语义分析和性格分析，与新浪全面无隙合作，调用微博的全部后台数据库

互动影片将网络时代每个人的碎片化信息流重新整合，以两年多来微博上流动的社会性大事件为背景，与用户共同回溯自我的微博心路，帮助人们以前所未见的生动方式，审度自己的心路历程。

微博分析结论：（左下图）

第三法则：鼎力支持，新浪资源的传播力

整合新浪门户和新浪微博资源，同时，首次使用微博非售卖应用资源，新浪微博、迈锐宝携手巨献，引发强势关注。

第四法则：

名人、红人扩散、话题炒作

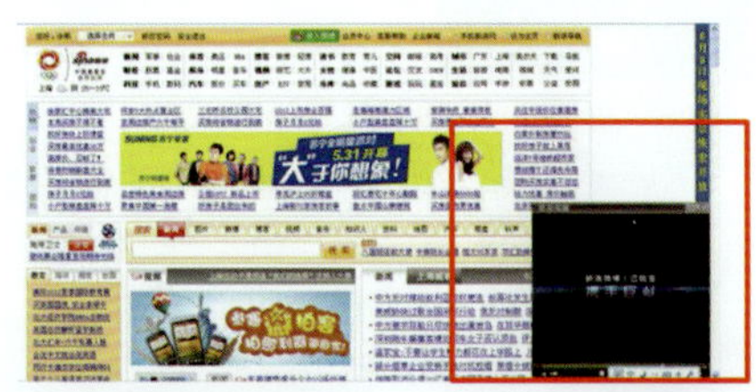

新浪频道账号鼎力支持

根据名人的特性，选择不同的新浪频道官方账号进行二次转发

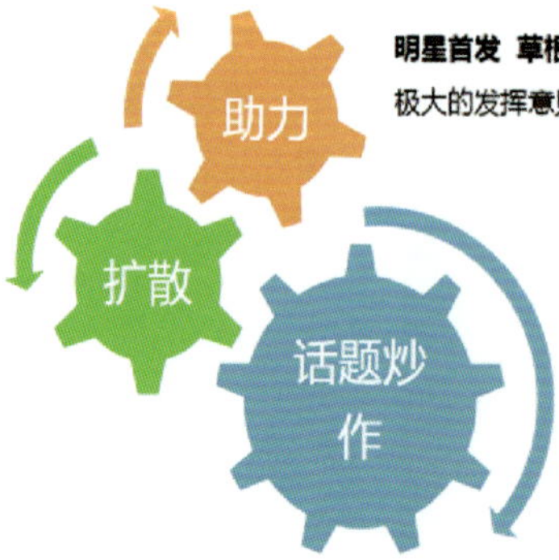

明星首发 草根红人转发

极大的发挥意见领袖的作用，确保传播的扩散性。

针对不同话题 借助红人造势

依照不同调性的话题，借势符合相应属性及已拥有大量目标受众关注特性的账号，形成二度传播生态圈。

何炅 V ＋加关注

这个好玩！还有点感动！我刚主演了@雪佛兰 #迈锐宝时光巡礼#！原来我第一位关注是@李维嘉、第一位粉丝是@陈曦！@企鹅祎 是转发我最多的人，@何润东 是我最@ 的人！快来体验你微博的时光史诗吧！http://t.cn/zOxsjCo

沈宏非 V ＋加关注

我刚主演了@雪佛兰 #迈锐宝时光巡礼#！追溯我微博的心路，回归我心灵的本源.原来我第一位关注是@木木、第一位粉丝是@草根自荐！@姚敏5201314 是评论我最多的人，@佛者見佛魔者見魔 是我最@ 的人！快来体验你微博的时光史诗吧！http://t.cn/zOxsjCo

新浪视频 V ＋加关注

更为期待谢娜与张杰的爱情时光巡礼！到时候可别忘了PO出来供粉丝们围观祝福啊！

@谢娜 V：我刚主演了@雪佛兰 #迈锐宝时光巡礼#！追溯我微博的心路，回归我心灵的本源.原来我第一位关注是@李维嘉、第一位粉丝是@pzpc！@龙文昊 是转发我最多的人，@花一开就翔爱 是我最@ 的人！快来体验你微博的时光史诗吧！http://t.cn/zOxsjCo

5月22日 16:08 来自迈锐宝时光巡礼 转发(29167) | 评论(5950)

5月29日 11:02 来自新浪微博 | 举报 转发(21) | 收藏 | 评论(18)

星座爱情001 ＋加关注

时光巡礼绝对是个统计高手，李小璐这下不得不承认自己是个自拍狂！

@李小璐Super璐 V：我刚主演了@雪佛兰 #迈锐宝时光巡礼#！追溯我微博的心路，回归我心灵的本源.原来我第一位关注是@cathycheng生命的意义、第一位粉丝是@pzpc！@EMILY贺ZHU 是评论我最多的人，@Super王思洋洋哥 是我最@ 的人！快来体验你微博的时光史诗吧！好玩，你也试试哈！@kami静 http://t.cn/zOxsjCo

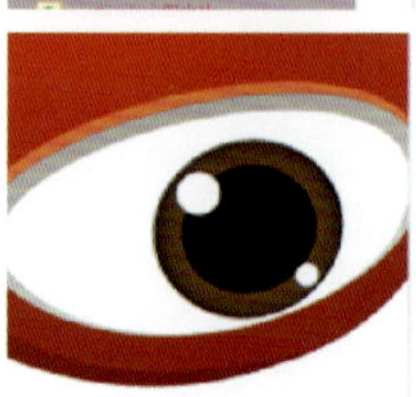

#微关注人物#陈思成也玩时光巡礼。没想到他第一位关注是@李冰冰、第一位粉丝是@默藏小狐仙。透过橙子的微博时光，我们很容易领会，回忆，不管痛的甜的，都是别人无法窃取的宝贵财富。http://t.cn/zOmHgob

@陈思成 V：我刚主演了@雪佛兰 #迈锐宝时光巡礼#！追溯我微博的心路，回归我心灵的本源.原来我第一位关注是@李冰冰、第一位粉丝是@默藏小狐仙！@only蜜宝 是转发我最多的人，@范雷 是我最@ 的人！快来体验你微博的时光史诗吧！http://t.cn/zOmHgob

笑多了会怀孕 ＋加关注

#时间是把杀猪刀#小时候多么单纯，只要给我们一包麦丽素，或是一根威化，我贿赂了。那些童年的美食，虽然现在吃起来不一定有儿时的味道，但是却勾起了遐思。透过#时光巡礼# http://t.cn/zOJz4oB，我们看见了过去，透过过去的回忆看见了童年的美丽。http://t.cn/zOFAAkc

第五法则：行业典范的领导力

雪佛兰和新浪联合发布：微博时光白皮书

整合传统媒体和新浪微博，发布微博时光白皮书，塑造行业典范

五、执行效果

1. 活动时间：2012年5月18日~6月30日，为期6周

2. 执行效果：

APP总应用量：近30万

新浪微博总话题数：1654846

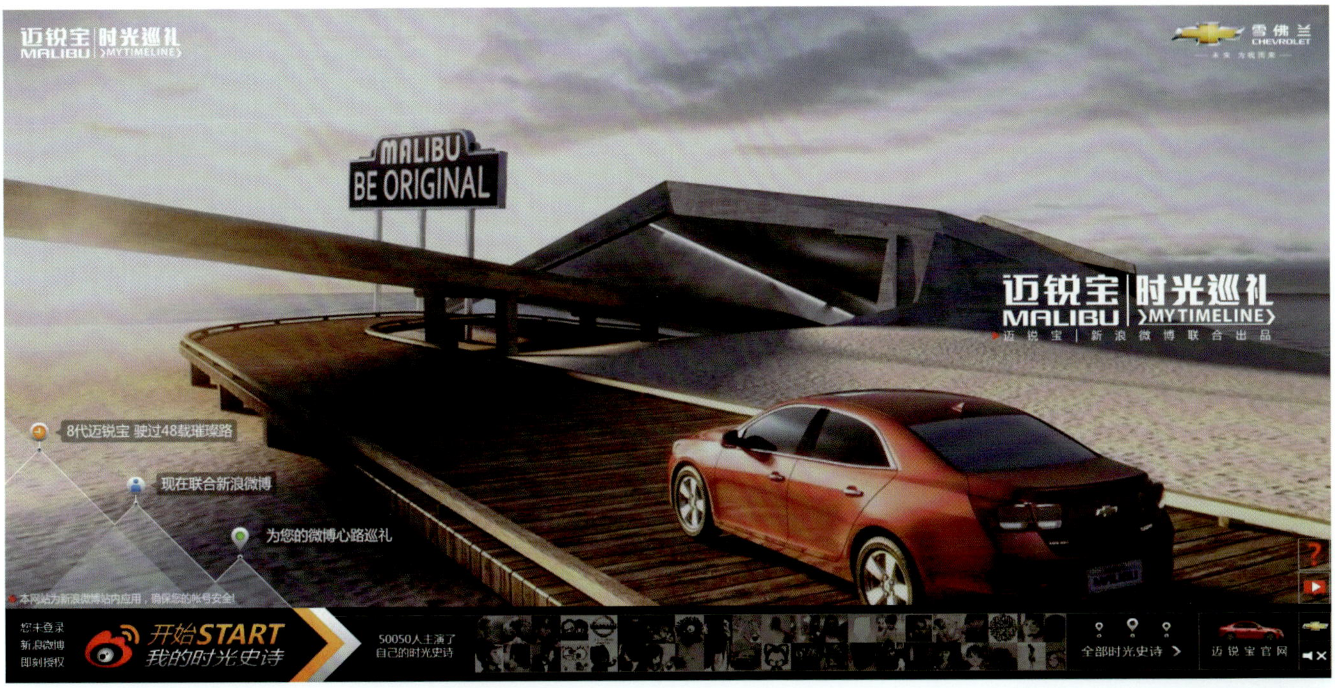

点评：

迈锐宝作为雪佛兰旗下重点打造的中高级车，虽然有八代历史，但作为一款全新车型在中国市场的知名度并不高。为了使其传播的“真我本色 驾享有为人生”品牌理念需要让消费者得到进一步的感知和认同，迈锐宝时光巡礼借微博商业化契机将迈锐宝的品牌植入进去，打造一个划时代的社会化营销事件，迈锐宝时光巡礼追寻用户的第一条微博、第一个评论、第一位关注与粉丝，第一张照片等各种“第一”，根据语义分析，抓取用户发布的“喜、怒、哀、乐”的微博，追溯微博记忆的碎片，充分提升迈锐宝的知名度和好感度。通过“微博史诗”与多个好友的分享，迈锐宝时光巡礼使传播产生裂变效应，用理性的数据分析制造出强大的感性诉求涟漪，知行合一，是一次利用新浪微博与迈锐宝联合巨献的创举。

——许正林

全新BMW 1系：搜索营销整合推广

广 告 主：
宝马中国汽车贸易有限公司
广告代理：
华扬联众数字技术股份有限公司

2011年12月中旬，全新BMW 1系都市型和运动型两厢轿车即将联袂上市。作为宝马最小、最年轻的车型，上一代1系以小巧、紧凑的车身以及秉承宝马出色的操控性能而得到了市场的认可，这次上市的全新1系不仅保留了这些经典元素，还首次融入了个性化套装理念：运动、时尚套装个性各选。面临日益激烈的紧凑型车型市场竞争，全新BMW 1系作为唯一的后驱车型亟需进行深入人心的市场推广，通过一台全新的“多媒体互动舞台剧”打造一场1系专属的独特发布会，提升受众对BMW 1系的UNIQUE特性的认知，从而推出“Line”的车型概念。

一、背景/挑战

1. 2011年12月中旬，全新BMW 1系都市型和运动型两厢轿车联袂上市。作为宝马最小、最年轻的车型，上一代1系以小巧、紧凑的车身以及秉承宝马出色的操控性能而得到了市场的认可，这次上市的全新1系不仅保留了这些经典元素，还首次融入了个性化套装理念：运动、时尚套装个性各选。

2. 面临日益激烈的紧凑型车型市场竞争，全新BMW 1系作为唯一的后驱车型亟需进行深入人心的市场推广，通过一台全新的“多媒体互动舞台剧”打造一场1系专属的独特发布会，提升受众对BMW 1系的UNIQUE特性的认知，从而推出“Line”的车型概念。

3. 同时作为新上市车型，全新BMW 1系面临巨大的销售压力。

4. 作为当今兵家必争之地的搜索引擎，如何通过不同的营销产品组合，既实现广泛覆盖、又兼顾深度影响，并要同网民实现良性互动，成为广告主面临的巨大挑战。

二、目标

1. 最大范围内吸引目标受众关注全新BMW 1系上市的信息，借助BMW 1系首次推出设计套装这一卖点，增强市场上对全新BMW 1系的认知度与识别度；

2. 新车发布会直播，让更多的人能够在搜索引擎范围内直接欣赏到全新BMW 1系的多媒体互动舞台剧；

3. 推广全新BMW 1系的上市视频，扩大感性告知范围，强化“Line”概念和“UN1QUE”特性；

4. 增强BMW官方与受众的互动，提升BMW官方微博的粉丝量；

5. 提升全新BMW 1系的在线预订和在线预约试驾，协助实现线下销售，扩大全新BMW 1系的市场占有率。

三、策略

1. 紧贴消费人群特性

全新BMW 1系的目标消费者年轻有活力，喜欢探索未知事物，喜欢创新，更是网络媒体的深度使用者，特立独行的创新式营销更能引起其关注。

充分利用并发挥百度和Google多种搜索产品可搜索、可展示、可互动的天然营销优势，锁定关注BMW、关注全新BMW 1系、关注BMW企业营销活动的目标受众。

2. 结合热点营销方式满足不同的推广目标

拉：

运用大曝光，丰富创意形式的搜索产品，达到最大范围内对目标受众进行全新BMW 1系上市信息的广而告之；

利用常规+创新的搜索产品来拉动网民关注推广信息，突出，明确全新BMW 1系是唯一的紧凑型后驱车的车型定位，提升BMW的品牌形象和车系本身的产品质感，吸引网民在线观看发布会直播及预约试驾。

推：

利用视频营销和微博营销等时下热点营销方式，推动官方宣传与网民口碑传播形成良性互动。

3. 传播平台立体式创新整合推广

引擎内：

百度品牌专区：跨媒体平台(百度+优酷) 实现在线直播；整合捷径进行在线直接预约试驾吸引目标人群，深化“运动型两厢轿车”定位；在线视频+微博互动等体验式营销推广激励网络用户观赏及自发分享传播，从而增强网民参与性及互动性；

以常规竞价搜索覆盖主动搜索的目标受众，推动全BMW 1系上市信息的广泛传播与体验 。

引擎外：

网络联盟：百度鸿媒体和Google网盟的视频推广，最大化扩展上市信息的告知范围；

微博营销：Google网盟与BMW新浪官方微博数据对接，内容同步更新，在宣传1系上市信息的同时宣传推广了BMW官方微博，增强BMW与网民的互动。

四、执行过程

1. 首创性地引入跨媒体+搜索结果页在线观看新车发布会直播的创新合作。协调优酷与百度等各方，在品牌专区中iframe优酷的在线直播地址，继而百度负责接收由优酷现场发送的发布会信号，并同步切换到品牌专区购买词的搜索结果页，以浮层形式播放；

2. 首次在网页进行捷径形式推广，在线填写全新BMW 1系的试驾表单；

3. 在品牌专区中同时引入在线播放视频和微博互动，定期更换视频，实现BMW新浪,腾讯两大官方微博内容的同步更新，增强与网民的互动；

4. 此次推广将BMW的品牌词和1系词子专区全面调整为个性化定制专区，主要分为视频推广，在线直播，微博互动，产品展示，在线预约试驾（捷径）和网友分享几个模块；

5. 同时还有竞价搜索，鸿媒体-异形包框视频，Google常规网盟推广和Google微博营销的全方位立体配合，全面抓取全新BMW 1系的核心受众。

媒介表现：

百度个性化定制品牌专区广告

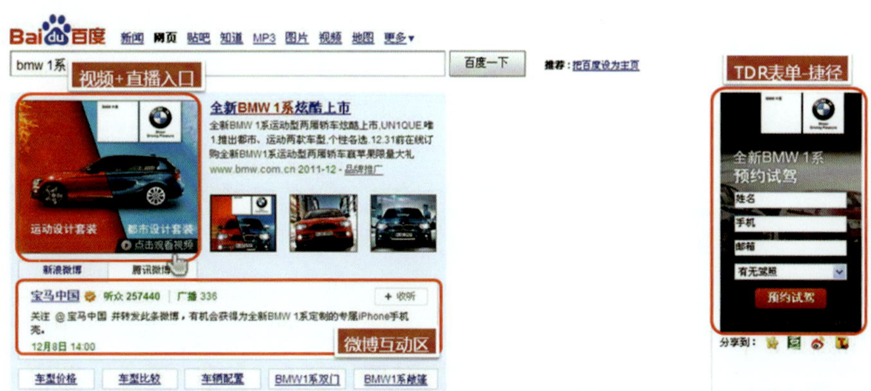

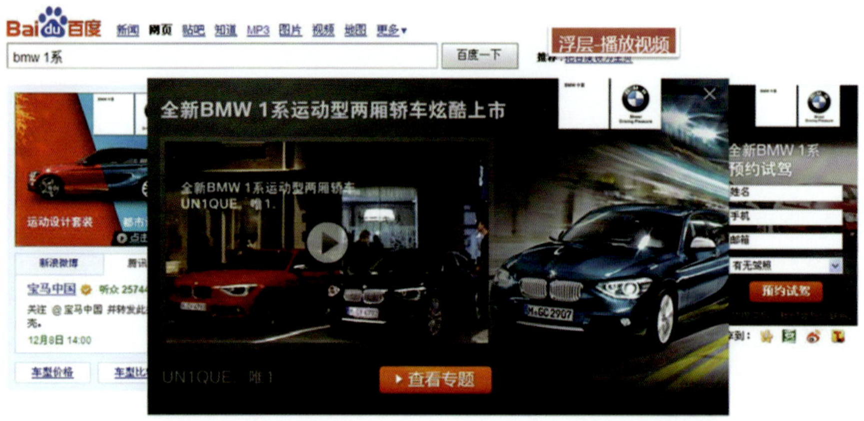

竞价关键字广告

百度鸿媒体广告

五、执行效果

1. 活动时间：2011年12月15日至2012年2月14日，为期2月

2. 媒介投放：人民币1641000元

3. 执行效果：

1小时内通过专区观看直播人数统计：1019；

预约试驾人数：1200人次；

视频播放量：793万；

BMW官方微博访问量：超过6万

推广期间，关键词“宝马1系”的检索量大幅上升

硬广方面：

总曝光数：98551283

总点击数：842170

CPC：￥1.9；CTR：0.85

定制化专区相对于常规样式专区的CTR提升了70%

广告主评价：“本次全新BMW 1系新车发布上市的SEM推广取得了很好的效果，从品牌层面上来讲，让更多的人对BMW 1系新车上市信息产生了一定的关注，这对BMW 1系这款新车来说也是我们最需要的：关注，进而产生了解的需求。同时对后续的销售层面也会有一定的推动助益。尤其是百度品牌专区，首创性的引入跨媒体+搜索结果页在线观看新车发布会直播的创新式营销，大大提高了网民对于全新BMW 1系的新车辨识度，同时结合竞价搜索，网盟营销和Google微博营销等多种方式的全方位立体配合，提高了全新BMW 1系的核心受众覆盖面。”——BMW SEM推广负责人

媒体（百度）评价：打破固有样式，通过百度品牌专区直播宝马1系新品发布。创新的想法、富有冲击力的视频，炫酷的样式，成为时尚一族关注的话题，影响面巨大，同时展现了品牌运动，追求卓越的个性。

Google Content Network广告

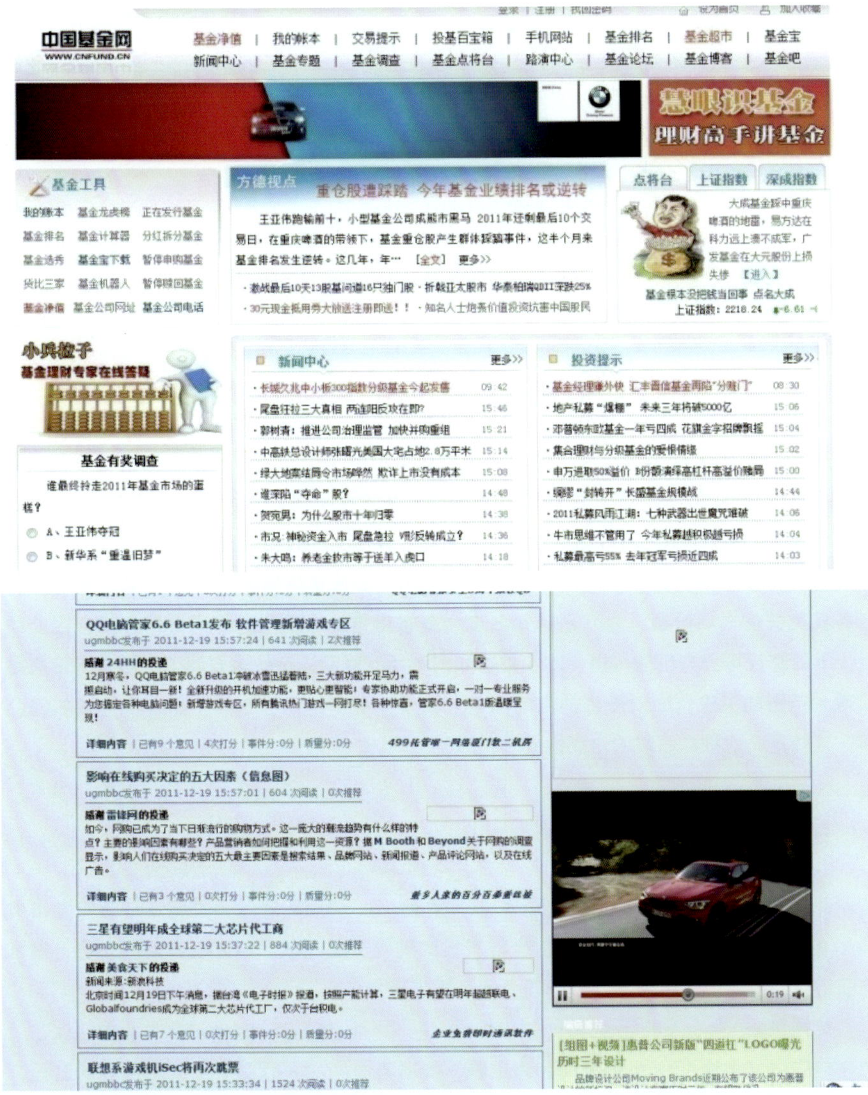

Google Content Network–微博营销广告

点评：

在竞争白热化的多媒体广告中，要想吸引已经审美疲劳的眼球们可不是件轻巧活，除了要拿出富有个性的创意，更要做到富有个性的执行，才能使客户的诉求最快最直接地到达。全新BMW1系的这次广告执行过程正是利用主流网络媒体搜索、展示、互动的营销优势，并锁定BMW的粉丝和相关目标受众，通过在线观看新车发布会直播、在线试驾预约等活动，以及竞价搜索、微博互动、产品展示、异形包框视频等多种个性化服务形式，实现了线上线下的一次全新互动。对于互联网流媒体的整合传播方式，可说是一次有创新意义的广告运动。

——韩志翔

奥迪A7：灵感天成

广 告 主：
奥迪汽车
广告代理：
互动通控股集团

广告以“奥迪A7：灵感天成”为主题，传播奥迪A7“不仅是一个艺术创作的过程，更是一次从无到有的灵感极致呈现”的传播理念，突显产品优雅的品质感，并运用富媒体技术，通过疯狂流媒体的浮层动画效果以及iCast视频的全方位视角，来突出展示A7轿车. 此次推广，在富媒体广告传播上，动感勾勒出奥迪A7的轮廓，以艺术的方式，向这世界难得的纯粹灵感致敬。期望吸引消费人群，增加产品销量，同时传递奥迪品牌卓越领先的品质与形象。

传播背景

奥迪A7这个产品线最初披露时，一直鲜有与之相关的设计图纸、谍照之类的新闻出现。有不少人都认为，A7只不过是奥迪吸引注意力的一个噱头，甚至还停留在草图设计阶段。经过几年的酝酿，奥迪A7终于揭去面纱，正式在中国上市。

作为填补A6与A8之间市场空白的全新车型，奥迪A7锁定的目标人群是既懂得享受生活又喜欢驾驶激情的成熟精英人士。如何在短时间内快速传播奥迪A7新产品、迅速抢占商务精英群体市场份额、提升品牌知名度和美誉度是此次推广的传播目标。配合线上线下、平面影视等全方位的传播，本次推广如何利用互联网这个快速媒体，在短时间使产品获得大范围的关注；面对激烈的市场竞争，以及消费者的理性选择，品牌精神该如何凸显，这些是此次推广面临的传播挑战。

传播目标

此次推广，在富媒体广告传播上，以“奥迪A7，灵感天成”为主题，动感勾勒出奥迪A7的轮廓，以艺术的方式，向这世界难得的纯粹灵感致敬。期望吸引消费人群，增加产品销量，同时传递奥迪品牌卓越领先的品质与形象。

传播策略：

广告以“奥迪A7：灵感天成”为主题，传播奥迪A7“不仅是一个艺术创作的过程，更是一次从无到有的灵感极致呈现”的传播理念，突显产品优雅的品质感，并运用富媒体技术，通过疯狂流媒体的浮层动画效果以及iCast视频的全方位视角，来突出展示A7轿车，投放在网易、搜狐、凤凰、新浪等综合门户类网站的汽车主页，流畅动感展示广告效果，意在向受众传达，奥迪A7不同于其他座驾，它是设计师对汽车最纯粹的解读。

执行过程

内容创意上，紧扣“灵感天成”主题，文案“比艺术创作更伟大的，是坚持灵感的纯粹呈现” 诠释到位，画面上，结合平面广告的整体风格，从三笔灵感而来的优美线条，不断加入精雕细琢的设计细节，到最终呈现出完美的奥迪A7。表现奥迪A7“不仅是一个艺术创作的过程，更是一次从无到有的灵感极致呈现”的传播理念，突显产品优雅的品质感，吸引精英群体的注意。

根据产品和受众分析，此次推广采用点面结合的投放方式，最大化提升广告效果。互动通打破原有单一网络广告传播，为奥迪A7提供了全方位的网络媒体投放传播方案。

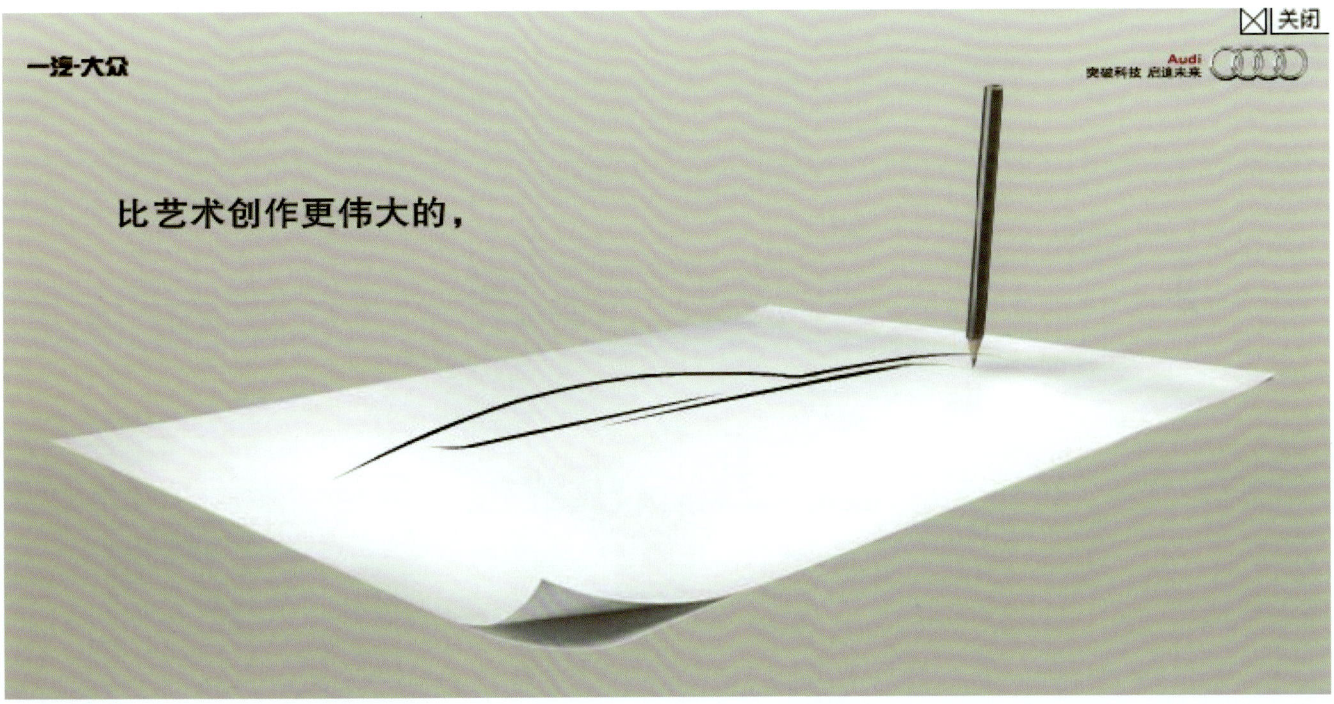

结合互动通多样化的视频广告形式（疯狂流媒体、动态全屏、全屏下推、浮层、可控视频等）在门户类网站同步推送。包括具有广泛影响力的门户网站如新浪汽车首页、搜狐汽车频道首页、网易首页、网易股票首页、凤凰网首页等优质媒体，全面覆盖受众群，扩大营销范围和影响力，从而提高产品及品牌知名度。

传播效果

此次网络推广，有效地配合了奥迪A7上市的整体传播，多效富媒体技术将“灵感天成”的概念完美诠释，各大门户网站的曝光点击，有效覆盖受众群，实现全方位曝光展示，引起大量关注。2011年11月21日开始投放,广告投放一个月时间，曝光量达到1500多万，点击量25万多，多效的富媒体技术将“灵感天成”的概念完美诠释呈现，为奥迪A7的传播带来巨大的曝光与关注。

点评：

如果说文学艺术作品是在灵感和创作冲动的完美结合中诞生的话，奥迪A7富媒体广告的表现，可说是广告作品中灵感的极致呈现。以极简的三撇从车身轮廓到富有个性魅力的细部勾勒，凸显了奥迪A7品牌卓越的品质与形象，在千篇一律的汽车广告中可说是神来之笔；广告的执行也很有特色，在各大网站的主页上运用浮层动画效果，将平面线条幻化成立体画面，没有花哨的色彩，反而非常抢眼；而且将大块背景在页面的字毯前面透明处理，既抢眼又不招人厌烦；动画处理时间掌控也非常到位，瞬间给上网的受众以极其深刻的印象，“灵动天成”可说是实至名归。

——韩志翔

优酷

凤凰网

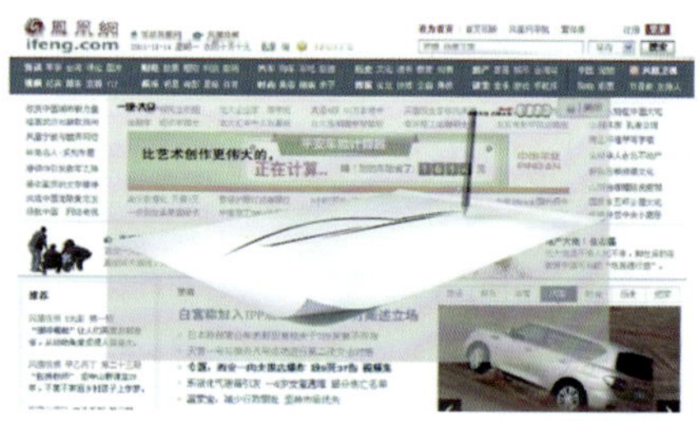

网易

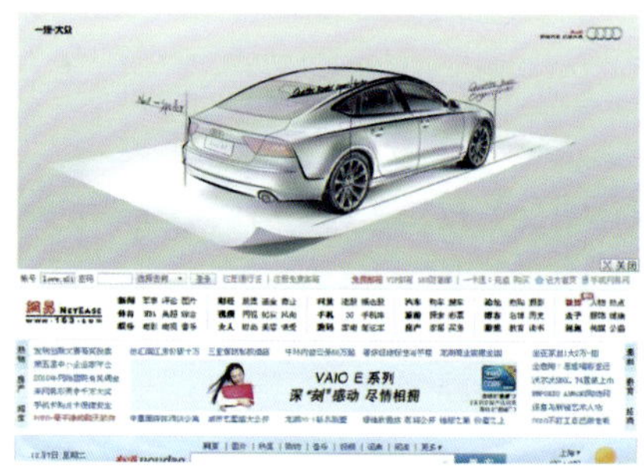

搜狐汽车

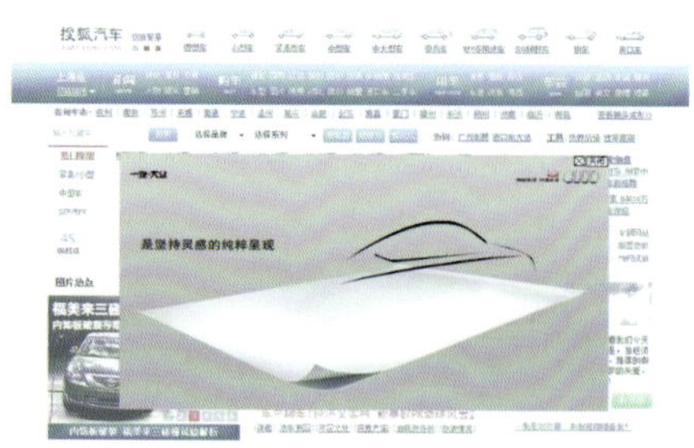

新浪汽车

奔驰GLK：势在，必型

传播挑战

2012年10月新一代梅赛德斯-奔驰GLK级豪华中型SUV在北京上市。在富媒体广告推广上，创意遇到的挑战是：如何跳出视频网站单纯播放故事的现状，创造可以让消费者身临其境的驾驭感？视频对于消费者的重要性日增，我们要如何善用其形式，真正扩大传播力度？具体到创意元素上，有哪些元素可以利用，配合诠释画面，从而真正震撼人心？

传播目标

吸引促进目标受众购买产品，提高奔驰GLK的销售量；通过定向技术对奔驰GLK的目标受众进行大量产品曝光，同时为奔驰GLK2013年新车上市造势；提高目标受众对奔驰GLK的认知度，传递奔驰尊贵、优雅、年轻动感和富有激情的多元品牌内涵，加强和消费者之间的情感沟通；通过本案实现对常规投放的有效补充。

创意阐述

在奔驰GLK品牌TVC的基础上，运用专业、绚丽的流媒体技术，将奔驰GLK的特性（震撼人心的设计、浑厚澎湃的动力，灵动洒脱的操控，以及不胜枚举的全新配置）动感写实地表现出来，令消费者体会到真实驾驶的快感。选取黄沙、水滴的元素，配合传统TVC的土坡、水坑的场景播放，实现对黄沙和水的现实穿越，从而传递奔驰尊贵、优雅，年轻动感和富有激情的多元品牌内涵，加强和消费者之间的情感沟通。

传播策略

奔驰GLK的目标人群以25至40岁的男性为主，他们收入高，多从事金融、房产、IT等行业，大部分是年轻进取的企业家和企业高管、意见领袖，有较高的社会地位，生活品质高，追求社会地位。他们认为品牌是身份的象征，他们充满活力，思维开放。根据目标人群分析，利用Look-alike技术，匹配目标受众特征的cookies群，匹配目标人群浏览习惯的媒体群，只有并且仅当投放的cookies浏览选定媒体群时，广告才能得到展现。

执行过程

根据受众特性以及客户的推广目的，在投放策略上，匹配目标受众特征的cookies

广 告 主：
梅赛德斯-奔驰（中国）
汽车销售有限公司
广告代理：
互动通控股集团

2012年10月新一代梅赛德斯-奔驰GLK级豪华中型SUV在北京上市。为宣传此次新车上市，在富媒体广告推广上，此次创意遇到的挑战是：如何跳出视频网站单纯播放故事的现状，创造可以让消费者身临其境的驾驭感？根据受众特性以及客户的推广目的，在投放策略上，匹配目标受众特征的cookies群，筛选互动通以往的投放收集的cookies，匹配GLK 目标人群，建立Launch Cookies库作为投放主要依据；匹配目标人群浏览习惯的媒体群，通过目标人群网络浏览习惯，选择优质媒体覆盖目标人群；只有并且仅当投放的cookies浏览选定媒体群时，广告才能得到展现。同时传递出品牌高端、大气、上档次的品牌形象。

群，筛选互动通以往的投放收集的cookies，匹配GLK 目标人群，建立Launch Cookies库作为投放主要依据；匹配目标人群浏览习惯的媒体群，通过目标人群网络浏览习惯，选择优质媒体覆盖目标人群；只有并且仅当投放的cookies浏览选定媒体群时，广告才能得到展现。具体针对GLK Launch项目， 共有138万cookies，主要来源于两个部分：

Part1: 互动通曾经投放汽车，金融，高端生活客户广告中，观看过广告cookies数量为60万，主要来源为：

行业类别	汽车类	金融类	高端生活类
包含（但不局限）	奥迪、英菲尼迪、沃尔沃、雷克萨斯	中国银行、招商银行、人民保险	苏富比、谢瑞麟
Cookies占比	43.70%	32.70%	23.60%

Part2: 互动通数据库中已有的，匹配GLK目标受众特征的cookies数量大概为78万：年龄在25至40岁之间，男性用户为主，经常访问财经、汽车、房产、旅行类媒体或者汽车测评，导购类网。

利用Look-alike技术即cookies近似匹配技术，把数据库中cookies同汽车类样本库cookeis匹配，能够近似匹配的，展现奔驰GLK广告。

广告展示：

根据不同的媒体采取不同的广告形式。在新闻门户和垂直媒体上采用视窗、底符通栏展示广告；在视频类媒体采用iStreaming视频贴片展示广告。

投放效果

此次投放中，选取了目标受众关注度较高的综合门户、新闻门户、视频类媒体、财经、体育、汽车、时尚和旅游八大类媒体共17家网站，本次投放统计23天的广告投放，广告曝光数16618017，点击数427646，曝光数和点击数分别是预估值的111.03%、190.49%，本次广告投放得到了较好的曝光效果和互动效果。

iStreaming视频贴片

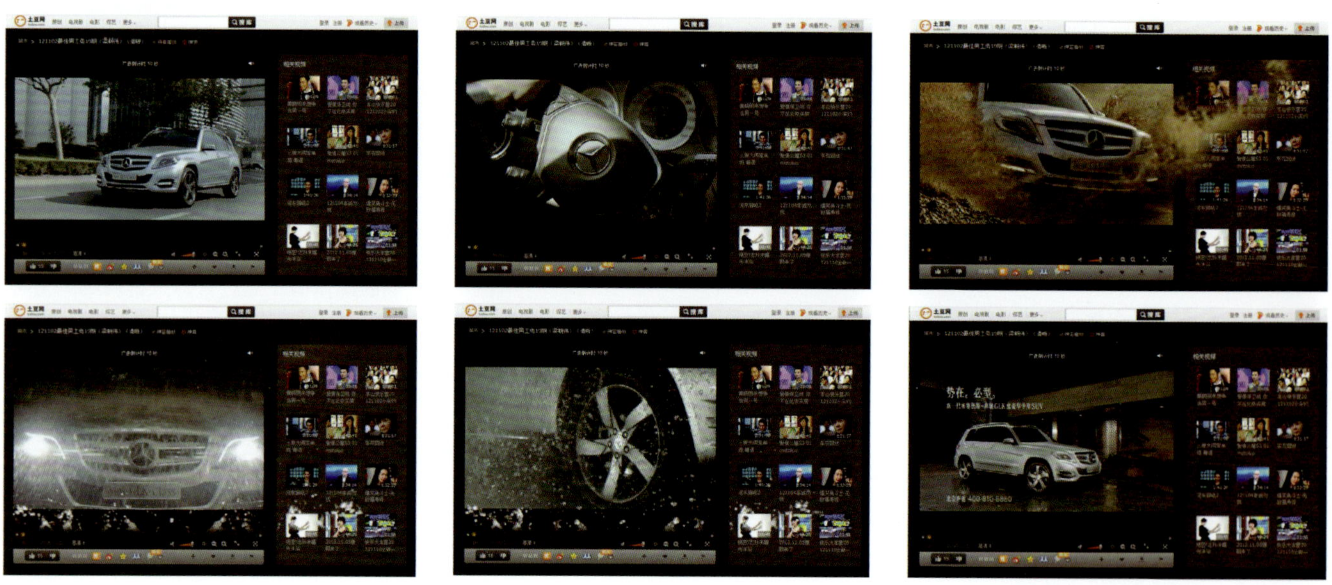

视窗广告

底浮通栏广告

点评：

奔驰GLK的这支视频广告，最大的亮点是突破固有的表现形式，将周围的页面作为画面的延伸，来最大限度地表现豪车尊贵、优雅之外的彪悍，以富有张力的动感画面—黄沙和水珠飞溅到画面以外，产生的强烈视觉效果以及类似冲沙和冲浪的感受，给浏览的网友的震撼就不言而喻。这种手法以往多运用在书籍装帧和户外广告上，有一种速度和突破的形式感。在具体执行时分寸要拿捏得好，才不会产生“以邻为壑”的效果。随着流媒体表现手法和技术的日臻完善，希望以更多变的形式出现在更多样的媒体上。

——韩志翔

广汽丰田逸致：快到手机里来

广 告 主：
广汽丰田
广告代理：
互动通控股集团

逸致的目标消费人群以建立了家庭的男性为主，是追求时尚活力的人群。他们年龄在30至45岁之间，在大中城市定居，年收入在15至30万元。他们懂得品味时尚、崇尚时尚而不追求奢华。他们对车辆的消费态度也更理性、务实和多样化。他们熟悉新媒体，社交媒体分享是他们生活的一部分。

针对家庭消费者，创造和他们一起分享的快乐，嵌入以逸致品牌为载体的互动体验，让消费者参与快乐体验的创造。进而利用新媒体的“共享”精神，让更多的人分享快乐瞬间，深远传递逸致品牌“承载幸福生活”理念。

传播背景

随着人们生活水平的提高和消费观念的转变，中国汽车消费进入一个全新的多元化消费时代，人们在用车选择上更注重商务和交通兼顾、时尚和实用并重。在这种新需求的驱动下，多功能车市场成为新的增长点。

逸致是国内首款融合了中高级轿车、MPV和SUV三种车型特征的新型多功能车——FUV。2013年夏，逸致启动全能家庭总动员活动，在土豆、逸致官网、官微上线了一段精彩的逸致动物乐园视频。

但单纯的视频传播难以吸引关注，我们要如何善用其形式，才能焕发视频广告的活力；新媒体时代，如何找到有趣点来吸引消费者，怎样和消费者做品牌沟通才能真正扩大传播力度?

传播目标

1. 制作手机APP，希望以生动有趣的双屏互动游戏形式，为家庭消费者创造美好的亲子同乐机会，带动家庭消费者在分享玩乐的同时感受逸致承载幸福生活的品牌理念。

2. 趣味游戏吸引消费者参与，加强消费者的品牌认知，增加试驾，进而提升购买。

消费者洞察

逸致的目标消费人群以建立了家庭的男性为主，是追求时尚活力的人群。他们年龄在30至45岁之间，在大中城市定居，年收入在15至30万元。他们懂得品味时尚、崇尚时尚而不追求奢华。他们对车辆的消费态度也更理性、务实和多样化。他们熟悉新媒体，社交媒体分享是他们生活的一部分。

针对家庭消费者，创造和他们一起分享的快乐，嵌入以逸致品牌为载体的互动体验，让消费者参与快乐体验的创造。进而利用新媒体的“共享”精神，让更多的人分享快乐瞬间，深远传递逸致品牌“承载幸福生活”理念。

传播亮点

在动物开着逸致飞驰的视频中，嵌入视频&手机双屏互动体验，当动物出现在画面中时可通过手机抓取、玩转游戏，核心创意在于通过手机识别声音，进而捕捉视频信息，实现双屏互动。

传播策略 / 媒体策略

搭建活动网站，将逸致动物乐园故事嵌入土豆视频网站，便于喜爱酷炫视频的目标受众透过搜寻有效连结，扩大传播覆盖面；在手机端，制作逸致掌上乐园创意APP，在链接视频故事的基础上，利用技术使手机识别视频中动物声音，完美实现双屏互动。

我们将此次活动引入到线下野外探险亲子体验营和购物中心数字互动体验中，结合Social Media分享，多渠道高效传播此次活动。在媒体策略上，此次结合目标受众关注较多的媒介，通过机锋网、木蚂蚁、安卓市场、91助手（ios)、同步推（ios)等多渠道推广，增加APP曝光，吸引用户下载。

执行过程

1.打造逸致掌上乐园APP，实现视频&手机双屏互动

互动一：视频&手机互动游戏

视频登录逸致官网官微或搜索“逸致动物乐园”视频，播放视频，扫描视频中的二维码，下载并安装逸致掌上乐园APP。

播放视频，当视频中出现动物时，手机识别视频里动物的声音产生震动，震动后2秒内迅速摇晃手机抓取动物。

互动二：微博分享

重复播放，直到集齐所有动物，分享至微博参与抽奖

互动三：预约试驾

游戏结束，点击返回首页，进一步预约逸致试驾，与线下实际活动互动。

2. 本次推广活动得到手机APP、土豆网、PC、Pad、户外、Social Media等多

官网嵌入土豆视频

点击Play

播放视频

抓取到的动物已进入手机画面

抓取到一种动物

集齐所有动物

微博分享@好友，抽取大奖

返回首页

点击预约试驾

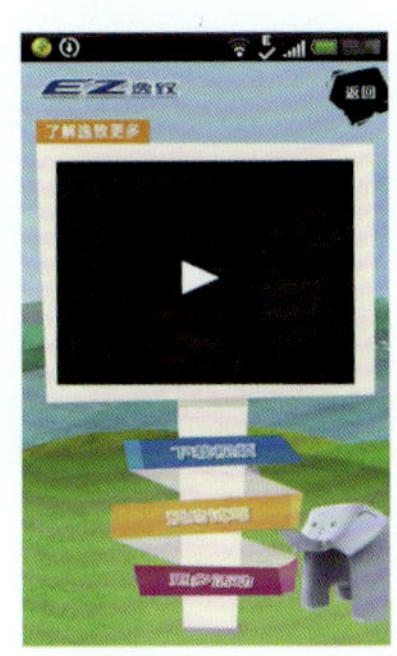
填写个人信息

渠道支持，并通过机锋网、木蚂蚁、安卓市场、91助手（ios)、同步推（ios)等媒介多渠道推广，增加APP曝光覆盖面。

木蚂蚁

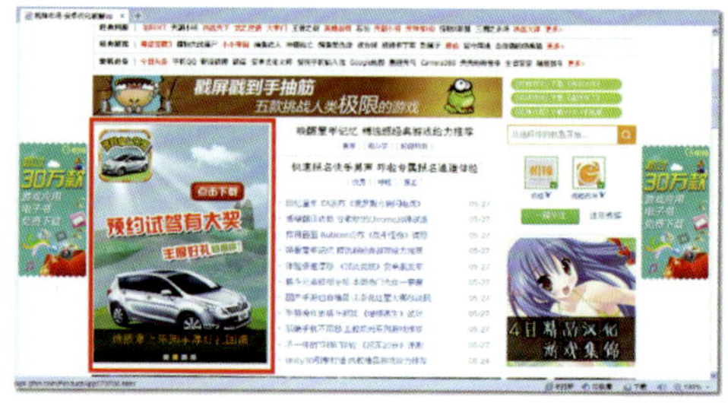

机锋网

91助手（ios）

同步推（ios）

安卓市场

传播效果

我们把游戏引入到野外探险亲子体验营和购物中心数字互动体验中，短短10天，视频播放数达到223162次。社群对话数量与质量都有明显的提升，新浪微博话题“逸致全能家庭总动员”讨论11496次。活动得到了手机APP、土豆网、PC、Pad、户外、Social Media等多渠道支持，单天APP最高下载量达到4195次。逸致品牌与受众真正零距离接触，获得有效深入的品牌传播！

点评：

如今的我们，身处于多种不同屏的时空。我们很难再去想象品牌传播只依靠单一的视频传播去吸引关注并获得成功。如何利用不同屏的优势，做到和消费者真正的沟通是我们致力于追求的目标。

而“快到手机里来——广汽丰田逸致视频&手机互动体验”为我们做了一次很好的示范。它成功地利用游戏这个有趣点，通过APP使消费者可以以游戏的方式去进行体验，并且利用社交媒体进行扩散，让用户更主动地加入到品牌传播的过程中，因而也激发了消费者的热情和积极性。这不失为一个成功的双屏互动案例。

——唐　超

铃木北斗星X5：越级上市

北斗星X5于2012年10月26日在河北省省会石家庄万达广场内隆重上市。

产品分析

1.优势：

良好的口碑，北斗星十多年的畅销为北斗星品牌创下了良好的知名度和美誉度。

高性价比，产品的性能在好的基础上又有了升级突破，可谓是加量不加价；在同行业品牌类比中综合性价比是最高的。

2.劣势：

售后服务待改进：据调查显示，北斗星在售后服务态度和质量上的客户满意度比较低，仍有待改进。

3.机会

国家优惠政策：每一个英雄的诞生都需要天时地利人和

天：时间段；地：品牌基础；人：发动机技术先进、油耗低，环保，享受国家三阶段油耗达标补贴3000元。

4.威胁

来自竞品的激烈竞争：数据显示，5万元左右车型去年年销量TOP5车型：奇瑞QQ3、比亚迪F0、奔奔mini、自由舰、乐驰的销售成绩不俗。

跨界车型难以接受：北斗星X5作为一种跨界车型，属于微轿。这种概念在广义的汽车类型划分上可能会存在质疑，而这种质疑会导致购买的犹豫。

5.消费者分析：

年龄：年龄25至45之间，以已婚有子女的男性为主。

群体：自主创业的小企业业主，私营企业业主，是创业初期或事业上升期的中青年群体，多数从事批发零售或加工制造业 。

购车需求：购车以日常家用为主兼顾商用，看重车辆经济性和实用性。

活动策略

1.目的

广 告 主：

铃木

广告代理：

石家庄市星河广告有限公司

北斗星十多年的畅销为北斗星品牌创下了良好的知名度和美誉度。产品的性能在好的基础上又有了升级突破，可谓是加量不加价；在同行业品牌类比中综合性价比是最高的。但北斗星的售后服务态度和质量上的客户满意度比较低，仍有待改进。根据这些分析，制定了顺利完成北斗星X5的更新和上市；初步建立北斗星X5品牌知名度和美誉度等目标。通过有影响力的活动带动全方位的媒体宣传。为品牌宣传打响了第一炮。

顺利完成北斗星X5的更新和上市；初步建立北斗星X5品牌知名度和美誉度；北斗星X5意向或潜在客户收集；短时间快速提高来店访问量，吸引市场关注，促进销售；借新品上市，通过媒体宣传唤醒受众对昌河其他品牌关注度。

2.上市会流程

（见表）

时间	项目	内容
15:00-17:30	预热	宣传片播放+现场人车彩绘
17:30-18:00	媒体、客户签到	播放暖场音乐，工作人员组织媒体代表进行签到
18:00-18:05	开场节目	水鼓舞
18:05-18:10	主持人开场致辞	主持人上场，宣布北斗星X5媒体上市会开始，致辞，介绍现场领导、嘉宾以及上市会的流程
18:10-18:15	领导致辞	相关领导上台介绍北斗星X5品牌信息及上市愿景
18:15-18:20	播放宣传片	昌河企业文化宣传片+北斗星X5上市宣传片
18:20-18:25	歌伴舞	红歌新唱
18:25-18:30	新车亮相	新车亮相，灯光舞台特效
18:30-18:35	民族器乐表演	民族器乐表演
18:35-18:45	现场互动	装车游戏（装纸箱、生活用品）
18:45-18:55	交车仪式	相关领导将钥匙交于购车用户
18:55-19:00	歌伴舞	现代歌舞
19:00-19:10	抽奖	主持人宣布开始抽奖、相关领导现场抽奖，发放奖品
19:10	结束	

3.上市会具体流程

前期预热：会场布置完成，26日下午3：00—6：00负责在万达广场内维持现场气氛，为上市会拢聚人气（主要是在LED屏上播放宣传片，不间断循环播放北斗星X5于6点上市的消息，现场将有人体车体彩绘活动，观众可填写抽奖券参与晚上发布会的抽奖活动）

会场布置

现场人体彩绘

现场来宾在签到墙上进行签到

气势长虹的水鼓舞表演拉开北斗星X5的上市会序幕，预示着北斗星X5上市前景红红火火，大气的表演能够瞬间吸引在场嘉宾及媒体目光，增加现场人气。

昌河汽车领导致开幕词

歌伴舞

将人们耳熟能详的红歌加入现代流行元素，歌者带动台下观众一起互动，带来现场的一个小高潮。

现场领导揭幕，新车亮相。

新车亮相后，进行极具特色的民族器乐表演，对现场观众带来惊喜同时能够吸引更多的顾客进行观看，为上市会增加人气，加大北斗星X5的宣传，昌河品牌的传播。

交车仪式

现场购车、订车用户交车仪式

现场抽取大奖

结束

北斗星X5上市会结束，合影留念。

媒体策略

通过对北斗星X5目标受众及受众媒体接触习惯进行分析，我们选择：

在以下媒体组合：

1.网络：配合上市，在上市10至12月期间选择易车网和太平洋汽车网首页、新闻页及地方车市页等汽车官网的重要位置，进行硬广投放+软文宣传，传递上市信息。

2.广播：选择邢台、沧州和衡水交通广播以及保定城乡生活广播多天连续播放X5上市活动宣传信息，扩大宣传范围。

3.报纸：选择影响力最强的《燕赵都市报》及各地市权威性较强的报纸分别进行硬广投放。

4.店内终端：

经销商前期店头宣传，对到店每一位客户传达上市信息；

对新老客户短信发放X5上市信息及产品性能卖点；

电话邀请客户参加现场活动；

自有论坛发布上市活动信息，招募人员参加。

点评：

汽车行业的竞争在我国早已进入白热化，在产品推广中任何“奇”招都有可能被厂商推向前台，而“铃木经典 大启未来——北斗星X5越级上市”在常规的新车发布会背后却无不凸显着理性的回归，既突出了产品优势（空间更大、外形更加大气、时尚，内饰更加精细化、技术更先进），又是紧紧抓住了消费的心里（品牌口碑好、高性价比），更是对品牌追求的进一步阐述。

——房振宏

东风日产系列：大银幕征程

广 告 主：
东风日产
广告代理：
央视三维电影传媒集团

经过多年发展，东风日产已经构建起行业领先的产品研发、生产制造能力与市场营销能力，其品牌早已家喻户晓。在此种情况下，品牌营销传播也逐渐回归理性：在媒体多元化的今天，如何实现汽车广告的最优效果？只有通过极具创新的传播方式才能有效满足精准传播的要求。
东风日产系列，从新骊威、玛驰、骐达，到阳光、新逍客，再到自主创新品牌启辰，秉承一贯的“人·车·生活”理念，广告系列重点诉求和传达人与自然的和谐，需要契合消费者情感共鸣的媒体平台来将其充分表达，提升精准消费人群对品牌的印象及偏好度，拉近与受众的距离，最终建立品牌意识及促进购买欲望。

经过多年发展，东风日产已经构建起行业领先的产品研发、生产制造能力与市场营销能力，其品牌早已家喻户晓。在此种情况下，品牌营销传播也逐渐回归理性：在媒体多元化的今天，如何实现汽车广告的最优效果？只有通过极具创新的传播方式才能有效满足精准传播的要求。

项目分析

近五年，是中国汽车市场竞争异常激烈的五年，各大品牌在各种媒体上进行着广泛的轰炸式投放。一方面印证了中国汽车市场的繁荣，但与此同时，其广告效果亦参差不齐，导致汽车广告主的品牌传播质量得不到保障。2012年CTR媒介智讯广告监测数据显示，全行业广告花费同比缩减16%，其下滑主因是交通工具传统媒体广告刊例花费超过18%。

东风日产系列，从新骊威、玛驰、骐达，到阳光、新逍客，再到自主创新品牌启辰，秉承一贯的“人·车·生活”理念，广告系列重点诉求和传达人与自然的和谐，需要契合消费者情感共鸣的媒体平台来将其充分表达，提升精准消费人群对品牌的印象及偏好度，拉近与受众的距离，最终建立品牌意识及促进购买欲望。

目标受众

电影市场高速发展，导致了小众高端人群养成了固定的观影习惯，我们将这群人称之为“常态观影人群”,他们是当今社会的中坚力量，主导着消费力的选择方向。他们平均年龄在25至34岁、平均可支配收入为4235元，70%为夫妻或情侣，88%的受众会和家人朋友讨论看到的电影广告；他们基本都属上班一族，热切渴望和追求美好向上的事业与生活，因此购买汽车的意愿十分强烈。以2011年一线城市“北上广”为例，6成观影受众表示今后打算购车（其中70%计划三年内购车）。

广告策略及执行过程

（一）“东风”尽与银幕和，万紫千红“画”中游

广告创意TVC重点诉求和传达人与自然的和谐，从情感共鸣角度出发，成功地将汽车的功能特性等融入，并成功展现于大银幕，拉近与受众的距离，并让受众很容易记住品牌所赋予的气质——让每一个人都能享受愉悦的高品质汽车生活！

“关怀每一个人、关爱每一辆车。”在东风日产的另一TVC《企业形象·精彩篇》

中，广告内容实现由“粗放”向“精细”的转变。“人、车、生活”元素的再次升华，完整传达企业理念，将色彩的运用发挥到极致。汽车作为人生活品质的承载体，在自然的怀抱中显得和谐而从容，一个全新的企业品牌形象跃然大银幕，深入观影受众内心深处。让深陷都市繁芜喧闹境遇的人们，听一个美丽的品牌历程故事，享受一场酣畅淋漓的视听盛宴。

（二）效果为王，银幕巨阵全景式深度挖掘品牌价值

东风日产之所以选择大银幕，看中的是影院媒体的独特性，来实现其跨媒体品牌营销的广告高精准到达效果。而央视三维在全国一二线城市的核心商圈高端影院拥有超过85%的覆盖率，保证了精准受众覆盖。同时，超大银幕呈现出的视听震撼效果，以及近几年中国电影市场的健康多元化蓬勃发展（2009~2012年6月，票房过亿的影片达到35部之多），给东风日产的电影媒体投放提供多种可能，并且有效降低风险，其ROI（投资回报率）大大提升。

从2007年到2012年，东风日产通过央视三维“银幕巨阵”，有效提升了其汽车品牌知名度、增强了目标受众对该品牌产品的购买意向。体现出东风日产品牌在一定程度上融合了车主身份、喜好、个性、价值观多种元素，从单一的“轿子”文化上升到融合了现代审美时尚的统一。

可以说，银幕巨阵的全景式优势（相当于200台电视画面、高质量零干扰的声光封闭环境等），其98%的高到达率、80%的广告回忆率，可使广告达到至少86%的品牌提升和口碑效应，于情感共鸣中加深品牌印象，深度挖掘了品牌的价值。央视三维实时、专业的全方位第三方常态广告监测系统，保证广告效果的精准到达。

效果评估

以骐达投放为例，投放后知名度远高

于其他竞争品牌，92%的受众喜欢骐达的TVC；近七成对其综合评价较高；看过广告后，近9成有消费行为意向；平均有6成左右的受众看过广告后表示会“搜索骐达的信息”。三个一线投放城市（北、上、广）的平均广告到达率 72% 。

“车快速行驶在无限延伸的路上”是最令人印象深刻的广告镜头。90%目标受众认为在电影银幕映前看到该广告比在其他地方看到的视听效果更好，另有八成的受众表示他们是用欣赏的眼光看完广告的，并会更加留意。

“莫愁前路无知己，天下谁人不识君。”借助于高度关注、娱乐化、内容化的整合营销传播平台——央视三维，东风日产实现了品牌与高端娱乐人群、电影的跨界整合。依托央视三维“银幕巨阵”，近年来国产、进口大片强势登陆影院的多种选择性，东风日产创造出一个完整而精致的、更加轻松、愉悦、人性化、感性的氛围，提高品牌知名度，吸引众多消费者。

同时，央视三维实时、专业的全方位第三方常态广告监测系统，在保证广告效果的同时，也给东风日产动向和发展前景提供了有力的市场拓展补充数据，如：广告传达理念的偏差问题、受众对普通二厢轿车的普遍偏好、对安全性和汽车功能性的首要考虑、受众的购车心理价位预期等。

（数据来源：央视三维CTR个案效果调研 2012）

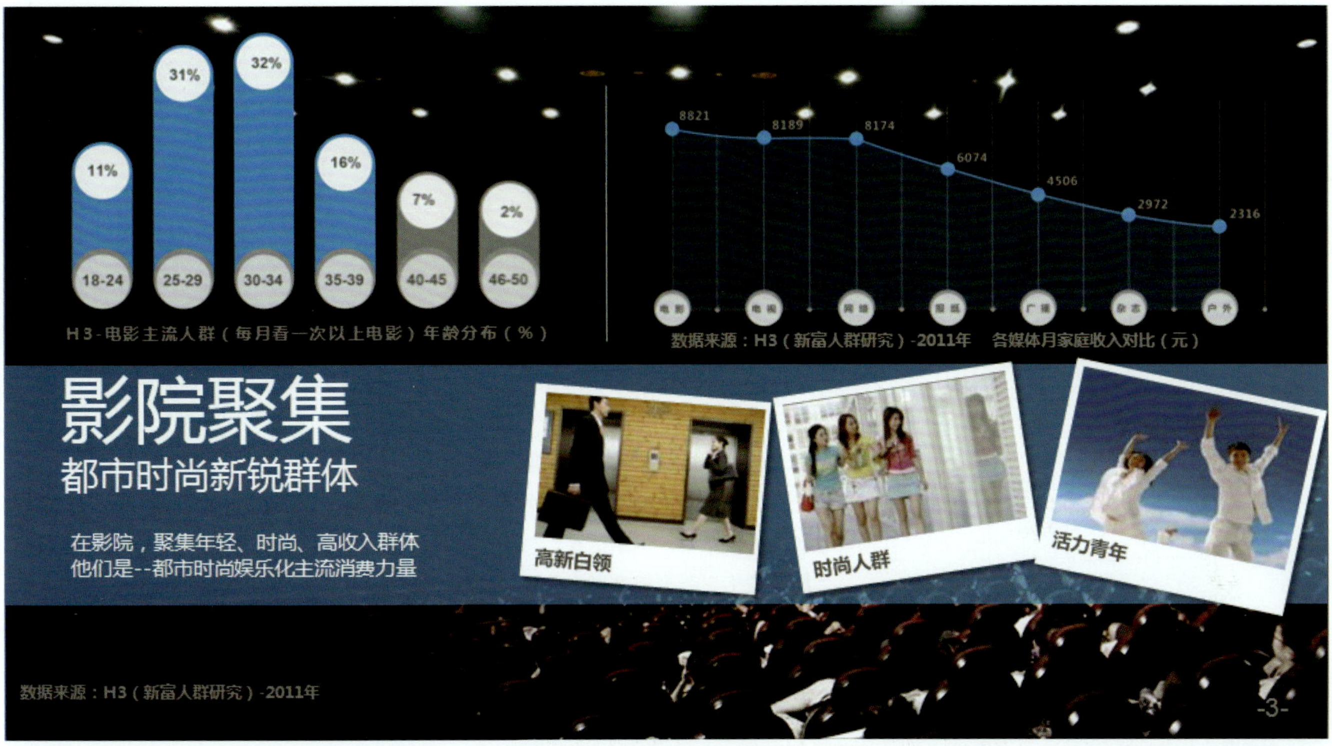

点评：

广告定位理论里所讲的“每一颗子弹只能射中一颗心脏”，是说每个广告活动都有明确的诉求对象，东风日产系列凝聚“人、车、生活”这一核心理念，通过大银幕，展现给对它心仪的受众，而它的受众在轻松、甚至是浪漫的气氛里牢牢牵挂着他们的理想情人！

——房振宏

郑州日产帅客：向王者挑战

广 告 主：

郑州日产SUCCE帅客

广告代理：

大广（上海）广告有限公司

郑州日产帅客通过主动营造和行业领先者五菱宏光的竞争局面，由此提升了自身品牌的知名度和影响力，成功地让自己摆脱了低迷的市场状态。这种主动制造敌人的方法，的确是营销策略中的怪招。

项目背景

告急：2012年9月日产在华销量大幅下降三成！

整个2012年底至2013年初，由于政治文化等大环境因素，车市低迷，使得日本车企损失惨重、进退维谷。根据估算，总计造成日系车约合15.8亿人民币的损失。郑州日产在这样的大背景下，受到严重影响导致销量与预期相差甚远。而郑州日产迫切希望能够提升自己的销量。

因此，要如何扭转颓势，无论是客户还是代理公司都面临着一个严峻的考验。

策略来源

1. 思考：我们需要改变思路，寻求突破，帮助客户渡过难关。

如何扭转宏观环境带来的恶劣影响，并提升销量?

2. 发现：在日产如此艰难的形势下，行业领导者却能常年稳居销量冠军宝座，销售数据竟能高达同类产品10倍！

2012年全年，五菱宏光单一品牌销量突破30万辆，保守估计，五菱宏光系列产品的年销量将突破40万辆。连续四年蝉联行业“销量冠军”。

《“神车”五菱宏光炼成记》

3. 问题出现：

既然行业领导者吸收了如此多数量的目标消费群体，那我们急需解决的就是——

如何通过新的战略思想将竞品客户转化为自有客户

整个市场，依旧有着庞大消费群对产品有需求，而销量的下滑，无疑与市场消费者少无关。准确的说，竞品将绝大部分的消费者揽为旗下，可以说若能将竞品的保有客户转化为郑州日产的消费群体，那么企业的销量将会大大提升。

4. 针对新问题的思考：

5. 知往鉴今：同类优秀案例参考之蓝罐可乐对标红罐可乐

两大可乐的对标结局：百年奔跑，百年对决，实现的是双赢的局面！

作为市场挑战者的蓝罐可乐采取向市场领导者红罐可乐发起攻击以夺取更多的市场份额的策略，最终，在与红罐可乐的交锋中越战越强，形成了如今大家看到的分庭抗礼之势。

6. 解决方案：

通过“两乐百年博弈”的案例带来一个新思路：对标！

对标的好处：

1. 通过与行业领导者五菱宏光的竞争，来扩大行业挑战者郑州日产的影响力。

2. 相互竞争，越战越强，可以给消费者一种，“我们目前不是最强的，但我们一直在努力”的良好印象。

具体策略

对标总体策略——

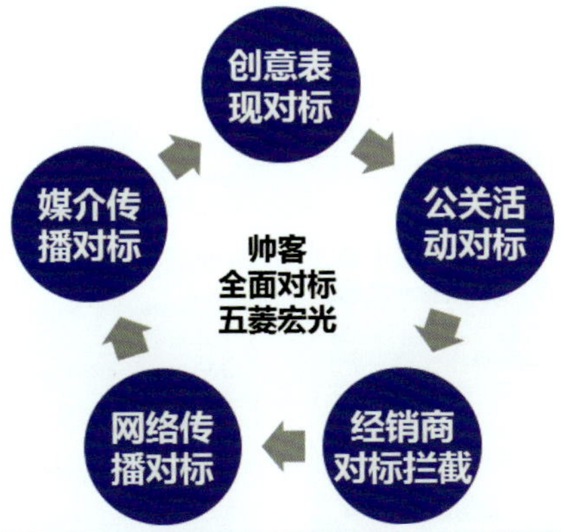

全面进攻，贴身对标

利用非常规性的手段，推动与五菱宏光竞争关系的建立，通过对标吸引关注，从而完成带动全系销售的目的。

具体方式可以通过集中网络、公关资源，推动全国性主题活动，辅以区域对应。

全面对标五菱宏光，利用所有可用手法将对标影响最大化！

策略表现

2011年——2012年 无对标 无关注

早期的创意表现，不含对标成分。消费者也不会将二者进行比较。

五菱宏光

日产帅客

2013年 争锋相对 借力打力

五菱宏光

日产帅客

2、对标专区

展板：

展架：

五菱宏光成为行业领导者数年，早已将市场情况摸透，可以说要在最短时间内有效地吸引客户，五菱宏光的成功值得借鉴。

因此通过调整市场领导者，来引起最大程度的关注，引发话题，造成曝光。目的就是为了带动全系销售。

其他创意表现：

1. 折页及展架

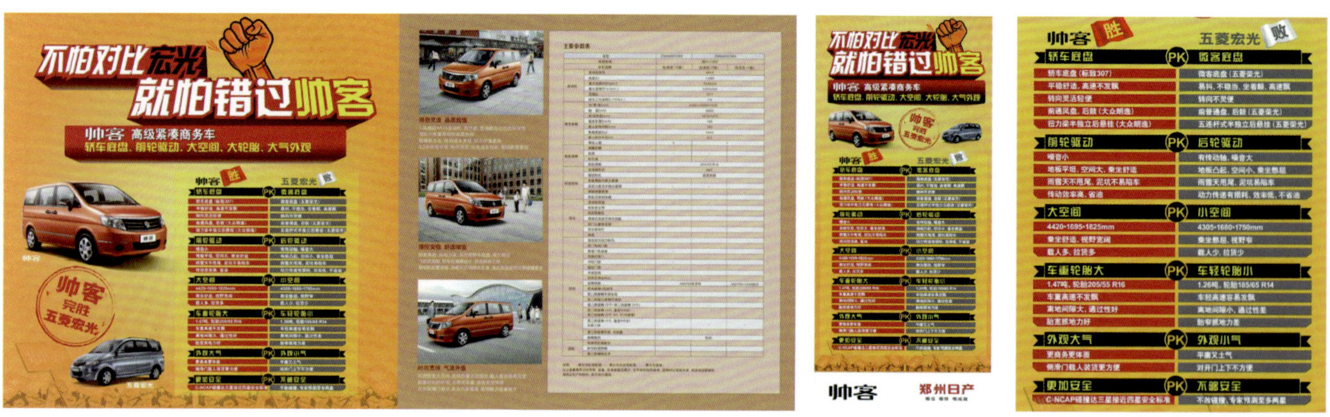

帅客对标专区效果图：

将画面制成不同尺寸的物料，供不同情况的经销商使用。

方案一：背景板方案

方案二：CDV之窗方案

方案三：吊旗方案

方案四：展架方案

结语

帅客对标五菱宏光仅仅半年，
所带来的巨大成果清晰可见：
销量同比增长59.2%
对标方案实施了半年以来，对销量的提升起到了关键性作用（如左表所示）。同比全年销售数据可知，销量已提升50%以上。

尤其，对标方案在客户的英明决策与大力支持下得以顺利实施及开展，销量取得质的飞跃。相信今后郑州日产在现有基础上会继续保持和提升，成功的未来指日可待！

车型	项目	时间	9月同比
帅客	实销	2011	
		2012	-13.4%
		2013	59.2%

点评：

一段时间内，政治文化的大环境背景，使得日本车企损失惨重。这种问题如何破解？看似无解，实则有招。

郑州日产帅客通过主动营造和行业领先者五菱宏光的竞争局面，由此提升了自身品牌的知名度和影响力，最终成功让自己摆脱了低迷的市场状态。

我们只能感叹这招借力打力：高，实在是高。

——王正飞

上汽集团安吉汽车融资：概念的具象化

广 告 主：
上汽集团安吉汽车融资
广告代理：
上海盛创广告有限公司

融资租赁是将“融资”与“融物”合为一体的新型筹资手段和贸易形势，具备金融服务和贸易服务的双重功能。这种“融资租赁”模式在欧美日渐成熟壮大，而在中国市场却是一片空白。目前中国汽车融资直营服务还属新兴产业，行业销售模式尚未成熟，充满挑战。安吉找到盛创，双方密切配合策划全面创意推广方案，塑造卓越的品牌形象，并成功推出了上海直营店的销售模式，锁定消费群体，让其体验汽车融资，并乐意购买。

在国际资本市场上，融资租赁业务是仅次于银行信贷的第二大融资方式，在欧美等金融发达国家，“汽车融资租赁”已渗透到消费者的日常生活，是消费者购车时必不可少的支付手段之一。融资租赁是将“融资”与“融物”合为一体的新型筹资手段和贸易形势，具备金融服务和贸易服务的双重功能。这种“融资租赁”模式在欧美日渐成熟壮大，而在中国市场却是一片空白。这对盛创是机会也是挑战。

谁是安吉?

上海汽车工业（集团）总公司简称“上汽集团”，世界500强企业，主要从事乘用车、商用车和汽车零部件的生产、销售、开发、投资及相关的汽车服务贸易和金融业务。安吉汽车融资是隶属于上汽集团下属上海汽车工业销售有限公司全资子公司。安吉依托强大的集团产业背景和行业发展优势，服务于各界的资产运作，致力于发展成为国内领先的融资租赁公司。为个人或企业客户提供多种品牌、多种车型的汽车融资租赁服务。公司背景实力堪称雄厚。

狼烟四起

当前购车贷款市场上，主要分为四个军团——银行贷款、信用卡分期付款、保险公司、汽车金融，他们各自凭借自己的银行和金融机构等的优势和知名品牌的影响力，成为汽车贷款融资行业的主力军。但像汽车金融有企业自己作为汽车生产商的优势，是汽车融资的新秀，他们往往理念新颖、灵活性强，成为汽车融资的后起之秀。

传播策略

目前中国汽车融资直营服务还属新兴产业，行业销售模式尚未成熟，充满挑战。出于对盛创的信任，安吉找到盛创，双方密切配合策划全面创意推广方案，塑造卓越的品牌形象，并成功推出了上海直营店的销售模式，锁定消费群体，让其体验汽车融资，并乐意购买。

消费者洞察

消费者的认同感，才是销售结果的最好保障。盛创认为，当前消费者会受到油价上涨、各种排量等宏观因素影响。具体来说，生活上，他们确实需要一辆车或更换一辆更好的车，但他们会理性思考，购买计划会依据宏观政策的变动调整。价格和车型对他们影响较大，在价格上，他们倾向于经济实用，思想上，提前消费与享受生活的思维使得他们往往愿意选择更高一级别的车辆作出消费。

品牌的“德智体美”

盛创品牌整合传播机构一直致力于打造“中国的创意热店”，成为最有创造力、最能帮助客户解决问题的行销伙伴与品牌呵护者。凭借对多年品牌整合传播实战经验的总结，已经拥有了自己独特的观点和工具——品牌品格论。品牌的品格是立于产品、形象、传播基础之上的，包括“德智体美”四个维度的考量。

针对安吉品牌我们进行了全方位的塑造：诚信相待，系出名门，拥有德高望重的风度，注重人的社会价值，这是安吉的“德”。提供品质优秀的高端服务，给消费者提供优雅的环境和自由的选择空间是安吉的“智”。“体”表现为提供权威的信息传递、专业化的产品提供，以及安吉对公益事业的关注。“美”包含了金融专家、理财管家的身份，以及举止优雅的绅士风度。

根据品牌品格论的研究与升华，盛创将安吉汽车融资定位于高端汽车服务专家，在国内打造汽车融资第一品牌的形象，让客户在安吉消费能够感受到尊贵、贴心、自由，最终盛创提出了以“心享至尊，融我自由”为核心的品牌传播理念。同时考虑到国内汽车融资还处于起步阶段，消费者对于这一概念存在陌生感与不信任，针对这样的现状我们大胆提出汽车融资“直营店”的宣传加销售模式，把概念具体化，形象化，让消费者看得见、摸得到。

媒体布阵

媒介选择策略

盛创经过分析，认为本次活动的目标受众，是能够接受融资贷款理念，有能力消费20万元左右车辆的中端人群，次要目标受众是中小型私企主为主的高端人群。从媒体接触度上看，户外媒体和电视媒体是目标受众会经常接触；但从媒体倾向性上来看，互联网、广播、杂志等媒体更受目标人群的青睐。经过对各类媒体的仔细对比分析，盛创选择的媒体策略为：通过户外广告和广播广告传播400热线电话和直营店开张信息；通过户外广告和杂志广告上传播安吉品牌形象的广告；通过报纸、杂志、互联网上传播汽车融资贷款理念的软文。

经过调查，报纸媒体中的《新闻晨报》、《时代报》，杂志媒体中的《东方商旅》、《旅伴》、《第一财经周刊》，广播媒体中的《第一财经》、《动感101》、《LOVE RADIO》，新媒体中的《分众》、《乐卡》，网络媒体中的《新浪微博》、《百度关键词搜索》、《软文通稿专发》，都是各类媒体中影响力较大、比较受目标人群关注的媒体。同时线下开展车友俱乐部联欢，邀请到场嘉宾莅临，体验汽车驾驶所带来的乐趣；冠名或全程赞助高尔夫、游艇等高端会所交流品鉴会，提升安吉汽车融资知名度。

培养期和造势期

同时，盛创建议将媒体的宣传过程主要分为理念培养期和造势期两个阶段。理念培养期是在热线开通和直营店开张之前，先将汽车融资贷款服务的概念，以软文形式对目标受众进行潜移默化式教育，同时通过硬广的投放将安吉拥有的融资贷款业务进行品牌烙印化，摆脱安吉只有汽车租赁业务的形象；造势期是在热线开通咨询的基础上，在宣传中将热线与品牌进行捆绑，以增强目标对象记忆中热线、品牌、贷款业务三者间的相互联想，为直营店的开张宣传造势。

直营店盛大开业

盛创为安吉直营店的开业策划了“门店会所”的活动。达到以下三个目的：

(1) 为告知和发布汽车融资开业信息

(2) 推介安吉汽车融资直营店的专业各项服务

(3) 吸收会员和推广安吉品牌形象

品牌传播效果

在经过了整个品牌塑造与推广之后，推广方案圆满达到了预期的效果。投放在报纸、杂志与互联网的软文将汽车融资贷款的优点系统地向消费者进行了阐述，并得到了认可；户外媒体以及杂志投放的安吉形象广告，成功地将安吉从简单的汽车租赁转换成为了专业融资、创新租赁的全

方位贴心服务专家；在网络方面，新浪微博粉丝量激增达到了68000人，400热线日访问量也是原先的数倍；安吉汽车融资上海直营店的开设，同样也打破了汽车融资无实体店的尴尬局面，成为了名副其实的“第一店”，打造了行业销售的新模式，量的积累最终形成了质的飞跃，最终建立了安吉汽车融资第一品牌的企业形象。

盛创是在融资租赁直营服务领域，第一个吃螃蟹的人，成功地塑造了安吉汽车融资的新形象，赢得了开门红。这是盛创又一个成功的实战经验案例。

点评：

如今，从各类媒体上，我们都能发现无数汽车广告的身影。汽车广告俨然成为广告市场上的一支主力军。如何在众多的竞争者广告中脱颖而出，是我们不得不思考的问题。

而《融资自由，尊贵礼遇——上汽集团安吉汽车融资品牌推广》成功地做到了这一点。以创新的直营店行业销售新模式为核心，通过整合的媒介策略，配上精准的消费者洞察，成功塑造出安吉汽车融资第一品牌的企业形象。

——唐　超

兴达钢帘线：与世界同行

广 告 主：
江苏兴达钢帘线股份有限公司
广告代理：
南京传视影视制作有限公司

宣传江苏兴达钢帘线股份有限公司的形象片，立意为“每一刻 与世界同行”，以“每时每刻”为主题，以一条时间线的五个排比线索串起世界上生活中点点滴滴，“世界的时间”象征着兴达的产品已经遍布全球。突出宣传企业每时每刻的努力。

背景

2012年11月， 我们接到投标邀请参与江苏兴达钢帘线股份有限公司形象片的制作。在提案前，客户特别安排了由多部门陪同的钢帘线生产全流程参观学习。

在参观交流过程中，我们了解到兴达进军国际市场的强烈决心和制作诉求，他们希望一方面能全方面展示企业的实力，另一方面能更贴近国际化，使成片充满现代感。

江苏兴达钢帘线股份有限公司是亚洲最大的汽车轮胎用钢帘线的生产基地，香港证交所上市公司。公司占地面积约3600亩，年生产总值30多亿元。公司产品在汽车轮胎用钢帘线行业拥有非常高的知名度和技术含量，是汽车轮胎用钢帘线新国标的起草单位，拥有专利近百项。公司产品不仅在国内钢帘线市场占有很大份额，还和国际轮胎专业品牌合作，不断将产品推向国际市场。

创意

我们在客户企业宣传册上读到这样一句话——“我们服务于中国和全球的轮胎工业，我们的足迹遍及世界各地。”

这句话启发了我们，因此，我们将广告片立意为“每一刻，与世界同行”，以“每时每刻”为主题，以一条时间线的五个排比线索串起世界上生活中点点滴滴，“世界的时间”象征着兴达的产品已经遍布全球，而所有这些更美好的生活也正是源自于兴达集团每时每刻的努力。

围绕“与世界同行”，广告片在篇章结构上，主要从科研力量、品质力量、文化力量、发展力量多个方面逐一展现企业实力及未来发展的美好前景。

开篇片头回归充满质感的黑白镜头，以升格慢放的形式，展示兴达各个部门人工作的状态，回归最“金属”最“纯粹”的工业质感。

执行

方案获得认可后，为了保证影片的品质和效果，我们制作团队提前赶往戴南，在拍摄前与客户沟通，并进行实地拍摄。成片采用高清摄像、后期三维特效、配音配乐、数字编辑合成的制作方式，完成一部全高清的企业宣传片。

点评：

本案定位准确，核心口号“每一刻 与世界同行”，简洁且富有张力，画面丰富，配音雄厚高昂，开发团队朝气蓬勃，富有竞争力，令人振奋并留下深刻印象的是：“我们服务于中国和全球的轮胎工业，我们的足迹遍及世界各地。”

——房振宏

新亚驾校：品牌承诺和服务标准同步

新亚驾校经过近20年的发展，跃升成为安徽省资历最老、规模最大的驾校之一，有着安徽“第一驾校”的称誉。随着驾培行业的发展，驾校增多，却没有形成统一的服务标准，服务不规范。新亚驾校坚守文明诚信的经营与服务之道，率先在业界推出“专为尔”品牌服务，树立行业新风，传递驾培行业正能量。

创意背景

改革开放之后中国经济步入发展的快车道，随着生活节奏的加快，学车需求也在不断上升。如今，合肥市拥有大大小小二十多家驾校，每年承载了几十万的培训量，事业蒸蒸日上。一般驾校规模庞大，很难对教练和员工做到全面监管。在日常训练中，教练出现粗暴教学等不规范行为，驾校工作人员服务不到位已成常态。工作人员缺乏服务意识，学驾群体投诉不断，驾培业缺少一个统一的行业标准。

创意核心：“专为尔”服务

新亚驾校自成立以来，一直坚持企业化经营思路。新亚谨记自身服务型企业的性质，更有纠正不良之风的雄心壮志，立志做好表率。以新亚驾校的诉求为出发点，我们的任务就是助推新亚驾校成为明星级的服务驾校。一个企业必须有着自己品牌特色，既是个性所需，更是大众的方向指引。新亚驾校要想立足市场，如果没有一个系统的服务模式和清晰的服务路线，就难以律己、难于服人。因此，我们筹划新亚在行业内首家推出“专为尔”品牌服务。

“专为尔”，是英文DRIVER（驾驶员）的音译，“尔”也为“你”之意，尔为贵，乐为君，意味着新亚全心全意的服务诚意，也体现了“专业、专心为你”的现代服务理念，名称极具时代感和服务精神。为完善“专为尔”品牌服务体系，我们总结出“三有三零”承诺作为基础，力求业务人员“有话必说”、教练员“有问必答”、驾校组织“有求必应”及驾校“零缺点”、学员“零烦恼”、工作“零延迟”。

“专为尔”是新亚的特征，也是新亚的承诺。

专为尔服务

广 告 主：
合肥市新亚机动车驾驶员培训学校
广告代理：
安徽琥珀广告艺术有限公司

新亚驾校自成立以来，一直坚持企业化经营思路。新亚谨记自身服务型企业的性质，更有纠正不良之风的雄心壮志。以新亚驾校的诉求为出发点，广告公司的任务就是助推新亚驾校成为明星级的服务驾校。一个企业必须有着自己品牌特色，既是个性所需，更是大众的方向指引。新亚驾校要想立足市场，如果没有一个系统的服务模式和清晰的服务路线，就难以律己、难于服人。因此，广告公司为客户筹划了行业内首家推出“专为尔”品牌服务。

创意执行：落到实处

“专为尔”品牌服务推出之后，接下来新亚驾校面临的重大任务是如何将“专为尔”落到实处。我们设计出“专为尔”品牌标志，以直观的视觉传达展示“专为尔”的核心理念，并配合媒体宣传，短期内让受众知悉新亚驾校，了解新亚驾校，从而认同新亚驾校。

与此同时，我们策划了一系列服务活动，力争将新亚打造成为让学员百分百满意的驾校。

（1）成立“专为尔”客户服务中心，主动服务

成立“专为尔”客户客服中心，开设多线合一的服务专线、投诉电话，24小时全时段服务，随时解决学员问题。设跟踪服务专员，一改“守株待兔”式服务模式，客服主动走近学员，主动发现问题并解决问题，让学员学车轻松、便捷、无忧。

（2）创立《快乐学车》杂志

“快乐学车”是新亚一直广泛推行的学车理念，也是新亚一直坚持不懈的办学宗旨。《快乐学车》是在这个理念的指导下，为学员收集最新的驾培讯息并深度解析，刊载各种驾车常识和技巧，展现新亚风采，内容丰富多彩，实用性强。

（3）定期开展“倾心·沟通座谈会”活动

定期组织“倾心·沟通座谈会”活动，新亚领导与学员聚在一起，在和谐的气氛中认真听取学员宝贵的建议，并现场详细解答学员的疑问，直接面对面的沟通有效促进了双方的了解。

（4）开展“微笑服务”礼仪比赛

在各服务部门员工中开展“微笑服务”礼仪比赛，以比赛的形式给全体员工上一堂有意义的课，增强员工的参与积极性，让员工明白自己“为他人服务”的职责，并在竞争中发现自身的不足，找到学习的榜样；

在教练队伍中开展“教练员技能大比武”活动，将口述、实操、仪容仪表和言行举止纳入考察范围，教练员们相互切磋，相互学习借鉴，提高业务教学水平，更好地为学员服务。

（5）首创“长途拉练”教学模式

长途拉练——每月定期组织学员举办一次往返路程长达500公里的拉练活动。通过沿途经过的城镇、乡村、集市、风景区，有桥梁、弯道、坡道、山区道路等路况，提高学员对实际路面驾驶有深入的了解和驾驶技术的掌握，将理论知识落实到实践中。

开设路线——“合肥—万佛湖—天堂寨—东石笋”和“合肥—万佛湖—岳西”

开创意义——长途拉练是新亚最具特色的教学模式，使学员在饱览湖光山色同时，提高实际路面驾驶技能，一举两得。

（6）推行“温情式教学”

在学员与教练之间，“温情式教学“将取代传统驾校师尊徒卑的关系，是一种对等的朋友关系，教练员和学员在教与学的过程中传授知识，掌握技能，同时也成为了朋友，一起体会教学并分享驾驶的快乐，致力于将教与学转化为私人化的温情记忆。

为学员营造更为和谐的学习环境，传播人性化的言语鼓励学员。

多一点鼓励，少一点批评；多一点耐心，少一点焦躁；多一点趣味，少一点枯燥；多一点理解，少一点误会。

（7）策划关怀学员营销活动

推出贵宾组

贵宾组是对驾校原有教学方式的突破和创新，注重给学员带来“贵宾”般的服务体验，一改以往驾校、教练安排的学车模式，学员可根据自身情况灵活安排学车和考试，主动性增强；

“三月女子学车到新亚”系列活动

随着女子“半边天”的社会地位不断加强，女子学车群体也在不断扩大。为关怀女性学车群体，更好地为她们服务，每年在“三八”妇女节开展“三月女子学车到新亚”系列活动，圆她们的驾驶梦。

创意效果：招生、品牌双赢

随着新亚驾校内部整改以及员工培训的完成，还有一系列营销服务活动的成功开展，新亚驾校的面貌焕然一新。“专为尔”服务使新亚驾校的服务质量达到了“质”的突破，2012年、2013年连续两年新亚驾校教练员服务满意度为100%。由于成果突出，新亚驾校荣获中国道路运输协会授予的“全国文明诚信优质服务驾校”、全国实施“文明交通行动计划”领导小组授予的“文明交通示范单位”等称号。“专为尔”品牌服务获得学员的一致好评，在业内名气大震，获得同行的认可和学习，新亚驾校被合肥市交通部门和驾管所评为驾校服务榜样。

经过这番雷厉风行的改革和创新，新亚驾校也以全新的形象出现在广大学员们面前，新亚人以谦逊的态度倾听学员的意见，以高效的办事效率见证“专为尔”服务品质，招生量超出预期50%以上。

新亚驾校

千里之行·始于新亚

3.8节活动

报纸广告

公交灯箱

高校海报

3.8节活动

3月女子学车到新亚报广

公交灯箱

出租车广告

快乐学车杂志

温情式教学

新亚驾校训考中心

学员座谈会

微笑服务

微笑服务

长途拉练活动

宣传画面

贵宾组广告

新亚贵宾组（推广）

手袋设计

新亚服务报广

新亚贵宾组

微笑服务宣传光盘（定稿）

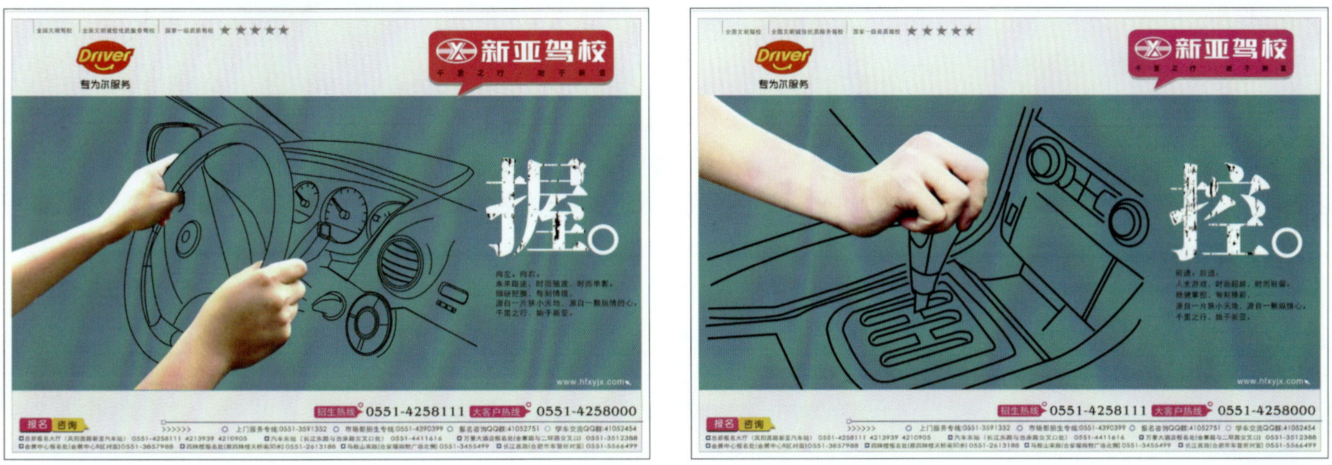

形象创意

点评：

驾校属于一个很特殊的行业，在很长一段时间是处于垄断的状态。随着市场需求的不断扩大，很多新驾校被设立起来。驾校之间产生的市场化的竞争也为广告公司带来了机会。在这个案例中安徽琥珀广告艺术有限公司，通过基于合肥市驾校市场和驾校学员的深入了解和洞察，创造了独特的“专为尔”品牌服务。

在市场混乱的驾校市场，一家提供标准化、有口碑的驾校呼之欲出。安徽琥珀及时地把握住了这样一个市场洞察，并通过一系列的方式把这样的理念植入到学员的心目中。这个案例让新亚驾校不仅提升了服务标准，在品牌化方面也得到了强化。

——唐 超

玉柴：三维传播链，完成品牌提升

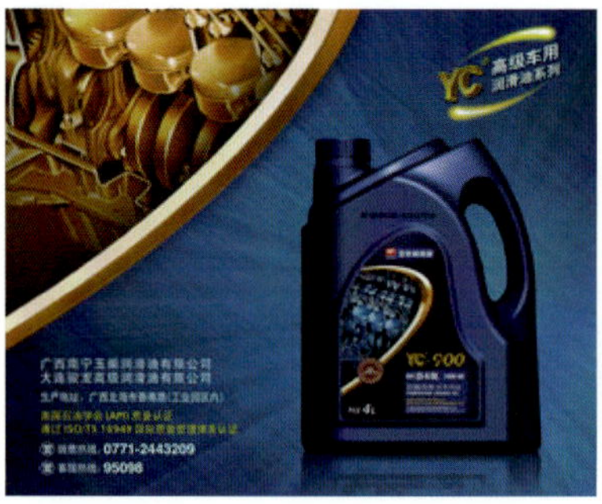

广 告 主：

广西南宁玉柴马石油润滑油有限公司

广告代理：

北京金驿道传媒广告有限公司

2012年，金驿道团队运用独有的“三维传播链”品牌传播策略，协助玉柴润滑油完成了一次完美的品牌提升变革。这场品牌革命给玉柴润滑油带来的不仅仅是产品销量的不断攀高，而且成功吸引了马石油集团入股“玉柴润滑油”，强强联合开拓润滑油市场。

缘起——品牌提升案背景

2012年，玉柴润滑油与金驿道传媒携手缔造了一场“玉柴润滑油”史上具有划时代意义的品牌革命，金驿道团队运用其独有的“三维传播链”品牌传播策略，协助玉柴润滑油完成了一次完美的品牌提升变革。这场品牌革命给玉柴润滑油带来的不仅仅是产品销量的不断攀高，而且成功吸引了马石油集团入股“玉柴润滑油”，强强联合开拓润滑油市场。

那么，金驿道团队是如何做到这一切的呢?

事情还是要从中国润滑油市场现状说起。当今润滑油市场同质化特征显著，行业销售普遍进入平台期，而品种繁多、鱼龙混杂的润滑油市场令眼花缭乱的消费者的品牌消费概念迅速深入内心。玉柴润滑油作为国内第一家由发动机企业打造的高档润滑油品牌，虽然拥有国际尖端技术并专注生产高性能的润滑油产品却也难免陷入“酒香也怕巷子深”的尴尬。因此，玉柴润滑油意识到：品牌提升迫在眉睫。

与此同时，金驿道传媒独有的一套整合传播策略最大程度地契合了“玉柴润滑油”对强化品牌形象、实现有效品牌传播和进行正确品牌延伸的需求，于是一场由“三维传播链”牵引而出的“金（驿道）”“玉（柴）”良缘成就了一段广告传媒界的佳话。

问题所在——品牌力的薄弱

随着中国汽车销量的逐年增长，车用油市场前景可观；而以卡车为主力的物流更是给润滑油市场带来稳定而持久的消费需求。然而玉柴润滑油要想突破竞争重围依旧面临着诸如成本压力、基础油市场存在垄断坚冰、消费者心中有着难以突破的品牌认同圈等等一系列的制约与挑战。金驿道团队通过前期市场调查和对玉柴润滑油品牌现状分析发现：品牌力低下正是制约玉柴润滑油发展的最大桎梏。

当前，玉柴润滑油缺乏独立清晰的品牌定位，品牌联想依托母品牌“玉柴机器”；而无规划、不连贯、不清晰的品牌传播策略阻滞了企业与玉柴润滑油目标消费者的有效“沟通”，这就让分销商和消费者对“玉柴润滑油”品牌无法达到充分的认知。所以，即便“玉柴润滑油”依托国际尖端的生产科技拥有引以为傲的高性能产品，却苦于“养在深闺人未识”。因为这个时代是淹没在信息海洋中的，而这个时代的商品是需要有效而精准的广告传播才能为人所知所取的。

“三维传播链”——消费者与玉柴润滑油间的沟通之路

金驿道传媒认为，当前市场形势下，目标受众的变化必须催生新的品牌传播之路，保

证目标消费者与企业构成传播链条的联通才是实现企业品牌精神有效传播的根本所在。而构建三维传播链作为一种针对品牌及产品特点将通路媒体、终端媒体和互动展示整合的传播方式应时而生。

所谓“三维传播链”便是金驿道独创的根据目标消费者的行为习惯、记忆模式有机整合的一种品牌推广方式，通过持续、系统的品牌传播促进传播效益最大化并将目标消费者转化为忠诚消费者。

针对“玉柴润滑油”品牌力低下的问题，金驿道团队首先从明确品牌定位做起。

鉴于中小品牌的低档油策略正在市场中逐步退却，而“玉柴润滑油”有着雄厚的科研实力和资金储备这一优势，将玉柴润滑油打造为中国一流润滑油品牌，提高品牌美誉度便成为此次“玉柴润滑油品牌提升方案”的策略目标。

其次在确定“玉柴润滑油”品牌定位后制定相应线上线下传播推广计划，同时配合持续有效的营销活动，推动各级客户的满意度和购买率。这个过程中，忠诚顾客将在三维传播链条中完成转化。

三维传播链中的“通路媒体传播”可全面提升品牌在目标市场的品牌认知度和美誉度，因此，“玉柴润滑油”在省会城市交通台广播、润滑油及其修理行业刊物、时尚旅游等硬广投入一定的广告宣传。再通过高速户外、卡车集散地广告大牌、各大物流园汽配城、销售分销终端等地的媒体传播及时累积目标消费者的品牌记忆（三维传播链之“终端媒体传播”）；而网络线上推广和营销、路演以及各大推广公关活动完成与消费者进一步沟通互动，整合其品牌记忆，促使其了解产品内涵。同时，玉柴润滑油对国家重大事件的赞助以及借势各大赛事的品牌公关策略也为“玉柴润滑油”迎来较高的企业知名度和品牌美誉度（三维传播链之“互动展示”）。

最后规范“玉柴润滑油”品牌视觉识别形象，完成品牌包装、平面宣传等形象设计。成功的BI和VI可以将企业富有个性的独特精神准确地表达出来，使品牌形象

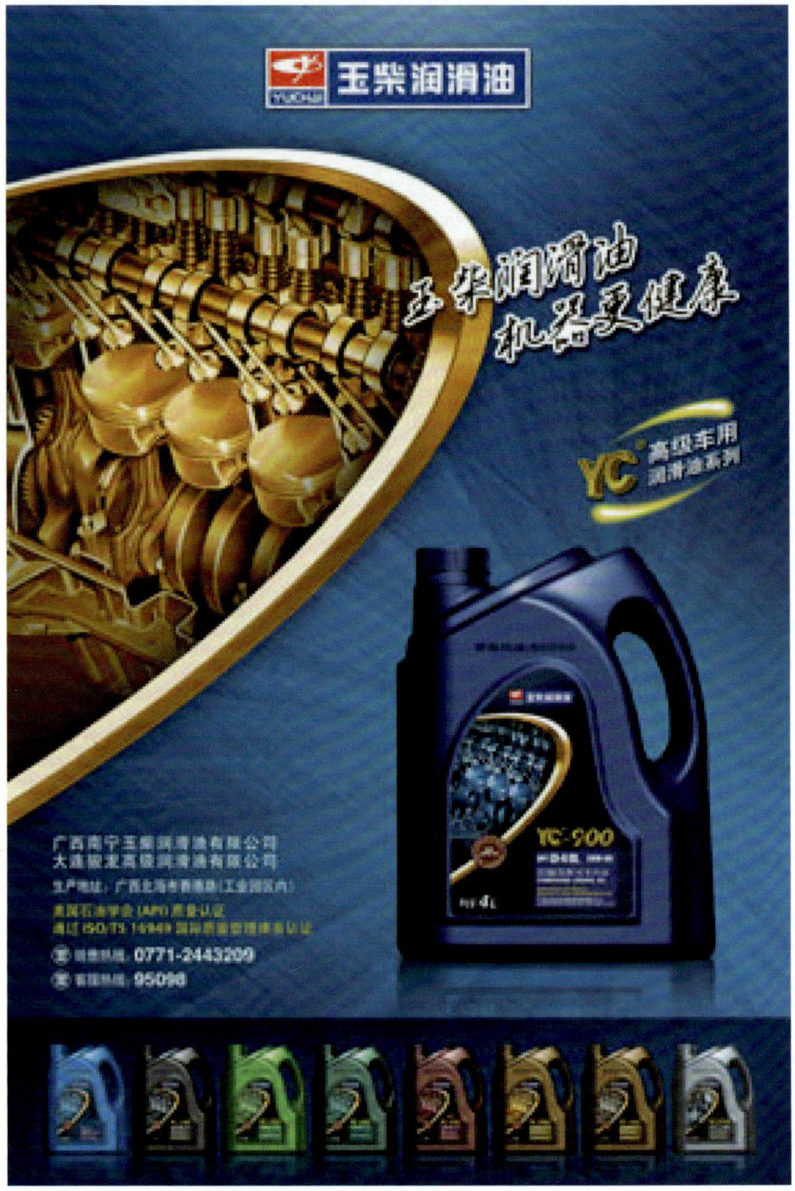

植入消费者大脑，留下品牌形象。

点评：

硬广、软广运用单一诉求的成功案例。

——邓广梼

结语

在整个玉柴润滑油360° 品牌提升案中，金驿道团队依据品牌定位着力打造玉柴润滑油的品牌美誉度，在保证品牌功能要素的同时加入情感要素，构建玉柴润滑油品牌精神与目标消费者的三维传播链，精准锁定，实效传播。而玉柴润滑油随后而来的攀高销量和马石油集团的入股无疑证明了这场“品牌提升革命”的成功与漂亮。

这个时代在飞速发展，市场需求与消费模式也随之变化，只有与时俱进的传播策略才能带来有效精准的传播效果。在这一点上，金驿道团队可以很自豪地说：我们做到了。

华中国际汽车展览会：不是主场胜似主场

一年一度的“华中国际汽车展览会”又将如期举行，与往年不同的是，同一时间，同一地点，楚天都市报也将举办“楚天车展”。

一波三折的合作形式

上半年的车展盛事，如果晚报汽车事业部什么都不做的话，将直接影响5、6月份的广告销售。刚刚调任晚报广告部的李峰主任，上任才两天，便积极与组委会联系沟通，希望可以通过深度合作来拉动汽车广告的销售，经过几轮洽谈，合作框架基本成型。

当汽车事业部积极筹备合作事宜时，噩耗便在没有预兆的情况下传来，由于种种原因，华中国际汽车展览会必须和楚天车展合并举行，这无疑给汽车事业部当头一棒。原想通过合作，可以和竞争对手搏一搏，而两个车展联合举办，则将我们逼上绝路。正当大家一筹莫展的时候，广告部副主任陆阳的一个金点子让大家顿时豁然开朗：用汽车充当棋子，让象棋大师在车展现场为市民带来一场前所未有的巅峰对决，顺便展示一下武汉晚报在做大型活动上的强大优势。

在坚定了必须在车展现场做一场别开生面的活动信念后，再一次与华中国际汽车展览会组委会达洽谈，最终达成协议，让我们在武汉国际博览中心A、B馆连接的中心广场举办活动，这样武汉晚报楚河汉界汇“車”华中·华中首届汽车象棋表演赛便应运而生。

全方位的宣传攻势

一切谈定后，活动准备5月正式启动。在体育部主任钱刚的邀请下，特级象棋大师柳大华和洪智强势加盟此次活动。为了保证活动的持续性，体育部在活动前期策划了汽车象棋争霸赛，选出活动当天能和柳大华进行1vs8车轮战的8位优秀市民选手。在体育部钱主任和李勇的全力支持下，体育版几乎每天都从各个角度对活动进行报道。

为扩大活动影响力，我们还在广播、网站、写字楼灯箱、城市电视、出租车屏进行全方位宣传，让这一活动成为整个车展最大的亮点，促使竞争媒体也不得不宣传这一活动。全国强势媒体汽车联盟、湖北省N+1优势媒体联盟、武汉媒体联盟三大联盟媒体强势宣传，各大网站纷纷转载，让活动点击近50万次，业内好评如潮。

《兵車行》的创新招商

5月24日，车展特刊《兵車行》如期问世。4个版的铜版纸、10个版的新闻纸，在汽车文化与象棋文化、金属与木质棋子的完美结合中，客户看到了此次极具创意的活动。短

广 告 主：

华中国际汽车展览会

广告代理：

武汉晚报

一年一度的“华中国际汽车展览会”又将如期举行，与往年不同的是，同一时间，同一地点，楚天都市报也将举办“楚天车展”。短兵相接，如何胜出？一个金点子横空出世：用汽车充当棋子，让象棋大师在车展现场为市民带来一场前所未有的巅峰对决，同时展示出武汉晚报在做大型活动上的强大优势。这样武汉晚报楚河汉界汇“車”华中·华中首届汽车象棋表演赛便应运而生。

短一个月的招商，汽车事业部全体同仁跑遍全国各地汽车厂家，将厂家、区域、经销商三位一体打通出击，最终以超出竞争对手一倍的广告量完美胜出。

现场活动的绝地反击

5月25日，15个品牌、32个车型整齐停在巨型棋盘上。作为车展人流的必经之地，活动开始前就已经聚集了超高人气。中国象棋特级大师柳大华和洪智在棋迷的期盼下登上烽火台，进行巅峰对决。大师们每移动一步棋子，汽车棋子在美丽车模的带领下驶向“目的地”，每当一辆汽车棋子被吃离场后，全场的汽车统一鸣笛为它送行，现场气势无比恢宏浩大。经过近两个小时的激战，柳大华与洪智这两位湖北棋王带领各自的汽车棋子，握手言和。万余名观众热情捧场，见证了这一历史性时刻。

仅仅作为此次华中国际汽车展览会里面的一个活动，我们靠创新的表现形式病毒式地吸纳了车展人流，超高的人气展示出武汉晚报在活动营销上的强大实力，更是在同城媒体激烈的竞争中，以客场的身份在竞争对手的主场上打了一场翻身仗。

点评：

打破固有的思维模式，创新而大胆的将汽车和象棋两者完美地混搭于一起。而事实胜于雄辩，最终的结果告诉我们，这是一次十足成功的营销活动。这个案例让人们真正地体会到什么叫“混出无限可能”。

——唐　超

Real Estate
房地产类

七彩云南·第壹城：将比附进行到底

广 告 主：

诺仕达集团－南亚风情·第壹城

广告代理：

叶茂中营销策划公司

在接触第壹城项目一开始，广告公司就不得不面临一个很敏感且棘手的问题，即这是一个“城中村”的改造项目，而“城中村”留给昆明市民的印象首先是低档、杂乱、和现代化沾不上边，那么消费者对在这里即将新建起来的第壹城也同样摆脱不了这样的联想，在这样的思路下，第壹城从一开始就已经被打上了低端、廉价的烙印。但是广告公司偏不按常理出牌，在中高端价位上为客户杀出了一条血路。

2009年，叶茂中策划为南亚风情·第壹城制定了比附策略：南亚风情·第壹城不但具备堪比世界金融中心曼哈顿的商业特征，还兼具了比肩香港购物天堂、娱乐、时尚的潜质。在这里同样可以寻觅到巴黎浪漫、艺术的文化气息。

南亚风情·第壹城对于昆明的意义完全等同于曼哈顿对于纽约、巴黎对于法国的意义。

因此，在具体的传播上，我们充分运用了比附策略，将昆明这一中国二三线城市，与国际上最顶尖的超一流大都市进行对比和嫁接，并且最终彻底打动了消费者。

商业比附曼哈顿，用曼哈顿高度发达的商业体系映射南亚风情·第壹城未来的无限商机；

休闲比附巴黎，用享誉全球的休闲之都巴黎衬托南亚风情·第壹城未来舒适从容的生活；

购物比附香港，用世人皆知的消费天堂香港来诠释南亚风情·第壹城未来的购物环境；

这里是昆明的巴黎！

这里是昆明的曼哈顿！

这里是昆明的香港！

这不是梦，这是即将到来的日子！

2009年12月7日，南亚风情·第壹城推出了第一批房源。开盘当天，近5000人到场，仅用6小时就宣告售罄。

到2010年1月，仅隔了20多天的时间，南亚风情·第壹城推出了第二批房源，828套房源，仅在2个小时内就全部销售一空。

两年之后，诺仕达集团又推出了南亚风情·第壹城的姊妹篇——七彩云南·第壹城，一样的大型城市综合体项目，一样的重磅来袭，还有如你所知的，一样的找到了叶茂中营销策划。

事实证明，南亚风情·第壹城的比附策略，取得的空前了成功，彻底洞察昆明消费者的心理基础后，证明了与纽约、巴黎、香港这些一线城市捆绑之后，对于消费者的心理暗示作用之强大。虽然偏安一隅，但是却丝毫不逊色于那些最辉煌的地方。再通过持续强势的各类传播活动，把“曼哈顿、巴黎、香港”这三句话深深印刻在每个昆明人的脑海里。

我们决定，继续沿用这个策略，并且，还要深化这个策略。

七彩云南·第壹城位于昆明市政府重点开发的呈贡新城，地处新区的行政中心、文化交流中心和商务中心，属于呈贡新区CBD核心区，发展潜力不可小视。项目地块东侧临城市中心区南北中央干道彩云南路和城市中央绿地、市级行政中心，南侧临城市中央景观公园和锦绣大街，具有良好的区位优势。延续了南亚风情项目的特点，七彩云南·第壹城

同样是区位优势明显，属于众目关注聚焦之地。

既然南亚风情的策划中，我们还在做比拟大世界的工作，那么七彩云南我们就更进一步，让全世界都来看这里！

电视广告一开始，就是一架飞艇缓缓翱翔于云霄之上，随后镜头拉过，几个不同肤色的小朋友同时被云下的景象所吸引，然后一个个露出了幸福笑容：

“美国爱这里。

韩国爱这里。

法国爱这里。

中国更爱这里。

全世界都爱这里！

七彩云南·第壹城。”

怎么样，有没有点万国来朝的意思?

我们可以毫不掩饰地说，这是一支更加自信、更加从容和大气的TVC。

2013年5月25日，七彩云南·第壹城首推私家园林组团“橙香苑”开盘，2000多组认筹客户到场，500套房源在3小时内被抢购一空，上演了近两年来从未有过的楼市盛况。到场的房地产业界人士惊呼，七彩云南·第壹城这么受追捧，呈贡也要火起来了。

2000余名客户汇聚七彩云南第壹城首次开盘现场

后记

南亚风情·第壹城甫一推出，则立刻成为整个昆明地产界，甚至是整个昆明市的热议焦点，未经证实的小道消息称：昆明的市政府办公室里都对“这里是昆明的巴黎！这里是昆明的曼哈顿！这里是昆明的香港！”三句话倒背如流，哈。而后续杰出的销售成绩也证明了南亚风情·第壹城确实的大成功，毫无疑问，南亚风情·第壹城已经成为昆明市地产项目中的一个标杆，一种标准。而我们的目标是，让其姊妹篇项目——七彩云南·第壹城也成为呈贡新城地产项目中，无可争议的No.1。

点评：

占山为王，走差异化路线并不难！难的是营造的这种稀缺正好是消费者所需要的。但是南亚风情·第壹城在这条路上成功了！

——朱旭东

这就是我们在消费者心中做的“插位”，简单来说，其实就是准确的品牌差异化定位。房地产营销具有较强的地域性，每个地域的文化是不同的，消费者所感知的差异，是需要在消费者心智中，寻找到独特的、甚至是截然不同的产品元素，加以整理与凝练。

将产品定位到一定的“高度“，其“价格定位”也就自然而然地行程了，应该说，这是一个很好的“4C”理论的实践案例。

当然，商业地产，本身受国家政策的影响不是特别大，相对来讲，从现有的消费市场状况看，其之后的项目，也应该有良好的市场表现的。

——黄诚

常州天安数码城：打造首席产业特区

广 告 主：
常州天安数码城
广告代理：
深圳市星弧广告有限公司

常州天安数码城是常州地区首席专业产业园综合体，包含产业园、住宅、商业、服务系统；此类产品在常州市场上稀缺，且为下游中小微企业所急需。常州市场产业园项目虽然多，但基本以单独厂房、办公楼及基本生产配套为主，属于较为落后的产业园模式，不适应当下创新产业蓬勃发展需求。更突出本项目的前瞻性与市场性。当时政府大量优惠政策推出后，缺乏中间机构与平台，导致政府政策与下游企业之间对话的缺失与政策无法落实情况。

广告公司帮助客户梳理出了搭建政府与下游企业平台，立足天安数码城大品牌根基，打造常州首席产业科技园，梳理常州产业孵化期形象，为中小微企业创造“企业未来，已来”的核心价值。并推出了“园你所想，伴你成长”的推广语。

天安数码城集团是中国领先的城市产业综合运营商。2009年，天安数码城挥师长三角，锻造80万平方超大规模体量的现代产业园区。自2012年起始，由合作深圳天安数码城到合作常州、江阴两地天安数码城，深圳星弧广告与天安数码城再结深缘，共同打造常州天安数码城。

接手之时，常州天安数码城已经亮相常州市场近四年，但无论销售成果还是推广效果均不理想。面对严峻现状，深圳星弧广告（以下简称星弧广告）天安小组经过前期客户沟通、市场调研、项目分析，于困境中抽丝剥茧，重新梳理项目价值点，深度发掘市场需求，立于项目整体推广之上，彻底改变营销旧况。

分析结果

1. 常州现状

常州是近代中国民族工商业的发祥地之一，以经济发达、工商比翼而著称。作为上海产业的后花园，常州一直是长三角的科技产业核心创新区，承担着未来全国一流、长三角领先的高新创智产业密集区的产业责任！

2. 国家政策

2010年，常州市被科技部批准为国家创新型试点城市，“一核八园”建设正式被列为“十二五”头号工程。创新园区建设已经成为常州发展创新经济的核心驱动。

3. 项目价值

填补常州缺乏成熟产业园的空白；
承担推动常州武进区成为常州产业龙头的重任；
政府政策与下游企业的孵化器与纽带；
是天安数码城集团入驻长三角的代表之作；

星弧发现

通过大量市场调研、项目分析、客群分析，星弧团队发现：

常州天安数码城是常州地区首席专业产业园综合体，包含产业园、住宅、商业、服务系统；此类产品在常州市场上稀缺，且为下游中小微企业所急需。

常州市场产业园项目虽然多，但基本以单独厂房、办公楼及基本生产配套为主，属于较为落后的产业园模式，不适应当下创新产业蓬勃发展需求。更突出本项目的前瞻性与市场性。

当时政府大量优惠政策推出后，缺乏中间机构与平台，导致政府政策与下游企业之间对话的缺失与政策无法落实情况。

星弧决定：搭建政府与下游企业平台，立足天安数码城大品牌根基，打造常州首席产业科技园，梳理常州产业孵化期形象，为中小微企业创造“企业未来，已来”的核心价值。

1. 案例分析：

东莞-天安数码城——从千军万马中异军突起

作为珠三角产业园最集中、竞争最大的地区之一，天安数码城在立足项目本身优势的基础之上，紧贴政府政策而行，以创建“中国产业转型升级示范园区 ”为使命，坚持服务创新型企业，积极引入高端电子信息、节能环保、新材料、生物制药、新能源等战略性新兴产业和生产性服务业入园发展。

2. 常州天安数码城价值点梳理

23年天安品牌，4000家企业成功入驻，经验斐然；

十大创新服务平台，一站式解决企业发展过程中各种问题；

数字化智能园区，掌控全球资讯，前瞻产业发展未来；

一级资质物业管理，人性化服务24小时不间断安保；

80万方超大体量综合式园区，诠释当代工作生活双兼顾模式；

政府重点支持项目，9大政策22项优惠特别扶植园区发展。

推广传播设计

常州天安数码城推广语：园你所想，伴你成长

精准定位，强烈市场排他性，抢占至高点。

常州天安数码城形象报广

常州天安数码城市场占位广告语：首席产业商务园

产品价值——首席产业商务园，聚集战略性新兴产业

项目整体推广

与政府紧密合作，借力政府优势资源，采用：产业园-明线，住宅-暗线，双

话题性软文，引爆市场——

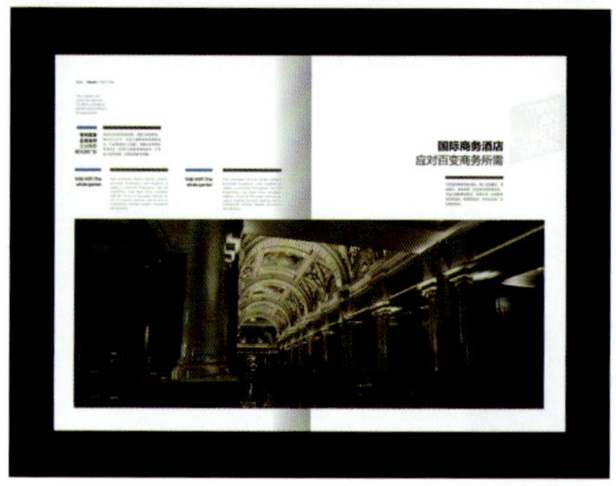

楼书设计

物料设计

线并行的推广模式。

媒体推广动作：报广、事件营销、户外、网络媒体 、APP终端等，深入群众范畴，渗透式全媒体轰炸。

2012~2013年重大事件活动营销：

常州首次“天安数码城杯”知识产权月活动

为配合4·26世界知识产权日主题活动，在市知识产权局的组织下，由常州天安数码城冠名的“天安数码城杯”知识产权月主题活动。该活动吸引了武进区、钟楼区、天宁区、新北区等7大区近200家企业千余人报名参赛。

常州天安数码城“天安风云榜“十大微博热门企业评选活动

此次活动充分利用最具影响力的网络工具之一微博，对活动进行直播报道和入围企业的公示，企业微博信息转发、评论等数量和活跃程度是评选的重要依据。此次活动旨在为园区企业提供一个更宽广的展示舞台，督促企业自身建设，提高知名度。

常州天安数码城：产业金融资本对接活动

项目与政府无缝合作，牵头武进30余家民营企业和20余家创投机构齐聚天安数码城，现场交流对接，通过项目推介等形式，最终8家企业与创投机构在此次交流会上通过入股、贷款等形式达成合作，进一步为中小微企业发展提供最适宜的发展平台和合作机会。

点评：

1+1>2，通常是说合作所产生的协同效应。天安数码城在广告制定及执行层面均体现高级别的合作成果。

——朱旭东

目标人群，不是来购买产品定位的，而是来购买品牌承诺的。

案例的成功之处，在于告诉我们这样一个道理，产品的成功往往不在于广告传播，甚至不在于产品的简单定位。而在于，我们能够给目标群体怎样的承诺！

从传播来讲，尽管“首席产业商务园”，似乎是占领了区域性同类产品的一个“制高点”，但案例也没有逃出一般商业地产的策划套路。但从应用品牌的公共关系建设、营造品牌的公众形象和品牌的价值认知来讲，是一个值得借鉴的案例。

传递的信息也很明确，传递了“价值感”。政府的支持（国家级孵化器政策）——天安的品牌——我们的物业管理——我们的产品特质。在这个传播线上，加载了一系列有传播价值的、面对目标群体的活动——案例中的两个大型的活动（知识产权月活动、产业金融资本对接活动），无疑是为天安数码城进行了有效的品牌背书。

到底交了什么好运？天下有这么好的事？这两个疑问句，应该是产品进入消费者心智的“点睛之笔”。目标群体，都是想有“好运”、想有“好事”的！

——黄诚

恒盛宽寓：极速引爆商业公寓市场

广 告 主：
恒盛阳光滨海（哈尔滨）
置业有限公司
广告代理：
哈尔滨日月广告有限责任公司

2013年初，新“国五条”的出台和各地补充细则相继落地。该政策被市场解读为通过税收调节，增加商品房交易成本、持有成本等方式限制置业者购买和持有多套房，以此抑制投资需求、稳定房价。在这样的市场氛围下，4月初，日月机构接手恒盛豪庭3期商业公寓的推广工作并对产品进行了全方位的考察和剖析。基于对市场与产品的分析，日月制定了二次启动战略：重新定义和包装产品，分阶段主题推广，集中连续型的广告节奏，迅速引爆市场，使产品在短期内清盘。

如何使滞销楼盘逆袭，似乎需要营销推手点石成金的法术。日月广告，在45天内完成一个滞销项目的清盘任务。且看日月如何出招！

市场背景

2013年初，新“国五条”的出台和各地补充细则相继落地。该政策被市场解读为通过税收调节，增加商品房交易成本、持有成本等方式限制置业者购买和持有多套房，以此抑制投资需求、稳定房价。投资型和改善型购房需求再次被打压。在政策的导向和挤压下，哈尔滨的置业者摒弃过渡功能的一室小户型，转向两室三室等大户型，购房一步到位的心态愈加强烈。与此同时，哈尔滨商业地产也呈现低迷状态。过量开发的商业街、商业中心运作不良，商铺难以出租和转售，投资回报率不高。因此，现阶段市民对于商业地产投资信心不足。

产品分析

在这样的市场氛围下，4月初，日月机构接手恒盛豪庭3期商业公寓的推广工作。日月对产品进行了全方位的考察和剖析。1.区位情况：该产品位于群力新区中心，远大购物广场对面（在建），周边拥有百万规模的商业配套（在建）,未来商住及商业办公需求旺盛。近200万平米的五大公园环绕，生态优越性举市无双，因此项目具有较强的区位优势。2.产品情况：恒盛豪庭是群力开发较早的豪宅社区，现房，入住率很高。公寓的案名为MINI公寓，为南北向板楼，4.2米大开间，建面50~57平方米，有独立卫生间和独立厨房，能通天然气。与市面上的公寓类型相比优势明显。3.去化情况：总计350套，已去化50套，余300套。4.推广情况：项目开发较早，长期无动作，致使置业者普遍认为恒盛豪庭已售罄，并对恒盛公寓产品没有认知。

确立调性，制定启动战略

基于对市场与产品的分析，日月制定了二次启动战略：重新定义和包装产品，分阶段主题推广，集中连续型的广告节奏，迅速引爆市场，使产品在短期内清盘。

首先为公寓定名定性。根据4.2米大开间的特点，将原案名MINI公寓改成“宽寓”，突出一个“宽”字，并由“宽”字延展出公寓升级换代，宽公寓时代来临的概念。定位语为“小公寓，大升级”，将产品定义为升级版商住公寓。核心目标客群锁定在中小微企业、投资客，次目标客群为自用群体。在广告表现、现场包装上，日月选定互为补色的紫色和黄色，对比强烈，视觉效果醒目，使用大象的设计元素，更增强了视觉冲击力。在售楼处门楣及内部悬挂门楣巨幔、条幅，营造项目销售气氛。制作海报、DM单、名片等相关物料。一切准备就绪，推广工作即将打响！

概念入市，极速引爆，45天清盘

在广告推广上，日月计划采用软文先行，概念入市的策略，密集型集中造势，迅速引爆市场。4月中旬《宏观调控长期化，公寓投资正当时》一文在报媒上发表。此举为商住公寓产品制造新闻舆论，引导和预热市场。

4月18日，第一阶段推广策略——概念入市。在广告主题上，采用概念入市。"'宽寓'越级上市，引领公寓'宽'时代"向全市告知公寓有了新型产品。第一次惊艳亮相，迅速引起市民注意。接下来的广告，以1个整版和4个条幅为组合，每周连续打4次报广。平面设计上采用了象征手法，以老款电视、手机来表现公寓升级换代的概念。高频次的广告和新颖的表现手法，重燃哈市商业地产的热度。同时，在商业密集地带、竞品公寓项目周边等点位进行DM单派发，直击目标客群和进行市场拦截。

5月7日，第二阶段推广策略——卖点解读。产品经过第一阶段的推广，已经有了较高的市场认知度。日月开始深度解读项目卖点，放大产品优势。平面表现为通过手机的多功能模块、七巧板的多变组合来诠释产品特点。同时，反复催促"稀缺席位，急速递减；现在抢，马上占便宜！"，制造产品稀缺性、升值潜力和即将售完的紧迫感，激发置业者的购买冲动。经过两轮蓄水，"宽寓"于5月11日正式开盘。开盘之日，预先准备的房源数量已满足不了置业者的需求，恒盛随即又放出部分房源，当日签约过百套，超出预期。

5月17日，第三阶段推广策略——话题营销。在这个阶段的广告创意上，日月将中国大妈买黄金被套牢、为购买多套房办假离婚等社会热点话题与产品嫁接，炒作话题保持项目的关注热度。再通过细算账，使人们认识到"宽寓"的财富价值，引导理财新观念，引起了社会热烈响应。"宽寓"销售再掀高峰。投资客、中小微企业纷纷抢驻"宽寓"，由一套两套购买演变成半层、整层购买。截止5月底，"宽寓"超前完成清盘任务，并且还取得了哈尔滨市商品房周销售亚军的好成绩。

日月创造商住公寓推广传奇

一个和住宅同时销售的公寓，直到住宅售罄公寓也仅出售了50套，长期无人问津，成为开发商的一个心结。日月广告仅在45天就使项目清盘，成就了哈尔滨房地产营销史上的一例传奇。

点评：

优秀的广告看重生产过程，更偏爱结果！日月广告传播精湛的营销概念，在45天内完成一个滞销项目的清盘任务。

——朱旭东

中小微企业、投资客，他们在想什么？价值！

策划者，将将原案名MINI公寓改成"宽寓"，意味深长。看似仍旧是"公寓"，但已经从案名上，预埋了一个未来需要传播和解读的概念——"小公寓，大升级"。

人们往往以为的"公寓"是什么样？"宽寓"带来怎样的改变？而这样的改变，是符合既定目标人群的需求的。

案例很成功。其一，找准了目标群体；其二，将产品的主要特征进行了概念性提升（除了区位优势之外，其房型与配套的特征，是传播概念的有力支撑）；其三，很显然，在公认的"豪宅区域"内的"优惠"或"大便宜"的渲染上，也是不可或缺的。投资价值或自用价值，无非是能购买到"我需要的，而且低于心理价位，又高于竞品价值"的东西。

地产广告的很大的一个功能就是"蓄水"，如何掌握广告投放阶段、聚集有效客群，这个案例，也是值得借鉴的。

——黄诚

喀什发展集团：打造特区名片

广 告 主：
喀什发展大厦
广告代理：
深圳市星弧广告有限公司

2013年3月新疆喀什发展集团与深圳零点星集团的星弧广告公司成功牵手，深圳星弧广告广告有限公司（以下简称深圳星弧）服务喀什发展集团的两个项目，分别是喀什发展大厦、文化创意产业园品牌传播方面工作。通过调研数据的分析对消费者进行洞察，深圳星弧团队发现——悠远的历史记录着喀什的跌宕起伏，面对世人的质疑之声，政府高度重视喀什城市形象的塑造和品牌传播，通过传统媒体与新媒体的立体化推广策略，塑造城市品牌公信力和美誉度，在国内外媒体的联合推动下向外界广泛传播。打造“多元喀什，风情天堂”的城市品牌形象。

2012年，喀什市被评为中国新特区，在该市经济开发区有一个重点项目，该项目是新疆地区280米的第一高楼，经与国内多家公司比稿，最后我们的团队以优秀的分数胜出，2013年3月新疆喀什发展集团与深圳零点星集团的星弧广告公司成功牵手，深圳星弧广告有限公司（以下简称深圳星弧）服务喀什发展集团的两个项目，分别是喀什发展大厦、文化创意产业园品牌传播方面工作。

深圳星弧团队不负众望，在短时间内进行了大量的市场调研工作。

分析结果

1.喀什现状：

民风淳朴，热情好客，区域性商贸中心，独特的地域优势环境，富饶的自然资源，是新疆维吾尔自治区一颗璀璨的明珠，是一座历史悠久的古城。

2.国家政策：

伴随着中巴铁路和瓜达尔港项目的启动，有着强大经济政策支撑、丰富文化与旅游资源的喀什将成为中国、中亚乃至世界未来新的经贸中心。

3.城市价值：

它被誉为“丝路明珠”； 它五口通八国，一路连欧亚； 它是唯一的四大文化汇聚地；喀什承载中华民族更多的智慧与希望，创业者的梦想将在此重新起航，共同于世界版图上竖起又一座中国标志。

4.星弧发现：

通过调研数据的分析对消费者进行洞察，深圳星弧团队发现——悠远的历史记录着喀什的跌宕起伏，面对世人的质疑之声，政府高度重视喀什城市形象的塑造和品牌传播。

我们通过传统媒体与新媒体的立体化推广策略，塑造城市品牌公信力和美誉度，在国内外媒体的联合推动下向外界广泛传播。打造多元喀什，风情天堂城市品牌形象。

案例分析

再次认识喀什：

2个世界：东西方文明的伟大相遇与融合；

3大宗教：佛教、伊斯兰教、基督教三大宗教的碰撞与更替；

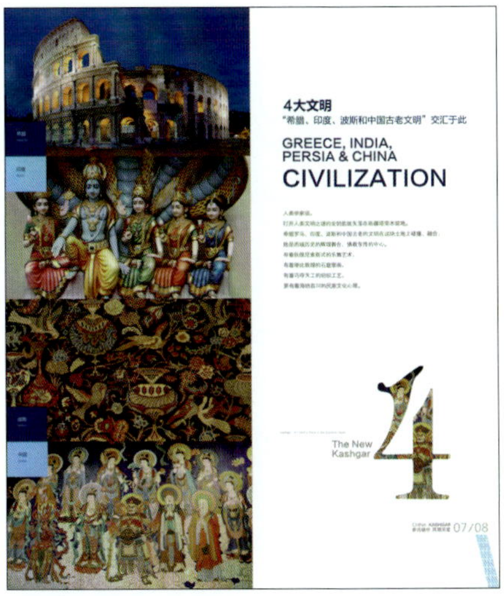

传播喀什文化设计的画册

传播喀什文化设计的画册

现场工地围墙包装效果

户外广告牌

工地围墙入口设计成发展大厦裙楼

“希腊、印度、波斯和中国古老文明”交汇于此；

特区：继深圳、珠海、汕头、厦门、海南岛之后；

7大景致：冰山之父——慕士塔格峰；

五口通八国，一路连欧亚。

喀什发展大厦价值点梳理：

280米，58层——中国西部、中亚第一双子塔高楼；

5A甲级办公写字楼；

国家一级物业管理，五星级希尔顿酒店管家服务；

云顶观光层——于280米云顶处，领略西域风光；

高端商务服务配套（多功能会议室，楼层秘书台、会议室）；

26部国际高标准分区直达电梯；

国际免税广场（集国际免税购物、高端餐饮、休闲娱乐、会展会务）——超高人气，推升超高财气。

推广传播

喀什发展集团推广语：

多元喀什 风情天堂

第一个项目中国喀什发展大厦项目

中国喀什发展大厦推广语：

史诗之城，世界传奇

产品价值：世界级城市地标

文化创意产业园

活动推广：

三线并行的品牌推广：

媒体推广线 + 大事件活动营销线 + 城市品牌附加

媒体推广动作建议：

机场户外+航空杂志+新媒体推广

喀什本地：使用现场包装、户外及机场进行形象树立。

全国营销：各地重要城市异地营销推广，借助招商手册、各大城市机场户外、航空杂志、新媒体，同时配合主题性的活动事件策划，实现向全国市场的扩张。

喀什发展大厦画册设计

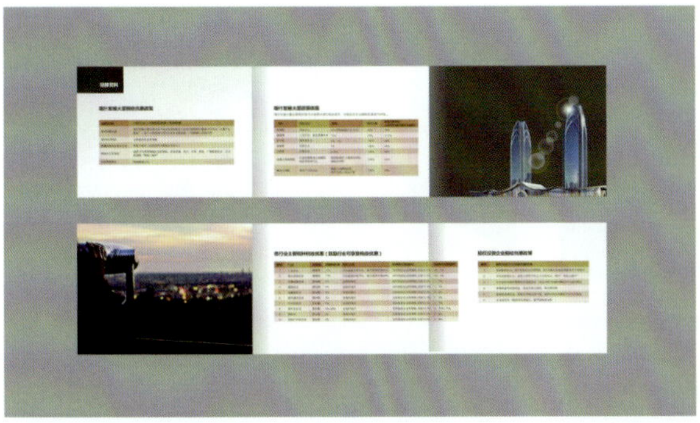

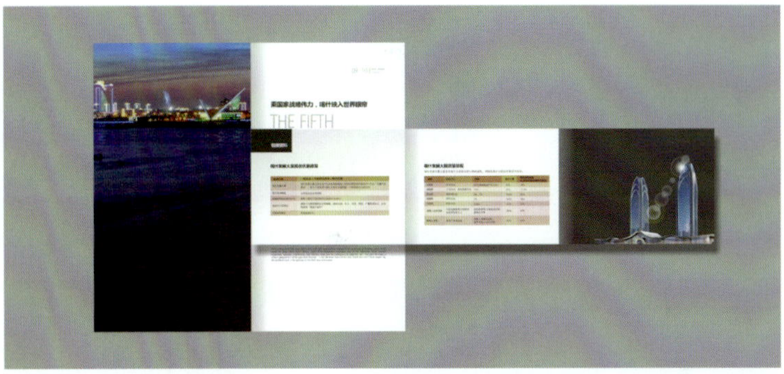

喀什发展大厦折页设计

创意园画册画册设计

喀什发展大厦影视片

天赋 · 文际

文化创意园影视片

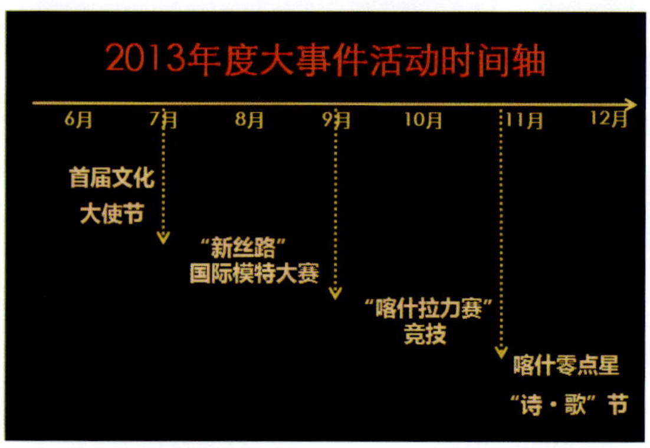
2013年度大事件活动时间轴
6月
7月
8月
9月
10月
11月
12月
首届文化
大使节
"新丝路"
国际模特大赛
"喀什拉力赛"
竞技
喀什零点星
"诗·歌"节

2013年度大事件活动营销

首届文化大使节——与政府合作，对八国大使进行邀请邀约。设置国际商贸论坛、八国风情特产展、喀什特区旅游产品会等等。

“新丝路”国际模特大赛——与新丝路国际模特大赛组委会联合，在喀什举办“新丝路国际模特大赛”，对“喀什新丝路”一种全新的诠释。设置《五洲风情服饰秀》、《中国赛区-西域风情秀》等等。

“喀什拉力赛”竞技——以“世界上最大的流动性沙漠——塔克拉玛干大沙漠”为舞台，上演惊心动魄的一幕。参赛选手无论专业拉力赛选手还是业余赛车爱好者都可自由参赛，共同竞技。参赛车辆都为真正的越野车，车辆每天行进的路程从几公里到几百公里不等。

喀什零点星“诗·歌节”——与零点星集团联合，在喀什举办“诗·歌节”，将“诗文化”与“新疆的歌舞”进行一次完美的嫁接。活动还邀请“五彩喀什噶尔”儿童艺术团参加演出。

点评：

房地产项目最重要的是地段、地段，还是地段。而对于商办项目更需要对地段的充分诠释。喀什发展大厦在这点上确实做到史诗之城的经典！

——朱旭东

信通置业：用视觉传递品牌的灵魂

广 告 主：
通信置业
广告代理：
河南纯粹文化传播有限公司

信通置业作为一个全新的品牌暂时没有较为完整的战略层面规划和品牌理念体系，纯粹的视觉设计工作立足品牌高度，力争用最优设计成果体现企业精神内涵。信通置业的标志作为信通置业视觉形象的核心内容，不仅是视觉形象对外传播过程中社会公众的认知聚焦点，更应是信通置业文化理念浓缩的精神符号。概而全不如抓重点，抓住事物的主要矛盾，用精神理念去指导完成视觉表现。“信”这是纯粹为信通置业打造的核心价值观，它是信通的肺腑之言，要掷地有声。“诚信，通天下”——这是信通的广告语、是信通对客户的承诺，同时也是信通置业的核心理念和精神指导。通过标示、广告语的提升，为企业创造了全新的品牌战略形象。

项目背景

河南信通置业有限公司成立于2013年，由北京众邦华业、富饶投资控股和中投创新集团三家具有深厚投资背景、及多年国内地产开发经验的公司共同发起设立。公司致力于开发、运营国内顶级的商业地产，倾力打造“5A级智能化”高端写字楼群。公司现在北京、河南许昌和信阳等地开发在建多个楼盘。

战略思考

如何打造信通置业的品牌核心竞争力?

从战略方向着手，实施全面的品牌战略规划，品牌无疑是企业能够获得长久盈利、实现消费者心理认知的重要决策手段，实行品牌战略就需要我们真正的把品牌放在首位。对于实施品牌战略来说，我们要对战略规划的组成部分进行细致研究，包括战略分析、战略选择、战略实施。

杰出的创意源自高度精准的策略性思考

信通置业作为一个全新的品牌暂时没有较为完整的战略层面规划和品牌理念体系，

信通置业

河南信通置业有限公司
HENAN XINTONG REAL ESTATE CO., LTD.

UNESCO Education Natural Sciences Culture

点评：

乔布斯时代的到来标志着品牌营销时代的到来！在地产界信通置业以全新品牌视觉形象传递品牌的灵魂，开启信通置业的品牌营销实战。

——朱旭东

纯粹的视觉设计工作立足品牌高度，力争用最优设计成果体现企业精神内涵。

信通置业的标志作为信通置业视觉形象的核心内容，不仅是视觉形象对外传播过程中社会公众的认知聚焦点，更应是信通置业文化理念浓缩的精神符号。概而全不如抓重点，抓住事物的主要矛盾，用精神理念去指导完成视觉表现。“信”这是纯粹为信通置业打造的核心价值观，它是信通的肺腑之言，要掷地有声。

“诚信，通天下”——这是信通的广告语，是信通对客户的承诺，同时也是信通置业的核心理念和精神指导。

解决方案

标识是品牌形象系统的灵魂，设计就是讲述她的品牌故事，分享情绪，在赋予其深刻的品牌内涵和灵魂之后，设计也就是创造一个有趣的、幽默又有品质的一个美丽事物。

我们想赋予信通置业更多的人文内涵，所以直接将信通置业的“信”字提取，在保留视觉识别的基础上将汉字图形化，用图形直接明了的传达企业的核心价值观“诚信”。标识的图形部分具有极强的应用表现力，简洁具有美感且功能性强大，既能意象的表达企业的精神文化内涵又能具象的体现信通置业的企业名称，可以单独应用在各种介质的媒体上。

红色的中国汉字“信”经过艺术化的处理具有极强的视觉冲击力和品牌记忆点，区别了国内大多传统的地产标识表现。红色代表着吉祥、喜气、热烈、奔放、激情、斗志、革命。红色的性格强烈、外露，饱含着一种力量和冲动，其中内涵是积极的、前进向上的。红色象征着热情奔放、积极进取、活力四射、寓示企业勇于开拓、创新发展、创造辉煌的使命感。

品牌形象简洁并且易于识别、记忆和传播。

最终效果

2013年6月，信通置业正式启用了由纯粹为其设计的全新品牌视觉形象建设方案及品牌战略规划。

武汉房展会："码上兑现"房展活动

2013年5月，武汉晚报启动"创刊52周年购房惠民行动——码上兑现"房展，活动一经推出立即获得读者热捧，咨询来电爆棚。活动历时一个月，本土著名笑星阿星两次助阵，全城媒体立体整合传播，42家房企楼盘及近10家装饰公司参加，两场落地房展共成交91套住宅，总金额过亿，91名购房者成功领取5000元购房补贴，4名幸运者抽中金条，百余逛展市民获得惊喜奖品，数千名读者后台扫码参与微调查，江城各大媒体竞相报道……

这是一次地产盛会，是武汉乃至湖北省内媒体有史以来首次对购房者发放现金补贴，武汉晚报凭借自身的媒体地位，用实实在在的惠民行动回馈读者，用骄人的销售成绩对日渐萎靡的房地产市场发出宣告：这就是武汉晚报坚不可摧的媒体影响力，这也是传统媒体一反传统的创新实践。

广 告 主：

武汉房展会

广告代理：

武汉晚报

武汉的房展会遍地开花，一些非房展专业的公司、仓促组合的草台班子纷纷办起了房展会，搭个台子、集合几家楼盘、添加一些节目，一个房展会就大功告成了。本报举办的房展会也经历了前期的火爆到平淡无奇，购房者对房展会这种形式已经免疫了。如何打造一场形式新颖、内容丰富、具有卖点的房展？这是武汉晚报面临的挑战。武汉晚报从手机扫码、房展选址、现金促销、现场抽金、抽卡等活动，让房展会上销售额劲爆。

购房补贴的诞生

2月20日，新"国五条"出台。2月28日，武汉公积金贷款新政公布，很多首次置业者赶着签合同、办贷款；3月1日，国务院公布新"国五条"实施细则，调控政策涉及房贷和税费多个方面，买二套房的市民怕首付再次提高，也忙着看房、选房。新政的公布加快了本就有购房意愿的市民买房的步伐。

据武汉市房管局公布的3月份房地产市场监测月报显示，当月二手房成交8344套，创历史记录，环比增长346.5%；当月新房成交14174套，一季度新房共成交34546套，延续了自2012年三季度以来的火爆。

3月楼市"小阳春"的背后是房地产新政带来的市场扭曲，随即的4月份楼市成交明显降温。武汉市房管局统计4月新房成交11792套，环比下降16.8%，楼市逐渐还原到市场的本来面目，房价居高不下、购房者观望踌躇、市场呈现胶着。

这是一场巨大而复杂的博弈。政府要调控房价，各种政策调控的利器接踵推出，继新"国五条"之后，《关于2013年深化经济体制改革重点工作的意见》明确提出"要扩大个人住房房产税改革试点范围"，并计划在2014年6月底前出台不动产登记条例。房地产开发商要稳住房价，随着土地交易价格、原材料成本、人工成本的不断攀升，开发商只有不断推高楼盘单价，小步快跑才能保住利润。购房者在观望，一方面观望的是政府调控政策的效果，一方面观望的是市场价格的走向。在这场博弈当中，媒体能够扮演什么角色？

我们得出的结论是在政策的空窗期下，只有千方百计降低购房成本才能刺激市场产生交易。由此，武汉晚报秉持着为百姓谋利益的宗旨，在创刊52周年之际，拿出广告利润，用现金形式实实在在地补贴购房者，你购房、我补贴，并且是"码"上兑现。

活动内容的创新

目前武汉的房展会遍地开花，一些非房展专业的公司、仓促组合的草台班子纷纷办起了房展会，搭个台子、集合几家楼盘、添加一些节目，一个房展会就大功告成了。本报举办的房展会也经历了前期的火爆到平淡无奇，购房者对房展会这种形式已经免疫了。如何打造一场形式新颖、内容丰富、具有卖点的房展？我们决定从几个方面入手。

手机扫码，开启精彩

随着智能手机和3G网络的普及，用户可以通过手机扫描二维码快速浏览网页，下载图文、音乐、视频，获取优惠券，参与抽奖，了解企业产品信息等。二维码已成为移动互联网的重要入口。为了提升活动效果，我们制作了活动二维码，二维码不仅刊登在活动的所有平面宣传平台上，同时出现在参与活动的房地产楼盘广告宣传上，以“码上兑现参展楼盘”作为明显标识。

在二维码后台上，活动详细信息、参与方式、参与楼盘介绍、活动滚动新闻等信息应有尽有。市民只需用手机扫描广告上的二维码，填写个人基本信息，即可

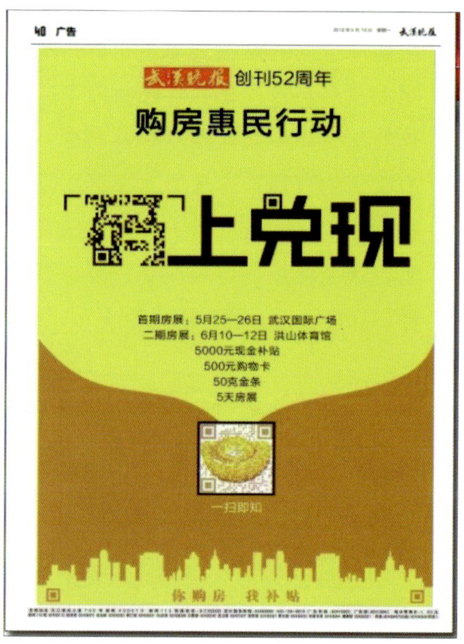

获得补贴优惠资格。另外，针对购房目标群体，活动特别设置了购房需求微调查，参与调查有奖，以便了解本次活动的参与市民的购房需求。调查内容包括购房者年龄、职业、收入、工作区域、意向购房区域、购房目的、意向产品类型和购房中最看重的因素等等。

五星房展，撼动全城

房展选址很重要，本次活动共分江北、江南两场，江北房展地址在武汉国际广场一楼连廊广场，江南房展地址在洪山体育馆。两场展会的地点在武汉都是独一无二的。武汉国际广场所在武广商圈是武汉地区人气最高的商圈，处在汉口城区中心地带，近地铁口，交通便利。房展举办地点周围环绕LV、爱马仕、迪奥、香奈儿等国际一线品牌旗舰店。洪山体育馆处在大武昌的中心，紧靠地铁。两大场馆均在室内，不受天气条件影响，环境宜人。时间选择上，第一场房展安排在5月25日至26日，LV开业之后将不允许在此举办展会类活动，这一档期可谓空前绝后；第二场房展选择在端午节，端午节三天市民很少像往常假期一样选择旅游、探亲等方式，大部分市民留在家里，这对于展会活动是一个很好的时间点。

我们对房展会的布置也进行了升级，采用“皇家园林、一院一景”的布置方案。房展布置采用统一的标牌、统一的形象，每一个展位都用鲜花和藤艺打造，充满艺术感。

百万现金，现场发放

活动最吸引人的地方恐怕还是5000元的购房现金补贴。活动现场的点钞机、现金、会计、安保人员共同打造发现金补贴的气氛。市民到房展会现场向中意楼盘交付购房定金，并签定购房协议后，凭借定金收据、本次活动二维码，即可现场领取由武汉晚报发放的5000元现金惠民补贴。

不是优惠，而是实实在在的现金，让购房者心理更踏实。以往房展会都会打出巨惠市民的口号，但购房者往往对这种优惠方式是不是货真价实心存怀疑，现金补贴就打消了购房者的疑虑。以媒体的名义向消费者发放补贴，那么这些补贴名额是从哪里来的呢？房地产开发商会通过房展在报纸发布楼盘广告，报纸再拿出本次活动参与楼盘广告收入的10%作为现金补贴发放给消费者，这样更多的消费者就会选择在本次活动中交易，交易额的显著增大又保证了房地产开发商的楼盘销售。一个无限扩大的利益链条就这样产生了。

一两黄金，巨惠升级

中国人对黄金有天生的热爱，金价大跌时中国大妈疯狂扫货就是例证。为促进成交，活动对成功领到5000元现金的购房者，还特别设置了“抽金条”的活动，每场房展会每天现场抽取一两黄金。这是对购房者才有的抽奖，相当于为购房者又赠一道大礼，价值近2万元的黄金。但这又极具偶然性，看谁的幸运指数最高，每天只有一名购房者能够享受到大奖。比起分散成几个奖项抽奖，这样更具诱惑力。

现场抽卡，惊喜不断

为提高现场人气，凡到房展会现场的市民，填写资料后，均可参加“商场购物卡”抽奖活动，每场房展会提供面值3000元的购物卡一张，面值500元的购物卡14张。抽到购物卡的幸运者可以持卡到旁边的武商集团旗下的武汉广场、武汉国际广场尽情购物。看房展、抽购物卡、逛商场，活动为广大看房者提供观展、购物一条龙服务。

活动推广水银泻地

活动期间，本报新闻版每天不间断刊登活动新闻及硬广，传播活动信息、参与方式、每日更新参与楼盘动态及新增楼盘等，持续一个月。

除了本报宣传，此次活动还整合全城媒体，进行立体覆盖。在报纸上，长江日报、武汉晨报同步重点宣传本次活动动向。网络上，汉网、长江网同步直播活动盛况，搜房网、亿房网、大楚网、新浪网、搜狐网发布活动预告。FM88.4、FM92.7、FM103.8在黄金时段每天多次对市内私家车进行活动预告。在湖北经视、武汉电视台一、二、三套热播栏目前播出活动预告片。

在户外宣传上，活动更是大投入，铺天盖地的户外广告覆盖全市。在汉口，繁华商业区——中山大道王府井百货的户外大牌，人流量最大的地铁口——地铁国广通道的大型框架广告，标志性建筑——民生银行的LED大屏 ，武广商圈——庄胜崇光百货SOGO 的LED大屏。在武昌，人流量最大的丁字路口——中建三局LED大屏，长江二桥桥头堡——欧亚达家居LED大屏，光谷中心——融众大厦LED大屏。另外，活动还选择了全市近100个路名牌、超过1000辆的士屏、30多个高档写字楼灯箱发布活动预告。

在新媒体上，武汉晚报官方微博及武汉晚报广厦周刊官方微博，对活动全程播报。活动前夕及活动期间，本报还组织发送共计100万条的活动宣传短信。活动致力于整合最好的资源，打造优质平台，不卖平面卖平台。

活动总结

活动期间，房地产总广告销售1241万元，家居总广告销售90万元，房地产家居事业部总广告销售合计1331万元，因活动产生的广告销售近1000万元。

当然，活动中也存在着一些不足，值得我们反思与改进。其中最突出的问题是本次活动对售楼员的培训还不够到位，导致不少现场售楼员对活动本身并不了解，未能把活动核心价值与该楼盘有效结合。

（市民认真咨询活动详情）

（首位领取5000元购房补贴的购房者）

（阿星抽奖）

点评：

这是一场媒体搭台、房产唱戏、商场参与、大众获利的“大联欢”，整个活动围绕“利益驱动”这四个字做文章，时机的选择正好在政策实施之前，地点选择在城市最中心，“送现金”、“送黄金”、“抽奖”、“免费”等让人血脉贲张的字眼充斥整个活动，说不上“高上大”，但很接地气，主办方最终达到了良好的经济回报！

——腾丽

盛洲软地基：品牌魅力的“核力量”

广 告 主：
广州市盛洲实业有限公司
广告代理：
壹串通品牌营销策划机构

盛洲的品牌诉求是比较清晰而且准确的。“专注软地基处理”既是盛洲建立以来的真实写照，又是能够与盛洲脚踏实地的企业形象匹配的。

不过，盛洲的这种品牌诉求，还是处于比较初级的“功能诉求阶段”。所谓功能诉求，也就是通过这种品牌诉求，来向客户展示自己的专业和专长，其优点是非常直观和明确，客户很容易理解。

而缺点主要在于：第一，这样的功能诉求不能体现企业战略；第二，盛洲作为一个快速成长期的企业，也要为未来的成长做好准备。所以，针对客户最关心的问题，广告公司用直白、形象的语言传播盛洲的优点。表达盛洲提供的服务使业主“百年基业 一劳永固”，形成品牌魅力的“核力量”。

背景概述

盛洲，专注于软地基处理领域的高科技企业，从单一的排水板生产供应商发展为软地基工程承包商。在现代营销竞争态势下，该怎样使业主与客户有效认知盛洲的优秀品质，这既是盛洲营销的战略问题，也是提升销售的现实需求。

在中国整个建筑工程行业，无论规模如何，国内建筑工程公司的收入大部分仍来自施工，企业都缺乏强有力的品牌支撑。国有大型企业依赖雄厚的资金实力以及良好的政府关系，而民营企业则依赖低价竞争和人际关系，都未形成核心竞争力。

全行业低水平竞争的背景，对于盛洲来说，既是机遇也是挑战。机遇在于整个市场的领导品牌还没有产生，盛洲有着非常广阔的成长空间。

而挑战则在于，受制于这样的外部成长环境，软地基处理行业，乃至整个建筑工程行业，如何树立品牌，从产业链的低端走向产业链的高端，都缺乏成熟的成长模式和可供学习的对象。

企业检视

壹串通通过大量的访谈和调研，对盛洲企业的内外部进行全方位检视。

1. 企业优势没有得到充分发挥

盛洲所服务软地基处理行业较冷门，专业与技术不被外界所了解，盛洲作为拥有多项国家专利的高科技企业，这一优势没有得到充分发挥。在业务方面侧重于施工和生产，处于产业链的低端，这与盛洲的现有实力不匹配。

2. 产品线不清晰。

盛洲的核心产品就是软地基处理服务，并且还是以真空预压法为主要工法的软地基处理服务。

然而，这个核心产品其实并没有在盛洲的品牌推广中体现出来。无论从盛洲的官网还是户外广告，盛洲的核心产品并没有体现出来，既有工程、也有塑料排水板，还有软地基处理技术……几乎把所有的产品都罗列，产品线比较乱，没有重点，不能快速地让客户形成统一印象：盛洲的产品是什么。

3. 产品依然侧重于施工和生产，位于产业链的低端

这也就是为什么我们强调盛洲的产品线一定要有重点，而且重点还是落在软地基处理

上，而不是材料和设备上。因为围绕软地基处理，通过强调企业的研发实力、品牌价值和保护环境等方面，都能够展现盛洲在产业链高端的位置。

当然，这也并不是说，因为材料、设备和劳务是位于产业链低端的，所以就要砍掉这一块的业务，而只做附加值高的产品。材料依然要做，而且也需要宣传，但是材料在这里就不能作为主推的产品出现。我们需要强调的是盛洲的强大的配套材料和设备，对盛洲软地基处理技术的支持。这样，既强化了产品品牌，又并无对材料等产品的削弱。

4. 品牌诉求有待升级

盛洲的品牌诉求是比较清晰而且准确的。“专注软地基处理” 既是盛洲建立以来的真实写照，又是能够与盛洲脚踏实地的企业形象匹配的。

不过，盛洲的这种品牌诉求，还是处于比较初级的“功能诉求阶段”。所谓功能诉求，也就是通过这种品牌诉求，来向客户展示自己的专业和专长，其优点是非常直观和明确，客户很容易理解。

而缺点主要在于：第一，这样的功能诉求不能体现企业战略，我们需要将之上升到更高的层次——价值诉求阶段，向客户展现的不是服务本身，而是服务能够为他们带来的价值。

第二，盛洲作为一个快速成长期的企业，也要为未来的成长做好准备。处在这样的行业背景之下，盛洲需要从一个单纯的软地基施工企业，成长为一个具有很强的科技研发实力，具有国际化管理水平的现代企业，从产业链的低端，走向产业链的高端，作为高科技企业的形象来出现。而这些企业理想，都需要一个具有行业高度的品牌诉求来体现。

打造品牌“核力量”

客户所关心的即是重要问题，针对客户最关心的问题，用直白、形象的语言传播盛洲的优点。表达盛洲提供的服务使业主“百年基业 一劳永固”，形成品牌魅力的“核力量”。

寻找品牌支撑点：“淤泥变磐石”

盛洲是做什么的？我们联想到软地基像什么？散沙、泥潭、沼泽、淤泥；变硬的地基又是什么样的？石头、砖头、金刚石、岩石、磐石。

壹串通品牌营销提出的是“淤泥变磐石”。把淤泥一样的软地基，变得和磐石一样坚硬。

统一工法名称：NS无排水砂垫层真空预压法

用同一口径向外传播；统一卖点：一快、二省、三环保。针对客户最关心问题，用卖点直观数据说服客户。

真空预压法是一种非常传统的、适用范围很广，同时也被广泛接受的软地基处理工法。盛洲主推真空预压法，并且通过专利技术的提升，对传统工法改造和升级。因此，盛洲的细分市场是非常明确，也非常有比较优势的。在软地基处理行业的真空预压法领域，盛洲是最具有竞争力的。

提供一揽子解决方案

通过分析，两点引起了我们的注意。一、品牌号召力——品牌提升；二、产业链定位——系统集成。因此我们决定从这两点入手，作为盛洲品牌营销的突破点。

1. 系统集成——“碎片”整合到“一揽子服务”

盛洲的产品线以材料、设备、劳务为主，业务依然侧重于施工和生产，处于产业链的低端。

守着国家专利，为什么还处在产业链的低端？盛洲有做技术、方案、设备、配件、施工的实力，完全具备整合整个产业链的能力。壹串通品牌营销专家尚孟坤为盛洲设计了一揽子解决方案，以软地基处理为产业线的重点，既提供技术与方案，也提供配套产品。站在产业链的高端，为客户提供整体解决方案。

2. 标杆工程——澳门大学横琴岛项目

澳门大学横琴岛工程中标，就给盛洲带来1.2亿回报。针对澳门大学横琴岛项目进行投标实战指导，打造标杆工程。

形象升华，赋予鲜明的品牌内涵

对盛洲的标志做改进升华，同时赋予鲜明的品牌内涵与企业精神。

（原logo）

（升级后）

建筑是由无数个这样的节点构成，盛洲的新logo意取“结构的节点”意象，有两个层面的含义。

首先，体现了盛洲先进技术与施工管理紧密嵌合，创造百年基业，一劳永固理念。

其次，它体现了盛洲的上下一心，向着同一目标紧密结合在一起，形成强大的生产力，构成了盛洲这座企业大厦的关键节点。

刚强有力的标准字体与logo图形设计协调统一，整个标识行业特色鲜明，既表现了盛洲创新与进取的一面，又给人以深刻的形象记忆。

标识应用

企业画册

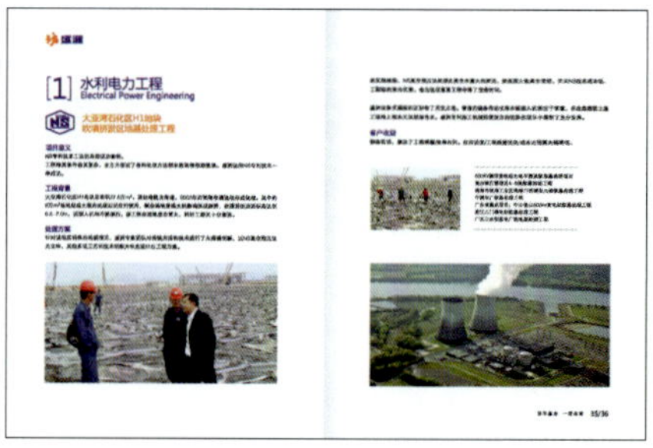

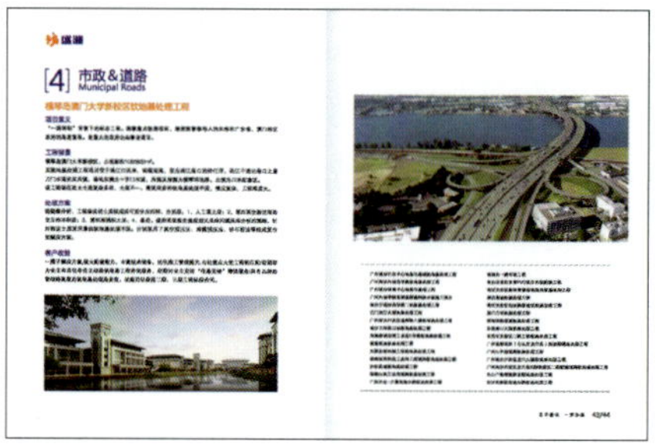

五个字引爆六个亿

盛洲通过价值链的提升、品牌的整合，品牌魅力“核力量”的凸显，使盛洲成为中国软地基处理工程领域的领先品牌。新的行业地位，带来新的价值回报。三年时间，盛洲累计销售额已达6个亿。

点评：

软地基处理行业是一个冷门行业，也是专业程度很高的行业，企业虽有千般优势，但是难于整合，找到一个合适的表达方式。本案从千丝万缕中梳理出品牌的“核力量”，并挖掘出三个易懂又有力的利益点做支撑，大浪淘沙，找到品牌的“魂”，必须为之鼓掌！

——叶茂中

做为一个比较冷门的行业，做企业文化定位相对来说比较容易，此定位案做到了“准确”二字，没有多余的形容，一语中的，直指企业业态价值核心，创意画面也很直接地表现出了产业功能，是一个值得学习的干净利索的案例。

——腾丽

国香·清林郡：多享法则

国香·清林郡是国香控股转投房地产行业推出的首个楼盘，总占地16118.88平方米，建筑面积64360平方米，产品以87~89平方米高拓四房为主。项目位于龙岗中心城以北清林径森林公园南山脚下，处于龙岗中心城最大的生态社区圈，与万科清林径相邻。项目北面是深圳最大的湿地公园——清林径森林公园，占地约28平方公里，相当于17个莲花山或4个梧桐山大小，有深圳西湖之称；交通方面，在2012年友谊路完成修整后区域内的交通能力得到极大的提升。

星弧广告作为国香首个地产项目的合作方，以十余年专业地产广告的服务经验，结合前期的市场调研对项目进行深入分析，我们认为本案区别于其他项目的最大亮点在于高拓户型，以此得出定位——87~89平方米阳光四房，结合本案其他优势，确定广告推广语——你多享了，并将本案的其他卖点如区域、商业、生活配套、交通、政策、教育列入“多享法则”，以个性的语音形成组合拳高姿态打入市场，开盘前期加以每周的暖场活动及到位的媒体组合宣传，使得本案一经投入市场即受热捧，连续4个月荣登龙岗地区销冠，并在2013年4月顺利完成销售。

一阶段，主题户外

广 告 主：

国香控股

广告代理：

深圳市星弧广告有限公司

本案区别于其它项目的最大亮点在于高拓户型，结合本案其他优势，确定广告推广语——你多享了，并将本案的其他卖点如区域、商业、生活配套、交通、政策、教育列入“多享法则”，以个性的语音形成组合拳高姿态打入市场，开盘前期加以每周的暖场活动及到位的媒体组合宣传，使得项目一经投入市场即受热捧。

点评：

首先，项目本身的88平方米小四房定位就很精妙，目标直指80后的第一套房，你想要的，这里都有了，奋斗中的你，这就是为你量身打造的，还等什么呢？另外，不得不赞一下本案文案的文字功底，为此案增色不少。

——腾丽

本案的成功之处在于项目卖点的发掘与画面表现，组合水墨与色彩元素的使用，其清新的格调有意地区分了周边项目的视觉干扰，巧妙地刻画了项目“都市里”、“公园边”的项目特点，通过对整案的有效分析与提炼，一句“你多享了”点睛了项目，意在不经意间传递更多的附加值，使整个案例的表现无处不在地散发着轻松格调，同时精准地把这一句“你多享了”的信息传递给年轻又小资、渴望生活的80后客户群体，为项目刻画出了一份高雅且亲切的生活场，充分体现了星弧广告细密的案例分析与成熟的表现技巧。

——周鸿昕

一阶段主题海报

四阶段，热销渲染海报

二阶段，营销中心开放海报

三阶段 开盘户外

北龙口国际商贸物流城：找到合适的支点

商业地产在神州大地演绎出一幕幕财富神话，新颖现代的营销模式，超大规模的集中经营，共生共赢的命运共同体……无一不在推动着中国经济的飞速发展。兰州北龙口国际商贸物流城正是其中的一个耀眼传奇。

风好正扬帆，平地起惊雷

西部大开发全面启动，国家发展中心逐步向西北转移。

兰州作为西部经济战略支点和辐射中心，区域优势明显，经济腹地广阔，肩负着带动西北经济崛起的重任。

随着全国第五个国家级新区——兰州新区的设立以及兰州旧城区改造等项目的落实，兰州蕴藏着促使西北地区经济华丽蜕变的无限商机。

仓储物流行业作为兰州经济格局的重要支点，抓住机遇，整合原有分散落后缺乏竞争力的物流市场，提档升级为商贸物流综合体势在必行。

励精图规划，蓄势发巨力

大陆桥集团作为兰州有着深厚商业根基、辐射全国的集团化公司，成功运营包括兰州东部品牌服饰批发广场、武汉汉正街品牌服饰批发广场等多个商业地产项目。

凭借敏锐的市场洞察力和成熟的经营管理模式，依托兰州市政府提出的“出城入园”政策，大陆桥集团抓住契机，投资300亿元，倾力打造占地面积800万平方米、总规划用地21000亩的西北最大规模商贸物流综合体——北龙口国际商贸物流城。

战略将决定战役的胜利，规划则无疑是胜利的基础。北龙口国际商贸物流城的运营蓝图经过我们反复地分析论证，整体规划已现雏形。

通过全面的市场调研和实地考察，对兰州地理环境、经济形式和物流市场现状等进行全面分析，将其总体规划为“一带、三核、八大板块、十二大配套”的运营模式，即建设12.6公里的黄金商贸交易带，打造城市商贸、综合服务、基础物流三大核心项目，构建建材家居装饰、小商品、汽车配件、家用电器、五金机电、糖烟酒副食、酒店用品、大型家具品牌店八大运营板块，提供仓储物流、生产加工、商业住宅、餐饮娱乐、星级酒店、写字楼、企业总部及研发中心、家庭及工程装饰设计与咨询中心、大型活动展览及产品发布中心、电商交易信息中心、金融服务中心、学校医院十二大配套服务，旨在建成一座真正意义上的城市综合体，为兰州经济格局整体北移，承接企业“出城入园”提供优良的沃土。

广 告 主：
兰州大陆桥集团
广告代理：
武汉市大唐广告责任有限公司

凭借敏锐的市场洞察力和成熟的经营管理模式，依托兰州市政府提出的“出城入园”政策，大陆桥集团抓住契机，投资300亿元，倾力打造占地面积800万平方米，总规划用地21000亩的西北最大规模商贸物流综合体——北龙口国际商贸物流城。

通过对北龙口项目整体以及辐射区内商业供给和需求变化进行细致的分析，针对目标消费群体和物流行业经营者的需求，广告公司因地制宜对北龙口国际商贸物流城进行了差异化的精准定位。将其整体定位为西北地区规模最大的国际化商贸物流城，区别于其他规模偏小、档次偏低、缺乏统一运营管理的小批发市场，塑造成为高档大气、肩负兰州北部经济崛起重任的国际化商贸物流城。并且用具体的视觉符号和视觉感受树立北龙口超大规模、现代、高端、鲜明的品牌形象。

精准高定位，巧塑新形象

精准定位永远是商业地产中最核心的方向标，指引着项目胜利的方向。

我们通过对北龙口项目整体以及辐射区内商业供给和需求变化进行细致的分析，针对目标消费群体和物流行业经营者的需求，因地制宜对北龙口国际商贸物流城进行了差异化的精准定位。将其整体定位为西北地区规模最大的国际化商贸物流城，区别于其他规模偏小、档次偏低、缺乏统一运营管理的小批发市场，塑造成为高档大气、肩负兰州北部经济崛起重任的国际化商贸物流城。充分凸显北龙口出城入园唯一承接地，政企联合打造的绝对优势，彰显其改变兰州物流行业整体格局的强大信心。

精准定位需要通过具象化形象设计表现出来，用具体的视觉符号和视觉感受树立北龙口超大规模、现代、高端、鲜明的品牌形象。

视觉设计中北龙口Logo整体采用大气稳重的深棕色，并凸显与案名相呼应的龙元素，将龙字的部分改为一条腾飞的巨龙，灵动又不失霸气。VI视觉设计的主色调以黄色为底色，与西北黄土地颜色应景。黄色中加入部分的红色会使颜色更加生动，看起来自然大气。整体VI视觉设计采用简约高档的设计风格，主要向受众传达国际化、高档次的视觉感受。

VI设计部分

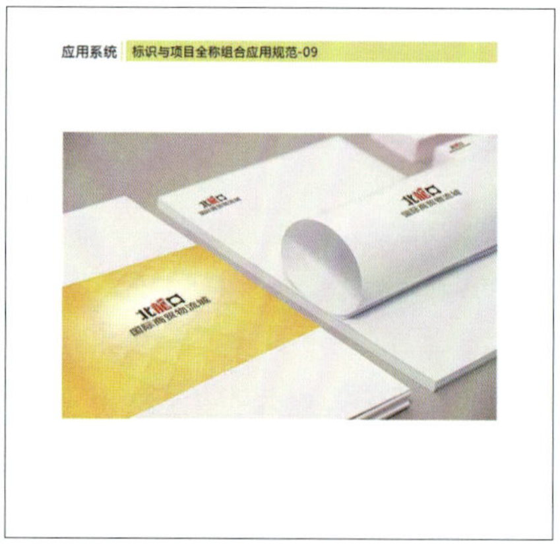

建筑形态是品牌最好的形象载体，可营造良好的商业氛围，突显成熟高档的气质。北龙口建筑立面整体采用形象墙体、立体灯箱、品牌Logo相搭配高低迭起、错落有致的造型设计，流线感增强，使整体看起来更加灵动富有美感。大门入口则采用法式设计风格，大气稳重的同时又彰显国际化特色，一入园区即浑然进入传奇商业世界。

巧妙传播点，一点定乾坤

万事已筹谋，成功需东风，要想撬动物流市场北移，就需要一个合适的支点。

因此我们打造了一个巧妙的传播点作为支点，使行业目光迅速北移，聚焦北龙口。通过举办大型商业研讨会的方式准确锁定目标受众群，进行针对性的项目宣传推广。

兰州商贸物流发展研讨会暨北龙口国际商贸物流城项目推介会于一期板材市场开业的当天举行，会议现场500个位置座无虚席。诚邀来自中央有关部委、甘肃省及兰州市的有关专家、领导莅临现场，数十个驻甘驻兰商会代表及来自全国的近千名

北龙口研讨会现场图

建筑立面部分

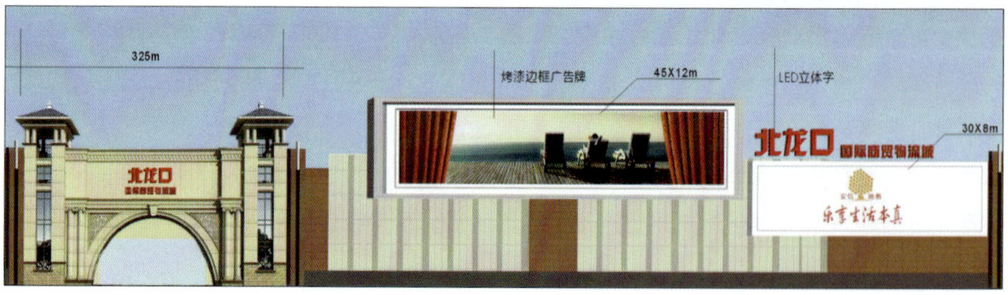

商户代表参加了大会，站在巨人的肩膀上谈发展，目光聚焦在如何发展兰州商贸物流上，对未来兰州的物流发展进行了深入的探讨研究。

此次大型商业研讨会上兰州银行主动要求与北龙口签订战略合作协议，成为长期的金融合作伙伴，提供雄厚的资金支持。同时中国商品交易市场理事会授予北龙口国际商贸物流城“全国重点培育市场”、“商业综合体样板市场”的荣誉称号。这充分体现了大家对北龙口国际商贸物流城崛起西北经济、北移兰州经济格局、整合西北物流市场的巨大信心。

会议整体采用线上线下相结合的传播形式，由搜狐网对会议进行全程直播，新浪微博对会议动态进行跟踪报道，充分利用新媒体的传播力量，使会议辐射范围由会场延伸到浩瀚的互联网世界。

该商业研讨会在整个大兰州乃至大西北产生了爆炸式的影响，对目前大兰州城市发展及城市升级进行了深入的解析，在全国物流行业内产生了举足轻重的影响，也为西北物流中心“城”熟北龙口提供了足够的信心，使北龙口一跃成为引领西北地区物流行业提档升级的标杆，将大众的目光整体北移，聚焦北龙口。

楼书

线上与线下，动静互相宜

行业研讨会的成功作为一个完美的支点，还需要有与之相搭配的杠杆，全媒体整合营销推广策略就是一根足以撬动市场北移的杠杆。

常规媒体组合主要是以目标消费群体为核心，全面运用电视广告、报纸硬广和软文，DM单页与楼书，点面结合投放广告。采用重点投放，点多成面的原则，针对目标消费群密集程度制定合理的常规媒体组合策略。例如，报纸广告以《兰州晨报》、《兰州晚报》为主，《甘肃日报》、《西部商报》为辅，重点投放房地产专刊，精准锁定目标受众群，使传播效果达到最大化。宣传的主要内容为北龙口项目的告知性广告，加强受众的品牌认知，提升品牌知名度，凸显北龙口国际商贸物流城的行业地位和整体实力。

大形象在户外，户外媒体是提升北龙口品牌知名度，塑造北龙口品牌形象的最佳媒介选择。兰州机场高速作为城市的通道名片，是高端商务人士进出兰州的必经之路，短时间内在机场高速树立三十余根户外大立柱，快速锁定城市高端受众群，造成轰动效应。户外整体采用动静结合的投放形式，2万平方米超大规模项目围墙广告和移动的户外公交车身广告相结合，一动一静，点线结合快速实现兰州市全覆盖。整体采用“户外报纸”的广告形式，根据具体的传播需要，每周甚至每月更换一次广告画面，对传播内容进行实时更新，实现传播效力最大化。

点评：

营销，简而言之，为销售营造足够的氛围，武汉大唐的这一案例充分显示了对项目的综合的成熟把控能力，巧妙地借势了西部大开发与兰洲经济格局中仓储物流业建设的支点，放大了项目。整合当地零散资源，通过会议形式，让大家主动投入到了解这一项目中来，在项目的准确定位下，营造出了足够大的市场召唤力，营销的魅力让人惊叹，结合线上线下，传统与现代媒体的多层次传播，吸引并放大了商户入驻，为项目成为西北商贸物流的标杆打下了坚实的基础。

——周鸿昕

北龙口项目围墙

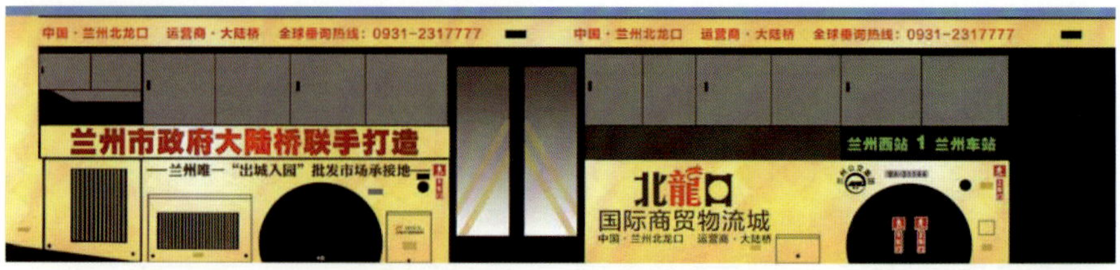

公交车身广告

充分利用网络新媒体资源，线上配合线下进行整合传播，扩大传播空间的同时精准锁定目标受众。在新浪、网易、凤凰网等高人气门户网站发布北龙口国际商贸物流城的硬广，重点投放房产板块。发布项目宣传软文，对项目动态实时更新。软文和硬广相搭配进行宣传，软硬兼施，目标受众对传播信息更容易接受。并建立官方的企业微博关注相关品牌和企业，打造北龙口国际商贸物流城专业论坛，跟踪发布北龙口的最新信息。提供一个良好的相互交流社交平台，加强与受众之间的沟通有助于推动整个项目的建设。

凤凰网软文

王者气势现，大气落天成

通过有效的传播宣传，北龙口国际商贸物流城以风驰电掣之势享誉大西北，吸引了全国知名的家具、家居、建材装饰品牌纷纷来兰州洽谈，各地商户也纷至沓来，立邦、圣象、科勒、香港皇朝等知名品牌抢先入驻，目前已有10000余户商家正式签约入驻。北龙口商铺三天之内已全部售罄，签约成功率达到100%，打造了西北商业地产传奇。北龙口国际商贸物流城也一跃成为西北商贸物流行业的标杆，着实成为改变兰州经济格局的点睛之笔。此次成功的传播活动也好似于无声处突显的一声惊雷一般，成为万众瞩目的传播典范。

华辰·财富广场：再聚一个解放碑

空港新城作为重庆两江新区的核心地带，是新一轮重庆主城战略规划确定的城市空间发展战略新中心。而今的空港新城早已是大盘林立，遍地硝烟，华辰·财富广场想要成功入市，必须要突破层层障碍。而最终的事实，证明它真的成功了！

空港中心，再聚一个解放碑。

入市策略——给市场一个声音

想要在大盘林立的空港新城脱颖而出绝非易事，所以我们在推广的策略上进行了深入的思考。最后我们决定要超越空港新城的局限，以重庆的视野来定义这个项目。通常在重庆人们最喜欢去的地方是解放碑，因为那里是新老重庆人内心深处认定的繁华聚集地，而重庆的所有商业项目都无一例外地想要与之进行关联。

我们项目的受众是空港新城的原住民，他们长久以来似乎都在被边缘化。他们将去解放碑称为“进城”，所以成为“城里人”是他们内心的需求。换句话说，他们希望可以拥有一个能够与解放碑媲美的精神符号。

于是，我们将项目和解放碑进行了直接关联，给受众一个直观的印象——我们要做的就是在空港中心再聚一个解放碑！

线上主题：空港中心，再聚一个解放碑

线下活动：“扫二维码，得财富卡”——华辰·财富广场微信会员卡全城发放

通过时下热门的“微信营销”模式吸引更多消费者成为项目的微信会员，同时赠予其带有项目广告信息的礼品（保温杯，饭盒等），以此进一步提升知名度。

跟进策略——给市场一个信心

通过入市的强势宣传，市场上掀起了褒贬不一的声音。有的人认为我们是在哗众取宠，有的人则对项目表示出了浓厚的兴趣。在这个时候，我们需要做的就是乘势而上，树立信心。线上，我们继续强调项目的形象和定位；线下，则通过一系列的PR活动拉近项目与消费者的距离。

线上主题：汇一城繁华

线下活动：“财富巨舰，领衔空港”——华辰·财富广场合作商家签约入驻仪式

通过活动让消费者清楚地知道项目将有哪些国际品牌强势入驻，增强消费者对于项目的认可度，同时也呼应了线上的宣传。

广 告 主：
重庆华辰物业发展有限公司
广告代理：
重庆旭美广告文化传播有限公司

该案例根据对楼盘受众对象的分析表明，空港新城的目标受众多以住宅周边的本地居民为主。随着城市的发展和外地人口增多，他们长期以来都在被边缘化。这些本地居民将去解放碑称为“进城”，所以成为“城里人”是他们的需求。基于这个洞察，该项目把主体直接定位为：“空港中心，再聚一个解放碑！”

Fortune plaza
华辰·财富广场
渝北区现代服务业
总部基地
THE YUBEI DISTRICT HEADQUARTERS OF MODERN SERVICE INDUSTRY BASE
CENTER
空港中心 再聚一个解放碑
2013年最具投资价值商业项目
2013 MOST VALUABLE COMMERCIAL PROJECTS
5A甲级写字楼、5.5H花园式生态写字楼、
休闲美食购物广场、广场步行街、五星级酒店
5.5H顶级挑高生态写字楼 准现房华丽绽放
休闲购物广场财富旺铺 共镶空港荣耀
立体交通
高端人群
完美配套
游憩商业
总部基地
t.8623⁺86008888 67171888
中国 重庆 两江新区 空港新城
开发商：重庆华辰物业发展有限公司 整合推广：som加美广告

引爆策略——给市场一个证明

经过了前面两个阶段的推广，我们已经给市场造成了足够的吸引力，这个阶段则需要将之释放出去，形成引爆效应。线上，通过侧面的宣传烘托并解析项目价值；线下，则通过让消费者亲身体验，让项目的价值点得以落地。

线上主题：精彩你的生活!

线下活动："华辰四重礼，消费有惊喜"——华辰·财富广场开业特惠季

延续策略——给市场一个回声

这个阶段最重要的就是给市场展示项目创造的各项业绩（通过新闻、软文、夹报等媒介将项目上阶段运营的火爆盛况进行全方位报道），同时通过一些主题促销活动保障现场的人气（节点促销，PR活动），让消费者形成来此消费的习惯，以此确保项目后续的正常运营。

写在最后

对于一个商业综合体项目来说，市场的认定大于一切。如何一鼓作气地让市场从知道你到接受你是项目营销和推广的核心。本案则是一个很好的例子，从最开始的发声到回声，四个步骤一气呵成，且主线一脉相承。既创造了"焦点"，又强调了"重点"。

点评：

在一块遍地项目的地块上要成功突围，并非易事。在华辰·财务广场的营销传播中，重庆旭美广告再次展示出了其独特的切入视角。通过消费者洞察，提出了"再聚一个解放碑"的口号，同为重庆人，对于解放碑当然不能再稔熟。

通过这样的强势宣传，让人对项目产生褒贬不一的声音，也形成了一个不小的热点。这时，重庆旭美趁势而上，树立信心。在线上，继续强调项目的形象和定位；在线下，则通过一系列的PR活动拉近项目与消费者的距离。通过这样一系列的整合营销传播方式，让华辰·财富广场的理念和雄心深入人心。

——唐 超

金源达·时代广场：世界零距离

广 告 主：
毕节金源达房地产开发有限公司
广告代理：
重庆旭美广告文化传播有限公司

打造城市地标符号是金源达·时代广场项目的重要责任。根据对毕节和贵州各个城市的定位分析，毕节在城市文化上缺少地标建筑。因此，项目以毕节唯一的五星级喜来登酒店，毕节首个时尚室内购物街，毕节首个五星级写字楼三个项目带出项目整体的价值定位。

毕节，作为黔西门户，贵州三大重镇之一，是政治、经济、文化中心；如今更是我国西部大开发拉开序幕的地方。所以在策略上，我们并没有按照惯常的产品主义路线，而是站在城市的高度将项目的价值符号化，以此形成标杆效应，同时也有效地与其他竞品形成差异化，使得本案在当地市场领秀全城。

金源达·时代广场，让毕节拥有对话世界的平台。

受任于败军之际

接手项目的时候，正是金源达·时代广场入市的第二年，因为前期的营销和推广过分强调产品主义和现实主义，导致市场认知度非常低。甲方更是因花费了巨额营销推广费用却未见效果而苦恼。这无疑将压力都转移到了广告公司的身上，如何在最短的时间里“破局”是我们的重中之重。

温故而知其不逮

通过对市场和竞品的深入分析，我们发现本案在产品层面与竞品存在的交叉点较大，弱势也较为明显，所以产品主义或写实主义不但无法使项目脱颖而出，反而会降低消费者对于项目的认知度和认可度。所以，想要“破局”必须找到一个切入点，确切地说是要找到一个可以跟竞品形成差异化的思路。

吹尽狂沙始到金

作为现阶段国家重点发展目标城市，毕节可谓占了天时；踞黔西南门户，毕节可谓占了地利。但是毕节人似乎总有一种自卑感，认为毕节比不上贵阳和遵义。因为贵阳有万达广场，遵义有奥特莱斯，而毕节则没有一个相对应的符号化产品。纵观毕节的所有楼盘，都是在强调产品好、配套好等常规路数，竟然没有一个敢于站在城市的高度来立势，这正好给了我们一个机会。

毕节唯一的五星级喜来登酒店，毕节首个时尚室内购物街，毕节首个五星级写字楼，我们最终决定以这三个产品带出项目的整体价值定位，同时从城市的角度进行诉求，于是项目有了自己的新身份——城中心·世界级·大都会；为了让项目可以被高山仰止，我们的推广语进行了逆向推进，即将“我是城市的中心”演化为“城市以我为中心”——

时代广场
城中心 · 世界级 · 大都会
巅峰
城市的时代
理想的巅峰
80-120m²精英私属领地火热认筹中
办理"时代汇"VIP卡即享高额优惠
在任何时代都有自己的精英，为风云变幻的世界舞台订立游戏规则
任何时代都有匹配精英绝代风华的领地，将日常生活演绎成一场场惊人惊羡的传奇
城市的精英，总是屹立于时代的巅峰
DIALOGUE IN THE WORLD FROM HERE
毕节首家五星级国际大酒店已试营业
VIP+ Hotline 0857-7111 999
A:中国·贵州·毕节区政府对面（喜来登酒店旁）

DIALOGUE IN THE WORLD FROM HERE
从这里 对话世界
喜来登五星级国际大酒店
3月8日隆重开业
毕节首家五星级国际大酒店
时代广场
0857-7111 999

执掌时代 经纬天下
TIMES CENTER
TEL:0857-7111999

时代广场
风情美食街

首付20%
得中心现铺
特色风情美食街 全城绽放

点评：

做房地产广告最难能可贵的就是找到适合与自己楼盘的“点”，这个点可以让楼盘的区位因素、楼盘的定位与楼盘自身未来的商业计划结合起来。可以说，找到了这样一个传播的价值点，房地产的营销也就成功了一大半。

在“金源达·时代广场”这个案例中，重庆旭美广告从贵州省的重要门户毕节自身的区位特征出发，把这个城市放到全省，甚至放到全国的城市背景之下，让金源达·时代广场这个综合体的商业价值显露无疑。

——唐 超

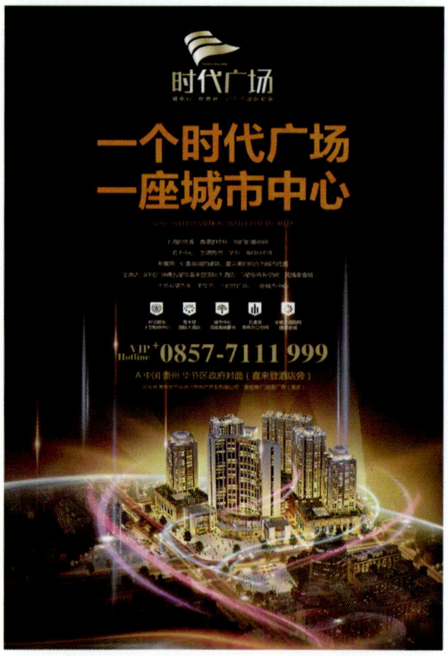

从这里，对话世界

为了契合项目的定位，我们在推广初期策划了几场连续的公关活动与之呼应：

1. “领衔时代，再创高峰”——毕节2014城市高峰论坛

通过政府、媒体及相关资深人士对城市和项目的解读，从侧面强调项目价值，增强项目的公信力。

2. “出门一分钟，世界零距离”——金源达·时代广场合作商家签约入驻仪式

通过活动让消费者清楚地知道项目将有哪些国际品牌强势入驻，增强消费者对于项目的认可度，同时为住宅组团的蓄客埋下伏笔。

3. “黔西商脉，共瞩时代”——贵州商会毕节分会成立仪式

通过贵州商会的入驻，带动项目整体的商业价值感，同时也带动了项目写字楼组团的销售。

守得云开见月明

经过近四个月的“拨乱反正”，项目在毕节市场声名大噪，日均上客量由原来的不足5组提升至20来组，住宅组团和商铺的去化速度也大大提升。不仅如此，项目同时还带动了周边楼盘的销售，形成了以金源达·时代广场为核心的毕节新中心商圈。

清水湾：打造顶级沙滩演唱会

2014年1月20日，在辞旧迎新之际，太立德仁为御海地产张罗了一场“清水湾以此为‘峰’，珊瑚宫殿唱响好声音”沙滩新年演唱会。本次演唱会，是御海地产为了答谢长期以来一直关注珊瑚宫殿的业主朋友们而特别打造的。回顾这场音乐会，无论从歌手选择，还是现场布置，或是媒体展开，看似按部就班的工作流程下，是太立德仁人的经验与思考，更是太立德仁人的专业、细心、精心。

歌手选择，恰似精装版春晚

既然是春节期间，全国人民，特别是全国媒体的目光自然盯住了央视春晚。太德在歌手选取方面自然需要更精准，更需要为御海地产考虑更多——

御海珊瑚宫殿项目占地超过1400亩，位于海南清水湾赤岭风景区内，藏于海棠湾和清水湾两大国际级海湾的中间私密地带，拥有独立的海岸线，地势北高南低坡向海面；项目定位高端，御海表示此次不惜重金举办新年演唱会，目的就是要打造皇室宫廷级音乐盛宴。

而在资金充裕的情况下，更要拼公关公司的实力——是否能请来当红的一线歌手，是否能在当红一线歌手中选取开发商需要的“具有宫廷范儿”的流行歌手，以此打造流行音乐的皇室宫廷级盛宴。

作为摇滚乐坛的的领军人物，汪峰无疑是春节期间被竞相邀请的大忙人。让汪峰不上头条不上春晚上海南，太立德仁做到了。他不仅带来激荡人心的老歌《怒放的生命》、《当我想你的时候》，还带来压轴歌曲《像个孩子》，引发全场粉丝大合唱，将音乐盛宴推向巅峰。新专辑《生来彷徨》的重磅来袭，更是让来到现场的御海VIP客户大呼过瘾。

至于华语乐坛传奇女声韩红的亮相，更是让清水湾的波涛有了契合呼应的天籁之音，此起，彼伏。

至于金池、张赫宣、艾菲等新生力量，无不是太立德仁精挑细选反复斟酌，从现场的反应来看，完全是现场嘉宾喜欢的那一杯“鸡尾酒”，听觉盛宴，味道好极了。

一位从广州赶到现场的御海地产优质客户说：“今天的演唱会，效果堪比精装版春晚。”

现场氛围，以当代事物演绎宫廷范儿

太立德仁为御海打造的这场新年演唱会，非常巧妙地诠释了何谓当代贵族范儿。

广 告 主：

御海地产

广告代理：

太立德仁（中国）公关传播集团

为房地产项目张罗一场具有超级热度的演唱会，这就是太立德仁为御海地产策划的全新营销手段。要让演唱会与项目的贵族范儿门庭相当，考验了广告公司的执行力和细节上的专注力。

点评：

这是个公关大于广告的年代。太立德仁策划的这场向“青春致敬”的音乐派对，其精确地定位是这个活动成功的亮点，谁都无法拒绝音乐的魅力，以一个演唱会的名义，把项目的目标人群聚集起来，通过音乐与青春、怀旧与时尚的混合，实现对房产项目的文化元素的渲染，这无疑是个有效的举措，找到60、70、80、90年代不同人群对音乐的感动与共鸣，来为项目增加共同喜好的元素，通过先期大众媒介与新新传播工具的使用，让一场音乐活动成为一个项目的传播元素的记忆符号，或许再过几十年，人们都淡忘了当初项目所有燃情的促销与热烈，却能在不经意间回味起由这场音乐会点燃的那一份小小回忆与感动。

让共同的喜好成为一个项目的共同回忆，好策划理应如此。

——周鸿昕

太立德仁认为：“这是一次天赋稀贵与天籁好音的巅峰碰撞，珊瑚宫殿傲居清水湾与海棠湾双湾核心，占据稀缺山海资源，精工细筑，奢华雕琢，以‘中国顶级滨海度假生活’为目标，打造一线海景豪宅，显耀奢贵宫廷风范。”为此，太德为此次演唱会定下基调——倾听天籁好音，品鉴海南藏品级艺墅宫殿。

珊瑚宫殿拥有330米正南向绝美一线海岸，傲居上风上水宝地。在这里，当汪峰、韩红等当代华语流行音乐顶级人物亮相，能否与御海地产投巨资开辟的欧式宫廷综合休闲专属之地融为一体？御海地产相关人士认为：“歌手们展现的个性、张扬，与珊瑚宫殿的时尚、国际化完全吻合，展现了珊瑚宫殿更全面更丰富的形象，也给都市新贵们带来与众不同的惊喜。”

同时，此次演唱会为2014年开年之初一次星光璀璨的表演。吸引了众多好声音以及梦之声粉丝关注，许多粉丝更是从全国各地组团奔赴海南美丽的陵水县清水湾珊瑚宫殿项目现场观看。

随着当晚21时25分，当《今夜无人入眠》在珊瑚宫殿响起，现场弥漫起浓浓的新年气氛，全场观众在喜悦当中，迎来璀璨夺目的焰火大赏。

Food & Beverage 食品与饮料类

麦当劳：“愤怒的小鸟”合作营销

广 告 主：

麦当劳

广告代理：

TBWA（上海）广告公司

现在的青少年，他们的眼睛几乎无时不刻不盯着智能手机或者iPad，拇指或者食指疯狂地推动、滑动刷着手机屏幕。要想让青少年重新回到麦当劳，必须先吸引他们的眼球，并粘住他们的手指。麦当劳选择和畅销电子游戏“愤怒的小鸟”合作，通过独一无二的店内体验，重新唤起年轻消费者对麦当劳的热爱。

挑战

麦当劳目前正面临危机。 尽管以每天一家新店的速度在扩张，但是消费者客流量仍比竞争对手低30%。更糟糕的是，当整个品类正以6%的进店率增长时，麦当劳却在下跌。

此外令人担忧的是，麦当劳正在流失其最重要的消费群——青少年。在2012年第二季度末，青少年的消费比例下降了62%，渗透率下降了36%，进店频率也下降了39%。在青少年中，麦当劳不再是酷的代名词。

我们需要扭转这个局面，让青少年重新回归麦当劳！我们希望，让至少20%的青少年由选择肯德基转变为选择麦当劳。为此，我们必须得增添一股“酷劲”。

对于麦当劳来说，所推广产品——牛肉类汉堡和鱼类汉堡，其销售额的增加也将会成为我们衡量活动成功的标准之一。

目标

在客户生意上，鱼类汉堡销量需要增长至少100%，牛肉类汉堡产品增长至少10%。

在消费者行为上，拉动更多青少年更加频繁来麦当劳消费，进店频率要高于肯德基至少20% 。

在品牌认知上，通过独一无二的店内体验，重新唤起年轻消费者对麦当劳的热爱。

洞察

现在的青少年，他们的眼睛几乎无时不刻不盯着智能手机或者iPad，拇指或者食指疯狂地推动、滑动刷着手机屏幕。如果他们不是在跟朋友传短信，就是在玩游戏。手机，放在口袋中，唾手可得。这对青少年来说，是最直接最快触及到新鲜体验的方式，可以满足他们对得到更多信息的无休止渴望。

如果我们有任何机会让青少年重新回到麦当劳，我们必须先吸引他们的眼球，并粘住他们的手指。这样他们才能积极的参与到我们的活动中来。

核心创意

“愤怒的小鸟”在中国风靡一时，下载量也超过了100,000,000次，在手机游戏中独占鳌头。于是，我们问自己：怎么利用这个游戏来做一些神奇的事情？然后，我们做到

了——我们成为世界上和畅销电子游戏合作的第一家品牌!

每个来麦当劳的顾客，只要他手机里安装了“愤怒的小鸟”的游戏，通过移动定位技术，他就能在麦当劳的门店中下载“愤怒的小鸟”麦当劳独家限量关卡，而其中的内容也会每天更新，使顾客不断保持新鲜感，每周都有新的期盼来麦当劳坐坐。

而这个“愤怒的小鸟”麦当劳关卡也是麦当劳独一无二拥有的，无法在其他地方体验到的！由此，加强了这个活动在年轻消费者中的口口相传。

实施

首先，我们得制造悬念！“谁偷了我的汉堡？”“谁偷了我的薯条？”

有人胆子很大，竟然敢偷麦当劳的汉堡!

而偷汉堡的竟然是“愤怒的小鸟”里贪婪的猪们……他们必须被阻止!

于是，我们集多万人之力把贪婪的小猪们击败，并帮助失主拿回汉堡！”

我们的活动由户外Teaser开始，用“愤怒的小鸟”把餐厅装饰一新，留下些许线索，以独特的LBS系统邀请路人进入麦当劳餐厅，如果他们的手机上安装了“愤怒的小鸟”，在他们路过门店周围时，就会收到麦当劳的推送通知，邀请他们进入店内，一起打击贪婪的猪，找回汉堡。

如何评估是否取得实效（包括KPI）？这些效果对品牌而言为何具有重要性?

效果

目标：在客户业务上，鱼类汉堡销量需要增长至少100%，牛肉类汉堡产品增长至少10%。

结果：鱼类产品销售额增量超过381%；牛肉类汉堡产品销售额增加了16.4%，在活动期间，共售出1840万只牛肉汉堡。

目标：在消费者行为上，拉动更多青少年更加频繁来店里消费，频率要高于肯德基至少20%。

结果：年轻消费者比例，高出主要竞争对手肯德基20%；青少年进店频率，高出主要竞争对手肯德基28%

目标：在品牌认知上，通过独一无二的店内体验，重新唤起年轻消费者对麦当劳的热爱。

结果：品牌好感度，高出主要竞争对手肯德基 25.9%。

点评：

作为广告人，我们都清楚地知道一点——广告主不会为没有价值的广告买单。那么，就这一点来说，麦当劳“愤怒的小鸟”营销策划无疑是成功的。

此次营销策划的目的是什么？——将青年人重新吸引到麦当劳。

受众，即青年人关注的是什么？他们的生活常态是什么？——低头族，眼睛几乎无时不刻不盯着智能手机或者iPad，拇指或者食指疯狂地推动、滑动刷着手机屏幕。

如何吸引他们的注意力？——与时下风靡全国，下载量超过100,000,000网络游戏“愤怒的小鸟”进行奇妙的连接，不得不说这是一个聪明有效的营销策略。

设置独一无二的的麦当劳关卡，吸引青年低头党一族来麦当劳消费。而作为视频宣传，麦当劳“愤怒的小鸟”广告，采用三维动画与实拍合成方式，将愤怒的小鸟游戏与麦当劳元素巧妙结合，诙谐幽默地传达出活动信息，达成宣传效果。

——黄孝仕

麦当劳：“爸道百态”，向老爸致敬

广 告 主：
麦当劳
广告代理：
DDB上海（北京新世纪恒美广告有限公司上海分公司）

DDB上海为麦当劳的主要产品巨无霸量身打造了新的营销行动，旨在让中国消费者爱上巨无霸，在中国打造出巨无霸在世界其他地区已经拥有的标志性产品地位。在人们的心中，老爸一定是终极纯霸气大英雄，而人们很少会展示对老爸的崇敬。因此，DDB创建了一个线上平台，鼓励消费者用制作超级巨无霸的方式，向自己的老爸致敬。

巨无霸（Big Mac）为知名快餐连锁店麦当劳的主要产品之一，该产品于1968年起开始发售。该汉堡产品以上下两层（或上中下三层）面包夹住牛肉、起司、少量生菜等七种食材，除了早餐外，于该餐厅全天供应。巨无霸因有独特酸甜多变口感，并以两片牛肉为号召，因此长期成为麦当劳主打产品。与其他麦当劳产品相同，除了单买外，也可合并饮料等附餐成为套餐。麦当劳曾推出号称有十五层，包含四片牛肉的无敌巨无霸。

“Two all beef patties, special sauce, lettuce, cheese, pickles, onions on a sesame seed bun”是巨无霸的一则注册广告语，在1975年首次使用，这句广告语所提到的内容是麦当劳巨无霸所用到的食材。在之后的二十多年里仍然被大家广泛传颂，甚至会出现在一些麦当劳非正式的场合中。尽管给这个短语加上了适当的标点以示停顿，但在广告中则被视为一个单词很快速地被念出来。 2003年，麦当劳公司再次在快餐产品领域展开一场广告标语创意竞赛。在名为"I'm lovin’ it"(我就喜欢)的英语广告标语竞赛中，这则广告语被以快速说唱的音乐形式出现在竞赛的背景音乐中，同样在2003年，美国圣诞节期间发行了一款以圣诞作为装饰的巨无霸汉堡且会发出声音的圣诞贺卡，打开贺卡会弹出一个巨无霸汉堡并且发出以上广告语的响声。这句广告的中文译本更像是一首七绝打油诗，感觉还颇为押韵。

“双层牛肉巨无霸，酱汁洋葱夹青瓜，干酪生菜加芝麻，人人食到笑哈哈。”除此之外，在台湾亦有类似广告口号：“双层纯牛肉，独特酱料加生菜，起司洋葱酸黄瓜，芝麻面包盖上去，好吃美味麦香堡。”

围绕巨无霸的广告行销活动并不少见。2008年，作为“奥运会正式合作餐厅”的麦当劳还以巨无霸作为招牌，在北京发起了传统的“巨无霸制作大赛”，并为比赛中的优胜者颁发“奖牌”。意欲与当时的奥运精神相契合。这一次，DDB上海为其量身打造了新的营销行动。

目标

本案的目标，是让中国消费者爱上巨无霸，在中国打造出巨无霸在世界其他地区已经拥有的标志性产品地位。吃牛肉汉堡对于消费者来说是一种相当“霸气”的行为，大口吃肉的样子，感觉上就非常霸道。DDB的任务是，扩大巨无霸的市场份额，用巨无霸启发引导出消费者心中的“霸气”气概，最重要的是，在网络上掀起一场讨论巨无霸的热潮。

定位

我们鼓励目标消费者尽情展现自己的“霸气”特质：不装B、不复杂、不死宅、不

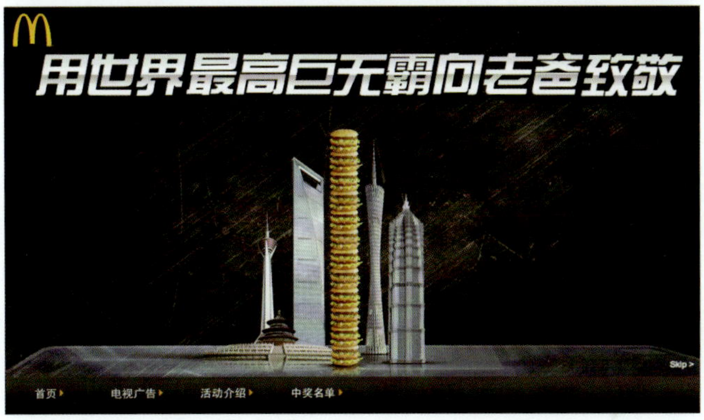

扭捏、不虚伪、不妥协。虽然每个人对于"霸气"都会有自己的定义，但在大家心目中，老爸却一定是终极纯霸气大英雄。然而现实生活中，人们却很少会展示出对老爸的崇敬。从这个洞察点出发，DDB创建了一个线上平台，鼓励消费者用制作超级巨无霸汉堡的方式，向自己的老爸致敬。

执行

通过与时下最流行的社交平台——新浪微博的合作，我们创建了一个迷你网页，供消费者向自己的老爸致敬。参与者可以选择7项最符合自己老爸"霸气"形象的特质，每项特质对应巨无霸汉堡的一层原料，同时，参与者也可以加入自己对老爸"霸气"形象的描述。选择完毕后，一个独家巨无霸汉堡就制作完毕。制作者可以将这个巨无霸堆到巨无霸高塔上，随着高塔高度的不断累积，史上最高的巨无霸汉堡将诞生，我们将以此来表达对每一位父亲的崇拜和敬意。

这一互动机制采用了行业里颇为新颖的科技。我们用QR code（二维码）连通手机和PC端创造特别的数字互动体验，消费者用手机扫描二维码之后，启动游戏，轻轻摇动手机即可不断选择自己老爸的"霸气"特质。

在用户完成个性巨无霸的制作后，他们可以选择分享自己的汉堡至各大社交网络以赢取半价的麦当劳巨无霸或其他麦当劳产品的优惠券。

成果

截至2013年3月，该计划实施的成绩极其显著，远超客户原定的难度颇高的KPI指标。此外，超过7.6万人将自己的独家巨无霸汉堡分享至社交网络。这惊人的参与度不仅反映了新科技带给我们的使用乐趣，更验证了这次"爸道百态巨无霸"营销方案的情感煽动力。

点评：

TribalBBD擅长把传统的广告传播案例与新的互联网技术甚至是移动手机端的技术结合，这也让麦当劳"爸道百态巨无霸"案例形成了一种全新的传播形态。在网页端，移动终端可以直接与网站内容互动，同时该案例也直接跟新浪达成合作协议，为案例的传播做好社会化传播的准备。

在移动端，可以通过直接扫描二维码进入移动端的官网，并且通过摇晃手机来搭建世界上最高的巨无霸汉堡，像爸爸致敬。当然最后想要达成的效果还是用户分享，根据指示完成分享的客户可以得到"爸道奖励"，用户的参与感进一步提升。

——王正飞

蒙牛真果粒：做真实的自我

广 告 主：
蒙牛真果粒
广告代理：
Isobar 安索帕（北京）

2013年，蒙牛真果粒推出了一个新的品牌主张：真实就是真果粒。2013年3月，蒙牛与创意伙伴Isobar合作，先拍了一支TVC，以明星效应来宣传品牌主张“真实”这个概念。而后通过互联网来塑造全新的真果粒品牌主张。品牌通过真实这个关键信息与消费者进行沟通，以使消费者对品牌产生喜好度。

背景

2013年，蒙牛真果粒推出了一个新的品牌主张：真实就是真果粒。2013年的3月份，蒙牛与创意合作伙伴、精于数字领域的Isobar合作，先拍了一支TVC，以明星效应来宣传品牌主张“真实”这个概念。而后，再通过互联网来塑造全新的真果粒品牌主张。“真实+果粒”的诉求，让人在吃的时候便感觉到它的真实感，真实就是整个品牌的新的主张和内涵。品牌通过真实的这个关键信息与消费者进行沟通，以使消费者对品牌产生喜好度。

执行

真果粒的数字营销成为放大明星效应的重点，以实现最大化的品牌新主张。利用微博、微信等全新的社交平台和消费者碎片化的时间进行真实的讯息沟通，让消费者对品牌产生偏好度。真果粒针对的人群是22~30岁的白领女性，她们懂得享受生活，非常忙碌，随时随地能表现出真实的自己。我们从网络征集中挑选了10位最真实的消费者，由她们演绎，王小帅导演制作，最后呈现了十段真实的微电影故事，作为整个活动的收官。

与此同时，在深圳的候车亭展示也是品牌传播中一个比较特殊、创新的户外广告形式，实现了广告牌和社交媒体的结合。当用户来到广告牌前点击屏幕，可以拍一张照片并分享到社交平台，这样就会从候车亭里自动掉出一件真果粒产品。这在整个口碑传播中也起到了比较好的反响。

策划总监张惠菁：

这个案子是我们第一次跟真果粒合作。幸运的是与品牌沟通后变化很大，为真果粒找到了新的代言人周迅，也提出了新的品牌主张。大变化也激发了我们做大动作营销的想法。周迅拍的那支TVC还是非常真实的，从感觉上传达出一种讯息：在中国快速发展的过程中，请不要忘记真实的自己是什么样子的。广告脚本与我们想要跟消费者传达的，都与这种精神有关。即使你只有一分钟时间，只要你愿意停下来，还是可以找到这个真实的自己。我们一直在进行数字化沟通，了解当下每个人的时间都很破碎，往往在一些深有感触想要倾诉的时候，却无法找到一个出口，因而充斥着巨大的孤独感。只要我们给消费者一个传达的出口，他们就会跟品牌建立情感上的联系。在微博上会有很多人直接转发别人的故事，也是因为他们需要表达自己，但是有时候没办法把话说得那么好，所以只能转发别人的故事。基于此，我们很愿意做一点真实的东西让大家去转发，让他们在转发的过程里

找到自己的能量。

媒介策划总监沈焱：

这一次，媒介方面的亮点体现在跟移动端的结合上。在碎片化的生态下，很多人除了上网之外还会使用手机媒体。因而我们整合媒体的时候都会考量到手机媒体的使用情况，从而做出整体的媒介思考。在使用手机媒体做广告的同时还要跟PC媒体联系起来。这样才能产生更高的互动性，所以我们在媒介选择上其实考量的是如何选择媒介才能线上线下一起使用，并充分使用到消费者的碎片化信息，让这些目标用户感受在使用同一个平台接触同一类别的信息。新浪和腾讯都是移动端和目标用户接触很大的平台。尤其是新浪微博和腾讯微信。因而我们这次选择了利用网络媒体链接新媒体的策略。

在选择媒体的策略确定之后，具体应用其实是比较琐碎的。为了真正实现链接，会有一个同样的活动平台链接手机和电脑端。这个技术也不是特别新。最后拍片子的故事是从两个部门征集来的。这个也是一个跨平台的整合。从媒体广告形式来说，这次特地为真果粒选择了一些特殊的广告形式。像新浪微博上为真果粒定制的广告位置，比如你在发微博的时候提到类似于“真实”这样的关键词，发完自己的微博就会收到一条真果粒的弹窗广告信息，这个是媒体选择和广告形式选择；还有一个比较重要的是微信平台的运营。其实很多的企业都开通了自己的微博微信平台。对于官方微博来说，吸引粉丝可能是一个方面，维持粉丝的活跃度是另一方面。而微信更重要的一部分是如何维护粉丝的黏性。所以我们其实在做微信的运营中下了比较大的功夫。做了一些和真实、网友都有关联度的内容。比如6月做毕业季炎夏、做旅行话题，也会做一些网络的热点内容（如疯狂猜图），又或者跟我们产品联系紧密的部分。在微信运营上，我们通过真果粒活动项目积累了很多经验，让效益最大化。

客户副总监陈雅：

一开始，自己也会担心号召大家真实这个概念是否能得到重视。结果我们发现，那些与真实有关的口碑文章会产生很多来自不同行业人们的共鸣。在现实生活中，很多大学生或职场女性都在渐渐背离自己——曾经你最梦寐以求的那一面会离你越来越远。在发布这些文章以后，很多长微博都进了热门微博的排行榜。7月份的时候有一个让大学生正视自己的博文还得了第三名。

微电影的拍摄过程也是以网络平台的选拔为起点的。其实在一系列的故事中我们自己也很感动：在微信平台上有一个后天失明的女孩就是想要正视自己、做真实的自己，现在成了一个非常有名的记录员。更多的时候，品牌传达自己品牌核心时，都太高高在上，在消费者需要的时候反而没有声音了。这次我们从消费者的角度去挑选他们中的典型核心人物并拍摄，过程很困难但结果很好。

今年，蒙牛真果粒的目标是让消费者了解到2013年的品牌概念核心：“真实”。所以在整个活动传播过程中，真正难的是让品牌和“真实”产生关联。通过微信微博的小文章去谈真实的确会带来“真实”的热潮，但是跟真果粒有什么关系？所以产品“牛奶加果粒”的元素在这个过程中要有所曝光。从消费者的口碑中发现真实，在情感层面上和产品层面上都传达同样的真实感受，让两方面有一个结合。从360度变成365天营销，从包围消费者到考虑消费者每天的生活，这是Isobar的一个主张。

点评：

对年轻人说梦想是永远不会过时的话题，但如何为产品和品牌找到一个嫁接点是很多企业头疼的问题。“真实”是真果粒的最大利益点，也是消费者心中埋藏已久的声音。用品牌的理念，用消费者的嘴，表达出真实的声音，让真果粒变成有态度的产品。

——叶茂中

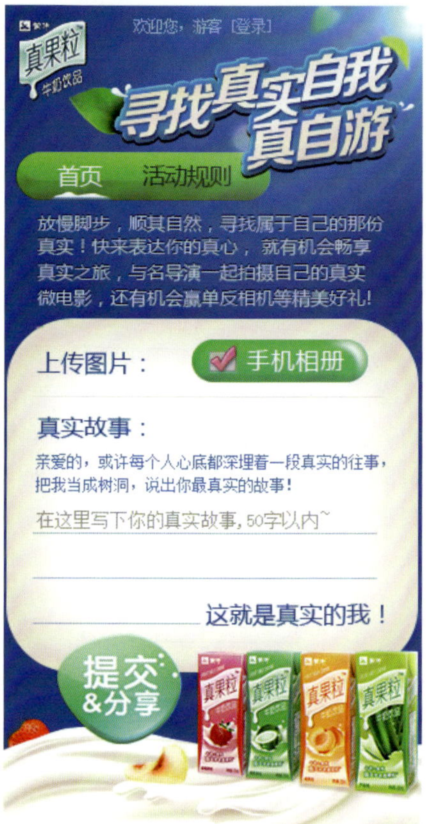

炫迈口香糖：美味持久挑战

背景

中国是全球第二大口香糖市场，被玛氏箭牌的两大品牌——绿箭和益达垄断着，占据了80%以上的市场份额。经多年品牌建设，绿箭和益达的品牌形象已经和口香糖的传统性功能，口气清新以及口腔健康密不可分了。

Stride炫迈无糖口香糖于2012年9月9日正式登陆中国，属于亿滋中国（原卡夫食品中国）糖果品类。作为深受年轻人热爱的品牌，Stride炫迈口香糖在全球一直以大胆创新的市场营销而闻名。Stride炫迈在中国推出炫动薄荷、水蜜西瓜、跃动鲜果三种口味；全球首发28片SPOD独特包装，充分显示其便于携带和分享的特性，更有6片和12片“钱包装”炫酷设计，引领口香糖包装的潮流趋势。

卡夫食品耗资4500万美金打造的美国研发中心，拥有200位专业口香糖研发人员，为Stride炫迈提供强大的技术支持和质量保障。年轻的炫迈品牌如何打破垄断，在中国的口香糖市场占据一席之地?

炫迈突破性地抓住了情感诉求这一市场空白，利用在全球市场中占四分之一（中国仅11%），年轻消费族群喜爱的美味享受这个领域作为传播突破口。而如何唤起年轻人未被满足的美味享受又成了炫迈所面临的另一挑战。

炫迈必须凭借产品独到的特点，采取独特的市场定位和引人入胜的广告宣传，挑战箭牌一家独大的中国口香糖市场。

2012年9月9日，针对年轻消费群的情感诉求，炫迈以独特的持久美味为切入点，力邀请新生代偶像柯震东代言，打造炫迈品牌年轻、炫酷、时尚的品牌个性，开启了炫迈“持久美味挑战”品牌战役。

炫迈以18~24岁的年轻人为目标受众，涵盖大学生和职场新人。他们年轻、有活力，享受多姿多彩的社交生活，渴望在同龄人中“发亮”。他们是90后，不喜欢别人指手画脚，更愿意遵从自己的内心，做自己喜欢的事情就停不下来。90后勇于接受挑战，因为这让他们更有竞争力。

炫迈的持久美味，嚼起来就停不下来，正适合停不下来的年轻人，炫迈激励年轻人不停地追寻内心所向。

迅速建立炫迈品牌知名度，激发消费者口香糖享乐需求引发购买欲望，炫迈“美味持久挑战”，就是通过一边嚼口香糖一边挑战做一件事，用夸张离谱的结果来表达炫迈口香糖不可思议的的持久美味。

结合90后的媒体消费习惯，炫迈发动了“美味持久挑战”整合传播战役：

电视广告：先后投放“便事贴篇”和“跳舞篇”两条电视TVC，开启炫迈“美味持久挑战”，热播全国。

广 告 主：
亿滋中国
广告代理：
盛世长城上海广告公司

中国是全球第二大口香糖市场，被玛氏箭牌的两大品牌——绿箭和益达垄断着，占据了80%以上的市场份额。作为深受年轻人热爱的品牌，Stride炫迈口香糖在全球一直以大胆创新的市场营销而闻名。针对年轻消费群的情感诉求，炫迈以独特的持久美味为切入点，力邀请新生代偶像柯震东代言，打造炫迈品牌年轻、炫酷、时尚的品牌个性，结合90后的媒体消费习惯，开启了炫迈“持久美味挑战”品牌整合传播战役。

点评：

自我、享受、挑战。营销活动所表达出的关键词告诉我们，谁才是真正懂年轻人的品牌！看看超市的货架陈列和年轻人的关注度，对于效果我们还能说什么呢？就是那句话：根本停不下来！

——叶茂中

在充分成熟的市场上，如何帮助广告主打破垄断，占据一席之地？可以说炫迈无糖口香糖是继王老吉营销策划之后，又一成功案例。

炫迈作为年轻品牌，在2009年进驻国内时，中国口香糖市场80%以上的市场份额都被绿箭、益达垄断着。

如何打破垄断？炫迈突破性地抓住了情感诉求这一市场空白，利用年轻消费族群喜爱美味享受这个领域作为传播突破口，开启了炫迈“持久美味挑战”品牌战役。炫迈“美味持久挑战”通过一边嚼口香糖一边挑战做一件事，用夸张离谱的结果来表达炫迈口香糖不可思议的的持久美味。

这样的定位，避免了炫迈无糖口香糖与国内两大口香糖品牌直接竞争，形成独特区隔，同时牢牢抓住年轻市场，树立了年轻化的品牌形象。

——黄孝仕

公关活动

9月9日为炫迈持久日，当日在上海红坊举办了一场炫酷的500潮人大派对，年轻人在现场参与各种“持久挑战”游戏，知名影星的出现成为整场派对的高潮，百家媒体争相报道。

数字互动

利用目标受众人数众多的腾讯平台（大约7亿人），开启“炫迈持久挑战研久所”活动，提供多款持久挑战游戏，而全球首发咀嚼识别技术鼓励大家边嚼边玩游戏，总共突破十亿分钟咀嚼记录。

卖点陈列：占据各超市卖场一号位，即收银区货架陈列，吸引购买。

派样活动：在超市、学校、卡拉ok、电影院等年轻人聚集场所派出2500万份。

效果

全国市场份额5.2%（尼尔森市场调研）。

在MT渠道取得了12.4%的市场份额，直接从箭牌的份额中占取市场份额。（尼尔森市场调研）。

知名度迅速提升到52%。(IPSOS 市场调研)

PR活动获得价值882217美元媒体曝光量，吸引了18亿人次关注 (执行数据)。

“炫迈持久挑战研久所”活动网站获得32016757人次参与，8047263人次线上反馈，价值965671560元媒体曝光量（活动网站监测数据）。

可口可乐冰露：冰露补水站

为推出新冰露矿物质水，可口可乐中国携手百比赫（中国）启动了“冰露补水站”项目。其创意核心是人体60%由水组成，当消费者进入补水站饮用高品质冰露矿物质水后，身体状态立刻回到100%不缺水。”脱水运动员的原本身体大小是萎缩的，他们努力地在不同的奥林匹克运动项目（从双向飞碟射击到击剑）中竞争，但是非常不幸的是他们都失败了。仅仅当冰露纯净水由友善的支持者提供后，身体萎缩的运动员才开始回归到正常状态并以全部能量进行比赛。

在饮用了新“冰露”矿物质水后，因为缺水而身材变小的人们被“冰露补水站”神奇地恢复到正常身材。刚进入补水站时，与房间内的窗口相比，大家看起来十分迷你。畅饮“冰露”补足水后再向前几步，参与者就会神奇般地长大，直至恢复正常身形。这是利用深度视觉效果造成大家眼睛的错觉而呈现出的魔幻成长。

携手上海角度文化传播有限公司，可口可乐中国分别在杭州与成都正式推出了两间补水站。体验结束后，参与者会收到自己在补水站中的变身照片，并附有活动核心信息作为留念。他们也可选择获取自己的魔幻变身视频以在社交网站与朋友们分享。

“冰露补水站”的构想延续百比赫（中国）为“冰露”奥林匹克度身打造的宣传活动，当时的创意是一个缩小版的游泳运动员由于缺水，竞争失利，饮用“冰露”补充高品质水后，还原正常身形，继续以最佳状态在泳池竞赛较量。

“冰露”出品于可口可乐中国，是奥林匹克运会全球官方指定饮用水，也是中国瓶装水领导品牌之一。

围绕全新“冰露”矿物质水的发布，除了“冰露补水站”同时还推出了电视广告片和销售点促销的活动。

广 告 主：
可口可乐冰露
广告代理：
BBH百比赫（中国）

为推出新冰露矿物质水，可口可乐中国携手百比赫（中国）启动了“冰露补水站”项目。其创意核心是人体60%由水组成，当消费者进入补水站饮用高品质冰露矿物质水后，身体状态立刻回到100%不缺水。围绕全新冰露矿物质水的发布，除了“冰露补水站”，同时还推出了电视广告片和销售点促销的活动。

冰露
补水站
冰露

冰露
首页
冰露补水站
为爱同行
产品介绍
756,407
杭州补水站
成都补水站
搜索

优酷
湖南、广东三个
安全饮水试点

百比赫创意总监Yu Kung：

在中国市场冰露纯净水是一个挑战者品牌，因此我们需要创造性的工作来打破类别标准。冰露纯净水是奥运会的官方赞助商，我们真实地展示我们身体的水含量并且以一种轻松的扭曲方式予以呈现。缩小的运动员以及他们无力竞争的创意会让我们有一点乐趣并且阐明我们要传达的观点：补充水分的重要性。

可口可乐品牌总监Vanessa Li：

这则广告是源自于对消费者的洞察，并采用独特的富于机智的创意来表达。我确信这将有助于冰露纯净水品牌冲破媒介中的杂乱并激发消费者的品牌喜爱度。

点评：

好玩！“人体的60%由水构成”，是矿泉水品类的最大利益点。用视觉技术把“缩水”、“补水”的概念变得不可思议，让水的作用立体而可视，是真正具有社会化营销基因的好创意。

——叶茂中

广告创意需要遵循一点——广告创意的整体性。坚持塑造统一且鲜明的品牌形象，有助于积累品牌财富。

上海角度文化传播有限公司为冰露矿物质水落地营销，创意策划的“冰露补水站”延续了百比赫（中国）为冰露奥林匹克度身打造的宣传活动。

冰露矿物质水借助奥林匹克运动会进行营销宣传，整个营销策划的创意核心是人体60%由水组成，当消费者进入补水站饮用冰露矿物质水后，身体状态立刻回到100%不缺水。缺水而身材变小的运动员，饮用冰露后，神奇地恢复到正常身材。

整个创意传达出补充水分的重要性。诙谐幽默的创意形式，让受众眼前一亮的同时，也让受众在补充水分与冰露矿物质水之间建立心理认同。

作为落地营销，延续创意理念，以“冰露补水站”为创意形式，利用深度视觉效果造成错觉呈现出的魔幻成长，充满奇幻色彩的体验活动，加深了受众对品牌的认知，从而让品牌影响深入人心。

——黄孝仕

荷氏薄荷糖：深呼吸，我可以

广 告 主：
亿滋中国（原卡夫食品中国）
广告代理：
arkr Digital 氩氪互动

数字营销的主要价值就是增加客户对于品牌的忠诚度和品牌黏性。2013年荷氏以“深呼吸，我可以”的品牌精神为消费者提供全新的品牌体验。案例通过邀请消费者扫描QR Code来引导他们到手机的活动页面中，参与游戏。并通过荷氏的官方微博搜集消费者对于品牌的想法，增加品牌与消费者的沟通。

荷氏（Halls）品牌畅销全球，由荷氏兄弟研制发明，1927年在英国上市。2013年，荷氏以“深呼吸，我可以”的品牌精神为消费者提供全新的品牌体验，使万千面临无数选择的消费者头脑清晰，燃起他们的决心和活力，从而做出正确的选择和行动。

氩氪互动为了提升中国消费者对荷氏（Halls）薄荷糖的黏着性，并加强传递“深呼吸，我可以”的讯息，邀请消费者在每个购买的荷氏薄荷糖上扫描QR Code来引导消费者到手机的活动页面中，参与游戏。并且透过荷氏的官方微博，搜集消费者的对于“何时合适食荷氏”的想法，配合手绘漫画风生动地表现出荷氏薄荷糖其实都一直跟我们生活在一起。

氩氪互动透过如此线上线下的相互结合，在活动的初期已获得广大回响，透过创新的方式，成功吸引了潜在购买者，并创造了持续性地品牌卷入体验。

怎么玩 荷氏“扫一扫，有惊喜”抽奖活动规则

STEP 1：购买包装上带有二维码的荷氏产品，包括：荷氏午夜风暴、特强、柠蜜口味和蓝莓口味薄荷糖34g，并登陆扫描后的活动网站，根据网站指引，输入手机号并点击抽奖。

STEP 2：登陆扫描后的活动网站，根据网站指引，输入手机号并点击抽奖；

STEP 3：参与抽奖，即可当场在线开奖，但每个手机号每天限定一次抽奖机会；同时我们也邀请消费者进入荷氏的官方微博，留下你觉得”何时合适食荷氏”的moment，我们帮你用力画出来!

点评：

品牌如何和消费者互动，如何将消费者卷入品牌体验，“何时合适食荷氏”的活动告诉我们答案：将品牌从企业的品牌变成消费者的品牌，依靠消费者的想法将品牌建设出来。

——叶茂中

果真多：切水果的削暑体验

广 告 主：
祐康食品有限公司
广告代理：
上海同盟广告有限公司

酷夏到来，琳琅满目的冰品，选谁消暑？浙江省冷食行业龙头企业——祐康食品结合人气游戏“切水果”进行创意切入，大力推出“果真多”品牌，很好地诠释了产品的卖点“水果多多，冰爽多多”。通过电视广告、分众媒体、网络行销等传播方式，实现了果真多区域性优势品牌地位。

玲琅满目的冰品，选谁消暑？

抢眼包装、冰爽口味，还是价格？

2012年酷夏未至，冷饮市场却是暗战涌动，各大生产商都卯足了劲抢占先机，作为浙江省冷食行业龙头企业——祐康食品，面对强大竞品的冲击和越来越严重的同质化问题，该如何选择突破点？严峻的问题摆在我们面前。

在广告营销思维与客户的产品诉求共同催化下，我们确定了以果真多为主打品牌的战略方向。

似曾相识的新面孔

其实，早在2011年祐康食品就树立了果真多品牌，但并没有进行大规模广告宣传。投入市场之后，虽然反响较为平和，但在同类水冰产品中却也是销量佼佼者，属于我们与客户共同看好的“潜力股”。

当得知这次广告传播目标主要是在浙江地区更好地提升果真多品牌的认知度时，看似轻松的任务但我们未敢松懈，因为我们清楚地洞察到客户希望达到的市场效果，“借力打力，一石二鸟甚至一石多鸟。”借助果真多品牌让更多消费者了解和熟知祐康食品，并达到终极目标，提高相关水冰类冷饮的销量！

其实，我们肩负着让消费者“窥一斑而知全豹”的棘手使命！

知己知彼，百战不殆。我们先看看竞品，伊利冰工厂是一个已经成功运作了近10年的成熟品牌，蒙牛冰+也是强势产品，他们的产品广告覆盖面广，产品识别度高，消费者耳熟能详。

如何在浙江地区与他们抢夺市场份额？果真多可以堪负重任吗？我们要“火拼”竞品还是另辟蹊径？

一次次会议，论证、推翻、再论证，我们得出冰工厂与冰+，作为水冰类产品的代表品牌，虽然冰爽的感觉已经深入人心，但是水果感却不够浓郁，品牌形象也开始逐渐走向老化。我们要利用“一词占领心智”的产品定位理论，让果真多在消费者心智中拥有一个词“水果多多”。

消费者需要一款冰品，在炎炎夏日一想到它就联想到水果多多、果香四溢的冰爽感，我们确定了这个创意概念。

应景而生的切水果

有了明确的策略指引，就该拼上创意！

点评：

时效营销是一种可以快速博得眼球的营销方式。时效的一些热点事件可以在一段时间内辐射全社会，依附于这个事件的营销也可以“搭顺风车”，在很短的时间内被大家知道。对于品牌来说，也会给消费者带来一种“新鲜”的影响，让品牌能够与时俱进。

在祐康食品的果真多这款产品的包装中，我们看到了很多这样的营销方式。上海同盟广告的团队，经过头脑风暴发现这款以水果为主打的冰淇淋与当时流行的切水果游戏有着很多的联系。最终确定以“切水果”为主题，拍摄这样一条TVC，具有很强的形象感，能打中年轻消费者。

——王正飞

要让那些敢于尝试、喜欢新潮的年轻人爱上果真多，就需要一个水果与冰爽情理之中、意料之外的合体形式。我们这群永远18岁的老青年们便开始踏着青春时尚的节奏，肆无忌惮地开始想招！

几轮头脑风暴下来，几十个idea应景诞生，有的忍俊不禁、有的极尽搞怪，但是都朝着青春洋溢的方向挺进！经过内部筛选，以及客户确认，最终选定了一个创意方案——切水果。

切水果，正是我们满怀期待实施的一个方案，为什么？

大家都知道切水果是近两年席卷年轻群体的一个APP游戏，曾经令大街小巷、车来人往的“低头族”目不斜视、手指飞旋地狂切各种水果，即使没有玩过，大多数年轻人也听说过。

切水果如同Mini版的竞技游戏，带给玩家一种置身其中的情境感，我们选择这款游戏形式与我们产品结合，也希望能够强调这种代入感，水果四溅的场面更容易激发消费者对产品“水果肉真的很多”的感性认同。

切着菠萝赚丰收

《切菠萝篇》应景而生，“嗖、嗖、嗖……”一个活力女孩用手指对准眼前的菠萝左一刀右一刀，菠萝携汁飞溅，女孩又对准冰块再来一刀，菠萝、碎冰和牛奶融汇在一起，女孩爽快地猛吃一大口，很好地诠释了产品的卖点“水果多多，冰爽多多”。

不得不说说这次拍片，未开拍之前，我们还在担心娇小可爱的女主角能不能把切水果的动感活力表现到位？结果，她拥有出人意料的现场感染力，加上导演的细心点拨，女主角增强了这支广告的说服力，为果真多品牌加分。

《切菠萝篇》的时尚气息以及对产品的精准表现得到了客户的高度认可，电视广告、分众广告与网路投放在浙江地区全面铺开，一时间，切水果风潮再现！

通过市场反馈，得到了令人欣慰的测评结果，我们完美地实现了预期目标。仅仅两个月内，浙江地区果真多的认知度和销量取得了双丰收！

祐康
果真多

祐康
果真多

祐康
果真多

祐康
果真多

祐康
果真多

祐康
果真多
菠萝 果粒雪糕
祐康
果真多

祐康
果真多

果真多
水果多多
冰爽多多

祐康食品
有 祐 康 有 健 康

还有黄金柚哦
果真多
黄金柚

统一老坛酸菜面：酸味战争

"有人模仿我的脸，还要模仿我的面。模仿再像也不是统一老坛"这几句朗朗上口的旁白，让人们瞬间记住了统一老坛。精准的定位，让统一老坛在一片紫色中保持领先地位，2013年的销售额突破30亿大关，稳坐老坛酸菜方便面的第一把交椅。看到统一老坛的成绩，我们真心感到高兴和骄傲。但是开心过去，当新一年的brief放到我们面前时，整个创意小组真想打自己呀，给自己留个高山去跨越。

"面"不改色

老坛酸菜依旧是市场的老大，但是"康师傅"和"白象"等后起之秀在紧追猛赶。康师傅从"陈坛"又改回叫"老坛"，有意再次扰乱老坛酸菜的市场。而白象则签下快乐女声的李宇春，可以利用明星效益，号召广大的"玉米"来到白象的旗下。

在这种情况下，客户希望能突出"正宗老坛"这一利益点，从而形成一个差异点，使得统一老坛酸菜牛肉面和其他竞品区别开来，继续保持统一老坛在单口味品类中的第一名。看看上次老坛酸菜的"战绩"，我们知道我们面临一座高山，一座我们自己建立的高山。好吧，我们就面不改色地接受挑战了。

迎"面"而上

最新的brief已经安静地躺在了创意部，大家开始对统一老坛"相面"，想寻找出一条新路可以翻山而过。是继续"模仿"还是谈正宗，无论说哪个"怎么谈"才是最重要。经过几轮的创意讨论，大家都没有特别有新意的想法。这时，我们决定把以前想法统统放弃掉，从最初的想法重新发想。"别人能模范我的脸，能模范我的面，那统一老坛有什么是别人模仿不到呀？"当这个问题提出来时，整个创意部一愣然后异口同声地说："酸爽呀！"说完后，大家相互看了一眼大笑起来，创意就产生了。

独具一"面"

湖南卫视主持人汪涵依旧是我们的"利器"，在加上统一正宗老坛的"酸爽"，双剑合璧，定会一统江湖。在《酸爽篇》中，汪涵开场就亮出绝招"模仿到的是酸菜，模仿不到的是酸爽。"一句话明确地点出了统一正宗老坛的独特之处，拉开了与别的品牌的区别。一样的紫色、一样的名字，统一正宗老坛都是有自己的差异点。而且，统一还在TVC中，亮出了自己的酸爽的秘密武器——正宗老坛，是统一是正宗老坛的强而有力的证据。

《酸爽篇》的更一个亮点就是汪涵的酸爽表情。凭借汪涵出色的表演，将统一正宗老

广 告 主：
统一企业（中国）投资有限公司
广告代理：
上海同盟广告有限公司

"有人模仿我的脸，还要模仿我的面。模仿再像也不是统一老坛。"这几句朗朗上口的旁白，让人们瞬间记住了统一老坛。精准的定位，让统一老坛在一片紫色中保持领先地位，2013年的销售额突破30亿大关，稳坐老坛酸菜方便面的第一把交椅。但新一年又有何新的挑战，看统一老坛在新的一年如何做到"面"不改色，迎"面"而上，独具一"面"，八"面"威风。

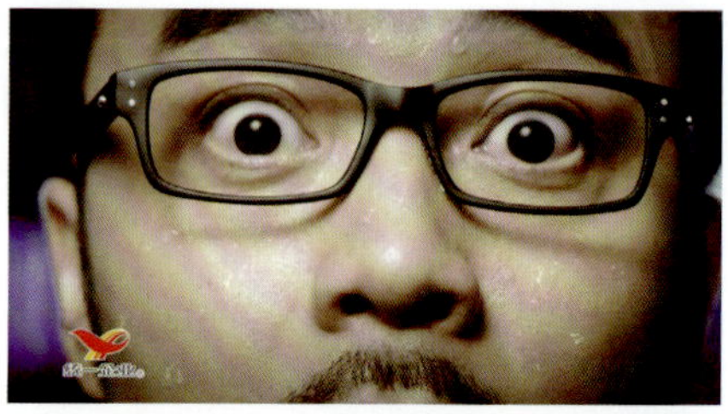

点评：

面对同类产品的激烈竞争的局面，如何快速精准地找到自己产品的“制胜点”是营销取得成功的关键。上海同盟广告的团队为统一老坛酸菜牛肉面迅速挖掘了一个点并且做了文案“有人模仿我的脸，还要模仿我的面。模仿再像也不是统一老坛”案例的成功是毋庸置疑的以致于在生活中遇到高兴的事情也会不由得感叹“这酸爽！”

团队通过一系列的媒体传播，继续把湖南卫视当家主持人汪涵作为统一形象代言人，也更为清晰、准确地传达了产品核心诉求，传达出统一老坛酸菜牛肉面的正宗地位。广告片短促有力、节奏明快，汪涵连续几年的代言，在一定程度上将汪涵和统一酸菜牛肉面画了等号。汪涵，真的成为统一酸菜面的代名词。

——唐 超

坛的酸爽表现得淋淋尽致。在TVC拍摄，为了追求表现出极致的酸爽，汪涵做足了各种酸爽表情。TVC通过汪涵酸爽的表情和正宗的老坛，树立统一正宗地位，加深了消费者对统一正宗老坛酸爽口味的记忆。

八“面”威风

通过一系列的媒体传播，汪涵作为统一形象代言人，也更为清晰、准确地传达了产品核心诉求，传达出统一老坛酸菜牛肉面的正宗地位。广告片短促有力、节奏明快，汪涵连续几年的代言，在一定程度上将汪涵和统一酸菜牛肉面画了等号。汪涵，真的成为统一酸菜面的代名词。

作为统一最大销量的口味——老坛酸菜，2011年是统一集中优势资源，老坛酸菜单口味销量突破36亿。而在2012年，统一正宗老坛的更是力拔头筹，再次突破45亿元规模。统一老坛酸菜正式超越康师傅香辣牛肉，成为辣口味市场第一大、整体市场第二大口味，成为名符其实的“天王”产品。

统一卤肉面：你是吃什么长大的?

90后总是走在时尚的前列，他们时尚、新潮，喜欢一些无厘头的事，更喜欢嘲笑自己上一代人，觉得80后是过时的。如何把红烧牛肉面已经out这个信息，以一个轻松幽默的形式表达出来这是我们的创意的重点。一次公开、公平的班长竞选，男女两个竞选人和一群90后的同学们，带着一点脑残、一点惊喜、一点疯狂，于是就有了一个病毒视频。

统一老坛酸菜方便面打破了康师傅红烧牛肉面一家独大垄断市场的局面，使统一企业获得近40亿元的年销售收入，市场占有率一举超越其他品牌，成为第二大方便面品牌。当老坛酸菜口味被效仿，市场竞争愈演愈烈时，统一又再次推出卤肉面，再次成为市场破局者，引领行业下一个口味风潮。

统一在2011年推出了不辣的卤肉面，而在不辣的口味中，康师傅的红烧牛肉面一直是独霸该口味的第一名。如何撼动红烧牛肉面的地位，分割红烧牛肉面的市场份额。现在是我们和统一要面对的。方便面的主要目标人群以90后、在校大学生为主，只要吸引了他们的注意，就能将其拉到统一卤肉面的阵营里，壮大统一卤肉面。

其实，我们是第一次给卤肉面做病毒视频。大家都是没有太多的参考资料，但是创意部的每个人都很兴奋，不停地将自己看过的病毒视频分享给大家。因为病毒视频太多了，当谈到一个视频时，80后的同事表示没有看过，一个90后同事疑惑地问道：“这个都不知道，你吃红烧牛肉面长大的？”这个问题一提出，就让整个80后哑口无言。这时我们总监问道：“你们是吃什么长大的？”在场很多的80后，都异口同声说道：“红烧牛肉面。”然后大家互相看了一眼，又笑出来。原来红烧牛肉面真是80后一批人的回忆了。

一句“这都不知道，你是吃红烧牛肉面长大的啊”，打开了我们思路。几天的加班加点，当我们向客户提案时，在会议上客户也是笑声一片，一致通过。

当我们把脚本交给制作部同事和导演时，制作部的同事和导演一起又一次对脚本进行加工，终于史上最无节操的班长竞选诞生了。班长竞选人之一学霸女刻板无趣，是个只知道学习的书呆子，而班长竞选人之二男伟人没有什么不知道，最新、最潮事情都知道，通过男女两个人的对比，自然而然地引出“这都不知道，你是吃红烧牛肉面长大的吧”。

制作病毒视频的过程更是快乐，各种网上流行语的运用，制作部同事的友情演出，加上史上最会抢戏的导演，让我们真正地领略到病毒视频的乐趣。

在互联网上每天有上千万的信息上传，有很多信息都淹没在互联网上。我们为了避免这个情况，选择了先在微博上先将“你是吃红烧牛肉面长大的”这句话炒热，然后在将病毒视频发到网上了。果然效果出众，有600百万的点击，更在bilibili网上保持几天的前三名点击率。

广 告 主：
统一企业（中国）投资有限公司
广告代理：
上海同盟广告有限公司

90后总是走在时尚的前列，他们时尚、新潮，喜欢一些无厘头的事，更喜欢嘲笑自己上一代人，觉得80后是过时的。一句“这都不知道，你是吃红烧牛肉面长大的啊”打开创意思路，一次公开、公平的班长竞选，男女两个竞选人和一群90后的同学们，带着一点脑残、一点惊喜、一点疯狂，于是就有了关于统一卤肉面的病毒视频。

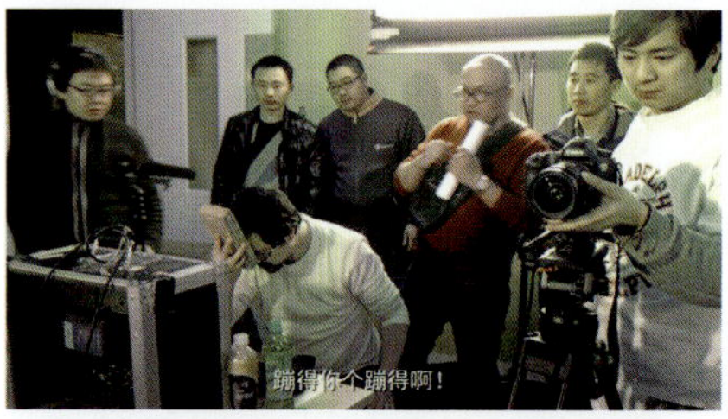

点评：

在这个Social的时代，病毒营销已经是一个被谈烂了的话题。大家都在探索如何才能抓住年轻一代消费者的心，进入他们的社交圈，通过病毒视频的方式赢得他们的关注，无疑是一个很好的解决办法。病毒视频是时代的产物，相关的研究很多，总体来说是区别于传统TVC的一种定制化的广告服务，它能吸引受众主动的观看。

在“你吃什么长大？”这个案例，镜头仿佛回到了那个学生年代。上海同盟广告为推广这款卤肉面特地选择了这样的时代场景，希望通过“致青春”的方式来扩散这起病毒视频。

——唐 超

利乐：讲述奶农的故事

广 告 主：
利乐中国
广告代理：
上海同盟广告有限公司

上海同盟广告公司走访全国多个牧场，对牧场负责人、牧场工作人员，个体奶农进行深入访谈，发现一个个感人的背后故事。一方面，通过讲述“奶农”故事的方式，把利乐支持奶源建设的幕后故事推向台前，为利乐赢得好口碑。另一方面，通过报刊杂志、网络等传播方式，提升利乐中国的企业声誉及品牌好感度。

奶源地、奶农、利乐培训班

提到这些关键词，不是要让我们讲故事吗？一个让利乐从幕后走到台前的故事，一个需要动用我们体力与脑力才能讲好的故事。

没有雷同，纯属真情况！

奶农故事“探寻之旅”的背景

2011年10月，上海已是秋高气爽，我们接到客户的任务，利乐计划在中国投放旨在表现“利乐支持奶源地可持续发展”的平面广告，呼应利乐global“利乐保护圈”的campaign，以帮助意见领袖对利乐品牌形象形成客观、深入、正确的认识，提升利乐中国的企业声誉及品牌好感度，赢得正面口碑，防御潜在危机。要操作好这个campaign得先了解利乐根植中国40多年来所做的“功课”。

利乐虽然只是乳品产业链上接近下游的一环，但是这家公司一直认为，奶源兴则奶业兴，只有产业链上下游各个环节都健康发展，才能让整个乳业的长期可持续发展得以保证。

多年来，包含人大利乐奶业研究中心、学生奶奶源升级计划、奶农学校及中瑞奶业研究中心在内的“利乐原奶支持项目”覆盖到数以千万计的奶农，使他们获得专业培训，提高了奶牛饲养、牧场管理技能。

我们需要把利乐多年来为优质奶源地建设取得的成就向消费者汇报，希望消费者能更多地了解利乐品牌、价值观念，增强对利乐纸包装的信赖感。

其实，我们要打一场突击战！

如果想要出彩的平面效果，就得赶在奶源地“一岁一枯荣”之前完成采访和拍摄，也就是说除去前期走访牧场，我们仅剩十月底两个星期不到的时间，跑遍内蒙古、新疆、天津等奶源地，“天时地利人和”一个都不能少！

我们不敢懈怠，马上进入了突击战的节奏，当天先各自回去消化消化Brief，第二天公司两位老大分别牵头客户部跟创意部进行战事规划，明晰各个时间节点，分派每个人负责事项，容不得一个环节出现问题！

前期备战开始！

确定“深入访谈、发掘亮点”的走访大纲，客户与我们用了一个多星期的时间走访了全国多个牧场，通过对牧场负责人、牧场工作人员，个体奶农的深入访谈，了解各地奶农及牧场发展状况、制约瓶颈，利乐在这些地区或牧场的投入情况及成效，还有当地牧民、奶农近年来生活品质改善情况，以及在此过程中令人感动的小故事。采访全程录音，同时拍摄场景及人物照片，经过挑选后，我们确定了新疆昌吉海奥奶牛合作社的郑克祥，呼和浩特市陆合养殖有限公司的李喜忠，天津海林牧场的贾春涛作为此次利乐“奶农故事”的主角，宣传主题是“有奶农的微笑，才有牛奶的好味道”。

订好机票，我们再次出发！

一队人马浩浩荡荡，奔赴的理由只有一个，让每个平面广告，讲好一个好故事——利乐与奶农与奶源建设的好故事。接下来的日子，我们走一路，听一路奶农们的“养牛经”。

给牛吃得好，才会有好奶，这是我从利乐培训班学到的

——郑克祥“下乡”养牛的故事

大西北空旷的夜色，满天繁星，我们睡眼惺忪地经过数小时颠簸，来到新疆昌吉新户村，清晨的村头，一群头戴小白帽的村民正悠闲地围坐在一起聊天，一位已过花甲之年的汉族老人朝我们走来，他就是当地奶牛养殖带头人，曾经的城里人郑克祥。

提到养牛经历，老郑感慨道，“不懂牛养不了牛”，刚开始养牛没经验，交了不少“学费”，一下子就损失了60多万，但没有放弃，我们感受到老郑是一个不服输的“倔老头”。

2008年，一次奶农合作社培训班一下子解决了老郑多年养牛积攒的疑惑。同年，老郑创建奶牛合作社模式，从此，他的养牛之路和开办培训班的利乐公司结下了不解之缘。

老郑跟我们聊起在利乐培训班上的一些收获，专家们把国外成功的奶牛合作社形态进行梳理，结合中国国情深入浅出地向学员们传授了合作社组织、管理经验。“对于农村来讲，靠一家一户养奶牛是不行的。散户饲养，一是手工挤奶不卫生，二是饲养方法不科学。通过合作社把奶农组织起来统一管理，到了我办的合作社里，严格按照标准，提供科学配比的饲料，产奶量翻了个倍，质量也更好了。”就这样，老郑在奶牛合作社的路上踏踏实实地一路走来。

“给牛吃得好、吃得科学，牛才能给你产好奶，这是我从利乐办的奶农合作社培训班学到的。”老郑的这句话，让我们感受到“民以食为天”这话放到牛身上也是真理。

如今，郑克祥早已习惯了农村养牛的生活。“现在全村的奶农都加入了奶牛合作社，利乐公司组织的培训班我每年都会去，不但自己去，还动员他们一起参加，我计划明年开春再盖一个挤奶厅。”

利乐奶农学校教会我，养牛不在多，关键得养好

——李喜忠的精品养牛经

当我们赶到李喜忠家时，天色已晚，这个距乳都呼和浩特市数十公里外河滩上

的庄户院里，奶农李喜忠结束了一天的劳作，正跟老伴唠着家常。寒暄一番，老李就跟我们唠起了他的养牛经。

18岁当兵，24岁退伍，结婚之后，李喜忠两口子养过猪、放过羊、开过鱼塘，还办过砖厂，用李喜忠的话说就是"天上飞的、地上跑的、水里游的我都养过"。但他折腾来折腾去，挣点钱很快就全部赔光了，做什么都不成。

1999年，内蒙古迎来了乳业大发展，在老伴的支持下，李喜忠从亲戚朋友那里凑钱买了33头奶牛，开始了自己的牧场梦。

家财万贯，带毛的不算，随时应对养牛的风险性对于"半路出家"的老李来说，更是充满挑战。2009年，老李因管理不当，死掉了70头奶牛，经济损失达数十万。"是利乐公司组织的学习班，在这个时候帮助了我。不懂方法就开始养牛，是出现各种损失的主要原因。"尝过经验教训的苦才有喜悦收获的甜，李喜忠对如何养好牛有了更清晰的认识。

"每年我都去听利乐奶农学校的课，学到很多养牛经验，比方说怎么改良奶牛品种，粗细饲料搭配喂牛更有营养。"现在，跟我们谈起养牛经，老李就关不了话匣子。

"利乐奶农学校教会我，养牛不在多，关键得养好。我也不打算多养，最多就300头，不好的就淘汰，这样牛奶质量才好。像我这样的个体奶农，只要能养好牛产好奶，大企业也抢着要。"如今，老李的牧场存栏量已达200多头，资产近千万，称得上当地的龙头奶户。

当问起老李的退休打算，他笑呵呵的说："干到老学到老，我争取再干十年。退休后，担子就交给儿子孙子了，他们能干得更好。"

你让奶牛舒服了，她就会回报你，利乐的专家教会了我人性化养牛

——老贾人性化的养牛经

雾气未散的清晨，我们赶到草木清新、露水沾衣的天津武清区海林牧场，这里早已热闹了起来，工人们正在牛舍里为奶牛们送上一捆捆牧草"早餐"。一位中等身材、四十来岁的中年男子一边叮嘱着工人们，一边把手上的牧草递给牛儿，才过来跟我们打招呼。

"发展到今天，我吃的每一顿饭，花的每一分钱，都离不开奶牛。"海林牧场总经理贾春涛朴实地表达出自己与奶牛的感情。

凭着爱钻研的性格和不服输的劲，2006年老贾的养牛事业迎来了第一个春天，规模和利润有了质的飞跃，他说："一刹那的高兴可以多活10年，养好牛绝对是免疫力和强心剂。"

养牛是个技术活，这么多年老贾的弯路也没少走，随着2009年海林牧场迁址扩建，又给老贾带来了始料未及的打击：由于对新牛舍不适应，奶牛的产奶量受到了影响，折腾了两三个月，造成了200多头牛的损失。

"我能有今天，离不开利乐和专家的

帮助。”当老贾回想这段“伤感”经历时由衷地对我们说。我们不禁好奇，利乐在其中扮演了怎样的角色?

老贾参加了多期“利乐原奶支持项目”举办的奶农培训班，系统学习了奶牛养殖知识和技术。“奶牛舒服了，奶产量就会增加，免疫力也会提高，这才是真正的人性化养牛，这都是利乐请来的专家告诉我的。现在，我的牧场获得了与欧盟互认的GAP一级认证，存栏数超过700头，年均单产也从2001年的3~4吨提高到了接近8吨！”

今天，老贾已成为真正的养牛行家。他本人也获得“全国自强模范”称号，受到了国家领导人的亲切接见。

谈到未来，老贾说：“养牛是我全心投入的事业。有了利乐跟专家老师们的帮助，我的奶牛‘福利’会越来越好。我相信，福利好了，奶牛就会回报你。”

后记：用事实讲故事的传播实效

采访之后，我们在三个奶农故事的文案撰写、平面及视频制作方面做足功课，力求平实、质朴、深入人心。

这次的平面投放范围甚广，在《看天下》、《新周刊》、《三联生活周刊》、《中国新闻周刊》、《瞭望》、《人民日报》、《学习时报》、《瞭望东方》、《环球人物》、《第一财经日报》、《21世纪经济导报》、《经济观察报》、《中国经营报》、《南方周末》、《华夏时报》等多家媒体投放。视频与软文在人民网、中国广播网进行同步网络宣传，取得了良好的宣传效果。

“利乐原奶支持项目”这位精彩故事的幕后英雄，得到社会的巨大认同。利乐这个致力于推动中国乳业可持续健康发展的企业也为公众所了解和赞赏。

点评：

纪实营销作为一种特殊的营销方式正在受到业界的关注。这种带有内容性的广告传播方式反而更受到受众的关注，特别是一些层次比较高的受众的青睐。在“利乐，背后的故事”这个案例中，广告代理公司上海同盟广告的相关团队亲自飞到了中国几大奶源地，进行实地走访调查，通过走访，他们也发现了这样一些感人的故事。案例通过线上线下的传播，以及实际的活动组成了一个完整的结合公关的传播案例。这种带有公关性质的内容传播方式，相信在以后会逐步成为传播的主流。

——唐　超

乌江榨菜：中国好味道

2012年，时隔8年后，乌江品牌再次与叶茂中机构启动了第二次全案合作。

事实上，无论对于乌江决策层还是叶茂中机构而言，这一次合作比2004年显得更为特殊。我们迫切地想知道，促成两家8年后再续前缘的究极原因是什么？这背后又有什么故事可说？

乌江品牌在2008之后，与另一家咨询公司进行了合作，这家公司建议乌江放弃了“三榨”诉求，转而认为乌江应该定位正宗涪陵榨菜，以“中国榨菜数涪陵、涪陵榨菜数乌江”为核心诉求进行市场推广，并要求乌江放弃其他酱腌菜领域，只聚焦在榨菜品类。

毫无疑问，“弃三榨、做正宗”和“弃酱腌菜、专营榨菜”的这两条策略是完全舍弃了2004年叶茂中机构为乌江制定的核心策略。这同时也让乌江决策层在寻求第二次与叶茂中机构合作时增加了很多顾虑。

合作的双方没有变，合作的产品也还是那个榨菜，但市场现状与消费者已经发生了翻天覆地的变化。因此，在乌江决策层的支持下，项目组再次启动了2012年的消费者调研工作。

双份市调，双倍威力

对于市场调查，大家总是抱着一种既爱又恨的心态，市调是对消费者需求与心理状况最好的洞察手段，但市调也往往只能反映出当前阶段的表面现象，无法解读消费者可能的潜在需求，这也是为什么会有乔布斯和福特这样的“死硬市调无用论”者存在的原因。但不同于其他案例，由于在2004年我们与乌江合作时同样进行过大规模的市场调查，所以在2012年的市调工作结束之后，我们同时拥有了时隔八年的两次相同课题的市调数据，根据对比两次市调成果，我们可以更清晰地去了解消费者，了解他们的变化，进而去判断两家咨询公司制定的不同策略是否准确？当然，判断的标准依然是：此策略是否有效地洞察了消费者的冲突，进而解决了消费者的冲突。

一、不能承受的涪陵之重

首先，我们来看“中国榨菜数涪陵，涪陵榨菜数乌江”的诉求是否能够支持乌江品牌的持续发展，通过2012年与2004年的几组数据的对比，我们找到了有意思的信息对比。（见图表）

从几组数据中，项目组发现从2004年到2012年这八年时间中发生了足够多的变化：

1. 在2004年，涪陵是榨菜的第一品牌，而事实上涪陵只是榨菜产品的一个产地，但到了2012年，大多数消费者已经认为乌江才是第一品牌。

2. 在首先想到的榨菜品牌这个问题上认知度上，2004年，涪陵全面包围乌江，但到

广 告 主：

乌江榨菜

广告代理：

叶茂中营销策划公司

洞察消费者的需求，是市场营销的原核。叶茂中营销策划认为，洞察从冲突中来。冲突无所不在，榨菜也不例外。榨菜并不是一个新产品，它是一个有较长历史的消费者刚需消费品，但在不同时期，消费者对榨菜的需求是不断变化、不断更新的，需求在变化，其关键的冲突点也在变化，因此一个榨菜企业的营销策略也必须根据不同的市场环境所形成冲突点而有针对性的设计。乌江品牌通过与叶茂中营销机构的两次合作，把小榨菜推向了大市场。

了2012年，乌江完成了大逆转，以绝对优势包围了涪陵。

可以说，在2004年涪陵尚是一个有价值可以借力的概念，但到了2012年，涪陵的重要性对于消费者而言价值已经大大下降。“中国榨菜数涪陵，涪陵榨菜数乌江”的诉求，在一定意义上更多是为“涪陵”做了重要贡献，甚至是为所有的涪陵榨菜企业做了传播，但对于乌江的品牌而言获益并不大。而当“乌江”的认知超过“涪陵”时，再去诉求此榨菜是正宗来自“涪陵”（次要认知），对于消费者来说毫无意义。

换句话说，消费者的冲突并不在于他们是否能吃到百分百正宗、百分百原汁原味来自某个产地的榨菜，消费者也不会在超市货架上手持放大镜寻宝，看到来自涪陵的就如获至宝，看到不是涪陵的就紧蹙眉头。

而且事实上，涪陵通过产地及历史所形成及具备的优质榨菜属性，对中国的大众消费者特别是年轻的80后、90后一代，已经越来越不起作用，这也在很多中国老字号品牌的没落上得到体现，可以说仅仅依靠地理及历史资源倚老卖老确立的品牌核心价值，已经逐渐与当今社会的主流价值观背离，更无法真正获得消费者的认同和共鸣。

同时，随着乌江的主力购买者家庭主妇群体从70后向80后甚至90后过渡，可以预见，无论乌江品牌是否继续在涪陵上投入传播资源，涪陵无论对于乌江还是对于消费者的价值都只会越来越淡化，这将是一个必然的趋势。

因此，涪陵的价值只能属于乌江的

无提示第一提及对比

2004年，涪陵是榨菜中最有影响力的品牌

2012年，乌江的影响力已经远远超过涪陵

2004年首先想到的前15个榨菜品牌

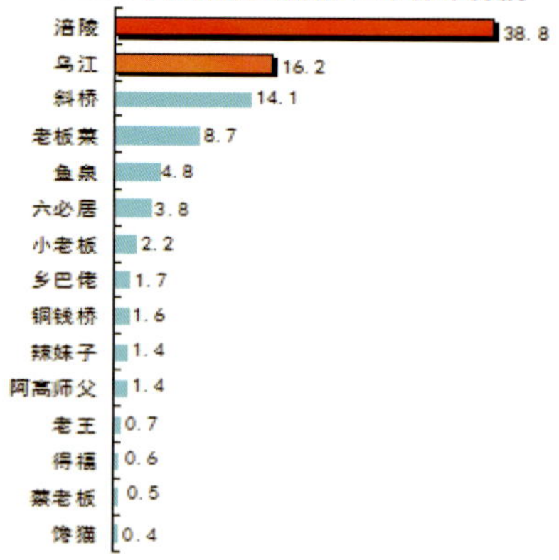

2012年首先想到的前15个榨菜品牌

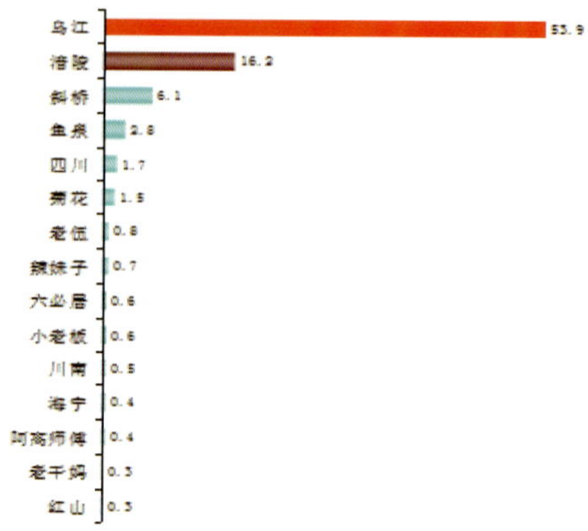

2004年不同城市首先想到的品牌

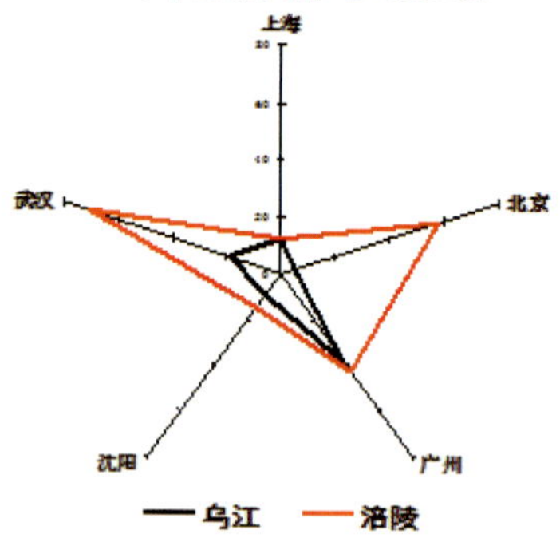

2004年不同城市无提示下想到的品牌

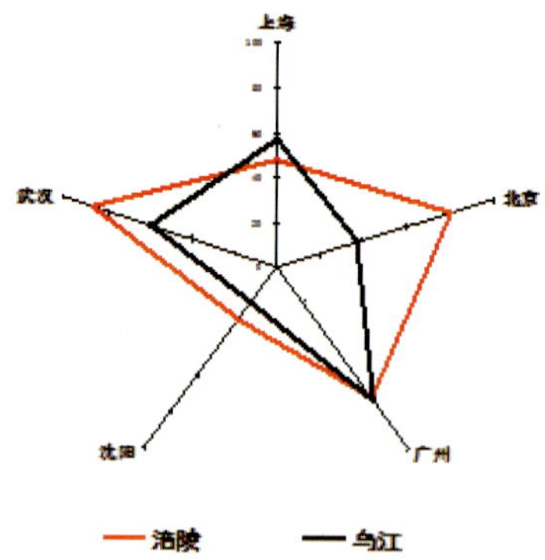

2004年，涪陵包围乌江

2012年不同城市首先想到的品牌

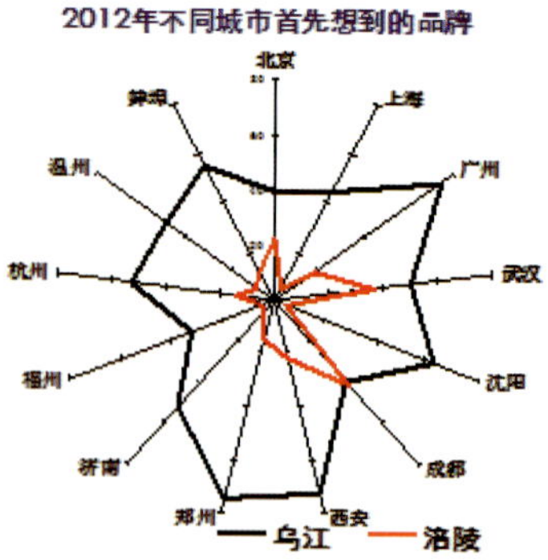

2012年不同城市无提示下想到的品牌

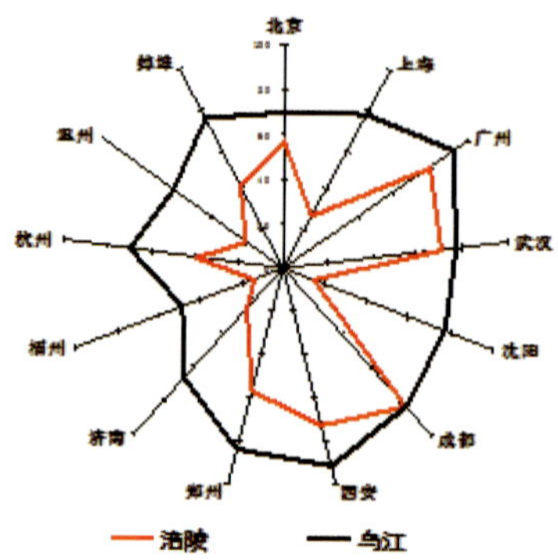

2012年，乌江包围涪陵

过去，而乌江的未来则必须与时俱进设计塑造新价值。

二、鸟笼里容不下雄鹰

那乌江是不是只能做榨菜品类不能延伸呢？还是让消费者来回答吧：

2012年最近半年最常购买的榨菜品牌

在2012年，项目组所取样的城市调研中，乌江袋装榨菜产品的市场占有率已经达到了55.4%，这在一定意义上表明了乌江目前已经在袋装榨菜市场有着垄断性的品牌地位，仅仅依靠榨菜市场的空间，已经很难支撑乌江品牌的再次高速发展。乌江品牌，已经逐渐变成一条小池塘里的大鱼，虽然威武雄壮，可如何畅游?

当然，在“正宗榨菜”的定位下，乌江展开了一系列的营销活动，包括收购并推广真正正宗的涪陵榨菜“邱家”品牌，以及推出礼品概念的2000元左右零售价的“沉香榨菜”，但都没有很好解决成长的课题。事实很明显，想在短时间内迅速提升消费者购买频次或者大幅度提升客单价，都极为困难。仅仅在榨菜市场，企业想再造一个乌江品牌在短期内几乎是不可能的。

从2012年的消费者市调报告中，我们发现了另一个极明显的新的消费冲突：

（见左下图）

在市场研究中的这组数据，让项目组明确了乌江下阶段的策略方向。在2012年，绝大多数的消费者都会在家里常备2~3种酱腌菜，这意味对于顾客对于酱腌菜的消费需求，已经开始趋向多元化，而更关键的是，除腐乳、辣酱等少数产品有强势品牌之外，在萝卜干、辣白菜、酱海带、酱菇类等大多数产品上市场还没有强势品牌。2004年的消费者希望吃到安全卫生的榨菜但市场不能满足，从而产生了消费冲突，而到了2012年，消费者的首要需求是餐桌上有更多品种的酱腌菜，而市场无法满足。

因此，酱腌菜当前市场存在的重大的消费冲突是：

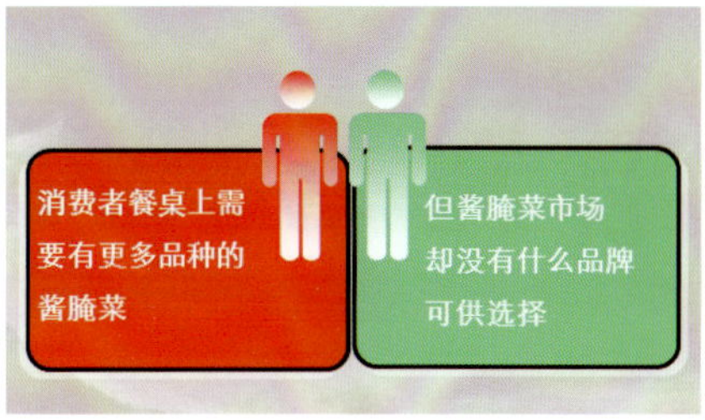

对于乌江而言，做榨菜市场强势品牌的目标早已实现，乌江品牌的发展绝不能因“正宗榨菜”的定位就画地为牢，自我限制。品牌延伸的取舍，应该视实际情况再去作定夺，很明显消费者并不会因为乌江出了萝卜干和酱海带就破口大骂：乌江你变了！并一气之下再不购买乌江的任何产品，乌江应该立足的根基，应是酱腌菜这个发展中的大品类，而不是榨菜这个有限的空间，乌江应该充分利用乌江品牌的影响力在酱腌菜这个大市场大池塘里充分作为。

乌江2011年销售7.04亿，2012年销售7.12亿，增长率仅为1.14%。总结这家咨询公司的两项主要策略，无论是诉求“涪陵”概念和“正宗榨菜”的定位，还是聚焦榨菜的策略，都没有立足于洞察消费者的变化，并基于此解决顾客层面的新消费冲突，因此也无法真正有效推动乌江品牌的再次发展。

叶茂中营销策划机构认为，乌江要再次起飞，关键是要由“小乌江”变为“大乌江”，首先需要让消费者增加消费频次和可能，再延伸一系列酱腌菜产品线。而小乌江向大乌江发展的核心策略及关键机会所在，在乌江决策层与叶茂中机构达成这个共识之后，叶茂中机构再次提出三个细化策略：

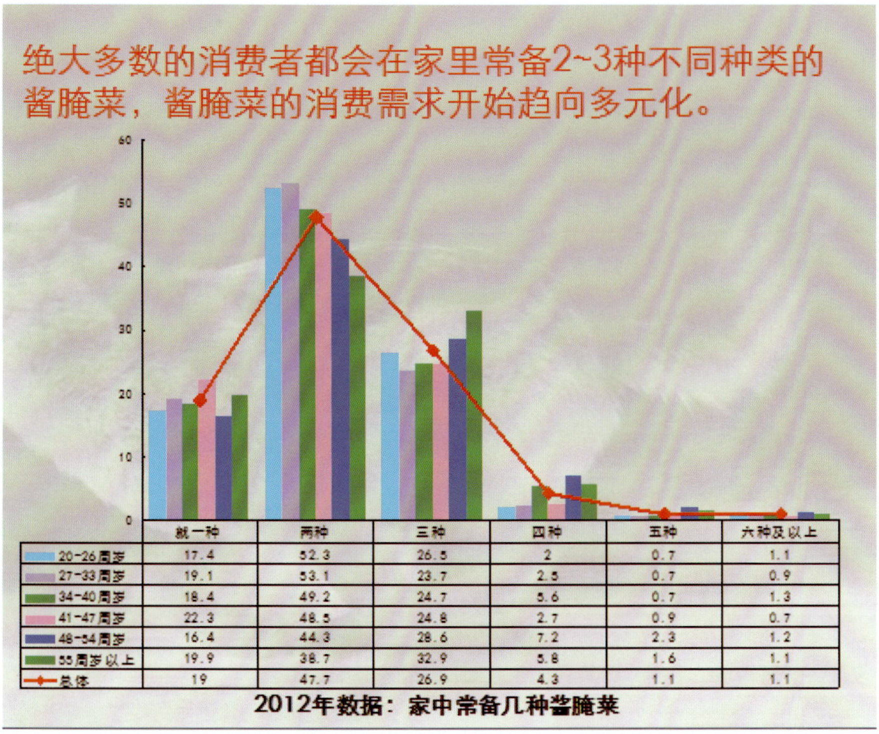

	就一种	两种	三种	四种	五种	六种及以上
20-26周岁	17.4	52.3	26.5	2	0.7	1.1
27-33周岁	19.1	53.1	23.7	2.5	0.7	0.9
34-40周岁	18.4	49.2	24.7	5.6	0.7	1.3
41-47周岁	22.3	48.5	24.8	2.7	0.9	0.7
48-54周岁	16.4	44.3	28.6	7.2	2.3	1.2
55周岁以上	19.9	38.7	32.9	5.8	1.6	1.1
总体	19	47.7	26.9	4.3	1.1	1.1

2012年数据：家中常备几种酱腌菜

一、舍正宗、回三榨

乌江不能只成为“榨菜”的代名词，但是需要控制榨菜最优质的工艺资源，以此持续占据榨菜市场的主导地位。三榨作为优质榨菜的核心资源，在目前的市场大环境下，依然有其价值所在。

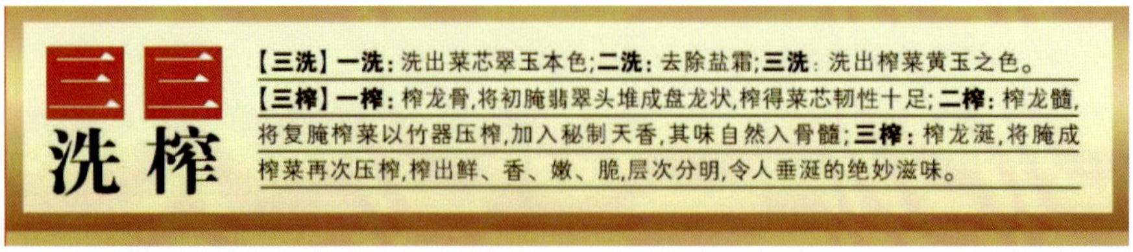

二、食物可以分为两种，与榨菜可以完美搭配的，以及其他。

为“涪陵”做传播上的投资意义不大，但榨菜依然是乌江的核心产品，乌江品牌与榨菜之间，依然有着强对应联想关系，因此我们需要通过榨菜产品对消费者进行消费情境化的引导，因为一旦榨菜只等于喝粥喝稀饭时的附加品，其消费频次将大大下降，产品生命也将打个折扣，而为榨菜未来的市场扩容与投资，对于乌江而言则很有意义。

三、张铁林Bye Bye，国粹GO GO GO！

在品牌层面，将乌江与“中华酱腌菜美味文化”关联，去除已经无法借力的“张铁林”形象，进而借势更为博大精深且不存在过气风险的“国粹形象”，为乌江品牌未来延伸进入酱腌菜的机会市场预留空间。于是在整体品牌设计上，我们创作了以中国红、中国剪纸以及京剧脸谱为核心元素的品牌整体视觉，同时为了迎合低年龄层消费群体，在TVC声音识别上以RAP的方式呼应，将国粹与现代进行了完美的融合。

2013年，为了配合新的策略执行，为了体现国粹乌江的品牌质感，乌江将所有榨菜产品再次进行工艺升级，以挂牌招标的方式采购最优质的榨菜原料，以全新的优质产品、全新国粹形象给消费者全新的品牌体验。

2013年，乌江以融合国粹与现代感，引导榨菜多用途情境的全新广告片开始在全国性媒体上强力传播。

点评：

树品牌是一个长远建设的过程。

2004年的“三清三洗三腌三榨”，给一个低关注度、低技术含量的榨菜市场注入了一种新的标准，找到了相对同行业竞品的产品差异化；价格的提高，一方面跳出了低价牢笼，一方面也是“三清三洗三腌三榨”支持下的价格差异化。而当乌江品牌的认知度超越了涪陵区域认知之后，产品区域优势就并非品牌的主诉求，地方性特产升格为国粹产品，提出“中国好味道”，并在终端视觉上有了国粹化表现和强烈的冲击力，非常吸引眼球。

——方棱

2013年，乌江以资本优势在酱腌菜市场开始进行优质整合。

乌江决策层与叶茂中项目组相信，在新的战略执行推动下，小乌江向大乌江的发展升级必将给乌江带来新一轮的高速成长。

后记

2013年7月25日，叶茂中机构与乌江品牌的年度总结及续约会议在乌江公司召开，乌江团队就新一轮策划的市场反响给出了一系列的数据：

一、 新包装产品上市后得到了新老经销商的一致好评，仅用3个月时间，全国91%的KA及便利店终端体系就完成产品更新工作，流通渠道也顺利推进。在企业对终端的随机调研中，几乎所有消费者都认为新包装好于老包装。

二、 基于消费情景扩张的电视广告投放后，对销量的促进作用非常明显，2013年上半年乌江销量增速从2012年1.14%提升到25%，净利润增长更是接近30%。

其中非常有意思的是广告中“涮火锅”这一情境用途的推广，得到很多火锅企业的响应，乌江也成为海底捞等火锅品牌的战略供应商。

三、 在新一轮策略推动下，投资者纷纷看好乌江的长期发展趋势，股票价格从2012年的14.8元，增长到2013年7月25日的27.8元。在整个资本市场都极其低迷的大环境下，这几乎是一个奇迹。

新一轮乌江策略的执行，引用一段乌江董事长周斌全先生在会议上的话：

“虽然一开始我们团队有部分人员不是非常理解，也有很多的担心，但是我个人是非常坚信的，为什么呢？打个比方，企业的策略调整就好比男人再婚娶了个新太太，只要新娶的这个太太比之前的好，就肯定不会有问题，坚决执行就好。现在从执行效果来看，叶茂中机构为乌江梳理制定的新策略是非常合适的，也是利于乌江品牌长远发展的。”

在最后的庆功晚宴上，周斌全董事长与叶茂中机构约定：以短期20亿、长期50亿的销售规模为目标，乌江品牌希望与叶茂中机构长期携手合作，直到小乌江真正成为大乌江。

从2004年的“三洗三榨”到2012年的“国粹形象”，叶茂中营销策划公司对乌江所做的两次产品策略调整，无疑是将乌江形象完美树立起来的关键。没有大手笔、大挥霍，仅仅是从市场消费者的需求出发，洞察冲突从而解决冲突。“三榨”策略的执行，使乌江成为了榨菜市场的绝对强势品牌。八年后，“国粹形象”的战略执行，小乌江向大乌江的发展升级又带给乌江新一轮的高速成长。随着乌江品牌的树立及其强大，“市调无用论”不攻自破，没有什么楼阁是空中建造而成的，没有什么完美的创意是凭空臆想的。叶茂中营销策划公司能够突破传统，却也能继承传统，同时还不忘跟随时代的步伐，将传统与时代完美结合，这样才是真正意义上的创意。毋庸置疑，这一策划事件是一次品牌树立和发展壮大的成功案例。

——田志宪

贵天下茶叶：黔茶出山

广 告 主：

贵天下茶叶

广告代理：

叶茂中营销策划公司

贵州虽地处偏远，但资源富集，发展潜力巨大。盘江控股系省属国有大型企业，投资茶产业是该集团第一次涉入快消品领域。在团队基础为零、渠道基础为零、品牌基础为零的情况下，叶茂中营销策划准确把握市场现状，详细分析竞争对手，明确盘江的目标和茶叶背景，借势“贵人文化”，寻求差异化，成功打造领袖级好茶的品牌，迅速形成规模化效应！

贵州，简称“黔”或“贵”，位于中国西南的东南部，东毗湖南、南邻广西、西连云南、北接四川和重庆，面积176167平方千米，人口3475万，资源富集，发展潜力巨大。

如你所知，在中国行政区划的版图上，贵州远不及长三角、珠三角、京津冀这样的一线经济区，与成渝经济区、皖江城市带之类的快速发展地区也有较大差距。但这也同时意味着更多，贵州，是一颗尚未被开采的宝石，是一块尚未被人挖掘的黄金，是一块拥有无限可能的奇迹之地。

所以当贵州盘江投资控股（集团）有限公司（简称“盘江控股”）找到我们洽谈贵州茶品牌的营销策划合作时，我们才会如此的激动。

当然，理想是美好的，挑战是巨大的。盘江控股副总经理潘勇辉先生在第一次洽谈中就直接开门见山，提出了他的明确目标和要求：“我们盘江控股张仕和董事长决定投资整合贵州茶产业，贵州茶无论是品质还是产能都没有问题，但品牌营销这个关键中的关键却很薄弱，希望通过与你们的合作，帮助我们打造出一个全国性的强势品牌，为贵州茶赢得尊严。”

一、成长模式之思考

盘江控股系省属国有大型企业，投资茶产业是该集团第一次涉入快消品领域，团队基础为零，渠道基础为零，品牌基础为零，对于茶叶市场也仅仅只是在纸面上做过一些投资分析研究，而这种投资分析研究和实际的营销行为是远远不能划等号的。茶叶市场对于他们来说，完全是一个全新而又陌生的市场。

对于叶茂中营销策划来说，我们首先开展的也是最重要的工作，即是对盘江控股在茶叶市场的成长模式研究，因为市场营销战的实质，就是一场“圈地”和“圈脑”的运动。

“圈地”是通过建设终端方便消费者购买；

“圈脑”是通过品牌传播抢占消费者心智。

对市场的走访中我们发现，整个茶叶市场对贵州茶的认知度极低，一没有贵州茶品牌，二多数贵州茶叶只不过是作为其他品类、品牌的原料茶，黔茶难出贵。是贵州不产茶吗？答案可能让你意外。

贵州，全国茶叶种植面积第一。

据2012年贵州第二届经济年会获悉，2012年贵州省的茶叶种植面积突破500万亩，跃居全国第一位，茶叶产量达10.6万吨，综合产值86亿。同时，在政府的主导下，贵州借助其优越的自然条件，积极发展生态农业，已经成为中国第二大有机茶种植基地，并出口一向审核严格的欧洲市场。低纬度、高海拔、寡日照，这是贵州独具的天时地利，作为中国唯一兼具这些条件的地区，贵州以其茶叶品质和种植面积而成为了中国第一产茶大省。

黔茶出不了贵，这是盘江与我们面临的一大障碍，但同时黔茶产量第一的现实，也意味着在贵州内部有着极大极好的茶叶出产市场，如盘江集团能合理迅速进行整合工作，庞大的资源将形成规模化成长的有力武器！

综上所述，走价值成长路线，按照现有的经验，文化、品质等凸显溢价能力的关键因素必定是品牌的支撑，但按照贵州茶现有的资源，既无品类优势，更无品牌、文化优势，且高端市场是众家争夺，单纯的价值成长，难成大器；随着空间资源越来越稀缺，扩张难度必然是越来越大，尤其是单纯的渠道辐射能力是有限的，没有品牌的带动，渠道的销售效果也会打折扣。而在走规模成长的品牌中，我们找到了一个非常成功值得我们学习和参考的榜样：

学习ZARA，有价值的规模化

相比于百年历史的香奈儿，ZARA可以说是一个服装行业的小朋友，但昔日名不见经传的ZARA，已经成长为全球排名第三的服装商，在全球56个国家，有两千多家连锁店。ZARA中国开业之初，同样引起了一片追捧，更有消费者周末坐着飞机去北京疯抢的场景。

现在再看ZARA的成功之道，不难发现，ZARA正是抓住了普通白领消费者同样也有追求一线奢侈品品牌的心理需求，但又承受不起惊人的价格。巨大的心理需求和消费能力的冲突给ZARA制造了机会。

抓住这一冲突，拥有惊人执行力的ZARA，能够以最短的时间让普通消费者在ZARA的店里找到和巴黎时装周上刚发布的类似服饰，让消费者可以只花一线品牌一件衣服价格的零头就可以穿出一身最时尚的感觉，简单地说就是让平民也时尚。

普通白领巨大的市场基础，使ZARA不断在全世界扩张开店，规模扩张的同时，让普通白领充分过了把时尚的瘾，给消费者带来的价值感却丝毫不减，在ZARA的店里看到刚从对面买了个LV包的女生，在这里再挑几件衣服的事情并不稀奇。

ZARA的成功正在于颠覆了服装行业的传统模式，将高端时尚设计平民化。

回到茶叶，高端茶在往奢侈品靠，低端茶叶只能是被普通老百姓消化掉，消费的两极分化，使得想喝好茶的普通老百姓只能是望着天价的茶叶而不得。

喝好茶的心理需求和价格的巨大落差之间产生了冲突，更关键的是至今没有一家茶企去解决这个冲突。

中国拥有几千年的饮茶历史，可以说对好茶的需求并不是高端人群专属。贵州作为中国最大的有机茶产区、最大的优质绿茶产区，其茶叶的高品质和产量是有保证的，盘江集团为何不避开单纯的高端路线和无附加值的产品销售，学习ZARA，以有价值感的产品和品牌进行规模化发展，赢得普通消费者的青睐呢?

综上所述，我们认为：

在全国市场上我们必须走规模成长优先的路径。而要实现规模成长就必需有三个规模化的支撑：

产品规模化（满足不同人群的产品）

终端规模化（建设多元化的终端形态）

传播规模化（抢占茶叶第一品牌的心智资源）

基于宏观上的市场状况和战略考虑，我们为盘江集团的茶叶项目制定出了规模成长的思路，但我们同时也需要正视的是，茶叶是盘江集团投资的全新业务，盘江集团需要打造的是一个全新的品牌，贵州茶叶在全国也不具备绝对的品类优势。对于新品牌而言，从战术上就必须有效控制风险，控制风险的最佳途径就是首战必胜，在竞争对手相对薄弱区域发起进攻，集中优势资源在较短时间内打造根据地市场。眼光可以放长远，但路还得一步一步走，要想做全国领导品牌，必须先做贵州第一品牌！

通过以上多个维度的分析，我们为盘江集团茶叶品牌的综合成长路径进行了规划：

在全国市场，将规模成长彻底化，走规模优先后取价值的成长路径。 而在贵州市场作为根据地市场，采取规模、价值同步的成长路径，为全国市场的后续发展提供样板支撑。

二、精神与物质层面的核心诉求

确立了成长思路后，我们需要做的，则是一些具体的工作，比如品牌名、广告语、核心卖点等等，一切都需要从零开始，有时不得不感叹，服务一个全新的品牌虽然可供策划人随意挥洒，但工作量的确是生命中不可承受之重啊。

言归正传，首先是品牌名，我们的首要目标是，找到最普遍的文化认知，与尽可能多的人建立情感共鸣，在精神上抓住消费者的心。其次提升茶叶的价值感，让消费者知道并信任这是好茶。

借势贵人文化

赢得消费者好感的最好方法是与他们建立精神上的共鸣，品牌营销的精神层面是可以唤起消费者心中潜在渴望的有沟通力的内涵，需要来源于产品但又高于产品。 在扫描贵州文化和传统茶文化无果之后，我们将目光锁定在了贵人文化上。

中国人自古讲究知恩图报，心存感恩，尤其是感恩贵人，这不只是高端人群专有的情感共鸣，而是具有普遍认知，对子女来讲，父母即贵人；对学生来讲，老师就是他的贵人；对于从政者来讲，领导就是他的贵人；对从商者来讲，合作伙伴就是他的贵人； 甚至到了一个陌生地方，给你指路的人也是你的贵人。可以说贵人文化在各个人群中间都能产生共鸣。在和这些贵人相处时，我们都心存感激，难以言表。而在前文分析过，在茶叶市场，尤其是高端茶叶市场中，礼品属性是其最主要的产品属性，“贵人”这一概念，也完美切契合了这个市场，击中了这个概念。

借势“贵人文化”这种具有普遍认知基础的强势文化，必将能够赢得大多数人的共鸣。“贵人，贵州茶，贵天下”，我们希望贵州茶可以通过借势贵人文化而贵天下。因此，当项目组将“贵天下”作为品牌名提报给盘江集团时，客户毫不犹豫地定下了这个名字。

基于此，项目组对贵人文化进行了深度挖掘、再创作：

人生每上一步

都离不开贵人的扶持

贵天下好茶

献给生命中每一位贵人

贵天下以最直接的方式表达消费者的心声，瞬间让消费者对品牌产生极强的亲切感。

试问无论是你自购自饮还是收到礼品时，看到“献给生命中每一位贵人”这句话后，感觉如何?

领袖级好茶

随后，我们需要一个强有力的理由，让消费者接受贵州出好茶这一事实，在进行研究之后，我们将贵天下命名为“领袖级好茶”。但如何让消费者心甘情愿地承认贵天下是“领袖级”？方法众多。比如通过各种标准、检测、品鉴的方式来实现，比如通过各类公关活动和巡演，但时间和传播成本太高。项目组不得不另辟蹊径，寻找强有力而又成本可控的传播手段。

通过项目组在都匀的访问，我们了解到，都匀毛尖和领袖毛主席竟有这样一段佳话：

1956年4月，正值春茶采摘的季节，贵州都匀当地的共青团员纷纷上山采茶，经过数天的精心炒制、精选，饱含着村民们心意的两斤上等的“鱼钩茶”送到了主席的手中，令人激动的是，主席亲笔回信：“寄来的茶叶已收到，茶叶很好。今

后山坡上可多种茶，茶叶可以命名为毛尖茶。”于是村民们开始兴办茶园，“鱼钩茶”也更名为“毛尖”，流传至今。不过遗憾的是，这封信在历经半个多世纪的风雨后，原件真迹已不可考。

不管如何，项目确认的是，通过领袖赞好茶，借势领袖的影响力，都匀毛尖的价值感定能迅速提升。

终端，尽显领袖气质，同时将品牌文化中感恩贵人的理念融入，将象征人生每一步攀登的台阶以产品陈列架的形式在终端得到充分体现，让消费者进入终端时，即可体验到品牌传递的信息。

领袖级好茶，是领袖亲口喝过亲笔赞过的好茶，更证明贵天下即是贵州诸多茶叶品牌中当之无愧的领袖。

差异化也是产品力

都匀毛尖作为贵州最知名的品类，也是贵天下在整合贵州茶产业时获得的第一批优质茶叶资源，在有品类无品牌的贵州，贵天下如果能够占领都匀毛尖这一优质的品类资源，使贵天下的都匀毛尖迅速在贵州凸显出来，对于拿下贵州市场这个根据地至关重要。

当项目组一行在都匀走访时，刚好有幸对著名的制茶大师徐全福老先生进行了访谈，现年75岁的徐大师是80年代都匀毛尖被评为中国十大名茶的功勋，都匀毛尖现代制茶工艺创始人，据徐大师所言：都匀毛尖的毫毛，是区分茶叶好坏的首要标准：毫毛越多，则说明茶叶越好；都匀毛尖的毫毛是长在背面的，吸收地气；阳面则吸收阳光，这样就阴阳平衡了。

如果要为都匀毛尖寻找一个独特的亮点，必定是茶毫了，不仅作为区别于其他茶叶品类的主要特征，而且即使同样是都匀毛尖，不同品质的茶，其毫毛的多少也不一样。

据此项目组为贵天下创作了第一句广告语：“这么多茶毛毛，真是好茶啊！”

在贵州人都对都匀毛尖的茶毛毛都习以为常的时候，却忽视了这个毛尖茶最大的亮点，贵天下以茶毛毛的多少判断茶叶的品质，间接告诉消费者，贵天下的都匀毛尖是最好的，以差异化为贵天下的都匀毛尖赢得产品力。

当然，基于盘江集团需要整个贵州茶企和迅速占领贵州市场的目标，我们又为贵天下创作了另一句广告语：

“没有茶毛毛，还叫好茶吗？”

这句话看起来和前句意思相近，但其中内涵却大相径庭，此句一出，立刻跳出一批茶叶专家学者，指责叶茂中策划机构不懂茶叶，不懂茶品牌如何运作，他们最有力的理由是：天下没有茶毛毛的好茶何其多也！

诸位，你说是叶茂中机构不懂茶叶，还是那些所谓专家学者不懂营销呢?

解决了茶叶品质和品牌高度的问题后，贵天下需要的是跳出曲高和寡的困境，立于一个拥有众多消费者的大市场，以规模化覆盖尽可能多的人群、尽可能多

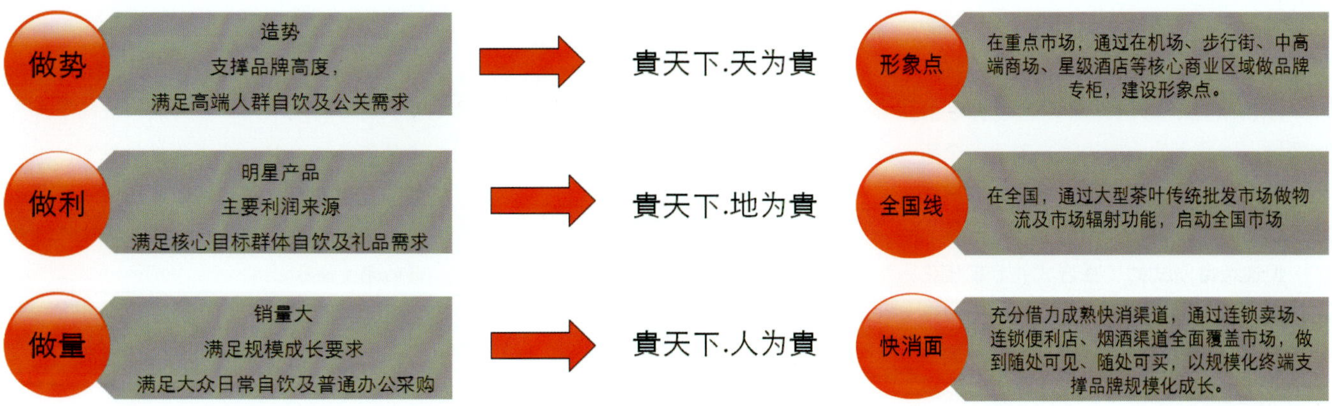

的空间、抢占尽可能多的心智资源，让尽可能多的潜在消费者可以接触到贵天下茶叶。

将规模化进行到底

整理出了贵天下的品牌基本要素后，我们就可以放手去执行贵天下的规模成长之路了。

贵天下要立于一个大市场，就需要满足不同消费者的需求，古代兵法、战术讲求的是天时、地利、人和，缺一不可，可见这三个因素的重要性，在产品上，为满足不同层次消费者的需求，贵天下以“天为贵”、“地为贵”、“人为贵”三个系列的产品，覆盖绝大多数消费者的需求，形成做势、做利、做量，分别实现拉高品牌高度、实现利润和满足规模成长的不同目标。

规模化、多元化的终端形态

终端是消费者的第一接触点，足够的终端才能保证足够的接触和实现购买，但贵天下的终端不能只是多，而且要有策略性地去布局。

贵天下通过不到一年的时间，先后进驻省内高端酒店、卖场，开设众多直营店，并且在茶叶行业独创性地和银行网点合作，借助银行的网点优势，进驻营业厅，吸引了众多目标客户群的关注；不仅如此，贵天下锁定和茶叶消费者匹配度极高的烟酒消费者，进入了众多的烟酒渠道。

传播规模化，占领消费者的心智资源

营销就是一场认知战，通过有效的传播抢占消费者的心智资源，对于一个新创品牌尤其重要，贵天下必须充分利用传播，让消费者了解到贵天下。

但遍地撒网式的传播方式并非规模化的传播，贵天下需要的是针对每一个“细分族群”，研究在生活轨迹上如何“遇到他们”。在茶叶品牌很少涉足中央级媒体的情况下，贵天下首先在央视众多频道播出，预热全国市场，在目标消费群体接触度极高的机场、高速、航空、高铁杂志等众多高端媒体及地方性报纸、期刊、分众等有针对性的大众媒体展开广告攻势。

截至2012年年底，贵天下茶业先后亮相北京、上海、深圳、广州、贵阳等各地茶博会，并获得第九届北京（国际）茶博会绿茶、红茶类金奖。贵天下产品的品质也连连传出佳音，各个批次的茶叶连续通过欧盟的检测标准，获得市场的众多好评，更赢得经销商的信任，全国经销商已经北至北京、山东，南至广州、深圳。

通过一年的努力，贵天下顺利成为贵州第一茶叶品牌，更是作为茶叶代表性品牌成为国家统计局的统计样本的重点关注企业。

但这只是个开始，更大的意义是为其抢占全国茶叶市场制高点的位置集聚了足够的势能，2013年，叶茂中策划将继续护航贵天下茶业攀登高峰，为成为全国强势茶品牌而努力。在此，同样感恩这一年来为贵天下的发展作出各种贡献的贵人们！

点评：

新品牌打市场，品牌的立意很重要。立意高，则前路开阔；立意低，则步履蹒跚。贵州不缺好茶，但以全国市场看，好茶多不胜数。作为新品牌要打出一方天地并不容易。而贵天下茶叶以贵州的名称属性，延展到贵人文化，一方面与中国人传统观念达成共鸣，拉近消费者距离，也符合消费者送礼的心态；另一方面也占位了贵州茶叶的代表性品牌，成为黔茶的名片。同时，案子的展开，也为品牌找到了很好的支撑点：以“领袖级好茶”借势领袖进行好茶地位的背书；以“这么多茶毛毛”进行产品差异化支持，树立好茶的判断标准；以“天、地、人”细分市场，建立起完整的销售体系。不失为一个好的策划案。

——方棱

对于团队基础为零、渠道基础为零、品牌基础为零的盘江集团来说，想要在“十万茶企比不上一家立顿”的激烈品牌竞争情况下异军突起，抢占“中央级媒体”传播制高点，是极具高难度，极具挑战性的。而叶茂中营销策划这个团队却从消费者的精神和物质相结合的核心诉求出发寻找到突破口，将产品、终端和传播规模化。借贵人文化传递品牌理念，定位为领袖级好茶贵人文化完美融入，别具一格的差异化选择，赢得产品力志在必得，“天为贵”、“地为贵”、“人为贵”三个系列，层次开发规模成长；独创性终端开发，将品牌规模化进行到底；借媒介力量占领消费者心智，广告攻势势不可挡。正如叶茂中本人所讲，他更愿意做的事是改变一个企业的命运。这个案例是对他这句话的完美诠释。

——田志宪

统一鲜橙多：《ICU》微电影互动传播

广 告 主：

统一企业

广告代理：

好耶集团

2013年4月，统一旗下鲜橙多品牌发布最新微电影《ICU》，由两位代言人领衔主演，整个格调浪漫、时尚贴合年轻人。问题是，如何在众多品牌微电影将统一《ICU》脱颖而出，引发话题讨论，聚焦全网民关注？PPTV召集运营&策划&销售的团队，共同讨论，推出“大电影营销”+“粉丝营销”双重营销策略，为品牌赢得14亿网友的关注。

案例背景

2013年4月，统一旗下鲜橙多品牌发布最新微电影《ICU》，由两位代言人领衔主演，整个格调浪漫、时尚贴合年轻人。

问题是，如何在众多品牌微电影将统一《ICU》脱颖而出，引发话题讨论，聚焦全网民关注?

营销目标

目标：希望在互联网炒作微电影，吸引年轻人聚焦；希望通过微电影传达品牌时尚浪漫形象，提升消费者对品牌的认知。

KPI：曝光量&点击量；预估PV:1,074,600,000；预估CLICK：4，296,420

目标受众

统一鲜橙多属于果汁类软饮料，目标受众为大中学生、年轻白领等。以女性为主要消费群。目标受众喜好收看电影和剧集、热衷于综艺内容、爱好收听音乐、收看时尚内容、对于明星没有抵抗能力。

执行时间

2013年4月11日~5月9日

创意表达

媒介渠道洞察：PPTV女性用户主要集中在音乐、综艺、影视。其中综艺类的韩娱频道尤为受女性用户的喜爱。其内容多端打通，作为公司的强势资源面向所有女性观众。在SNS社会化媒体快速扩大扩充的情况下，PPTV也通过SNS将各个频道的内容同步介绍给每个SNS用户。

品牌机遇：“碎片化”的信息接收方式的形成或者说微时代催生了微电影的诞生发展。微电影形式简单，短小精悍，恰好在“体型”上契合了受众即时消费的诉求，它既可以满足时间上的“碎片化”需要，也可以满足传播上的“碎片化”需求。人们可以充分利用各种时间“碎片”，包括坐车、等人、排队等闲暇时间，用3G 手机或上网本看完一部

"微电影"，感受一场关于青春和梦想的共鸣、旁观一场海枯石烂的爱情。

传播策略

在微电影尤为泛滥的现今，微电影的营销方式层出不穷。

通过借鉴电影式的传播方式，加入了前期预热的覆盖面，中期升温、后期热度的再延续进行等机制。

同时明星在传播中担任了举足轻重的地位，通过明星粉丝可以很好地保证投放的基础效果。

由此我们得出核心创意：

"大电影营销 + 粉丝互动营销"

执行过程

微博悬念有奖活动，吸引网友持续关注影片，并在韩娱、亚娱、娱乐等频道，用活动、用奖品吸引代言人粉丝关注影片。

效果总结

1. 品牌TA:18~24岁年轻人（女性为主）推广目标：吸引网友聚焦微电影，提升品牌时尚浪漫形象

评估工具：PV&CLICK，评估是否达到预估值。

2. 这次微电影推广活动，是品牌揭盖活动推广的预热，品牌希望通过微电影，聚焦网友关注，提升下一波揭盖活动的参与度！此波微电影推广活动效果非常好，成功达到14亿曝光量,513万点击量，完成率达135%，微博活动更是吸引成千上万人参与，参与度最高达5万!良好的推广效果，让统一在6~9月继续追投PPTV。

点评：

这几年的微电影非常火，但火热的背后也有很大隐忧。一方面，品牌客户陷入了一个误区，认为微电影是一个花少钱就能推广品牌的方式，会在一定程度上忽略品牌策略及主推广的重要性；另一方面，全民微电影也造成了微电影策划、制作门槛的降低，导致大量粗制滥造的微电影诞生。其实，微电影作为品牌传播的一个有意思的视频传播手段，同样涉及品牌定位、品牌目标人群设定、目标人群的价值观共鸣、生活方式等，还包括植入产品时的第一联想场景，而这一场景又要与品牌预期消费者使用的场景相吻合。然后才是在此基础上，能够吸引人谈论且能够诱发二次传播的的话题、形成传播运动的策划。最后才是能够把前述的品牌传播因素考虑进去的，能够在纷杂传播环境中脱颖而出的剧情和剧本。

统一鲜橙多作为快销果汁类软饮料，人群偏年轻女性，很适合做微电影传播。而活动的曝光点击参与数据，也证明了不错的投放效果。

——方棱

饮品市场竞争激烈，微电影作为一种新的形势迅速进入人们的视野，众多品牌借助微电影展开猛烈攻势。统一旗下鲜橙多品牌发布的最新微电影《ICU》想要在众多品牌中脱颖而出就必须有独创性的特殊之能。"大电影营销 + 粉丝互动营销"的双重营销方式，不仅将电影宣传和传播做到极致，更是将话题迅速扩展，将关注迅速聚焦。传播的终极目的是品牌资产的积累，这一次也是一样，"青春、时尚、梦想"的主题贯穿统一品牌宣传的始终，强化了品牌年轻化。当今中国粉丝效应越来越明显，中国女性对韩星的喜爱近乎疯狂，而粉丝对自己所喜爱的明星更是完全没有抵抗力。在电影中，粉丝不仅能够看到、听到自己喜欢的韩星，还能够感受青春、梦想和完美的爱情，这对年轻的女性消费者来说是一种莫大的诱惑。此次统一鲜橙多ICU的成功是不言而喻的。而其中忧患也在所难免，韩星崛起迅速，被取代更是迅速，如何紧跟目标消费者的步伐，紧随目标消费者的喜好，就成为我们必须要认真思考的问题。

——田志宪

伊利牧场：PPTV跨界精细化视频传播

案例背景

2013年7月，全新伊利牧场奶制雪糕TVC及slogan随着桂纶镁清新代言，希望选择合适的媒体，在传递全新品牌形象及理念的同时，全面覆盖目标人群，强化品牌认知。

营销目标

目标：提升品牌与产品的知名度及受众的喜好

KPI：曝光量&点击量

预估总曝光量：1 357 991 000次，实际总曝光量：1 505 460 043次，整体曝光效果完成预计曝光的111%

预估总点击量：3 503 675次，实际总点击量：12 806 450次，整体点击效果完成预计点击量的365%

目标受众

消费者洞察：

1） 目标受众基本属性分析：19~35岁，大部分为80后，由学生族与上班族构成

2） 目标受众触媒行为分析：消费者触媒习惯发生根本性变化，碎片化、多屏化特征鲜明，PC端活跃度降低，加速向移动终端迁移

执行时间

2013年7月8日~月7日

创意表达

于洞察中我们对目标受众的基本属性、触媒行为的分析，发现伊利牧场全新TVC的推广已经无法满足传统PC+TVC的单一推广，因此PPTV以“跨界精细化营销”为核心策略，打通三段多屏，无缝全覆盖受众、时间。

媒介渠道洞察：

从人群出发，PPTV的主要受众人群都为年轻白领、公司中高层管理者与在校学生。其中25岁至40岁最具消费力。这类主要人群大多集中分布于中国一、二线城市。由于

广 告 主：

伊利牧场

广告代理：

电众数码广告有限公司

2013年7月，随着桂纶镁清新代言，全新伊利牧场奶制雪糕TVC及slogan，希望选择合适的媒体，在传递全新品牌形象及理念的同时，全面覆盖目标人群，强化品牌认知。通过消费者及渠道洞察，电众广告得出只有“跨界”+“定制”的配合才能全面覆盖目标人群并且提升传播效果。因此针对伊利牧场本次全新TVC的推广，打造了“PPTV跨界精细化视频传播方案”。

点评：

iPad端和手机端的出现，让影视广告传播从传统TV、PC的格局下，有了新的传播渠道。而一、二线城市的消费群体观看节目，也习惯了采用iPad端和手机端。顺应这一情况，“PPTV跨界精细化视频传播方案”的推出，打通了PC端、iPad端、Andriod phone端优质贴片、通栏资源进行联合投放，成为一种很好的媒介组合方式。同时，聚合消费者喜爱的剧目，打造伊利牧场定制剧场，在消费者观看节目的同时，也增加了品牌的美誉度和亲和力。

——方棱

广告形式清新、欢快，很好诠释了“心随香浓，乐在自享”品牌主张，桂纶镁做形象代言人深层次地沟通了产品消费群体。也许一千个广告创作人会有一千种广告表现形式，但说到广告投放效果却只有一种结果：没有最好，只有更好，从这则广告最终效果来说，着实难以超越，前期的市场调查非常精准。时代在变，新媒体的强势崛起，猛烈冲击着电视端广告，人们接触信息时间碎片化，多屏化，广告投放不在是以一个屏幕打遍天下，这则伊利广告借势PPTV视频播放平台，跨越三屏，结合PPTV自身良好节目资源，达到了上午不看下午看，电脑不看手机看的效果，也因此决定了广告受众重合度仅仅15%~20%，这个数据说明基本没有浪费广告费，前一段时间热炒的微信营销，我不知道媒体人、广告人为什么会视作微信为媒体平台，作为侧重服务的微信，以现在模式，不可能有多少媒体属性，所以广告人在纷杂的社会保持独立思考很是重要，这则伊利广告给了我们很大的启示，最适合的就是你能抓到创新组合不是虚无缥缈的热点，那是热点，但不是重点。

——田志宪

PPTV多种终端产品覆盖面广，并且用户收看的时段全天分布，近乎均化，其中PC端、移动终端15%~20%的超低用户重合度，补充了碎片化人群，实现了受众人群的完整覆盖。其中主要沟通用户的高度观看内容集中在热剧、韩剧等PPTV的热门剧集。因此通过聚合消费者喜爱的剧目，打造伊利牧场定制剧场，在吸引消费者关注热门剧集的同时观看产品TVC，溶解排斥感，提升接受度与传播意愿。

传播策略

通过消费者及渠道洞察，我们认为只有“跨界”+“定制”的配合才能全面覆盖目标人群并且提升传播效果。

所以我们推出了针对伊利牧场本次全新TVC的推广，打造了“PPTV跨界精细化视频传播方案”

执行过程

1. 优质资源跨界组合式投放——打通PC端、iPad端、Andriod phone端优质贴片、通栏资源进行联合投放，无间断、高浓度覆盖目标人群。

2. 定制化剧场——聚合消费者喜爱的剧目，打造伊利牧场定制剧场，吸引消费者关注热门剧集的同时观看产品TVC，融解排斥感。

效果总结

投放为期30天，总曝光15亿次，总点击1200万，点击完成率365%，其中PPTV-Andriod phone视频播放页15秒贴片、iPad端视频播放页15秒前贴片、客户端暂停点击量效果表现尤为突出，CTR分别达到11%、6%和0.25%，为了本次活动实现了有效的告知，使得PPTV用户对于本次活动及产品产生了浓厚的兴趣与关注，为本次推广实现了有效告知。

天宝冰激凌：《乡村爱情变奏曲》

由赵本山带领“赵家班”领衔出演的电视剧《乡村爱情变奏曲》在各大卫视热播的高收视率，表示大家都很乐意沉浸在“赵家班”带来的欢乐中。而早在《乡村爱情变奏曲》开播之前，关于这部系列电视剧“俗与不俗”的争论已然开始，对此赵本山表示：《乡村爱情变奏曲》到底俗不俗，只有观众说了才算数。作为一个贴近和关注农村农民生活题材的电视剧，比起之前蒙牛植入到乡村系列剧中，此次接档的天宝集团将其冰激凌业务植入其中，犹如一匹杀进来的黑马，让人眼前一亮，对于同类性质的企业来讲，其品牌营销模式是非常有借鉴意义的。

一、内容载体选择十分成功

作为冰激凌产业最近兴起的新秀，天宝集团牵手《乡村爱情变奏曲》并不是单纯的品牌形象传播，而是有其战略深意的。

首先，天宝是一个非常注重创新的品牌。天宝公司的主营业务是大板块产品：水产品、冰激凌、果蔬保鲜、杂粮杂豆。其所销售的冰激凌业务，也是跟国内其他品牌尤其是老牌冰激凌品牌所不一样的，那就是天宝公司的冰激凌专利产品——大豆植物蛋白冰激凌，植物蛋白冰激凌的一种。通过对大豆进行精深加工，生产的最终产品为大豆植物蛋白冰激凌。其营销模式更是凭借公司在出口方面的优势，在国外把冰激凌卖得风生水起。在国外试水成功无疑给天宝一剂强心针，使天宝更加有信心掉转头来开拓国内市场。天宝在传播策略上也是不断求新、求变，大胆突破、大胆创新的。品牌内容营销（植入广告）作为一种近年在国内逐渐发展的新的传播渠道，也引起了天宝公司的注意。

其次，从剧情内容本身来看，赵家班反映东北农村体裁的力作《乡村爱情变奏曲》是乡村爱情系列电视剧的第六部，由前几部的高收视率可以预见《乡村爱情变奏曲》的光明前景。最终数据结果不出所料，该剧无论是从在各大卫视首播收视前三还是央视八套二次重播，都能看到其惊人的号召力，在网络视频点播中更是破了6亿人次，让人更加对本山集团创作的乡村爱情系列品牌继续保持乐观态度。而大连天宝集团作为辽宁唯一取得出口认证的冰激凌品牌，其在地理、人文和当地群众中的认同就有了极高的匹配度。于是，天宝的“乡村”攻略就此拉开序幕。

二、植入剧情的全方位营销

在合润传媒专业BC团队小组的设计下，天宝冰激凌借助场景及镜头语言的表达，将各种形式进行整合，有意识地真实再现这些生活中的细节，在受众的思维中形成体验式传播。

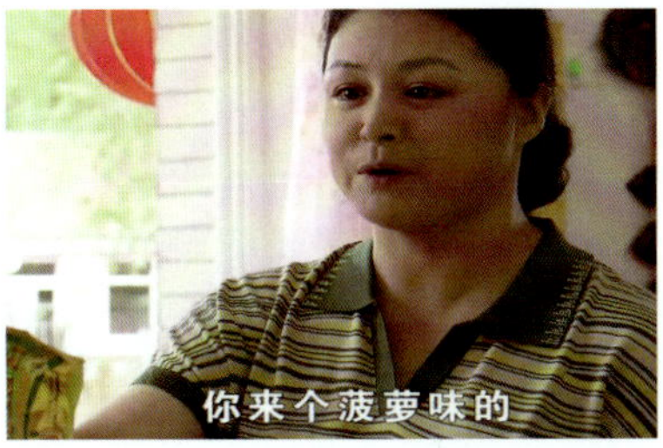

广 告 主：

天宝集团

广告代理：

北京合润德堂文化传媒股份有限公司

作为冰激凌产业最近兴起的新秀，天宝集团牵手《乡村爱情变奏曲》，天宝冰激凌将借助场景及镜头语言的表达，将各种形式进行整合，有意识地真实再现这些生活中的细节，在受众的思维中形成体验式传播。天宝不但完美完成了一次成功的品牌内容营销，同时也延续了其乐于创新的营销风格，继续开拓着自己的植物冰激凌王国的营销疆域。

1. 经典角色深受喜爱，品牌展现空间广阔

在剧中，无论是作为天宝冰激凌经销商的谢大脚，还是爱吃天宝冰激凌的宋青莲、王技术员，或是用天宝冰激凌送礼的刘能、王云等，均对天宝冰激凌表现出足够的喜爱，为天宝冰激凌形成了一个庞大的明星代言群体，使品牌形象深入人心。

2. 剧中人物生动演绎，充分突出品牌诉求

（1）明星产品，销量超好

大脚超市在剧中是整个象牙山村的消费风向标，因此特别为天宝在此处拍摄两场送货戏——天宝冰激凌在象牙山村颇受欢迎，大脚超市卖得超好，所以天宝的送货车总来送货。在这个场景上展现天宝送货车，品牌LOGO充分曝光，令观众印象深刻。剧情上也进行了非常细致的设计，天宝冰激凌送货车来大脚超市送货。临走时，送货员与大脚道别：“走了啊，大脚婶儿。”大脚不忘叮嘱他“慢点开啊”！天宝送货员本色出演，为品牌线下活动创造了很好的话题性。没过几天，天宝冰激凌送货车又来补货。大脚和王云正在卸货，赵四他们来找大脚，大脚说“这不忙着卸货呢，走不开”，充分体现出天宝冰激凌的热销程度。

（2）美味雪糕，情意浓浓

青莲喜欢上了永强果园的王技术员，为了表达爱慕之情，青莲特意给王技术员拎来了一包天宝冰淇淋，说“我给你带的好吃的，还有你最爱吃的雪糕”。人物语言提及“最爱吃的雪糕”，充分表达对天宝冰淇淋的喜爱。门里门外，两个人展开对话，最终技术员打开房门，拿起了满载情意的天宝雪糕。将人物情感融入剧情脉络，天宝雪糕成为勾连人物感情的重要之物。

（3）人气极高，大家爱吃

长贵见义勇为，成了全村备受瞩目的英雄人物，谢大脚自然也跟着沾光，她

（图一：天宝冰激凌经销商：象牙山最亮眼女性——谢大脚）

（图二：大脚超市天宝送货车，品牌LOGO充分曝光，令观众印象深刻）

（图三：为了表达爱慕之情，青莲特意给王技术员拎来了一包天宝冰淇淋）

（图四：大脚让长贵来个菠萝味的天宝冰淇淋尝尝）

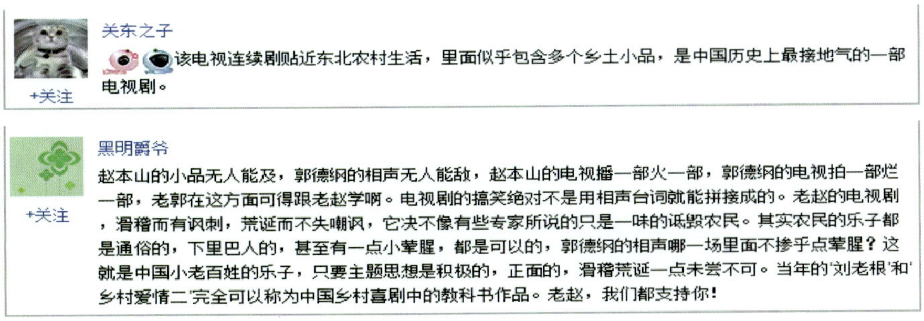

（图五：观众舆论反馈）

百般讨好长贵，拿着种类繁多的天宝冰淇淋，让他吃根儿冰棍。长贵一身西服，正襟危坐，显得十分气派。大脚拿出草莓味的、巧克力味的、红豆味的，最后她让长贵来个菠萝味的天宝冰淇淋尝尝。大脚故意调侃道："放着这么好的冰淇淋不吃！"除了将天宝冰激凌作为人物之间的语言调侃为剧情增添色彩，更是展示了天宝冰激凌产品的多种口味。

综上各种形式，可以发现在《乡村爱情变奏曲》中，通过植入的形式，不仅避免了硬广中冰激凌广告扎堆的干扰，更通过剧中人物娓娓道来的描述，增加了广告的可信度。

三、品牌内容营销战果反馈

据抽样调查显示，观众依旧排斥过于强制性的植入类型，尤其是给予品牌直接的慢镜头等略显夸张的表现手法。

而根据好莱坞多年经验来看，植入广告还是能够做到三方共赢的：制片方获得广告收入，在资金充裕的前提下，进行天马行空的创作，有最好的班底服务，从而提升影片质量；品牌方投入资金，获得独特的品牌展示机会，以巧妙的方式提高品牌美誉度；普通观众在享受高品质电影电视剧的同时，也知道自己所在的人群应该过上怎样的生活，产生怎样的目标与追求。

合润传媒艺术总监易蓉在谈与《乡村爱情变奏曲》剧组沟通时说："在与《乡村爱情变奏曲》的合作中，我们同制片方配合得非常愉快，制片方对品牌合作非常认可，也积极去探索更好的表现形式。"这不仅为观众提供了容易接受的植入广告，更使广告主体会到了品牌内容营销的魅力。

从观众的反馈来看，《乡村爱情变奏曲》在舆论中是很有口碑的，说明品牌的植入并没有影响到观众的观看。

从品牌商角度来看，据天宝集团副总经理高健反馈："在电视剧播出后，由于对品牌的充分曝光，一些距离较远的省份经销商和代理商也对天宝品牌冰激凌感兴趣，有些甚至直接到公司签订了数额非常大的订单。从趋势上看，从以前硬广宣传的点，因为电视剧的播放变成了面状，以前未涉及的区域都有了热烈的反馈。"

以上种种，天宝不但完美完成了一次成功的品牌内容营销，同时也延续了其乐于创新的营销风格，继续开拓着自己的植物冰激凌王国的营销疆域。

点评：

随着互联网的发展和手机平台的发展，传播通路越来越多，节目和资讯越来越密集，而传统TV电视媒体在各地可收看的频道也越来越丰富。在资讯爆炸的年代，选择什么样的媒体组合、作多大的投放预算确实困扰了很多品牌客户。

多数客户面临的困境是没有像少数大牌这样动辄多少亿级的庞大全媒体预算，但又希望自己的广告和品牌信息能够有效传播出去。在这种情况下影片、节目的品牌植入也不失为一个好的办法。天宝冰激凌的植入显然不是仅仅满足于有多少次曝光，而是充分考虑了品牌在信息传递中需要达成的目标需求，如主角们的喜爱、分享是一种心理情绪的需求，自己爱吃、送礼、分享是一种使用场合的需求，是植入但又不生硬植入，让产品成为生活中的一种自然需要。

——方棱

广告植入分为浅层次、中层次、深层次三个方面，天宝冰激凌正是运用深层次传播这一形式，让消费者在无意识中接受天宝品牌。归纳其具有以下三大创新点：

一、借助语言及镜头快速传播自身的品牌。二、由硬广广告形式转化为软性的广告形式，易于人们接受。三、天宝职员本色出演，还原生活。

天宝冰激凌在"乡村"这条道路上探索出了自己的道路，赢得了大范围的好评及传播，在受众的思维中形成体验式营销的模式，不断开拓着自身植物冰激凌王国的营销领域。天宝这一举措给我们很大的启发，一味地追求广告营销的大力度有时并不能满足我们品牌营销的需求，反而采用目标受众易于接受的方式更能达到事半功倍的效果，植入性广告不仅讲求手腕，更要讲求创新力度。

——田志宪

周黑鸭：一只变身“潮牌”的鸭子

广 告 主：

周黑鸭

广告代理：

金汇通创意营销机构群

在休闲卤味品类还停留在“卖产品”阶段时，周黑鸭与擅长整合、创新解决问题的金汇通相遇，为周黑鸭量身定制了“娱乐美食潮牌”的发展战略，跳出品类做品牌，让周黑鸭从传统卤味品类中脱颖而出，从完美的“味觉诱惑”，蜕变为全方位的魅力吸引，使周黑鸭以一种崭新的品牌形象，迅速在全国市场刮起周黑鸭品牌风暴。

有这样一只特立独行的鸭子，它身上充满了娱乐精神和潮流范儿，和它一起玩，一起时尚，一起分享，与它结交，你一定更加快乐。

它，就是“娱乐美食潮牌”周黑鸭。

2010年12月，在休闲卤味品类还停留在“卖产品”阶段时，周黑鸭与擅长整合、创新解决问题的金汇通相遇，为周黑鸭量身定制了“娱乐美食潮牌”的发展战略，跳出品类做品牌，让周黑鸭从传统卤味品类中脱颖而出，从完美的“味觉诱惑”，蜕变为全方位的魅力吸引，使周黑鸭以一种崭新的品牌形象，迅速在全国市场刮起周黑鸭品牌风暴。

问题：周黑鸭的品牌困局

周黑鸭于1997年创建，经过十多年发展，成为武汉市场拥有一定品牌知名度与市场影响力的鸭类卤味品牌。但随着市场的发展，品牌所遇到的问题接踵而至：

跟风模仿众多：周黑鸭在武汉市场的影响力及鸭类卤味食品的低门槛性，造成市场跟风模仿者众多，消费者无法区分真假周黑鸭，让湖北尤其是武汉市场陷入鱼龙混杂的“周黑鸭”竞争中，对周黑鸭构成了一定的市场冲击；

竞争日益激烈：随着卤味市场发展，更多的品牌参与市场竞争，久久丫、绝味、煌上煌等众多竞争对手不断进行市场扩展，对行业霸主地位虎视眈眈；

品牌力较弱：虽然周黑鸭门店有一定盈利能力，但更多依靠优势的产品力竞争，品牌、门店形象传统，品牌力无法彰显，无法与消费心智产生共鸣，缺乏市场竞争排他性。

品牌扩张乏力：随着武汉市场饱和度的不断提高，周黑鸭开始试水省外市场的扩张，但传统的卤味品牌形象与其他竞争对手没有形成明显区隔，导致在省外市场扩张乏力；

周黑鸭站在了品牌发展的关键路口，周黑鸭品牌如何走出发展困局，实现品牌突破？

破局：跳出品类做品牌

品牌突破并不断保持领先优势往往属于具有前瞻性眼光的发现者。从商业规律来看，伟大的预见可以成就伟大的品牌！IBM、Apple的成功都印证了这一点。

周黑鸭要实现品牌突破，长期持续性发展并保持领先优势，必须要深入洞察品类发展及演变趋势，在战略上采取具有前瞻性、针对性的举措！从而实施差异化品牌战略，塑造强势品牌力。

基于对品类及市场的深度分析，并经过多轮研讨之后，金汇通项目团队果断提出“跳出品类做品牌”的战略思想，即：以深入洞察品类发展趋势为基础，采取针对性战略举措，获得品类竞争优势；同时，着重打造自身品牌，让消费者从情感上更愿意亲近周黑鸭，取得品牌竞争优势。

源于品类，高于品类。

从品类的发展来看，鸭类休闲食品品类已经完成第一次业态转型：佐餐食品——休闲食品；目前市场两种定位的业态模式共存。以休闲食品定位的品牌如绝味、久久丫、包括周黑鸭在市场份额、品牌影响力等层面获得了快速发展。

休闲食品业态模式扩宽了传统佐餐业态的消费群及消费购买动机，推动了行业内众多品牌的快速发展。今天的周黑鸭与竞争品牌站在了同样的起跑线，要领先竞争对手，就必须要深入洞察品类下一阶段发展趋势。

品类将朝什么样的趋势发展？

战略：打造“娱乐美食潮牌”

消费者是推动品类升级背后之手，洞察品类的实质在于洞察消费者。

鸭类休闲食品品类以年轻群体(目前是80、90后)为主力消费群。这部分群体正是处在成长中的最具价值的消费群体。

在这个什么都可以拿来解构、什么人都能调侃、充满自嘲的“娱乐至死”的年代，“娱乐”是这个时代年轻人最大的烙印。

80后、90后消费群体消费特征——娱乐精神与消费行为的密切结合。这种

“娱乐精神与消费行为紧密结合”的消费行为特征推动各大行业朝“娱乐化”趋势发展。

娱乐经济时代已经来临！

鸭类休闲食品品牌要想真正获得消费者认同，必须充分满足其“娱乐精神”的消费行为特征；

而从品类属性来看，所谓休闲食品，其实就是人们在闲暇、休息时所吃的食品。

从营销层面来说，休闲食品最主要的卖点，在于独特美味及给予消费者的美好休闲体验和它所陪伴的用来享受的时光。

休闲食品，就是“吃着玩的食品”。

休闲食品的核心精髓，在于满足消费者口舌之欲的同时，更重要满足消费者“休闲娱乐”的精神需求，这也是为什么乐事、士力架、曼妥思等休闲食品品牌千方百计采用“娱乐营销”满足消费者需求的根本原因。

经过对消费者及品类属性的深入洞察，我们可以预见：

在娱乐经济时代，在消费群体特征的推动下，鸭类休闲食品品类也必将如其他品类发展轨迹一样，朝着“时尚化、娱乐化”的趋势发展。

而目前鸭类休闲食品行业尚没有真正的“娱乐美食”品牌，无论是久久丫、绝味还是廖记、煌上煌，尚停留在“卖产品”层次。

因此，谁先打造真正让消费者能感知的“娱乐美食品牌”，谁就能取得先机，而这对于周黑鸭而言，是区隔竞品、实现领先竞争优势的机会所在。

周黑鸭“跳出品类做品牌”的战略举措——打造“娱乐美食潮牌”！

这是品类发展趋势与周黑鸭自身基因最匹配的战略选择！

周黑鸭紧紧围绕主力消费群领先打造娱乐美食潮牌，将与现有同类品牌形成鲜明化区隔。将从产品吸引力升级到品牌吸引力，从而全面提升消费忠诚度与品牌附加值。

蜕变：娱乐潮牌完美演绎

“娱乐美食潮牌”为周黑鸭品牌界定了清晰的战略定位，在这样的战略定位之下，周黑鸭品牌如何与消费者产生共鸣？

让周黑鸭一步步走进年轻人的世界，抓住他们的嘴巴又抓住他们的心：

他们是娱乐至上、充满个性的一群人；

他们关注品牌，喜欢尝试新鲜事物，追求流行、时尚、新奇的东西，对新商品、新服务有强烈的兴趣，喜欢独树一帜又希望得到关注；

他们喜欢“玩”，玩微博、玩手机、玩游戏、玩自拍……他们还非常“会玩”，“百事我创”、“我的地盘我做主”是他们的表达方式；

他们成长在网络社会，爱点击率，使用火星文，崇拜另类明星，以跑酷、花式篮球展示自己的活力……

娱乐、快乐是他们交流中的高频词汇，连带着他们在消费时也常常以是否感受到娱乐氛围来做决定！

说出年轻人的心声——

“会娱乐，更快乐”

金汇通团队要让周黑鸭与80后、90后有共同的语境，将周黑鸭打造为“最能与年轻人玩在一起的卤味休闲美食品牌”。

在周黑鸭“娱乐美食潮牌”的定位之下，金汇通对周黑鸭品牌形象、门店形象、产品创意、传播推广等层面进行了全系统创意，全面演绎周黑鸭“娱乐美食潮牌”品牌核心，玩转娱乐！

广告也娱乐

等车的时间无聊？路上缺少有意思的风景？报刊无趣？放在地铁拉环上的手寂寞？周黑鸭来娱乐你！“没味找味”、“拒绝乏味”、“谋潮篡味”三篇富有创意的广告在你身边生动上演，动感的设计和煽动的语言解救你的down状态，周黑鸭传递你快乐能量，好好娱乐一番。

终端也娱乐

周黑鸭在店面精心布置一个个广告牌，吸引路人进店。而店里好戏也正在上演：你的鸭脖会被装在蛋筒样式的

包装里，邀你尝尝特制鸭香满溢"冰激凌"；情侣关系请使用周黑鸭情侣杯；害羞台灯、动感小白人，创意十足的小促销品，实在可爱得让你爱不释手！周黑鸭还积极招募"超级粉丝"成为会员，让爱周黑鸭的人们一起"好好玩"。

会员也娱乐

duck，duck，原来鸭子生来就是达人，那周黑鸭这只天赋异禀、多才多艺的鸭怎能错过和众达人切磋讨教的机会！金汇通创意了周黑鸭全新的会员组织——"达客圈"，在"达客圈"里，什么都可以show，什么都可以know，只要你有料，放马过来！周黑鸭也会为各位"达客"创意各种好玩的互动环节，让大家一起快乐。

公关也娱乐

周黑鸭汇集校园达人高手，启动"时代之星"校园风采大赛暨形象代言人选拔赛，打造武汉校园年度盛事！

"世纪之星"活动自2011年5月28日在武汉大学启动，至7月3日在光谷步行街中心广场结束，全程覆盖武汉市20余所高校，举办10场校园海选，并开辟网络海选赛区；周黑鸭时代之星得到了数十万大学生的广泛关注，并吸引了上万人积极报名。"会娱乐更快乐"更引起万千大学生的共鸣，成为快乐主义的精神典范。

周黑鸭与金汇通联合演绎的"娱乐美食潮牌"大戏已经开锣，快乐的剧情正在一幕幕上演：

2011年，全新"娱乐美食潮牌"周黑鸭全国新开门店近100家，上海、深圳、北京等全国五大城市联动，迅速掀起周黑鸭美食热潮；

2011年，周黑鸭销售突破10亿元，同期销售增长近50%；

2011年，周黑鸭获得多家投资机构资本青睐，资本助力进一步加速市场扩张；

2011年，周黑鸭全国门店逾200家，成为休闲卤味行业全国强势品牌；

……

2012，金汇通与周黑鸭续约服务，我们相信，这部快乐大戏未来的剧情一定更加精彩，周黑鸭一定会在快乐剧情的不断发展中，乐享"百年品牌"的未来！

点评：

快乐地做"鸭"，这是一种生活方式，更是一种营销策略。这只特立独行的鸭子，它身上充满了娱乐精神和潮流范儿，和它一起玩，一起时尚，一起分享，与它结交，你一定更加快乐。

它，就是"娱乐美食潮牌"周黑鸭。

在休闲卤味品类还停留在"卖产品"阶段时，周黑鸭与擅长整合、创新解决问题的金汇通相遇，为周黑鸭量身定制了"娱乐美食潮牌"的发展战略，让周黑鸭从完美的"味觉诱惑"，蜕变为全方位的魅力吸引，使周黑鸭以一种崭新的出众形象，赢得现在，乐享未来。

——王正飞

百味林：中国味，知百味

广 告 主：
百味林食品
广告代理：
上海唐神广告传播有限公司

作为中国最大的休闲食品研发、加工、生产、分销、品牌代理企业之一，百味林专注为中国消费者带来优质、美味的休闲食品，以真诚、自然、美味给消费者创造快乐与休闲生活。唐神的项目服务团队经过前期深入百味林内部，调查访谈一线员工以及中高层领导，对百味林品牌进行了更为深入的了解和分析，发现问题并分析结局，提出四大利剑，很好地提升了百味林的品牌竞争力。

背景

百味林集团总部位于上海，是中国最大的休闲食品研发、加工、生产、分销、品牌代理企业之一。集团创立于1995年，专注为中国消费者带来优质、美味的休闲食品，以真诚、自然、美味给消费者创造快乐与休闲生活。

目前，公司在全国设立办事机构达40多个，遍布中国31个省市，拥有4000多名企业员工。通过专卖店自营渠道、传统与现代分销渠道、电子商务等立体化分销渠道，在中国160多个城市，实现百味林品牌与代理品牌的全国销售。2012年，集团实现销售20多亿元，百味林品牌纷获上海市著名商标、上海名牌产品、中国驰名商标等荣誉。

提出问题

唐神的项目服务团队经过前期深入百味林内部，调查访谈一线员工以及中高层领导，对百味林品牌进行了更为深入的了解和分析，发现有三大障碍阻碍百味林品牌的发展。

一、 品牌层面障碍

1. 百味林经历了十几年的发展，成为行业内知名的品牌，但未来将走向哪里，百味林缺乏明晰的品牌发展战略。

2. 百味林品牌发展到现今阶段，虽然积累了较好的知名度、美誉度和忠诚度，但是品牌形象仍然不清晰，品牌内涵模糊，品牌的塑造与传播仍停留在传统层面上。

3. 百味林还没有形成明晰的品牌架构体系，阻碍了品牌的横向延伸。

二、 传播层面障碍

1. 目前的传播手段仍较单一，因此影响力也有限。在各种信息充斥于市场的情况下，必须有创新的传播方式来抢占消费者头脑中的信息空间。

2. 没有在系统的品牌规划与产品规划指导下进行宣传与推广，缺乏对品牌形象的有效建立，导致宣传做了不少，但是消费者对百味林的认知还是不清晰。

3. 宣传推广缺乏整合性和延续性，传播活动集中在春节前后时间段，如果要突破产品消费的冷热不均，势必要重视在其他时间段通过创新手段引导消费习惯和传递品牌信息。

三、 产品层面障碍

1. 百味林的产品线比较完备，但是什么是百味林的形象产品、主打产品、利润产品、阻击产品等，划分比较模糊，难以发挥出更大的产品合力与竞品竞争。

2. 百味林产品的竞争优势不突出，目前仅在价格和渠道方面有一定优势，但与同类产品相比，由于同质化的原因，缺乏自我独特的卖点与清晰的定位。

3. 百味林的产品种类很齐全，但是目前各个竞品的口味基本雷同，百味林缺乏对自己独具特色产品的包装。

分析解决

统计资料显示，2009 年休闲食品制造业创造工业产值4364. 5 亿元，同比增长27. 5%; 销售收入达到4304. 0亿元，同比增长31. 4%; 实现利润117. 7 亿元，同比增长52. 9%。

其中，2009年我国休闲食品市场容量已达400亿元以上。可以预见，未来几年，我国休闲食品市场规模正在以几何级的速度增长，消费市场也在快速增长，年增幅在25% 左右，我国休闲食品行业将迎来快速发展的黄金期。

由于行业进入门槛不高，企业固定资产投入相对较小，使得众多资本进入休闲食品行业，加剧了行业竞争。各类休闲食品严重同质化，“价格战”此起彼伏，促销手段五花八门，消费者选择余地越来越大，企业竞争压力很大。

我国休闲食品行业市场集中度并不高，全行业前十强企业只占据三成销售份额，休闲食品市场还处在完全竞争状态，没有领导品牌，相对于外资品牌来说，国产品牌大多集中在低端市场。

休闲食品一直以来是以口味为主要卖点的，如果休闲食品企业能在口味创新的同时，兼具到营养和健康两个因素，这一市场空间释放出的销售势能将是不可估量的。

因此，打造品牌的个性化、差异化，已经成为很多企业与竞品形成区隔，打开市场的重要策略，也是企业在竞争中胜出的重要因素。这个年代，创新被不断强调，个性被无限标榜，标新立异、与众不同，很容易触动消费者的猎奇心理，特别是休闲食品的目标消费者群——少年儿童和青年群体。因为一种味道而喜欢一个品牌，因为一种特别的感觉而忠诚于一个品牌，屡见不鲜。

因此树立和培育具有竞争力的品牌战略，决定着企业未来的发展。

为此，我们提出使用四大利剑，提升百味林品牌竞争力。

利剑一：重塑百味林品牌核心价值，提升品牌力。

基于前期为时一个多月的消费者问卷调查、座谈调研分析，以及休闲食品行业竞争现状分析，唐神为百味林重新梳理了品牌形象的核心价值、品牌愿景、品牌目标、品牌口号等，以及重新制定了品牌的发展战略：

百味林品牌形象核心价值：时尚、快乐、轻松；

百味林品牌愿景：美味创造价值

百味林是中国传统休闲食品时尚化的倡导者，百味林旨在搜罗中国传统美味休闲食品，创新改进并以时尚化的形式和形象推荐给国人，发扬我国传统的休闲文化和美食文化，创造美味，分享快乐。

百味林品牌目标：新东方主义休闲美食第一品牌

百味林为国人日益挑剔的美味需求提供全面而富有创意的解决方案，百味林不仅销售美味，更是在推广一种全新的东方主义休闲美食观，未来让更多人享受和体验到东方传统美味的魅力，并期望让这种新东方主义美食传播到更辽阔的舞台。

百味林品牌口号：中国味，知百味

同时，制定了百味林品牌结构发展三步曲战略：单一品牌主力推、品类品牌领风骚、细分品牌扩战场。

利剑二：打造个性化的品牌形象，提升产品力

将原百味林专卖店的标识和百味林商超定量包装商品的标识进行统一，并提升为更能表现品牌快乐休闲文化的“开心大嘴”造型的标识。

品牌视觉识别系统

摒弃了原有标识过于抽象及简单化的表现，使标识设计与品牌内涵、品牌文化关联度更强，以简洁、形象的笑脸图形表现美味与快乐两者的紧密关系，同时以亲切、可爱的品牌形象拉近与消费者的距离。

商超渠道百味林产品包装设计

我们为百味林七大系列产品进行了包装设计规划，使产品的视觉形象更能符合其目标主力消费群的喜爱，也使百味林的产品力得到很大的提升。

在整体包装风格上采取求同存异的原则，即遵循一个品牌形象，体现不同产品特点。在大类产品的包装上统一色彩调性、画面布局、元素应用等，而由于产品线齐全，品类丰富，在各自的设计上又尽量保留了原有包装的精华，并对新产品、重点产品、包装老化产品等做大胆的革新。

百味林专卖店形象提升

我们为百味林专卖店设计了以“城市节拍”为主题的第五代全新形象的旗舰店和标准专卖店，通过相关的店内装饰风格及元素，力求营造一种快节奏城市生活中放松自己、享受美味的氛围。

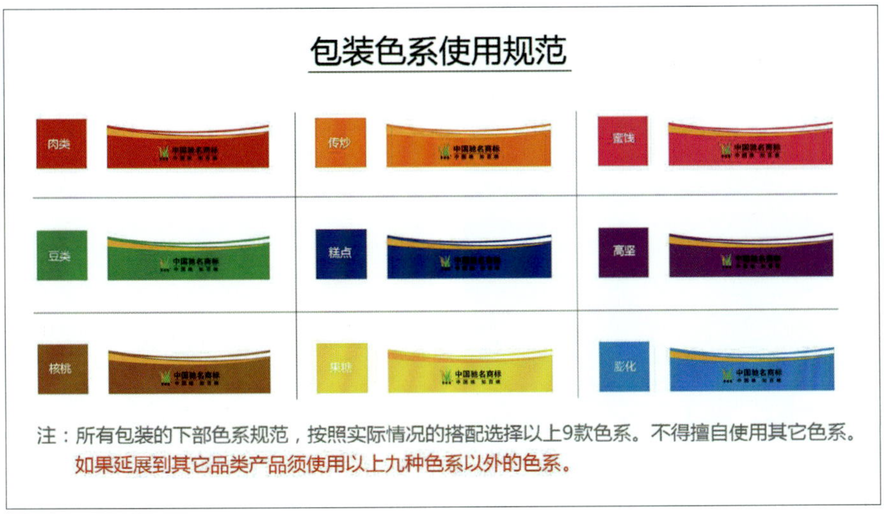

百味林专卖店产品的包装规范

我们将专卖店里上百种小包装产品的包装用不同的色系进行规范，有效地解决了杂乱无章的无序状况，使店内陈列更加有序、规范、美观，便于管理，更便于顾客挑选。

利剑三：系统的品牌整合传播推广，提升产品的动销力。

通过对百味林品牌从定位、标识、包装、专卖店等全方位的完善提升，我们认为2012年是百味林品牌大力传播推广重塑品牌形象的最好时机，为此，我们提出2012百味林的传播主题为：新百味，心滋味；同时推出多个相应的公关、促销活动，让消费者从多个层面感知、体验百味林，从而提升品牌美誉度，更促进销售额的提升。

专卖店内传播以店堂为宣传载体，通过店内销售人员推广、店内宣传资料、海报等介绍。

媒体传播以报纸、广播、电视、移动电视、卖场电视为主。

KV、终端海报、包装物料等

中国驰名商标
百味林
BUY WELL
China Famous Brand
美味正当季
新品领鲜尝
美食 双周汇
双节齐至，美味上新。每两周六款精选商品，百味林邀您特价尝鲜。
周末 限时抢
周末有礼，热卖抢购。活动期间，每个周末（周五、六、日）一款超低特价商品，限时限量，售完即止。
买一 就送一
单份价格，双倍享受。活动期间，购买牛尖脆、果冻、米酥、鸭翅等指定商品，即可享受买一送一。
多买 多实惠
贴心小礼，乐享更多。活动期间，凡一次性购满39元，即送环保袋一只；购满49元，送饮料(天喔蜂蜜柚子茶)一瓶。
咨询电话：400-110-3001 可登陆www.bwlfood.com查询或门店咨询
上海百味林实业有限公司可能在法律允许的范围内对活动细则做出适当的调整
活动时间
9月12日–10月13日

百味林
2012
农 历 壬 辰 年

百味林
中国年 中国味

团购热线：800-820-3001

百味林
好坚果 好养生

中国年 中国味

百味林
团购热线：800-820-3001

TVC

在唐神的努力推动下，2012年，百味林拍摄制作了一辑以“中国味，知百味”为主题的电视广告。在广告中，天南海北的人，说着各自的方言，共同表达了一个意思，百味林“中国年，中国味”，寓意过年就吃百味林，这才是正宗的中国味道，这才是快乐的味道。广告在春节档期播出，再度掀起了品牌传播的热潮。

利剑四：明星主打产品的整合营销，提升利润率。

基于百味林前三年的销售数据，尤其是2011年的销售状况，以及行业竞争情况等等，确定2012年百味林主推的产品，并结合2012年的热点，对该产品进行全方位的整合营销，使之成为2012年的利润增长点。

通过明星产品选择6步骤，为百味林确立了形象产品、利润产品、阻击产品。

成果小结

经过一年多的合作，唐神为百味林品牌进行了全方位的提升，商超卖场里的全线产品销售额显著提高。第五代品牌专卖店消费者体验美誉度高，到店率较之前明显提升。我们有理由相信，未来百味林将会受到越来越多消费者的喜爱。

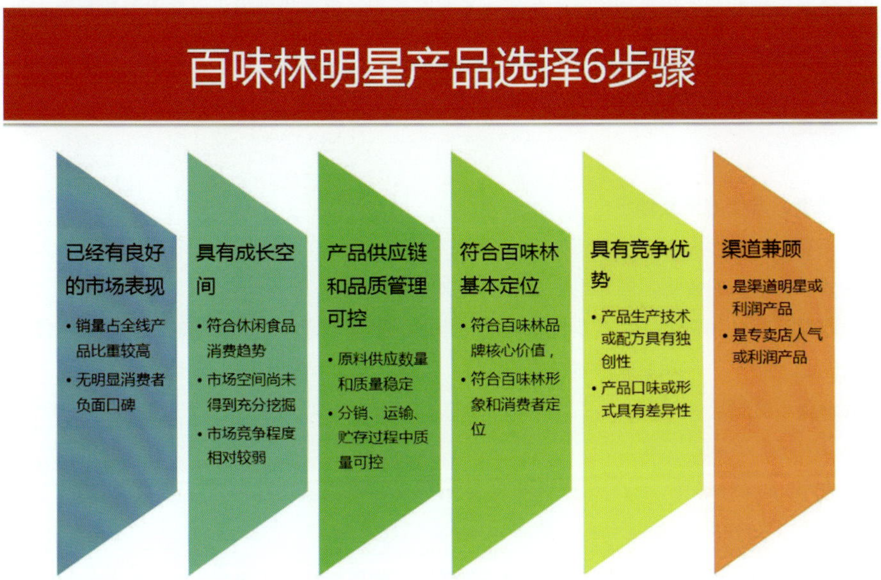

点评：

百味林品牌作为一个全国性食品品牌，在开发产品线上不遗余力，坚果类、肉脯类、鱼片类、海苔类等等。乱花迷眼，如此众多的产品使人眼花缭乱，无从选择。同时，货柜上有限的档位，不能摆放无限的品牌产品，同类竞争激烈的环境，更需要考虑如何在竞争中脱颖而出。

唐神的“单一品牌主力推、品类品牌领风骚、细分品牌扩战场”确实精要点题。确立一种拳头产品，是百味林的当务之急。孔子七十二徒，我们只记得颜回、端木赐（子贡），谁还记得其他人？品牌也是一样的“不在前三位和排在100位等价”。同时，产品的包装和品牌策略可以考虑迅速提升品牌知名度和关注度的方法，明星代言，将明星形象打在包装上更吸引眼球。同时做好产品的口味和健康，就足够了。兵不在多在精，品牌策略需要剑指核心，一步到位，直奔主题，简单的往往是有效的。

——马文彬

荷美尔微波培根、热狗：一分钟微波

广 告 主：
荷美尔食品公司
广告代理：
上海龙韵广告传播股份有限公司

自1891年荷美尔公司创建以来，一直被公认为猪肉生产和销售的领先者。上海龙韵为其设计的微波炉早餐，画面设计强化微波炉的形象和风格、以强化微波特性的记忆，加深了消费者对荷美尔高品质、美味、营养、健康、方便和物有所值的产品认识。在市场上林林总总的同类产品中，能让消费者尽享美味的同时还收获健康，荷美尔的微波系列当仁不让地成为了首选。

背景

微波早餐新包装

荷美尔食品公司是一家来自美国为消费者提供高质量的品牌食品和肉类产品的跨国生产商和经销商，自1891年荷美尔公司创建以来，一直被公认为猪肉生产和销售的领先者，在产品的口味、营养和价值方面为消费者所称道。

十年来，荷美尔食品公司一直排名福布斯“全美最大400家企业”之一，并以其高品质、美味、营养、健康、方便和物有所值的产品在消费者，零售店，餐饮行业客户中享有盛誉。

怀着向13亿中国人及亚洲其他各国人民更好地提供健康美味食品的期望，荷美尔将百年肉类食品生产经验、超前的健康饮食理念、国际化的生产以及领先的食品安全标准带到中国，带给亚洲。

荷美尔把美国人最爱的培根产品带到中国并使之在国内日渐流行起来，荷美尔产品特有的硬木熏香使之与市场所见的其他培根产品区别开来。荷美尔培根精选高品质猪腹肋肉经过修整、腌制、烟熏、冷藏、成形、切片等工序制作而成，最适合于营养早餐，简单烹饪（微波炉或平底锅加热，无须放油）即可享用。

微波培根和微波热狗是荷美尔去年和今年新上市的微波系列产品，均采用了微波膜包装技术，产品可带包装加热，加热约一分钟左右，包装会自动打开小口，方便消费者取用。微波培根和微波热狗均适合消费者在早餐时食用，微波热狗也可以作为零食食用。为了突出差异化的产品特性，荷美尔需要对新产品重新设计包装、陈列。

策略

健康、方便的早餐理念

荷美尔的典型目标消费者是25~45岁，家庭月收入6000元以上，希望能提供家人更多花样、更健康的食物，同时也追求方便的女性。

面对这样的消费者，荷美尔传达健康、方便的早餐理念。体现创新的品质包装，传达不变的品质传承。沟通品牌关键信息：品质，传承，增加品牌价值、与竞品形成差异化，贴近消费者生活。

创意及决胜环节

设计风格：荷美尔主色调、健康的、专业的；画面设计强化微波炉的形象和风格、以

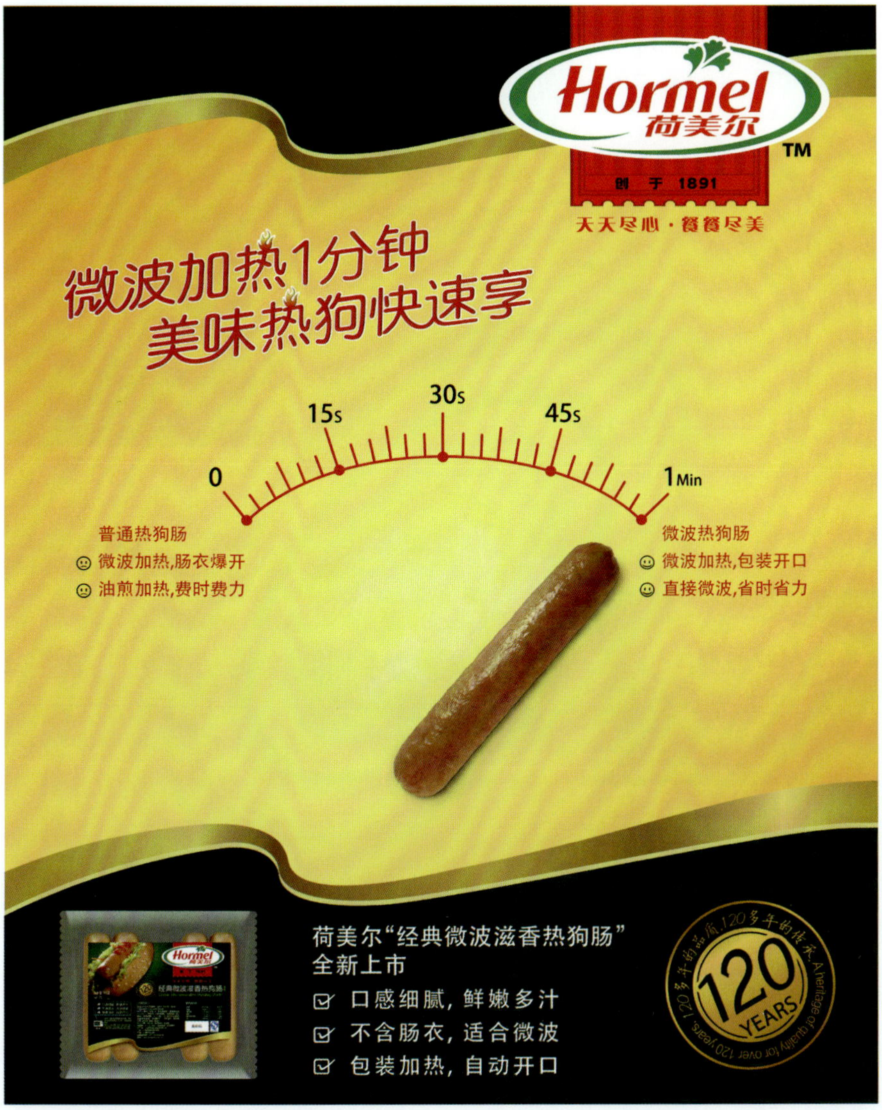

强化微波特性的记忆。

设计元素：荷美尔品牌logo（天天尽心，餐餐尽美），120周年icon，微波热狗和微波培根包装照。

"一分钟微波加热"健康早餐

方便那些早上早起忙碌的白领们的健康早餐，具象的表现微波炉"1分钟"加热过程，独具匠心的设计让微波炉直接变成了热狗、培根的包装袋；自动打开一角的包装袋，新鲜出炉的美味早餐，香味已经溢了出来，看着仿佛就能闻到美味的肉香味，让人有流口水的冲动，内心产生强烈的购买欲望。

直观的设计强调了"1分钟微波"、"包装加热，自动打开"等体现方便、快捷的早餐理念基础上，突出"无需油煎"、"吸走油水"等健康信息。

执行

在微波系列产品陈列设计的基础上，我司还为荷美尔设计列一系列产品陈列设计，在超市、卖场采用了全新的陈列。

效果

从包装到产品，从便捷性的考虑到美味口感的传递。旨在给消费者带来最放心、健康的食物和完美的饕餮享受。

在市场上林林总总的同类产品中，能让消费者尽享美味的同时还收获健康，荷美尔的微波系列当仁不让地成为了首选。

越来越多的中国消费者开始熟悉并信赖这一具有百年历史的美国品牌，从而带给消费者"天天尽心、餐餐尽美"的品质生活。

点评：

西方早餐不同东方。一碗白粥耗时费力，在时间和营养都要兼顾的清早，西式吃法被人们慢慢接受。1分钟微波加热培根或热狗，如此的省时省力，为年轻的懒睡一族提供了完美借口。迎合的才是市场的，人们需要短平快的早餐，那么品牌就提供短平快的服务。

一个产品或品牌的流行，和一种生活方式密不可分。每个人都知道早餐的重要性，但是往往很多人因为时间的关系不得不放弃早餐，他们不知道这种生活方式的危害吗？不是，他们只是不懂得爱惜身体。早餐品牌有一个伟大的任务，就是让这些因为时间关系不吃早餐的人吃到健康便捷的早餐。

荷美尔食品其实可以建立一种模式，不仅仅解决人们在家里自己加热食品，更可以在大街上买到刚刚打热的食品，而且是用互动式的方式解决。想象一下，我通过手机应用在我上班路线上的一家荷美尔食品点预定了需要打热一份早餐食品，而荷美尔根据我的位置定位和步速（或车速），提前一分钟打热我需要的早餐，当我走到那里，刚好加热完毕可以马上食用，是不是很轻松惬意的事情？

——马文彬

苏州洞庭山天然泉水：水滴的自述

由苏州传视影视传媒有限公司全程策划拍摄制作的苏州洞庭山天然泉水广告片，由于全程深入细致全面地与客户接触沟通，加上团队的集体智慧和用心制作，最终以创新的视角制作出了一个令各方都十分满意的影片作品——苏州洞庭山天然泉水15秒广告片。

本片撇开了传统广告片单纯拍摄的手法，以角色动画和实景拍摄相结合的形式，成就了苏州洞庭山天然泉水与众不同的广告形象。

本案背景

2012年5月，我接到了苏州洞庭山天然泉水要求拍摄15秒广告片的任务，在与客户的深入沟通中，我深刻地了解到本片对提升品牌形象、扩大品牌知名度和美誉度的重要性。

苏州洞庭山天然泉水有限公司是江苏省规模最大的瓶（桶）装饮用水专业生产销售企业。主导产品“洞庭山”天然泉水是江苏乃至长三角桶装饮用水市场的第一品牌，市场占有率遥遥领先。

天然泉水的特质很多，而时间却只有15秒，如何在短短的时间内让观众眼前一亮，能够在众多的广告轰炸中脱颖而出，这是最大的挑战。

创意思路

经过多次与客户方的沟通和团队的商讨，我最终决定了以“天然”、“健康”、“甘甜”这三点发散，采用动画绘图和实景拍摄相结合的模式，依托传视强大的后期处理能力，本片获得了极大的成功。

我们采用拟人的手法，将“天然”、“健康”、“甘甜”比喻成三滴有生命会说话的小水滴。

通过三滴小水滴的自述，将洞庭山天然泉水的特质灵动地传递给我们的受众。在本片的落版，我们将三个水滴角色汇合，组成洞庭山“洞”字的偏旁。而三瓶桶装水组合成“山”字形状的排列，也是本片的用心之处。

本片以角色动画为辅助，结合苏州洞庭山天然泉水的实景拍摄，展现出一部独具特色、灵动活泼、亮点纷呈的广告片。

影片执行

方案获得认可后，为了保证影片的品质和效果，我们采用了最新的RED1设备，加上

广 告 主：

苏州洞庭山天然泉水有限公司

广告代理：

苏州传视影视传媒有限公司

苏州洞庭山天然泉水有限公司是江苏省规模最大的瓶（桶）装饮用水专业生产销售企业。苏州传视影视传媒拍摄制作的苏州洞庭山天然泉水广告片，由于全程深入细致全面地与客户接触沟通，加上团队的集体智慧和用心制作，最终以创新的视角制作出了一个令各方都十分满意的影片作品，本片撇开了传统广告片单纯拍摄的手法，以角色动画和实景拍摄相结合的形式，成就了苏州洞庭山天然泉水与众不同的广告形象。

点评：

《疯狂的石头》小制作大回报，《死神来了》小制作大回报，《泰囧》小制作大回报，制作成本不是衡量一条广告的唯一标准。对于动辄几百万的广告制作费，精美广告确实赏心悦目，但是对于区域品牌来讲行不通。一条广告，只要诉求准确，传递清楚，解释到位，就是好广告。洞庭山矿泉水广告，对于受众来说，已经传递出了核心信息“天然，健康，甘甜”。

——马文彬

后期动画特效、配音配乐、数字编辑合成的制作方式，合力完成了这样一部富有特色且博得客户喝彩的广告片。

效果

本片以角色动画和实景拍摄相结合的创意形式，受到了客户方的肯定和赞扬。取得了良好的播出效果。（策划：宁静）

吧师零食量贩连锁：建立品牌认知

背景

大格局经过多次的市场摸排和行业格局的分析，并对企业自身问题进行了诊断，对吧师零食量贩（以下简称吧师）的战略定位和战略出路进行了重新规划，为吧师找到了在激烈竞争的市场中的生存之道。

机遇

一、市场容量

中国庞大的人口基础为休闲食品发展提供了巨大的可能。我国休闲食品人年均消费量仅23.6克，远低于发达国家的人年均消费3.2千克。伴随国民经济的高速增长，生活水平不断提高，消费意识和习惯逐步改变。未来中国将成为休闲食品发展最快且最大的市场。

二、政策支持

我国饮食文化源远流长，食品行业发达，是国民经济快速增长的重要支柱。近年，各地政府相继出台扶持食品行业整体产业发展的政策，休闲食品行业发展前景一片光明。

三、生活方式

随着物质经济的发展，人们开始追求精神文化的享受。休闲文化和活动慢慢普及，国民形成了户外运动、节假日旅游的热潮，这也为休闲食品的发展提供了契机。

挑战

虽然休闲食品连锁行业具备良好的发展空间，但是随着外来品牌的强势进入，以及国内品牌的多年积淀下来的资金和经验的优势，吧师面临着巨大的挑战，如何在竞争激烈的市场中生存下去，成为吧师发展面临的问题，也是我们大格局思考的首要问题。

定位

一、企业定位

大格局认为欲占据市场先机、区隔竞品。吧师可以区隔于竞争对手强调产品和服务的理性诉求，而传播关心消费者的感性诉求来打动消费者。

于是我们针对消费者的内心需求，将吧师定位一个时尚、休闲、健康的专业连锁品牌，一个专注食品开发经营的企业，涉及餐饮、休闲零食、休闲吧等。肩负“与每一位朋友分享快乐，分担忧愁，记录朋友们的人生故事”的企业使命。

吧师®
零 食 量 贩 连 锁

广 告 主：
吧师零食量贩连锁
广告代理：
厦门大格局广告有限公司

经过多次的市场摸排和行业格局的分析，大格局为吧师找到了在激烈竞争的市场中的生存之道，针对消费者的内心需求，将吧师定位一个时尚、休闲、健康的专业连锁品牌，通过三位一体的企业运营系统，以极简方式表现“吃”的概念，再辅以时尚元素，达成统一的视觉感受，强烈宣示了吧师专注于食品领域，以及努力发现和满足消费者需要的态度。

二、目标定位

大格局为吧师设立了第一个五年目标，依托大格局在广告领域的先进理念和吧师连锁运营的丰富经验，不断扩大自己的市场销售区域，向全国推广品牌，力争在五年之内，通过大格局和吧师的强强联合，把吧师打造成全国知名的休闲食品连锁品牌。

经营战略

大格局通过对吧师的望、闻、问、切。我们诊断出了吧师身上存在的问题：

McDonald's Olympic Cheering Station, the Speaker!

China Win! This is the dream of all Chinese in 2008. As the Olympic Official sponsor, McDonald's wished that every Chinese people could join to the grand event by all means. 'i'm lovin' it!' is McDonald's slogan; based on that, we came up with a new theme, that is, 'i'm lovin' China win!'. It was anticipated that during the Olympics, the whole nation was to cry out 'i'm lovin' China win!' and cheer for China. We designed a speaker-featured Olympic Cheering station. It was equipped with a webcam, microphone, interactive screen, web link, etc. Every consumer who went into the 'speaker' could record their own video of cheer for China - 'i'm lovin' China win!'. Then via interactive screen and web link, the videos were transferred to McDonald's website and viewed by people. The Cheering station had raised a huge amount of attention and over 9,500 pieces of cheer videos had been collected within a month.

没有一个系统的运营体系，管理层与众多连锁门店无法共同对外发力。为此大格局为吧师思考出了吧师企业的生存之道：三位一体的企业运营系统。

一、视觉识别系统

视觉识别是传播中的关键因素，大格局所设计的视觉识别系统旨在确立适合吧师品牌定位的视觉形象。通过全面整体地对视觉识别中的每个元素和常见的不同应用矛盾以明确规范，指导吧师建立统一的品牌形象，只要吧师的视觉传播能遵循此原则，那么吧师将在目标市场树立清晰一致的品牌形象。

为了综合表现吧师时尚、休闲、健康、专业的特点，大格局以极简方式表现“吃”的概念，再辅以时尚元素，达成统一的视觉感受，强烈宣示了吧师专注于食品领域，以及努力发现和满足消费者需要的态度。

二、企业传播系统

1. 线上传播

大格局将主要运用电视、电台、报纸、互联网大型媒介，其他媒体为辅，通过对市场的调研并结合时机，精准选择投放平台对吧师进行持续传播以加强消费者对吧师的品牌认知。

2. 线下传播

大格局将结合销售时机为吧师举办线下宣传推广活动，如促销活动、吧师品牌推广活动等，与终端消费者产生良好互动，以培养消费者到吧师店购买休闲食品的消费习惯。

3. 事件营销

大格局将根据社会热点人物和事件进行策划组织，结合线上线下的传播渠道，

点评：

连锁不仅仅是为销售，也是为品牌。

吧师品牌是零食品牌连锁，一个品牌能否确立地位，就在于他在消费者心中的地位。产品、包装、宣传、营销、渠道、市场、管理、资金，一个都不能少。大格局广告为吧师品牌在传播和执行方面都指出了方向，从视觉识别到传播再到企业执行系统覆盖全面。

连锁品牌每一个店都可能成为短板，为了打造一个良好的品牌，必须每一个店都不是短板。连锁经营除了连锁品牌的特色外，还要好的服务、大市场小营销的经营理念，所以，做好细节才能真正做好品牌。

——大峡谷

吸引媒体及消费者的兴趣与关注，增强吧师的知名度、美誉度，树立吧师时尚、休闲、健康、专业的品牌形象，最终达成促进吧师产品销售的目的。

三、企业执行系统

1. 硬件

宣传物料是消费者和品牌的第一接触点，为了确保消费者心目中良好的吧师形象，大格局安排专员负责设计物料、宣传品，委托旗下工厂进行印刷制作，保证企业宣传用品质量，确保企业形象的整体统一。

同时为了提高企业运行效率，保障工作的无缝对接，对企业的硬件设施的采购也设定了标准。

2. 软件

企业硬件设施的统一固然十分重要，但是企业的软实力才是企业生存和发展的关键。大格局为了让将吧师企业打造成一个具备核心竞争力的企业，我们对企业的软件进行了全面升级。

企业文化，企业文化是企业中不可缺少的一部分，优秀的企业文化能够营造良好的企业环境，对内能形成凝聚力、向心力和约束力，形成企业发展不可或缺的精神力量和道德规范，使企业资源得到合理的配置，从而提高企业的竞争力。经过大格局和吧师高层多次的沟通后，我们对吧师的精神、理念、宗旨进行了梳理，我们确定了吧师“以人为本，开拓创新；合作双赢，服务社会”的企业精神，“信誉谋发展，品质成稳定，专业求生存”的企业理念，以及“弘扬创业精神，立树行业先锋”的吧师宗旨。

企业管理，成功的企业管理使企业的运作效率大大增强，让企业有明确的发展方向。使每个员工都充分发挥他们的潜能，至关重要。大格局将吧师的职能部门调整为十二个部门，编写了完善的管理制度，并全线引入新希望ERP软件，整合吧师的物流、人流、财流、信息流资源，让企业形成规范化的管理流程。

企业培训，一个企业的成功经营离不开对这个企业的培训，大格局为吧师撰写了员工手册，同时让吧师员工从入职就接受到系统的标准的教程，迅速掌握企业信息和所需技能，用最短时间成为当前岗位所需要的人才，最大限度地减少人才流动对企业带来的影响。

传播效果

在大格局和吧师合作的几个月中，吧师品牌认知度大幅提升，吧师零食量贩的销售量也提高了30%，吧师在福建的门店也增长到了30多家。

后记

在吧师和大格局的强强联合中，在大格局三位一体的企业运营系统的保障下，吧师一定能够扎稳脚跟，并发展成为全国知名的休闲食品连锁品牌，把吧师的快乐传播到中国各个角落，将快乐和更多的消费者分享。

阿尔卑斯双享棒：有爱就要粘一起

广 告 主：

不凡帝范梅勒糖果（中国）有限公司

广告代理：

北京华扬创想广告有限公司

在绝大多数消费者不清楚双享棒是什么产品的情况下，华扬创想通过情感诉求与消费者沟通，制定出既能与消费者产生共鸣又巧妙地融入产品特点的活动主题：有爱就要粘一起。巧妙地抓住消费者看重朋友、看重友情的特点，整体活动架设在目标消费群体集中的人人网平台上，借助“粘一起”概念的优势充分发挥了SNS社交媒体的特性。清晰地传递了阿尔卑斯“有爱”的品牌理念和主张，成功地达成了增加品牌认知度和好感度的传播目的。

市场环境

1. 不凡帝范梅勒旗下的阿尔卑斯品牌包含两款棒棒糖产品系列，一款是阿尔卑斯经典棒棒糖系列，一款是双享棒系列。双享棒除上市初期进行过一波广告宣传后一直没有进行相关的市场推广活动。

2. 我们对目标消费者进行了路访，发现消费者对于双享棒很陌生，绝大多数消费者不清楚双享棒是什么产品，部分消费者看到过产品，但并不知道它的名字叫作双享棒，且消费者无法区别阿尔卑斯棒棒糖和双享棒，他们只认为双享棒是阿尔卑斯棒棒糖，但对双享棒这个产品没有概念和认知。

3. 双享棒体现出不凡帝范梅勒公司在产品上的不断创新和开发，同时也与其他同类产品形成鲜明区隔，因此公司希望通过市场推广活动进一步拓展销售，同时加强阿尔卑斯在糖果及棒棒糖市场的领先地位。

目标

1. 提升双享棒在目标受众中的知名度；
2. 告知目标受众双享棒的特点和利益点；
3. 增加目标受众对于双享棒产品的尝试。

策略

1. 通过情感诉求与消费者沟通，在消费者心中建立属于双享棒的专属形象，抓住消费者看重朋友看重友情的特点，与他们建立沟通，从而制定出既能与消费者产生共鸣又巧妙地融入产品特点的活动主题：有爱就要粘一起

2. 以与目标受众高契合的人人网为核心，在人人网建立活动minisite，与目标人群进行互动，充分运用人人网资源和SNS社交媒体属性，全面传播推广活动。

3. 通过微博、Q-zone等社交媒体开展二次传播活动，以提升活动覆盖，扩大活动影响。

执行过程

1. 以活动minisite作为互动载体，利用有趣的互动机制，融入有效的积分体系，结合丰富的奖品刺激，实现理想的推广效果。

用户进入活动minisite，利用人人好友亲密度机制，用户可以选择不同周期来选出不同的5个好友。

通过完成4题有爱考验，逐一排除好友，最终留下一名与自己最黏合好友。

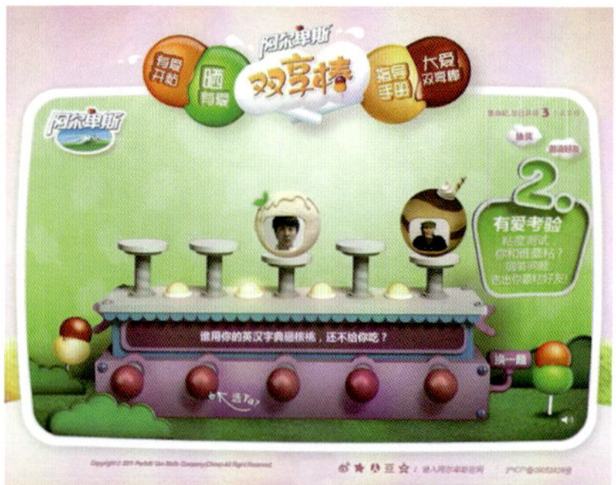

与筛选出的最黏合好友完成黏合，粘合形象呈现是不同口味的双享棒棒糖并调取用户头像，用户可填写有爱寄语，提交获得双享棒用户抽奖。

通过与好友完成黏合、分享活动、分享有爱都可以获得双享棒，获得积分进行抽奖。

媒介表现

活动运用了整合传播机制，通过硬广、个人主页流媒体、SNS传播机制，形成多维度推广。

个人主页流媒体

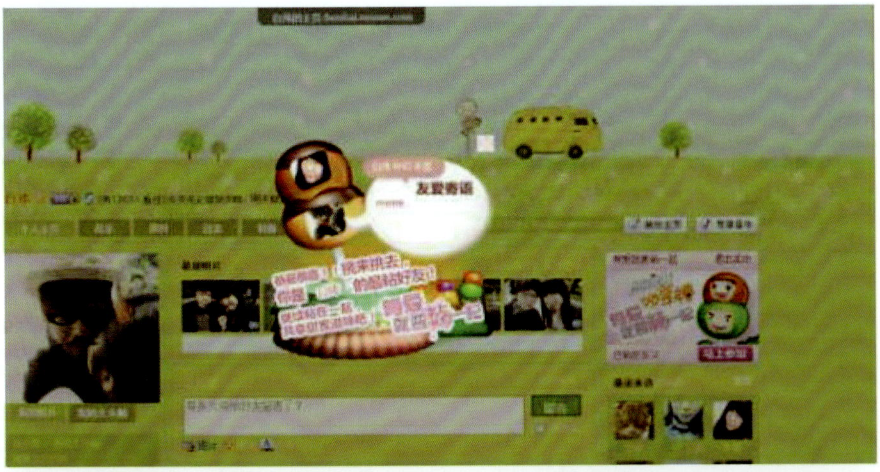

Banner广告：

执行效果及市场评价

短短一个月推广期内:

85万网友加入活动，认识双享棒；

447万人次参与互动；

95万人次分享、104万人次邀请发出

264万对好友甜蜜相粘，发现双享棒友爱真谛。

在双享棒认知度较低的背景下，社交媒体上很多参与网友因为活动而知道了双享棒，谈论到阿尔卑斯和双享棒品牌。

市场评价

广告主评价：为阿尔卑斯双享棒度身定制的“有爱，就要粘一起”活动，很巧妙地将产品的特质“双球棒棒糖，双重享受”融入活动主题，创造出了“有爱”要“粘一起”的概念。整体活动架设在目标消费群体集中的人人网平台上，借助“粘一起”概念的优势充分发挥了SNS社交媒体的特性，在为期2个月的活动中，裹入了超过85万网友参与活动，264万对好友通过活动甜蜜相粘。整个活动清晰地传递了阿尔卑斯“有爱”的品牌理念和主张，成功地达成了增加品牌认知度和好感度的传播目的，为完成我们阿尔卑斯双享棒现阶段的品牌任务起到了很好的促进作用。

点评：

“有爱就要粘一起”非常巧妙地将产品特征及消费情感特征完美地融合在一起，通过感性诉求与消费者沟通，能直击消费者内心，且非常高接受度地去认知产品及体验产品，同时通过一些列的社交活动形式，将此纽带紧紧地黏合在一起，是一次非常棒的创意及消费者体验。

——吴波

活动的亮点就在于用一个合适的创意，在一个合适的媒体上，用一种合适的方法，达到了惊人的效果。

阿尔卑斯双享棒这次“有爱，就要黏在一起！”活动为双享棒定义了一个可以共鸣的问题，“双享棒”对等“好闺蜜（或好基友）”，拟人化了品牌和产品，让“双享棒”更具象。

活动创意十足，但是执行也很给力，活动选择人人网合作，非常到位，人人网是朋友们之间插科打诨互相分享的地方，非常适合解决“黏在一起”问题。活动虽然参与的总人数不多，但是，重点是参与的人都是深度参与人群，这点就很值得称道。

一个品牌的深入需要大众来参与，深入品牌的互动参与远远比看一则广告影响力深远。所以，好的方式、好的创意、好的平台、好的执行，才能带来好的品牌收益。

——马文彬

关注度高的广告位组合

二次传播

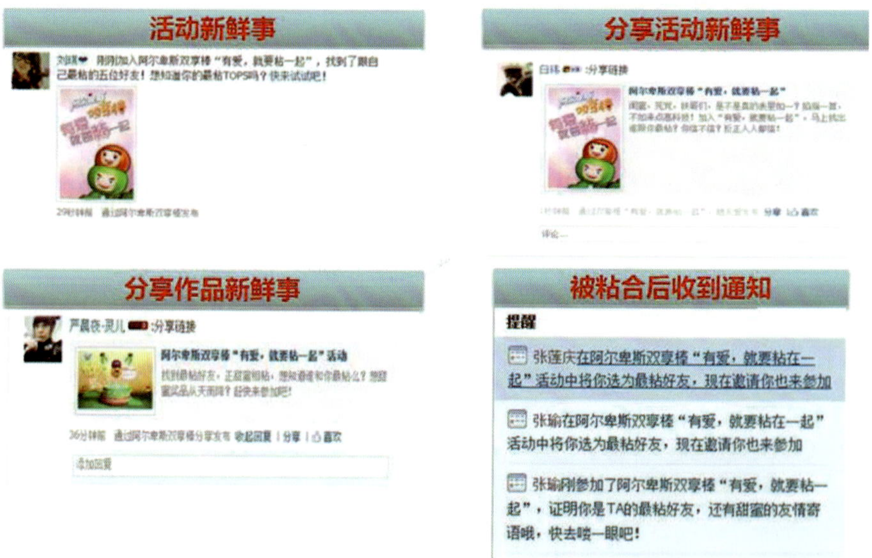

曼妥思：清劲行动，拯救重口味

广 告 主：
曼妥思
广告代理：
北京华扬创想广告有限公司

专业口香糖市场竞争激烈，多个竞品都已经树立了在消费者内心的产品形象。广告充分利用人人网的社交媒体属性，结合消费者的社交媒体行为，建立了一些列活动机制，提升了目标人群对曼妥思口香糖“清新口气，清劲难挡”的产品利益点认知。虽然整支广告看起来制作不是那么精良，但是成功地调动了消费者积极性，最终达成广泛提升受众对曼妥思口香糖“清新口气，清劲难挡”的产品利益点认知的目的。

市场背景及挑战

背景：

曼妥思长期专注于薄荷糖市场，口香糖上市以来，虽表现良好，但大多数用户尚对其口香糖属性认知度不够，因此曼妥思希望通过对目标人群的传播，提升其对曼妥思口香糖“清新口气，清劲难挡”的产品利益点认知。

挑战：

专业口香糖市场竞争激烈，多个竞品都已经树立了在消费者内心的产品形象。所以本次营销传播，除了有加强公众对曼妥思专业口香糖认知的诉求，同时还要深化该产品的“清劲”这一产品利益点，以一次活动完成对品牌形象和产品形象的多方位提升。

营销活动的目标

着重曼妥思的产品利益点，突出清劲口气，提升受众好感度；
树立专业口香糖形象，倡导特立独行、个性有创意。

解决方案

创新点：

广告设计内容生动有趣；携带好友信息，促进用户参与；调取用户兴趣信息，互动更为真实；携带一键参与功能，降低用户参与门槛。

媒介策略：

将曼妥思口香糖“清新口气，清劲难挡”的产品利益点延伸为“拯救重口味”的概念，以“清劲行动，拯救重口味”为互动主题，在人人网建立活动minisite，充分利用人人网的社交媒体属性，结合消费者的社交媒体行为，建立活动机制。网友通过活动可以测试好友是否为重口味，为哪种类型的重口味，并通过特殊表现形式将结果通知好友。好友收到通知后可通过曼妥思口香糖进行拯救，从而使活动达成了一传十，十传百的几何式扩散，最终达成广泛提升受众对曼妥思口香糖“清新口气，清劲难挡”的产品利益点认知的目的。

执行过程：

用户进入活动，通过测试机进行测试（右上图）

测试出好友的结果，发出通知（右中图）

好友在页面收到动态Flash通知（右下图）

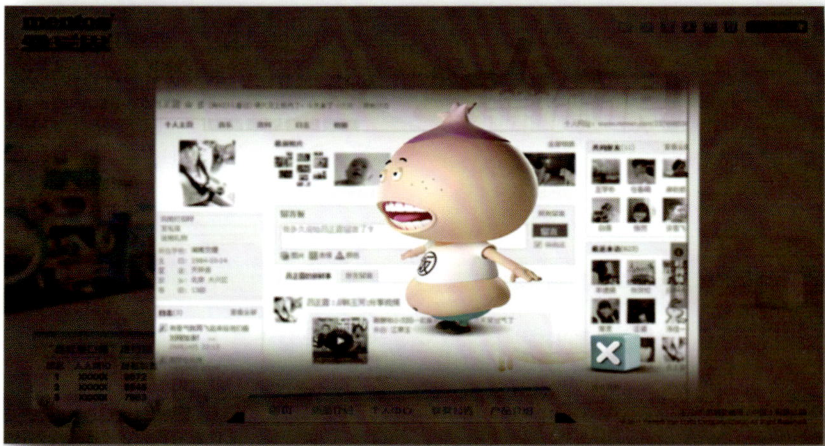

好友通过曼妥思进行拯救并可抽奖

执行效果

延续简单有趣的机制，利用社区属性，以“测试好友在线行为习惯类别”为出发点，通过测试的新颖形式吸引用户参加，并激励好友间产生互动，调动起用户的积极性，综合硬广和内容营销等多种媒介形式进行推广，活动在人人网的覆盖面和深入度都达到了预计的要求，共计421万人次参与活动及互动，393万人次邀请好友加入活动，实际加入活动网友超过94万人。

点评：

口香糖是一个小商品，但它有大市场，我们每天都有可能接触它。所熟知的几个知名品牌天天在影响着我们的生活。本案在品牌推向市场的初期，所借用的手段可谓精心策划，充分利用网络的公共资源，结合消费者的社交媒体行为，建立活动机制。是一种明智的选择。以网上测试的方式，将营销与活动结合进行成倍传播，准确地找到了品牌的消费人群途径。

——张一涛

伊利舒化奶：营养好吸收

广 告 主：

伊利

广告代理：

互动通控股集团

如何在茫茫互联网中，第一时间吸引受众，有效达到传播目标是所有广告代理商必须认真思考的问题。互动通结合精准定向技术和摄像头交互技术，以“没精神？打开摄像头，找回好精力”为文案诱导，激发用户点击欲。在5大类共20家网站进行投放，达到了很好的宣传效果，是比较有创新性的广告营销方式。

传播背景

当物质生活不断得到满足，消费者对产品的选择也趋于理性，面对琳琅满目的乳制品市场，健康营养成为消费者选择的最大依据。针对高端市场推出的舒化奶，对于营养的吸收具有其独特的功效，并以此切入这个庞大高质的市场。2012年2月，互动通便为伊利优化奶度身定制，展开为期27天的网络推广。期望提高受众对伊利舒化奶产品的认知度与偏好度，同时增加目标受众对伊利舒化奶的印象及品牌好感度。

传播策略

如何在茫茫互联网中，第一时间吸引受众，有效达到传播目标？为此，我们将精准定向技术与摄像头交互技术相结合。通过定向找寻有效受众群，实现精准投放。结合摄像头互动，与用户产生良好的互动体验，使产品信息有效、精准、深入地到达消费者。

执行过程

广告以“没精神？打开摄像头，找回好精力”为文案诱导，激发用户点击欲。当允许摄像头打开后，用户头像将即刻出现在视窗广告中。并通过面部识别，使头像与画面产生互动，有效传达营养好吸收，“精力更充沛”的产品理念。

此次投放选取了5大类共20家网站，新闻资讯类（MSN中国、雅虎中国、中华网等）、女性时尚类（瑞丽女性网、YOKA时尚网等）、社区类（博客大巴、51.com等）、娱乐类（一听音乐网、爆米花网等）、生活类（丁丁网、摇篮网等）进行关键词定向投放。

传播效果

结合精准定向技术和摄像头交互技术，此次推广，在为期近1个月的投放时间里，取得了不错的推广效果。投放实际曝光数达到1500多万次，完成预估值的115.56%；点击数超出预估39.17%，点击率为2.41%，超过预估值2.00%，为广告的投放获得了良好的互动效果。其中，唯一用户曝光率及完全播放率，均超出快速消费品行业标准，既有广度又有深度地达到人群覆盖，为本次推广起到了很好的传播效果。

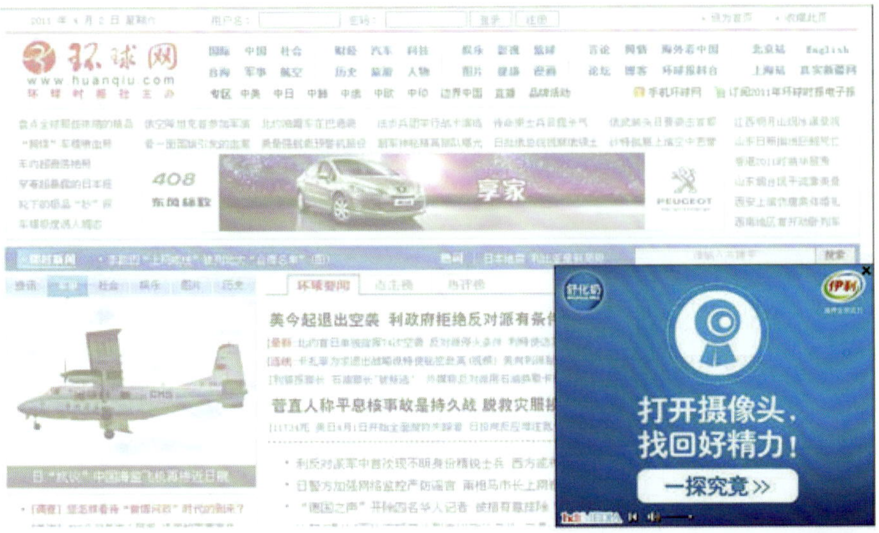

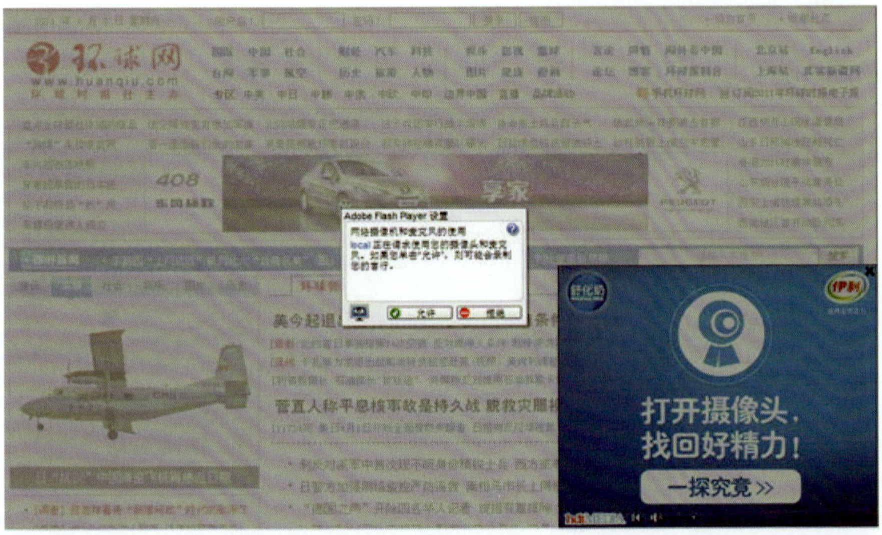

点评：

趣味互动的窗口，激发了受众者点击探究的动机；青春活力的形象，带动了欣赏者健康生活的憧憬；清澈亮丽的色彩，引发了接受者消费的欲望。从受众者，到欣赏者，再到接受者，伊利舒化奶的广告创意使受众在这样的角色迁移中巧妙地达到了营销的目的。

——陈竹林

兴唐贡米：御香千年

广 告 主：
兴唐贡米
广告代理：
银川视博影视制作有限公司

兴唐贡米作为宁夏大米的龙头企业，经过多年发展，在市场上拥有一定的知名度，获得了中国驰名商标。视博认真寻找兴唐贡米的差异性，从兴唐贡米所根植的大米历史和文化入手，为品牌提出了“御香千年，兴唐贡米”的品牌核心概念。借由品牌形象的整合提升，让兴唐贡米真正成为宁夏大米的代表性品牌。随着方案执行和展开，兴唐贡米逐渐在本地占据中高端市场，皇家贡米的形象深入人心。

银川平原素有塞上江南之称，盛产优质的宁夏大米。兴唐贡米作为宁夏大米的龙头企业，经过多年发展，在市场上拥有一定的知名度，获得了中国驰名商标。然而多年来在品牌宣传上的粗放式管理，使得品牌形象十分模糊，市场也受到众多竞争品牌的挑战。视博从明晰品牌形象，整合品牌宣传入手，为兴唐贡米做了一次全面品牌提升。

我们面对的市场

大米作为大众餐桌的主食，同一地区所产的大米之间差异不明显，兴唐贡米在本地市场面临众多本土品牌的竞争，在产品种类、价格、包装等方面并不占优势；在区外市场则面临着所有“宁夏大米”遭遇的质疑：“宁夏还能产大米？”面对强势的东北大米，兴唐贡米明显缺乏竞争力。

我们的思考

寻找兴唐贡米的差异性，为品牌建立独特的品牌概念。对于本地品牌兴唐贡米的优势是什么？对于外地市场它的卖点又在哪里？我们从兴唐贡米的产地、历史、品质、种植加工方式等多个层面展开探寻。兴唐贡米的生产基地位于宁夏灵武市。灵武古称灵州，唐代安史之乱时，李亨在此地登基称帝。“兴唐贡米”的名称就是由此而来。宁夏种植水稻的历史有明确记载也是从唐代开始，水稻的种植文化绵延千年。这是兴唐贡米独具的品牌基因。视博就从兴唐贡米所根植的大米历史和文化入手，为品牌提出了“御香千年，兴唐贡米”的品牌核心概念。

兴唐品牌概念

御香千年 兴唐贡米
概念阐释：一方水土，传承千年耕种文化；一脉稻香，品味千年盛唐风华。

兴唐品牌内涵

流淌千年的黄河：五千年中华文明的母亲河哺育了黄河上游原生态的稻米产区——灵武。灵武位于黄河上游，贺兰山东侧的宁夏平原上。环境纯净无污染，近临黄河，引水便利。北方日照充足，年均日照时数3000小时左右，无霜期约160天，昼夜温差15°，非常有利于作物的生长发育和营养物质积累。种植出的水稻品质优秀，营养丰富，绿色天然。

延续千年的耕种：

两千多年始于秦朝的不间断耕种史，坚持传统的精耕细作，坚持自然的种植理念。灵武古称灵州，在秦汉时期开始引黄河水灌溉，种植农作物。到唐代，水稻种植在宁夏平原逐渐推广，灵州一带因为水土肥沃，成为宁夏水稻的主要种植区，被誉为“塞北江南”。数千年来耕作不息，当地人民积累了丰富的水稻种植和加工技术，培育出优质的水稻品种，形成了淳朴、诚实、守信的耕种文化。

流传千年的美誉：

一千多年兴于盛唐的御用贡米，稻米品质备受皇家推崇，成为供奉宫廷的珍贵贡品。唐朝初立时，西北边疆的突厥、铁勒、回纥等少数民族为唐王朝的一大边患铁勒、突厥灵武古称灵州。公元645年，唐太宗李世民巡视灵州与铁勒诸部首会盟，品尝到当地所产大米时赞不绝口，钦定“灵州大米”为朝廷贡米。756年唐肃宗李亨在灵州登基，下诏出兵平定安史之乱，后大唐得以复兴。兴唐贡米由此而得名。

品牌支持

黄河上游、纯净无污染，日照充足、稻米营养丰富。

始于秦汉种植历史，自古以来核心产区，淳朴守信耕种文化。

自唐代钦定为贡米，今天被誉为宁夏金米

兴唐品牌价值

健康（流淌千年的黄河）、优质（延续千年的耕种）、可靠（流传千年的美誉）

品牌形象规范

1. 基础部分

以品牌内涵为核心基础，在品牌已有的认知基础上进一步拓展升华使其从色调符号等视觉元素上，富有现代感的同时更具深厚文化特色。

以个性化符号为品牌视觉线索，强化品牌记忆与联想，使品牌定位及核心价值体现更清晰易识别。

以整体品牌内涵为主线，将“三个千年”的内涵具象化

御香千年 兴唐贡米

依托品牌原有色彩基调，与大自然鲜活的色彩相结合，既突出品牌行业属性，又摆脱原有色彩单一、形象识别度低的问题，达到品牌视觉形象的统一。

2. 应用部分

报纸广告

直营店陈列展示

户外促销广告

立式POP

促销活动

宣传册

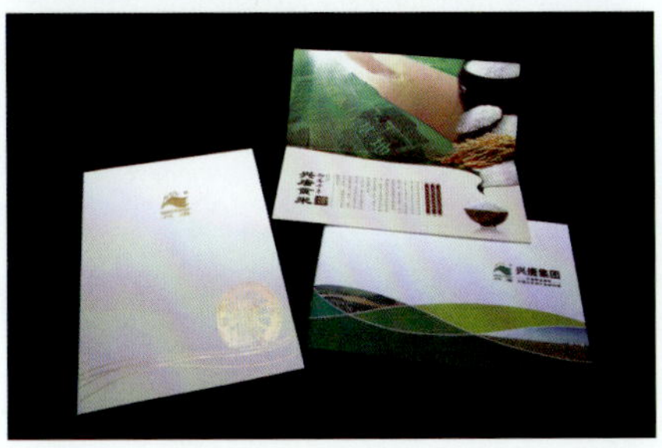

会场展示

会场展示

后记

对于本地品牌我们倾注了极大的感情，借由品牌形象的整合提升，让兴唐贡米成为真正宁夏大米的代表性品牌。随着方案执行和展开，兴唐贡米逐渐在本地占据中高端市场，皇家贡米的形象深入人心。

点评：

民以食为天，食以谷为主。柴、米、油、盐、酱、醋、茶，大米作为百姓的主要食物，在市场经济的今天，其品质的优劣是为营销的关键。在同类产品不具优势的情况下，兴唐贡米广告深度挖掘自己的地理优势，将地域、耕种和美誉三个千年的文化线索作为创意的切入点，辅以个性化符号作为品牌的视觉图式，强化品牌记忆与联想，诠释兴唐贡米的文化内涵，使品牌定位及核心价值直观地呈现在百姓面前，广告文案的思路清晰，品牌文化内涵的表述全面。视觉识别系统的基础部分，标识的色彩和图形可进一步提炼，以突出产品的典型性和唯一性，这样品牌形象更精准，传播更有力。

——陈竹林

美素佳儿：大银幕优雅绽放

广 告 主：
美素佳儿
广告代理：
央视三维电影传媒集团

好的广告能够深入人心，首先来自广告本身的优秀创意。优秀的广告创意，只有最符合自身定位的，没有一成不变的条条框框。2013年2月份美素佳儿升级配方新装上市广告，60秒TVC主推感性、随和、自然的情感创意，将生命从孕育到6岁的成长过程，与产品的四个系列巧妙地融合为四个电影桥段，并连贯成为一个完整的微故事，将产品新装上市的概念不着痕迹地传达给消费者，可谓一举多得。

如今的婴幼产品市场可谓是鱼龙混杂，尤其是在尚不明朗的国内婴幼儿奶粉市场，各家都出尽奇招，以求在中国"第四次婴儿潮时代"寻得突破机会，稳固并拓展产品销售渠道体系，树立起在消费者心中的品牌信任度与忠诚度。

当然，在众多国产与进口品牌轮番轰炸主流电视媒体，依然难分胜负之际，美素佳儿已悄然在都市主流消费群体，尤其是年轻高端妈妈群中声名鹊起。

在大银幕，在户外楼宇，美素佳儿以一贯平易近人的姿态，精准走进消费者内心，将品牌的精神与理念，印记在每个生命之初的美好时刻。

一：人之初"四美"，生命的从容来自优雅的呵护

好的广告能够深入人心，首先来自广告本身的优秀创意。优秀的广告创意，只有最符合自身定位的，没有一成不变的条条框框。

2013年2月份美素佳儿升级配方新装上市广告，60秒TVC主推感性、随和、自然的情感创意，将生命从孕育到6岁的成长过程，与产品的四个系列巧妙地融合为四个电影桥段，并连贯成为一个完整的微故事，将产品新装上市的概念不着痕迹地传达给消费者，可谓一举多得。

这些画面唯美而生动、温馨而感人，加之背景音乐的优美深远，第一人称广告字幕的亲切温暖，第一时间激发消费者与生俱来的情感正能量，极易使其产生亲近感。而在优质影院的极致观影环境下，效果更胜一筹。

"宝宝，从见到你的第一眼起，我就知道……成长旅程，因你而美妙。"娓娓道来童年正式开始前的生命之初"四美"——孕育的喜悦、学足的感动、陪伴的欢笑和奔跑的自由，这些，对于电影主要受众——18至40岁的中青年都市主流消费群体来说，可谓从容而优雅，如电影经典镜头一般静静流淌，像雪花一样无声而迅速融进他们内在，甚至过目难忘。

二：大银幕，备选还是必投？

2012年中秋国庆档和2013年情人节档期间，美素佳儿通过央视三维电影传媒"银幕巨阵"——全国高端影院映前广告联播网的模式，在全国12个一二线主流消费城市的近200家优质影院中分别进行了为期各4周的映前广告投放，形成强大的"全影厅、全影片"人群精准覆盖，取得良好的品牌传播效果。

那么，为什么是电影媒体？为什么会有越来越多的广告主选择大银幕进行品牌深度传播？电影媒体又是一个怎样的媒体呢？

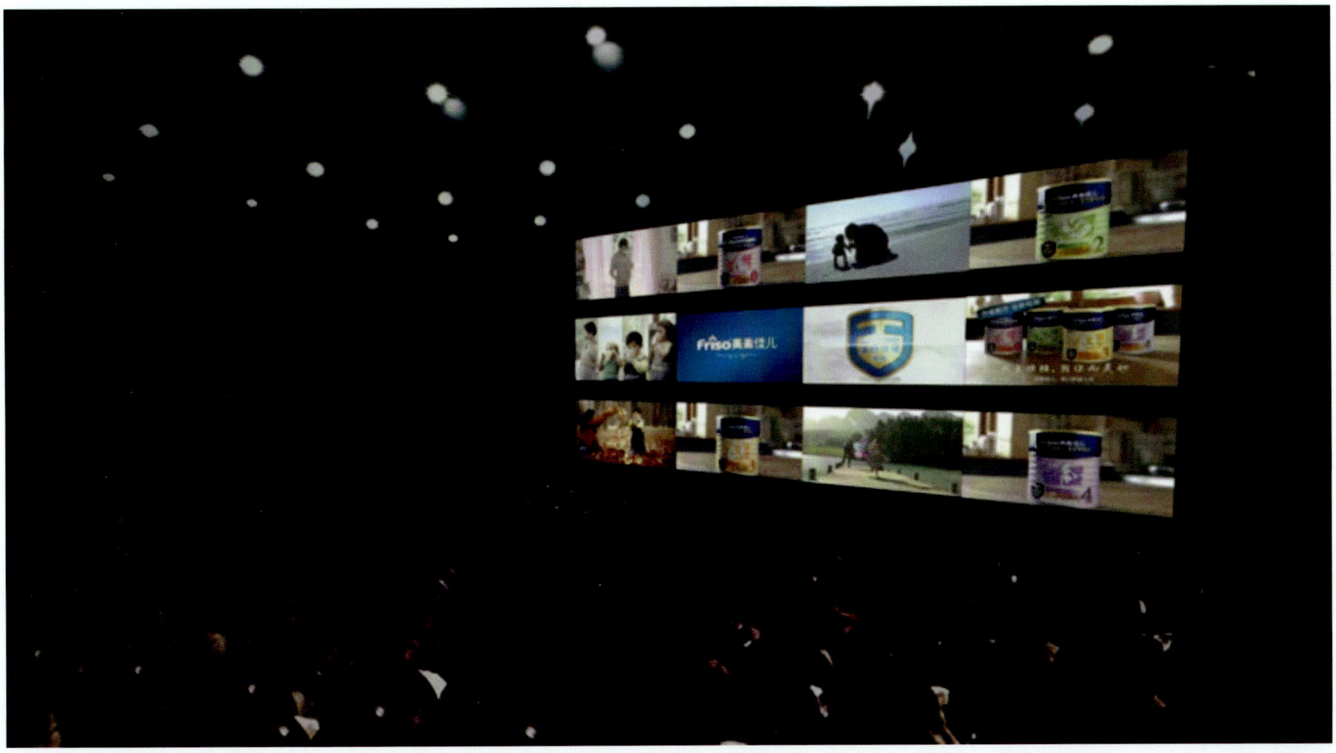
Friso美素佳儿

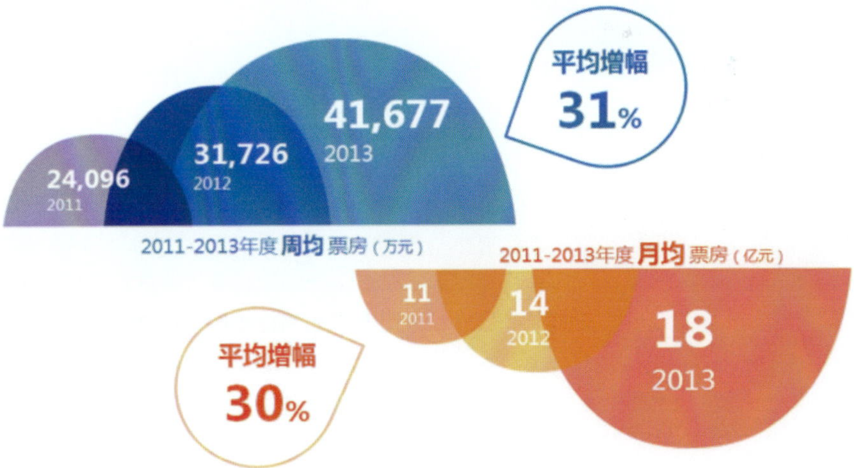
24,096
2011
31,726
2012
41,677
2013
平均增幅
31%
2011-2013年度周均票房（万元）
2011-2013年度月均票房（亿元）
11
2011
14
2012
18
2013
平均增幅
30%

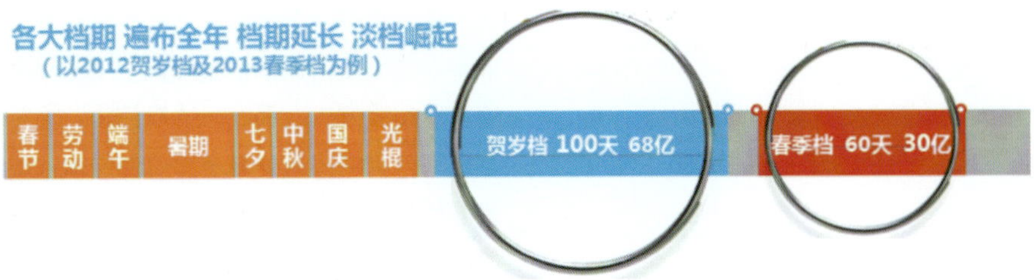
各大档期 遍布全年 档期延长 淡档崛起
（以2012贺岁档及2013春季档为例）
春节
劳动
端午
暑期
七夕
中秋
国庆
光棍
贺岁档 100天 68亿
春季档 60天 30亿

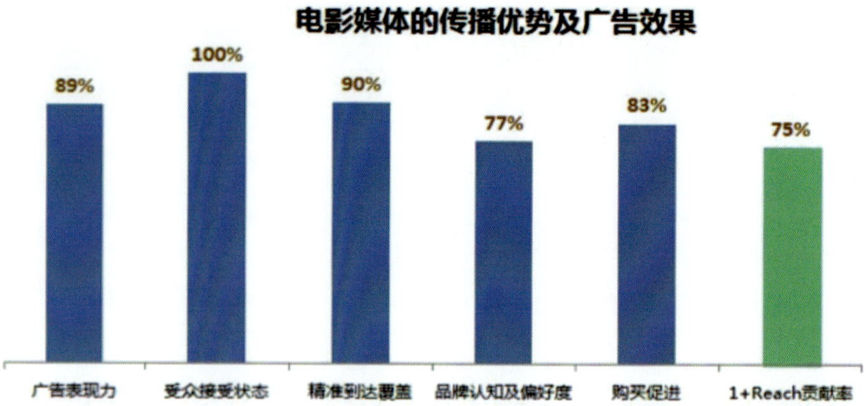

1. 高速稳健发展的中国电影市场是前提

票房及人次稳固上升，增幅保持在30%以上。2002年至2012年，是中国电影市场快速发展的“黄金十年”。优质影院如雨后春笋般拔地而起， 院线不断发展和分流，使得观影热潮遍及全国，也共同铸就了电影档期的常态化形成。

从近三年趋势看， 各周票房整体的稳固增长，带来月度、甚至季度票房的增长走势趋稳，平均增幅超过30%。观影人次方面，2013年月均已达5114万人次，增幅达到32%。

成熟档期遍布全年，传统淡档崛起，档期淡化成趋势。在业已形成的14大成熟档期中，一方面，单个档期票房上升的同时，时段也相应延长。如2012年贺岁档，长达100天造就68亿元票房产出。另一方面，淡季与传统旺季档期之间的票房差距越来越小。如2013年3月、4月春季档，总票房超过30亿，传统淡季实现“华丽转身”，成为名副其实的青春励志档。

市场的自由化造就了档期的常态化，同时给予了观众充分的“选择权”，常态观影人群日益规模化，看电影渐成常态文化娱乐休闲方式。而未来的趋势是，全年票房及人次增幅将会越来越趋向稳固，但票房基数仍然稳定上升，这得益于整个市场的利好趋向。

2. 固定规模观影人群的消费特质是根本

看电影成了国人的刚性需求。电影是娱乐精神的最大化体现，在日益追求品质与休闲娱乐化生活的时代，电影无处不在，电影引爆的话题成为人们茶余饭后必不可少的谈资。截至2012年已然汇聚了4.7亿人次的观影大军，2013年上半年这一数字已经达到3.1亿，即平均每月有超过5000万人次在看电影，常态观影大军已经形成。

电影观众具备“三高三强”品质消费特质。据艺恩咨询2013年度《中国电影观众调研报告》，电影与电视在观众属性方面有较大差别，电影观众明显呈现出"三高三强"的特点。并且相比电视，受众群体也更加精准。

18~40岁都市领先型消费群体、第四次婴儿潮与固定观影人群的“三重奏”。他们是看电影的绝对主力，其消费特质，与电影的娱乐性、先锋性、话题性等特质不谋而合。电影已经融入了他们的生活；影院，已经成为他们娱乐休闲首选场所，由此产生集聚效应。而影院媒体平台融时尚化、年轻化、娱乐化内容为一体，为美素佳儿这样力图尽快打开知名度的品牌创造了精准的广告诉求环境。在这样传播态势下，可将品牌融入精众生活方式，于恰当的时间、恰当的地点，和精众电影人群建立和谐的关系，抢占“精众”人群的心智，改变沟通语境，进行品牌深度认识建设及品牌意识建立。

自2008年开始的中国第四次“婴儿潮时代“，为人父母们基本都是80后及后来居上的90后潜在人群，这与电影固定受众高度重合。对于这些观影受众来说，在影院看电影不仅仅是一种观影行为，更是娱乐休闲的好方式。像看电影一样看广告，从广告中获得符合其品质定位的消费导向，而主打温馨情感牌的婴幼儿奶粉广告更能吸引他们，何乐而不为呢?

总之，随着中国电影市场的不断发展壮大，电影将越来越成为一个常态化文化娱乐形态，吸引更多的观影人群并培养其成为固定受众，从而带动影院终端相关产业的飞速发展。而影院媒体映前广告，将吸引新媒体环境下越来越多广告主的关注。

3. 影院媒体独特传播优势是关键

10分钟稀缺资源与影院全封闭环境促使广告效果最大化。CTR调研数据显示，电影受众通常提前5~10钟进入影厅入座，这与电影映前广告的10分钟稀缺资源属性不谋而合，保证了广告受众的精准覆盖。作为新兴视频媒体，大银幕独具的高效特性——全封闭时空幻境下强烈的视听震撼与广告创意本身的优越品质契合，加之精准的受众接受状态，电影媒体强调的单次广告效果即可最大化。

核心优质资源组合的巨大魅力。优质影院通常都位于主流消费城市的核心商圈，具备终端消费的绝对地理优势，选择“票仓城市、核心商圈”的优质影院进行投放，在大银幕本身独特传播优势的基础上，对于影院伴随消费及周边消费的促进作用明显。综合来看，这是对领先型时尚娱乐消费观影人群的直接深度传播，是丰富内容平台带来的娱乐传播需求的最佳体现。

综上，在电影媒体实际价值大于市场价值的今天，先占有它，收获的将是非凡独特的体验感以及抢占未来主流新媒体的先机。由此，电影映前广告的价值也就越来越受到影院和广告主的重视，而受众也越来越青睐这种独特的广告传播形式，大银幕，自然成为了必投之选。

结语

来自尚道女性消费研究院的报告表明：近几年来，中国婴幼儿配方奶粉市场正以每年两位数的增长速度迅速发展，婴儿奶粉食用量呈现上升趋势。美素佳儿选择央视三维电影传媒这样的优质影院媒体进行品牌的深度传播，受众获得非凡体验，逐渐建立起对企业的偏好度与忠诚度，企业获得良好广告效应（广告创意好评度91%、记忆度81%、品牌偏好度增加77%、购买意向增加度80%、还有41%的受众表示会在线下向周围人群二次传播等），而影院媒体的传播价值也越来越受到肯定，成为更多品牌的必选媒体，可谓“一举三得”。

（以上数据来源：艺恩Enbase数据库、CTR及IPSOS个案调研、CMMS及H3人群数据研究）

点评：

新生命的诞生对于一个年轻的父母来说，充满了喜悦和浪漫，他们希望这个小生命延续家族的血脉，所以宝宝的健康成长，不能输在起跑线上。在孕育新生命的起始阶段，父母就是这个生命无所不能的上帝，生命需要什么，父母就能提供什么。渐渐地，上帝开始变得有些力不从心，选择适合的奶粉成为了父母一件不得马虎的事情。电影院线的再度辉煌，为美素佳儿与年轻父母的不期而遇创造了良好的契机，60秒TVC主推感性、随和、自然的情感创意，将生命从孕育到6岁的成长过程，与产品的四个系列巧妙地融合为四个电影桥段，并连贯成为一个完整的微故事，将产品营养全面的信息不着痕迹地传达给年轻的父母，给他们带来了惊喜，找到了抚育新生命健康成长的希望。广告媒体的定位准确，受众的心理剖析恰当，产品与消费者的链接温馨、亲切而又自然，可谓艺术与营销的有机统一。

——陈竹林

现代牧业：让牛和消费者沟通

广 告 主：
现代牧业
广告代理：
内蒙古先行广告公司

作为全球第一家以奶牛养殖资源上市的企业，同时也是国内规模最大的奶牛养殖企业及高品质生乳供应商，现代牧业谨记自己的社会责任，不搞虚假宣传。把“创建世界最先进的牧场，生产世界最优质的牛奶”作为自己的奋斗目标，把奶牛当母亲，把牛奶当生命，以安全、放心的良好企业形象，打动了消费者的心。

形象提升竞争力

产品包装不是简单的衣裳，也不是连环画。应该通过图案、造型、色彩的准确策划设计，让人在最短的时间认识并记住——自己会说话！

毒奶事件，接二连三，令人闻风丧胆，导致大家一看到国产牛奶便退避三舍。国产牛奶遭受到前所未有的信任风波。

信任危机迫使国人将洋奶视为救世主，新西兰、瑞士、荷兰、日本、澳大利亚等国的洋奶品牌成为国人竞相追逐采购的对象，消费者除了判别牛奶出身外的第一个条件取决于——品牌形象包装上是否具备“舶来品”的气质。

这成为产品是否能吸引奶妈奶爸们眼球的第一因素。

有一些国产牛奶品牌除了积极解决产品质量问题同时，也在被动跟风“洋”浪潮，退却国产的皮囊以达到鱼龙混珠的目的。（包装盒上亦是一片蓝天绿野，很容易让人联想起新西兰、瑞士，再加上重新起一个十分洋化的名字，要不是那不起眼处的一串串蝇头小字暴露了身份，还真能叫非理智型顾客以为是舶来品，蒙混过关）“如果不能彻底解决制约行业发展的食品安全危机、防疫危机和环境危机，中国的奶牛养殖将始终无法步入世界奶牛养殖大国的前列。现代牧业将对三个危机的解决，视为行业赋予养殖企业的不可推卸的责任，对消费者的责任是解决食品安全危机，对行业的责任是解决防疫危机，对社会的责任是解决环境危机。”——现代牧业

现代牧业有着不同于其他国产牛奶品牌的品质，现代牧业在供应优质原奶之外，利用自有的牧场，自己的牛奶，自己加工，自己销售，实现了从挤奶到加工在两小时内完成。规模化的养殖、现代化的设施、一流的管理和严格的生乳标准，使现代牧业努力成为奶牛养殖与牛奶加工一体化的全球行业引领者。

现代牧业把奶牛当母亲，把牛奶当生命。敢以“数字化的标准、优于欧盟标准，体细胞低于20万，微生物低于2万，看得见的品质”来时时要求自己、天天接受监督，只有奶牛健康，牛奶才能健康了，我们才能健康，中国乳业才能健康。

在这样一个事件背景下，先行品牌设计受邀现代牧业委托，为其塑造全新品牌形象，诠释产品的核心竞争力。

如何将“纯、真、新、鲜”的品牌本质与“超欧盟标准”的品质概念结合传递，形成现代牧业独特的视觉符号?

如何通过形象将现代牧业真正好牛奶，放心奶，安全奶这张牌打出去是这次对品牌及产品形象设计的难点。

首先要明确的是安全，放心奶源于牛的健康。牛的健康源于现代牧业对于牛的严格科学管控，从牛的育种，食物采食，合理分群，救治防疫，生存环境，一切以牛为根本。因为好牛才能产好奶，这是人们最常规的理解，也是最本能的思维方式，美丽的生态环

之前形态

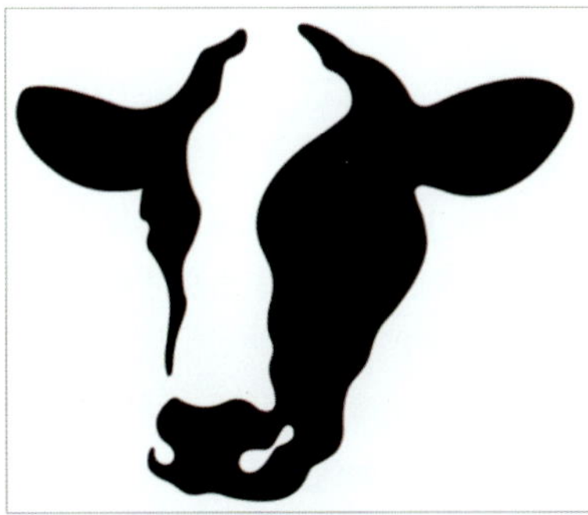

优化后形态

境——蓝天绿地，清晰的空气，良好的自然地域等都不是关乎奶好最本质的东西，只有牛，对，就是牛，只有健康的牛才能产安全的奶，我们决定以以牛为中心制定形象传播策略。让牛去和消费者沟通。

所以提炼健康质朴的牛的形象作为现代牧业核心的品牌视觉元素，承载着的不仅仅是一个企业的使命与责任，更是整个产业的革命。黑白花牛皮作为主题形象画面，用最本真的颜色与图案，阐释着最单纯本质的理念“好牛产好奶”。

有了好奶源，还要有好的管理生产，最终再能确保给消费者提供好的牛奶。所以，形象传播中只有牛还不够，我们生产的每一个环节都有着严格的检测，确保安全。怎么能让消费者因形象而感受到“安全，放心”的认知？！这需要简洁，明了。能够清晰地唤醒公众的共同感受，才能引起共鸣。我们思考，过滤。最终决定用“章”，章是质量关把控最后认证的责任环节。是人们都熟悉的行为常识，我们以牛为核心视觉表达，去结合“章”体现，安全，放心，一切核心理念都图形化视觉化，让消费者就如同感受产品一样发挥本能感受品牌的核心价值—“放心好牛，产安全好奶”！

在明晰这两个关键元素后，我们需要的是将无声的视觉，转换成有声的力量，将思想转换成设计。依据核心视觉元素展开现代牧业整个品牌的形象塑造工程。将核心“印章牛头”作为产品包装及形象识别的核心符号，纯真的“黑白花牛皮”作为品牌形象的主题画面，设计完成现代牧业整体品牌形象的升级工程，使其产品包装形象、终端展示效果及企业环境营造形成高度视觉统一，在同类品牌及终端市场独树一帜，通过发挥形象力提升品牌竞争力提高了产品的销售力和沟通力。

点评：

素以为绚，配得上现代牧业广告对黑白奶牛作为主题形象画面单纯本质的诠释，也配得上广告对其产品包装形象、终端展示效果及企业环境营造形成高度统一的视觉基调。本真的黑白二色，彰显着产品“纯、真、新、鲜”的品质，黑与白之间，演绎着产品健康和安全的理念。素以为绚，现代牧业就像一曲清澈而又素雅的牧歌，令人印象深刻。

——陈竹林

蜡笔小新休闲食品：携手愤怒的小鸟

广 告 主：
蜡笔小新休闲食品集团
广告代理：
奥维世纪策划机构

蜡笔小新休闲食品集团在整个休闲食品的业界已经成长为一个成熟又具有知名度的企业。这样的一个企业怎么样才能突破现有产品的同质化而更上一层？怎样才能吸引更多消费者的目光？奥维世纪准确把握市场脉搏，做出让蜡笔小新和时下热门游戏愤怒小鸟相结合的创意策划，受到了消费者的欢迎，成功实现一个品牌的突破！

一个品牌的突破

蜡笔小新休闲食品集团经过多年的不懈努力，在国内市场上已经拥有一大批忠实的经销商伙伴、几万个销售网点、数十万个零售终端，覆盖全国31个省市；产品出口至欧洲、美洲、东南亚、非洲等30几个国家和地区，每年都以30%左右的增长速度不断增长。

蜡笔小新休闲食品集团在整个休闲食品的业界已经成长为一个成熟又具有知名度的企业。这样的一个企业怎么样才能突破现有产品的同质化而更上一层？怎样才能吸引更多消费者的目光？

奥维世纪策划机构作为蜡笔小新休闲食品集团的战略合作伙伴公司，面对这一系列的挑战，我们该如何去帮助蜡笔小新休闲食品集团解决和突破？

背景

2012年初，奥维得知，蜡笔小新准备结束和“史努比”的合作，那么，离开了“史努比”的蜡笔小新又该何去何从？面对一系列的挑战，奥维世纪策划机构又该如何帮助蜡笔小新休闲食品集团寻找合适的突破口，蓄力准备下一次的爆发？

利用网络最新最热的事件，是吸引消费者目光的最快的方式，但是什么样的事件才能与蜡笔小新的产品完美地结合？怎么样才能更好地体现出“蜡笔一下，天天开心”整个主题？

头脑风暴遭遇瓶颈的休息中，有人提到你的“愤怒的小鸟”打到哪一级了？这个无意中的提示，顿时点醒了奥维策划机构这个案件的负责人，为什么我们不可以利用时下最热门的游戏？

据研究和调查显示，自2009年12月开始，愤怒的小鸟的游戏就倍受欢迎，欢乐的游戏的配乐气氛，轻松的节奏，爽朗的风格，配上各个颜色的卡通形象，给游戏者带来无尽的欢乐。

据统计，“愤怒的小鸟”第一版用了161天达到1000万的游戏下载量；第二版用了79天；第三版用了8天；最新的太空板只用了3天。“愤怒的小鸟”是2012年第二受欢迎的付费苹果软件。统计数据显示，全球下载该游戏已超过10亿，仅中国就达到1.4亿次。据法新社报道，ROVIO公司还计划在未来一年内，在中国100座城市开设零售店，产品还将融入更多的中国文化元素。

奥维建议：蜡笔小新携手愤怒的小鸟霸气登场，一触即发。两大巨头，强强联手，定将风行休闲食品行业，品牌杀伤力不可小觑。

准确定位，借势造势

2012年蜡笔小新休闲食品集团结束了与“史努比”的合作，在奥维世纪策划机构的推进下携手芬兰ROVIO公司，共同刮起“愤怒的小鸟”的旋风，为旗下现有的果冻、棒糖产品注入了新的活力，为消费者带来了全新体验，开始新一轮的借势造势行动。

蜡笔小新虽然在休闲食品行业已经成为一个知名品牌企业，但是如何让愤怒的小鸟与其产品完美结合，既要能有效地区别于其他公司的同类产品，又要能更好地吸引消费者眼光，凸显产品特色，这一切，并不是一个简单的设计融合和替代的过程。

作为战略合作公司的奥维世纪策划机构该怎么去重新定位蜡笔小新的包装呢？又怎么能在众多休闲食品中突颖而出呢?

1.概念定位

“愤怒的小鸟”游戏作为时下网络最受欢迎的游戏之一，首先我们要分析它们的特性和它们受欢迎的原因，再结合蜡笔的产品进行定位分析。

我们发现，“愤怒的小鸟”不管是季节版、里约版、太空版还是星球大战版等，他们都有一个共同的特征，都充满着欢乐和轻松的气氛。

2.品牌融合

“愤怒的小鸟”系列产品是建立在“愤怒的小鸟”游戏及蜡笔小新两大成功巨头的肩膀上，拥有更高的起点，更好的平台。

针对蜡笔小新产品的流通和终端市场的要求，奥维策划机构协助蜡笔小新进行产品包装设计整改，借助“愤怒的小鸟”的超高人气，为蜡笔小新的新旧产品注入活力，对新旧产品包装进行设计整改，并对包装进行统一规范，增强产品在终端的陈列效果和形象表现力，吸引消费者目光，帮助蜡笔小新在品牌终端上取得强有力的品牌影响力。

差异化设计使之品牌升级

只有差异化的设计才能吸引更多的目光，只有差异化的设计才能使之品牌升级，只有差异化的设计才能注入新的活力。

产品的设计以童真、童趣为主调性，以“蜡笔一下，天天开心”主题中的“开心”作为与消费者心理沟通的桥梁，同时也能有效的把“愤怒的小鸟”游戏中欢乐轻松的氛围巧妙的结合一起，将产品更好的融入到小朋友的生活中去，陪伴小朋友度过开心快乐每一天，传递开心、健康的品牌感受，表现出它是一款既好吃好玩又益智的休闲食品。

设计师们曾尝试多种不同的设计风格，在产品包装上变换不同的游戏场景，如：情人节版、季节版、夏日野餐版、太空版等；不同角色元素，如：红鸟、黑鸟、黄鸟、蓝鸟、绿猪等；不同小鸟表情，如：喜、怒、哀、乐等；不同小鸟造型，如：墨镜版、耳机版、吉他版等。

经过多种尝试之后，并考虑目标消费人群等因素后，决定选用最为消费者熟知的常规版游戏场景，选用大众都熟悉的角色元素，如：红、黑、黄、白、蓝鸟及绿猪。选用喜乐可爱的表情，体现游戏欢乐气氛的同时更体现了小鸟元素与蜡笔小新产品特征的完美融合。统一选用常规的小鸟造型，简约的造型，区别于其他愤怒小鸟产品的包装设计，使之在流通终端形象中脱颖而出。

总结

最快速利用大众关注的事件或者最热门的游戏来赚足消费者的眼球，并利用两者的关联度为自己的产品进行最大限度的宣传是每个商家都渴望的。但是要做到这一点谈何容易?

总结这次借势的成功之处，我们不难发现以下两点能够成功的先决条件：

1.及时快速的反应：精准的眼光、敏感的思维、强大的说服力和快速的执行能力是制造借势营销成功案例的基本保障。蜡笔小新在最佳的时间做出了一个正确的决定，奥维世纪策划机构充分地将其与产品巧妙的结合，使蜡笔小新的产品成为消费者的焦点，从而形成了品牌形象的快速提升。

2.差异化设计：创新是品牌的生命力。蜡笔小新不是在食品中第一个利用愤怒小鸟的形象作为宣传的企业，加上愤怒小鸟游戏的宣传效果，更容易被消费者认识和接受，也正因为这样，所以要求在设计上必须要更加区别于其他产品，才吸引消费者的眼球。

愤怒的小鸟系列产品包装设计快速地得到了消费者的认可，从愤怒小鸟产品推出后，半年的销售量过亿；在品牌流通的渠道上有了新的突破；在2012年8月福州糖酒会上广受经销商的欢迎；产品与愤怒小鸟游戏结合后，打通了一贯蜡笔较弱的流通市场，尤其是棒棒糖系列的产品，受到越来越多的供应商的喜爱。

放眼市场，大家都在寻找这样那样的机会来借势造势，但是不管商家最终选择了哪种创新的模式来赚足消费者，他们都需要强大的企业后台作为支撑，比如“蜡笔小新这次愤怒的小鸟来袭”一样，没有蜡笔小新强大的品牌优势、独立的渠道优势、精耕的流通市场及优秀的销售团队的成功运作，也很难取得这样的成功。

奥维世纪策划机构作为蜡笔小新集团战略合作伙伴也一直在努力，力争为企业带来最大的利益方案、最大的支持。

点评：

闲暇之舌尖上的快乐。

闲暇，读一段美文，听一段音乐，鼠标轻轻一点，你所需的东西便跃入眼前。网络使我们足不出户便可知大千世界的变迁。愤怒的小鸟让大家有缘与蜡笔小新休闲食品相“识”，相“知”，我们就该珍惜这份缘，把获得知识和休闲时舌尖上的快乐跟大家一起分享。

——陈竹林

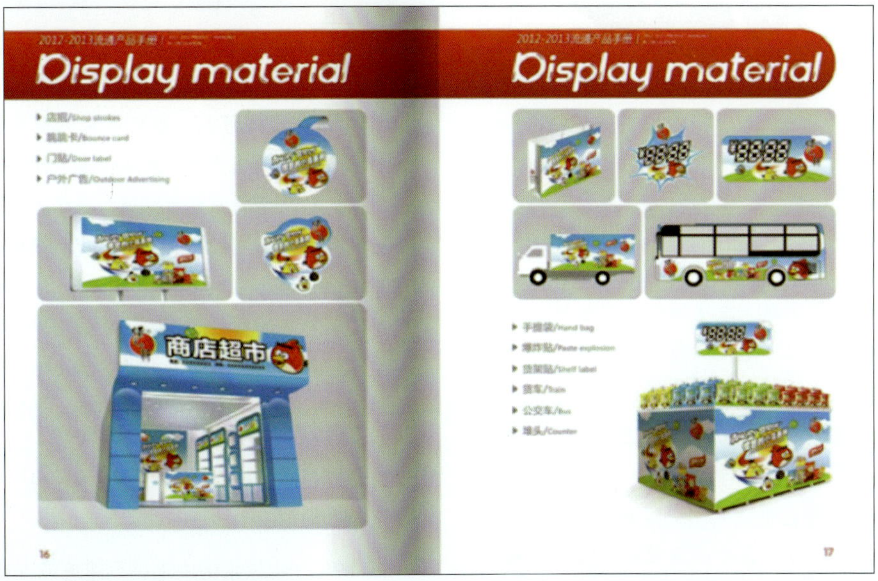
Display material
Display material
商店超市

ANGRY BIRDS
SPACE
LOADING...

ANGRY BIRDS
Assorted taste
综合口味
可吸果冻

中绿五色粗粮：绿记五行健康

广 告 主：
中绿五色粗粮
广告代理：
厦门圣美品牌营销机构

中绿集团是一家集绿色农产品种植、保鲜、深加工及绿色食品研发、销售为一体，经国家农业部认定的“农业产业化国家级重点龙头企业”和“全国食品工业优秀龙头食品企业”。2011年，中绿集团决定进军速冻调理食品行业，这个决定源自中绿对自身实力的信心。圣美专业团队通过对中绿集团高层的深度访谈，中绿品牌屋的梳理与构建分析、销售数据的分析及消费者的问卷调查，发现问题打造品牌突围，最终使中绿集团打赢“食品之战”。

中绿集团2004年在香港上市，最高市值超百亿，获得中国农业产业化国家级重点龙头企业、中国500最具价值品牌和中国驰名商标等众多殊荣。中绿旗下品牌“粗粮王”已成为中国粗粮谷物饮品领先品牌。2011年中绿进军速冻面点及速冻鱼糜制品，主打粗粮与鱼糜膳食平衡概念，意欲打造中国冷冻粗粮调理食品第一品牌。

短兵相接，冷冻调理食品行业渐入红海

冷冻调理食品行业，目前常见的有速冻面点、速冻鱼糜制品（火锅料）等主流品类。速冻面点品类起步早，发展迅猛，短短十几年间已经形成了成熟完善、覆盖高中低档的产品线，行业洗牌已初步完成，品牌集中度高，有三全、思念、湾仔码头等消费者认知度、好感度和忠诚度较高的品牌，寡头市场的到来，预示着速冻面点产品已进入竞争十分激烈的红海市场。

火锅料市场发展较面点晚，但速度同样不容小觑，虽然目前还未出现统领全国的寡头品牌，但已经有超十亿级的行业巨头出现，例如安井、海霸王、海欣、惠发等消费者认知度高的品牌。火锅料产品线基本成熟，创新放缓，宣告准红海市场形成。

中绿试剑，找寻速冻调理食品蓝海

2011年，中绿集团决定进军速冻调理食品行业，这个决定源自中绿对自身实力的信心：对于速冻面点产品，中绿拥有遍布全国的40万亩优质基地及十几个加工厂，可保证产业链原材料及加工技术的优势；火锅料产品，中绿拥有东南海域优质鱼糜资源及成熟的火锅料加工技术与人才优势。中绿决策层决定借势“中绿粗粮王”的成功，利用粗粮与鱼糜荤素搭配，膳食均衡的营养学概念，走出中绿速冻食品的差异化之路。在此思路的指引下，以甜玉米包心鱼丸等为主打产品的“粗粮当道”冻品品牌应运而生。

经过一年多的品牌宣传、卖点打造及产品推广，“粗粮当道”在东北等区域具有了一定的市场占有率，但品牌产品并未走出明显的差异化，且渠道分布局限于传统流通渠道，没有直面目标消费者的机会，品牌产品溢价空间有限，利润微薄，“粗粮当道”似乎被淹没在了广袤的红色海洋之中。

是品牌错位还是卖点不足，究竟该剑指何方，才能劈出自己的一片蓝海？带着这些困惑，中绿于2012年底找到了南中国区首家专研食品和品牌农业，在大食品咨询领域尤其

速冻调理食品领域具有资深操盘经验的圣美品牌营销机构。

三问中绿冻品，路在何方?

2013年开始，中绿与圣美正式建立了中绿冻品品牌年度战略合作关系。圣美基于对速冻食品行业现状的把握与了解，迅速展开对中绿“粗粮当道”冻品品牌的诊断分析。

中绿的优势在于中绿母品牌的知名度及品牌价值、农产品产业链前端资源优势，“全程绿色”生产过程带来的健康好品质，以及中绿“粗粮王”已有的市场影响力带来的消费群对“粗粮”产品的认识与好感。然而这些资源该怎么组合运用，走出中绿冻品成功之路呢?

圣美专业团队通过对中绿集团高层的深度访谈，中绿品牌屋的梳理与构建分析、销售数据的分析及消费者的问卷调查，得出中绿冻品发展方向重要的“三问”。

“一问”：中绿冻品，现在重点发展火锅料。其主要成分是鱼糜不是粗粮，消费者购买时也是为鱼糜制品的营养和口感买单的，该如何将粗粮有机结合进去，技巧性提升产品的营养健康度及更好的口感，这是重点。

出路：借鉴冻品成熟国家如日本、韩国等类似产品的工艺与技术，创新走出新品类。

“二问”：现代KA渠道与消费者近距离接触，对强势品牌形成非常重要。但KA渠道费用高，要做中高端产品。如何让中绿的粗粮鱼糜制品顺利定位中高端，不能仅凭膳食平衡的这一卖点，还要有更充足可信的诉求与支撑点。

出路：深挖粗粮带来的差异化诉求，新品类新价位，走出传统火锅料的重重包围。

“三问”：销量是品牌的基础。目前中绿火锅料销量及市场占有率较低。所以，中绿速冻食品要有量的突破，才能站稳品牌。

出路：传统渠道走量产品不能放弃，以其为基础，并发展新产品带来新的增长点。

品类突围，中绿冻品蓝海之路

以上“三问”，基本梳理明确了中绿粗粮冻品发展的主要方向。首要解决的是品类突围，开创速冻美食新品类，打造全新概念产品，这是品牌突围的基础。不定位于传统火锅料，以粗粮衍生出的独有卖点，创造出新品类的溢价空间，这样产品才有足够的利润去操作KA等现通渠道，与消费者直接沟通，有机会做大做强品牌。

其次要兼顾传统与现代渠道，抢占市场。不仅要有传统渠道所需的火锅料，更需推出新品类满足现代渠道。鉴于现阶段速冻食品尚处于成长中期，面点至少有1~4倍发展空间，而鱼糜制品正处于高速发展期，中绿可借冻品行业增长趋势，在产品及渠道上，兼顾传统与现代，实现市场份额的快速占领。

最后基于新品牌刚出道，影响力微弱，需要借助“中绿”母品牌，以“中绿”良好的市场知名度与影响力及较大的行业包容度，带动中绿冻品新品牌的初期推广。

绿记，中国速冻粗粮调理食品专家

现在回顾一下“粗粮当道”品牌名称，它是将中绿的粗粮优势，强力导入了冻品领域。但通过对消费者的抽样调研后发现，消费者基于消费惯性，更愿意把它联想为速冻面点的名称，并不会令他们联想到高品质的速冻粗粮鱼糜制品等其他品类。看来“粗粮当道”似乎没有足够的品类包容度及消费的联想度。启用一个能突显中绿特色，兼具速冻产品较大品类包容度和消费正向联想度的品牌名称，是双方高层讨论后的一致意见。一个好的品牌名称，本身就应该成为一个好的市场营销工具。

绿记！在圣美专业团队及中绿高层协商探讨后应运而生。绿记，作为中绿旗下已注册未启用的品牌名，不仅能将中绿

“全程绿色”的健康食品理念传承，还是一种源自粗粮的差异化内涵的自成一派。但绿记原LOGO设计不足以反映出以上的策略思想。于是圣美设计团队马上对LOGO进行了策略指导下的再创作，一个简洁大气、与中绿关联度、联想度更强的绿记LOGO应运而生了：（下图）

但这样还不够，遵循“绿记”品牌是以“中绿”带“绿记”的突围策略，采用“中绿+绿记”LOGO组合方式：

中绿 | 绿记 GREEN KEE

使得“绿记”冻品品牌与中绿母品牌有最大程度的关联，充分分享“中绿”品牌的知名度与影响力，全面使用于绿记品牌的所有终端宣传及推广物料中。

随着对速冻食品行业及市场现状的客观分析，以及对中绿资源及发展方向的深度探讨，绿记品牌定位也终于精准地落到了“源自中绿的速冻粗粮调理食品专家”。

一方面明确品牌的产品属性是目前发展潜力巨大的速冻调理食品；另一方面强调品牌专注于现代人喜爱的粗粮调理食品。这样绿记的产品，不仅完全可以涵盖粗粮火锅料产品，还可延伸出多样化的其他粗粮系列冻品：如粗粮面点、粗粮冰品、粗粮料理等。在竞争激烈的冻品市场上，绿记找到了属于中绿的差异化的品牌定位及发展方向。

中绿五色粗粮 绿记五行健康

依托中绿粗粮优势，打造绿记差异化产品。那粗粮的真正优势从何诉求能打动消费者呢？圣美专业团队针对粗粮及其产品特性、营养功能、消费认知与喜好进行了一系列深挖与比对，在一众的分析诉求中，发现了一条市场与竞品尚未明确提出的，但却在中国消费者的心智中被熟悉和信服的粗粮色彩与健康养生的观念：五色粗粮五行养生。（如图示）

通过圣美专业团队的几次头脑风暴会议，绿记品牌的独特诉求渐渐成型，最终确定为“中绿五色粗粮 绿记五行健康”。源自中绿“全程绿色”的品质粗粮，邂逅东南海域优质的深海鱼糜，经过独特工艺加工及速冻保鲜技术，成就了独具一格的中绿绿记速冻粗粮调理食品。产品不仅荤素搭配，均衡膳食，有利吸收，五色粗粮更赋予了人体五脏健康的自然颐养；“中绿五色粗粮 绿记五行养生”，正是绿记产品传承中国五行养生学，依托中绿产业链优势资源，融现代膳食平衡与五色粗粮养生于一体，领先市场与竞品的制胜之道。

围绕绿记的品牌诉求，圣美专业团队决定先落地创作出生动形象的产品卖点图标来传达，并创意设计了绿记品牌的主视觉形象（KV）。

（图一：五行健康图标）

养生学从中国五行（金木水火土），延伸出五色（红黄绿白黑）养生学，寓以五色粗粮来颐养五脏，从而协调身心，达到健康平衡养生的目的。绿记承继五行养生学，依托集团全程绿色的资源优势，优选五色粗粮，巧妙搭配，膳食均衡颐养身心，成就绿记产品优于竞品的独特之处。图标中采用中国传统的楷书，外围五格使用中绿代表性的五色粗粮实物图（玉米-黄，淮山-白，黑豆-黑，绿豆-绿，红薯-红），增加了图标的好看与易记性，使之成为绿记品牌的标志性视觉符号之一，固定使用于所有含粗粮的绿记产品的包装及宣传画面中。

（图二：膳食均衡图标）

依据“中国居民平衡膳食宝塔”相关指导，鱼、肉与粗粮果蔬的摄入，须保持在合理的比例，这样有利于营养的吸收。“膳食均衡”图标，以阴阳太极的图示做延展，使用代表海洋、鲜鱼的蓝色与白色，与代表粗粮的绿色、阳光的橙色，构成一个具“生动均衡健康感”的标志性符号。图标色彩及造型配搭优美，简洁明了地说明了荤素搭配，均衡健康的内涵，将使用于所有含粗粮的绿记火锅料产品的包装及宣传画面中。

绿记启航，惊艳中国火锅料节

绿记在明确了品牌差异化定位及产品独特诉求后，配合新产品的研发、产品包装形象升级和终端生动化物料的规范制定，以全新形象正式亮相于2013年5月底的第三届中国火锅料节，受到了速冻行业业内外人士的瞩目，并引起了参展经销商的积极关注。

大气简洁的中绿绿记特装展馆形象及布置，独具匠心的五行健康转盘在展馆内外的生动展示，一系列深切主题的“五色粗粮，五行健康”宣传推广活动及产品走秀表演，让绿记产品在参展的众多火锅料厂商中脱颖而出，绿记五色粗粮五行养生成了会场最受关注的话题之一。

我们有信心期待中绿绿记品牌，从此在速冻食品红海中扬帆启航，驶向前景广阔的粗粮调理速冻产品的蓝海！

（图三 绿记品牌KV）

大气简约、寓意深远的中绿展位形象

绿记产品包装形象醒目升级

经销商对绿记产品倍感兴趣

引人注目的绿记五行转盘巡游车

绿记新品让人忍不住想尝尝

绿记五行转盘前参与者排成长龙

看看我转对了同色的粗粮与产品了吗?

别具一格的绿记产品秀，五色无处不在啊

荣获2013黏火锅料行业最具成长性企业奖

点评：

充分的借力是这次品牌推广策略成功的主要原因。首先是品牌名的确定和精准的品牌定位：“源自中绿的速冻粗粮调理食品专家”，很好地借助了母品牌的影响力，有助于提高信赖度、降低了品牌推广的难度。其次是很好地借力于人们熟知和认同的“五行”养生观念，有利于广告受众更安心地接受这一品牌。最后是借力于一个具有业界影响力的、专门性的展示平台：第三届中国火锅料节，加上强大的品牌依托和优秀的新形象设计，一举受到了速冻行业业内外人士的瞩目。充分利用一切可以利用的资源，以最小的宣传投入获得最大化的广告效果，此案例完全可以作为一个经典的参考案例。

——王 茜

乐源能量王：激发潜能，跟自己战斗

广 告 主：
乐源能量王
广告代理：
杭州博采广告公司

乐源能量王《俯卧撑篇》的广告从提案到创意执行，听上去倒是一个有趣的故事。在短时间内，创意团队就完成了乐源能量王的创意策划，就像这则广告的主体一样，他们也是在跟自己战斗。而博采对于广告片细节的把控也令人印象深刻，一条好的广告片的呈现需要各个细节完美配合。

背景——临危受命

对中国人而言，春节就像一个暂停键。

不管是甲方，还是乙方，只要是中国人，每年一到春节，大伙儿都会停下工作，走亲访友，吃喝玩乐，享受我们最重要的假期。

2013年春节前夕，开过年会，吃过团年饭，提前回家的回家，留下的也都在等放假，心已经开始放空，已经飞到千里之外……又被一个十万火急的案子“啪”打回了原形。

就在放假前，乐源心急火燎地找到博采，他们旗下的“乐源能量王饮料”计划要拍一条广告片，之前已经经过一段时间的比稿，方案都不满意，还没有可执行、可拍摄的创意方案，但媒体播出时段已经买好，眼看就要开天窗……客户希望：春节一过，就给他们提案。

一开始，我们很婉转地拒绝了这个案子，因为无论是前期创意时间，还是筹备拍摄、后期制作的时间，都非常非常之紧张，刚好又碰上春节假期，这案子仓促到……有些不太现实；而且，我们知道：不只是要做成一个案子，同时还要保证博采一贯的品质和高水准，这首先需要时间的保证。

也许，正因为我们谨慎和负责任的态度，令客户对我们有了更多的信任，他们的态度也有了很大的转变：决定孤注一掷，完全托付给博采，不再找其他公司比稿了。其实，从客户的立场来说，多一家公司比稿，就好像上了双保险一样，至少心理上觉得多了一颗定心丸，不会七上八下地担心：万一春节过后，博采的方案不行怎么办？没有时间再找其他公司了……我们完全理解客户比稿邀约时的心理，反倒是当客户把案子完全交给博采，并且第二天就把创意定金打过来时，我们深深地感受到客户诚心诚意合作的态度，同时也觉得责任瞬间大了起来，有种临危受命的感觉。

春节放假前一天，双方约定：春节后提案，越早越好，最迟五天内必须提案！否则后面执行的时间来不及。

于是，原本打算春节多休几天的、计划把年假一起休掉的案组人员，全体取消调休和年假，一天也不能多休。对创意人员而言，一想到节后要提案，而创意方案还虚无缥缈在空中飘，心里就像有根刺一样，时不时地会被戳一下，提醒自己一定要想出好的创意来，责任就是压力，虽然身体已经在休假，但心却没办法停下来，不能辜负客户的信任，不能让客户已经买下的媒体时段开天窗啊！

创意策略

乐源能量王维生素运动饮料，属于功能型饮料，无论是品相，还是口感，都跟红牛都很像，属于跟进型品牌。

对于维生素运动饮料而言，早已过了市场教育期，市场教育有红牛、脉动、佳得乐，这些都是运动饮料的先驱和领导品牌，乐源能量王作为一个市场跟进型品牌，既没必要重复做“功能认知”这样的市场教育诉求，也没有足够的预算去做这样的功课。

相对于红牛的罐装，客户原本想做“瓶装更给力”（和其正 vs 王老吉的策略），走所谓的产品差异化路线，但老实说，这是一厢情愿的美好愿望，因为无论是媒体覆盖、推广预算，还是市场竞争情况（类似的瓶装能量饮料不只乐源能量王独有），乐源都无法与和其正凉茶相比，不可能复制和其正凉茶的成功。

基于市场、产品、媒体计划支持等等，我们觉得乐源能量王应该做的是：品牌差异化，即：塑造“能量王”的品牌个性，让消费者产生认同感和共鸣，同时也让“能量王”在众多运动型功能饮料品牌中跳脱出来，广告应做到四两拨千斤的效果。

于是便先有了“我是能量王”这个概念，将受众的能量与“能量王”直接划上等号，取其双关之意：既指某人是能量王，也指能量王饮料本身所带给消费者的能量。表现上则通过某人做某种运动来证明“我是能量王”。

因此，便有了《俯卧撑篇》这支广告，俯卧撑这样的运动可以简单有力地诠释“能量之王”这个概念，非常单纯，且有记忆度，能从其他广告中跳出来，也能引发目标消费人群的共鸣——很多男生都有比赛做俯卧撑的经历，或者跟别人较劲、或者跟自己较劲，“1、2、3、4、5……98、99、100”，可以说是力量之美、能量之最。

提案时，在三个创意中客户一眼就看中这个方案，并确定了创意脚本，连修改方案再做第二次提案的环节也省了，直接进入拍摄筹备阶段。

筹备

创意确定下来，筹备工作便紧锣密鼓地启动了，选导演、选摄影师、确定拍摄档期、选演员……

从导演人选开始，客户的意见就变得很谨慎，觉得这个导演风格不够有个性，担心那个不会很出彩……导演定不下来，紧张的筹备转眼又陷入停滞。

客户希望找到风格特别相近的导演，希望一看到导演的作品，就觉得跟《俯卧撑篇》的调性特别贴合，只有这样他们才觉得放心，因为《俯卧撑篇》看似创意很简单，其实，越简单的东西执行难度越高，他们需要一个好导演，甚至不惜高价。

后来，我们把目光锁定在红牛林丹篇的外籍导演上。一来是产品类同，二来是看到广告片中林丹的几个动作很帅、很酷、很有男人味，跟《俯卧撑篇》的感觉比较接近。当我们再次给客户推荐导演时，客户也当即认定拍红牛的导演最合适。

导演确定了，摄影师、灯光师、服装师……陆陆续续也都确定下来，整个摄制班底全都忙碌起来。

演员

但是，直到开拍前第四天，还没找到觉得OK的演员。

这是极其不可思议的事情，是我们以往的制作经历中前所未有的事，所有人都很着急，制片恨不得去跑杭州的健身房，看能不能幸运地找到合适的人选。

也许有人会问：演员有那么难找吗?难，真的几乎快要难倒我们了！因为，我们需要的演员很特殊——需要很会做俯卧撑，双手俯卧撑、击掌俯卧撑、单手俯卧撑、倒立俯卧撑……如果有大把的时间，其实这演员也不难选。要命的是我们没有太多的时间，拍摄日期眼看就要到了。

短短一天时间内，北京、上海的演员经纪公司发来两批演员资料，长得帅的不缺，长得壮的、浑身肌肉的也不缺，但是我们不需要看上去很专业的健美人士，或者帅气漂亮的模特，我们需要的是一个外表看起来很生活化的人，简单来说，他像是一个真实的消费者，是一个真实的能量很强的人，演员要有那种“我就是能量王”的气魄和实力。

幸运的是，开拍前第三天，我们收到了演员经纪公司发来的第二批演员人选，当看到影视剧演员张政勇的个人资料和casting时，觉得他做各种俯卧撑的动作都还蛮到位，尤其是倒立俯卧撑，让人觉得

96,
100,
101,
102…
乐源
能量王
能量之王
96,
98,
99…
LEYUAN
乐源
能量王

点评：

乐源能量王：优秀的作品源于精湛的展示，简单明了地阐述产品功效，侧重于能量王提升体力。广告画面中，能量王重点突出，结尾倒立俯卧撑是点睛之处，二者配合相得益彰。演员的眼神以及口渴喝能量王样子，饮料吞咽的声音，都可以让人感同身受那种能量的补偿。很棒的感受以及视觉的传达，才是一则好的广告。值得称赞的是有这样优秀的团队，秉承为客户负责的态度，那么短的时间内创作出优秀的产品，展现的是充分为客户负责的一种态度，值得所有的广告人去学习。

——王 茜

“哇！这么厉害！”。人长得有特点，动作又标准、漂亮，而且还小有名气（他曾出演过《雪豹》的杨大力），所以客户像捡到宝一样，很愉快地把演员敲定下来。

拍摄

终于，进入拍摄的那一天，有惊无险，但一切还算顺利。

那天张政勇应该做了大概有几百个俯卧撑，因为只有他一个演员，而且要做各种姿势的俯卧撑，导演的要求也很严格，演员的动作、镜头的运用、光影的协调，任何一个细节不到位都要再来一遍……

大概拍到三分之二时，有一个镜头反复拍反复拍，还没有OK的镜头，这时，现场制片跑过来跟导演沟通：

“不行了，演员太累了，导演，要不要休息一下？等下再拍？”

导演目不转睛地看着监视器，屏幕上演员正趴在地上休息，导演冷酷地说：

“他应该有斗志，跟自己战斗，把潜能激发出来，我相信他可以做到！”

“He can do it！”导演说这句话时坚定的语气，给我留下非常深刻的印象，当时我在旁边听着，觉得这个老外导演好冷酷好狠，但是，随后的镜头画面抓到演员达到临界点时的画面，的确够真实，很有冲击力和感染力，这时又不得不佩服导演的坚持和不妥协。

导演的坚持，激发了演员的斗志，也激发出摄影师的激情，那天的拍摄现场能感觉到现场创作的美好。TVC的创意不应该只停留在脚本本身，而应该是贯穿在执行环节中的每一个细节上，需要在每一个环节都有再创作的提升。从早上9点到凌晨1点，张政勇做了一天的俯卧撑，只能在换机位、变灯光的空档抽空休息，按摩、放松一下快要抽筋的双臂，幸好他是专业演员，有职业精神，也有种不服输的劲头，我们所有人全靠他了，他没让我们失望！

凌晨1点收工时，大家居然没有像往常那样赶紧回家睡觉，也许是拍得太high，太有感觉了，意犹未尽。感觉得出来，大家都对现场的拍摄很满意，每个人都做到了自己心中的完美，没留什么遗憾。

很多人说，拍片子是门遗憾的艺术，其实，之所以遗憾，是因为很多时候遇到困难、阻力、障碍、困惑的时候，没能去坚持，去逼自己一把，甚至去逼所有人一下，把每个人的潜能激发出来，群策群力，每个环节都不妥协，不打折，最后出来的成品才会有惊喜。

交片

“Good！”

“感觉一下子把我们产品的档次提高了！”

客户翘起大拇指，跟外籍导演用简单的英语交流着，然后又用中文对我们说话，喜悦之情溢于言表。

不到一个月的时间，从提案到交片，博采交出了一份满意的作品。

乐虎功能饮料：激发正能量

国内功能饮料处于起步阶段，市场饱和度低，发展潜力巨大。红牛历经十几年时间，培育中国的功能饮料市场，在能量饮料市场享有“一牛独大”的待遇；由于一些小品牌的营销策略不足，未出现有一定规模的第二品牌。民族企业食品饮料巨头达利集团出击，研发了更符合年轻人需求、“提神抗疲劳”的功能饮料。

在中国,真正的功能饮料，需要通过国家药品监督管理局的保健食品严格审批，这个过程至少需要一年半时间。在乐虎筹划上市过程中，海润参与策划了从命名到策略制定、创意执行的全过程，长时间的思想沟通与碰撞，也让我们对客户的需求有了更深入细致的了解。

首先是品牌的命名，“乐虎”方案提出后，很快被客户认可。乐虎，“虎“为百兽之王，象征威猛与强悍，傲视群雄，君临天下；“乐”是积极向上、乐观通达，乐虎字面上象征快乐与力量，诠释的是积极向上、饱含激情的年轻活力，是当下最值得传递的正能量。

作为一款全新的功能性饮料，要想迅速打开市场，品牌力和产品力的传播同样重要。所以我们决定制作两支广告片，双管齐下，对应品牌高度和功能诉求，各个击破!

品牌力提升上，我们与中国关注度最高的篮球赛事——CBA联赛签署战略合作协议，利用CBA的影响力为乐虎造势。在乐虎TVC《CBA篇》中，我们甄选全联盟最有影响力的易建联、最成功的外援马布里，最有发展潜力的新人王哲林，组成“乐虎之队”，以CBA比赛中最精彩、最能体现爆发力、最具“正能量”的比赛画面，与乐虎的产品形象有机结合在一起，创造乐虎势不可挡的能量概念，为乐虎品牌造势。

功能传播上，为了强调乐虎日常的“提神、抗疲劳”功效，《功能篇》创意聚焦年轻白领人群驾车出行和忙碌工作两个最典型的功能饮料消费时机，展现乐虎“提神抗疲劳”、“激发正能量”的功能。

拍摄场景定在了加油站便利店和办公室。办公室的场景好解决，而加油站则让制作团队犯了难!安全是首先要考虑的问题，而拍摄时间正值两会，加油站更加谨慎，我们准备了河北境内的加油站或者租便利店搭建加油站两个方案，但都不太理想，前者结构不太标准，而后者则担心场景还原的真实度。制片部门始终没有放弃，终于在拍摄前一天晚上，在南五环找到一个落成但未投入使用的加油站，在清晨的阳光下，我们完成了加油站的拍摄。

《功能篇》在细节上下足功夫，汽车加油的暗示，办公桌的转椅迅速动作，互相抛掷乐虎均为彰显产品功能和特性。同时产品与场景联系紧密，如油表上的乐虎包装指针转动，产品在工作文件上的特写等。

“品牌+功能”，两支TVC双管齐下，乐虎在短时间内迅速累积知名度，传播积极向上的品牌形象，得到消费者的青睐。

广 告 主：
达利集团
广告代理：
北京海润新时代广告有限公司

在目前的中国市场上，要成功地推出一款新产品已经是非常困难。从乐虎功能饮料品牌的策划到执行，我们可以看到这个团队高效的执行效率。最终乐虎功能饮料以电视广告《CBA篇》和《功能篇》两条广告片进入公众的视野。从市场效果反馈来看，乐虎已经成功在饮料市场站稳脚跟，是一款成功的新品。

点评：

品牌突出，功能突出，广告片节奏快，充分展现了乐虎的能量功率高效性。选择在加油站为汽车加油，隐喻乐虎为人体力加油。广告整体风格与红牛类似，红牛广告语“困了、累了、喝红牛”突出其功能性，而乐虎直接“提神、抗疲劳、激发正能量”，亦是突出产品功效，恰恰可以利用成熟品牌红牛的品牌优势，让消费者能够知道功能性饮料的另一种选择。一个优秀的产品，是要经由市场检验是否能够被认可。

——王 茜

小龙王食品：不信你笑笑

营销挑战

“寻开心”是小龙王食品有限公司旗下针对年轻群体开发的品牌，品牌主张“有空多笑笑，天天寻开心”。市场上同类产品更新非常快，广告更新的频率极高，且很多市民对该类食品的广告缺乏好感。这次传播活动的最大挑战是如何让消费者与广告互动起来，从而对品牌主张产生认同。

品牌营销活动目标

此次传播运动的目标是：再一次得到的关注，并且使消费者对品牌全新主张“天天寻开心”形成鲜明的记忆。

绩效评估可从销量同比增长率、广告语在社会舆论中的谈论热度等方面进行考察。

消费者洞察

核心创意的洞察源于人类与生俱来的好奇心。小组在讨论寻开心时对开心的表现进行分类，发现笑是开心的重要特征，而对于笑的知识很多人知之甚少，于是决定以冷知识科普的形式进行创意引发好奇，得到关注。

核心创意

利用人们的好奇心引发对“笑的冷知识”的尝试。

创意执行

基于之前市场对品牌已有一定的认知，此次传播是为了更明晰品牌形象，企业要求从正面积极的角度传达“寻开心”的主张。所以创作团队搜集了大量与“寻开心”这一概念相关的信息，从而确定围绕“笑”进行创作，过程中关于笑的种类进行了大量研究，筛选出那些冷门而有趣的细节进行创作 。目标市场是湖南省内，所以媒体组合的选择以省级电视广告为主，配合主要城市的户外站台，以及电梯框架。

广 告 主：
小龙王食品有限公司
广告代理：
长沙盛美广告有限公司

针对这样一款目标受众为年轻人的休闲食品，“寻开心”的主张从正面积极的角度传达了当代年轻人应有的健康心态。根据这样的洞察，创意团队搜集了大量与“寻开心”概念相关的信息，确认围绕“笑”而创作的创意方案。并在过程中对“笑的种类”进行了大量研究，筛选出了一些冷门而有趣的生活观察进行创作。

品牌传播活动实效?

广告投放两个月左右时间，从企业渠道商处得到的反馈表明产品销售速度加快，指定购买率提高。广告语在人际传播中变成了流行语，省内的网络社区上出现了与笑的冷知识有关的话题。

《对笑篇》

《大笑篇》

点评：

“寻开心”是一种针对年轻群体开发的品牌，这个整合传播策划案紧紧地抓住了这一点，利用了年轻群体活跃网络、好奇心强、精力旺盛爱参与活动的特点，制造了一个足够“接地气”的话题，让这些目标受众感兴趣并参与了进来，在一场高参与度的“寻开心”活动中，潜移默化地增强了目标群体的认知度和好感度，明晰了品牌的品牌形象，达到了这次广告活动的预期效果。无论谁看了广告，都会想试一试，增加了消费者的参与性，从而加深品影响力。

——王 茜

《假笑篇》

南诺信盐焗鸡：绝不做鸭

有12年生产历程的南诺信是盐焗鸡食品行业的先行者，品牌建设却落在“无穷”身后。2012年3月，南诺信启动品牌整合，企图用全新的形象，挑战对手，拓展市场空间。

然而，面临的挑战除了“无穷”的领先地位，还有消费者对食品新品牌的信任度。

品牌活动传播目标

在最短的时间内与对手形成鲜明的差异、建立独特的品牌认知，树立独特的品牌形象。策略上采用比附定位，利用鸡鸭对比，重新定义本品牌所属的阵营，传达“专注生产盐焗鸡”的品牌态度，用“绝不做鸭！”作为品牌口号反复强化。

消费者洞察

目标消费者是18~28岁的年轻人，追求时尚、崇尚娱乐、乐于尝试新鲜事物。对他们来说，品牌“好不好玩”更重要。必须要让他们喜欢上“南诺信”！

核心创意

鸡鸭对比，怎么比都是比鸭好。

创意执行

在消费者心中，“南诺信”必须、始终是“个性+好玩”的，这一点在logo、包装、品牌传播的每个阶段都得到了贯彻。

“南诺信”选择了最具娱乐精神的湖南作为品牌根据地，分亮相、强化、深入三个阶段，用“鸡鸭对比”的核心创意演绎“绝不做鸭”。

品牌传播活动实效

“南诺信”通过塑造品牌个性，成功与竞争对手划清了界限，在媒介费用、曝光率低于对手的情况下，获得高于对手的知名度、认知度、偏好度。

品牌被受众主动传播、进行二次创作引发更多关注和舆论。品牌传播效果持续发酵。

广 告 主：
南诺信盐焗鸡
广告代理：
长沙盛美广告有限公司

面对食品行业的激烈竞争，该案例通过一系列有特点的创意，从众多的食品广告中脱颖而出。而创意也是一个品牌品牌形象的识别标识。在对“南诺信”的品牌消费进行分析之后，结合湖南本地的娱乐话题优势，把品牌定位成“个性+好玩”，彰显品牌的本地特色。

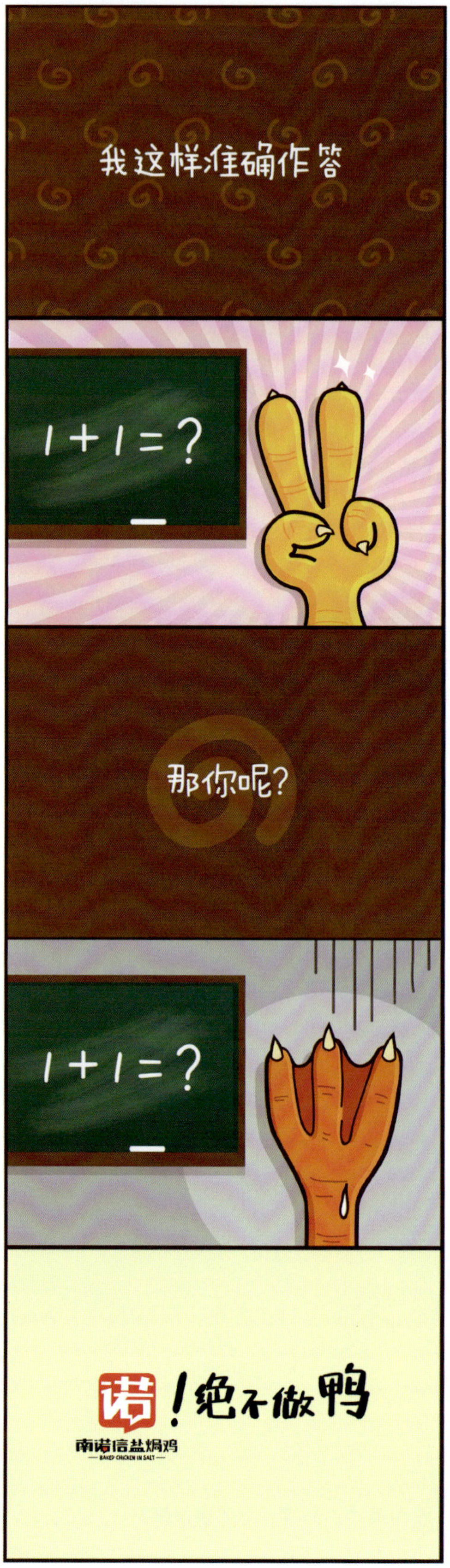
我这样准确作答
1+1=?
那你呢?
1+1=?
诺！绝不做鸭
南诺信盐焗鸡

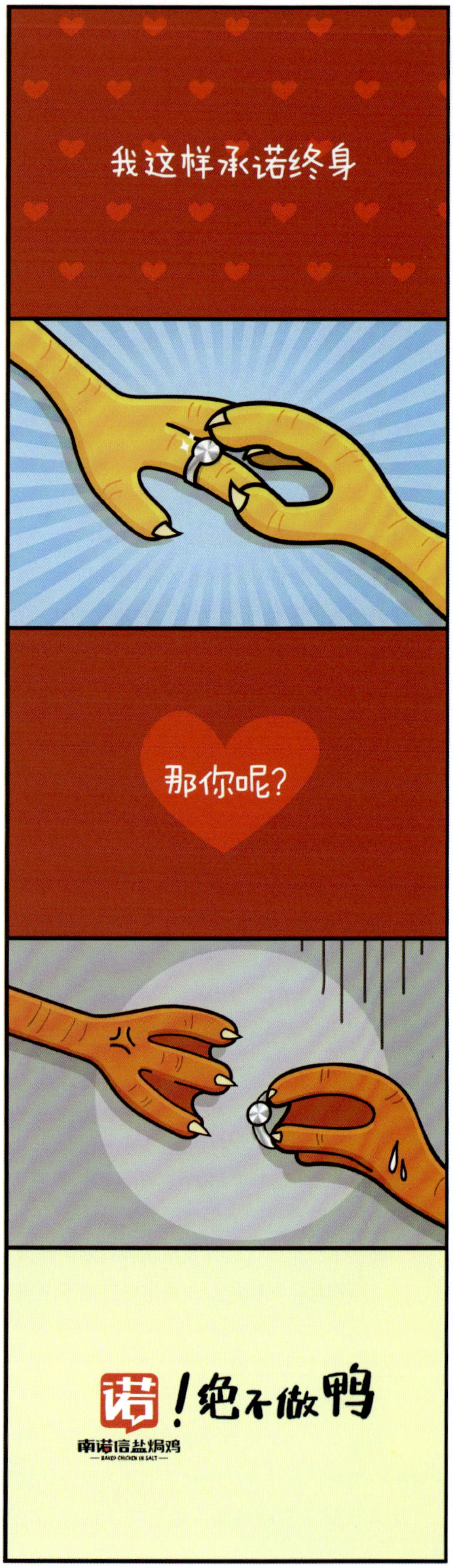
我这样承诺终身
那你呢?
诺！绝不做鸭
南诺信盐焗鸡

亮相阶段 2011年3月—6月，TVC《鸡鸭猜拳篇》+ 平面

强化阶段 2011年6月—2012年6月，TVC续集《趾间插刀篇》+《鸡鸭比赛》系列漫画

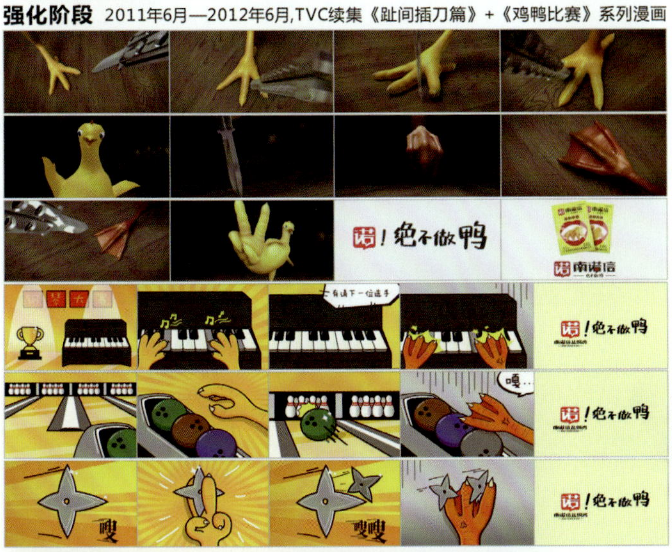

深入阶段 2012年6月—2013年，网络传播由《鸡挑战鸭》系列漫画主导

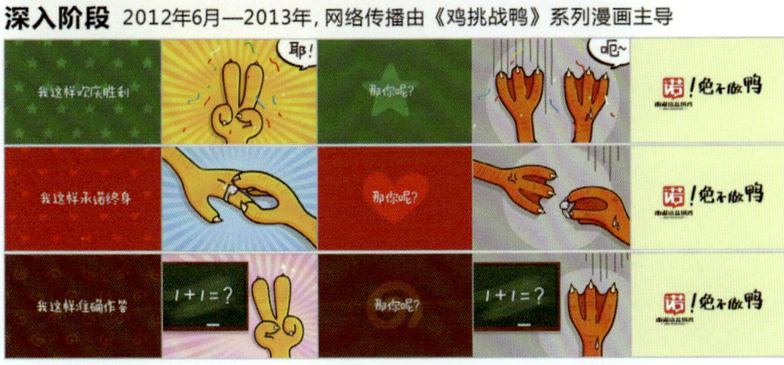

好玩的“南诺信”赢得消费者的欢心，获得了高于对手的知名度、认知度、偏好度。

"绝不做鸭！" 让人浮想联翩，很多接触品牌的人都自发传播、二次创作，引发了更多的话题和讨论，让传播效果持续发酵，销量持续上升。

诺！绝不做鸭

南诺信盐焗鸡

BAKED CHICKEN IN SALT

点评：

作为一个品牌建设“落伍”了的品牌，要想挑战高知名度竞争对手，就必须既足够吸引眼球又能给受众信赖感的品牌形象。南诺信盐焗鸡的目标消费者是追求个性、乐于尝试新鲜事物的年轻人，对他们来说，品牌“好不好玩”更重要。这个策划案以“绝不做鸭”为主题，够辣、够醒目、够好玩，也能够和对手的“鸡”做好区分和比较，不仅很好地得到了目标群体的眼球和好感，也树立起了鲜明的、可信赖的品牌形象。

——王茜

旺海群丰饲料：精品水产第一料

作为农牧业的基础产业之一，中国饲料行业目前仍处于粗放式发展阶段：重规模、轻价值；重产能、轻品质；重产品、轻品牌；重养殖、轻消费。相比于成熟行业，饲料品牌的知名度和溢价能力都比较低，市场竞争激烈，多数企业处于微利生存状态。

广东旺海饲料集团，1994年起步于广东顺德，作为珠三角地区实力较强的一家中小型饲料企业，在激烈的市场竞争环境下，旺海如何谋求更大的发展，推动其水产饲料品牌——群丰的战略升级？

市场竞争下的“精品”突围之路

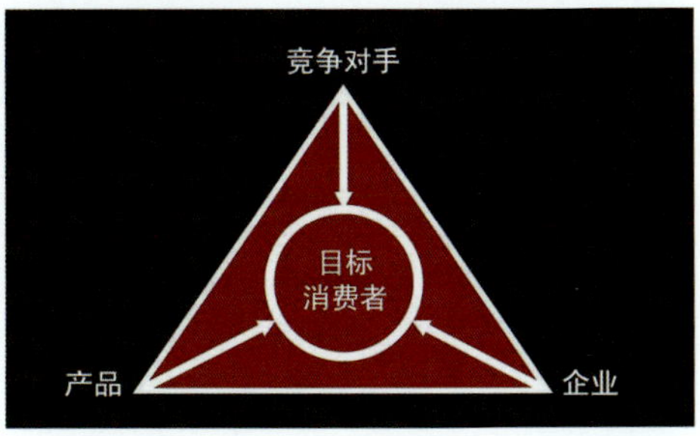

壹串通·洞察金三角模型

从海南海口到广东顺德、江门，再到广西玉林、桂林，壹串通对旺海企业、养殖户、经销商及消费者进行了深度的访谈和调研，通过系统地搜集第一手资料，进行科学的研讨和思考，我们为群丰品牌寻找到了差异化的核心价值，并由此构建起一条全新的战略突围之路：

1. 不走寻常“规模”路，细分品类做特色

纵观整个水产饲料行业，海大、通威、恒兴、粤海等主导企业纷纷以规模化打造竞争优势，产品多、品牌多、分公司多的“三多”现象是这些企业的鲜明写照。若拼规模、品牌、产品和资金，作为中小企业的旺海无疑处于下风。

然而，功夫讲究“伤人十指，不如断人一指”，旺海与其直面竞争、面面俱到，不如另辟蹊径、细分品类。

资源总是有限的，采用规模化战略，就等于分散了给予单个品牌和品类的投资；而旺海反“大而全”而行之，通过聚集资源，细分品类做特色，将为群丰品牌赢得“田忌赛马”的错位竞争优势。

2. 打造特种饲料，原来群丰一直在走“精品”之路

广告主：
广东旺海饲料集团
广告代理：
壹串通品牌营销策划机构

没有调查，就没有发言权！壹串通通过对旺海企业、养殖户、经销商及消费者的深度的访谈和调研，搜集第一手资料，进行科学的研讨和思考，为群丰品牌寻找到了差异化的核心价值，并由此构建起一条全新的战略突围之路。“三精”为核心的“精品”化发展战略，从饲料品种、产品品质、服务打造三大方面，构建起了具有市场竞争力的旺海群丰全新的品牌营销发展之路，同时塑造了群丰精品水产饲料的高档化、专业化的品牌形象。

品牌营销需要的是一双发现的眼睛，不是发达的大脑，完美的品牌战略规划，往往就在企业本身。通过对企业进行深入调研，壹串通发现，其实群丰一直在走“特种水产饲料”发展道路，只是缺乏系统的战略规划和升华。

作为一个具有大视野、大格局的企业家，旺海饲料总经理阮裕强先生意识到，做特色品类是群丰的发展机会。因此，群丰的产品开发，已经从最初的全线覆盖，偏向于聚焦细分品类、做特色的发展方向。这些年，群丰一直专注于生鱼、蛙、加州鲈、黄颡、塘鲺等特种水产饲料，精选品种、精选原料、精益加工，打造精品，在销售上实现了尖刀般的突破：生鱼料全国销量第一、蛙料广东市场第一，产销量连续多年保持30%的增长。

战略的选择，首先取决于我们拥有哪些资源，要建立品类，还要看我们有哪些品种。而从企业目前的情况来看，壹串通认为，群丰已具备了开创全新品类、实现品牌升级的条件！

3. 做小河里的大鱼，在“精品战略”中开创蓝海

品类细分，就是不做大河中的小鱼，而是做小河中的大鱼。那么，跳出规模化竞争的“大河”，群丰的“小河”在哪里呢？做品类，不是创造新词，而是找到客户心智中已经存在的潜在需求！通过进一步对养殖户及对水产品消费者进行调研，我们发现，群丰所具备的优势，恰恰是市场的需求。

从养殖户群体到水产消费者，整个水产饲料下游都在呼唤一种全新的饲料品类——“精品水产饲料”，它已经不仅是一条“小河”，更是一片“蓝海”！

通过综合分析企业资源和市场需求，我们为群丰规划了以“三精”为核心的“精品”化发展战略，从饲料品种、产品品质、服务打造三大方面，构建起具有市场竞争力的旺海群丰全新的品牌营销发展之路，同时塑造群丰精品水产饲料的高档化、专业化的品牌形象。

精选品种：迎合高端消费需求，精选生鱼、加州鲈、蛙、黄颡、塘鲺等名优品种，提升养殖盈利空间；

精益品质：资源聚集，持续投入，打造品质优势，构建竞争壁垒，保障养殖成功；

精心服务：品类引导、技术扶持，以贴心服务帮助养殖户获得稳定盈利。

打造“精品水产动车组”构建持续发展竞争力

摆脱规模化竞争的桎梏，拥抱精品饲料的广阔蓝海，群丰迎来全新的发展阶段。那么，在现有资源条件下，群丰应该如何规划产品线布局呢？

中小企业的资源局限性，决定了他们难以驱动多品类、齐头并进的产品线模式，最佳的解决之道是以市场为导向、构建产品动车组，重点打造火车头产品，形成代表品项，拉动全线产品高速发展。

因此，壹串通为群丰制定了“精品水产动车组”的产品策略，以全国销量第一的生鱼料为火车头，稳固单品类领导地位，并形成光环效应，将生鱼料的口碑和品质联想，辐射到加州鲈、蛙、黄颡、塘鲺等品类，拉动群丰品牌的整体提升。

同时，基于品牌长期发展的需要，群丰还应该根据精品水产市场动向及增长趋势，对产品线进行适当延伸，培育新的火车头，使火车头产品始终具有强大的品牌拉力，实现品牌的持续、稳定增长。

认知大于事实 成为养殖户认知的“第一”

营销的本质是认知大于事实，消费者只承认他们能感知到的事实，与其对他们进行说教，不如从潜意识里面激发他们的认同。

比如，很多人都以为沃尔沃是最安全的车。事实呢？据权威机构检测，沃尔沃的安全性能最多只能排全球第六。前五是谁？没有人分得清楚，因为他们不像沃尔沃一直宣传安全性。品牌营销的核心就是创造顾客认知，让顾客知道并且相信你的产品在某方面是最好的。

1. 精品水产第一料，打造养殖户认知的第一品牌

饲料消费者以养殖规模较小的养殖户为主，中国农民身上普遍具有的务实、缺

群丰精品水产动车组

乏自信心和安全感的心理特点，这使他们产生了从众、跟风的消费习惯。同时，由于信息相对闭塞、文化程度较低的原因，只有最简单、最直接、最浅显的信息才能进入他们的内心，过多的诉求反而不利于他们进行选择！

无疑，对于养殖户来说，“第一”的概念为品牌的最佳爆破点，因而，我们将群丰定位为“精品水产第一料”，以最简单有力的信息，快速占领养殖户的心智空间，并迎合养殖户的从众心理，打造养殖户认知的“第一品牌”，从潜意识中激发他们的认同！

从“精品水产饲料”，到“精品水产第一料”，一词之差，却是两个天地。定位一经提出，就赢得旺海饲料总经理阮总连连点头称赞。

同时，从养殖户最关心的“赚钱有保障”出发，我们制定了“群丰料，大品牌，有保障”的广告语，双管齐下，以提示性信息，提升养殖户对群丰品牌的好感。

2. 有理有据，让“第一”更有说服力

为了让“第一”更加有理有据，让群丰人在介绍品牌时中更加底气十足，我们需要进一步挖掘群丰的品牌优势。

而通过调研，我们发现群丰与生俱来就拥有“第一”的气质：不仅有生鱼料全国销量第一的突出优势，更累积带动了120000 养殖户共同致富；而在产品上，群丰注重饲料性价比和安全性、稳定性的同步发展，具有“抗病强、出鱼快、肉质嫩、体形靓、投入少、收益好”的品质优势；在研发转化、服务创新等方面，也处于行业领先水平，从养殖户的反馈来看，专业、贴心是他们对群丰最深的感受。

我们将这些优势提炼为五大“第一”，成为支撑起“精品水产第一料”大厦的五根“顶梁柱”：

生鱼料全国销量第一

精品养殖户数量第一

服务创新能力第一

研发转化能力第一

产品品质稳定第一

3. 构建“精品水产第一料”为核心的品牌价值体系

从“精品水产第一料”的品牌核心诉求出发，壹串通为群丰构建起了它独有的品牌价值体系，从品牌故事到品牌个性，从视觉符号到养殖户认知，从支持点到情感利益点，从品牌承诺到整合传播，环环相扣，自成一体，对群丰品牌价值的演绎进行了系统、科学的规范，确保品牌传播有规可循、不走弯路。

群丰品牌定位及广告语

沟通之术：
与养殖户“把酒话桑麻”

我们的创意，应该从养殖户中来，到养殖户群体中去，用他们的语言和他们沟通，和他们打成一片，让品牌融入他们的生活。

从这个理念出发，壹串通提出了从视觉设计、品牌形象到整合传播的系统解决方案：

1. V I视觉系统：浅尝式信息、低成本爆破

信息爆炸的时代，深度沟通已经无从谈起，我们需要与客户进行浅尝式的沟通。如何通过系统、科学的品牌视觉形象设计降低沟通成本，已经逐渐上升到企业战略的高度。

渔夫形象的LOGO设计，塑造品牌天然亲和力

水产饲料行业的品牌标志，大多以简单的图形为主，缺乏明确的产品属性指示和品牌联想，这无形中增加了沟通成本。

我们认为：物以类聚，人以群分，一个拟人化的、具有亲和力的品牌，才能和淳朴、简单的养殖户群体打成一片，让养殖户把品牌当作“自己人”。为此，壹串通在品牌标志设计中，将“渔夫”“鱼”及“群丰”三大元素有机融合，浑然天成，既凸显出水产饲料的行业属性，又给人亲切平和、一见如故的感受，让品牌无形中融入到养殖户的心里。

品牌低成本爆破，大符号就是大创意

一个品牌就是一套符号系统，在信息繁杂、媒体碎片化的今天，塑造品牌独有

群丰品牌策略蜂窝图

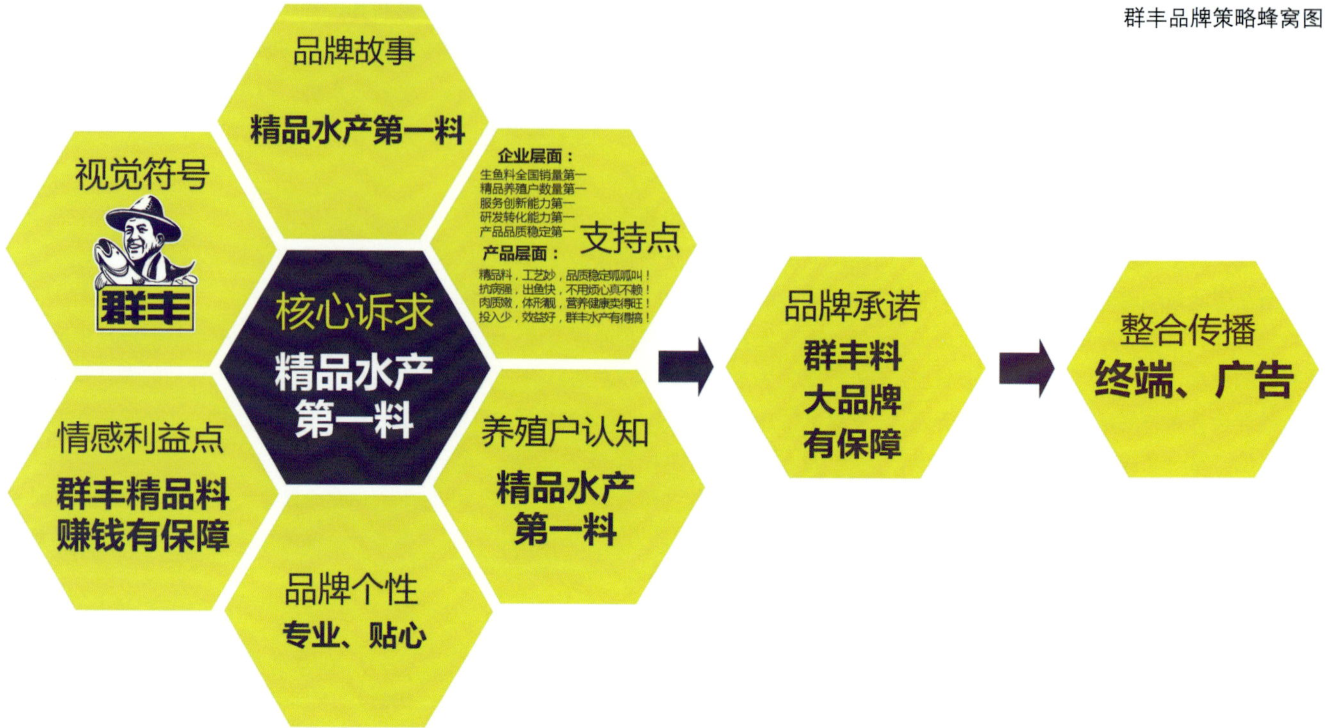

群丰LOGO设计

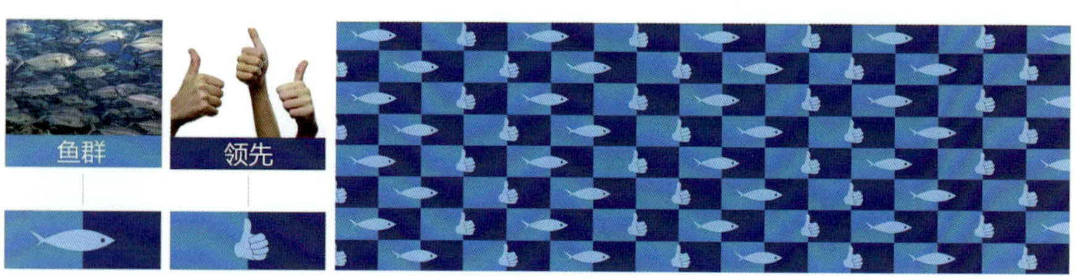

群丰“蓝格子”视觉符号

的符号体系，是品牌低成本爆破、高效传播的不二法门。

壹串通为群丰设计的“蓝格子”视觉符号，以“鱼群”和“领先”为创意原点，暗示行业特征和企业地位；并通过在包装、终端、广告等多种媒介进行系统应用，让“蓝格子”符号在养殖户心智中形成记忆锚点，达到养殖户看到“蓝格子”就想到群丰的效果。

黄蓝色系搭配，一把抓住眼球

视觉形象是品牌沟通的载体，平庸的设计未及传播就已经淹没在信息的丛林中，唯有抓住目标受众的眼球，才能为品牌创造沟通的机会。

我们使用大面积的黄色背景和蓝色信息进行组合，形成强烈的视觉冲击力，并从基础要素、办公、广告、环境、包装和服装六个方面打造群丰视觉识别系统，全面诠释群丰“精品水产第一料”的品牌价值。

群丰品牌VI视觉形象展示

2. 品牌形象创意：以养殖户的世界观去创意画面

好的品牌定位和诉求，只是完成了品牌价值传播的一半，另一半则要靠品牌的形象载体来完成。而针对养殖户群体的沟通，必须深入到他们的内心，与他们心灵相通，这样的创意才能让养殖户看得懂、听得懂，产生共鸣，感受到“精品水产第一料”的品牌核心价值，并真正做到打动他们的心，因而产生购买行为！

我们从品牌画面、品类画面、卖点画面、实证画面四个角度出发进行创意设计，以实现价值传播的最大化。

群丰品牌主画面

生鱼料主画面

主画面：简单直接，让养殖户看得清

养殖户群体的务实和简单的特点，决定了他们不喜欢、也难以接受花哨的画面创意，反过来说，最简单的信息，就是最有力的信息。

群丰主画面的设计，沿用黄蓝色系搭配法则，在干净、整洁的画面上，重点突出“精品水产第一料”这一核心信息，让养殖户看得清楚、看得明白。

而针对群丰的火车头产品——生鱼料，我们设计出独立的品类传播画面，以跃然而起的生鱼为“主角”，搭配“全国销量冠军”的宣传语，让养殖户对群丰生鱼料的领先地位有更加清晰的认知，为打造群丰代表品项建立传播基础。

卖点画面：朗朗上口，让养殖户读得懂

为了让群丰的产品卖点更直观而易于接受，我们摒弃了传统冷冰冰的术语式表达，从养殖户渴望“赚”、“有保障”的心理出发，创作“精品料，工艺妙，品质稳定呱呱叫”、“群丰生鱼料，赚钱是王道”等顺口溜，并在终端中以快板表演、

群丰品牌传播横幅

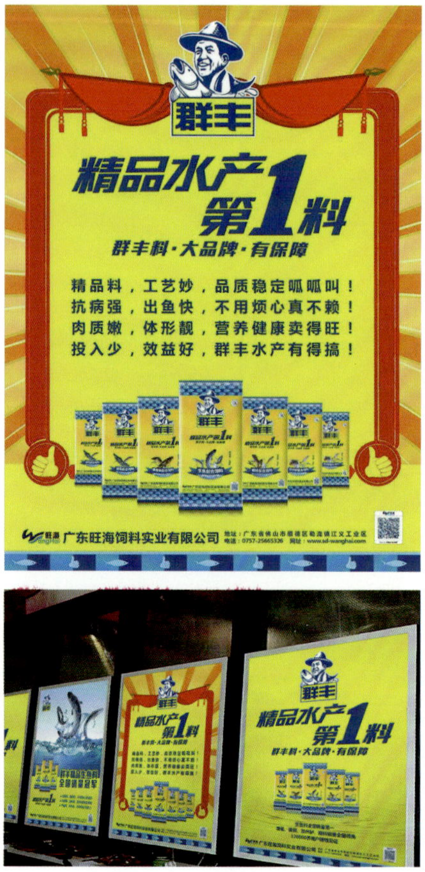

群丰卖点传播画面

群丰品牌实证画面

拉横幅等形式进行传播。

通俗易懂、朗朗上口，让养殖户在笑声中不知不觉地接受品牌，达到“随风潜入夜，润物细无声”的传播效果。

在画面设计上，我们以农村家庭墙壁上最为常见的“奖状”为载体，喜感十足，让养殖户迅速对群丰品牌产生好感。

实证画面：用事实说话，让养殖户动心

养殖户群体信息渠道较为闭塞，口碑传播是他们接收信息的主要方式之一，能否抢占口碑传播的源头，是群丰品牌传播的关键。

群丰历来注重养殖案例的收集工作，我们从中选取了三个最有代表性的养殖品种：生鱼、蛙和塘鲺，拍摄案例户真实的养殖场景，以生动的画面进行展示，将案例户塑造成了引发口碑效应的意见领袖，扩大示范作用，用发生在养殖户身边的事情，打动养殖户的心。

3. 整合传播：集中资源，三招制胜

资源总是有限的，中小企业尤其如此，传统“广撒网，多捞鱼”、面面俱到的传播方式已经越来越难以胜任当前的市场环境。唯有集中资源，针对核心目标受众进行精准传播，才能取得良好的传播效果。

以全新定位和品牌形象面世的群丰品牌，迫切需求以资源的集中投放，占据传播高地，让养殖户、经销商及行业从业者对群丰品牌有一个崭新的认识。

广告投放——村村有广告，占据大墙面

群丰终端广告

对于饲料品牌，农村广告投放是品牌传播的重头戏，而墙面广告则是重中之重。

为了放大现有资源的传播效果，壹串通为群丰制定了“村村有广告，占据大墙面”的投放策略，立足战略区域市场，占据每个村最佳位置（如村口、渔场集中区域）的大墙面，让更多的养殖户天天经过、天天看到，同时通过占据优势资源，为竞争对手设置进入壁垒。

终端建设——构建传播大终端，占据信息接触点

针对农村市场的传播，除了广告，就是终端。饲料行业的终端建设，已经超越传统意义上的店面，在行业竞争日益激烈、信息愈加纷杂的情况下，围绕养殖户最常媒介接触点，构建统一的“大终端”形象，显得尤为重要。

通过分析养殖户的日常行动路径，我们从饲料店面（买饲料）、服务中心、示范渔场（交流取经）、技术交流会、促销活动五大层面，构建群丰统一的品牌终端形象，全面释放品牌核心价值。

群丰品牌终端应用

群丰饲料店面

群丰养殖服务中心

群丰养殖示范基地

群丰养殖技术交流会

群丰大篷车促销活动

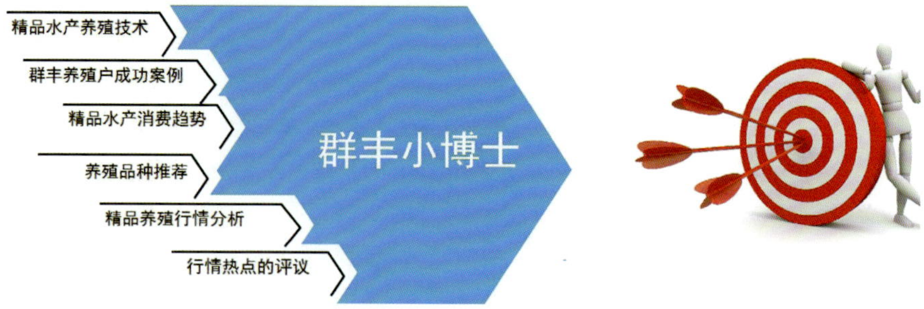

“群丰小博士”专栏主要内容版块

点评：

清晰的品牌定位与战略规划，“精品水产第一料”的品牌定位带领了品牌的整体视觉系统的建立，从符号到终端，系统性地将自身的定位明确告知受众群，是目前中国饲料行业中品牌化运作的典范，值得鼓励。

——吴 波

杂志专栏——第一专栏影响意见领袖，占据行业发声制高点

养殖户决定选购某一种饲料，往往是购买者、使用者、决策者、影响者四种力量共同作用的结果，其中，尤其受到经销商、种苗养殖户、鱼贩的影响；因此，针对这些“影响者”进行重点传播，改变并提升他们对群丰品牌的印象，是促进养殖户选择的重要途径。

那么，针对“影响者”的传播如何做到资源聚集、一招制胜呢?

——行业杂志！行业杂志是经销商等人群最常接触的媒体之一，相比于电视及其他大众媒体，行业杂志具有更大的媒介公信力。占据行业杂志，等于占据了行业发声的制高点，尤其是以专栏等非广告的形式进行传播。

为此，壹串通提出：整合旺海现有的媒体资源，在《水产前言》和《农财宝典》设置品牌专栏，进行持续的推广和传播，打造业内第一技术专栏，提升品牌知名度和影响力。

后记

通过精准的品牌定位与战略规划，群丰找到了品牌的灵魂——“精品水产第一料”，通过塑造独有的品牌视觉与符号体系，系统规划品牌整合传播，及终端再造提升，群丰实现了与养殖户群体的有效沟通，推动了品牌的战略突围和全新升级，也为中国饲料行业注入了全新的发展思路，一个属于群丰精品水产饲料的时代正在开启！

三得利醇香拿铁咖啡：异国穿越之旅

广 告 主：
三得利（上海）食品贸易有限公司
广告代理：
北京电通广告有限公司上海分公司

让走出办公楼的白领们在疲劳的下班时刻，瞬间穿越到充满闲情逸致的异国，并从中体验到醇香拿铁释放身心压力的美妙感受。

咖啡，作为一款舶来品，已逐步失去了最初的高端小资印象，正以普通适中的新价值定位逐步走入人们的日常生活。

上海，作为中国经济发展的重心，繁忙的日常工作中产生的巨大生活压力，已让人们透不过气来。于是，咖啡便成了人们生活里不可或缺的解压良品。咖啡的提振精神的作用，以及略带放松的饮用感受也受到广大白领人群的认可。面对这样的市场需要，以星巴克为代表的快餐型咖啡、以雀巢为代表的速溶型咖啡，以及各种品牌的即饮型咖啡饮料大量充斥市场，三得利利趣系列咖啡产品就是其中一员。

消费者洞察

快进的生活节奏，弹压的生活重负，渴望轻松、渴望释放已成为当代城市生活白领的最大心愿。一款浓浓香甜的咖啡，一段异国之旅，成为现代人追求高品质生活的象征。通过市场调查我们证实，出国旅行之际，在异国他乡的咖啡馆里，喝上一杯由咖啡师精心调制的地道纯正的咖啡，感受着异国风情，已经成为海外旅行的必行之举。

活动内容

基于以上认知，我们决定选择在上海，为消费者营造一次充满休闲情调的醇香拿铁异国体验之行。我们的IDEA就是异国休闲时光+醇正品质咖啡=醇香拿铁异国穿越之旅

首先，我们做了一段用于公交车和地铁里播放的视频素材。视频内容见下图：

我们都知道，在上海公交和地铁是上班族白领的首选交通工具，各种公交线路穿梭连接着白领们出没的商务圈。我们选择地铁和公交这类移动媒体进行视频投放，既可以降低

点评：

作为一款全新上市的咖啡产品进行推广，最难的一道坎，其实就是对产品的精神体验，甚至比口味还难。这一点，北京电通做到了。大家都知道，中国人对茶文化的探索用“道”来诠释，这里面就包含着一种精神、一种追求、一种图腾，咖啡也同样。本案的核心是产品在进入市场前期，他充分利用新技术、新媒体、O2O新营销方式进行体验,将现今流行的多种主流自媒体资源，应用到了极致，加之地域的选测、精准的传播，对咖啡这一时尚性极强的产品，起到了很好的启动效应，同时，也为品牌策划行业如何解决落地营销奠定了新标杆。

——张一涛

成本，又可以保证一定的到达率。而早高峰相对拥挤窒闷的公交环境会让他们在看到广告片之后即刻对醇正香甜的咖啡产生强烈欲望。

我们把活动地点设在白领频繁出没的写字楼，利用官方微信LBS定位推送功能，让刚走下公车的白领，即刻收到来自三得利醇香拿铁官方微博发出的醇香拿铁穿越之旅邀请。

当大量收到邀请而被汇聚到现场的白领，不但每个人现场品尝到醇正口感的醇香拿铁咖啡，还会通过AR增强现实技术，让他们与异国咖啡大师有一次跨越时空的亲密之旅。来体验咖啡的每一位消费者，瞬间就可置身于充满异国情调的咖啡馆中，品尝由咖啡师精心调制的醇香拿铁咖啡，享受美好时光。

在你品尝咖啡的同时，我们已通过自动拍照功能，将这悠闲一刻捕捉下来。当场制作成明信片，让你进一步把喜悦分享给亲朋好友，同时，也可以为他们送上一份醇香拿铁的厚礼。由于事先保密工作到位，对于你的朋友来说，这将会是一场意外的惊喜：门铃响起，等在外边的竟然是一位帅哥老外配送一箱沉甸甸的醇香拿铁和朋友的祝福。通过我们的活动，你的喜悦已及时地分享给了你的朋友。

穿越之旅带来的强烈的临场感，异国咖啡师的亲临派送，意外大礼盒，这一切通过微博微信等社交媒体的传播在消费者中间引起热议，信息迅速呈几何速度递增扩撒。

成果

从本次案例来看，在试饮体验环节上采用了AR（现实增强）技术增强了Off-line活动的趣味性。消费者能够在现场与在屏幕里虚拟的咖啡大师进行互动。与此同时以CRM和来店为目的，展开了一个以We Chat为传播平台的On-line活动。

活动持续一个月，15间写字楼，10万人参与。活动分三个阶段，前期推广、现场配发及话题唤起。AR体验引发了消费者广泛兴趣，更触发了极大的话题性，使之在微博、微信、BBS等社交媒体上的浏览次数超过2000万人次，产品信息的覆盖人群达200万人。

在微博互动率上，远远超出了期初KPI的预想，超过率达到930%，在短短数周之内实现增加有效粉丝4800多人，新开通的官方微信也获得微信会员1300人。

Apparel & Misc.

服饰与生活用品类

阿迪达斯女性系列：以姐妹之名，全倾全力

广 告 主：
阿迪达斯adidas
广告代理：
TBWA李岱艾广告公司

阿迪达斯女子系列2013年整合广告是阿迪达斯首次针对中国女性消费者的本地化整合广告，希望能够唤醒中国女性的运动精神，激励她们经常运动，把运动当做生活的一部分而不只是偶尔为之。同时，向她们传达“阿迪达斯的运动服装不仅适合运动中，也可以在运动后穿着”的理念。

案例挑战

阿迪达斯女子系列2013年整合广告是阿迪达斯首次针对中国女性消费者的本地化整合广告。主要挑战是提升阿迪达斯女性运动服装的销量，同时提升中国女性的运动参与度。

虽然大多数中国女生在校期间会参与体育运动，但是工作以后，她们的参与度就立即降低了。媒体公司凯络媒体的研究表明，在2012年，15~24岁的中国女性中只有3%会去健身房。多数女生宁愿购物、唱歌、吃甜品，也不愿意运动。

因此，我们的整合广告的任务是：唤醒中国女性的运动精神，激励她们经常运动，把运动当做生活的一部分而不只是偶尔为之。同时，我们希望向她们传达“阿迪达斯的运动服装不仅适合运动中，也可以在运动后穿着”的理念。女生们越多参与运动，她们运动服装的购买需求也就越大。

业务目标

90天内，阿迪达斯女子系列产品的实际销售率达到60%。

可通过跟踪门店库存来检测。

行为目标：

让更多的女生参与运动。

可通过凯络媒体每半年一次对消费者运动和生活方式的跟踪研究报告来检测。

认知/态度目标：

让女生们相信，无论在运动前、运动时和运动后，阿迪达斯都是最适合的她们服装品牌。

可通过华通明略对品牌的跟踪研究来检测：

女生们的品牌认知度；

女生们的品牌考虑购买度；

品牌形象是否适合女性。

创意洞察

通过定性和定量的调查，我们发现对于中国女生来说，运动意味着“最美好的时光，跟我喜欢的人在一起做我喜欢的事”。

对于她们来说，运动不是竞技，而是一种与朋友互动增进感情的方式。她们热衷与姐

妹一起做运动。与西方女性对运动的传统看法“运动是专业核心体能训练”不同，中国女生更关注运动能带来的乐趣。她们相信运动可以获得快乐并增进友情。

“女生做运动是专业体能训练的，具有竞技性”是我们对典型西方女性运动广告的刻板印象。而这一洞察把我们从这种刻板印象中解放出来，我们可以使用既能反映中国女生真实生活，又不失鼓舞性的语气以及图片来获得她们的共鸣。

核心创意

把女生们在一起运动时所拥有的快乐和友谊展现出来，并展现出做运动是一件很酷的事情。

创意策略

因为核心创意想法是要把女生们在一起运动时所拥有的快乐、友谊以及“酷”的感觉展现出来，所以沟通的层次是要展现：

（1）姐妹；

（2）做运动带来的益处；

（3）适合的运动类型；

为了更好地理解“姐妹”对中国女生意味着什么，我们采访和调查了国内20多组“姐妹”，她们给了我们很多灵感：

南京的街舞姐妹；

北京的“死飞”姐妹；

成都的跑酷姐妹(跑酷：只运用自己的身体和周围环境来前进，跨越环境中的障碍物)；

上海的跑步姐妹；

上海的拳击姐妹（名叫“公主拳击俱乐部”）；

广州的瑜伽姐妹。

最后，我们挑选了三组姐妹出演电视广告。这些女生们各自代表了三种对目标受众有吸引力以及鼓舞性的运动类型：街舞、跑步和跑酷。

这支电视广告不仅有台湾女子天团SHE成员Hebe的加入，而且邀请了来自跑步、跑酷和街舞团的女生共同出演。在30秒和60秒的版本中，我们看到姐妹们在一起享受快乐和增进友情。镜头展现了女生们在一起运动时所拥有的快乐，友谊以及酷感。

电视广告尾声，Hebe对着镜头向全中国的女生问道：“这是我的姐妹。你的呢？”最后整支电视广告在“以姐妹之名，全倾全力”标语中结束。

这个结尾不仅吸引消费者留意印刷、户外和数字媒体广告以了解更多关于Hebe和她姐妹们的故事，而且在网络上分享她们自己与“姐妹”的故事。

阿迪达斯整合广告战役尝试用以下方式与主要竞争对手相区隔：

聚焦于中国女生各种不同的运动方式（更加柔性、竞争性较少），区别于西方市场。

聚焦于参与运动背后的姐妹、部落和社交动机。

运用形象大使Hebe的方式比竞争对手更加成熟和复杂。因为我们把Hebe整合地运用于整个广告战役的各个方面。

颇有分寸、而且成功地把阿迪达斯女子系列产品整合进广告作品中（体现在电视广告和印刷广告中）。

把运动变“酷”。

媒介策略

媒介主要投放在女生跟姐妹们一起度过最多时间的地点与媒介，比如看电视、看杂志、上网、网购、等公交车和地铁、在大学上课、在健身房和去商场购物。

整合广告首发

女子系列整合广告在2013年3月1日首次发布以庆祝妇女节。这也是阿迪达斯首次发布针对中国本地市场女性的整合广告。

整合广告

除了TVC，印刷和户外的创意和策略的产生和执行，我们还在线下渠道推出了整合的创意作品。包括：

公关

首发活动——在活动当天，公关向参与活动的81个媒体（100个编辑）展示了运动和时尚结合的风格，包括60多套混搭的阿迪达斯训练、跑步、户外，网球运动装以及阿迪达斯与Stella Mc Cartney的合作款。阿迪达斯女子系列的形象大使Hebe与不同运动的姐妹们一起参与了活动。

服装搭配的型录——一本32页的型录，描绘了女生们在与姐妹们一起运动、享受美好时刻的生活。本册展示了不同季节的主打产品。在阿迪达斯的活动现场和店头，顾客都可以索取这本型录。

软文——在《yoho!girl》、《瑞丽》和《Milk Sport》杂志上通过长期广告以及与专栏的合作，不断保障广告的曝光率以及影响力。

数字

展示广告——6亿次展示

60秒版本的电视广告以及拍摄花絮通过视频网站上的视频前广告投放

总共超过1500万的视频播放量。

adidasgirls.com.cn——阿迪达斯女子整合广告的核心网站——邀请女生们上传照片、向姐妹发送虚拟礼物，分享她们与姐妹们的故事。总共上传了10,639张照片，发送了77,538份虚拟礼物。参与分享照片与故事的女生可以有机会获得免费与姐妹同游普吉的机会。

@adidasgirls 新浪微博——与全国粉丝互动的女子系列官方微博账号——2013年整合广告带来了51,695个粉丝增长。

零售终端

我们在店内设置了橱窗、APP墙、展

示的桌子、SMU（店内柱子的海报）、收银台、adipure的足球鞋墙。

我们在店内还设置了消费者线下活动，比如“姐妹照片亭”活动。消费者可以和姐妹一起到adidas的店里，使用预设的运动背景框架来拍照。然后编辑、下载到自己的设备，分享到社交网络；或者也可以直接打印出来带走，与姐妹们分享。

运动营销

主视觉——主视觉覆盖了全国53个健身房的墙壁，前台，教室，跑步区，自由力量区，更衣区，休息区，过道以及电梯。

健身房数字——在53家健身房的室内电视上播放60秒电视广告。

健身房延展——新的健身项目（“舞蹈与训练程式3”以及“跑步项目”），一共达到超过100000目标消费者以及产品试用和促销活动。

校园工作坊和渗透——全国85家高校的320位体育老师以及超过40000名学生。

最终效果

业务

目标：90天内，阿迪达斯女子系列产品的实际销售率达到60%。

成果：90天内，完成了阿迪达斯女子系列产品61%的实际销售率目标。并且，还在60天内完成了“阿迪达斯女子系列明星产品（在电视广告和印刷广告中特别展示的服装产品）的实际销售率达到91%”的销售目标。最重要的是，3月份的女子系列产品的门店销售率比去年同期增长了28.4%；全线的阿迪达斯女子业务比去年增长了40%。（来源：Campaign Asia 杂志）

行为

目标：让更多的女生参与运动。

成果：在阿迪达斯2013女子整合广告结束后，根据媒介代理公司——凯络媒体的报告，与去年相比，1~24岁的中国女性的运动参与度有显著提升：

参与羽毛球运动的比例比去年增加28%；

参与篮球运动的比例比去年增加4.3%；

参与自行车的比例比去年增加6%；

参与远足或徒步运动的比例比去年增加8.9%；

参与慢跑运动的比例比去年增加7.4%；

参与游泳运动的比例比去年增加9.8%；

参与乒乓球运动的比例比去年增加4.8%；

以姐妹之名 全倾全力
all in for #mygirls
adidas
www.adidasgirls.com.cn

点评：

阿迪达斯中国女子整合广告以改变消费者认知态度和行为作为该广告运动的核心策略,唤醒中国女性的运动精神，激励她们经常运动，把运动当做生活的一部分而不只是偶尔为之。

“以姐妹之名，全倾全力”核心创意把女生们在一起运动时所拥有的快乐、友谊以及“酷”的感觉展现出来，选择SHE成员Hebe作为产品代言人，以Hebe为画面核心，可以迅速抓住受众的眼球，既呼应了产品主打年轻女性消费者的主旨，也带出产品本身所要传递的活力与时尚气息。传递出姐妹淘之间坚固的友情。在诠释友情的同时，也将鲜明的服饰设计风格和时尚的搭配方式传递给消费者。借此，将品牌与产品所要传递的理念展现在受众眼前。带出阿迪达斯的品牌精神，即"Adidas is all in"。

透过广告策略的整合传播：除了TVC，印刷和户外的创意策略的执行，在公关、网络、零售终端等，目标受众的认知和态度的积极转变，表明了整合广告事实上是有效的。阿迪达斯2013女子系列整合广告的效果证明了其广告策略以及创意执行的成功。

——成赛

当代女性，脱离了传统的束缚与禁锢，在自己的人生舞台中体验着青春绚烂的美丽岁月，其激情与活力彰显无遗！该案精准定位，充分抓住了行业特性及品牌个性，以姐妹之名来引导目标群体共鸣。在全倾全力间凸显品牌内核价值，并在生活中倡导一种积极和健康的状态。同时，以适度且不喧宾夺主的形式将Hebe融入其中，甚是完美和具有较强的品牌感染性。因此，品牌案例在创作理念及形态呈现上都较为统一和完整，具有一定的类别参考价值！

——欧元宗

参与瑜伽运动的比例比去年增加5.7%。

中国女性的运动参与度提升的原因可能有很多，但我们仍然相信阿迪达斯女子整合广告对运动参与度的提升有贡献。原因如下：

通过微博搜索发现不少消费者提到“阿迪达斯和Hebe鼓励了我去做运动”。

在此整合广告期间，耐克对比去年减少了对于女性市场的传播资金投入。（凯络媒体）

根据我们所知，在整合广告期间，政府并没有针对提升全国女性运动参与度相关项目的投入。

认知/态度

目标：让女生们相信，无论在运动前、运动时和运动后，阿迪达斯都是最适合的她们服装品牌。

成果：华通明略对3月份的整合广告推出之前一周以及结束之后一周的调研显示，阿迪达斯在女生之中的品牌特征和品牌考虑购买度的提升，是女子整合广告的直接效果。

即使这两者提升的比例很小，但意义非常重要——因为只标识了整合广告结束后一个星期内，目标受众认知和态度的转变。华通明略也在其调研报告中表示：与行业基准相比较，此提升是显著的。

品牌认知和态度的转变是需要时间的。广告活动结束后的一个星期内，目标受众的认知和态度的积极转变，表明了整合广告事实上是有效的。

相关数据如下:

女生中，品牌无提示知晓度从64%提高到69%，提高了5%（整合广告结束后一周）。

女生中，品牌考虑购买度从38%提高到41%，提高了3%（整合广告结束后一周）。

认同“品牌形象适合女性”的女生从25%提高到29%，提高了4%（整合广告结束后一周）。

阿迪达斯中国女子整合广告从销售、改变消费者认知态度和行为上的成功，使阿迪达斯全球把它当做了金牌分析案例。

更进一步说，作为提高信心的一票，阿迪达斯全球再次允许中国市场全权执行和发展2014年的女子整合广告，广告预算也将会增加。

面对增长速度放缓的中国经济，加上竞争对手耐克最近报告出市场份额和品牌特征的下降（来源：Campaign Asia 杂志），阿迪达斯2013女子系列整合广告的效果证明了其策略思考以及创意执行的成功。

阿迪达斯中国区市场部副总裁Jens Meyer说：“在一个单一市场，无事件的年份推出这样一个只为女子而设、完全本地化且公开的电视广告战役，对阿迪达斯品牌来说迈出了巨大的一步。男子产品的销售额没有下降，而且女子产品销售额提升了，所以现在男子和女子产品线的业务份额更加平衡了。”

对于阿迪达斯中国而言，2013女子系列整合广告是一个大项目。整合广告的结果将决定阿迪达斯中国将来是否有机会继续执行针对本地创作的整合广告。幸运的是，这个整合广告是一个巨大的成功。

阿迪达斯三叶草：原创精神

早在2002年，三叶草就以其“酷”的个性被人们熟知，成为潮流的风向标。酷，不再需要多加定义，三叶草就是大家心目中“酷”的代表。

然而，当今市场被众多潮酷品牌所充斥，例如Vans, Converse,NSW。因此在2011年，三叶草决定突破限制，探究酷的本质，发掘更多的品牌精神，带领消费者更深层次地认识三叶草。

我们面临的挑战十分清楚：如何继续保持酷的品牌特性，同时开拓更广阔市场。

商业目标

销售额相比去年同期增长10%

行为目标：

鼓励消费者上传自己的团队合照，最有原创精神的照片将会出镜陈奕迅的最新MV,目标是收集10000张团队合照。

新浪微博，人人网，图钉粉丝增长173000

品牌认知目标：

增强品牌喜好度，提升促进购买的“潮流的”、“经典的”、“有个性的”品牌属性联想。

核心创意

经过深入调查，我们发现：在当代年轻人心中，拥有创造力才算酷。创造并不是轻而易举的事，原创先锋们经常被刻画成饱受折磨的孤独灵魂，在创作过程中历经一场场真正的挣扎与斗争。然而在互联网时代，原创不再是个体的孤独,而是群体的乐园。我们决心创造世界第一，制作一支从未有人做过的音乐视频，这只视频将由三叶草的粉丝们共同参与制作，上传自己的原创照片，这些充满原创精神的照片会出现在世界首支由粉丝们全情出镜的MV当中。

创意执行

我们十分荣幸地邀请到陈奕迅作为整个广告运动的代言人。

Adidas是一个运动品牌，但是三叶草则代表着原创和独特个性，陈奕迅的个人特质完美地体现了这两种品质。不言而喻，他就是当代中国年轻人心目中的超级偶像，他的加入为广告运动增加了更多影响力

广 告 主：

阿迪达斯三叶草

广告代理：

TBWA李岱艾广告公司

三叶草以其“酷”的个性被人们熟知，成为潮流的风向标。酷，不再需要多加定义，三叶草就是大家心目中“酷”的代表。然而，当今市场被众多潮酷品牌所充斥。2011年，三叶草决定突破限制，探究酷的本质，发掘更多的品牌精神，带领消费者更深层次地认识三叶草。

adidas
all originals
represent
TOKYO 16:17
全情加入
定格团队风采，出镜陈奕迅MV！
详情登陆: adidas.com/originals
adidas 运动表现店铺有售
adidas originals 专卖店铺有售

adidas
all originals
represent
TOKYO 19:25

adidas
all originals
represent

#represent

adidas

MV 独家献映
adidas.com/originals

adidas

活动开始前，我们让陈奕迅录制具有号召力的宣言视频，让年轻人上传照片展示他们的原创精神。如果照片足够出色，那么他们就可以在最终的音乐视频中出现。我们在电视、优酷、微博、人人网等不同媒介渠道播放该视频，成功地将活动预热。

活动开始后，我们率先邀请被人熟知的原创先锋们来创作他们自己的原创内容，他们前往城市中充满激情的原创地点：如滑冰公园、夜店等，展现他们的原创精神。他们创作的图像发布在微博、杂志等媒体，用以激发消费者的原创热情，全情参与到活动中。

我们开辟了多种渠道，供消费者上传照片参与活动：线上活动网站，零售店内搭建影棚供顾客拍照并上传照片，还有一辆行驶在中国各大城市的敞篷车，载着突击队员在最酷的地点进行突击，收集团队原创照片。我们还与中国最大的图片分享APP——“图钉”合作，使消费者能够直接用智能手机，更容易地拍摄及上传他们的团队合照。

最终，我们共获得了超过50,000张充满原创精神的团队合照，制作了史上第一支人数最多并由粉丝自主创作的MV。在音乐视频当中，陈奕迅演唱了专为此次活动创作的原创歌曲，用跳舞展现出自己最原创的个性。我们通过视频门户网站、时尚频道、音乐频道以及社交网络将这支MV最大范围的传播出去。这就是大众心中的cool。

商业目标：

销售额相比去年同期增长10%

结果：

销售额相比去年同期增长31%

行为目标：

鼓励消费者上传自己的团队合照，最有原创精神的照片将会出镜陈奕迅的最新MV。目标是收集10000张团队合照。

新浪微博、人人网、图钉粉丝增长173000

结果：

收集团队合照的数量超过预期524.76%，即多于预期目标42,476张

粉丝增长超过预期109.26%，在此期间，Nike “运动汇”campaign也在进行。我们的粉丝增长为188218，Nike的粉丝增长为720，即我们的粉丝增长数量超过Nike 187498是Nike的260倍。如果仅仅看新浪微博的粉丝增长，我们增加了54670粉丝，Nike实际上丢失了3131个粉丝。

品牌认知目标：

增强品牌喜好度：提升促进购买的“潮流的”、“经典的”、“有个性的”品牌属性联想

结果：

“流行的”——品牌属性相对campaign前增加超过11%

“经典的”——品牌属性相对campaign前增加超过12%

“有个性的”——品牌属性相对campaign前增加超过9%

点评：

三叶草以其“酷”的个性被人们熟知，如何继续保持酷的品牌特性，同时开拓更广阔市场。

《三叶草倾尽团队热情广告战役》活动方式新颖独特，完美诠释了品牌特性。从“拥有创造力才算酷”这一概念点出发，由三叶草的粉丝们共同参与制作一支MV的活动方式，展现了三叶草这一品牌的原创精神和独特个性。

活动渠道方面采用线上活动网站、零售店内全情影棚和行驶在城市之间的敞篷车等多种模式联动方式，形成了整合推广效应，最大化地覆盖消费者群体，加强了推广效果。

本案创新了媒体应用，采用了图钉这个新型社交网络——读图时代 2.0 中的拍照社交网络。当用户看到自己的照片能够与自己所喜欢的品牌官方账号互动，就能促使他们更积极地上传照片，并提升照片的质量和个性化程度。这种品牌与粉丝之间的亲密接触，让他们持续保持兴奋度，增强了品牌喜好度。

——成赛

当代，是一个宣扬个性的时代，更一个崇尚风格的时期。在当下，三叶草以“酷先锋”形式带领大众玩酷创意。以一种具体的活动形式去与目标群体互动，并在此过程中深化大家对三叶草的品牌的内在共鸣。活动以陈奕迅为酷的形态提炼和代言，并与千万参与者形成互动，产生了非常好的参与性和生活化之感。该案生动活力且富有感染性，是一个能够引起目标群体共鸣的“好玩”案例！

——欧元宗

海飞丝：PPTV英超实力派新互动传播

广告主：
海飞丝
广告代理：
Mediacom 竞立媒体

海飞丝实力派已获得广泛知名度，但仍需要进一步延续品牌推广路线并强化品牌实力派形象与地位。而英超是最具实力比拼的舞台，球员的实力角逐与品牌去屑实力派遥相呼应。通过将实力派的概念融入到创意广告中，用贴近球迷的语言，激发对海飞丝实力派的认可，再次拉近品牌与消费者的距离。

海飞丝实力派已获得广泛知名度，在此基础上，要考虑的是如何进一步延续品牌推广路线，有效强化品牌实力派形象与地位。

营销目标

海飞丝产品进行强力曝光，使实力派的品牌理念在目标消费群中有效渗透。

目标受众

购买海飞丝的消费者多为白领、学生。而宝洁公司给海飞丝所制定的消费对象也大都是城市青年，以满足他们追求时尚的心理。

消费者区域特征分析：海飞丝在全国各地都占据了主要的市场地位。

执行时间

2013年4月26日~6月30日

创意表达

PPTV作为强势体育平台，在推广期间上线的重磅体育赛事分别有英超与世界杯预算赛，两大足球赛事的收视人群与品牌受众极为吻合。此外，足球赛事本身激情、胜利等元素与实力派理念如出一辙，更有利于品牌理念的输出与渗透。

传播策略

通过洞察球迷看球及社交心理。通过使用贴近用户群接受的语言“实力派”、“放狠话”、“求死撑”等触及用户心理的沟通内容，激发对海飞丝实力派关注及讨论。

打造以赛事为内容、创意互动为亮点的“海飞丝-英超实力派”。

执行过程

绑定两大赛事开放创意广告，将实力派概念与广告形式有机结合。

创意广告形式：pc端英超比赛-情景广告、互动竞猜、疯狂贴片

三端硬广定向：全平台英超赛事+世预赛贴片投放、网页端+客户首页、客户端电影、综艺、体育频道硬广投放，iPhone端焦点图+启动大图高曝光呈现。

效果总结

总浏览量【PV】16 159 913 875
总点击量【CLICK】8 217 458

点评：

海飞丝作为国际去屑美发护理品牌，一直引领头皮养护领域潮流。此次海飞丝PPTV英超实力派新互动传播方案，用运动实力派+去屑实力派的双重组合，绑定两大赛事投放创意广告，贴近海飞丝最主要诉求对象：年轻、自信、追求时尚男性，凸显海飞丝去屑实力派的品牌主张。

值得一提的是，PPTV作为强势体育平台，在推广期间，上线的重磅体育赛事分别有英超与世界杯预算赛，两大足球赛事的收视人群与品牌受众极为吻合。英超是最具实力比拼的舞台，球员的实力角逐与品牌去屑实力派遥相呼应。

大卫·奥格威曾在他的著作提到：广告佳作是不引公众注意它自己就把产品推销掉的作品。目前而言，将广告影响力转化为市场购买力方面，海飞丝还有所欠缺。面对强势竞争对手清扬“去头屑，清扬说到做到”的直截了当的出击，如何进一步延续品牌推广路线，形成有效的市场购买力，海飞丝任重道远。

——成赛

作为中国知名品牌的海飞丝，具有一定的市场和消费者基础。在针对目标群体进行定位后传播的情况下，投其所好至关重要。本案结合英超赛事为载体，之后进行一系列传播贯穿与展示，应会取得传播既定效果和预期目标。

——欧元宗

谢瑞麟：要爱，就要爱下去

广 告 主：

谢瑞麟

广告代理：

PPTV聚力

2013年初，TSL|谢瑞麟推出最新品牌广告短片，以浪漫唯美的手法，演绎“要爱，就要爱下去”的品牌信念，交织成一部感动人心的电影。为了向消费者阐述品牌蕴含的永恒爱情真谛，品牌希望以TVC构成网络推广主体，实现极大播放量并激发网友对TVC内容形成话题讨论，同时令受众对心弦系列产品产生兴趣。

2013年初，谢瑞麟围绕“要爱，就要爱下去”主题，推出一辑感动人心的广告短片，这也是十余年来谢瑞麟的首次大型广告宣传活动。对于谢瑞麟的新定位，如何使之与目标市场发生化学作用，迅速提升消费者接受度，成为传播的首要难题。

营销目标

1. 希望以广告TVC构成网络推广主体，实现极大播放量；2. 激发网友对TVC内容形成话题讨论；3. 促使受众对心弦系列产品产生兴趣。

目标受众

1. 女性25~35岁，男性25~38岁；2. 追求时尚、品质，有消费能力的人群。

执行时间

2013年1月18日~3月31日

创意表达

于消费者而言，“要爱，就要爱下去”只是一句生涩的SLOGAN，如何短时间促使他们对品牌理念产生全面、深度的认知？除了打通各优势渠道，促使他们观看广告TVC，用感人的爱情故事引发共鸣外，有趣的、与主题相契合的创意互动也是不可或缺的，可以让他们主动参与到话题讨论中来，提升品牌接受度。此外，若有效借助明星的力量，会使整体传播事半功倍。

传播策略

一云三端打通，整合资源多角度诠释品牌理念，从站内辐射至站外。

执行过程

1. PPTV一云三端（网页端+客户端+Pad端）推广品牌TVC，实现最大范围受众触及，令播放量最大化。

2. 两大创意互动吸引受众主动参与，加深品牌概念理解，产生话题讨论（第一阶段互动："要爱就要爱下去，网友话题大PK"；第二阶段互动："情人节，告诉ta，一起爱下去"）。

3. 利用PPTV亚娱明星资源，为品牌定制一期《明星大作战》，节目中明星与粉丝PK制造话题，同时植入求婚环节，让谢瑞麟心弦系列软性露出，激发受众对产品购买欲望。

效果总结

近2000以上的真实用户参与了两次线上活动。

冠名专区明星大作战（UV）：1500000（VV）：1800000

品牌TVC播放总量（VV）：27191950

Pad 品牌专刊（PV）：2496887

Pad核心资源广告产品预估平均曝光：39833333，实际平均曝光：94754368，达成率平均：237.88%

网页端+客户端疯狂广告预估平均曝光：77700000，实际平均曝光：222487560，达成率平均：286.34%

预估平均点击：38850；实际平均点击: 228405；达成率平均：587.91%

网页端+客户端"独占日"预估平均（PV）：56750000；实际平均（PV）：69653145

预估平均点击：533750；实际平均点击：588232

点评：

爱情是人类最美的情感诉求，更是滋润男女心田的甘露。每个人都会经历自己的爱情，但不是每个人都会得到爱情的果实和结晶。过程中，彼此会产生各种形式的思想或行为的差异，促使感情的对方不能将爱情进行到底。因此，在爱的世界里，总是会有太多的失意憔悴！本案，作为珠宝首饰的知名品牌，具有一定的品牌影响力，更具有较强的感情倡导性，以"要爱，就要爱下去"为核心诉求主题来倡导和诠释爱的内在意义，不失为一种好的品牌定位和产品传播主题。

——欧元宗

珠宝作为一种奢侈品，其品牌的附加值要远远大于产品本身的价值。消费者从心理上对品牌产生的认同感，是消费者购买珠宝产品的动机所在。谢瑞麟此次的品牌形象TVC也是从这个观点出发，以"要爱，就要爱下去"为主题，以情感故事的阐述方式，试图在品牌内涵和消费者的心理需求之间架起一座沟通的桥梁，以情感营销的方式打动消费者。

为此，谢瑞麟灵活地采用了多种媒体混合传播的方式，将传统的TVC与网络话题营销，iPad营销，以及视频网站营销三者统合在"要爱，就要爱下去"的主题之下，同时，结合不同媒体平台的特性，全方位、多渠道地深刻阐释活动的主题内涵，在短时间内获得了广泛的关注度，同时增加了产品的曝光率，获得了消费者的认同和接受。

从谢瑞麟的案例中，我们可以看到，单纯的产品利益点和产品功能性已经不再是传统TVC要承载的主要内容。传统TVC已经成为了一种奢侈的广告方式，其主要的意义应当成为企业和品牌形象的传播者。TVC的传播力也可以通过与多媒体平台的结合而得到进一步的优化和提升。

这是一个"混媒体"的时代，多媒体、多渠道的传播方式在为企业和广告行业节省了传播成本的同时，事实上也暗示着消费者购买动机和购买方式的改变，简单的利益驱动仅仅是一种"被动购买"，如何利用"情感营销"方式刺激消费者关注和对于品牌的认同，使其"主动购买"才是企业和广告从业者更加需要关注的问题。

——成赛

彪马：全站式广告独占日

广 告 主：

彪马

广告代理：

实力传媒（ZenithOptimedia）

2013年4月，彪马运用尖端科技首创了能随脚型步态而伸缩的创新功能性跑鞋。如此创举，可谓是跑鞋历史上跨时代的进展，如何把PUMA的创举告诉受众，吸引受众聚焦新科技、聚焦跑鞋，成为媒体推广的首要重任与难题。PPTV集合策划部、销售部与产品部的同事，集思广益，决定为PUMA独家开辟了一系列创意广告，并最终为品牌赢得了高达30亿的曝光，近700万点击，广告完成率达126%。

案例背景

2013年4月，彪马推出全新跑鞋系列，此系列不同寻常，运用尖端科技创造出可随步态&脚型变化而伸缩的创意功能性跑鞋。

如此创举，可谓是跑鞋历史上跨时代的进展。那如何把PUMA的创举告诉受众，吸引受众聚焦新科技、聚焦跑鞋，成为媒体推广的首要任务与难题。

营销目标

目标：宣传产品创新卖点，迅速提升产品在互联网的知名度。

KPI：曝光量&点击量；预估PV：2 442 651 266；预估CLICK：5 518 264

目标受众

PUMA品牌的主要人群定位于热爱运动的年轻受众。

对新鲜事物充满好奇心、能够接受各种形式不同的信息、喜好展现自我、崇尚自由、充沛活力、热爱运动、充满梦想与希望。

执行时间

2013年4月18日~5月31日

创意表达

以动感特效汇聚的富媒体形式广告，覆盖所有目标用户浏览的所有内容。包段全站终端资源，打造全站广告服务形式的“独占日”传播方式。

所有广告素材都以产品结合充满科技感的绚烂动态效果，创造PUMA+PPTV的品牌重合的“速度与科技的结晶”。

传播策略

媒介渠道洞察：

根据客户的受众与平台的用户特征得出贴合用户目标受众的用户为15~28岁的年轻

受众，活跃于PPTV网页端与众多不同的终端。对各种内容都充满兴趣，覆盖面直达一、二、三线城市，具有有很强的购买力。

品牌机遇：

目标人群能够很好地接受新形式的广告，创意是此类群体最感兴趣最能产生共鸣的内容。

我们需要通过大幅面的富媒体广告形式使网络广告也能像电视广告一样制作出具有视觉冲击力能直接触及用户心灵的广告产品。

执行过程

PPTV集合策划部、销售部与产品部集众人之力，集思广益，为PUMA独家开辟了一系列创意广告。

以系列式的广告创意持续传播产品卖点。通过全站式“独占日”投放反复吸引用户的关注。首当其冲，就是首页首屏的崩裂广告，此广告结合PUMA跑鞋特点，通过用跑鞋踏碎屏幕的方式，露出跑鞋全新科技及标语，以极强的视觉震撼力，成功吸引受众聚焦跑鞋、聚焦新科技。

其次，推出了首页拉幕联动焦点图，合成PUMA跑鞋动感跑姿的等创意广告。

效果总结

1. 品牌TA:20~40岁人群（男性为主）推广目标：宣传产品创新卖点，迅速提升产品在互联网的知名度。

评估工具：PV&CLICK，评估是否达到预估值。

2. 这次推广，主要是在醒目广告位上，开辟出独家的具有极强视觉冲击力的创意广告，为品牌赢得了高达30亿的曝光，近700万点击，广告完成率达126%，超额完成推广任务！

点评：

彪马运用尖端科技，首创能随脚型步态而伸缩的创新功能性跑鞋。如何把PUMA的创举告诉受众，是媒体推广的首要重任。《PUMA MOBIUM ELITE 速度与科技结晶—独占日》推广方案独具匠心，充分利用了网络广告的富媒体形式。首页“跑鞋踏碎屏幕”这种极具视觉冲击力和感染力的展示形式，充分展现PUMA跑鞋的科技感，成功地将观众视线聚焦到新科技跑鞋。

网络富媒体互动性强、信息量大、引人入胜等特点，为广告创意打开了一扇门。如何在广告中创新，提供更丰富和多感官的接触机会以及精美细腻的创意展现，值得每一个广告人深入思考。

在媒体播放渠道方面，通过包段全站终端资源，打造全站广告服务形式的“独占日”传播方式，覆盖所有目标用户浏览的所有内容，强势推广，值得肯定。

——成赛

创新是人类永不止息的动力！而作为人们生活中必不可少的穿戴工具——鞋子，更是起到不可或缺的作用。而就鞋子而言，还有很多大类之别，其功能也是差异甚大。彪马，作为运动鞋类的代表之一，肩负着带领行业发展的责任与使命。本案则是将彪马的最新科研结晶用一种直观传播形式进行塑造与传播，也取得了较好的既定目标和预期效果，是一个不错的案子。

——欧元宗

宝格丽：永恒的誓言

广 告 主：
BVLGARI
广告代理：
实力传媒（ZenithOptimedia）

2013年5月，宝格丽推出全新婚戒系列Bridal Collection。实力传媒为其量身打造“PPTV触激消费意愿-视频传播方案”，通过韩剧、美剧和热门剧集的前贴片广告形式，成功传达其蕴含的“永恒的誓言”产品概念，触达目标消费者的心灵。

2013月5日，宝格丽推出全新婚戒系列Bridal Collection 。希望借助合适的媒体平台向核心受众推广此系列产品，完整传达其蕴含的“永恒的誓言”产品概念，触达目标消费者的心灵。

目标受众

消费者洞察：1. 分析品牌受众（高端人群）；2. 结合PPTV平台用户人群特征，得到贴合目标受众的PP人群为Pad端的高端用户群体（具有购买力、高学历、拥有奢侈品、20－40黄金年龄段、活跃于一、二线城市、收视行为全天高度活跃）。

执行时间

2013年5月6日~5月31日

创意表达

通过详细的数据与洞察我们得出只有“分析”+“定向”两者不断的配合才能完整体现互联网投放的核心价值。所以我们推出了针对BVLGARI本次产品的“PPTV触激消费意愿-视频传播方案”

传播策略

我们通过 “五大精准定向”：人群、地域、时段、内容、形式，从这五点出发，进行更精准更深入的投放分析。

投放锁定为：人群（25岁~40岁女性）、地域（上海、北京、南京）、时段（5月至6月）、形式（平台前贴片）、内容（韩剧、美剧、热门剧集）。

执行过程

介于洞察中我们对客户的了解与自身用户与产品的属性，根据第三方与PPTV产品数据中心的综合分析，得出了对本次客户的核心策略“五大精准定向”。

媒介渠道洞察：

从人群出发，PPTV的主要受众人群都为年轻白领、公司中高层管理者与在校学生。

其中25岁至40岁最具产品购买力。这类主要人群大多集中分布于中国一、二线城市。由于PPTV多种终端产品覆盖面广。用户的收看时段全天分布，近乎均化。其中主要沟通用户的高度观看内容集中在韩剧、美剧等PPTV新上档的热门剧集。此内容的前贴片广告形式流量属于平台重点资源。

市场机遇：

9月、10月为一年中婚礼高度集中的时期“金九银十”。

但是由于客户属于高端奢侈品牌，主打的不是产品销量。其主要倾向于建立对品牌文化的提升，加强用户知名度与好感度，树立坚实崇高的品牌形象。

所以投放时段设定在“金九银十”的前几个月，5月至6月。

时段制定是考虑到主要受众有结婚意愿或者通过身边正在筹备婚礼或已婚的好友处得知相关信息，引发对婚介产品的关注。我们在此时的投放，就能更好更充分地发挥其有效的功能，完美且超量地达成客户要求的KPI。

基于以上的内容我们通过制定详细缜密的策略基础，了解客户需要的同时加强与客户更深入的沟通与配合。帮助客户解决本次营销中遇到的种种难题。

效果总结

1.品牌TA：20~40岁女性

推广目标：提升品牌知名度及喜好度

评估工具：PV&CLICK，评估是否达到预估值。

2.不到30天，广告总曝光近400万，在前期预估的266万基础上超额完成率达139%。

通过第三方调研机构对核心受众的调研得出，产品认知提升70%。对客户的品牌偏好超过90%，其预购意愿接近97%。

点评：

传统媒体与新媒体之间的选择，是一个日益彰显的传播抉择，究竟结果如何，当然无需置疑，因为网络是打开世界的主流窗口。问题是在抉择之前，首先要对消费主体有一个精确的消费心理定位，那些产品适合在哪些平台传播，这样才会达到预期的目的。PPTV的主要受众人群都为年轻白领、公司中高层管理者与在校学生。其中25岁至40岁最具产品购买力。所以，精准的传播平台结合精准的消费受众，才能达到珠联璧合的效果。

——张一涛

飞克：活出精彩

广 告 主：
飞克国际控股有限公司
广告代理：
天元广告有限公司

美国服饰文化的洗礼，滋养出了FLYKE“Nature(自然）、Concise（简洁）、Comfortable（舒适）”的独特休闲风格。这不仅是现代年轻人的追求，也是美式休闲风格的精髓所在。正因如此，FLYKE这样一个极具代表性、引领休闲风潮的经典美式休闲品牌，演绎出崇尚自由的时尚精神，发散出年轻休闲的美式风格。

品牌背景：传统运动行业转战时尚休闲领域

2010年3月，飞克国际控股有限公司在香港联交所主板成功上市，营业范围包括飞克和弗莱克的品牌销售、出口贴牌代工业务的销售、鞋底销售及转售回购存货。飞克集团目前在中国经营一个以一、二线城市为目标市场的休闲服品牌弗莱克及一个以三、四线城市为目标市场的休闲运动服品牌飞克。

弗莱克定义为美式品牌，以创新和改变的力量，在不断地向更高更远的品牌目标迈进。

品牌主张：KEEP WONDERFUL（活出精彩）
自由随心的生活方式+追逐精彩的生活态度

FLYKE，一个崇尚自由意识和挑战精神的美式休闲品牌，它根植于美国充满自由文化气息的土壤。美国历史的多元文化，赋予了FLYKE更加深厚的品牌内涵。积极探求自由与梦想、活出人生精彩的时尚态度逐渐成为FLYKE永不磨灭的灵魂。从西部拓荒的冒险精神形成的开放与自由，到阳光舒适的西海岸风情，造就了FLYKE “自然、简洁、舒适”的服饰风格。

FLYKE始终以自由主义的时尚态度，大胆探求美式时尚服饰文化的发展，不断锐意革新，深刻演绎了自由奔放的美式时尚精神。而根植于崇尚成功和英雄主义土壤之上的

FLYKE

FLYKE
Keep Wonderful

FLYKE

FLYKE

FLYKE
Keep Wonderful

FLYKE

FLYKE
Keep Wonderful

FLYKE
Keep Wonderful

FLYKE
Keep Wonderful

FLYKE

FLYKE

FLYKE

FLYKE

FLYKE

FLYKE
Keep Wonderful

FLYKE，注定了它具有无畏艰难、积极进取的自我挑战精神，而正是这种精神，使得FLYKE品牌能够中始终保持着对于美式文化的精准定位和对于前沿时尚的深刻洞察。

美国时尚追求的是一种身心的放松，不需要任何刻意和做作，这也是当代全球大多数人的心灵追求和着装需要。FLYKE一直以来都专注于着装的美学，而且更倾向于强调一种随意简单、优雅舒适的精神，并试着表现随意和简洁，努力去做到风格的统一以及忠于品牌的梦想。“极简和现代都市感”是FLYKE在设计上的最高准则，也是当今的流行风潮。FLYKE最大的愿望着便是以更前卫、更时尚、更休闲的手法，描绘了美国不同文化、不同生活方式的时代气息，并以轻松随意的语言，呈现一种干净完美的形象，创造出一种舒适愉快的穿衣态度。

FLYKE以25~35岁的都市精英为消费对象，在FLYKE看来，居住在城市里的年轻群体会对品牌的设计作出回应，是因为他们的生活和需求都十分相似。他们需要自由、自我、舒适的精彩生活，也需要自然、简洁、舒适的日常穿着。

品牌形象：美式风格原味呈现，简约不“减”精彩

喜欢FLYKE的人一定是能够认同FLYKE所倡导的“自由、随心”美式休闲文化，成熟、自信、有主张的消费者往往注重于追求品质生活，对于生活的真谛有着自我的理解。

与任何人做任何事情一样，选择服饰的时候，他们总是在寻找最适合自己的那一件，并周全考虑品牌或服饰与自身的契合度，什么时间穿？什么场合穿？而这一切，FLYKE将成为他们最好的选择，因为FLYKE可以满足他们对时尚外观和内在气质的双重要求。

FLYKE知道并也理解美式风格的本质。在FLYKE看来，美式风格的本质具有着国际化的特征。就像纽约，它并不是一座典型的美国城市，而是一座典型的国际都市。伦敦，巴黎或是米兰也是一样。居住在这些城市的人会对杰出的设计作出回应，是因为他们的生活和需求都十分相似。现代人不论居住在哪儿，都有其共通性，他们的生活中都需要美，都需要精彩！

结束语

美国服饰文化的洗礼，滋养出了FLYKE“Nature(自然）、Concise（简洁）、Comfortable（舒适）”的独特休闲风格。而这不仅是现代年轻人的追求，也正是美式休

点评：

服饰是一种精神状态的体现。

作为一款服装品牌，精准定位的前提，首先取决于对一种时尚的理解和诠释，它关系到品牌自身的市场生命力。男人的服装品牌很多，但每一款品牌都有其蕴含的“品牌精神”它针对其每个人在生活中的不同状态，能准确的抓住一种状态，其实就抓住了消费洞察。美式文化和中国文化的碰撞，在于人们的生存体系不同，所释放出的状态也全然不同，在30年前中国改革开放之初，随着法国时装设计师皮尔-卡丹将这一品牌引进中国，服装文化对国人的精神引领，成就了国人对“商标”、或者说“品牌”的意义似乎不止是衣服领子下面那一小块布。FLYKE品牌所打造的“自由随心的生活方式+追逐精彩的生活态度”，适逢当下中国的时代状态，在众多的服装品牌中，追求自我个性的张扬和精神的释放。不难看出，FLYKE品牌的策划打造，在研究市场方面的洞察力。

——张一涛

闲风格的精髓所在。正因如此，FLYKE这样一个极具代表性、引领休闲风潮的经典美式休闲品牌，将其动感深蓝的品牌LOGO，演绎出崇尚自由的时尚精神，发散出年轻休闲的美式风格。

ZEGDA（正大）：激活品牌正极能量

广 告 主：
正大（中国）服饰有限公司
广告代理：
天元广告有限公司

2009年后，体育品牌遭遇生存危机。经济危机促使各企业进行品牌定位及结构调整。体育品牌开始发生改变，众多品牌纷纷转型休闲时尚。当大部分体育品牌为转型方向迷惘和烦恼的时候，天元广告协助ZEGDA(正大)品牌紧密开展了品牌整合系统工程，开始以新风尚的形象在鞋服领域开疆扩土。

品牌所处的行业背景：运动市场进入休整，时尚休闲市场正在蓬勃上升

福建正大集团有限公司，自1982年开始从事制鞋业务以来，是将领先科技和研发能力应用于鞋业制造的30年行业领跑者。2005年，作为一家涵盖鞋底、服饰产品设计、开发、生产、销售及市场推广的垂直一体化企业，开始走上“正大体育”的品牌之路，成为一家高技术、专业的运动鞋制造商。

2009年后，正值体育品牌遭遇生存危机，或坚守，或转型。从整个行业来看，运动产业经过十几年发展，市场已经接近饱和。经济危机促使各企业进行品牌定位及结构调整。

体育品牌正在发生改变，众多品牌纷纷转型休闲时尚。2010年，正大高层决定从战略高度重造品牌，摒弃传统运动运营思路，重新梳理品牌运营思路。当大部分体育品牌为

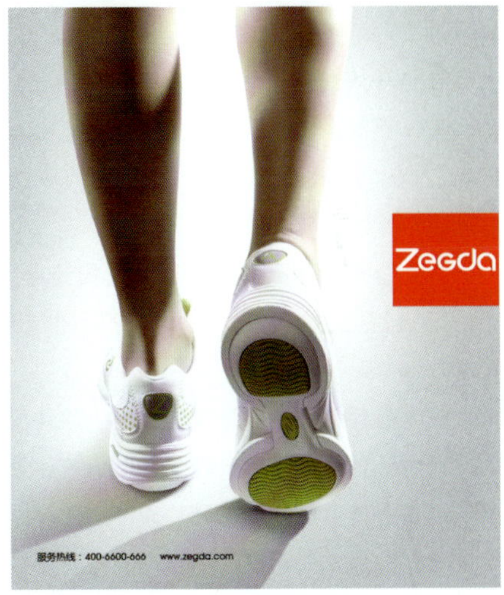

转型方向迷惘和烦恼的时候，天元广告协助ZEGDA(正大)品牌紧密开展了品牌整合系统工程，开始以新风尚的形象在鞋服领域开疆扩土。

一场巨大的市场和品牌突围战一触即发。

品牌策略：大胆跨界的新时尚生活品牌
在繁杂的品牌世界，助力ZEGDA品牌赢得一场新风尚的竞赛

在我们的周遭世界，充斥着各式各样的品牌，各行各业无不透过各种方式在宣扬他们的品牌，运动和休闲服饰行业里面，品牌更是充满每个角落，消费者逐渐对这些品牌开始了不同程度的麻木，更谈不上忠诚度，每个品牌之间的差异化正被同质化打败。既然要做品牌，就要有明显的差异。在这个繁杂的品牌世界，我们如何面对?

就像我们每一个人一样，想要出类拔萃，就要不断地让人知道我们的优点，我们比别人有什么过人的能力。在品牌的世界，也是一样，这是一场用优势差异吸引眼球的竞赛，没有差异，注定淹没在品牌世界中。

ZEGDA(正大)品牌，源于专业体育运动，如何在品牌的世界取胜?

在体育、休闲时尚产业与品牌将如何发展的重大议题下，天元广告从“所有的品牌都要跟你的生意有关”的基本立论出发，疏理商业、论证品牌，整合ZEGDA(正大)现有优势，提出以“源于中国消费者真实感受”打造强势品牌，开始大胆的“跨界”构想——

以科技研发为基石，以创新设计为特质，以个性主张为底气，打造一个跨领域的新时尚生活品牌，有品位、不浮夸，有内涵、不花哨，原创、低调、简约、大气、易搭。

ZEGDA品牌核心价值和特质不再只是专业技术，更不仅仅是创新设计，而是兼而有之，并以个性的主张领先行业、推动潮流。

ZEGDA让想要动感的人，穿上它更显时尚；想要时尚的人，穿上而觉得富有无比的流行感；让时尚人群穿上它，觉得充满品位；让充满品位的人，感觉心高飞。这是一个跨领域的新时尚品牌！它的多元化，能够令它充满无限商机，对整个市场产生巨大的影响。

当梦想照进现实，奇迹诞生。

在体育用品行业急剧下滑的今天，ZEGDA(正大)时尚休闲服饰作为行业的第一批转型成功者，不仅销售节节攀升，更广受年轻消费者的青睐。ZEGDA已在新时尚生活领域占据自属领地、生根发芽，迈入时尚休闲范畴，成功越位，在细分领域迅速建立了知名度。

品牌主张：FEELING UP!正极无限大

助力ZEGDA用正极能量，不断创新发挥无限大的精神风尚

一个品牌最重要的是灵魂，当下的休闲时尚品牌已无灵魂可言，而运动品牌又一味强调运动者努力不懈为了求胜的坚忍精神。

消费者是品牌的创意源，通过消费者洞察发现，当下的中国环境，新鲜而快节奏的现代生活，秒杀无处不在，不管对于物质还是精神，一旦超过保质期，语言开始失味，理想开始荒废。生活需要全新振作，灵魂需要不断自我给力，树立新的精神风尚。

当运动品牌和休闲品牌在各自的领域众生一相、千篇一律的时候，新时尚生活引领者ZEGDA(正大)品牌决心从当下的人性和意念出发，赋予和运动、休闲时尚品牌最大不同的精神风尚：乐观进取、正向思考。“现在中国主流消费者要什么？他们不是寻找自我，也不认为世界不了解他们，他们想要不分性别差异，一起去体验世界，共同发现世界的趣味。今天的美国青年大部分认为自己有能力改变世界，正面思想已经遍及全球。”以正面的情感态度体验无限大世界，这已经成为全球青年的全新精神风尚。这个精神风尚就是年轻人相信自己的无限潜能，ZEGDA品牌用这个精神作为底气，鼓励消费者创造一个新的时尚生活。

“正极无限大FEELING UP!”，代表ZEGDA精神风尚的品牌主张呼之而出。ZEGDA(正大)时尚休闲服饰，有着正面体验世界风尚的灵魂以及勇于创新的精神，它以率先行动者的身份，正在改变中国的休闲服装消费，推动中国时尚着装的变革。

在品牌主张“FEELING UP!正极无限大”之后，天元广告更深层次地涵养出了ZEGDA独有气质的品牌文化，成功地点燃目标受众对品牌的激情，完成两者之间价值层面的感性沟通。

Because of sharing
the world is infinite
正因分享，世界无限大

Because of you,
friendship is infinite
正因有你，友谊无限大

品牌符号：+∞

助力ZEGDA建立耳目一新的视觉感受，形成差异化的风尚

每个时尚品牌之间，也许产品没有多少差别，但是在风格、符号、文化上就开始区分。风格、符号和文化决定品牌选择对谁做生意。因此，操作时尚就是操作风格、符号和文化，天元广告认为，符号是时尚品牌最抢眼的、最受年轻人认可的视觉标志。

天元广告以品牌主张“FEELING UP!正极无限大”为创意来源，原创了ZEGDA品牌专属的识别符号：+∞。+代表了正极，是积极的态度，是快乐的情绪，是开放多元的包容，是对美好的期盼；∞是无穷大符号，代表无限大。+∞代表正面力量的无穷大，代表光明、美好、快乐、积极等正极能量的无限大。这个图像式的助记符号，以强大的可操作性，助力ZEGDA赢得了注意力的竞赛。

品牌传播：“有请”系列互动整合传播

助力ZEGDA品牌高效传播，传递完整一致的品牌风尚

天元广告坚持对传播一致性、持续性、全面性的追求，成功的品牌整合传播绝非是依靠一两次的造势推广就能够一蹴而就的，它需要周期性、连续不停地保持一个声音、一个形象，使品牌要素和形象360度全程积累，最终建立品牌与消费者之间的情感兴奋点。

ZEGDA品牌实施国际化代言人策略，第一位代言人为中性时尚美学达人：张根硕。捕捉代言人关键洞察，我们发现，当下社会的明星效应不应仅仅限于代言层面，而是要充分发掘其背后的娱乐和时尚价值，包括新兴媒体的互动价值，如微博、代言人贴吧、代言人联盟、论坛等，以及时尚产业的娱乐价值，如明星影视作品、演唱会、综艺节目、公众活动等，从而加强与目标受众的情感互动。

因此，天元广告策划的系列基于明星之上的“有请”活动，成功地通过感性的互动整合手段，让品牌目标受众在享受消费的过程中获得情感的共鸣和情绪的感染。

1. 2011年7月9日，ZEGDA冠名张根硕“THE CRI SHOW”亚洲巡回演唱会上海站，11日，ZEGDA邀请张根硕登陆正大赞助的浙江卫视《我爱记歌词》录制ZEGDA专场节目，前后三个月，天元广告策划了“正大＋张根硕 有请”活动，成为中国时尚品牌跨媒体整合传播的完美案例。通过整合三大媒体资源——电视媒体、互联网和手机平台，也创造了业内第一个三屏整合互动案例，并利用LBS平台推出签到抢票活动，实现了线上与线下的有效联动，全方位邀请全民＋粉丝 见证张根硕“不羁的力量，飞扬的青春”；

2. 2012年6月16日，ZEGDA品牌赞助张根硕上湖南卫视《快乐大本营》录制节目，天元广告再度策划“正大＋张根硕 这厢有请”活动，以网络作为主战场，产品推广和终端互动彼此协同，让目标受众获得附加的精神愉悦；

3. 2012年10月28日，ZEGDA品牌赞助张根硕“THE CRI SHOW 2”亚洲巡回演唱会深圳站，天元广告依然策划“正大＋张根硕 深正有请”，以线下推广作为主战场，与粉丝进行互动。

深度整合明星资源展开的系列“有请”互动活动，淡化了理性的功利色彩，长期专一性的感情营销更获得了消费者巨大的反响和品牌高效的传播，并荣获2012年《销售与市场》杂志网络营销最佳创意传播奖。

商品传播：“你的一天，自由穿型”
助力ZEGDA商品价值诉求，开创全民风尚，尽展原创风格

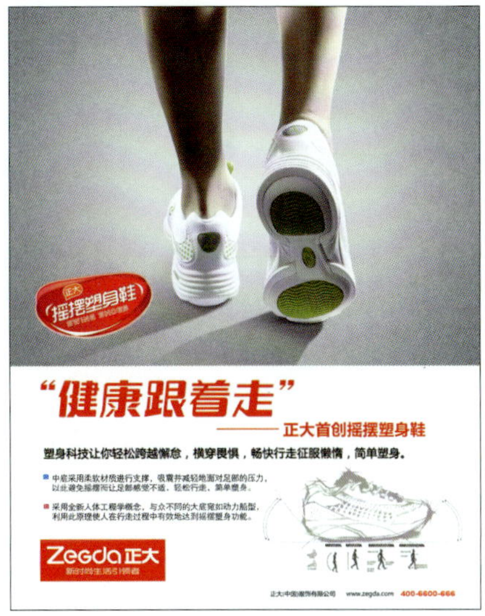

作为新时尚生活引领者，ZEGDA引进国际商品风，打造三大系列，以三种风格，覆盖年轻人一天的着装需求，打造全民时尚休闲必需品。

在商店林立、商品五花八门的都市，如何让年轻人把ZEGDA引入他们的生活中？

天元广告认为，ZEGDA产品提供了一套全面而又独特的着装解决方案。全面的着装解决方案，是指ZEGDA 以FUN（玩乐）、STREET（街头）、CITY（都市）三大系列，让消费者享受多样生活体验；独特的着装解决方案是指ZEGDA的原创商品，如摇摆塑身鞋、新牛仔（ZJ）、百搭衬衫（Zs）。商品信息价值的传播必须做到两点：首先，消费者的眼球被ZEGDA风尚吸引；其次，让他们把目光聚焦在最强的商品点上。

如何让消费者的眼球被ZEGDA风尚吸引，天元广告提出的表达方案是：“自由穿型，正大，你的一天”——让任何人在任何时候、任何场合穿出自己的型，活出质感！

点评：

正大这个案例，是从定位到口号到符号再到传播活动的一整套策划，具有精确性、完整性。

从运动品牌的乏味中跳出来，赋予时尚和正能量，基于此，生成“feeling up，正极无限大！”的品牌主张。为了区别于众多时尚品牌而衍生了极具识别效果的符号，寓意正能量无限大，这是对品牌理念的完美诠释。加之“有请”系列活动和“你的一天，自由穿型”活动的助推，赢得了市场的一致好评。

——亿邦

为强化诉求，天元广告巧妙运用了“时间”这个简单意象，成功融合概念，创造了一系列令人难忘的的形象，使之成为一次形象清晰、概念饱满的沟通。

如何让消费者目光聚焦在最强的商品点上，天元广告在不同阶段创作了形式多样、富有创意的诉求，取得了良好的市场业绩。

摇摆塑身鞋以多元化的方式表现，如广告片、户外、杂志、终端物料、产品包装、网络软文传播等方式，诉求价值，促进产品认知，以新颖的产品概念和特殊功能带动和展现整体价值理念，赢得市场的一致好评，引发一股摇摆风潮。

结束语：发现价值，领跑明天

经过三年的探索和发展，ZEGDA已经从体育品牌过渡到休闲时尚，并走出了自己的商品风格，衬衫搭配牛仔裤的风格极受消费市场的推崇。

天元广告相信，在品牌的世界，固守旧思想，创造不了新世界，无论品牌大小，总会有一个惊人的解决方案，发现它，将助力品牌改变现在；珍视它，将助力品牌领跑明天！

奥乐V：母婴细分品类借助电商迅速崛起

项目概述

奥乐V，一款具备防蛀、修龋、洁白、抗过敏等多重功效、专为儿童研发设计的高端口腔护理产品，自2007年从美国引进技术及原材料以来，便开始了在国内市场的推广。经过3年推广，奥乐V的产品销售未有明显突破，市场拓展出现瓶颈。

偶然的机会奥乐V找到壹串通品牌策划机构，针对奥乐V的公司实力及发展现状，在线下母婴行业竞争激烈、商超渠道成本太高的大环境下，壹串通建议奥乐V聚焦电子商务的发力，先在网络上成名，再发展到线下。聚焦于品牌与产品在网上知名度和美誉度的打造，通过搜索推广、活动推广、口碑营销等最有效果的整合网络营销手段实现奥乐V的全网覆盖。建立天猫旗舰店网上销售直接面对消费者，同时加强网上分销渠道的拓展，推动产品销售高速增长，一年多的时间迅速抢占高端儿童牙膏市场，目前已经是该品类的绝对领导品牌。

一、品牌重塑，打造儿童护牙剂第一品牌

奥乐V，一款安全、无氟、高效的儿童口腔护理产品，采用从美国引进的先进技术和原材料，其品质达到了美国医疗级别，远高于一般的食品级别。具备防蛀修龋、杀菌抑菌、祛渍洁白、抗齿敏感、修复溃疡5大产品功效，远远超出普通儿童牙膏仅有的清洁功能，其产品单价为138元（今年又涨价到158元），远远高于普通儿童牙膏的市场均价。

同时，奥乐V又不属于医药类产品，其安全、无副作用使之具备日用快消品的属性。介于儿童牙膏与儿童口腔药品之间，目前，市场上尚无这样的品类。

通过细致的洞察与研究，壹串通为奥乐V开创了一个新品类——儿童护牙剂，通过霸位策略抢占“儿童护牙剂第一品牌”的战略高地，以安全防蛀修龋、高效杀菌抑菌、特效祛渍洁白、物理抗齿敏感、自然修复溃疡五大产品功效为支撑，以“强效修复，护齿成长”为广告语，全力打造奥乐V“儿童护牙剂第一品牌”的全新形象，开启奥乐V的品牌崛起之路。

二、整合网络营销，五大手段合力

围绕新的品牌战略，壹串通为奥乐V制定了2012年度的整合网络营销推广方案，力求以最小的投入产出比提高奥乐V的品牌知名度与美誉度，吸引更多人关注，推动奥乐V线上销售的新增长。在现有资金、人力及时间成本有限的条件下，权衡各种推广手段的利弊，我们确定了五大最有效的网络推广手段。

广 告 主：

奥乐V

广告代理：

壹串通品牌营销策划机构

在线下母婴行业竞争激烈、商超渠道成本太高的大环境下，奥乐V聚焦于品牌与产品在网上知名度和美誉度的打造，通过搜索推广、活动推广、口碑营销等最有效的整合网络营销手段实现奥乐V的全网覆盖。同时建立天猫旗舰店网上销售直接面对消费者，加强网上分销渠道的拓展，推动产品销售高速增长，一年多的时间迅速抢占高端儿童牙膏市场，业已成为该品类的绝对领导品牌。

（一）搜索推广：持续优化引流量

在百度、搜狗、谷歌等各大搜索引擎，进行奥乐V相关关键词的投放。通过优化关键词、优化质量度、提升账号结构合理性与账户质量等方式，保障竞价效果不断提升，增加奥乐V网站的点击量与浏览量。

奥乐V儿童护牙剂百度指数

百度指数，即关键词在过去30内的用户关心度和网络曝光率，是以百度网页搜索和百度新闻搜索为基础的免费海量数据分析服务。通过下表可看到，自2012年1月开展百度搜索以来，通过持续优化，关键词“奥乐V儿童护牙剂”的百度指数不断提高，呈上升状态。

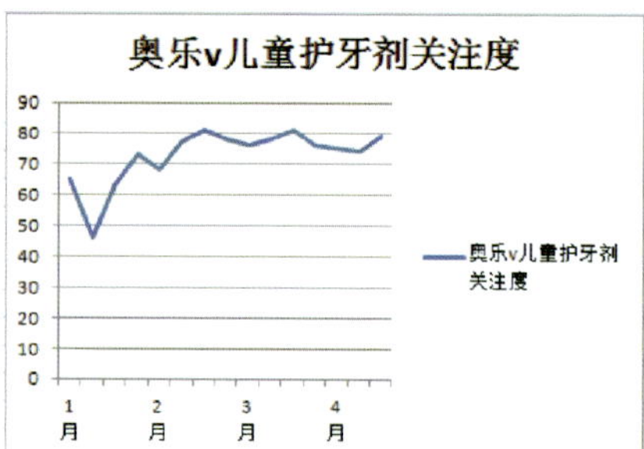

百度下拉框

百度下拉框，即百度推荐词，是百度从每天数以亿计的用户搜索词中，分析提炼出搜索量巨大的词条，生成百度推荐词数据库，从而方便网民搜索，提高输入效率。如图，当网民输入“儿童牙膏”或“儿童护牙剂”搜索时，百度下拉框会自动出现奥乐V的品牌，一定程度上反映了奥乐V搜索引擎优化的成果，增加了奥乐V的品牌曝光机率和访问流量。

（二）活动推广:免费试用树口碑

奥乐V利用广州妈妈网、新浪亲子网、恒初网等多个大型知名母婴类网站，分阶段依次开展奥乐V产品免费试用活动，通过用户申请试用、提交试用报告，传递奥乐V的产品使用体验，借助合作网站本身固有的人流量和关注度，大范围地传递奥乐V的口碑，积聚品牌效应。在淘宝站内也同步开展免费试用活动，站内站外双向配合，掀起奥乐V免费试用全网覆盖、全年贯穿的热潮。

1.广州妈妈网免费试用活动

2.恒初网免费使用活动

3.新浪亲子网免费试用活动

4.亲宝网免费试用活动

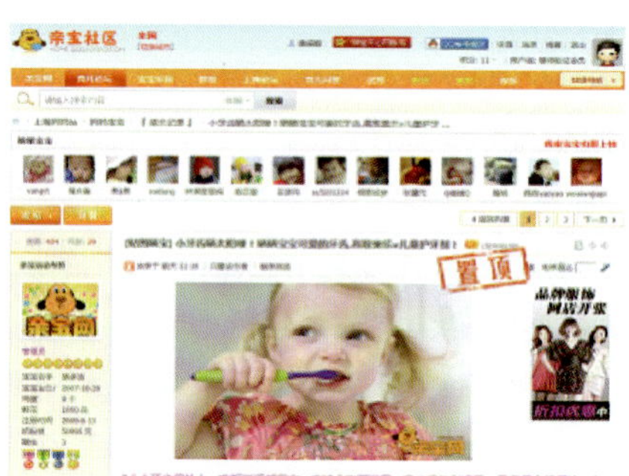

5.淘宝免费试用中心试用活动

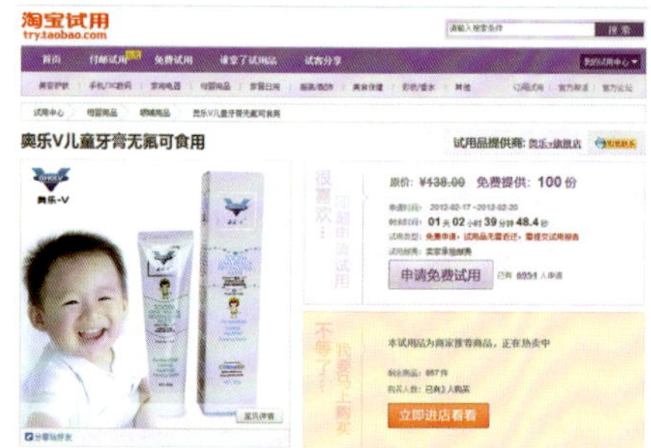

6.淘帮派试用活动

（三）微博推广：互动交流赢关注

在新浪微博上建立奥乐V官方微博，并结合企业领导、员工等多个不同风格主题的微博同步推广。由专门团队负责对官方微博的日常更新与维护，实现与粉丝的情感交流和良性互动，从而实现粉丝数量的稳定增长。同时，借助第三方微博资源，与多个微博红人合作，通过官微直发、大号转发的形式进一步提高奥乐V的关注度，扩大信息传播的范围。

微博推广自2012年1月正式投放以来，带来直接的流量和订单，奥乐V官方直销网和淘宝旗舰店的访问量呈现明显的增

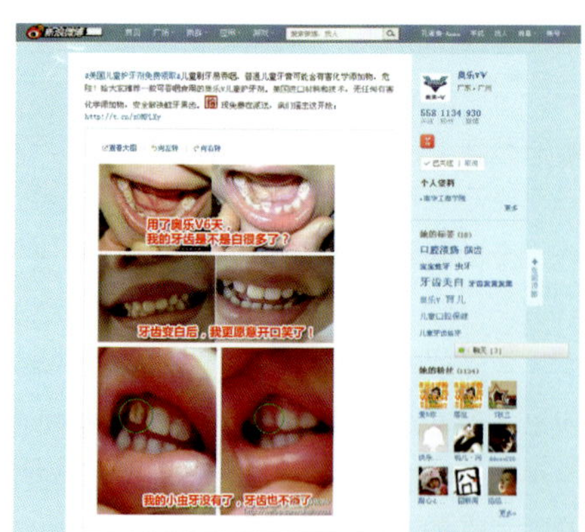

长。监测数据表明，微博推广的ROI达到了1：1.2以上！

大号微博转发

对母婴类微博资源的重点投放使奥乐V的产品信息大范围传播，覆盖粉丝量有17082245，远远高于预定的覆盖1000万粉丝！奥乐V官方微博粉丝数迅猛增长，品牌得到大量的曝光和传播。

奥乐V旗舰店宝贝页总流量与微博流量增长情况

以3月、4月的微博投放为例，对比微博流量与旗舰店宝贝页总浏览量的增长情况，可明显看出微博流量的增长与宝贝页总浏览量呈正比，微博为奥乐V带来可观的访问量和浏览量，占到宝贝页总流量的的60%以上。

图1：3月微博投放情况（3月15日—3月25日）

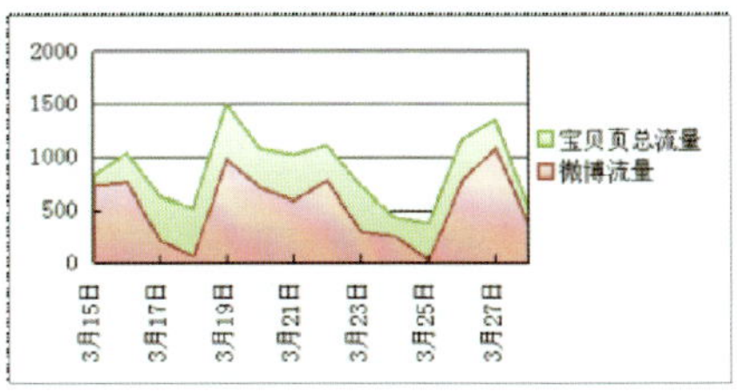

图2：4月微博投放情况（4月10日—4月20日）

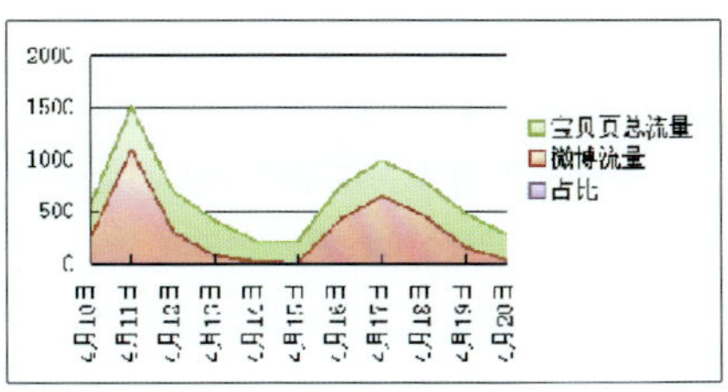

（四）口碑营销：无缝传播造舆论

利用问答平台、百科、论坛、贴吧等进行口碑传播，进一步扩大奥乐V品牌和产品信息的网络覆盖范围。在百度知道、搜搜问问、新浪爱问、雅虎知识堂等问答平台上进行问答营销，建立百度百科、互动百科等，在母婴亲子类论坛、贴吧发布相关帖子，使奥乐V的品牌与产品信息全网覆盖，无缝渗透。

百度知道

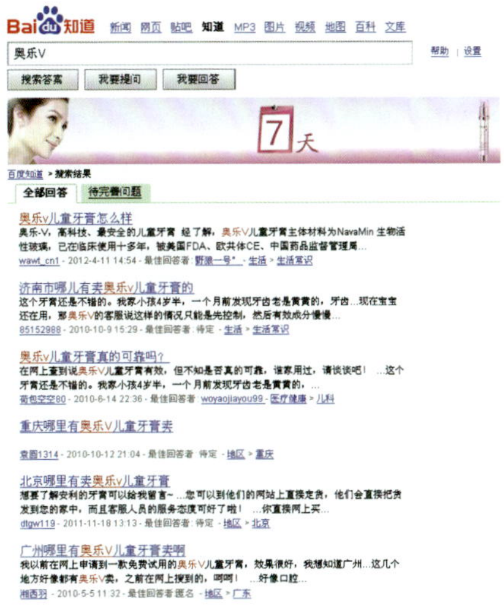

搜搜问问

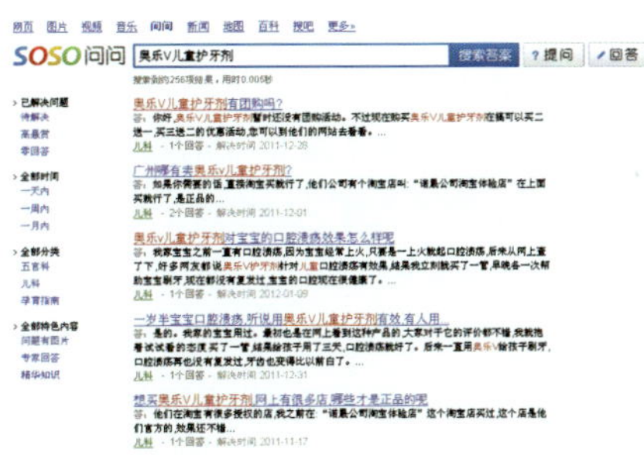

百度贴吧

（五）新闻推广：权威报导促宣传

在网易新网、腾讯大粤网、中国日报网、阿里巴巴等多家主流门户网站上投放相关新闻软文，加强对儿童口腔问题防治的市场教育，并植入奥乐V产品功效的传播。通过新闻媒体的跟踪报导，促进奥乐V线上免费试用活动的信息公开与传递，进一步扩大了活动的影响力，为奥乐V的品牌传播和产品销售做了强有力的铺垫。

奥乐V相关网络新闻报导

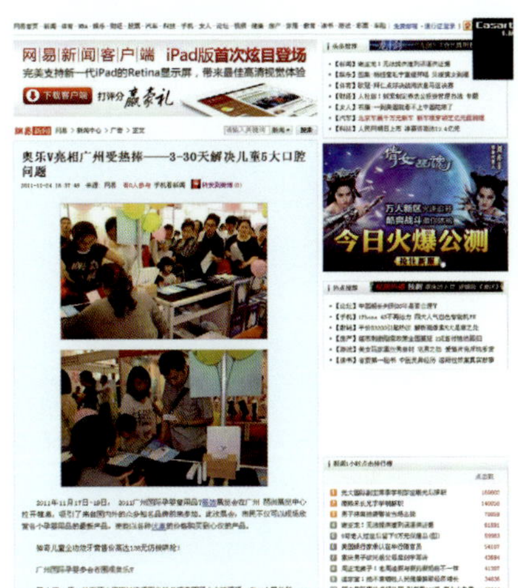

点评：

这是一个经典的网络营销案例，以“儿童护牙剂第一品牌”为目标，进行覆盖全网的地毯式营销。

优化搜索，将关键词投放到各大搜索引擎，获取更多点击量；多场网上免费试用推广活动，树立起良好的口碑；微博大V转发软文广告，互动交流赢得了更多关注；各论坛、帖子的讨论也进一步塑造了口碑；新闻推广更具权威性，促进了宣传。这一系列的“手段”下来，使奥乐V品牌占据全网。消费者在潜移默化中认同品牌、接受品牌，从而获得了营销的成功。

——亿邦

三、电子商务运营，引爆产品销售

结合奥乐V已有的电商运营基础，我们进一步完善其电子商务架构，提供渠道规划、绩效管理、业务流程、客服体系、会员体系、网络招商等一系列的建设方案。针对奥乐V现有人力、资金和运营经验不足的现状，我们为奥乐V建立淘宝商城旗舰店并对其实施代运营。通过整合奥乐V的品牌资源、渠道资源和推广资源，加快奥乐V的品牌渠道布局和销售增长进程，引导奥乐V电子商务运营的健康发展。

（一）店铺运营与管理

奥乐V原本只拥有官方直销网站、淘宝C店以及部分淘宝分销渠道，却没有自己的淘宝商城店。作为电子商务的半壁江山，淘宝商城聚集了精准的目标消费者群体和巨大的购买流量，对推动中小企业的商品零售成效显著。因此，我们为奥乐V建立淘宝商城官方旗舰店，从而使为奥乐V架构起一套完整的电子商务平台体系：官方直销网站+淘宝商城旗舰店+淘宝C店+京东、红孩子等主流B2C平台。

电子商务的竞争归根结底取决于日常运营中的团队协作与细节掌控能力。紧扣奥乐V品牌发展战略，借助整合网络营销推广的强势传播，我们将旗舰店代运营中的日常工作一一贯彻落实，不断优化与改进，形成标准化、流程化、精细化的科学运作流程。

奥乐V旗舰店日常运营体系

（二）深化淘宝站内推广

淘宝站内的营销推广的主要目的是吸引买家、促进浏览量以及增加回头客，主要手段有3类：免费推广资源的运用、付费推广方式以及收费软件的运用。目前，我们除了利用淘宝内部的搜索引擎优化、淘帮派、掌柜说等免费的推广方式外，还采用了淘宝直通车和淘宝客两种付费推广手段。目前奥乐V淘宝直通车投放的ROI稳定在1：3左右，并曾一度增长到1：6的高水平。通过淘宝客在淘宝站外的网站、博客、论坛、社区等进行宣传与推广，吸引更多的目标人群进入到淘宝店铺购买。目前淘宝客推广以较低的投入为旗舰店带来了可观的访问量与购买订单，是所有推广手段中ROI最高的方式。

四、结语

通过全网范围内的整合传播，奥乐V的品牌知名度大幅度提升，促进了消费者对奥乐V的关注和购买。通过建设和完善电子商务体系，科学调控日常运营中的各个环节，奥乐V的线上销售产生从量变到质变的飞跃。短短3个月内，奥乐V淘宝商城旗舰店便从零起步状态，发展到目前的店铺成交量和销售额均跃居同类品牌的第一，创造了一个电商运营的奇迹。同时，奥乐V品牌潜在的发展价值、过硬的产品品质和服务也引起了一些风险投资基金的关注。

缝叶鸟：打造气质女鞋

行业背景：革类时尚女鞋行业开始走上品牌建设之路

1995年，中国一个新兴的产业应时而生，革类产品开始步入女性视野。历经近20年的市场洗礼，不断演进创新，一个诺大的产业升级崛起，中国已经连续12年成为全世界最大的女鞋消费市场，到 2010 年，女鞋消费总量超过 80 亿双，市场总交易额高达3000亿元。

广阔天地，大有可为！抢阵地，冲得快，比手段，一切为市场服务、一切为品牌服务，是大部分女革鞋品牌在此时机下希翼辉煌腾起的杀手锏。

缝叶鸟女鞋，诞生于1999年，经过十几年发展，迅速锻造成为集研产销为一体的女鞋企业品牌。在静默等待中，如何借势腾起？身处同质化的女革鞋行业，一样的路，如何有不一样的走法？与其亦趋亦步，尾随人后，不如拓步向前，超越寻常。适时，天元广告协助缝叶鸟品牌紧密开展了品牌整合系统工程，开始挣脱束缚，在女革鞋领域以独特的形象开疆扩土。

行业崛起、品牌崛起、渠道崛起，时代赋予的机会。

品牌策略：以“时尚美学气质顾问”的身份，助力缝叶鸟品牌独特化运营

一个品牌的气质来源于企业气质，尤其是企业家气质。为品牌注入企业家的优秀基因和团队的能量，是品牌必须面对的议题，一如目标进取型的丁志忠造就了“永不止步”的安踏，提出“一个人一辈子把一件事情做好就不得了”的洪肇明造就了“专注夹克30年”的劲霸。

面对女革鞋行业同质化的产品、策略、通路，年轻睿智的企业领导人内心深处想做一些别人没做过的事情，做一个不一样、特别的品牌。通过天元广告的品牌虚拟符号探索，缝叶鸟如果是一辆汽车，它就是MINI；如果是动物，它就是斑马；如果是音乐，它是一首轻摇滚。

是的，缝叶鸟品牌要独特化品牌运营。

品牌如人，同样拥有着其专属的独特性格。明确品牌的性格，有助于挖掘及释放品牌的潜在势能，直击目标消费群体并与之达成默契与共鸣，迅速地在竞争激烈的市场中树立鲜明、独特的品牌形象，从而让品牌脱颖而出，立于不败之地。百丽是精英百变女性，达芙妮D28是知性女性，星期六是魅力女性 。

天元广告把爱独特而不是奇特的缝叶鸟品牌性格，化身为一个爱独特的都市新女性。对她来说，生活的全部意义在于发现她，让她以一种使她自己感到精神焕发的方式生活着。她不是LADY GAGA，不是麦当娜，但是总想成为注意力焦点，她相信自己是独特

广 告 主：

广州缝叶鸟鞋业有限公司

广告代理：

天元广告有限公司

缝叶鸟女鞋，诞生于1999年，经过十几年发展，迅速锻造成为集研产销为一体的女鞋企业品牌。但身处同质化的女革鞋行业，一样的路，如何有不一样的走法？天元广告协助缝叶鸟品牌紧密开展了品牌整合系统工程，开始挣脱束缚，拓步向前，超越寻常，开始在女革鞋领域以独特的形象开疆扩土。

FYENIAO 缝叶鸟
时尚美学气质顾问
世界上没有100%的标准
每个人都是另一个的完美
最美的气质源于自我的沉淀
最美的自我一直在你心头
等待唤醒
绽放
缝叶鸟 · 您的时尚美学气质顾问

FYENIAO 缝叶鸟
时尚美学气质顾问
请用您天生的气质
培养您独有的素质

FYENIAO 缝叶鸟
气质，无可复制
百变时尚女星：戚薇
新一代品牌代言人
天生·随心

FYENIAO 缝叶鸟
时尚美学气质顾问
请用您天生的气质
追逐您最佳的位置

的，并乐于展示自己的独特美。

对于每一代的新女性而言，不管是60后、70后、80后、90后，时代不同，个性有异，但年轻的她们，正处于从外表从新鲜人到成熟人、内心向丰盛成熟发展，她们的欲望和动机是相同，因为追逐梦想，所以不断探索体验、开放个性、迸发创造力，从中发现自我的独特，并展现和释放。

面对她们，品牌就是一种承诺，能够给予她们支持某种产品、服务，并支持她们的理念，改变他们的生活，这是建立公司与顾客关系的基本元素。就缝叶鸟来说，品牌赋予的承诺因此也必然包含个人化“独特”这个元素，那么什么是独特的?

《辞海》说：“气质，是人的相对稳定的个性特点和风格气度。”气质，是人们在自我了解、自我修养中形成的一个魅力和感觉，气质是独一的、无可复制的。气质，就是一个人的标志。

气质!

锁定“气质”，缝叶鸟品牌以独特的品牌性格、差异化的信念，偕同靓丽新潮的女鞋和年轻一代女性产生共鸣，唤醒她们的独特气质，成为她们自由穿搭的时尚美学气质顾问和生活的亲密分享者。

于是乎，解密大千世界年轻女性内心无限的可能、无比的丰富和多元的自我，体解独特的心灵气质，探索活跃多变的生命体验，成为缝叶鸟希翼通过产品及服务为消费者带来的价值观!

品牌主张：独创你的美，让“气质，无可复制!”

被注意和被瞩目的需求，无论在哪个年龄与时代都是不变的。被要求和被期望同样无可避免。

今天这个时代，对年轻女性，更需要关注、鼓励、帮助她们在社会中的角色表现，尊重每个女性个体生命的独特。人，不应该每个都相同，上天造物天生独特，诞生之初天赋便各自不同。世界的规则在不断改变，但她们的内心依然一如既往地相信那份强大的天赋，相信你之为你的独特亮点，相信你之为你的心灵气质，相信

可以走自己的路，相信自己无可复制，为自己，做自己！

品牌形象：有请戚薇与消费者互动，为品牌传递独特的气质

都市新女性作为年轻一代，她们最接近新潮，最容易发扬时尚文化，身上散发着强烈的“自我标签、自我认同、敢于尝试、自我探索”精神，积极融入社会焕发多元人生。

谁能代表都市新女性独特的个人气质，成为缝叶鸟的代言人？

对于品牌而言明星并非越大牌越好，品牌的塑造和品牌资产的积累并不是一蹴而就的，在品牌塑造和成长阶段更适合选择蓝筹股的明星与品牌一起成长，品牌一方面有时间积累内功（明星的名气也在积

累中），一方面当明星名气爆增时，企业有能力去支撑和管控市场。

天元广告不赞同聘请明星代言只为了渠道的建设和完善，而荒废品牌资产的持续积累和品牌的生长。代言人可以很成功：如NIKE请刘翔（看好后，低价买入）等，也可能会失败：如美宝莲请章子怡（诈捐门）等。选明星是有风险的，进行风险管控，确保品牌利益最大化，是责任。

戚薇，1984年出生，有四分之一韩国血统，全能型魅力艺人，兼具独特的嗓音、非凡的演唱实力、出色的小提琴演奏、性感的舞蹈、出彩的演技实力、努力的个性，蕴含优质的潜能。因《外滩十八号》，出演《夏家三千金》、《美人心计》、《无懈可击之美女如云》、《无懈可击之高手如云》，备受关注，名气大增！

她独特、百变、才华、青春、靓丽、新潮、知性、职业……她身上的标签和形象符合品牌各系列产品的表现要求，完全契合都市新女性自信自立、积极互动、开放得体、享受人生的态度，更契合品牌“时尚美学气质顾问”的角色，极限挖掘的潜力。

最终戚薇与缝叶鸟一拍即合。

代言人是品牌与消费者沟通的桥梁，基于品牌和代言人之上的系列活动陆续展开，包括：新品发布会、歌友会、新专辑发布植入、写真集植入合作、“薇情书”线上推广活动礼品赞助……让品牌目标受众走近戚薇、走近缝叶鸟，体验品牌价值和个性，加强与目标受众的情感互动。

点评：

缝叶鸟的成功在于：在同质化的女革企业品牌中开展品牌整合系统工程，以独特的形象开疆拓土。

人人追求独特，那何谓独特？怎样的独特是有力量的独特？最终，以“气质”作为出发点，将年轻睿智的企业领导人气质赋予品牌，了解都市新女性的心声，关注、鼓励她们在社会中扮演、表现不同角色，与之产生共鸣。这样一来，加强了与受众的感情互动。

与此同时，挖掘最具特质的代言人，选定戚薇这样一个百变、靓丽、全能型魅力艺人展示出都市女性的多面特点，十分契合“时尚美学气质顾问”这一角色。

——亿邦

Levi's：与电影的“第三类接触”

广 告 主：
Levi's
广告代理：
央视三维电影传媒集团

某种意义上，牛仔裤是渴望自由、独立、理想的新生活态度最直接的表现方式，Levi's便是如此。历经130载，从一个国家流行到全球，品牌个性始终保持如一，成为全世界男女老幼都可以接受的牛仔与时装的领导品牌，这无疑是Levi's创造的一个世纪神话。在经典和潮流之间，广告是Levi's寻找到的最佳表情方式。特立独行，作为Levi's一贯的品牌营销理念，如今在影院正被无限放大。

从某种意义上讲，牛仔裤是渴望自由、独立、理想的新生活态度最直接的表现方式，Levi's就是这种生活态度的象征——性感、青春、活力，又永不落伍。历经130载，从一个国家流行到全球，品牌个性始终保持如一，成为全世界男女老幼都可以接受的牛仔与时装的领导品牌，这不能不说是Levi's创造的一个世纪神话。

在经典和潮流之间，广告是Levi's寻找到的最佳表情方式。特立独行，作为Levi's一贯的品牌营销理念，如今在影院正被无限放大……

案例背景

《2012中国企业内容传播与新媒体应用调查》报告分析发现，新媒体时代企业传播的核心价值在于根据受众需求创建其感兴趣的内容，通过讲述故事，策划制作有价值的品牌信息和内容，让故事与企业的品牌具有关联性，同时，使你的内容更易于分享、通过持续不断的沟通，为目标受众提供有价值的内容，合理充分地运用新媒体。综合看来，以优质影院为主要传播媒介的新兴影院媒体平台，就是广告品牌内容营销的重要传播途径之一。

在经典和潮流之间，广告是Levi's寻找到的最佳表情方式。而一向特立独行的服装品牌要想在同质化日益严重的今天脱颖而出，除了产品本身的质量，品牌知名度营销所带动的销售提升越来越受到广告主重视，其潜力不容小觑。

项目分析

青年观营销认为：成功的品牌营销，需要传递品牌信仰，对青年人不做任何预设，从而通过各种形式表现他们的本色、真我，从而让品牌在消费者内心产生共鸣。

有别于传统广告表现手法，《向前闯》30秒电影映前广告TVC中没有知名人物、没有炫目的产品美化镜头、也没有不厌其烦的广告产品功能特性陈述。而是以普通人物为核心，用镜头流畅地拼接出代表性的典型事件，引发共鸣与话题。

大银幕已将Levi's的品牌诉求有效传达，让受众在第一时间近距离接触并直接记忆产品内容，将其与目标受众连成一条线。那么如何更全面地巩固其营造的品牌氛围与引发的购买欲望呢？影院是一个高度娱乐化场所，娱乐不仅仅是看电影。通过有效的映前广告阵地延展的模式，线上线下形成相互补充，可达到广告效果的高度覆盖，品牌形象深入人心。

目标受众

Levi's深谙时下年轻群体的生活现状与品质追求：一方面，电影的受众均为“品质人群”，在品牌问题上，他们更多关注的是品牌的非价格因素，倾向于品牌内涵，对品牌的忠诚度高；欣赏那些有想象力的特立独行的品牌，很乐意多花钱去购买原创的或独一无二的品牌。另一方面，作为社会中坚阶层人群，电影是释放自我，缓解生活与工作压力的最佳娱乐方式之一。在电影面前，他们是膜拜的孩子，渴望与电影一同飞翔，获得精神宣泄与价值认同。换言之，电影是放大的人生。

广告策略

一、大电影放大青春与个性，向前闯成一条线

2012年9月Levi's投放大银幕的30秒TVC映前广告——《向前闯》，用巧妙的电影蒙太奇表现手法，将新世代年轻人张扬不羁的个性与对时尚的掌控展现得淋漓尽致，同时，其品牌理念也更多转换成激励年轻人拥有自信、勇敢向前闯的精神，这与励志电影手法如出一辙。

而作为影院映前广告，在如此优越的传播环境下，Levi's放大的不仅是观影受众的青春与个性，更是产品销售的可能性和品牌的口碑与形象，如同品牌诉求本身所言——“将你与梦想连成一线”，其效果便不言而喻了。

二、五宗“最”：“第三类接触”玩转品牌互动

1）一线城市核心商圈优质影院线下互动，覆盖资源“最全”

从走进影院的第一步开始，你就不可能忽略Levi's。在影院，无论是影厅、大堂、售票处、休息区、检票口，还是散场通道，都设置有与品牌相关的视频、动态或静态画面、互动体验区等。像Levi's本身所诉求的那样，让受众从影院大厅到影厅，每一步都走得有创意！可谓“眼观六路，耳听八方，无处不Levi's”，实现线上与线下一条线同步化，品牌曝光率达到100%。

2）投放周期“最长”、覆盖影片“最多”、单影院投放覆盖人次“最多”

电影是最有效的覆盖最具价值人群的媒体。Levi's此次投放推广周期从9月上旬直至10月下旬，时间跨度覆盖“金九银十”黄金档，为历史主题影院阵地投放最长周期。一般来讲，常规电影的放映周期为一个半月，而50天则完全保证了全影片覆盖。根据档期数据统计，此间有50多部影片上映，几乎涵盖国内外所有电影类型及题材，满足主流观影受众的不同看购需求。

此间热映的影片包括：《超凡蜘蛛侠》、《蝙蝠侠》、《普罗米修斯》、《敢死队2》、《二次曝光》、《太极1、2》、《铜雀台》、《白鹿原》、《危险关系》、《全面回忆》、《谍影重重》、《飓风营救2》、《大海啸之鲨口逃生》等50多部，其中数十部影片票房过亿，观影人数及频次可见一斑。

另外，作为央视三维旗下最优质的商圈核心影院之一，此次投放的独家影院周期内覆盖观影人次有13.5万之多，最大限度保证品牌传播的到达率。

3）“最有效”的品牌延伸方式：影院创意增值元素

影院是一个高度娱乐化场所，娱乐不仅仅是看电影。提前进入影院候场的观众在这个“想象无限、空间无限、创意无限”的环境中，关注的重点必然会转移到周边设施或附加值产业中。调查显示，国内大多数影院的非票房收入在15%~18%左右；而成熟的美国电影产业，其影院非票房收入大大高于票房收入。如此比较，国内影院经营的电影附加值开掘的潜力巨大。

如今，越来越多的影院意识到影院食品等附加值产品的重要性，这也正好体现在本次推广当中最大的亮点之一——特性展品展示与体验，即将品牌植入到影院日常消费的爆米花和可乐等附属消费品上，并将物体等比例数十倍放大，起到震撼和亲近的作用，同时结合趣味性的游戏环节，如：投掷超级爆米花游戏，获胜者可至Levi's线下零售店铺领取奖品，使活动一度达到高潮。这种极富创意的异形广告形式，令人印象深刻，沸腾受众消费心理，品牌传播效果一目了然。

效果评估

Levi's选择央视三维电影整合营销传播平台，通过“银幕巨阵”线上展现+线下阵地创意互动，构建品牌与受众不间断深度沟通的“第三类接触”。品牌是一个长期变现的过程，而影院整合营销的新模式，加速了品牌变现的可能性，这正是众多品牌营销企业所追求的——共鸣、互动、整合、影响。

1. 通过电影映前广告形式，全影厅覆盖。用巧妙的电影蒙太奇表现手法，将新世代年轻人张扬不羁的个性与对时尚的掌控展现得淋漓尽致，同时，其品牌理念也更多转换成激励年轻人拥有自信、勇敢向前闯的精神，从而引发话题与共鸣，广告到达率极高。

2. 通过有效的映前广告阵地延展的模式，线上线下形成相互补充，达到广告效果的高密度覆盖，品牌形象深入人心，有效引发销售可能性。

（以上数据来源：央视三维CTR个案效果调研 2012）

阵地互动

点评：

有效传播至少需要明确两个内容，受众想看什么？受众在哪里？

《向前闯》篇的表现，并未局限于传统广告只是对服装进行展示，而跟随着几个平凡人的脚步，通过LEVIS来展现他们的生活，表达他的行事态度，他的风格。不追随别人，你会成为自己的英雄，这种特立独行，充满正能量的态度和时下年轻人的心态相吻合的。广告片全片，从文案到配乐、画面，完美结合，谱出一段让平凡人书写自己的史诗。

作为国内牛仔裤市场的一线品牌，Levi's的受众群，与影院的消费群体有着很高的重合度——年轻、热爱时尚、有一定的消费力。能在2012年就将电影院线当作新的媒体平台投放，需要一定的眼光。

虽然互动的游戏与品牌连接度不高，获胜者可至Levi's线下零售店铺的设置，真正把消费者从电影院拉到了品牌门店，直接将广告力转化成销售力。

——大峡谷

马克华菲："摩登在造"造音乐

一、品牌需求

马克华菲JEANS男装的目标人群是20至30岁的"微熟男"，倡导摩登浪漫，有型的生活方式。本次为品牌提出"摩登在造"的主题，突出马克华菲品牌血脉中的"摩登"因子，"浪漫"情怀，以及"不断领创新生活"的活力和精神。

二、互动方案

对于服装，人们往往把焦点放在图案设计，的确"印花"就一直是马克华菲JEANS血脉里最具代表性的完美DNA。我们解构、重塑图案的功能，加入音乐的元素，让人们聆听图片、观赏音乐。给予品牌受众——"微熟男"们一个别样的浪漫新概念。

经过受众分析，确立豆瓣网作为此次互动活动的主要平台。其全方位满足城市青年的兴趣文化需求，关注、倡导品质生活的特点最契合本次活动的目标人群的特质。

5月15日——马克华菲JEANS男装，"用图片造音乐"这项技术型创意互动活动正式在豆瓣网发起。整个MiniSite由Adobe Flash构成，采用了先进的图片像素点色块分离技术将照片中颜色拆分，并通过权重算法将重要色块进行排序，后整理出排名靠前的颜色作为核心调性元素。参与者只要上传一张照片，造音机就会把图片分成多个色块，每个色块将自动匹配成不同的个性音符。我们深切得认为在自然界每一种颜色都是有个性的，红色代表奔放，蓝色是忧郁，绿色很清新，橙色高调，黄色淳朴……所以将不同的颜色对应相同性格的音乐也就顺理成章了。

同时用户可自主对音乐进行调整，通对可视化的上下拖动色块界面，经由数字音乐分离算法，生成出绝对唯一的个性乐章，大大提高了整个活动的互动性和精彩性。

三、执行过程

第一步："造"革新——听得见的服装。

我们认为，每一件服饰都有属于自己的音乐灵魂，我们推出听得见的服装，每一件产品都有专属二维码，用户通过手机扫描二维码，就能下载、播放马克华菲的特别定制的专属音乐，将穿、玩、听融于一体，打破用户对于服装的传统认知。

第二步："造"生活——摩登系列微电影。

推出"摩登在造"系列微视频，讲述生活在城市里的，年轻的职场男性关于"瞬间、自由、摩登、浪漫……"的不同感悟。

广 告 主：

马克华菲 JEANS男装

广告代理：

上海广告有限公司

马克华菲JEANS男装的目标人群是20至30岁的"微熟男"，倡导摩登浪漫，有型的生活方式。上海广告为马克华菲JEANS男装打造的"摩登在造"campaign，突出了品牌血脉中的"摩登"因子，"浪漫"情怀，以及"不断领创新生活"的活力和精神。活动以豆瓣网作为主要互动平台，最终重塑了受众对于摩登生活的全新概念。

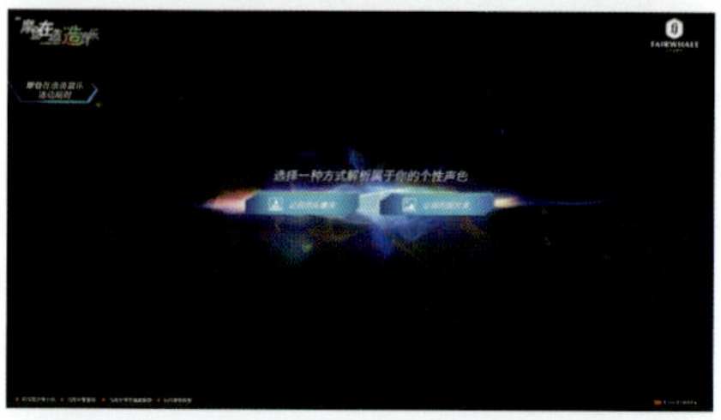

视频链接：http://v.youku.com/v_show/id_XNTQ2ODkyNzg0.html

第三步：“造”音乐——制造自己的音乐。

在马克华菲JEANS男装豆瓣小站创建游乐场专题页面，焦点图外链“摩登在造”造音乐互动页面。

小站链接：http://site.douban.com/markfairwhale/room/2712245/

豆瓣全站广告推送

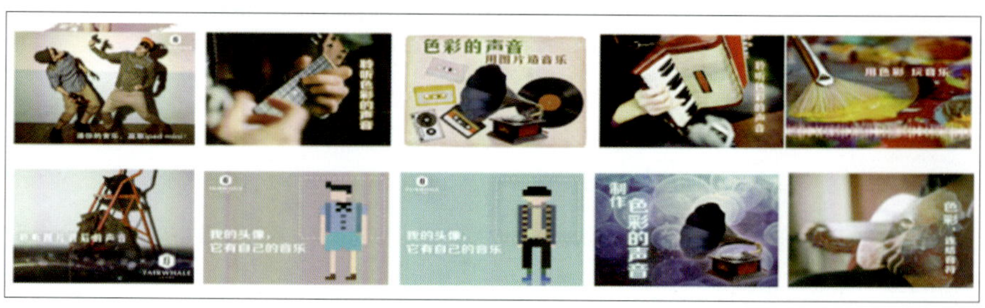

互动活动结合了“声”和“色”的元素，让用户通过上传图案的色，自由制造自己的音乐。通过活动，表达了品牌自由、创造、个性的精神。

活动链接：http://www.douban.com/campaign/MF_createMusic/

上传图片

拖动音符

轻点鼠标、拖拽音符，上下拖动改变音量；左右移动，定位音效在音乐中的发声位置；或者尝试点击色块变成一条横线，那么这个音效将会循环在整段音乐中。创作的过程中，我们的音乐匹配引擎开始发挥作用，它能够在极短的时间内将个性色与性格音乐段进行强配对，同时生成一段合理并悦耳的个性化音乐。

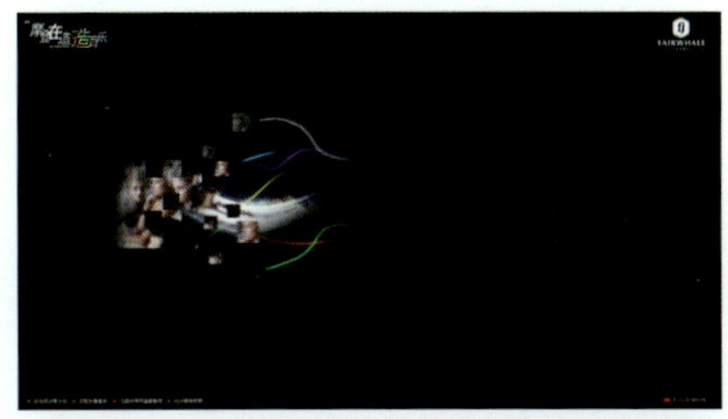

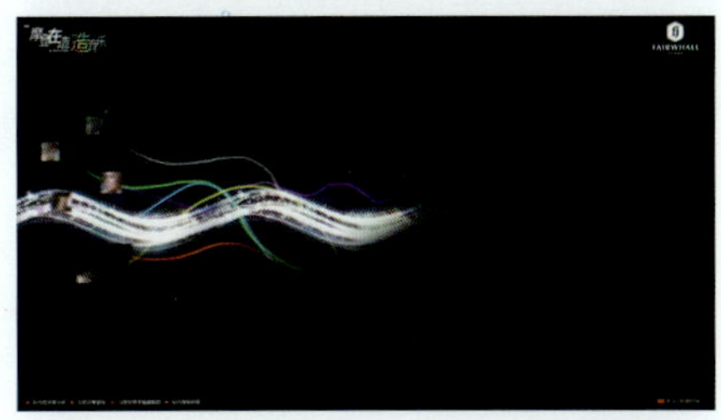

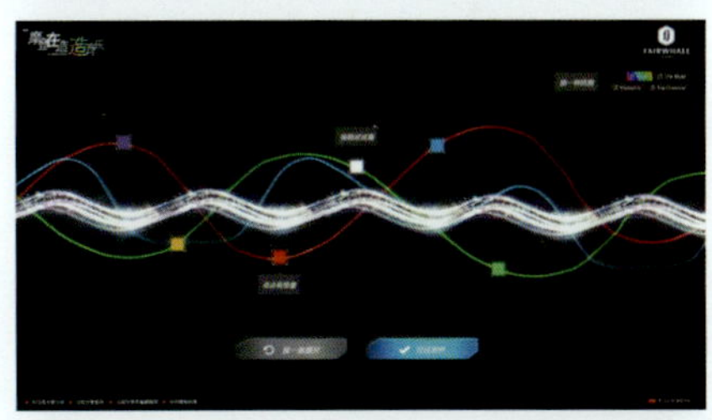

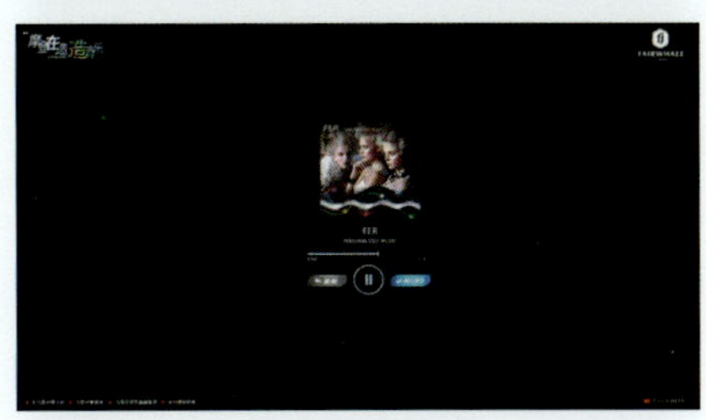

点评：

马克华菲 JEANS主打微熟男，他们是85后。每天的生活与网络密不可分，每天接受的信息量很大，要让他们感兴趣，需要真新意。在互动内容中，确实做得“有声有色”，将服装的摩登浪漫与音乐做了跨界结合。概念中，有时尚、浪漫，甚至有一些科技感，符合了当下年轻人的需求。

互动需要让消费者玩起来。在参与的过程中，感受快乐，从而与品牌建立情感。相信不少目标受众在听歌、建立专属专辑的过程中，不知不觉就建立了品牌好感度。如果互动的形式稍有点抽象的话，微电影的主题有了很好的互补。

在全案中，内容不局限在服装本身，而聚焦在了服装的时尚元素中、品牌的摩登浪漫特质。规避了受众对广告的“恐惧”，做出了不像广告的好广告。

——大峡谷

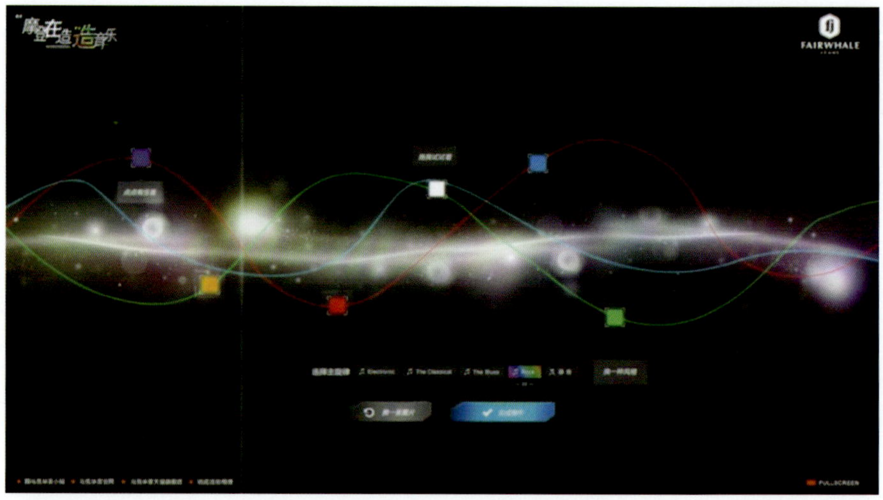

完成创作

此外，四种不同的音乐主风格让你选择，创造出表达自我的音乐，生成一张自己专属的唱片。

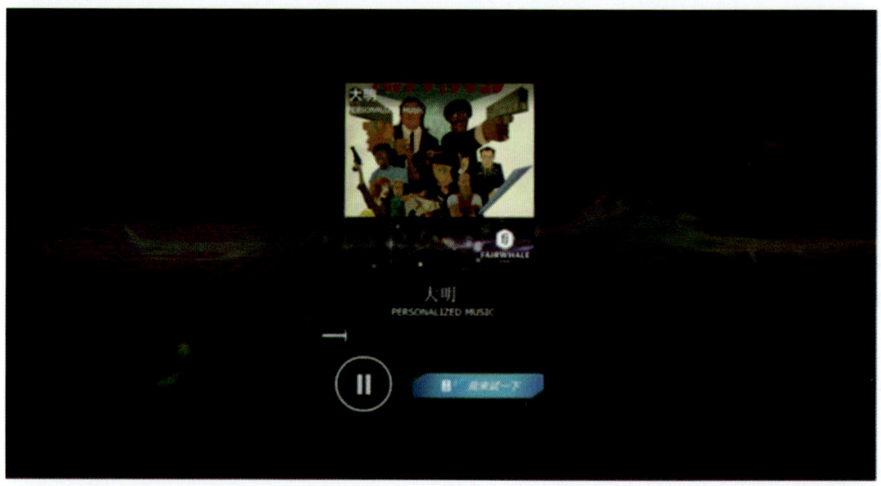

四、活动效果

“造生活”系列微电影，在当月全网创造了约61万多次播放量；同时期形成约8000转发效果；在推荐BBS创造了约6万点击。重塑了受众对于摩登生活的全新概念

“造”音乐minisite在当月获得网友上传制作5800多份作品；互动总数6万多次；为马克华菲豆瓣小站增长约1万多粉丝，其口碑传播率高于豆瓣平均口碑传播率1.2倍，粉丝转化率高于豆瓣平均粉丝转化率6~8%，是豆瓣平均转化率的2.4倍，品牌展现3000万次以上！

“造”革新在当月共获得约1.2万次音乐下载，听得见的服装在品牌天猫商城和线下终端店铺售卖均超出预期，服装消化率达到91.73%。整个活动的三个阶段，对天猫店引流分别达到起整体流量的53%、46%、74%。

“摩登在造”campaign的成功，是广告主将数字理念融入品牌核心，Agency将数字营销创新与低门槛有效互动的结合。

康龙：从“快乐体验”到“轻生活”

2010年，康龙站在品牌和市场的十字路口，将何去何从？奥康集团的掌舵人王振滔陷入品牌迷局的沉思。

90年代之后，休闲市场在中国慢慢兴起，在服装休闲概念的炒作下，休闲文化消费在普通大众的心中燃烧。2001年，奥康集团瞄准时机推出康龙休闲品牌，凭借集团企业的优势资源及著名影星黄日华形象代言，深度塑造放松、活力的品牌核心价值，开启互动式品牌沟通体验的推广策略，康龙品牌在短短几年中成为强势的区域品牌，但随着国外休闲品牌的进入及鞋企的品牌延伸，休闲鞋市场迅速进入战国时代。在这种情况下，康龙如何实现品牌突围？如何实现从区域品牌到全国品牌的跨跃？

王振滔将打破康龙品牌迷局的重任交给了多年的品牌合作伙伴——广州蓝火文化传播有限公司（以下简称广州蓝火）。

广州蓝火团队不负所望，在短时间内经过大量的市场调研和分析工作后，发现康龙可以快速切入的最大市场机会点——休闲鞋中档大众市场缺乏一个领军品牌！在国际品牌安据高端之时，国内品牌尚未染指，众多国产品牌分庭抗礼，品牌识别度并不高；运动鞋品牌在传播上狂轰乱炸，而专业休闲鞋却异常安静，休闲鞋市场的长时间蓄能，期待着一次品牌的爆发！

通过调研数据的分析对消费者进行洞察，蓝火团队发现——高速运转的时代给人们带来更多压力与焦虑，倍感压抑，向往快乐。以“放松一下”为品牌主张的康龙确立都市休闲鞋定位——以80后群体为主要目标对象，针对80后群体的轻松、快乐需求，倡导低碳环保、健康快乐的都市休闲方式。于是2010年8月，广州蓝火团队提炼出一个关键词——“快乐”，奥康集团在蓝火的策划协助之下展开了如火如荼的快乐营销之旅。

2010年8月底，康龙邀请中国娱乐第一天团“快乐家族”代言其休闲鞋品牌。快乐家族是2006年选出的新一代主持团体。何炅、李维嘉、谢娜、杜海涛、吴昕五人组成，号称“湖南第一主持天团”、“收视第一天团”。康龙借势快乐家族明星以快乐大本营为平台，强势启动快乐营销。

快乐音乐——快乐家族首张专辑主打歌《快乐你懂的》成为康龙广告歌；康龙联合快乐家族在成都等地举办签售会进行品牌推广活动。快乐家族高涨的人气，庞大的粉丝团，每次令签售会现场变得水泄不通，使康龙的品牌信息传播变得水到渠成；

快乐舞步——快乐家族为康龙拍摄广告片，以《快乐你懂的》为主题曲，快乐舞步为表现元素，引发大批粉丝的跟风模仿，令康龙的品牌运动事半功倍；

快乐卡通——以“快乐家族”为原型，专为康龙设计“快乐家族”卡通形象；

快乐终端——用“快乐元素”进行终端活化，并开发系列“快乐家族”礼品。

广 告 主：

奥康集团

广告代理：

广州蓝火文化传播有限公司

2001年，奥康集团推出康龙休闲品牌，短短几年中便成为强势的区域品牌。但随着国外休闲品牌的进入以及及鞋企的品牌延伸，休闲鞋市场迅速进入战国时代。这种情况下，广州蓝火协助康龙品牌，通过从“快乐”体验到“轻生活”方式的2010~2012康龙品牌重塑工程实现年轻化，康龙品牌的知名度和美誉度得到了高度提升。

2011年底，“快乐”成为消费者对品牌的感受后，康龙面临着机会与挑战：通过实现产品力、传播力和终端力的全面突破，在休闲鞋行业实现第一领导品牌的梦想，进军全国市场。

针对康龙品牌的新时期新任务，广州蓝火基于对消费群体沉重生存状态的洞察，发现康龙原有的品牌调性已经不再能满足需求，康龙在品牌定位、产品以及形象上必须发生一系列与时俱进的转变，与消费者进行更深层次的感性沟通——强调真实自然的、轻松愉悦的个人感受。因此，广州蓝火在2012年为康龙休闲鞋全新推出“轻生活“的品牌价值主张，打通品牌理念和产品利益，希望借此建立了清晰完整的品牌体系，使康龙在品牌之路上迈向新的高度——通过品牌重塑打造中国第一休闲鞋品牌。

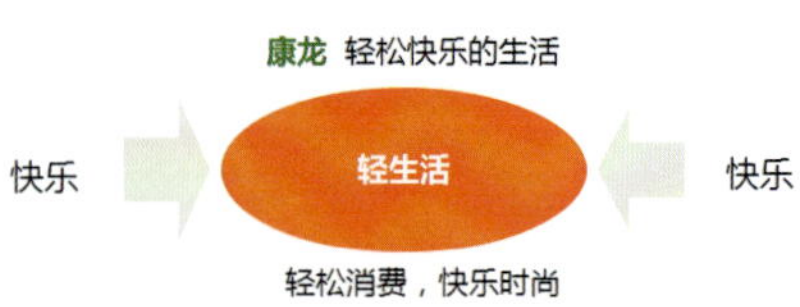

所以，广州蓝火作为康龙品牌的全案代理公司，在2012年的课题就是如何实现“轻生活”品牌价值的有效传播和推广，寻求产品力、传播力和终端力的全面突破。于是，康龙品牌迎来了“轻生活A+B+C计划”。

轻生活A计划——实现产品力落地：产品创新，聚焦功能定位，大力开发功能鞋

蓝火团队协作康龙将轻生活落实于产品——零立方产品，以轻悦系统三大技术卖点（零重力、零触感、零负荷）为主题，拉动销售，令“轻生活”的品牌价值落地为实实在在的产品利益。借势2012伦敦奥运，把“0立方”的元素植入到终端布置上，将“三零”产品概念炒作与创意促销有机结合，将事件营销之势直接引导到“康龙”的终端上来，掀起旺季销售热潮。

轻生活B计划——实现推广力落地：全民参与，众包设计，掀起康龙时尚风潮

一、明星设计，微影造势

快乐家族化身为名设计师，设计、制作、销售鞋，并以此拍摄微电影，网络和康龙终端投放，快乐家族在微博中宣传。

二、全民设计，众包微影

(1)通过提交自己的图形构想，设计的鞋样，同时拍摄和上传关于设计理念说明的视频的参赛途径，提高全民参与度；

(2)结合专家评审、明星人气推荐、网络热度进行综合评选；综合评分最高的前10名作品，除了证书和奖金外，成为康龙的名誉设计师，并获得康龙赞助，将其设计鞋的故事拍成微电影；

(3)获奖选手在中国微电影第一众包合作互联网平台——微电影中国（www.weiyingchina.com）发起众包活动，自行组建团队进行微电影制作。

三、网络热炒，制造话题

微电影宣传造势，以粉丝效应扩大活动影响力；在各大视频网站播出，以及活动官方网站、活动微博、明星微博、论坛、SNS社区、人人网、开心网、活动贴

轻生活微电影

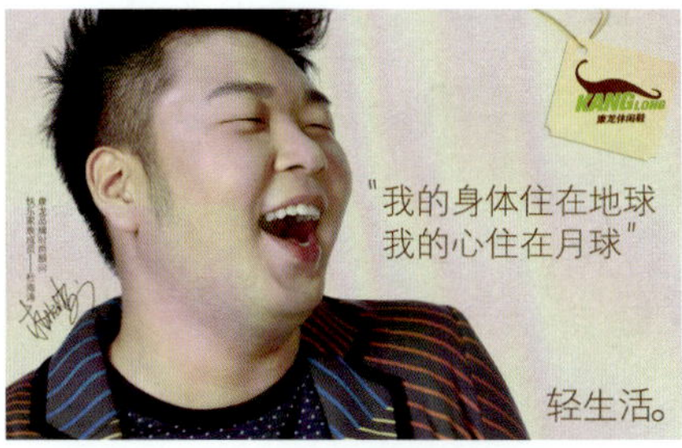

轻生活系列明信片图片

轻生活系列终端物料图片

轻生活系列杂志广告图片

快乐家族

吧等专页宣传；在康龙终端投放。

四、终端促销，全国巡展

康龙休闲鞋创意设计巡展；康龙终端：店门口大型白色鞋模涂鸦活动，优秀参赛者的作品放在康龙店内售卖。

轻生活C计划——实现终端力落地：对终端进行规范化、流程化、竞争化的战略管理。

为使“轻生活”品牌力真正转化为终端销售力，广州蓝火广告公司派团队走访了康龙在温州地区的专卖店，对康龙的终端有所了解，整理了四大问题点，并针对这些问题点提出康龙品牌终端TOOLBOX，升级现行的康龙终端SI，通过对终端实施规范化、流程化、竞争化的管理，升级康龙现有终端，实现康龙品牌力和销售力的双提升。

在奥康集团品牌于鞋类市场出现老化情况下，康龙品牌在广州蓝火的协助下，通过从“快乐”体验到“轻生活”方式的2010~2012康龙品牌重塑工程实现年轻化，完成了从2010年3亿元的销售额到2011年7亿元的销售额的高度增长，以及为实现2012年15亿元的销售计划提供了坚实支撑，为奥康集团关于利润增长和新品牌增长的预期作出了贡献，而康龙品牌的知名度和美誉度也得到了高度提升。

同时，康龙作为奥康国际的重要支柱品牌之一，为奥康国际在2012年4月26日成功上市的奠定了坚实基础。

点评：

洞察使品牌核心很明朗。

在现在这个时代，快乐已打动不了消费者。

“快乐”很泛，“轻生活”却是更实在的生活方式的引导。它抓住了为什么现代年轻人越来越喜欢看诸如《康熙来了》、《快乐大本营》、《running man》等搞笑轻松的娱乐节目的心理，谁不想在忙碌、麻木的工作生活之余，让自己放松一下？让生活轻松一点？

“轻生活”就好比是一个回答，如何“快乐”的回答。

代言人与品牌的完美契合度。

品牌的核心理念——“快乐的轻生活”——与代言人快乐家族传递给大众的形象——快乐的代名词，每个礼拜让你轻松笑一把——是完美吻合的，这是广告代言人运用的完美案例。让人们对快乐家族的感受，自然嫁接到康龙的品牌上，效用是加倍的！

——大峡谷

回力：敢走自己路

广 告 主：
上海回力鞋业有限公司
广告代理：
上海盛创广告公司

回力作为历史悠久的老品牌，是许多人青涩年代熠熠生辉的一个回忆。最鼎盛的时期，回力几乎是运动休闲鞋类的唯一象征。然而改革开放后，回力已不再是本土第一品牌，便宜、耐穿成了它的代名词。但是现在一句“打造自己的路”标志着回力新时代的来临。这不单单只是一个口号，还是一个国货品牌坚持数十年运动梦想之路。

“I am back!”

还记得儿时的回忆吗?

还记得当年炫耀着穿回力鞋的日子吗？还记得多年前穿着回力鞋驰骋球场的岁月吗?

是的，回力回来了！

一、老国货崛起，回力又回来了

一个时代的记忆

回力作为历史悠久的老品牌，是许多人青涩年代熠熠生辉的一个回忆。在20世纪80年代时，拥有一双回力鞋在青少年中是潮流的标志。当年的男生都以能穿上一双回力在球场上一展风姿而自豪。王朔曾写道：“‘文革’时社会秩序大乱，这款鞋和军帽一样是小流氓抢劫的主要目标。经常看到某帅哥穿着‘回力’神气地出去了，回来光着脚，鞋让人扒了。”

曾经的辉煌

回力运动鞋诞生于1935年，谐音“WARRIOR”，寓意“回天之力”。 是中国最早的时尚胶底鞋品牌。回力最鼎盛的时期，单款鞋一年卖出几千万双的纪录，至今无人能破。在统购统销的政策下，回力一度可遇而不可求，几乎就是运动休闲鞋类的唯一象征。然而改革开放后大量国外的运动鞋品牌进入中国市场，回力依然知名，却不再是本土第一品牌。便宜、耐穿成了它的代名词。

国外倍受追捧

继回力的市场遭受外来品牌的冲击后，曾为本土第一品牌的回力市场大幅度缩水，一度淡出了人们的视线。然而到了2008年，中国回力鞋成为了欧美潮人争相购买的“尖货”。在欧洲，它的身价至少翻了25倍，达到让人惊愕的50欧元(约500元人民币)。不仅如此，最权威的时尚杂志《ELLE》法国版还为它“著书立说”。

二、盛创搭档民族老品牌

知名创意型广告公司——盛创

盛创广告公司一直致力于打造“中国的创意热店”，成为最有创造力、最能帮助客户解决问题的行销伙伴与品牌呵护者。盛创中的“创”字代表了企业的核心精神，源自于创意的力量，点燃理想、信念和激情，面对挑战无所畏惧，创造一切又改变一切！15年中，盛创以无穷无尽的创造智慧和创造品格征服了诸多国际、国内品牌客户。它在将西方先进的品牌整合营销传播理论结合自身对本土市场与消费者的深刻洞察，为客户提供创造性的品牌建设解决方案的过程中获得了自身不断地发展和完善，积淀了丰富的线上、线下品牌整合营销传播的实战经验。

盛创的追求与责任

盛创始终认为，中国本土广告公司不仅仅是代表国内广告业的地位，也肩负着本土品牌的发展传播的一份责任。而关怀本土品牌的发展，帮助品牌成长，塑造本土民族品牌形象是盛创长期的义务，尤其是日渐衰微的民族老品牌、中华老字号们。

回力在这次顺风而起的契机中抓住机会，重新发扬起来，是所有热爱民族品牌的人所欣喜的，也是盛创所希望的。盛创一直致力于扶持本土品牌的工作，并且在与民族老品牌合作方面有着丰富的经验。

自发地追捧老国货

“经典、回忆”强有力地将回力打入了消费者心中。如今在微博上有500以上的账号名称带有回力。相当多网民用“穿回力的**”之类做网名。“回力”相关微博搜索达140余万条。多为网民抱着怀旧、经典、回忆的心态买了回力鞋分享或者求购。豆瓣有十余组以回力直接命名相关的小组。多为自发热爱、支持国货的网民和卖鞋店主组成，他们大多自发地分享自己的购买经历和感受，将购买回力视为一件值得骄傲、寻回童年记忆、弘扬国货的事情。其他大型SNS社区、论坛也遍布着回力的自发分享型推广。

无论是怀旧、复古、跟风、炫耀、耐穿还是其他的原因。回力俨然从岌岌可危的境地向时尚复古潮牌华丽转身。

三、回力敢走自己路，盛创助回力一臂之力

上海、国货、经典、回忆、复古、海派文化……回力的标签特征鲜明。盛创在对回力的全面解读后，为其确定了以路为线索，来展示运动的精神与人生的状态的创意传播方向。“打造自己的路”，一句强有力的口号标志着回力新时代的来临。盛创通过一系列的分析和特有的“德智体美”品牌策略观点对回力本土老品牌进行重新定位和视觉调整，帮助回力品牌在扩大市场的同时深入目标消费者的心中。利用其专业的品牌服务，极力创造回力的品牌价值。这不单单只是一个口号，还是一个国货品牌坚持数十年运动梦想之路、运动精神。

根据市场的调研和分析，盛创将回力的受众分为三类：

1.将回力视为潮流的象征、时尚的前端——潮流运动；

2.认为回力就是生活中不可或缺的健身装备——健康运动；

3.把回力最专业的一面表现出来——专业运动。

潮流运动《潮・敢篇》

通过复古元素与时尚潮流运动的结合，KV画面体现年轻人既敢于追求真我，同时又可在时尚与传统之间寻找新的和谐的生活方式。

突停飞跃
人车合一才够爽
看我招摇出街
敢走自己路

腾空凌越
滑板就是我的翅膀
看我极品一跃
敢走自己路

摇摆托马斯
用肢体掀起热浪
看我天旋地转
敢走自己路

健康运动《弄堂篇》

老弄堂是最具有味道的上海记忆，而回力也是最有味道的上海回忆。而动静相宜的展现让画面充满张力，表现人们在时间长河

每一个日升月落，不知不觉，
从这里走过30年了。
生命就像跑步。
只有每一天动起来，才会有意义。
人一辈子只能走一条路，
人生在世，贵在坚持！
敢走自己路

我今年高三，
来来往往这条弄堂路5年了。
城市日升月落，唯我理想不变。
控制奔跑的节奏，
立志成为一名航天学女博士。
奋勇前行，永不言败！
敢走自己路

这十多年，
每天上班下班都走这条路。
从当年的青涩职员，
到现在成为经理，
一路的甘苦自己知道。
自我激励，拼搏奋进！
敢走自己路

里，奋力奔跑的精神，体现出“敢走自己路”的精神气度。

专业运动《动·敢篇》

此KV采用夸张的手法，将运动的虚化的路，幻化为一条真实的路，展现出与众不同的画面，让受众知道这就是运动。

极致的速度

幻影出击

深呼吸，假动作完美

抓住时机勇猛逆袭

冷静，控制心率

对应你的一成不变

是我的瞬息万变

我想赢

我敢走自己路

在盛创策划团队的共同努力之下，回力这个慢慢被消费者淡忘的民族品牌重新焕发了生机，销售量同年快速增长，超过了众多国内知名时尚运动品牌，品牌形象也从原先的廉价、耐穿转变成为时尚、运动、健康，受到了广大消费者的青睐，并且成为了中国2010年上海世博会特许商品生厂商和零售商。

民族品牌的复兴之路艰辛而漫长。回力的重新崛起除了盛创的努力宣传和打造之外，更重要的是所有消费者对民族品牌的支持。同样的广告公司的发展之路也一样曲折。盛创在帮助每个合作伙伴定位自己的道路同时，也在走出自己独特而全面的品牌整合道路。

点评：

针对民族品牌的复兴，一个全新的定位显得尤为重要。“敢走自己路！”既是对回力数十年来运动精神的坚持的延续，也是作为民族品牌面对新时代的表态，能够唤起消费者的国货情结，重燃热情。同时盛创在市场调查和分析后将受众分为3类：潮流运动、健康运动、专业运动，更加清晰有针对性。平面富有亮点与视觉效果，针对不同分类的受众用不同的语境沟通，却又共同回到“敢走自己路！”的主题上。

——大峡谷

巴布豆：牵手巴布豆，缔造童话传奇

广 告 主：
巴布豆
广告代理：
厦门奥维世纪策划有限公司

随着我国新生儿出生高峰期的到来，儿童经济将全面进入爆发发展阶段，特别是儿童用品市场，蕴藏着巨大的商机。与此同时，市场上的品牌却同质化严重，品牌急需推进商业模式变革。此种情形下，巴布豆携手厦门奥维世纪策划有限公司，开始打造巴布豆的品牌商业模式，关注企业日常运营的每一个动作，为品牌资产持续累积，锻造独一无二的企业价值链。

近年来，国内儿童用品消费量明显呈上升趋势，增长率一直保持惊人的速度，而且这个市场还远远没有进入饱和期。儿童用品品牌经营正从粗放式经营向规模化、精细化经营转型；从产品竞争、价格竞争、营销手段竞争向产品研发竞争、品牌文化竞争、品牌服务竞争跨越。做工粗糙、设计抄袭跟风、缺乏品牌个性的儿童用品企业市场份额将会加快萎缩，品牌价值越高的企业将越具有更大的市场话语权。

面对正在迅速崛起的中国儿童用品市场，品牌同质化的困局，国际品牌的打压，各个区域儿童用品军团的崛起，大家都在思考该如何在同质化竞争中脱颖而出？如何在品牌微利时代里成功转型？又该如何创建品牌价值独霸市场？

巴布豆：国际品牌的中国之旅

巴布豆，风靡世界的国际儿童用品品牌，其产品设计构思新颖，卡通造型独具匠心，色彩亮丽和谐，完美体现儿童生活新情趣，深受世界各地消费者的喜爱。销售网络遍布新加坡、印尼、韩国、马来西亚、加拿大及上海、北京等中国各大城市。

1994年，上海巴布豆儿童用品有限公司成立，第一家巴布豆专柜在中兴百货开业，巴布豆开始扎根中国。18年过去了，如今巴布豆在中国已有2000多个销售网点，包括文具、毛绒公仔、童装、童鞋、童袜、书包、纸尿布、内衣、早教工程等十多个品类。

2012年，一直以卡通形象授权厂商经营的巴布豆（中国）儿童有限公司，在经过慎重考虑后，决定与拥有强大研发实力的琪尔特有限公司成为战略合作伙伴，签订长达二十年的战略合作协议。此次合作，将巴布豆领先一步的品牌价值理念与琪尔特雄厚的研发实力强强结合，打造优势互补、资源共享、互惠互利、共同发展的全新平台，必将冲击行业现有的发展模式，在风云变换的儿童用品市场浪潮中，为巴布豆插上翅膀，打造以品牌资产为核心的综合竞争实力！

崛起之路：联手专业策划机构，推进品牌商业模式变革

2012年8月，厦门奥维世纪策划有限公司与巴布豆正式签订品牌战略合作联盟，以多年的儿童用品行业品牌管理经验，全力支持国际品牌巴布豆在中国的品牌之路。发展中企业借力专业品牌战略公司的高度，结合企业实际情况和团队实战经验，从而更有效地提升企业内部营销团队品牌综合运作能力，并以此广泛整合行业资源，在品牌战略、营销策略、商品策略、终端管理等各方面进行全方位的升级，这将对企业的发展带来卓有成效的推进作用。

合作双方达成共识，由以下几个步骤建立巴布豆品牌的商业模式：从市场分析寻找切

入口，构建战略定位，打造产品力、通路与终端利益平台搭建、推广与媒介落地，最终实现全面的系统升级。

市场突围：高贵不贵，力夺中国未来市场

巴布豆进入中国大陆，凭借优质的产品及可爱的卡通动漫形象，迅速打开中国一二线高端市场，受到许多家长孩子的青睐。而随着中国居民品牌消费需求的提升，以及向三四线城市日益扩张的零售规模，巴布豆意识到建立渠道下沉与规模复制的全新商业模式，才是占领中国市场的未来发展道路。在经过多方位的调研及碰撞探究后，奥维为巴布豆确立了“高贵不贵、品质第一”的品牌定位，即：以亲民大众的消费价格，销售一流的形象与品质。面对领导品牌，具备价格优势，面对市场跟进者，具备品牌和研发优势。迅速从一二线市场向中国大众消费市场渗透，为巴布豆避开国际品牌的强势挤压以及本土品牌的同质化困局。

品牌占位：动漫文化品牌的抢先占位，打造时尚动漫儿童用品NO.1

凭借高知名度的品牌形象，奥维与巴布豆共同规划了进军动漫产业链的发展蓝图，制定出打造中国时尚动漫文化儿童用品NO.1的战略目标。其首部同名卡通片将于2013年登陆央视，利用动漫效应拉动巴布豆的高知名度。其次，在产品研发上，创新引入时尚动漫概念，将动漫文化融入产品设计，打造独树一帜的产品风格。未来，可爱的巴布豆还将出现在早教、文具、影像、图书等各个儿童用品领域，辐射儿童生活的方方面面，将童话故事带入现实生活，建立起壮丽而伟大的巴布豆儿童用品帝国，就如同巴布豆品牌的传播口号——“世界，就是我的童话王国”所宣导的那样，通过向孩子们传递童话故事中美好、快乐的精神理念，激发孩子无限的想象力，将生活描绘成一个欢乐梦幻的童话世界，让生活时刻充满奇异的幻想旅程和美好天真的奇遇。

终端体验：动漫童话世界，提供梦幻般的儿童购物体验

拥有良好的销售渠道和稳固的终端市场，等于拥有了竞争获胜之资本。因此，除了为巴布豆完成品牌升级的战略规划，奥维还发挥品牌一站式服务商的功能优势，在营销公关、终端建设等领域为巴布豆贯穿起整套品牌服务，皆取得卓越成效。

新一代主流消费群体在特定的时代背景下已经产生全新的消费需求与消费导向。现实市场环境的变化直接导致主流消费群体的消费行为变化，“新童话理念”

点评：

作为一个国际儿童用品品牌，巴布豆本身具有雄厚的品牌资产，进入中国市场便迅速攻入一二线城市的高端市场。而奥维为巴布豆制定的“高贵不贵，品质第一”的品牌定位，以优质产品，亲民价格的性价比优势，为其渠道下沉，打开三四线城市市场制定了精准、有力的战略方向。

以同名卡通片、终端形象设计为巴布豆建立童话王国，结合立体的营销策略、产品策略、品牌推广策略，用品牌文化及服务，让巴布豆在同质化市场中进行突围，占据消费者心智，十分有效地利用了原有的品牌资产。

但以卡通片树立起来的巴布豆形象是否独具个性，是否能演绎品牌内涵，如何与众多卡通明星的周边产品建立区隔，这些对巴布豆来说都是即将迎来的挑战，并有待考验。

——大峡谷

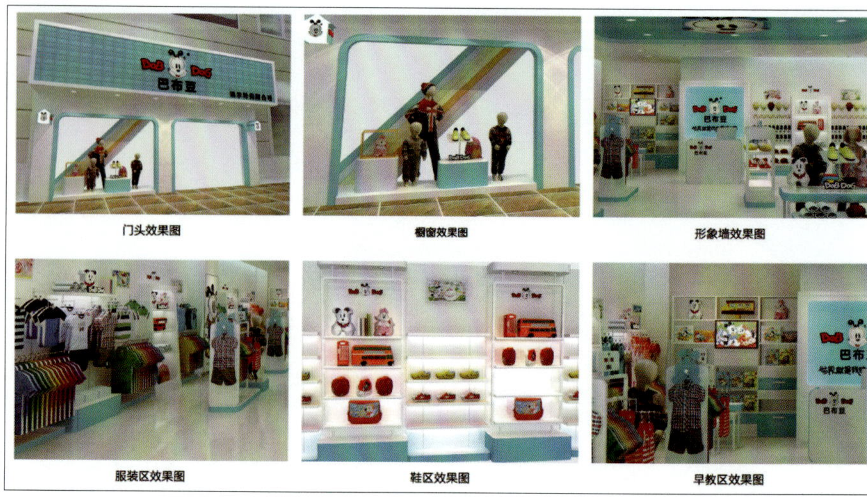

门头效果图　橱窗效果图　形象墙效果图
服装区效果图　鞋区效果图　早教区效果图

已经在影响儿童（鞋服）用品行业的变革。奥维将巴布豆终端形象设计成一个动漫童话世界，从产品销售转变为品牌文化与动漫文化的销售，用逼真的设计元素再现童话世界的精彩，让每一个进店的家长和小朋友都能感受到来自巴布豆的精彩与快乐。

推广策略：全方位创新传播体系，助力品牌资产持续累积

2012年9月27日，巴布豆战略合作新闻发布会暨2013春夏新品发布会在中国晋江隆重召开。这场大会由奥维全程策划执行，不仅向外界宣告琪尔特与巴布豆的战略合作联盟正式成立，更是为代理商、合作伙伴以及业内人士精心酝酿了一场对话的饕餮盛宴。会上，巴布豆董事长林启东慷慨激昂地讲述着巴布豆这一儿童用品品牌的“前世今生”，并表示：资源整合是今后主流企业生存的一个先决条件，企业必须要有前瞻的视野和变革的决心，才能永立潮头，不被这个时代淘汰。

同时，奥维为巴布豆策划了一系列的品牌推广策略，涵盖了线上线下的全方位推广方式，多方位传播品牌价值。其中以微信、微博、网络营销、社区营销线上的新式营销工具为主，抢占80后父母生活圈，并整合各方优势资源，将品牌战略导入具体的市场推广运作，最大化实现品牌资产的持续累积。

总结：放眼童装行业，点亮未来新篇章

面对主流消费群体年轻化的趋势，80后的年轻父母将成为未来的儿童用品的消费主力，他们对产品的需求已经超越传统的意义，更多是个性化，时尚化和设计感，他们对儿童品牌的选择更多来自于价值层面的认同。拥抱这群具有先锋时尚观念的主流消费群，贩卖一种精神价值，一种教育观念，才能在未来的行业竞争中引领主流。

再者，中国儿童用品行业商业模式竞争时代已经到来，未来的市场竞争不仅限于单个层面，在下一轮的竞争浪潮中，儿童品牌必将锁定在一个核心价值文化下的企业经营规范。商业模式是一个系统工程，需要整合品牌文化、商品企划、渠道拓展、零售管理、传播推广、团队建设、资本运营等各个版块的环环相扣，从企业日常运营的每一个动作，都在为品牌资产持续累积，锻造独一无二的企业价值链，从而实现持续盈利。

安儿乐：百万打造幽默小巨星

广 告 主：

安儿乐

广告代理：

互动通控股集团

《2011~2015年中国纸尿裤产业市场运行动态分析报告》显示，中国0-3岁的婴幼儿有7500多万，且每年仍将迎来1700万至2100万的新生婴儿。中国已成为世界最大的纸尿裤市场。对于婴儿纸尿裤品牌而言，如何吸引受众的关注，占领市场领域?

2013年，江西卫视大型生活节目《家庭幽默录像》携手安儿乐和优酷视频发起“百万打造幽默小巨星”活动。互动通为此次活动进行的网络预热宣传可以带给我们一丝丝启发。

传播背景

2013年，江西卫视大型生活节目《家庭幽默录像》携手安儿乐和优酷视频发起“百万打造幽默小巨星”活动，即：征集最萌宝宝的视频作品，评选观众心中“最具幽默小巨星”。安儿乐冠名此次评选活动，推广安儿乐婴儿纸尿裤。互动通作为此次活动进行网络预热宣传，通过炫目的富媒体技术打造“萌宝宝”形象，期望引发受众关注，宣传节目征集萌宝宝视频信息，同时扩大安儿乐婴儿纸尿裤的认知度。

传播挑战

据行业发布的《2011~2015年中国纸尿裤产业市场运行动态分析报告》显示，中国0~3岁的婴幼儿有7500多万，且每年仍将迎来1700万至2100万的新生婴儿。毫无疑问，中国已成为世界最大的纸尿裤市场。在众多婴儿纸尿裤品牌中，如何吸引受众的关注，占领市场领域？在媒介形式上，如何跳脱电视广告千篇一律的内容营销，找到有趣的创意点吸引受众眼球，实现品牌的差异化营销至关重要。

传播目标

通过受众与“萌宝宝”的乐趣互动，宣传此次由安儿乐冠名赞助的《家庭幽默录像》——“百万打造幽默小巨星”活动，有效补充电视节目传播，助力推广安儿乐婴儿纸尿裤。

传播策略

针对恒安的品牌特点和安儿乐婴儿纸尿裤目标人群的分析，此次主要选择投放在流量较大的新闻类、生活类、女性类以及亲子类网站。

执行过程

本次投放以“小鬼当家”为创意切入点，由淘气的“萌宝宝”引出主题并发起互动，创造轻松愉悦的观赏娱乐氛围的同时，也达到了良好的宣传效果。

① 作为一档以征集宝宝视频为主题的电视节目，轻松、愉快的氛围是节目本身希望

传给观众的，因此，此次投放过程中搭载了轻松活泼的背景音乐，让观感更加俏皮与有趣；

② 从通栏到画中画，俏皮萌宝宝自由穿梭，奠定活动的基调；

③ 通栏画面中显示宝宝舞动的方向键盘，提示受众可以通过操控电脑上的方向键，让画中画中的萌宝宝舞动起来。

萌宝宝可根据方向键做出不同的动作

④ 直入主题，展示活动内容；

⑤ 调动受众参与的积极性，通过扫描通栏上的二维码，即可参与手机端的砸金蛋活动，形成由PC端向手机端转移的过程。同时，在通栏画中画中展现安儿乐婴儿纸尿裤的品牌名称和产品包装。

投放效果

投放第一阶段(从4月24日到5月13日)，累计四万曝光量，点击量达到140万，点击率达到5%，投放效果良好。

点评：

简单而有效的互动，最终实现产品的有效营销。“萌宝宝”的形象设计很能吸引受众的眼球，幽默可爱的行为和形象能够让年轻的父母们产生强烈的情绪共鸣，会自然在第一时间联想到自己家中的“淘气宝宝”，进而萌发参加视频征集活动的想法和念头。

——吴晨晖

周生生：拾取鱼悦

广 告 主：
周生生珠宝
广告代理：
互动通控股集团

2013年周生生珠宝开启新年活动“周生生，拾取鱼悦”，意在传达周生生癸巳年金蛇系列是送赠亲朋或自用珍藏的尊贵之选，寓意来年财源滚滚、财运享通，齐齐喜乐丰仓迎新年。本次活动通过创意的跨移动整合方式及多屏策略将产品信息变得有趣且具有可传播性，并利用社交网络的力量增强了活动信息的扩散性。

周生生十二生肖系列是周生生旗下闪烁尚礼的著名产品，此次2013新年活动“周生生，拾取鱼悦”其想传递的主要信息是：周生生癸巳年金蛇系列是送赠亲朋或自用珍藏的尊贵之选，寓意来年财源滚滚、财运享通，齐齐喜乐丰仓迎新年，此次活动通过创意的跨移动整合方式及多屏策略将产品信息变得有趣且具有可传播性，并利用社交网络的力量增强了活动信息的扩散性。

传播目标

1. 借新年“拾取鱼悦”双屏互动，在拾鱼的同时，增强受众对周生生品牌的亲近感，提高受众对“周生生——愉悦时刻”的认知度和周生生“生生不息”的品牌理念。

2.促进新的受众和现有受众认识周生生十二生肖系列产品价值，促进购买。

传播创新点

本案例的创新点在于，洞察目标受众的网络使用习惯，运用多屏（PC、手机、PAD）整合推广策略，融入PC手机双屏互动、二维码、LBS定位技术和社交媒体，选择高曝光+深度沟通的媒介组合方式运用平台优势选取目标受众活跃度高的媒体，将活动机制及品牌信息融入用户日常的媒介接触和社会化媒体的使用环节中，有效强化参与黏度及扩散效果。

传播策略/媒体策略

周生生目标受众为25~35岁，崇尚传统和时尚的都市女性。他们对于周生生的品牌形象和“生生不息”的理念有着一份喜爱和理解，“拾取鱼悦”的美好寓意容易引起他们情绪上的共鸣；他们熟知各种媒介，对LBS、二维码等移动营销介质已有一定的了解和运用，同时分享是他们生活中的基本动作，利用这些特性，将故事利用社群互动作为延伸，增加话题讨。

通过互动通数字广告平台，根据受众特性以及客户的推广目的，整合互联网和移动终端广告，通过有效的广告定向投放和高效互动创意以及多屏互动，吸引受众参与活动，有效提升周生生金蛇系列的品牌曝光度。

在PC端，运用富媒体广告视窗、底符通栏和通栏画中画的形式，炫动展现回旋游动的鱼，环绕蛇年金牌，并投放在新闻综合类、汽车类、女性时尚类和财经类四类十四家媒体上，全方位宣传拾取鱼悦的活动信息，补充落地页面的宣传。

在手机端，发起手机拾取鱼悦趣味活动，创意的界面设计结合LBS定位技术，可快捷定位用户位置，查询到离用户最近的周生生店铺信息以及行车路线；HTML5技术创意Banner展示，投放在目标用户活跃的工具类app、财经资讯、凤凰新闻等优质媒体，多渠道吸引用户至活动页面。

在PAD端，结合MoCast富媒体广告形式，实现“周生生：拾取鱼悦”的完美流畅演绎，以视频带动受众对品牌的关注与探知。配合落地页面对产品的全方位展示，进一步深化产品信息，加深品牌记忆。通过互动通的媒体整合平台，选择环球网、新民网等新闻网站，IT168、天极网等IT网站和凤凰财经频道、中国经济网等等经济类资讯网站，结合地域定向、时间定向，精准地将广告推送至目标受众，有效地将品牌信息传递出去。

执行过程

1. PC端广告多重定向，有效覆盖

根据周生生的受众人群特性，精选新新闻综合类、汽车类、女性时尚类和财经类四类十四家媒体多重定向，有效覆盖目标受众。

2. 绚丽富媒体展示，释放活动信息

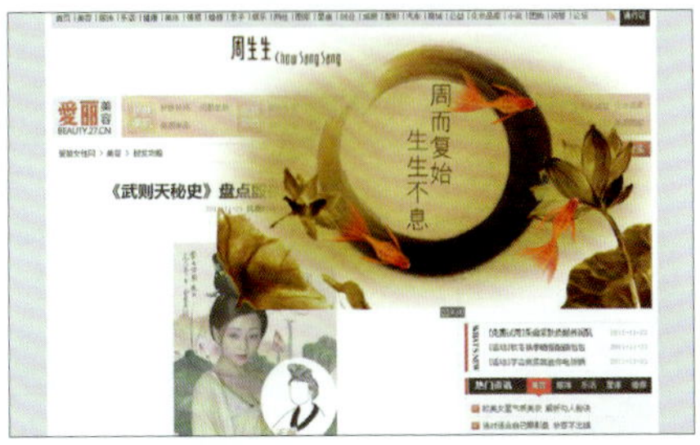

富媒体演绎回旋上游的鱼

露出活动信息

3. 扫描广告画面上的二维码，可进入手机活动页面

二维码显示

手机页面

4. 移动终端广告多重定向，有效覆盖，HTML5技术创意Banner，丰富展现形式

针对产品目标消费者偏年轻、时尚、收入较高的特点，互动通精选优质财经、时尚、娱乐等类手机媒体，结合先进的机型定向技术手段，锁定iPhone和Android手机用户投放广告，有效抓取目标受众。

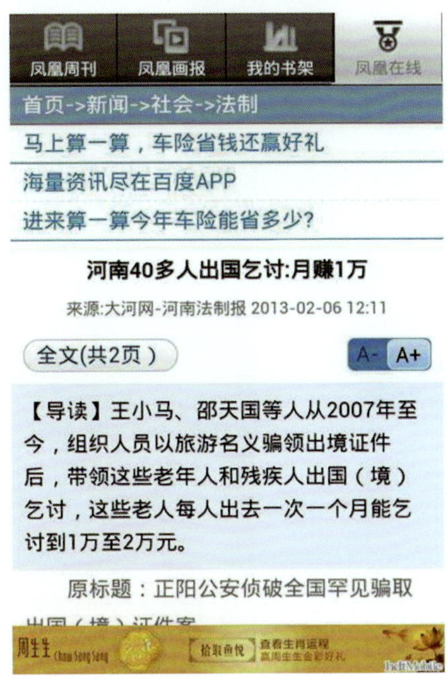

APP内置广告

点击Banner后，直接跳转至活动移动网站

点击拾取鱼悦后，出现微博分享

成功分享

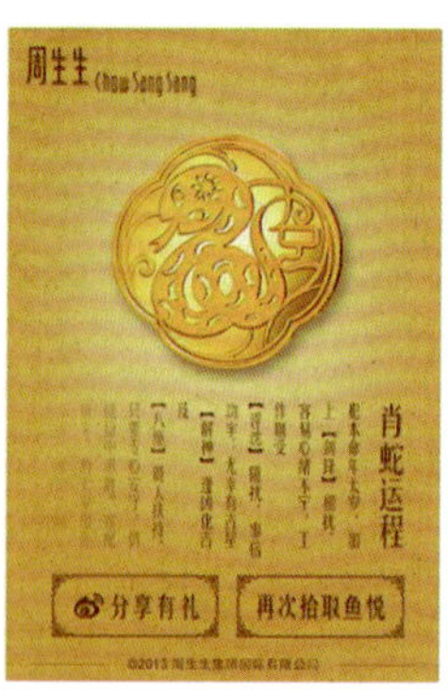

查看蛇年运程

5. LBS技术定位周生生最近店铺信息

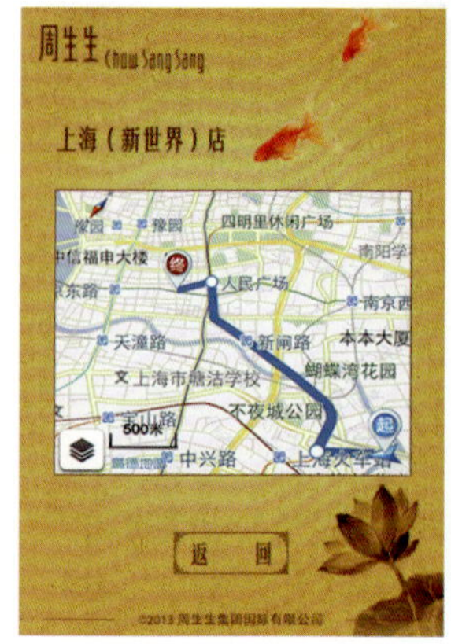

点击“最近店铺查询”　展现用户所在城市店铺列表　选择任一店铺地址展现路线

6. 创意拾鱼游戏，完美实现双屏互动

打开PC活动页面http://cny2013.chowsangsang.com/cny/，点击“手机扫描拾取”，扫描二维码，进入手机页面，开始双屏拾鱼。如下：

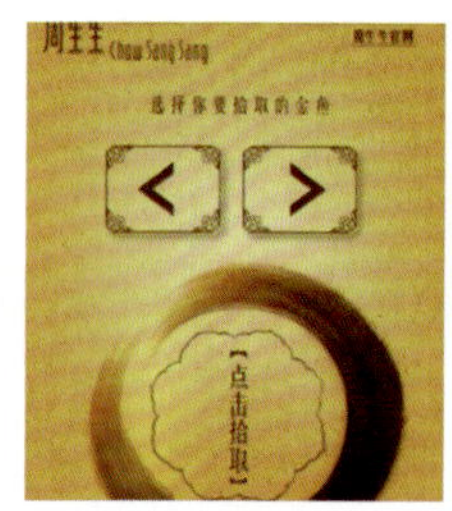

点击“手机扫描拾取”　进入手机页面，可选择左右键拾鱼

在手机页面选择向左，双屏互动，拾取到的鱼在PC上显示　手机端显示拾取到的鱼

7. PAD端流畅演绎“周生生：拾取鱼悦”画面

在这次广告投放中互动通根据目标受众与iPad用户重合度很高的特点，利用平台优势

投放在与目标受众契合度高的一些优质媒体上，实现了人群和媒体的充分整合以及广告效果的最大化。

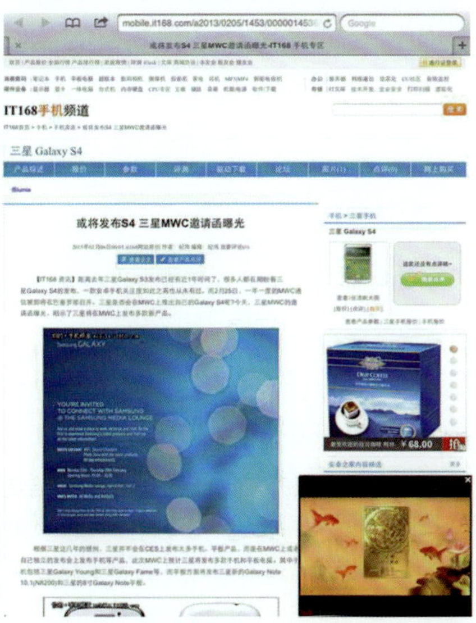

MoCast富媒体广告展示，演绎鱼跃般宛如流水的流畅之美

投放效果

PC端：2013年1月23日~2月9日投放18天，广告曝光数达到7,447,392，取得了良好的品牌展示效果。共有167,788 人次点击广告，点击效果达到2.25%，品牌认知进一步得到提升。其中，唯一用户曝光率达到50.57%，超过服装首饰行业唯一用户曝光率45.00%标准，可见本次投放起到了很好的传播效果，达到很高的人群覆盖率；完全播放率达到42.54%，超过服装首饰行业完全播放率40.00%标准，本次投放的广告创意及推广策略有效地吸引到目标人群。

手机端：2013年2月7日~2月15日投放9天，广告产生曝光11,412,122个，超过预期14.12%；累计产生点击110,465个，超过预期10.47%；在手机平台的推广，总体趋势保持平稳趋势。

PAD端：2013年2月7日~2月15日投放9天，MoCast广告累计产生曝光1,467,731个，超过预期2.74%；产生点击67,490个，超过预期136.21%。互动通富媒体表现形式运用其成熟的技术，在iPad上实现了有效广告联播，效果理想。

点评：

“周生生，拾取鱼悦”产品设计传递的是“周而复始，生生不息”的传统文化理念。锦鲤、水墨画这些广告元素的选取和设计概念与这一主题完全贴合。在PC端、手机端、PAD端，运用网页广告视窗、底符通栏和通栏画中画的形式发布。广告画面中回旋上游的锦鲤，这种绚丽动态的表达方式，更是能够第一时间吸引受众，精准定位受众从而达到品牌信息的有效传递。

——吴晨晖

蓝月亮：天生绝配《蓝精灵》

广 告 主：
蓝月亮
广告代理：
北京合润德堂文化传媒股份有限公司

神奇的“蓝月亮”是蓝精灵系列电影中重要的场景线索。而在2013上映的《蓝精灵2》中，我们发现真正的“蓝月亮”上场了！中国优秀的清洁护理品牌 “蓝月亮”植入《蓝精灵2》，贴合的剧情设计，完美的品牌DNA融合，堪称中国品牌植入好莱坞电影中最成功的一次。

蓝月亮《蓝精灵2》天生绝配堪称最成功植入典范

2011年被搬上荧幕的《蓝精灵》动画片，收获了5.6亿的票房，在中国，蓝精灵系列电影作为好莱坞3D动画巨制，同样有着广泛的观众基础，庞大的80后群体和儿童都是这部电影的忠实粉丝。而其中重要的场景线索神奇的“蓝月亮”更是在观众心中留下了强烈的情感共鸣。

2013中秋上映的《蓝精灵2》中，观众惊喜的发现，真正的“蓝月亮”上场了！中国优秀的清洁护理品牌 “蓝月亮”植入《蓝精灵2》，正所谓是众望所归。

贴合的剧情设计，完美的品牌DNA融合，堪称中国品牌植入好莱坞电影中最成功的一次。

植入剧情转折高潮品牌DNA高度契合

通常情况下好莱坞的动画片中是不可能有植入品牌出现的。就像在迪士尼的影片，从未看到过品牌信息的露出。

这次与《蓝精灵2》的合作，更是经过非常严格的审核程序，以及合润传媒的不懈努力，最终不仅产品清晰展现，成为蓝精灵家族的日常用品，更是出现在剧情转折的关键桥段。蓝妹妹变坏了，大家对她很失望甚至放弃她了，但蓝爸爸坚持不放弃，将带领大家去营救蓝妹妹把她带回蓝精灵的世界。

影片中蓝爸爸走进厨房，靓靓正在按压蓝月亮洗手液，弄出了一池子的泡泡，而厌厌和笨笨在洗手池里洗澡，整个场景欢愉温馨，同时自然地传递出蓝月亮洗手液健康安全的品质。聪明可爱的蓝精灵为蓝月亮品牌做群像代言，从而达到品牌与影片的完美融合。

全球发行版，绝非“中国特供”

中国2013年6月，美国电影协会发布的一条报告让中国电影界为之一振：中国2012年的电影票房收入达到27亿美元（约合170亿元人民币），成为全球第二大电影市场，超过日本，仅次于美国。而业界认为，五年之内，中国有望超过美国，成为全球最大的电影市场。

好莱坞是全球电影产业的制造中心，当下中国电影市场的繁荣景象，两者之间的“联姻”成为必然，终于可以“门当户对”的“谈婚论嫁”了。此次《蓝精灵2 》的合作就是典型的代表之作，不再是“中国特供”。蓝月亮在影片中的植入属于国际发行版

电影《蓝精灵2》衍生品授权，蓝月亮系列洗手液全新包装

“蓝精灵”玩穿越，传递洗衣新主张

北京街头现神秘密码“蓝精灵”普及全新手洗方式。8月28日，一群“蓝精灵”出没在北京街头，蓝色皮肤，黄色头发惹人注目，手中拿着“FYJS”的蓝色牌子更是引发路人各种猜想，“难道这是《蓝精灵2》要上映的节奏吗？”、“是“蓝精灵”从纽约穿越到中国了吗？”

中国国际清洁产业博览会上，“蓝精灵”助阵蓝月亮展台。在轻松快乐的氛围中享受洁净。

点评：

植入性广告，在信息时代的今天对受众来说并不陌生。优秀的植入性广告，可以做到“润物细无声”。蓝月亮与《蓝精灵2》天生绝配堪称最成功植入典范。在中国，蓝精灵系列电影有着广泛的观众基础，而其中重要的场景线索神奇的“蓝月亮”更是在观众心中留下了强烈的情感共鸣。影片《蓝精灵2》中，当观众发现上场的竟然是中国的清洁护理品牌“蓝月亮”时，印象可想而知。植入《蓝精灵2》贴合的剧情设计成功借势，堪称中国品牌植入好莱坞电影中最成功的一次。

——吴晨晖

本，是切实地将中国元素与好莱坞电影一起融入全世界观影人的视野中。《蓝精灵2》将成为蓝月亮品牌绝佳的文化输出载体，向全世界传递品牌核心内涵。

全国启动“蓝月亮节”
将整合营销进行到底

电影中的植入仅仅是传播的开端，由此展开的二次传播才是将一次广告行为打造成娱乐营销事件的关键。以电影为内容载体，全面借用影片元素来推动品牌的营销活动，制造引爆点，形成线上线下呼应的整合营销。在此次品牌内容整合营销过程中，蓝月亮成功借势，通过影片植入、产品授权、联合推广多元化合作模式，在全国范围内展开了声势浩大的“蓝月亮节”整合营销大行动。

骅威玩具：快乐文化创想家

一、生态扫描，玩具企业现状

骅威玩具成立于1997年，2010年在深圳证券交易所正式挂牌交易，是中国驰名商标，我国玩具行业知名的龙头企业之一，主要产品包括智能玩具、塑胶玩具、模型玩具、动漫玩具等。

作为中国玩具行业的龙头企业骅威玩具，是否能够引领行业健康发展，由生产制造商转型为品牌运营商，实现国内和国际市场并行发展。就在这样的背景下，骅威玩具携手成长策划机构，对骅威玩具品牌进行全面升级！

我国玩具制造行业年均增速为16%左右，至2011年规模以上企业销售收入达1452.77亿元。中国虽然是一个玩具生产大国，全球约75%的玩具都在中国生产，却仍不是玩具强国。

国内玩具市场上升空间巨大，据调查报告显示，中国16岁以下儿童有3.6亿左右，占人口比重约20%，儿童消费已占到家庭总支出的30%左右，全国0~12岁的孩子每月消费总额超过35亿元。

随着人们收入和生活质量的逐渐提高，随着国内玩具市场的不断完善和规范，以及国家在“创意产业”的大力扶持，玩具产业将迎来一次转型与升级，玩具产业将进入一个蓬勃发展的黄金期。

国内玩具行业的未来发展将何去何从？玩企只有实现从制造商到品牌商的转变才能抓住机遇，谁先出手，谁先得手，跑马圈地，赢取无限市场！

二、深入洞察，猎取机会

中国玩企目前仍没有领导品牌，很重要的一点就是玩企将玩具当做教育辅助工具，丧失了玩具对于小朋友本来的意义，更多的玩企是以所谓益智、教育、启迪思维等功能性玩具为主，究其原因，不外乎中国玩企想讨好玩具的购买者——家长，而往往难于真正满足玩具的使用者——小朋友们，这其实也是一种玩企责任的缺失、逃避，玩具行业竟然像教育培训行业，其实更真实的原因是玩企生产的玩具不够好玩！难于让小朋友真正喜欢！

这就是很多中国玩企的思维逻辑，成长策划认为，这将不利于玩具行业自身的健康成长，当然，致力于玩具品牌化发展的玩企在此也嗅到了巨大的机会！

另外一个层面就是，目前中国大多数小朋友都是独生之女，都普遍缺少玩伴，而父母又缺少时间陪伴，这种时候，玩具就是他们最好的伙伴甚至是精神寄托了。

广 告 主：
骅威玩具
广告代理：
成长品牌营销策划机构

随着人们收入和生活质量的逐渐提高、国内玩具市场的不断完善和规范以及国家在“创意产业”的大力扶持，玩具产业迎来一次转型与升级。作为中国玩具行业的龙头企业骅威玩具，携手成长策划机构，实现了品牌全面升级，完成了从生产制造商向品牌运营商的快速转型，并将“快乐文化创想家”极致演绎。

三、回归本质，占位快乐

成长策划在进行了大量的调查分析之后，我们发现——

“玩”是孩子的天性，然而，部分家长、学校却希望孩子“赢在起跑线上”，从小就开始向孩子施加压力。国际研究表明，中国儿童除了迫于不能错过各种机会的压力之外，更长远的问题是，中国传统的权威式教育制度能否造就出具有独立思想的学生，这样的学生才是构建现代化知识经济的关键。

联合国儿童基金会利用儿童节的机会来宣传“玩的权利”，一项据称常被遗忘的权利。孩子应当快乐学习，健康成长。

作为知名玩企，骅威的动漫和玩具更加纯粹，其中的明星产品科技智能娃娃，不仅能与小朋友对话聊天，唱歌跳舞，慢慢长大还能不断升级。骅威有实力也有责任让玩具回归本质，带给孩子更多的快乐，还给孩子快乐的童年！骅威玩具要主张快乐成长文化，释放孩子的天性，减轻对孩子不合理、不必要的负担，更注重孩子人格的健全！

所以，成长策划将骅威品牌定位为“快乐文化创想家”，这一战略定位将极大助推骅威实现从生产制造型企业晋升为品牌文化运营商；骅威售卖的不仅仅是动漫、玩具，更是一种无价的，国际通行的快乐文化！骅威要成为快乐文化的传播者，骅威要让所有的小朋友成为快乐文化的创想家！

成长在战略定位基础上挖掘品牌主张：快乐成长，骅威相伴！将骅威品牌人性化，并注入更多的快乐元素，真正做到小朋友的“快乐成长伙伴”，找到与消费者亲密沟通的最佳方式，打造品牌的核心竞争力。

HUA WEI 骅威股份 HUAWEI STOCK

快乐成长 骅威相伴 Happy growing always accompanied by HuaWei

骅威主张快乐成长文化，成立了“快乐成长文化推广中心”，致力于帮助家长、老师快乐地教育，助力孩子们快乐成长，释放天性，培养优秀人格；并以此为品牌背书，建立更强大的品牌优势。

快乐成长文化 推广中心 Growth Culture Promotion Center Happy

将“快乐，创造，梦想”注入品牌DNA，成为骅威品牌核心价值，让所有的小朋友成为快乐文化的创想家、传播者，实现与小朋友的互动和共鸣，让他们产生“谁拥有骅威，谁就是快乐文化创想家”的骄傲和自豪感，让他们真正释放天性，玩得快乐，玩得纯粹。

四、智慧演绎，快乐升级

升级快乐符号

作为玩具行业知名企业，骅威标志具有较高的认知度，然而原来标志表现过于稳健，缺少活力，难以体现玩具行业属性。

因此，成长策划在原有标志的基础上，根据品牌战略重新注入快乐和伙伴元素，创作出一系列辅助图形，增强品牌视觉识别系统表达力，与核心标志共同形成更为完善生动的品牌视觉形象。

辅助图形设计：

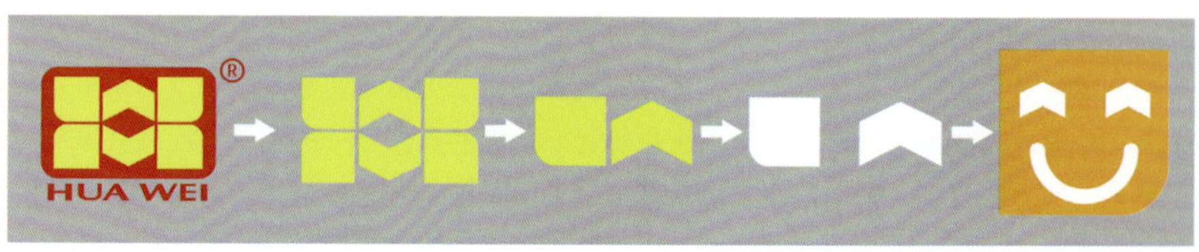

源自于骅威标志的元素∧象征眼睛，而眼睛是心灵的窗口，具有丰富的表现力、感染力，眼睛也是观察世界、探索世界的窗口，由眼睛和嘴巴组成的“笑脸”，是最质朴、率真的表情，是孩子快乐最直接的表达！

将品牌“人性化”最直接的表现方式就是创造出一个“人”，赋予这个“人”以生命和灵魂，通过它去与消费者沟通交流，启动消费者心灵按钮。这个按钮就是独具个性和趣味的吉祥物——威威。结合辅助图形延伸不同表情，丰富吉祥物的形象，传递更多快乐——

终端升级体验

成长策划认为：品牌要与消费者发生更多关系，品牌要更好玩，就必须创造更多的接触点与消费者互动，创建更多体验！销售终端就是品牌终端，品牌情景化就要营造品牌传播的立体化、终端的生动化和活动的互动化。

通过将主题定位为“快乐之旅”的终端系统设计，成长策划为骅威玩具打造完整的售卖系统：从独立的品牌专卖店到商超专柜再到校边店，充分展示产品的同时强化品牌体验，让每个终端充满快乐，充满笑声！ 还为专卖店特别设置体验区域，有专门给小朋友试玩的玩具，欣赏的动漫片，就连货架上面的空间也没放过——用全球小朋友的笑脸来感染小朋友，欢迎骅威的主人，因为这就是他们的主场！骅威将成为他们孩童时最美好的快乐回忆，每一次到来都是一次探索快乐、发现快乐的旅行。

五、传播快乐，快乐成长

在大型户外广告和终端灯箱广告等媒体传播之外，小朋友最喜欢什么？怎么跟他们互动？在哪里与他们接触？成长策划认为骅威的“笑脸”就是最好的传播元素，骅威的专卖店就是最好的传播平台。

根据品牌标志的延展图形，我们开发了大量的骅威“脸情”贴纸——狂笑、微笑、坏笑、害羞、惊讶、调皮、吐舌等等，在店里，通过与小朋友的互动游戏，让他们获得“脸情”！

骅威“脸情”还进入幼儿园，表现好的小朋友将由老师奖励给他们，除了贴在教室表现栏上，小朋友根据自己的心情，还可以在脸上、手上、书包上、玩具上，让骅威成为他们的最佳快乐伙伴！

点评：

基于洞察，发现快乐。我们常常提到一句话“中国某某市场上海缺乏领导品牌”，但常常这种与领导品牌的对标，让我们在思考的出发点上就陷入了误区。企业的品牌常常是企业精神的一个延续，很多时候品牌就想文章，它需要书写的是企业所需要向世界表达的文化。

我们需要这种“传递”的欲望。在骅威玩具的案例中，成长策划通过深入的调查，了解到了中国玩具市场长期存在着的一些思维误区。问题就是机会，从这些问题中，成长策划进行了深入的分析和洞察，从而找到玩具回归本质的精神——快乐。

——唐 超

针对小学生常上网的习惯，成长策划还开发了QQ表情，创造与众不同的快乐：用表情丰富快乐无边的辅助图案，制作QQ表情，利用他们传播骅威、传播快乐！

显著成果：为骅威植入“快乐文化”的品牌成长基因

借助行业发展契机，深入洞察消费者，整合骅威自身优势，制定精准的战略规划，实现了品牌全面升级，帮助骅威从生产制造商向品牌运营商的快速转型，并为国内和国际市场并行发展提出了实现的战略路径。

通过品牌营销全面升级，将“快乐文化创想家”极致演绎，让骅威从玩具品牌中脱颖而出，为骅威成为伟大的玩具品牌奠定优秀成长基因！

客户对成长策划的评价

骅威科技股份有限公司董事会秘书、副总经理刘先知：在骅威股份与成长策划合作中，充分体现了策划公司的智慧价值和突破性创新能力，成长的专业和服务让我们尊重。成长重新对骅威品牌进行精准的战略定位，并在战略指导下实现了品牌形象系统升级、终端售卖系统规划建设、传播推广等多项指标。让我们在由生产制造商向品牌运营商的快速转型、由国际和国内两个市场并行方面提出了实现的战略路径。

美加净植尚牙膏：再夺本土品牌话语权

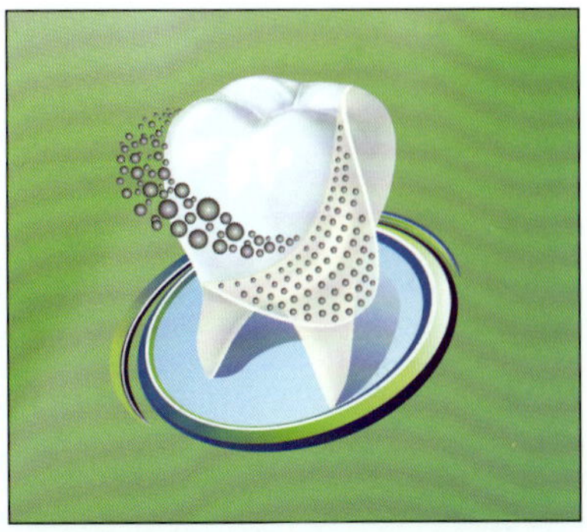

广 告 主：

美加净日化有限公司（上海牙膏厂）

广告代理：

上海龙韵广告传播股份有限公司

前身为中国化学工业社的美加净日化有限公司（上海牙膏厂）始建于1912年。企业创造了无数个中国牙膏发展史上的第一。2004年，企业成为全球首家获得HACCP证书的牙膏制造厂。但种种荣誉和光环的背后，品牌也面临更新的需求，而植尚就是美加净日化有限公司（上海牙膏厂）的牙膏品类面向中高档市场的主品牌。

背景：品牌更新，中高端新品推广

牙膏行业发展这么多年来，行业发展已较为成熟，功能从防蛀一枝独秀，到现在美白和清新口气也成为较主流的需求；四大主流品牌佳洁士、高露洁、黑人、中华占据市场近七成份额，其他国内品牌市场地位较为靠后，也有一些细分如抗敏的冷酸灵和上海防酸、营养方向的纳爱斯、牙龈护理的云南白药等。

美加净日化有限公司（上海牙膏厂）的前身中国化学工业社始建于1912年。1922年这里生产出了中国第一支牙膏——三星牙膏，为中国牙膏工业奠定了基础。企业创造了无数个中国牙膏发展史上的第一：第一支国产牙膏，第一支国产药物型牙膏，第一支国产生物型牙膏，第一条软管生产自动流水线，第一台牙膏自动包装机……此外，2004年，企业成为全球首家获得HACCP证书的牙膏制造厂。

多年来，“中华”、“美加净”、“上海”、“留兰香”、“白玉”等品牌以其优良的产品品质，赢得了值得信赖的品牌形象，通过逐步完善优化各品牌产品线结构，现已基本形成较为健全的口腔护理产品群，产品远销北美、澳洲、非洲、东欧、中亚和东南亚等国家和地区。

但同时也面临品牌更新的需求，植尚就是美加净日化有限公司（上海牙膏厂）的牙膏品类面向中高档市场的主品牌。

策略：表现亲和力激发品牌关注

品牌目标群体是20~30岁年轻女性，适当向上延伸至年轻母亲、向下延伸至学生群体。他们有稳定的工作或家庭，有较高品质的生活状态，注重良好的仪表和社交形象，对生活消费品的选择注重品牌，信赖历史悠久及口碑良好的品牌，更愿意选择天然、安全的产品。

品牌核心利益是以产品成分的天然温和为主要利益诉求，在此利益的基础上支撑其他功能利益。品牌个性是知性的，有追求，关爱自己，可亲近。

传播主要目标是提升美加净植尚品牌知名度，拉近与目标消费者的距离，激发目标人群对植尚品牌的关注和兴趣，产生极强的自传播力。

传播的策略：百年传承根据结合时尚基因

一、体现植尚牙膏“亮白牙齿”的核心诉求，体现“炭”和“白”、“牙白”和“笑容”、“笑容”和“魅力”的关系，赋予品牌丰富的联想度；

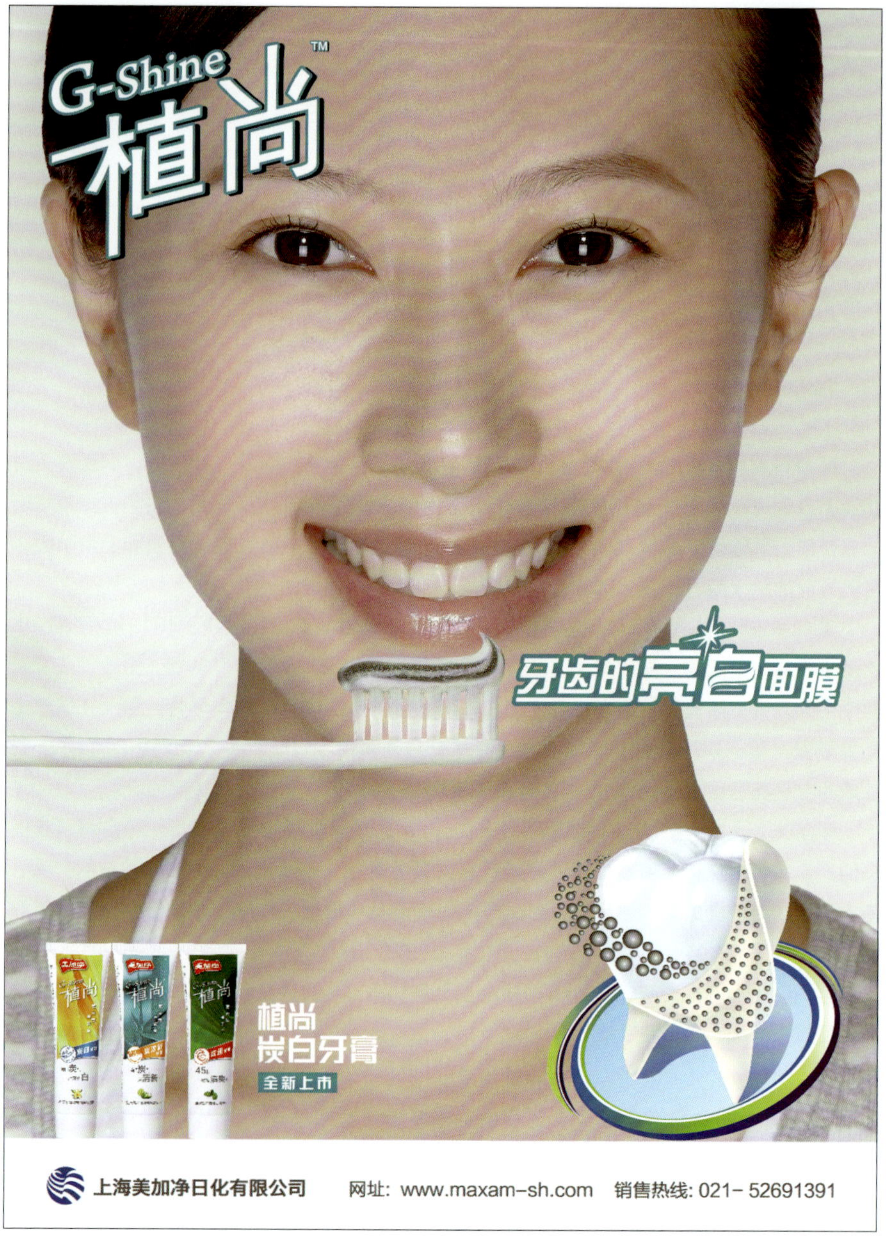

二、通过美加净百年发展史的挖掘，很好的诠释“竹炭亮白牙齿”的趋势。

创意及决胜环节：牙齿的亮白面膜

植尚炭白牙膏在研发中充分利用现有自然科技，在牙膏中添加经过特殊处理的竹炭颗粒，具有强力吸附牙齿上污渍和口腔中口气的能力。并且植尚品牌的Slogan就是借鉴了给脸敷面膜美白的原理，生动的运用在牙齿上——“植尚，牙齿的亮白面膜”。

体现“炭”和“白”的关系

创意设计从功能层面集中表现植尚炭白牙膏“亮白牙齿”的核心诉求，体现“炭”和“白”的关系——竹炭亮白牙齿。将竹炭吸附牙齿色斑、吸附口气、美白牙齿的这一原理生动、具象地阐述清楚。

体现“美白牙齿”和“灿烂笑容”的关系

从情感层面表现灿烂笑容有助于提升个人魅力，从而开始重视牙齿的美白，体现“美白牙齿”和“灿烂笑容”之间的关系。

用正在“灿烂微笑”的美女刷牙表现用植尚炭白牙膏刷牙就是在给牙齿上亮白面膜这一理念，美女微笑刷牙极具亲和力，一下子拉近了与消费者的距离，并且“灿烂微笑”作为标志，让人印象深刻。

执行

整个全案包括上海1500块公交站牌广告，线上广告片以及线下互动公关活动的串联。

效果

精准的定位、百年传承根据，结合时尚基因的注入，让美加净植尚牙膏焕发新生，成为国产品牌中引人注目的一个，也顺利转型为年轻人喜爱的“经典与时尚兼具”的牙膏品牌，在牙膏市场重新取得本土品牌话语权。

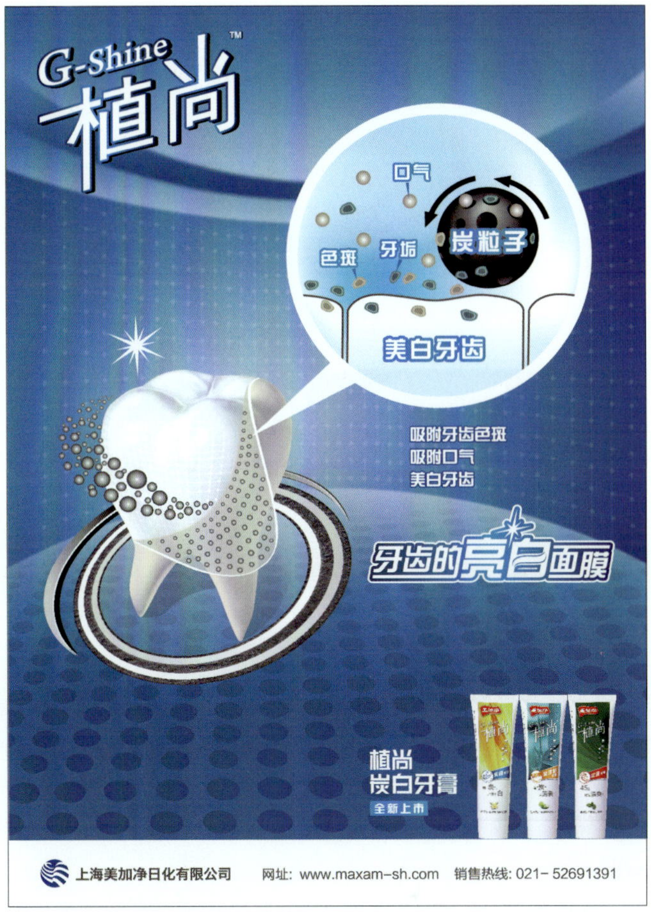

点评：

虽然传达的内容不同，但是画面共同突出的“美加净”品牌，正是产品百年传承的根本。时尚的其他画面元素和表达方式，让百年老品牌焕发了新的产品生机。其中竹炭小元素很好地诠释了产品的特殊功能性，同时直接表达了产品的性能定位。清新的画面感也加强心理暗示效果。让受众建立新的品质和品牌的购买选择。既能给受众留下深刻的印象，又能够让受众产生购买共鸣，加强品牌的传播力。

——吴晨晖

派丽蒙太阳镜：美丽任务

广 告 主：
派丽蒙太阳镜
广告代理：
大峡谷影视有限公司

当大多数品牌停留在品牌认知度巩固阶段的时候，而拥有20年历史的中国太阳镜品牌——派丽蒙，已经开始注力在品牌好感度的建立上，慢慢地和消费者进行品牌内涵的沟通。从早几年“美丽如你所见” 的品牌slogan进一步发散并提升到派丽蒙带你去“发现美”。

派丽蒙发现美的品牌之路

中国眼镜/太阳镜市场，经过几年的品牌建立、推广、传播，都已经慢慢找到并形成自己的品牌定位和方向。由于依然处于品牌成长的初级阶段，各品牌在形象上，多数还停留在品牌视觉形象的重复强化传播上，只是在品牌外在形象上努力做区分和差异，但在品牌内涵和主张上，却是一直被忽略的部分。

而派丽蒙，作为有着20年历史的中国太阳镜品牌，派丽蒙真正开始品牌推广传播，也是近几年的时间。但从第一支广告开始，派丽蒙就进行了一个差异化的传播方式：不只是让消费者认识派丽蒙是谁，更让消费者知道派丽蒙在说什么？也就是说，大多数的品牌依然停留在品牌认知度的巩固阶段，派丽蒙则已经开始了注力在品牌好感度的建立上，慢慢地和消费者进行品牌内涵的沟通。从早几年“美丽如你所见” 的品牌slogan进一步发散并提升到派丽蒙带你去“发现美”。

发现平凡人的非凡美

这次，派丽蒙新一轮的品牌形象TVC，在延续初期的“美丽如你所见”品牌主张的基础上提升为“Find Beatuy”。更明确了“发现”这一核心，并且希望通过“Find Beauty”来重振品牌形象，提升市场信心。同时把派丽蒙的品牌愿景——“派丽蒙相信，如果我们每个人都能发现平凡的组织、人、事和物背后的美，我们的世界会变得更美好”融入到整个TVC中，通过这一次的TVC能让全民都来发现和推崇这种平凡人的非凡美。

既然是平凡人事物的美，一般传统模特、演员、明星代言人站在镁光灯下，被造型PS得一丝不差的美丽，显然是不适合派丽蒙的。属于派丽蒙的美丽，应该是真实的，来源于平凡中，但又用自己的人生来闪现不平凡的光亮——即使微弱也能闪闪发光。所以我们把视角放在了一些“不平凡的平凡大众”身上。在众多充满正能量的美丽平凡人中，我们发现了来自高原的美丽——杨欣。

杨欣，一位环保工作者，中国绿色江河环保促进会会长。曾经是长江第一漂的勇士；1997年建立了中国第一个民间自然保护站——索南达杰自然保护站。十几年来，杨欣带领志愿者在长江源和可可西里开展了各种保护项目，日复一日地坚守在长江源头，只为了中国生命之河——长江的美。为了长江源头的美，而做出如此不平凡的事，杨欣无疑就是代言派丽蒙 “平凡人的非凡美”的最佳人选。

“美”的事迹和人物有了，那要如何从TVC中去展现呢？杨欣做过的环保项目非常多，可说的内容也很多，甚至比可可西里保护区可以表现的美景更多。但，这些都只是

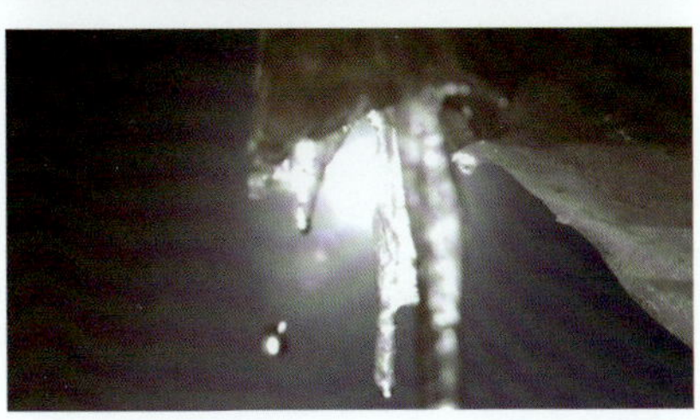

GREENRIVER 绿色江河

PARIM

点评：

产品功能与使用环境密切关联，辅以真实的感性动人故事，辅以优美的视觉画面，充分显现品牌的内涵与价值。

——邓广梼

表象的美，真正难能可贵的是支持杨欣坚守可可西里的那股信念，那才是真正超越功利、超越生命，甚至超越信仰的美。

经过和杨欣老师多次深入的沟通，听他分享了从当年的漂流场景的青春壮举到一步一脚印地在可可西里无人区建立起保护区的心路历程，我们决定就以第一人称自诉的方式，让主角自己来讲述（包括在后期配音上也选择杨欣老师自己本人的声音）自己的心路历程。以自己的经历为人生的每一个阶段交上答卷，将为可可西里、为长江源头做的一切都当作使命，这是杨欣眼中的美，是他坚守的美，是他相信的美，更是他创造的美，所以派丽蒙带领大家发现的正是杨欣那种超越生命的信仰之美。

完成不可能完成的美丽任务

当方案成型时，距农历新年只剩下不到一个月的时间了。隆冬时节，面临的是可可西里恶劣的地理气候条件：高原缺氧、零下30度的低温，从来没有一个剧组在这个季节深入过可可西里，一切的环境条件都是未知。对大峡谷制作团队来说，如何完成这不可能完成的美丽任务是一次巨大的挑战。

只有一周左右的短暂筹备期，各种应对严寒和特殊地理状况的装备紧急筹备中。最后确定十来人的精英制作团队，踏上了派丽蒙发现美的行程。从厦门-西安-格尔木-可可西里长途跋涉；直奔海拔5300米的玉珠峰冰川，剧组人员克服严重高原反应；在荒原大风中只有简陋的温水泡面充饥；连续数天每天超12小时的高负荷拍摄；沱沱河零下30度的极端低温，在冰面上长时间低温拍摄导致摄影机罢工……从未面临的挑战一项接一项，感谢杨欣老师和长江源保护站志愿者们的配合，感谢随队的藏族高原神医韩大夫的关照，感谢车队师傅的辛苦，正是有了这些平凡人的非凡付出，才完成了这个不可能完成的美丽任务，才能让大家和派丽蒙一起去发现这高原无人区上以信仰超越生命的美。

世界将因此而更美

恢弘大气的画面展现出可可西里无人区各个不同角度的自然美，心路历程的讲述挖掘出超越生命的信仰之美，“派丽蒙相信，如果我们每个人都能发现平凡的组织、 人、事和物背后的美，我们的世界会变得更美好”。发现美的旅程才刚刚开始，接下去还有支教铅笔画家等平凡人物共同来展示更真实的美，平凡中的非凡美，而派丽蒙就是那双带着你发现美的“眼睛”。

薇尔卫：不一样的feel，不一样的吸引

广 告 主：

维达集团

广告代理：

大峡谷影视有限公司

在卫生巾这样一个成熟的市场，老品牌牢牢站住了自己的市场。作为一个新品牌如何切入市场就能迅速站稳并抢占到自己的有力地位是关键。而“薇尔”卫生巾产品便通过将自身的绵柔卖点提炼为“棉和棉是不一样的，Air棉，超亲肤，超干爽”，从切入市场就和普通的绵柔卫生巾做了有效的区隔，为女性消费者打造出独一无二的梦幻feel。

知己知彼，有效出击

在纸业处于第一集团位置的维达集团重磅推出“薇尔”卫生巾产品。在卫生巾这样一个成熟的市场，各等级的品牌竞争都很激烈，老品牌都牢牢站住了自己的市场，作为一个新品牌，如何切入市场就能迅速站稳并抢占到自己的有力地位是关键。大峡谷团队和客户达成了传播上的目标：打造VIA吸引力！如何打造？怎样的吸引力？

薇尔在今后的产品线上面，会持续一段时间主推棉柔型卫生巾。经过走访调查，我们发现，大多数女性消费者习惯用棉柔卫生巾，因为棉柔面层柔软，舒适度强，触感柔软，但是棉柔面层吸收液体之后，比较容易湿腻，闷热不透气，感觉不舒服。而网面卫生巾虽然比较不会闷湿，但是在舒适度上面，会弱很多。消费者极度需要一款，既有棉柔的舒适亲肤体验，又有网面的透气干爽的卫生巾。

我们经过实际测试发现薇尔在产品上确实具有其独特的技术和优势，即Air棉——世界领先创新技术新棉型纤维——3D立体结构充满空气分子，使棉柔表面更蓬松和柔软，配合瞬吸打孔设计加速吸收，解决传统棉面卫生巾所带来的闷湿体感，带来清新爽洁新感觉。薇尔的产品优势正是对消费者需求的有效解决，也就是说，薇尔卫生巾是可以满足消费者想要棉柔和干爽共存的愿望！

因此，我们结合产品自身优势和消费者的使用需求，将薇尔的绵柔卖点提炼为“棉和棉是不一样的，Air棉，超亲肤，超干爽”，从切入市场就和普通的绵柔卫生巾做了有效的区隔。

读懂心理需求，打造独一无二的梦幻feel

找到了产品功能上对消费者的吸引力：Air棉，超亲肤，超干爽！这个直接的产品诉求点，在市场上无疑是个特别的点，又是消费者所需要的，但是在表现形式和调性上又该如何满足消费者的心理喜好，能够一亮相就获得消费者对薇尔的好感和认同，短时间内迅速达到占领消费者的心智的目的呢?

在对主体目标消费群（90后女生）的洞察中，我们找到了她们在这个特殊时期的两个关键词：Enioy和被宠爱。这群90后的女生，所处的社会环境与以前的任何一个时代都不同，她们能接触的信息太多，也更有想法、更有个性！

Enjoy：在她们的世界里，挑卫生巾和挑化妆品、服装一样，是一种私密的享受！对包装的挑剔，对质感的挑剔，对代言人的挑剔，对氛围的挑剔……

被宠爱：不管你是假小子还是女强人还是小萝莉，在那特殊的几天，都希望自己被世界温柔对待，这个时候，女生的少女情怀和梦幻指数，超级强烈！那几天，女孩就只是纯

点评：

善用调研，发挥洞察理论，深层挖掘目标受众的内心世界，寻找到产品差异化的根源，配以感性的视觉效果展现含蓄的产品功能，营销传播好案例。

——邓广梼

粹的女孩。

那女孩儿喜欢什么呢？女孩儿都爱幻想！没错！女孩从小到大都在幻想：小时候幻想长大；恋爱幻想白马王子；长大了幻想回到小时候的纯真，可爱成风，知性诱人，都是因为女孩天生爱做梦，脱离现实让人更满足开心。

经过深入访谈准确把握了消费者心理，确定调性和表现手法就水到渠成，双方团队很快达成一致：梦幻的feel，将是薇尔和其他品牌最大的区别，也将是对消费者最大的吸引。

从大团湿漉漉的像云般的棉团中，不安小心翼翼的女孩走进了薇尔的梦幻世界，不一样的洁白干爽柔软的棉花云团带来的是不一样的柔和又干爽的奇妙感受。在这样梦幻唯美的薇尔世界里，直观地让消费者感受到薇尔卫生巾能带给女生比其他绵柔产品更干爽、舒适的产品感受，同时，又让消费者感受到少女被宠爱的浪漫唯美的梦幻气息。

精细执行，将梦幻进行到底！

在执行上，大峡谷投入超一流的制作团队。美术通过完美的想象和设计，不可思议地将一个梦幻的空间呈现在摄影棚里；原本以为要三维制作的棉团云朵，全部通过道具的巧手以实物呈现，完成了全实拍的壮举，让人物和云朵的互动更自然；女主角超梦幻的短裙是专业定制的；大到巨大的南瓜车、造型特异的树，小到一片花瓣、一颗亮钻，都是精心挑选和布置的；整条片子的粉色调性与产品包装主打款相吻合，更增添了浪漫唯美的梦幻氛围！整个执行团队经历了1个月的前期筹备，整整经历了48小时拍摄，最终完美呈现了薇尔不一样的梦幻feel，不一样的梦幻吸引！

经过客户将TVC拿到薇尔产品主打的中部市场、香港市场、甚至美国进行投放测试，效果反馈非常棒，所有的消费者都表示知道了薇尔有这样一款不一样的绵柔产品，而且很喜欢这样的梦幻调性，正是自己所需要和向往的，都非常期待对产品的尝试。

一个新的品牌，就像一个新人，特有的优势，鲜明的个性固然重要，但是这个优势和个性，也要讨喜，更深入地了解消费者，才可能更准确地找到品牌和他们之间的关联性在哪里，一个新品牌的形象塑造突破口，也就在那里。

薇尔VIA
Air棉
3V瞬吸层
瞬间干爽
I feel good
薇尔VIA™
Vinda
维达

克拉海洋珠宝：女人真心话

广 告 主：
克拉海洋珠宝有限公司
广告代理：
长沙盛美广告有限公司

当下珠宝开业促销的现状是大多数促销广告的使命只是优惠促销，然而长沙盛美却大胆否定了人们习以为常的认知。当2012年12月18日克拉海洋时尚珠宝Mall开业来临之际，长沙盛美用独特的品牌个性诉说打折促销，制造话题吸引注意力，成功增强了消费者对其品牌时尚高端形象的认知。

中国首家以珠宝为主题的Shopping Mall——克拉海洋时尚珠宝Mall在2012年12月18日开业，需要通过开业促销及其传播迅速建立知名度及影响力。

然而大多珠宝品牌促销广告粗制滥造，消费者熟视无睹，难道促销广告的使命仅仅只能是优惠促销吗?

如何让促销成为形象广告，为品牌形象建设做贡献成为我们的挑战。

品牌传播活动目标

传播目标：在最短时间内迅速形成品牌知名度，引起消费者关注和讨论，促成商场开业期间理想的客流量、销售量。策略上大胆否定人们习以为常的认知，用独特的品牌个性诉说打折促销，制造话题吸引注意力。

消费者洞察

消费者洞察：克拉海洋时尚珠宝Mall的目标消费群主要为20~35岁偏年轻追求时尚的女性。俗话说，女人心海底针，人们不一定真正了解他们。

核心创意

否认人们对女人一贯的“了解”，给出意料之外又情理之中的答案。有时候，女人真正关心的是打折、打折、打折。

创意执行

开业前促销宣传全面铺开，全城告白“女人真心话”。

在TVC和公交广播上喊出女人真心话，告知开业促销的同时延续珠宝类品牌高端的调性，同时配以平面、车身、公交站台立体传播，实现传播效果最大化。

开业前两天，借助世界末日话题，利用网络和手机客户端进一步提升关注热度

品牌传播活动实效

开业当天商场外大排长龙，各大媒体争相报道，商场当天8小时内成交580笔，创造了行业奇迹。同时也增强了消费者对品牌时尚高端形象的认知。

2012 before the Doomsday
世界末日前
女人觉得最浪漫的话
不再是"我爱你"
而是……
"这么划算的钻石
喜欢就都买了吧"
珠宝Mall 创意More
克拉海洋时尚珠宝Mall，融创意珠宝产品、"时尚顾问"服务、时尚创意空间、时尚社交圈为一体，引领城市创意生活。
12月18日 开业特惠
王府井对面苏宁电器5楼

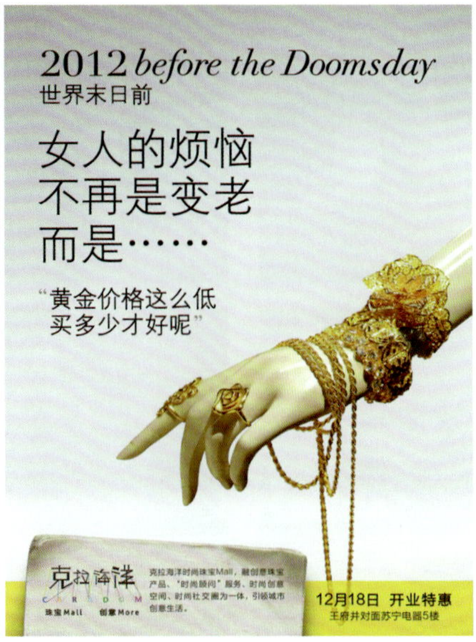
2012 before the Doomsday
世界末日前
女人的烦恼
不再是变老
而是……
"黄金价格这么低
买多少才好呢"
珠宝Mall 创意More
克拉海洋时尚珠宝Mall，融创意珠宝产品、"时尚顾问"服务、时尚创意空间、时尚社交圈为一体，引领城市创意生活。
12月18日 开业特惠
王府井对面苏宁电器5楼

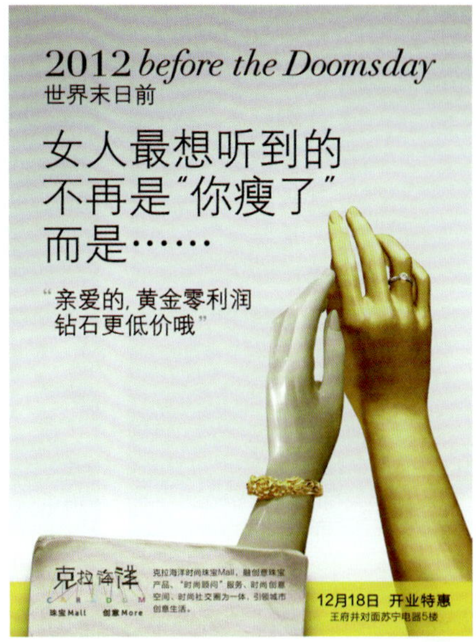
2012 before the Doomsday
世界末日前
女人最想听到的
不再是"你瘦了"
而是……
"亲爱的，黄金零利润
钻石更低价哦"
珠宝Mall 创意More
克拉海洋时尚珠宝Mall，融创意珠宝产品、"时尚顾问"服务、时尚创意空间、时尚社交圈为一体，引领城市创意生活。
12月18日 开业特惠
王府井对面苏宁电器5楼

《女人真心话》系列《烦恼》篇

珠宝Mall 创意More
12月18日 开业特惠
长沙王府井对面苏宁电器五楼

《女人真心话》系列《浪漫》篇

《女人真心话》系列《赞美》篇

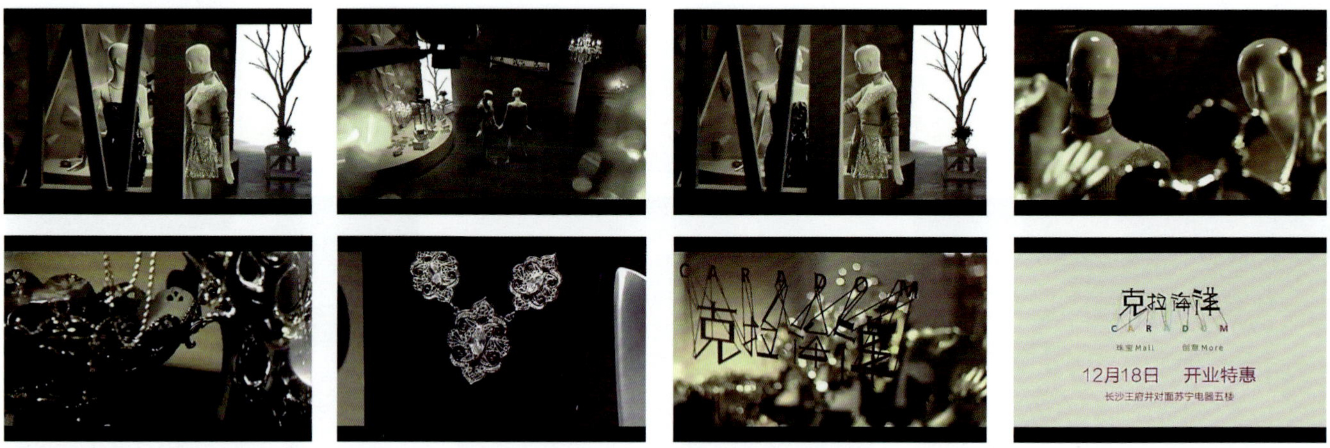

点评：

巧妙利用事件营销，以目标消费者为核心的文案穿插于线上（ATL）、线下（BTL）及在线（OTL）整合营销传播，善用得宜。

——邓广梼

Cosmetic Products
化妆品类

春纪黑米露白米乳：美白与“扫黄”

广 告 主：
HARUKI春纪
广告代理：
杭州博采广告公司

通过认真的市场细分与精准定位，春纪作为丸美旗下与丸美并驾齐驱的双子星品牌，把人群定位在年轻大众，倡导“天然食材养肤”的理念。“食材养肤”的概念让春纪在年轻护肤品中跳出来，甚至比起欧洲日本开始流行的“植物护肤”都更先进了一步。用黑米露、白米乳两支产品，开启了春夏美白市场，为春纪品牌带来了新的销售增长点。

背景

HARUKI春纪，是丸美股份旗下与丸美并驾齐驱的双子星品牌。

与丸美优雅高贵定位不同，春纪的诞生就是为了与丸美形成互补，人群定位年轻大众的春纪，倡导的是“天然食材养肤”的理念。

基于对品牌的重视和消费者的负责，春纪成立天然食材养肤中心研究所，致力于研究和发现世界不同食材对肌肤的作用。“食材养肤”的概念让春纪在年轻护肤品中跳出来，甚至比起欧洲、日本开始流行的“植物护肤”都更先进了一步。

博采广告和春纪的合作从2010年开始。

这一年，春纪选用新生代女星李宇春。李宇春，这个始终具有争议的光芒人物，初次代言护肤品，以及稀有的裙装亮相，都让春纪在广告投放的短时间就广为人知。

2012年春纪决定主推黑白米双效美白系列产品，在向博采提出推广创意需求的同时，也提出更换代言人的需求。

这不仅是一次产品推广，更是一次代言人更换的品牌推广，春纪要求新代言的选择从形象到话题度都不能输上任。在各方的建议下，春纪首签男艺人胡歌与影视新星古力娜扎，开创国内男艺人代言女性护肤品的先河。同时，双星代言的模式，让品牌和商品都有更多故事可说。

2013年，春纪将市场重点锁定在黑白米系列中的黑米露白米乳两支产品上。

我们的工作，也在这样一个背景下开始展开。

打造出春纪王牌产品

用黑米露白米乳两个产品，开启春夏美白市场。

上市几年，随着代言人投入，大量媒体投放，春纪品牌食物养肤的概念也深受市场认同，经销渠道快速扩张，产品销量年年上升。春纪已经成为国内年轻市场中挺认可的品牌。也许这是一个足以令市场艳羡的业绩，但是和丸美的市场占有率和销售额比，春纪明显逊色了不少。在这个国内护肤品翘楚丸美企业的眼中，春纪依旧没有一款“卖疯了”的产品，春纪需要一款属于春纪的最畅销产品，从而带动整个春纪品牌与产品的进一步发展。

黑白米双效美白系列是春纪花大力研发出的系列。从黑白米双效的概念，产品的形态气味，到外包装的精妙设计，处处尽显春纪用心，更能体现出春纪品牌的价值。按照一般理论，广告产品肯定是全系列甚至是全品牌卖得最好的产品，而最初想主推的黑米霜、白米霜两个产品在做了一年广告之后，销量却始终居于另外两支自然销售的产品之后。

这两支产品便是春纪黑米露、白米乳。

其实在2012年第一次见到春纪黑白米全系列产品的时候，一下就吸引到整个团队眼球的就是黑米露、白米乳了。剔透的包装，打开瓶盖就能闻到清新的米香，质地滋润却也清爽，抹在手上脸上，一下就吸收了！创意人员、客户执行，都沉浸在产品试用的乐趣当中。可以说，春纪黑米露白米乳是历年来春纪所有产品中最令我们眼前一亮的。

而在2012年的年度策略中，作为主力推动的却是黑白米霜，这是因为从美白功能上来说，这两支产品更加优秀。

而黑米露作为一支护肤水，是全系列产品搭配使用度最高，白米乳因为清润的质地能常用于春夏秋冬四季，深受年轻消费者的喜欢。这两支产品在全自然销售的状态下，就稳居黑白米系列销售鳌头。

坚持很难，但放弃有时候比坚持更难。与市场硬战不如顺应市场，2013年我们调整策略，放下投入了一年的黑白米霜，准备将主力放在黑米露、白米乳两个产品上，希望把这产品打造成春纪品牌的王牌。

美白新概念 细分美白市场

确定了目标之后，真正的难题才开始浮现。

春纪黑米露、白米乳，这两种美白产品，不够美白！

天然食物大米的美白方式？这个属性似乎在出现产品名的时候就已经体现透彻，加以视觉表现的辅助，一定能够传达到消费者。并且为何在所有美白方式中选择天然，无伤害无负担？食材养肤？也许可以，也许还不够……

依旧延续上一个广告片的“黑米去黑，白米亮白”？能清楚地表现出黑白两色产品的特征，不论从形式还是美白方式上，都已经足够独特。这样就够了吗？那更换主推产品的意义何在？

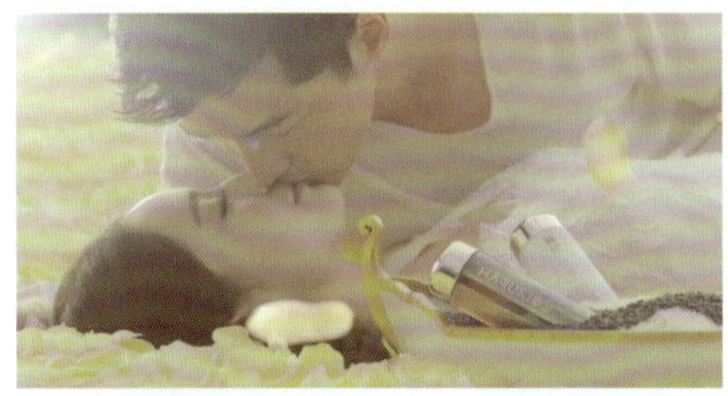

在所有人都在产品系列的基调上挖掘这两支产品美白的卖点，反复肯定又反复推翻，陷入一团迷雾的时候。我们选择了放掉先前的认识，放掉先入为主的观念，从零开始重新思考。

事实证明，在被种种观念和想法缠住思维的时候，回到原点才是最好的思考方式。

重新审视消费者的需求：谁在选择美白产品？选择怎么样的美白产品？

美白已经是一个老课题了。美白、亮白、增白……已经听到麻木，而对消费者来说，怎么选择一支美白产品呢？所有消费者的美白需求都是一样的吗？

我们就此做了一系列消费者调查和市场同类产品调研，我们得知，觉得自己皮肤黑的人会购买美白产品，痘痘肌肤需要美白产品去印，肌肤很白却反而容易长

点评：

一个好的策略，关键是能找到产品如何打开消费者需求的那把钥匙，正如相亲的男女，各自展示自己的优点和长处，只有双方各自在对方的优点中找到自己感兴趣的那部分优点时，双方才能走近，才会携手。
本案通过“回到原点才是最好的思考方法”，精准细分市场，找到美白的产品的各种不同功能，消费者的不同需求，也即是找到一条差异化诉求之路，迎刃而解产品先期的广告诉求无力、苍白的窘境。
产品仍旧是原先那个产品，当“正确地在消费者需求和产品之间建立桥梁”时，也就踏上了成功营销的道路。

——余忠造

斑的人会购买美白祛斑产品……这些为美白产品买单的消费者，明明有着不同的需求，却对着一大堆看起来显得琳琅满目，实则功能都夸到解决一切美白问题而毫无差别的产品。消费者无从选择。

美白是一个过大的概念，而市场发展到今天，早就不存在一呼百应的商品，只有细分和精准才能让消费者一秒对位。

美白产品全球销量，亚洲位居榜首。在这一大片黄皮肤里又是怎样的女性最注重美白呢？这是一个有意思的结果。和痘皮才爱用祛痘产品不一样，皮肤黑的反而不大专情美白产品，反而是那些在大家眼里看起来皮肤白的人，特别注重美白。一夸她白，她还很挑剔地觉得自己肤色暗沉发黄！

而我们的产品呢，它不能让肤色很黑的消费者变白、也不能祛斑去痘印，看起来它的功能是那么的弱。但是天然的成分和亲肤的美白方式，确实可以去除暗黄提亮肤色。对于一个只是觉得自己皮肤有点黄的消费者来说，她不需要超级美白的过激功能以及给皮肤带来的相应负担，她只需要去黄，就只给她去黄！这不正对应着美白功能中最大的一部分市场需求吗？

去黄，才是东方人对美白的最大需求。去黄。这是一个令人兴奋的美白新观点。看似功能性不够强大，好像把很多用户都拒之门外，却恰恰是争取了最大的消费群体。

并非言过其实一味夸大，正确地在消费者需求和产品之间建立桥梁，才是一个好广告的价值。

互补传达

创意不是天马行空、不是胡思乱想、不是拍脑袋，而是从理性归纳到感性发散。

只有在经过反复验证之后，确立正确的观点，才能作出正确的创意。

我们有了一个理性的新观点，而这个观点也是易于接受，消费者容易自我对应的。因此，在春纪品牌年轻与天然清新的品牌基调上，我们并没有选择像宝洁式的专家、实验等纯理性灌输。就像一种“寓教于乐”的方式，更适合年轻女性去接受新观点。

我们选择了一种最愉悦的方式，向女性传达我们的诉求。画面极其唯美梦幻，音乐舒缓，摒弃常规的产品演示，而是从整体视觉上传达“去黄”感受，给人留下强烈的印象。甚至大胆在广告片中玩起了吻戏，玩起了“扫黄”这样的敏感字眼。

而旁白比较理性、清晰地讲述一个新的观点和产品诉求。

形成一个互补作用，使整个广告片说得清，更说得进。

执行

再切中要害的策略，再新鲜有趣的创意，只是一支好广告的一半。

执行环节，可以锦上添花，却也可以使一个好点子面目全非。

从导演、美术、摄影、后期，全韩国团队的加入，对每一个细节的苛刻，都是成功的关键。甚至于一片花瓣，都一次一次修改过十几遍。连韩国导演最后都无奈地苦笑表示，从来没有见过这么难搞的广告公司。而我们深信，100分的作品，来自于对小数点后面好几位的斤斤计较。

效果

2013年5月，春纪黑米露、白米乳广告片在湖南卫视高频开播。跟随网络视频花絮的发布，两位代言人荧屏初吻的话题炒作，粉丝之间一时炸开了锅，随之带来的网络传播，弥补了电视广告的人群缺失。

春纪黑米露、白米乳作为国内第一个定位于去黄的美白产品，开启了美白细分新市场，为春季品牌带来了新的销售增长点。

丸美弹力蛋白精华保养液：岁月向下，弹力向上

广 告 主：

丸美

广告代理：

杭州博采广告公司

丸美一开始就瞄准高端市场，眼部精华，更是护肤品市场高端中的高端。“弹弹弹”是丸美的品牌资产，它是传播优势，对于创意来说，重要的并非异想天开无中生有。创意的答案永远是找出来的，而不是想出来的，比起自己苦思冥想，用更多时间和经历去倾听市场、倾听消费者才是创意的正确方式。丸美弹力蛋白精华保养液广告一经播出，“弹弹弹”就迈入了一个新的时代，从此不再是眼精华一枝独秀，丸美弹力蛋白精华保养液打开了丸美面部用品新局面。

背景 “弹”出来的化妆品帝国

中国先锋戏剧代表导演孟京辉的2013新作里，有这样两句台词，“谈谈谈，我们谈什么？”“弹弹弹，难道弹走鱼尾纹吗？”台词一出，整个剧场会心一笑。

无疑，“弹弹弹，弹走鱼尾纹”已经是一句家喻户晓的广告语。丸美也正是因为这句广告语，用一瓶眼部精华，创建了自己的化妆品帝国。

2012年，在全国市场零售额近30亿元人民币，拥有超1000个百货公司专柜，超10000个加盟店……这是成立11年的眼霜品牌丸美所取得的成绩。每年以超过行业平均增长三倍的成绩，这个国内化妆品巨头在快速发展与扩张同时也面临着更多更大的市场挑战。

十年前，丸美以一瓶定价160元的眼霜起家。160元，是一个比跨国巨头欧莱雅、欧珀莱等眼部产品均价高出近一倍的价格。在国内化妆品还挤在中低端市场厮杀的时候，丸美一开始就瞄准了高端市场，而眼部精华，则更是护肤品市场高端中的高端。

十年过去，丸美的弹力眼部精华经过多次更新换代，定价提升至438元，价格直逼雅诗兰黛、兰蔻等国际奢侈护肤品牌，而丸美的销量依旧稳稳占据眼部护理市场的鳌头。

目的 打造中国品牌的神仙水

俗话说创业难，守业更难。过去十年来的成就，给丸美带来了荣光，也带来未来发展的考验。这一支价值30亿的眼精华，已经不能满足丸美发展的需求和野心，丸美急需另一款新产品来推动自己需要持续加速的市场数值。

丸美的成功要素，除却对市场的准确定位、产品质量的高要求、完美的渠道建设，“弹弹弹”也占据这不可忽视的地位。

在丸美和博采的多年共同坚持下，“弹弹弹”已经成为丸美重要的品牌资产，丸美不仅是市场上的眼部护理大师，也已经是消费者心目中弹力护理专家。

其实丸美的产品线十分丰富，只是在电视广告投放上基本只投入了弹力蛋白系列的眼精华产品，而整个弹力蛋白系列在眼精华的强势辐射带动下，销售也十分不错。开发一款新产品从零开始，不如从王牌系列中选出一支有潜力的产品，重新包装打造。而依靠眼精华的庞大用户人群，让眼精华使用者接受同系列产品必定事半功倍。

为了让产品人群扩大化，丸美选择了弹力蛋白系列中的弹力蛋白精华保养液。

丸美弹力蛋白精华保养液，市场定价228元。多年自然销售，反响良好。丸美弹力蛋白精华保养液属于护肤水，护肤水四季适用，搭配使用率高。但也正因为搭配使用率高，售价也不高，大多数品牌并不重视护肤水的推广，而是作为精华或者面霜的附属产品任其

自然销售。但反过来思考，护肤水扮演的是护肤程序里清洁之后、重度保养之前这么一个承上启下的角色，搭配使用率高，是不是说明对搭配产品的影响也最高呢？也就是我们多卖出一支护肤水，就可以同时影响到洁面产品和面霜的销售。

在国际市场上，也早有成功案例，SK2神仙水、奥尔滨健康水、高丝雪肌精、契尔氏三大王牌水……护肤水就是这些品牌的支撑。可见，护肤水的价值远比国内市场上所呈现出来的更大。

而我们的目标，就是打造一支丸美的神仙水。

战略 重新提炼“弹”

“弹弹弹”是丸美的品牌资产，作为以眼精华为代表的弹力蛋白系列首推的全脸产品，对“弹弹弹”的坚持是毫无疑虑的。

而这耳熟能详的“弹弹弹”是传播优势，也是博采和丸美合作多年以来的创意束缚。从“弹弹弹”到“1+6弹力升级”，再到“日弹夜弹”，在眼部精华一年一弹的创意逼迫下，创意团队可谓是“弹”尽了脑汁。

这一次，我们把事情想得比较简单。丸美对消费者意味着什么？丸美几乎与弹力和眼部保养对等了！要知道，稍微有点美容常识的女性都清楚，眼部那是全脸最娇嫩、最容易老化、最容易缺水……总而言之就是最难搞的地方，而眼部产品在整个美容产品里面来说，对技术和原料的要求都是最高的。简单来说，眼部产品就是最贵的。现在，一个眼部护理大师来做面部护理产品了，那技术不是驾轻就熟，原料不是绰绰有余？我们认为只要把这个信息单纯地传达给消费者，就足够诱惑了。确实这也已经足够令人买单了，然而我们严格的客户丸美却不肯买单，单纯靠眼部产品带动弹力保养液的销售，不足以满足丸美的期望。丸美需要一支神仙水，依靠这支水来强势拉动其他产品的销售。

于是，我们重新陷入了对“弹”的挖掘中。

从前的“弹弹弹，弹走鱼尾纹”给了消费者一个很直白的承诺，针对眼部鱼尾纹的效果。而脸部的弹力，又是什么呢？是去法令纹？去抬头纹？去表情纹？

以眼部护理弹走眼纹为类推，一定是去某种纹，然而我们一开始的目标就锁定在要依靠这支产品拓展更广的用户群，就不能把这种纹的表现年龄过于老化。很自然地，我们找到了“细纹”，这是面部肌肤最初出现的纹路，是所有肌肤皱纹中最年轻的纹路。创意围绕着细纹进行了整整一个月，慢慢地变得越来越艰难，好像走进了一条死胡同。

“弹弹弹”是品牌资产没错，但我们只是做这样肤浅的延续就够了吗？

比起“细纹”，对于女性来说，什么才真正意味着脸部最初的衰老信号？

看到什么样的肌肤，觉得特别年轻特别羡慕？和过去比起来，觉得自己肌肤变老了的变化在哪里？创意团队中的女性，开始抛下一个广告人的身份，作为一个女性，重新开始问自己，甚至逢人就开始缠着问。

在30岁的女性中，女人对于初老的关键提及，很少涉及细纹等纹路。在这个年纪的女人们其实还很难概括出自身皮肤的老化迹象，确实，尤其是对一直注重保养的女性来说，这种老化迹象是十分微妙的。但如果不把话题局限在皮肤上，而是延伸到整个脸部的感受。

“好羡慕那些十几岁的小女孩，那个脸都是嘟嘟的。”

“以前年轻不觉得，现在才觉得那种带点婴儿肥的脸蛋，才是最好看的，看看我现在脸都很塌了……”

“真的觉得跟以前比起来，脸上皮肤的弹性，脸颊上的肉好像有点松松的感觉了……”

许多女性都会说出类似的话，弹性的缺失，脸部肌肤的松弛，才是老化的第一步。

针对这一命题，我们的产品能够解决吗？

丸美弹力蛋白精华保养液主要成分为弹力蛋白，而弹力蛋白其实是丸美对胶原蛋白与其他复合成分搭配做了升级的命名。胶原蛋白具有很强的伸张能力，是整个皮肤的构架，支撑着我们的皮肤。

基于胶原蛋白的本质和消费者需求，我们重新提炼产品概念，重新定义了“弹弹弹”——支撑型弹力蛋白，弹走松弛。围绕这一概念，我们把整个创意表现锁定在支撑型弹力蛋白对肌肤的向上力作用上。

“岁月向下，我的弹力向上，丸美弹力蛋白保养液，支撑型弹力蛋白，弹力向上弹走松弛，弹弹弹，丸美弹力蛋白保养液，我的肌肤弹力水。”

整个创意一气呵成，从语言和画面上，都将消费者心中的“老化松弛缺乏弹性”归纳为十分直接又形象的“上下”，用“支撑型弹力蛋白”支撑起功能诉求。最后，我们刻意弱化了保养液作为护肤水的品类概念，而是强调出单单作为一支产品的功能。“我的肌肤弹力水”简单又上口的命名让消费者可以第一时间记忆，回避产品名过长的弊端，更重要的是，让丸美弹力蛋白精华保养液，走出了护肤水的局限。

对于创意来说，重要的并非异想天开无中生有。创意的答案永远是找出来的，而不是想出来的，比起自己苦思冥想，用更多时间和经历去倾听市场、倾听消费者才是创意的正确方式。

执行

成片的第一个画面，就是一个脸部肌肤的特写，用年轻肌肤真实的弹力，从视觉上刺激女性消费者，产品演示时弹力蛋白之间相互支撑向上的延伸，也向消费者传达出弹力向上的概念。在导演的一次次引导下，代言人也展现了从未有过的美丽大气、自然自信，将丸美的品牌魅力完美传达出来。

效果

丸美弹力蛋白精华保养液广告一经播出，“弹弹弹”就迈入了一个新的时代，从此不再是眼精华一枝独秀，丸美弹力蛋白精华保养液打开了丸美面部用品新局面。

点评：

看得出，博采广告的创意团队深谙好创意出自消费者的需求中。当“弹弹弹”成为品牌资产时，也带来创意束缚的副产品。正如本案所述，好的创意不是异想天开的无中生有。创意难就难在突破，难在提炼产品特性，消费者心理和广告目标三者的交集。本案好在创意团队“愿意倾听”消费者的声音，并且拥有驾驭这种声音的能力。

只有当我们对生活的观察力够强，创意的源泉才不会干涸。

——余忠造

隆力奇护手霜：手护爱情，一触难舍

广 告 主：
隆力奇生物科技
广告代理：
广州名影广告有限公司

作为行业内颇有影响力的隆力奇，在连续8年夺得护手霜市场份额第一的佳绩后，再求新的突破，必须下更大功夫才行。定位温馨家庭，在家庭消费群中颇得人心，可以很快地建立起强大品牌影响力。但要想扩大市场份额，必须紧紧抓住市场主要购买力的年轻力量，隆力奇做到了。创意运用细腻的情节和完美的执行，让受众看到新的感动，进而一步步奠定隆力奇的品牌形象。

背景介绍

日化市场历来呈现白热化竞争态势，护手霜市场随着近年的不断扩大，竞争也呈现出愈演愈烈之势。作为行业颇有影响力的隆力奇，在连续8年夺得护手霜市场份额第一的佳绩后。进入2012年，面临家化集团等诸多同行的追赶，如何再次突破?

撬动市场的关键驱动因素

隆力奇的品牌形象定位在温馨的家庭，老幼同堂，倪萍代言的系列广告片播出，在家庭消费群中颇得人心，建立起了强大的品牌影响力。

要想扩大市场份额，拉开与竞争对手的差距，我们既需要hold住家庭消费群，又要再次发力，拓展消费群体，把蛋糕做大。正所谓“吃着碗里，看着锅里的”，莫过于此。

80后作为新兴的消费群体，有的已经组建了家庭，富有家庭观念，又具备强大的购买力，乐于追求高品质生活。

所以，MYC名影整合传播将护手霜目标消费者定位为80后群体，才能扩大消费群体，增加销售量，这就是撬动市场的关键驱动因素。

但是又面临一个问题，之前的隆力奇品牌形象注重于35岁以上的成年家庭群体，这次目标受众瞄准年轻时尚的80后，要与80后沟通，我们需要审视品牌现状，寻找到与80后沟通的“钥匙”。

让品牌更年轻更时尚

隆力奇历经多年发展，在给人们健康呵护、亲切、值得信赖的品牌核心价值同时，但是不可否认的是品牌老化的问题。要与年轻的80后群体沟通，我们得让隆力奇年轻起来、时尚起来。

跟年轻人沟通，当然要用年轻人喜闻乐见的主题。浪漫爱情，亘古不变的年轻人话题。尽管我们已经见多了浪漫的爱情故事或者电影，但是，这仍不失为一个很好的主题。因为，我们要将“旧元素，新运用”。

在形式上，是传统的15秒TVC，还是别的什么呢？我们向隆力奇建议取消原来制作一个系列TVC的意见，而改用微电影的形式。微电影如同病毒传播视频一样，在网上通常能引发网民的热议和互转，口碑传播与主动传播性更强。早些年依云矿泉水的《滑轮宝宝》便获得了上千万的点击率，赢得了网上叫好声一片，台湾大众银行《梦骑士》、泰国潘婷广告也被誉为“励志神片”、“催泪神片”，反响良好。隆力奇很快接受了MYC名影整合传播的建议，我们开始构思创意。

围绕“一触难舍”的创意概念，我们编制了一段浪漫的爱情故事，讲述了男女主角相识–相知–相恋–相爱的故事，每一个时刻，都有隆力奇护手霜的呵护，手护爱情，一触难舍。

在执行过程中，也极力塑造年轻时尚的调性，用年轻人喜爱的影调，将本创意表现得淋漓尽致。

以数字见证市场奇迹

微电影及套剪的相关TVC版本，相继在CCTV、网易等在央视、各卫视、地方台和各大门户网站进行投放，引发热议，市场表现也相当给力，据隆力奇市场部门内部数据显示，在微电影及TVC开始投放的2012年10月~2013年1月，护手霜各系列产品销售均比2012年6~9月增长了30%，截至2012年12月底，隆力奇不论是市场份额，还是销售量，都远超对手！

利好消息接踵而至，据中国商业联合会、中华全国商业信息中心发布，2012年度隆力奇护手霜再度荣列同类产品市场销量第一位！

这是隆力奇连续九年荣获销量第一！

这是MYC名影整合传播创造的又一次实效广告奇迹！

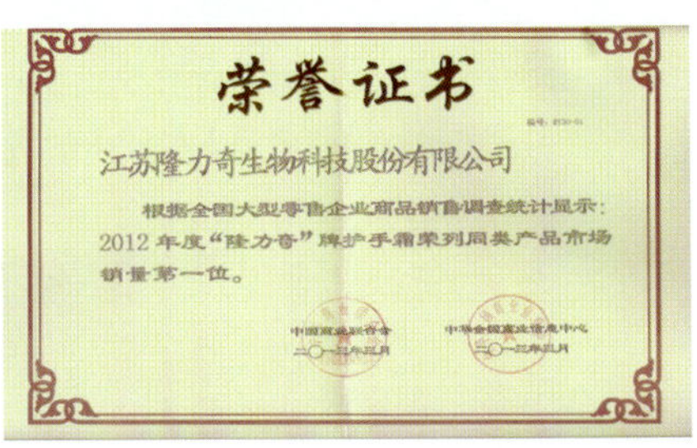

荣誉证书

江苏隆力奇生物科技股份有限公司

根据全国大型零售企业商品销售调查统计显示：2012年度“隆力奇”牌护手霜荣列同类产品市场销量第一位。

中国商业联合会 二〇一三年三月

中华全国商业信息中心 二〇一三年三月

成功启示录

· 品牌形象诊断，寻求正确定位；

源于服务隆力奇多年的经验，MYC名影整合传播清醒地认识到，隆力奇品牌老化是护手霜产品获取年轻消费群体的一大

（隆力奇护手霜微电影截图）

障碍。以年轻化、时尚化重塑隆力奇的品牌形象，是驱动市场的关键因素。

· 传播载体创新，试水微电影；

当传统TVC面临高投放成本时，网络这一新媒体的巧妙运用，也能达到事半功倍的效果。用微电影带动目标受众的关注，甚至引发大家的热议，也是这次引爆销售的原因之一。

· 坚守情感诉求，以情动人；

从与MYC名影整合传播合作的这些年来，隆力奇就确定了温情、感性的广告诉求调性，一直未曾改变。更难能可贵的是，我们在不断创新情感诉求的同时，也用细腻的情节和完美的执行，让受众看到新的感动，进而一步步奠定隆力奇的品牌形象。

点评：

与80后沟通，就要熟知他们的习惯。本案选择用微电影、用网络等新型媒体传播，正是迎合了他们的喜好，效果当然能事半功倍。

另一方面本案精准的受众定位，正确的品牌形象诊断，还有选择“爱情”这个亘古不变的话题进行感性营销，等于一只脚已经踏上成功之路。因为“爱”是最温情的利器，最易让人感动的元素。

——余忠造

柚子舍“11路环游世界”APP推广

广 告 主：
柚子舍
广告代理：
北京太平网联广告有限公司

柚子舍是化妆品电商品牌，目标是打造化妆品领域的“VANCL凡客诚品”。柚子舍以“无添加，健康美”作为品牌诉求，是国内首个“无添加”护肤品牌。2012年柚子舍借势奥运推广上市。结合智能手机、运动、美丽，针对女性设计了具备计步功能的手机软件“11路环游世界”APP，作为推广的核心元素。

中国化妆品行业竞争激烈，整体市场增长快速。化妆品市场以每年15%的速度增长，2011年已达2000亿元。而化妆品电商每年翻倍的增长，到2014年将占整体化妆品市场的30%以上。

柚子舍是化妆品电商品牌，目标是打造化妆品领域的“VANCL凡客诚品”。

柚子舍以“无添加，健康美”作为品牌诉求，是国内首个“无添加”护肤品牌，呵护东方女性肌肤健康，致力于成为互联网上的Fancl。

针对25~45岁年龄层的时尚女性肌肤问题的需求，柚子舍不添加7项有害成分，护肤更安全。与战略合作伙伴暨南大学基因生物研究中心深度合作，利用先进的生物基因技术融合在护肤品内，同时以不添加对皮肤有害的成分为特点，真正实现安全护肤。不含酒精、不含化学防腐剂、不含铅汞等重金属、不添加人工色素、不添加合成香精、不添加表面活性剂、不添加任何激素。

无添加，天然，健康，科技，渗透，有效是柚子舍系列产品的最大特征。

柚子舍上市，借势奥运推广

2012年，柚子舍启动品牌上市计划。同年，伦敦奥运会吸引着全国人民的目光。柚子舍在奥运会之际，借势选择刘璇作为代言人。刘璇作为前国家运动员，代表着健康美，鲜有绯闻的演艺明星身份，纯净靓丽的外貌，其特质十分适合柚子舍“无添加，健康美”的定位。

虽然奥运会的关注度非常高，但是，各个品牌都在借势奥运会抢夺眼球。仅仅依靠代言人，不足以让柚子舍在其中脱颖而出。于是，我们为柚子舍制定了更有针对性、与目标人群形成精准沟通的方式，实现品牌知名度提升，吸引更多目标消费者进入柚子舍的网站。

机会与挑战

柚子舍作为化妆品电商品牌，吸引消费者进入网站是带来销量转化的关键。我们在目标消费者身上找到了机会点。

基于目标消费者的特定属性——凡是具有网购习惯和倾向的女性消费者大都会使用智能手机，同时，智能手机因其便利性能够快速链接到柚子舍的官网，从而形成转化。

但同时，我们面临需要解决的核心挑战：如何让目标消费者通过手机了解柚子舍，并形成转化?

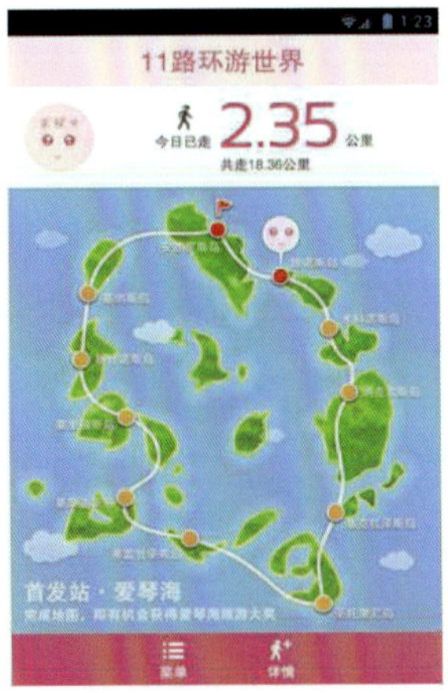

11路环游世界
今日已走 2.35 公里
首发站 · 爱琴海

步行历史
已走 28.35 公里

12.94
1378
2.07
0.8
到下一站

#步行换里程
世界任你游#
11路环游世界

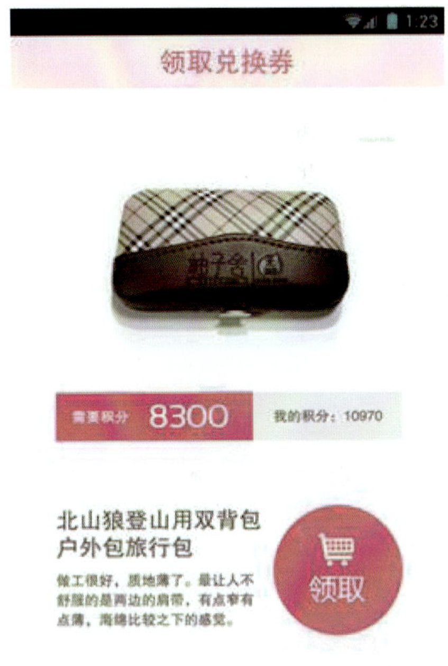

领取兑换券
8300
北山狼登山用双背包
户外包旅行包
领取

10月20日正式开始
#步行换里程
世界任你游#
11路免费环游世界
奖品兑换码

点评：

电商品牌的推广，关键是如何吸引消费者进入网站。本案针对这点，先精准锁定目标消费群，然后研究分析受众行为特性，通过“11路环游世界”APP推广，吸引消费者到“柚子舍”。可以说是采用了普通策略手法因“对症下对药”而获得了成功。

很多推广就是因为采用最直接简单有效的策略而获得了成功，这也正是本案的“小投入大产出”。

——余忠造

目标消费者分析

柚子舍的目标消费者以25~45岁的中国女性为主，月收入在4000元以上，追求健康与美丽。

经过研究发现，该群体有着共同的属性。她们具有自我主张，追求健康的生活。更重要的是，她们都追求美丽，希望通过健康的方式来保持自己的美丽。而运动，就是最好的选择。但是，往往工作与家务过于繁忙，她们没有时间去运动。

她们是手机控、网购控。喜爱利用智能手机和无线上网，享受随时随地的休闲娱乐体验，随时了解最新资讯。日常生活中，她们都离不开手机，时常在社交媒体上与朋友交流，在时尚论坛上交流美丽心得与时尚八卦。她们具有强烈的网购习惯和网购倾向。

通过智能手机，能够有针对性地覆盖柚子舍的目标消费人群。同时，智能手机极好的便利性，也有助于消费者快速简单地进入柚子舍网站，从而提高浏览量和转换率。

APP创意推广，精准吸引目标人群

基于我们对柚子舍的目标消费者分析，我们抓准女性消费者希望通过运动来保持美丽，但又不想耽误工作的心理进行创意构思。

我们把智能手机、运动、美丽相结合，设计了“11路环游世界”APP作为推广的核心元素。

“11路环游世界”APP是针对女性设计的具备计步功能的手机软件。

女性消费者只要打开APP，并随身携带手机，即可自动记录步行的公里数。无论是日常上下班，还是周末外出逛街，都能累积步行公里数。当步行公里数达到一定数量后，可获取相应的积分奖励。这些积分可用于兑换柚子舍提供的丰富礼品。

同时我们把APP的场景设定为爱琴海——女性消费者梦寐以求的旅游胜地。通过累积步行公里数，走完全程的消费者，有机会抽取到终极大奖——爱琴海之旅。

精准投放，小投入大产出

柚子舍以电子商务的经营模式为主，因此为了拉动网站的销售，则应考虑选择目标市场的大众媒介。

在媒体的选择上，我们将信息覆盖至女性出现的场所。我们以微博、论坛、APP下载平台、SNS、百度热词和新闻联播相结合，覆盖重点城市，向目标消费者进行精准推送。

官网引流，效果显著

通过“11路环游世界”APP与目标消费者的精准沟通，对于扩大品牌影响力，吸引消费者到来柚子舍的官网，获得了明显的效果。

通过本次推广的带动，柚子舍官网流量增长明显，日均PV达5796000次，日均IP达483000个。

MG美即：三重解读，跨越时间和影像的自由玫瑰

1770年，伟大的德国诗人歌德，将民间歌曲《花蕾》改编为脍炙人口的《野玫瑰》。1814年，年轻的舒伯特从衣衫褴褛的歌童手里读到这首诗作，一段清新而亲切的旋律从灵魂深处飘了出来，于是就有了后来世界音乐宝库的瑰宝——《野玫瑰》。

时间是个奇妙的东西。二百多年过去了，野玫瑰栩栩如生的少女意象，随着这首旋律传遍世界。今天，在影院，当这个旋律再次响起，却是来自一个与创造美丽密切相关的品牌——美即面膜“The Magic Moment”（以下称MG美即）。

在21世纪的摩登时代，时间与影像赋予人们美丽与自由。MG美即此次携手国内影响力最大的影院媒体公司——央视三维电影传媒，通过央视三维优质影院资源，传达这种由内而外的真正美丽理念：“停下来，享受美丽！”

第一重解读：
情感激荡之“行走的影像，自由的花儿”

一个品牌的营销是否成功，最有发言权的当属它的精准受众，或者说是它的忠实使用者及拥护者。今天的消费者基本都暴露在一系列碎片化的市场接触点下，他们横跨不同的媒体接触层面，并且差异性越来越模糊。在谈论“传统媒体已死”还为时尚早的当下，无论是传统纸质媒体、电视广播，还是互联网、移动终端、户外媒体及平台等，任何一种单一的媒体投放已经不能满足广告主的诉求。

如MG美即广告创意TVC中所贯穿的“时间，润物无声”，发展至今，新媒体已在短短十几年时间的滋润下，生发出新的机遇和挑战。

《2013年化妆品市场发展趋势分析》指出：其一，随着我国女性消费者收入水平的提高和护肤理念的转变，对面膜的消费观念迅速转变，使用面膜的消费频率快速提高。其二，面对环境恶化现象日益突出，面膜这种具备密集护理作用的产品受到欢迎。

在都市主流消费群体的现代年轻人看来，“八小时之外”的时间是自由的，女性尤其如此。爱美之心，人皆有之。每个爱美的女性，都希望能停下手中的忙碌与思想的负荷，去享受自由。MG美即，给了受众一个享受自由的绝佳理由！

行走在影像里，15分钟感受心灵的释放，如同自由的花儿，在时间的无声黑白流动中放下了生存的紧张、沉重与琐碎，醒来，只有《野玫瑰》经典的钢琴吟唱，色彩如少女般的晶莹剔透，浪漫轻盈。无需产品描述性诉求，只需要引起情感的共鸣。

MG美即创意广告，抓准了都市年轻生活人群追求品质生活的特点。此为第一重解读。

广 告 主：
MG美即
广告代理：
央视三维电影传媒集团

在21世纪的摩登时代，时间与影像赋予人们美丽与自由。MG美即此次携手国内影响力最大的影院媒体公司——央视三维电影传媒，通过央视三维优质影院资源，传达由内而外的真正美丽理念：“停下来，享受美丽！”MG美即，像一朵自由的玫瑰，行走在时间的影像里，邂逅新媒体时代赋予的机遇与判断力，成就其影院媒体时尚化、娱乐化平台广告投放思路的华丽转身与坚持，值得借鉴。

第二重解读：
大数据分流之“倾国倾城，享受此刻的美丽”

对于不少成长型企业来说，品牌的建立及深度传播是其面临的最大挑战之一。在这种情况下，只有做到精准定位，聚焦投放，才能在大视频的宏观背景下，获得理想的投放效果。

多媒体碎片化及大视频融合的今天，越来越多的广告主考虑的问题是，所有的这些广告接触点是如何进行组合和互动，并最终影响消费者的购买决策？在消费者的决策过程中，是否对正确的接触点进行了恰当规模的媒体预算和投放，并最终引发了消费者的购买行动？

因而在大数据时代，如何对数据进行微观化和精准化处理，显然十分重要。过去10年，技术获得了日新月异的进步，消费者的购买行为也随之剧烈变化，这就产生了大量的微观数据。

以媒体协同组合的广告效果为例。到达率方面，电影媒体平台的广告到达率高达81%，电视为31%、互联网为14%；受众对广告喜好度与品牌偏好度建立方面，89%的受众喜欢电影映前广告，公交LCD比例为74%、地铁LCD为70%，互联网为61%；品牌印象与购买意向方面，观影人群比例为86%，电视为14%等。

也就是说，对于消费品牌同质化日益严重的广告市场来说，在新媒体碎片化、跨媒体协同组合成为主流的情况下，一方面，广告主需要对品牌进行差异化深度传播、最大化建立受众品牌认知及偏好度等。另一方面，在媒体组合模式不变的情况下，如何加强最契合品牌气质的新媒体或平台的广告投入，显得十分重要。如影院媒体平台，其独特的传播特性，对于广告效果1+reach（单次到达效果）的传播贡献将可达到75~80%，从而有效增强组合投放的广告效果。由此，影院媒体的差异化表现效果明显，同时在与其他媒体

的协同传播时，形成良好的互补性同台效应。

MG美即，很好地运用了媒体组合投放策略。在全国范围内，将传统纸媒、电视媒体、互联网及影院媒体平台等户外媒体进行有机混合，充分利用各自媒体特性，将创意广告内容阶段化，制作成不同版本或模式，如线上广告TVC的不同篇章（包括《屋顶篇》、《滋养篇》等），影院大银幕投放模式的不同秒数版本（包括15s、30s和70s）等，以及冠名参与各类社会公益责任活动（如“美即2013中国慈善名人榜”）等，进行“倾国倾城式”的广告投放，并向受众不间断传达品牌理念——停下来，享受美丽！此为第二重解读。

第三重解读：
精准多维度之“影院媒体平台365”

今天的中国消费市场，大众消费格局已经个性化和多样化。一方面，碎片化的媒体和信息接触模式削弱了传统媒体的杀伤力，因此，企业广告投放的传统思维，即选择无差别的覆盖大众消费市场，越来越被证实其ROI的不理想。

另一方面，从消费者体验的角度来讲，对于一种产品及品牌意识和忠诚度建立，需要经历七个阶段：体验需求的情感化、体验内容个性化、体验价值的过程化、体验方式的互动化、体验消费的绿色化、体验内涵的文化性和体验动机的美感性。

MG美即，选择全国范围内都市主流核心商圈的优质影院，进行精准多维度的“线上+线下”全年无死角投放，也是在把

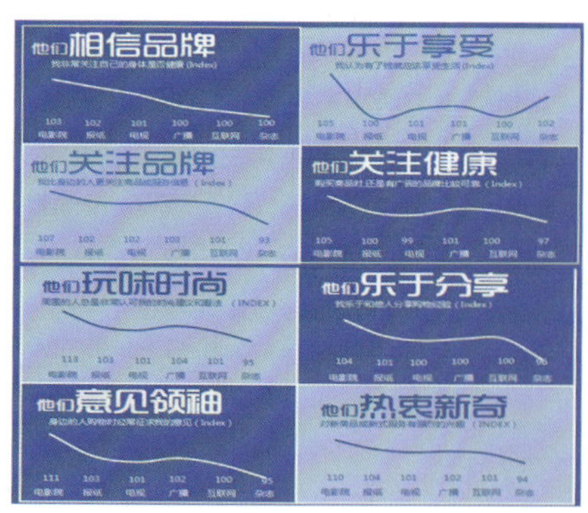

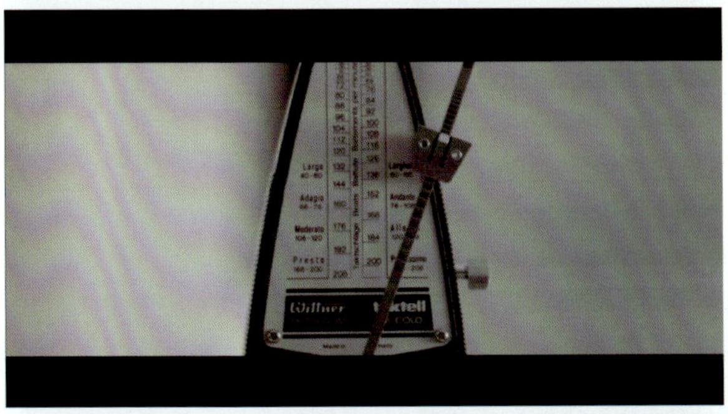

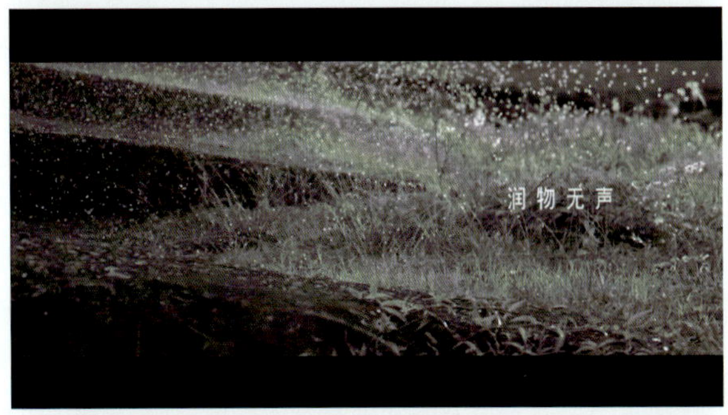
润物无声

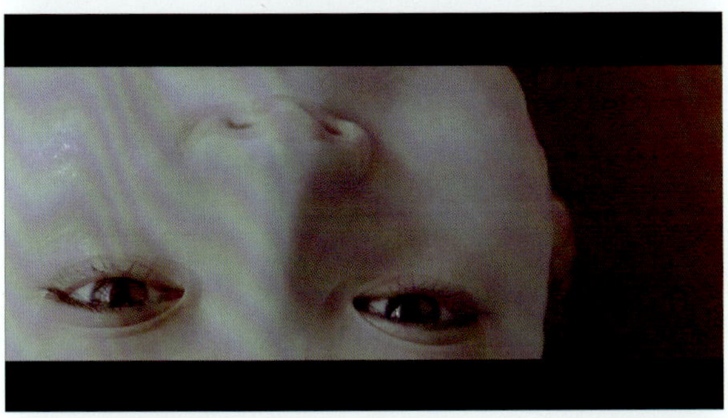

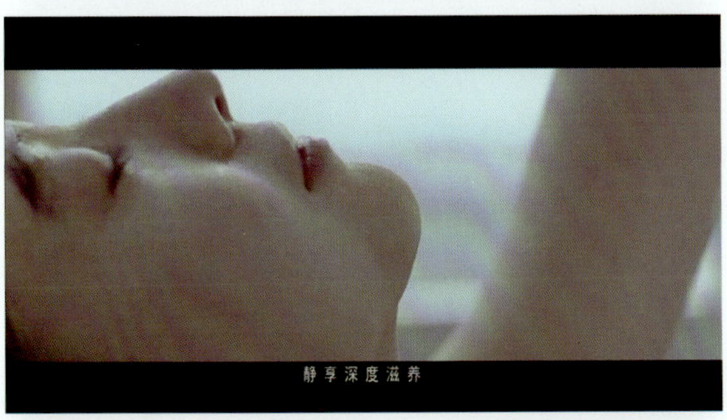
静享深度滋养

the magic moment
美即时刻

点评：

本案深谙现今世界的品牌营销变化比以往任何时候都更加复杂和精细。品牌传播不是媒体的硬炒作，而是借助社会热点。在中国大力发展文化事业的背景下，MG品牌传播选择与影院传媒完美结合便是一个很好的证明。

MG品牌传播确实匠心独具，媒体组合拿捏精准，主要表现在以下三点：

1. MG在线上线下，也即在虚拟世界和现实世界“无缝”传播，确实值得喝彩，值得借鉴。

2. MG的自由、浪漫，又不失高雅的《野玫瑰》的形象，通过影院的视听与受众分享，进而达到情感的共鸣，正如本案自己所说的“大银幕独特传播优越性促使广告效果最大化”。

3. 无论MG的TVC效果，还是她70S影视作品，画面唯美，诉求精准。既有蕴藏引领时尚的张扬，又不缺“润物细无声”的朴实，是一部上乘的广告作品。

当然，一个品牌成功的推广都离不开时代这个大背景。

——余忠造

握以上两重解读之后的必然选择。

据艺恩咨询2013年度《中国电影观众调研报告》，电影与电视在观众属性方面有较大差别，电影观众明显呈现出"三高三强"的特点。并且相比电视，受众群体也更加精准。

观影人群，主要指18~40岁的都市领先型消费群体，是都市消费购买行为的绝对意见领袖。他们的人群特质与消费特质，与电影的娱乐性、先锋性、话题性等特质不谋而合。电影已经融入了他们的生活；影院，已经成为他们娱乐休闲首选场所，由此产生集聚效应。 而影院媒体平台，正是融时尚化、年轻化、娱乐化内容为一体，为MG美即这样的新兴品牌创造了精准的广告诉求环境。这就是所谓的“精众营销”——锁定“精众”人群，建设富有精致内涵的品牌价值，优化营销传播的结构，从毫无选择的追求大众营销时代，转向区隔、深度细分、追求与消费者建立更加紧密关系的精众营销时代。MG美即，将品牌融入精众生活方式，选择在恰当的时间，恰当的地点和精众电影人群建立和谐的关系，抢占“精众”人群的心智，改变沟通语境，进行品牌深度认识建设及品牌意识建立。

那么，优质影院媒体平台的传播气质及优势具体体现在哪呢?

一、大银幕独特传播优越性促使广告效果最大化。不同于电视、网络等媒体的GRP比较，作为新兴视频媒体独具的高效特性，电影媒体强调的是广告效果的单一线性广告效果，即单次到达效率的最大化。

二、核心优质资源组合的巨大魅力。优质影院通常都位于主流消费城市的核心商圈，具备终端消费的绝对地理优势，因而，选择票仓城市、核心商圈的优质影院进行投放，在大银幕本身独特传播优势的基础上，对于影院伴随消费及周边消费的促进作用明显。综合来看，这是对领先型时尚娱乐消费观影人群的直接深度传播，是丰富内容平台带来的娱乐传播需求的最佳体现。

三、充分利用影院封闭时空环境，广告传播形态灵活。CTR调研数据显示，观影人群平均会在影片正式放映前20分钟左右达到影院。MG美即，线上广告投放的同时，在影院阵地进行相关推广活动，如产品展示、主题影院等，甚至形成影院周边商圈的线下购买活动，从观影行为的进入影院购票开始，一直到观影行为结束后的散场，全部辅以与品牌相关的多种形式，受众观影行为伴随着品牌形象及认知，线下的各种创意互动与线上合二为一，品牌传播效果大大增强。

MG美即，在央视三维旗下的106个主流城市核心商圈的优质影院进行年度密切合作，全资源覆盖精准人群，并进行多维度深度传播，效果不同凡响。此为第三重解读。

结语：

“缺的从来不是什么雄心勃勃的目标，而是机遇和判断力！”

2013年，中国电影的春天已经到来，这得益于整个中国经济、文化大环境的利好。而今天的中国消费市场在实现了消费观念的蜕变之后，企业的广告品牌营销，将会越来越重视线下线上的协同，实体世界与虚拟世界的无缝化关联。毕竟，品牌与消费者的沟通，不再是简单地单点放大模式比如大规模覆盖曝光的方式，媒体的“影响力”比受众“注意力”更能反映市场价值，与消费者的持续沟通以及关系建设变得更加重要。MG美即，像一朵自由的玫瑰，行走在时间的影像里，邂逅新媒体时代赋予的机遇与判断力，成就其影院媒体时尚化、娱乐化平台广告投放思路的华丽转身与坚持，值得借鉴。

【以上数据来源：梅花网、艺恩咨询、CMMS及H3人群数据研究2011-2012】

Electronices & Home Appliance

家电与家居类

安德厨房电器：用策略与视野进行品牌塑造

广 告 主：

安德(上海)家用电器有限公司

广告代理：

裔天品牌塑造管理公司

安德控股集团创立于1982年，原是专注海外市场的跨国公司，历经几十年的发展，把单纯的供给关系突破升级到如今集设计、研发、生产、销售、服务于一体的综合型厨房电器企业集团。2010年伊始，安德人转战国内市场。于是，怀揣将世界顶尖的厨电设备带进中国传统厨房的美好愿景，携手有着丰富厨电品牌塑造经验的裔天品牌塑造&管理，拉开了中国厨电市场新一轮激烈角逐的帷幕。

项目背景

安德控股集团创立于1982年，原是专注海外市场的跨国公司，历经几十年的发展，与国际家电行业巨头WHIRLPOOL，ELECTROLUX、FAGOR、ATAG等建立了良好持久的战略合作伙伴关系。同时也把单纯的供给关系突破升级到如今集设计、研发、生产、销售、服务于一体的综合型厨房电器企业集团。但在朝着多元化、集团化发展的过程中，单海外领域的发展已经不能满足企业的升级需要，2010年伊始，安德人认为转战场国内市场的契机已经到来。于是，怀揣将世界顶尖的厨电设备带进中国传统厨房的美好愿景，携手有着丰富厨电品牌塑造经验的裔天品牌塑造&管理，拉开了中国厨电市场新一轮激烈角逐的帷幕。

市场分析

众所周知，中国厨电市场经过了几十年的演练，因其独特的市场规则，占据市场核心位置的几乎都是本土企业。而随着日积月累的品牌培养，率先成长成熟起来的企业和品牌，已经开始了第二轮的品牌推进和营销深耕。以厨电品牌关注度处于第一梯队的老板、方太、帅康为例：

老板——34年专注高端 15年销量领先。现阶段的行业领跑者。

方太——中国高端厨电专家与领导者。大有后来者居上的野心强敌。

帅康——中国高端厨卫电器。低调务实，稳步前进的中山风格。

从中得知：高端品牌是现阶段主功的方向。市场的诉求也是一致的。

厨电行业并没有形成真正的龙头企业。竞争非常激烈。但对新生力量是好的契机。

销量的核心产品上，老板主营业务收入的84%全部来自油烟机和燃气灶。次之的方太、帅康也大都无异。

综合以上几点，虽然本土企业的厨电品牌准确地结合了中式饮食习惯，完成了销量的逆转，但第一：受市场约束，设计理念狭隘，产品供给单一，风格单调。第二：高端企业间的差距还没有完全拉开。第三：虽然销量高是品牌的保证，但很难摆脱大众产品的本质，也不具备真正的高端品牌形象。

其次以关注度处于第二、三阶梯的独资外企为例。

伊莱克斯——“新煮意”。几经易帅，元气大伤。能否力挽狂澜还需时间的考验。

西门子——开启中国味道。定位国际高端品牌，工程销售渠道优越。但进口产品与中式餐饮习惯格格不入，本土生产产品又同质化严重。

虽然外资企业拥有丰富的产品经验和顶尖的技术支持，却没有及时调整中西饮食文化造成的厨电功能需求不一致的问题。一味地追求高端国际形象，造成性价比不高，同时还难有用武之地。成了实实在在的“洋花瓶”。流失了大部分的消费群体。而此前一枝独秀的西门子也于今年再次觉醒，推出了“开启中国味道”的新一轮宣传，但是否能成功翻盘，还需长久的功课要做。

以此为前车之鉴，安德厨电如果要沿用海外的技术资本，在产品品质不变的情况下必须把产品功能本土化。

解决方案：

一、厨电市场已经趋于成熟，现有厨电品牌对大众市场的把控是根深蒂固的。特别是对某些产品的研发，是契合当前市场消费的。与其和它们竞争产品品质不如另辟蹊径。

二、虽然高端市场是大家精心争夺的目标，但各大厨电品牌碍于各项阻力还没有完全的垄断高端市场的开发。而对于追求高端品质生活的精英阶层来说这个市场是有待拓展的，安德应该抓住这块“蛋糕”。

三、结合海外B2B营销模式转国内B2C的特点，利用安德丰富的厨电生产经验和本土企业塑造国际品牌的优势，安德完全可以把起点定在高端之列。

四、结论延伸：如何在定位高端的同时，发挥安德的特色，有效避免本土企业的竞争呢?

经过几番讨论后，来自对消费群体的调查，让我们有了更深层次的理解。

营销策略

首先对购买厨电产品的消费者批量调查访问，发现所有案例中有68%的消费者购买动机源于新房的装修需要。而其中占42%消费人群是由刚订婚或新婚的夫妇来完成的。这说明在厨电消费者人群中，消费年龄应该锁定在25到35岁之间，且具有稳定的收支状况来维持家庭生活的中国都市精英和财富新一代。而相对于这样一群社会白领阶层而言，他们的消费理念更加理性化，对生活品质有更高追求。再看他们所成长的社会环境，是充满无限挑战空间和无数传统革新的大发展时代。多元、自由的时代烙印已经在他们心里根深蒂固。这让他们在追求理想的同时并不盲目跟风，购买产品的时候也更加注重个性化的选择和自我审美的释放。生活方式上则喜欢打破传统，尝试新兴的体验。在享受高质量生活的同时彰显个人的风格魅力。我们把这种思维带到厨房领域上，发现其最具代表性的表现方式就是家庭聚餐。这项活动不仅可以推进亲朋好友之间的感情维系，对于一些商务人士而言，如举办小型派对，是增加业务人脉理想的选择，但随着人们品位的提升和高科技厨电的涌入，传统厨房已经难以适应这种功能的应用，革新的趋势日渐成为人们心中所盼望的一种呼声。而仅仅围绕着油烟机、灶具和消毒柜的市场竞争同样已经无法满足消费者需求。而通过以上分析，为弥补传统厨房的缺憾，跟进时代的需求。一种厨房和生活紧密联系的新概念慢慢地浮现出来。

既然对消费人群和市场不足有了初步的认知，接下来就要看企业实力是否能与消费市场成功衔接。通过对安德国际控股集团的总体分析，我们认为：

第一，安德是创建于1982年的控股集团，拥有一批年轻的国际化设计团队。其设计总部位于瑞士的“湖边花园”卢加诺，更是贴近世界时尚设计之都米兰。对产品个性与时尚潮流的把控是完全可以引领中国甚至世界的。这说明他们对当下时代精英的沟通不存在观念上的阻碍。

第二，安德相比其他厨电品牌，拥有达到欧盟最具权威认证“ TUV、KEMA、CS”等的科技检测中心。而以出口欧美发达国家为标准的产品品质是被当下消费群体所追逐的一种消费保障。

第三，安德已经具有的顶尖国际研发技术，加上本土企业对中国传统文化的认知。让它的产品能与世界家电巨头比肩的同时，也可以让中国消费者更加自然地完成中式佳肴的烹调。以上是安德现有足以支撑其高端定位的资本，但单单如此，还不能开辟一条全新的品牌道路。要区别于其他品牌的核心价值正是安德所迫切寻找的，也是本次营销的重要支点，那便是：

第四，安德历经十几年的海外业务拓展，和国际家电行业巨头WHIRLPOOL，ELECTROLUX、FAGOR、ATA的战略合作已经积累了丰富的产品经验。单厨电品类就有12种之多。除厨电三大件：油烟机、灶具和消毒柜外，烤箱、红酒柜、咖啡机、洗碗机、冰箱等等，都可以做到单品款型多达四五十种的选择，为满足各种户型的厨房格局提供了最全面的服务需求。甚至可以应不同客户的品味需求，创造专属您的家族式系列套餐。这在中国厨电市场还在以单机零散的推广为卖点时，在产品的多样化竞争上是有压倒性优势的。而品类多样，风格多变的安德特色和新厨房的概念是可以完美结合的。整体高端厨电解决方案——套装组合一站式营销的策略也跃然纸上。

品牌深化只有大战略对品牌的塑造是不够的。从战略上还要挖掘具体的战术，找到与消费产生共鸣的信息，从而加深品牌差异，是接下来推广至关重要的一步。

首先明晰战略的优势：

第一，可以巧妙地避开现高端品牌的单品竞争。

第二，可以发挥安德现有的产品特色。

第三，组合套装更符合未来整体趋势化的发展。

第四，组合的理念让消费者有更加广阔的想象空间，增加品牌魅力

整合以上几点，整体高端厨电解决方案——自由组合式体验营销，就是为满足

Arda®
Living emotion
尽享此刻

Arda

Arda
Living emotion
尽享此刻
Arda
Living emotion
尽享此刻

不同功能厨房的需求，将现有的厨电进行个性化的套装组合搭配。通过选用ARDA灶具、油烟机、冰箱、洗碗机、微波炉等厨房电器，让消费者可在家中做出世界各地的美食。或选择烤箱、咖啡机和酒柜在家中营造惬意的咖啡休闲厅和私有的酒吧空间。那如何在这些点中抓取最能让消费者产生共鸣的关键词呢？几经讨论，“自由随性，专为您而设”这一概念在讨论中得到了一致的认可。自由对生活来说是最“奢侈”的词汇，因此只有自由才能催生出无限的创意。也只有自由才能给人们提供表达个性的舞台。自由是整个现代史最重要的基调之一。安德将自由的元素融入高端厨电品牌整体方案，不仅迎合了消费者潜意识里的精神追求，在行业中也绝对是独树一帜的。一改往日沉闷繁琐的厨房生活印象，像搭积木、玩魔方一样随意地创建自己的厨房，让每一位热爱美食的人都能感受烹饪带来的乐趣。光想象上就已令人心驰向往。这样的厨房世界，是有一定的革新意义和号召力的。因此，由厨房生活认知的革新进一步深化了品牌的核心思想————living emotion。

品牌形象

我们针对受众人群的消费特征和“living emotion”的品牌内涵相结合，为安德量身打造了一套标志VI创意设计。以白色为基调，红色为主色。

红在中国传统观念中表示喜庆吉祥，在现代社会中对新生一代白领阶层而言，对红的审美更是融入了西方美学暖色系的理解，代表了热情、奔放，自由和想象。让厨房充满了现代元素多元化的时尚气息。

安德国际站与中国官网的完成，我们着重体现了安德在中国市场的传播成果。即使安德的实力足以在厨电行业登顶，但对中国消费者而言还是一个全新的品牌，没有足够的宣传力度传播难以提升消费者对品牌的信任度。其次，为了让消费者更加理解我们提出“自由随性，专为您而设”的产品核心理念，在投放整体厨房搭建图片同时，将人工一对一整体方案专业售后指导的服务理念融入其中（为了帮消费者买到最适合自己的厨电，ARDA开创性地对有需求的消费者提供专业的设计服务，设计人员会根据消费者的厨房大小、户型格局、装修风格和个人喜好等量身打造最适合的厨电方案，待消费者对方案满意后，再进行统一购买，然后即买、即送、即装，配送、安装、调试一次到位，并提供超值延保。这种售前、售中、售后，全流程保证用户满意的全程无忧服务模式，就是ARDA成套精致服务的精髓）。我们认为，这样做可以拉近消费者和安德的距离，但更希望借由这种贴心的服务把产品的单一宣传为未来深化到品牌文化的宣传做一个很好的铺垫。

在物料宣传上，包括广告架、画册、名片等，沿袭安德产品自由 随性的个性化风格，让消费者真切地感受到厨房生活的精彩。

最后是环境导视的营造，在这方面我们由执行总监亲自带领的团队深入到各个形象店和专卖店的构建中，让每一个细节的导向都能具备安德的特有的品牌文化氛围。无论是价格标识牌还是LOGO墙，都蕴涵了我们精心设计的安德理念。为安德的品牌文化的剖析出更实质的内涵。

执行效果

经过初期的形象塑造，安德首先在上海开办了一场以品牌宣传为目的的高端鸡尾酒会。得到了消费者比较一致的认可。这让一直参与其中的我们也倍感欣慰。在国内如雨后春笋般竖立起来的专卖店也印证了品牌的成功。最后在将来的道路上祝安德厨电能一直携手我们，一起在国内市场更上一层楼。

点评：

安德是一个接地气的洋品牌，基于对中国市场尤其是对年轻群体对厨电的需求做了深入的调查研究，所以提出了区隔于竞品的整体厨房解决方案的战略方向。好的战略还需好战术，本案的成功之处就在出色的执行，裔天结合营销策划的要求，策划设计了优秀的品牌推广和宣传物料，统一识别并进而提升了品牌形象。

——徐 丽

MOKA厨房电器：新贵族主义

广 告 主：
WALES MOKA
广告代理：
裔天品牌塑造管理公司

WALES MOKA由“世界的厨房”到如今“新贵族”家电理念的推出，实现了一个品牌由单一的产品宣传过渡到整体品牌文化传播的成功升级案例。而将这场“好戏”一手策划的裔天品牌塑造&管理也历经了太多转型所需面临的各种考验与磨难。在一切都告一段落时再看其背后经历的故事。

品牌创立之后并非一成不变的，其长远发展要依靠创新。创新是品牌之魂和永远不竭的动力！如果一味守于现状，墨守成规，必然会遭到市场的否定和淘汰。——裔天品牌执行总监：徐航

引言

WALES MOKA（以下简称MOKA）由“世界的厨房”到如今“新贵族”家电理念的推出，实现了一个品牌由单一的产品宣传过渡到整体品牌文化传播的成功升级案例。而将这场“好戏”一手策划的我们，背后也历经了太多转型所需面临的各种考验与磨难。虽然现在一切都已经告一段落，用“阳光总在风雨后”来总结也没有错，但这样就有一种功成名就后要卸甲归田享清福的意思了，而我们知道自身还有很多不足，在接受阳光的恩泽中，我们更加渴望继续成长，所以“温故而知新”才是最适合我们的，这可以让我们在任何时候能以旁观者的角度，客观地去回顾每段刻苦奋斗的“历史”，在“知己”中发现并提升自我。让我们能在品牌的道路上能走得更远。

二度合作

在2006年，MOKA董事长谢良操先生找到我们裔天品牌的时候，历经了无数个黑夜白天的头脑风暴，才最终将MOKA品牌初步定位为“世界的厨房”这样的品牌概念，白驹过隙间，巨增的销量证明，MOKA品牌塑造是成功的，看着逐年增长的业绩，也让参与其中的我们倍感欣慰。但出乎意料的是，就在这看似欣欣向荣的景象背后，谢先生却突然携着一干高管再次来到了我们公司。

原来，拥有超远眼光的谢先生并没有被眼前的巨大利益冲昏头脑。一种居安思危的危机感和对品牌长远道路的责任感让他再次推开了裔天的大门。

经过首轮的意见交换，我们很快知道了谢良超先生的担忧：

第一：MOKA的销量在增长，但品牌的新鲜感也在减退。品牌的发展马上面临瓶颈期。

第二:品牌的扩散已经被一些中低端企业模仿，品牌的同质化正在加剧。

其实这些品牌问题我们早已有所预见。因为对于我们而言，每一个品牌的塑造都是花费了无数心血的，而看着他们在市场的的逐渐成熟，就像是看着自己的孩子慢慢长大一样，总希望他们能在未来的道路上能越发强大，越发有感染力。因此无论企业需要与否，都会在现有基础上进行一系列的愿景规划。但往往事与愿违，很多的中小企业往往在品牌得到一些利益后就浅尝辄止。最终淹没在市场日新月异的更新换代中还不知所措。而能

与谢良超先生这样优秀的企业家合作，应该说正是我们的机会。对于品牌的二次深耕，其实我们也早已做好准备：

第一，MOKA的消费群体已经有了雏形，面对模仿跟风不应忙于打击或者改变风格，而是在现有的品牌文化中加深吸引，才能继续被消费者认可。引领厨电未来。

第二，大品牌战略的最终目的绝不是满足于单产品领域的成功。MOKA现有的实力，可以由单厨电领域向大家电领域适时迈进。形成自成一体的品牌形象，让低端企业望而却步。

结论：品牌的升级势在必行。新一轮的品牌深耕即将酝酿出炉。

新贵族主义的诞生

MOKA的品牌灵感源自历史悠久的英国，在秉承风格的同时深化品牌形象，高端的旗帜需要现实生活中更加切实的联系。而毋庸置疑的是，英式传统中贵族无疑是高端消费中最具代表性的代名词。用“英式贵族”的概念来深化品牌是最恰当的。但旧式传统的浮华奢靡又和MOKA所追求的简致、尊贵不相符。 我们需要的是一种在自我风格中展现独特魅力的贵族气质。而这种气质不一定需要沾染太多的“富气”。由此，一种全新定义“贵族”的新贵族概念孕育而生。

新贵族主义将去除传统的糟粕，融入现代文明追求的理性和人们对高品质生活的渴望。不再提倡以往以富炫富的生活，而是延伸到由富至贵的升华。这是一种更高的生活追求。而由此也能体现出MOKA品牌的内在精神。从“世界的厨房”到“新贵族”，厨电的概念在减少，高端的影子在加重，这样不仅可以有效地提升品牌形象，还能让消费者加深差异化的品牌印象。从整体品牌战略上看，这也有利于将MOKA厨电向家电升级的品牌战略得到自然的过渡。新贵族主义的诞生，无疑是MOKA品牌包装的又一件“魅力”婚纱。

新VI视觉导向

MOKA工艺源自英伦，产品设计自然带有浓郁的英式风情。而针对此次品牌升级的VI设计，裔天面临的挑战则是如何在体现品牌提升的同时，诠释品牌新贵族的深度内涵。这对于起步不算早的国内企业MOKA而言，无疑是一个巨大的缺憾。裔天团队虽然感到了无比的压力，但并没有畏惧困难。反而感到这是给予了我们对品牌理解和想象更大的表述空间。创作的激情瞬间点燃了整个团队。

解决方案

初次的标志提案，我们就品牌涵义的元素择选展开了激烈探讨。而我们试图通过伦敦城强烈的时代感和浓郁的复古构建中，寻找英伦独特文化的创意构思，得到了讨论组和用户一致的认同。最终确定以绅士领结——伦敦——米字旗为主元素，与WALES MOKA巧妙结合的标识诞生了。

品牌LOGO释义

绅士谦谦君子的形象是一袭西装革履的风度翩翩，是一朵领结点缀的高贵不凡。这代表了英式文化的高端产物。与MOKA提出的新贵族品牌有高度的关联性。易于消费者联想。而同时伦敦封闭式中心同心圆的城市规划和米字旗交叉式无限外延的设计风格，寓意了MOKA将以此为基点，着眼世界，扩散全球的宏伟战略蓝图。而对于色调的选择，将深蓝的神秘

点评：

本案是一个很出色的执行案，莫卡由“世界的厨房”到如今“新贵族”家电理念的推出，实现了一个品牌由单一的产品宣传过渡到整体品牌文化传播的成功升级案例。裔天准确把脉到了品牌内涵，高度提炼了“新贵族”所蕴含的品牌符号，对品牌VI的再次升级做了出色的执行。

——徐 丽

与高雅作为主基调，融入新VI的视觉盛宴中，辅以欧式皇家建筑中常见的香槟金穿插点缀，彰而不显的新贵族主义，无需多言已悄然潜藏心间。

品牌物料

整体的画册风格与新VI系统的风格一致，将新贵族所推崇，对品质生活毫不妥协的态度融入其中。以静态的感性表现为主格调，把英式生活气息穿插其中，由点至面的阐释，来推广“新贵族”新品牌的形象。

画册排版时将品牌的起源与新贵族理念的阐释等置于画册的前半部分，从生活方式、生活概念上吸引消费者的关注。再进行具体产品分门别类的详细介绍。将每一个产品系列化、整体化地展现出来。颜色以黑白双色所带来凝重的英伦风的为主导，将贵族风贯穿始终。而新画册封面的纸质选择上则运用了较环保的特殊纸。手感上既能体现MOKA贵族品牌的高档，又能完美地诠释新贵族主义低碳生活的理念、内敛细腻的风格。

新贵族品牌发布

通过参加上海国际展销会的契机，面向世界，把新贵族的理念和新VI风格得以有效传播。为向大家电的起航拉起最响亮的汽笛。

立邦漆：《至爱情书》

今年夏天，有一个展览打动了成千上万的都市上班族，它叫“因爱之名，刷新生活——立邦地铁涂绘艺术展”。涂料巨头立邦携手32位中外艺术家，使用前所未有的涂料进行艺术创作，将爱的千百种姿态展现在墙上。共打造出32幅涂绘艺术作品，以全新的表达方式讲述着爱的刷新故事。这32幅作品分别在北京（6月）、广州（7月）、上海（8月）的地铁内各展示一个月。这场以艺术之名发起的艺术展其实是立邦最新的品牌形象广告，而上海盛世长城的创意群总监杨烨炘就是这场广告运动背后的创意和策划。

致敬美好的情书时代

为了让这个广告运动更富话题性，他亲自上阵创作了其中一幅画作。与其他艺术家不同的是，他的作品《至爱情书1—9号》使用了综合材料，选取9封具有时代意义的手写情书，并配以反映内心色彩的颜色，组成了一幅美丽的画卷。

杨烨炘表示，在地铁中，人们匆匆忙忙地上下班，普通的商业广告根本无法吸引人们驻足。这个时候手写情书的出现带给人们意外的惊喜，可以让人们短暂停留一下，感受一些美好的东西，触动心灵。特别是现在这个喧嚣的时代，情书已经成了稀缺的古董，所以贴在地铁里不无意外地成为本次展览中观看人数最多的作品之一。

对于情书的巧妙构思， 认为当代艺术并不是画工取胜，而是观念至上。情书对现代人来说，是一个值得珍藏的情感寄托物，现在很多书信要到古玩市场才能淘到了。数字时代的到来，人们已经用机械的打字代替了原来亲切温馨的手写，所以情书可以唤起人们对那个书写时代的美好回忆。希望通过这件作品鼓励人们用最真诚最温暖的方式表达心中所爱，为爱刷新。

征集9封至爱情书

为了让作品得到更好的预热，从一开始， 就通过微博等渠道公开征集情书，获得采用的前几封情书还可以获得520元的现金奖励，这样作品在创作之初就和网络发生热烈的传播关系，并与广大网友形成很好的互动。

同时，杨烨炘强调，只收取手写的纸质情书，而不是word文档。“电脑打印的情书显得冷冰冰，而手写的情书通过笔迹，在纸上记录了当时的情绪和温度。”

最终通过网络共征集到了二百多封情书，接下来进行一封封的筛选，根据不同的年代来分类，比如70年代、80年代等。再从中挑选有代表性的爱情故事，有失恋的，有热恋的，有求爱的，有分手的，有谈婚论嫁的……不同的爱情时段，爱情历程产生了无数感人的情书，最后确定9封情书作为创作素材。

广 告 主：
立邦漆
广告代理：
盛世长城上海广告公司

一幅平面作品形成一起新闻事件，赢得无数免费的媒体传播，并实实在在打动了人心，改变了人生。立邦携手32位中外艺术家，使用前所未有的涂料进行艺术创作，将爱的千百种姿态展现在墙上，以全新的表达方式讲述着爱的刷新故事。“这是真正的通过一个作品打动人心，并改变人生的事情，所以特别有意义。”以情动人，人必付之真情！

“每个人的人生都是最好的剧本，每一封情书都是一个真实的故事，有些是羞涩含蓄的故事，有些是爱恨交加的故事，感觉很不一样，读完后很感动。”

世界上第一件由网民指导艺术家完成的互动绘画在颜色选择上，再次将这9封情书晒在网络上，让网友阅读，并邀请网友用色彩去表达对情书的感受，让它成为世界上第一件由网民指导艺术家完成的互动绘画。

譬如网友@LilyKin七里香提供了这样的配色方案：红色，恋爱的激情；蓝色，温柔的港湾；紫色，物质的匮乏；灰色，政治色彩；绿色，生活的憧憬！

而网友@黄海波huanghaibo的配色方案是：泛黄的记忆，永恒的爱情红，青春的躁动，黑色的字迹，绿色的邮箱。

@林夕婷婷的配色方案是：坚定的品红是态度，失落的淡紫是无助，关切的橙黄是优雅，悲伤的银灰是自知，祝福与期许的海蓝是等待与安慰。

@YYYan-pg的配色方案是：初见是浅青绿，暧昧是粉红，相爱是深蓝，思念是残阳金，回忆是灰白。

网友们爆发了惊人的创作力，这期间网络阅读量超过500万，共征集到267套配色建议，通过吸取网友的意见后，配出了最终的色彩。

之后，在原有纸质情书的基础上，为这些情书做了一个“小手术”——在情书的中间开口，让代表情感的颜色喷发出来，以多姿的色彩来释放情书内藏的至爱能量。

杨烨炘指出：“每一封情书都有着不同的绚丽色彩，这里面夹杂着关于爱的各种记忆和情绪，如甜蜜与痛苦，希望与绝望，背叛与忠贞，克制与放纵。”

虽然这一作品的创作过程听上去很繁琐，周期也很长，但是认为这是一个愉快的过程。

地铁情书事件

在北京刚开展的时候，其中有一封情书出了点问题，于是在情书的位置上，覆盖了一张白纸。

第二天，北京一位叫@孔龙DigIdea的年轻人在这张白纸上，即兴写了一封新情书，送给他刚怀孕的妻子。这位年轻人写完情书后，还通过微博@妻子了。他表示，自己感到很不好意思，当时由于现场有很多人围观，心情很紧张，因此写得很快，很潦草。“他才是真正的艺术家，他很浪漫，很有想象力。”杨烨炘给出了极高的评价。

不料过了几天，这封新情书被人揭走，展览到达上海站的时候，已有3封情书先后被路人取走收藏，这又引起了新一轮的报道。东方早报辟出了两个整版来报道“9封手写情书地铁站展出，40年爱情见证3天即被路人撕毁”，而新民晚报、新闻晨报等媒体都做出大篇幅的追踪报道，连香港卫视也拿着摄像机去拍摄。微博上如青年报、思想聚焦等很多大V账号也都转发了这件作品，累计参与报道《至爱情书1—9号》的媒体超过100多家，覆盖人群超过5000万。

杨烨炘表示：“传统营销认为建设一个品牌需要昂贵的广告费用，而这张平面广告制作费用低廉，却形成了一起新闻事件，所有的传播都是免费的。”

感人的不仅是情书

不过这次活动最令有成就感的还不是作品的传播，而是在作品背后发生了更为感人的爱情故事。

“这个作品虽然在社会上引起了热烈讨论，但是后来发生的真人真事令我倍受感动，这个故事超越了事件的传播力。”他如是告诉记者。

在此次作品展示的9封情书中，有一封情书的主人Ada是一个80后女孩。她和男朋友在大学校园中热恋的时候，用日记的方法写情书，并把情书写在活页的本子上，最终形成厚厚的一本本子。后来，随着他们离开了学校在不同的城市生活，联

系减少，也就随之分手了。女孩在上海生活，男孩在深圳工作。参加这次情书活动之后，女孩在展览现场深受感动，她回忆起了当年和男朋友恋爱中的美好时光，那些最纯真无瑕的爱情点滴，她相信了爱情是可以天长地久，是值得坚守的。

现在这个女孩已离开上海前往深圳，分开许久后，再次和阔别多年的男朋友在一起，并准备结婚。现在他们两个都很珍惜对方，也很感激这件作品让他们重新开始新生活。

“这是真正的通过一个作品打动人心，并改变人生的事情，所以特别有意义。”杨烨炘感叹道。

点评：

这是一个有温度的互动案例，策划者对网络时代人们生活方式转变中的敏锐洞察，通过一个情感的深度互动来引发人们的关注，同时将品牌巧妙置入，取得了非常良好的传播效果。世界上最遥远的距离，莫过于心与心的冷漠，虽然身处便捷的网络时代，我们拥有众多社交技术和智能设备，情感却日渐疏远，在快节奏的生活中我们已经忘了爱的朴素表达。策划者聪明地为网友创造成为艺术家的机会，伟大的创意来源于生活，网友们先分享了自己爱的记忆，又用创意的配色方案复述了令人动容的至爱情书，艺术家聚集大家智慧以多姿多彩的色彩执行，释放情书内藏的爱的能量。最终呈现的每一封情书被赋予了不同的色彩个性，夹杂了各个年代人们对爱的记忆、情绪和书写的温度。实际互动中，由于书信撕毁，出现了热心观众现场写信、重燃旧情的恋人等新闻话题，从平面变新闻，低成本高关注，大大提升了立邦品牌为爱刷新“为你刷出新生活”的品牌美誉度。敏锐深刻的洞察，真实真诚又有温暖的表达，实现与消费者深度的沟通是品牌传播的成功要素。

——徐 丽

左右家私：幸福，就在左右

广 告 主：

左右家私

广告代理：

北京国富纵横管理咨询有限公司

左右家私幸福战略到底做什么？落点在两个元素，一是美誉度战略，让消费者喜欢你的企业、品牌，再去喜欢你的产品，幸福美誉度首先要做一本幸福的书和一部幸福的微电影，要把左右家私所创造的幸福传递出去，去影响更多的人；二是明星企业家战略，家具行业需要明星企业家，让社会认识、了解、喜爱这个创造生活美的行业。最终国富纵横左右家私项目组认为必须找到幸福的源头——母爱的力量，这也是左右沙发打造幸福企业的源泉所在。

企业是社会的单元肌理，企业好了，社会也就好了。在中国、改革前沿——深圳，深圳市左右家私有限公司以民营企业的身份、以企业组织的方式，认真实践着幸福战略。左右家私幸福战略与中国战略顶层设计不谋而合。

幸福战略从何入手？

左右家私总裁，黄华坤先生，从福建南安一个小山村来到深圳的创业者。从一个扛沙发的吃苦耐劳的学徒工、专注钻研手艺的手工师傅、白手起家的创业者到今天成为中国家具行业标志性人物的企业家，他用自我的践行书写了一部凭着勤恳、好学、专注、敬天、爱人而改变人生与命运的纪实。27年家具风雨路，做“幸福”的家具这一初心，黄华坤从未模糊。黄华坤先生以其真诚、朴实的良知，实践着左右家私“成就幸福员工，打造幸福企业，让更多人过上幸福的生活”的企业理念。

幸福企业到底如何打造？如何传播？如何产生影响？国富纵横管理咨询有限公司赵龙博士与深圳市左右家私黄华坤先生多次磨合，最终达成战略共识：“幸福”这个词不时髦，是个经典词，是个博大精深的词，左右家私幸福战略到底做什么？落点在两个元素，一是美誉度战略，让消费者喜欢你的企业、品牌再去喜欢你的产品，幸福美誉度首先要做一本幸福的书和一部幸福的微电影，要把左右家私所创造的幸福传递出去，去影响更多的人；二是明星企业家战略，家具行业需要明星企业家，让社会认识、了解、喜爱这个创造生活美的行业。于是，左右家私“幸福计划”全面启动。

微电影寻找左右家私幸福的源头

左右家私幸福的源头在哪里？有源头，才能坚持；有源头，才能迸发力量。国富纵横左右家私项目组认为必须找到幸福的源头，幸福战略才能由内而外地产生能量。

一切源于母爱。

在与黄华坤先生的深入访谈中，我们得知了黄华坤先生创业过程中三起三落的艰辛历程，而其中母爱的力量令人震撼、动容。于是，我们为左右家私的幸福战略制作了一个震撼而又充满情感的开头——微电影《妈妈的沙发》，改编自黄华坤先生与母亲的真实故事。正是母亲的力量给了黄华坤勇敢、毅力和爱，这也是左右沙发打造幸福企业的源泉所在。

《左右幸福的力量》播撒幸福的种子

找到了幸福的源头，国富纵横左右家私项目组又走进了这个幸福企业，去观察、去访谈、去体验。发现这个企业有很多“奇怪”的部门，诸如伙食委员会、爱心基金会、左右大讲堂等等；也有很多“奇怪”的事情，比如“工资自己说了算”、年薪200万都挖不走的总监、从保安也能升到行政总监，诸如此类的事情不止一件两件。

而后，项目组精选了左右家私各个岗位员工所创造出来的56个故事，希冀通过“幸福公式+左右故事+幸福理念”的体系，从中归纳总结出左右家私的经营之道、管理之道、人才之道以及成功之道，由此形成了《左右幸福的力量》一书。本书探索中国式幸福企业管理方法，阐释左右家私企业经营的幸福哲学，归纳总结左右的幸福工具与方法，以企业的幸福力量产生激荡社会的作用，带给社会大众一笔可贵的精神财富。《左右幸福的力量》作为幸福的种子开始在左右家私内部员工、2000余个终端店面、行业、社会广泛传播。

经过半年的预热，幸福战略在左右员工、家具行业、左右顾客层面引发了强烈的情感共鸣。如何让左右幸福的力量产生更多正能量，国富纵横左右家私项目组多次头脑碰撞，以期让幸福的力量从企业、行业走向顾客、社会，去影响更多的人。

2013年4月，国富纵横左右家私项目组开始着手为左右家私幸福战略搭框架、建能量。项目组希望能够真正打造出中国家具行业明星企业家和充满着幸福感的美誉度品牌，幸福策划之旅再次前行……

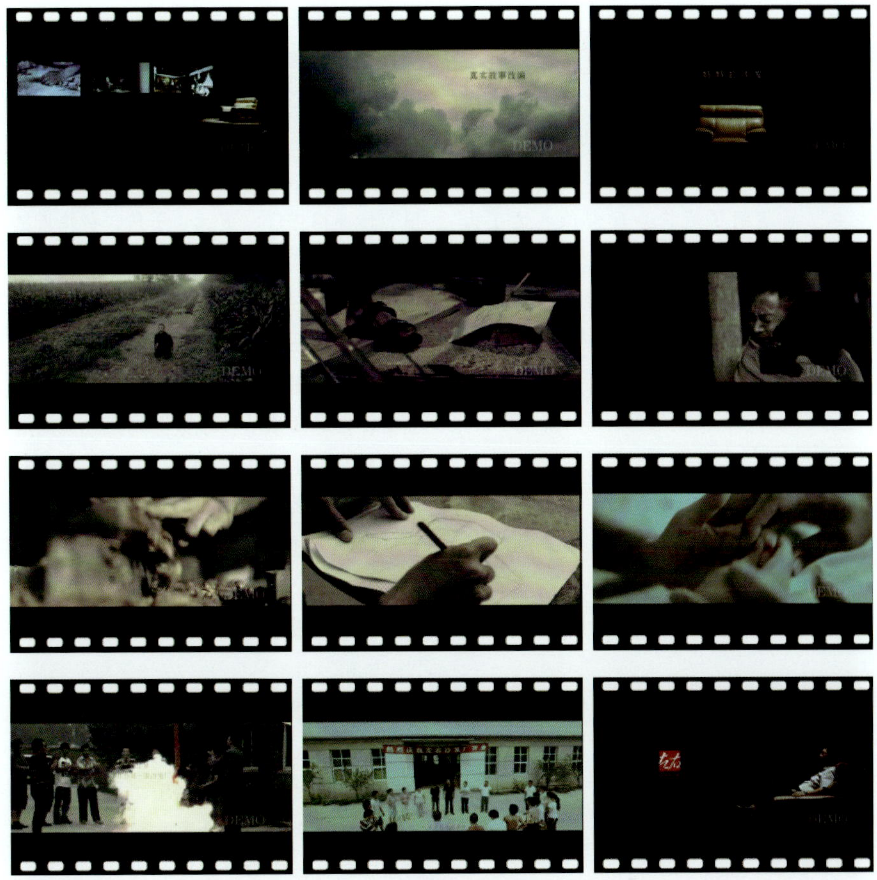

幸福明星企业家形象塑造

形象塑造是对一个人，或者是一个事物，或是对一个国家文化提升和个性展现的过程，它是不断去发现你自己内在善的、美的、真的那种能力，然后不断地把它集中展现出来的过程。企业家的形象是品牌的元素和符号，是企业形象和品牌形象最真实、最生动的体现。

黄华坤总裁就是一个具备幸福思想和把幸福思想传导出来的幸福大使。黄华坤先生拥有深厚的国学文化底蕴，又结合现代科学管理方式，总结出了“为爱而生、以专业为事业、做事先做人、人人是总裁”等独特的幸福管理理念。他一直致力于创造家具文化，家具文化是什么？黄华坤总裁这样回答：“它是健康的、幸福的、美的，也就是真善美。这就要求创造家具文化的这群人，也必须是健康的、幸福的、心灵美的，如果我们作为家具人没有这种对真善美的理解，没有成为一个真正的幸福‘家具人’，那我们如何去为消费

点评：

对一个老品牌进行品牌升级，策划方案聪明地从企业内部挖掘素材，由最有故事的企业家本人作为品牌来打造，“幸福就在左右”简洁明了地将品牌价值表达了出来。在互联网时代，小众市场的品牌也可以进行大众传播，利用微电影与消费者进行情感的沟通，通过微博活动将品牌的幸福内涵做了很好的大众传播。

——徐 丽

者创造一种良好的家具文化呢？”

这份执着成就了左右市场领军品牌的地位，这份坚持让左右受到了行业内外的尊重与赞誉。我们也愈发觉得肩上的责任重大，我们必须把“左右家私幸福的正能量”传递得更广、更远，于是，黄华坤的幸福书房、幸福茶话会、幸福公益宣讲、幸福媒体专栏等工作有条不紊地展开。我们发现，企业家的代言行为是真正的品牌符号，左右家私黄华坤先生幸福大使的角色定位也是幸福从社会资源到企业化的过程。相比于传统的明星代言人是广告符号、演绎行为，左右的黄华坤总裁却是真实、可触摸的。

充满情感的幸福广告

在幸福战略的指导下，左右家私调整了广告策略，从产品卖点广告转为品牌形象广告，从分散式诉求集中到幸福主题，从不投放广告转为基于竞争对手广告投放的品牌教育，集中、坚持和投入，成为了左右家私广告策略的关键词。

在多轮的头脑风暴中，200余个广告语迸发而出，最后，经过层层筛选，“幸福就在左右”脱颖而出，“幸福就在左右”包含了多层韵意：1.抢占幸福资源。幸福不在别处，幸福就在左右；2.将幸福与左右紧紧相连。短短六个字，含了幸福主题、左右品牌名；3.天鹅白、咖啡色底，让幸福的感觉溢于画面；4.句式朗朗上口，画面宁静优美；5.倡导一种幸福生活哲学，幸福就在左右，等您来发现。

广告画面通过把沙发演绎成一对互相依偎的天鹅，让顾客越看越觉得温暖、幸福，天鹅被誉为纯洁忠诚、高贵勇敢、守护天使、快乐自在的象征，在目标人群的测试中，对于广告所传达的幸福感认可度将近100%，这让左右家私和国富纵横惊喜不已。

于是，2013年5月，左右家私幸福广告开始登陆各大媒体与顾客见面，并掀起了一种发现、体验、传递“幸福就在左右”的全新生活方式和生活状态，而“幸福居家十则”的倡导，也得到了众多顾客的响应，幸福波在不停地扩散……其中，也收到众多反馈，很多顾客表示，对于生活的满意度比之前有了显著的提高，家庭沟通更加顺畅，很多事情朝着更加美好的方向发展。对于这样的结果，我们倍感欣慰：左右正在全方位地传递着幸福的正能量，并且影响着更多的人过上幸福的生活！

幸福微博，扩大幸福圈

如何让左右幸福的力量持续发酵，国富纵横项目组与左右家私多次来回沟通，最终确定以自媒体为沟通平台，用左右家私官方微博与黄华坤总裁个人微博互动传播幸福正能量，并持续地推广《左右幸福的力量》、《妈妈的沙发》，为此，项目组设定了以母亲节为契机，以“幸福就在左右”为话题进行前期预热，以“为妈妈，抢沙发”为活动高潮期，一个充满情感的微活动在微博上持续发酵，并最终取得了巨大影响和成功。

而在接下来的时间里，需要做的事情还有很多，幸福产品的设计、幸福店面的打造、幸福服务的体系，我们也将为中国家具行业、中国幸福企业不断努力和奋斗！

迪诺雅家具：从品类制胜到工艺绽放生活

广 告 主：

迪诺雅

广告代理：

北京国富纵横管理咨询有限公司

从占位板木家具第一品牌资源到进行品牌升级，丰满板木家具第一品牌内涵；从硬朗的“中国板木家具第一品牌”到柔和灿烂的“工艺绽放生活”，迪诺雅完成了品牌战略的两级跳，实现了品牌优化战略，逐步找到品牌核心价值。

2011年，国富纵横经过市场调研和充分论证后，充分把迪诺雅的优势调动起来，为迪诺雅大胆提出了“迪诺雅——中国板木家具第一品牌”的定位，使迪诺雅摆脱被板式家具与实木家具包夹的困境，跨入板木家具新品类的蓝海资源。时隔两年，迪诺雅板木家具第一品牌占位效果如何？抢占板木家具第一品牌后的迪诺雅如何提升？

STEP1：抢占资源，两年时间夯实板木家具第一品牌定位

品类制胜，抢占板木家具第一品牌定位

目前我国家具市场板式家具和实木家具是两大主流，相比来说板木家具市场仍较初级，迪诺雅作为板木领域的代表品牌，一直以来被夹在两者之间，拼得很辛苦，效果却不明显。从风格来说迪诺雅属于两者混合，从价位来说处于两者中间，过于中庸。如何突破？

国富纵横经过市场调研发现，板木结合家具集合了实木家具与板式家具的众多优点，具有极高的性价比，是板式家具的升级品，也弥补了实木家具价格的高不可攀，很好地填补了板式家具与实木家具中间的空白，国富纵横认为该品类未来市场不容小觑，属于朝阳品类。同时，迪诺雅是最早的板木家具制造品牌，拥有业内最大的生产规模，最为环保的产品性能和最全的产品系列，具有开发板木市场的后天优势。

于是，“中国板木家具第一品牌”的品类资源占位应运而生。迪诺雅作为中国家具行业首位扛起板木家具大旗的制造企业，在行业内首次明确提出“板木家具”这一概念，特色鲜明，迪诺雅也顺理成章晋升为板木家具“一哥”。

专家权威助力，巩固板木家具第一品牌交椅

由于家具行业具有消费者“低关注度”、“高参与度”的行业属性，所以，必须迅速建立一个新品类的权威与高度才能获得消费者的信赖。因此，我们认为一个新品类的壮大需要权威的力量来树立品类的高度，需要专家的支持，巩固第一品牌的根基。具体而言，我们通过以下两种方式来建立品类的高度与权威：

首先，占据国字号资源：与家具标准制定单位合作，共同制定板木家具工艺标准，成为板木家具行业标准主要起草单位，行业标准的制定拥有很强的排他性和唯一性，通过标准的制定把迪诺雅的企业标准上升到了行业标准的高度，大大提高了迪诺雅在业内的地位，树立了板木行业领导者的姿态。同时在企业内部建立迪诺雅板木标准试验基地，将板木家具工艺标准的资源牢牢掌握在手中。

另外，借助家具行业专家资源，成立迪诺雅·中国板木家具专家委员会，建立行业话语权。迪诺雅联合家具行业协会领导、科研院校师资力量和业内实战专家三方力量，

为板木家具新品类和企业发展出谋划策。迄今为止，共召开三次专家研讨会，为板木家具的标准制定，板木家具的市场发展和产品规划切实提供了发展方向，指引了板木家具标准的制定和板木家具行业的发展。同时，我们将专家资源升级为行业内独具特色的"专家代言"模式，国富纵横将三次专家会议成果运用到终端，形成专家推介购买迪诺雅板木家具的十二个购买理由，在终端通过专家权威的推介推动消费者的购买。

从2011年至2012年年底，通过行业内的广告投放和"专家代言模式"的终端推广，我们用"坐火箭"的速度迅速建立起消费者对板木家具新品类的认知度，树

2011年03深圳展外观效果图

立起迪诺雅作为“中国板木家具第一品牌的”在行业内的权威性。自此，迪诺雅走完了品牌塑造第一步——迅速树立行业的权威。

STEP2：注入发展“核能”，迪诺雅品牌提升为“家具工艺美学倡导者”

挖掘板木家具核心竞争力，寻找与消费者利益连接点

迪诺雅“中国板木家具第一品牌”的建立，为迪诺雅在家具行业中寻找到了自己的精准坐标，完成了品牌定位及行业发声。2013年初，国富纵横开始着力于品牌升级，一方面为迪诺雅寻找品牌发展的“核动力”，为板木家具第一品牌这个“骨架”注入丰满的骨肉与个性，另一方面也推动迪诺雅从“行业品牌”向“社会大众品牌”提升，让板木家具第一品牌升级到一个让消费者更加认可的、感性的、文化的形象。

带着这样的品牌升级任务，我们进行了二次市场调研，寻找一个既能增加对消费者心智占领，又能传承板木家具第一品牌情感定位和文化定位的要素，来连接与消费者的利益。经过二次市场调研及企业深度访谈，我们发现板木家具的核心要素是工艺，由于板材与实木的热胀冷缩系数不同，必须有独特的制造工艺才能将二者实现标准连接，这也是板木家具只有少数几家企业能够做到产品符合标准的原因。

同时，我们将“工艺”的内涵从传统的制造意义上进行延伸提升，工艺不仅仅是制造上的狭隘工艺，更是技术与艺术的融合，技术与艺术融合的最高点就是至美。工艺是研发设计理念的一个最佳体现，最佳的工艺可以将设计理念发展到极致，将技术创新表现到极致，工艺是家具制造的最高要求，没有工艺就没有家具，工艺是家具的灵魂，好工艺才是好家具！板木家具的第一品牌的王牌就是工艺。迪诺雅就是家具行业的工艺典范，我们将迪诺雅升级为家具行业的工艺典范，提出迪诺雅的工艺主张、工艺趋势，这是迪诺雅品牌升级的“核动力”，所以，我们把迪诺雅升级定位为：家具工艺美学倡导者。工艺是迪诺雅的品牌个性和品牌价值所在，“家具工艺美学倡导者”的定位也就顺其自然诞生。

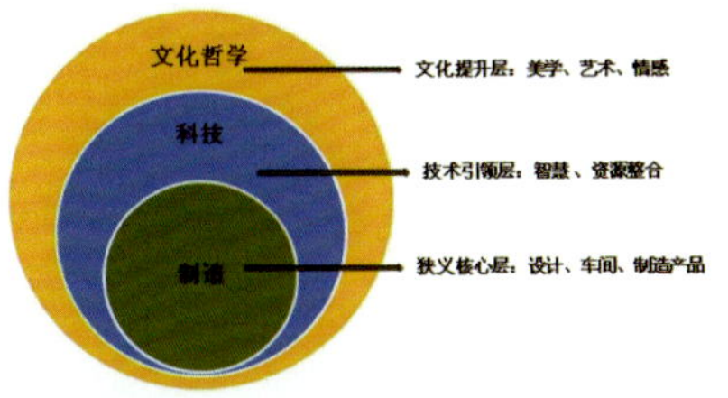

建立家具工艺研究院，领跑家具工艺美学时代

工艺是技术和艺术的融合，工艺是家具文化的灵魂，作为板木家具第一品牌，国富纵横建议迪诺雅以实现家具行业中技术与艺术的完美融合为愿景，以工艺至上为家具行业持续注入文化力，引领家具行业进入家具工艺美学时代。我们建议迪诺雅建立一个家具工艺研究院，其功能设置为深挖和整理迪诺雅现有工艺，探求迪诺雅未来的工艺方向，推广迪诺雅工艺给家具生活带来的各种美好享受；另外，研究院定期发布家具行业工艺发展趋势，逐渐建立迪诺雅家具行业工艺话语权和行业影响力。

终端为王，迪诺雅“工艺绽放生活的舒适美学”

我们定位品牌升级后的迪诺雅是“家具工艺美学倡导者”，那么家具工艺美学如何跟消费者产生直接的联系？如何将刚性的“第一品牌”和看似理性的“工艺”与消费者建立感性的、柔和的联系？我们必须在广告语，在推广上涂上“柔化剂”。于是，经过头脑风暴“工艺绽放生活”的广告语应运而生。工艺是一个通向至美的过程，是工艺让生活绽放，那么绽放是什么呢？绽放是多彩的生活，是灿烂的感性，我们的生活是绽放最好的舞台，而工艺是生活绽放的土壤和阳光，所以我们用工艺绽放生活去表现家具工艺带给我们生活的各种美好的想象。工艺绽放生活也彰显迪诺雅对人们生活状态、生活方式的影响，这是品牌的升级定位。

结合家具消费的特点：终端卖场对家具购买有巨大的影响作用，所以我们在原有专家元素为主的情境终端基础上添加绚丽的感性元素——“工艺绽放生活的舒适美学”。将迪诺雅板木家具工艺带给消费者最灿烂的生活画面、最饱满的情感表达表现出来，触动消费者的幸福神经。

从占位板木家具第一品牌资源到进行品牌升级，丰满板木家具第一品牌内涵；从硬朗的“中国板木家具第一品牌”到柔和灿烂的“工艺绽放生活”，迪诺雅完成了品牌战略的两级跳，实现了品牌优化战略，逐步找到品牌核心价值。升级后的品牌定位“家具工艺美学倡导者”既能拨动消费者心弦，符合并引导消费者的的价值观、审美观、喜好、渴望等，打动他们的内心，同时也体现了品牌核心价值的包容性，为今后品牌延伸预埋管线，对今后的产品线及营销推广有极大的包容性。相信“中国板木家具第一品牌迪诺雅”定能“工艺绽放生活”！

点评：

迪诺雅基于竞争发现了板木家具市场空间，率先定位板木家具第一品牌的地位，是品牌即品类的成功占位。领导品牌的本质是要有足够的溢价能力和持续增长率。本案中，迪诺雅占据行业专家资源树立行业标准并推广执行、产品概念进一步提升将技术与艺术结合来不断提升品牌的溢价能力，完成了占位板木家具第一品牌资源到丰满板木家具第一品牌内涵的品牌升级。但是，作为关注度偏低的家具行业迪诺雅作为领导品牌如何完成持续增长将需要更多的创新。

——徐 丽

圣元新能源：品牌重塑全案纪实

广 告 主：
圣元新能源
广告代理：
成长品牌营销策划机构

不论是太阳能还是空气能皆属新能源类，成长策划将品牌战略突破点放在新能源整体层面的高度来审视，并以独特的“成长闪电豹”战略方法从市场需求出发，重新对圣元品牌进行顶层设计，自上而下全面整合升级现有品牌营销系统。圣元核心业务锁定在“新能源生活应用领域”，拓展未来无限发展空间。据此，成长策划建议将圣元太阳能品牌战略定位为——新能源生活应用创导者。

引言：与世界对话

2012年6月18日，在成长策划机构的策划下，圣元新能源首次参展中国・海峡项目成果交易会，以全新形象进入公众视野。当天下午，在圣元新能源展区，中国工程院院士、中国太阳能行业国家院士张耀明对话“世界太阳能之父”马丁・格林教授，两大泰斗级行业专家罕有同台亮相，马丁・格林教授对圣元在新能源生活应用领域取得的成果和贡献表示高度认可和赞扬！

此次巅峰对话，媒体蜂拥而至，圣元新能源几乎零成本成为各大媒体重磅新闻，成为新能源领域最耀眼的一匹黑马！为圣元新能源实现竞争突围、品牌腾飞赢得完美高起点。

缘起

圣元科技集团是中国南方大型太阳能热水器产品研发制造企业，先后荣获中国太阳能行业重点节能产品、高新技术企业、中国驰名商标、家电下乡中标企业等荣誉认证……然而十来年的优异资质却难于有效地转化为市场优势，并没有形成圣元品牌核心竞争力。面对竞争者的强烈冲击与产业结构调整，圣元加盟商信心也接受严重考验，市场遭遇萎缩，圣元太阳能面临种种挑战！

如何在品牌、营销、产品、渠道、形象、终端、传播等诸多方面实现转型升级？如何打造圣元品牌核心竞争能力？由区域品牌跃升为全国性品牌？

2012年3月，成长品牌营销策划机构正式成为圣元科技集团全程品牌营销战略顾问，品牌重塑之旅就此开启。

产业转型 猎取机遇

在大量的市场研究和走访调查分析中，从品牌系统、营销系统、企业系统三大层面，全面核检圣元现有品牌营销情况，并以独特的“成长闪电豹”战略方法从市场需求出发，重新对圣元品牌进行顶层设计，自上而下全面整合升级现有品牌营销系统。

发现——

● 国内太阳能热水器整个行业正处于转型路口；

● 空气能市场整体尚处于导入阶段，在这一阶段内不足以单独支撑企业经营；

● 圣元现有产品线，已全面覆盖太阳能热水器、太阳能路灯、灭虫灯，空气能热水器等众多节能环保产品；

● “圣元太阳能”品牌名称远不能涵盖其所有产品，为品牌未来发展留下隐患。

机遇——

不论是太阳能还是空气能皆属新能源类，成长策划将品牌战略突破点放在新能源整体层面的高度来审视，目前，国内新能源行业多停留在政策倡导或企业市场层面，真正在消费者市场规模落地的并不多见，这是难得的市场机会！

细分战略，成就唯一

如何让新能源走入广阔消费者市场？如何让新能源更加贴近消费者生活，切实与消费者建立关系？

成长策划研究发现：新能源整个行业分为新能源研发、新能源设备生产及新能源应用三大领域，其中新能源应用领域包含基础应用与生活应用两大板块。根据圣元现有优势资源及市场发展趋势，成长策划将圣元划定在“新能源生活应用”领域，包含城市生活应用及农村生活应用两个细分领域。

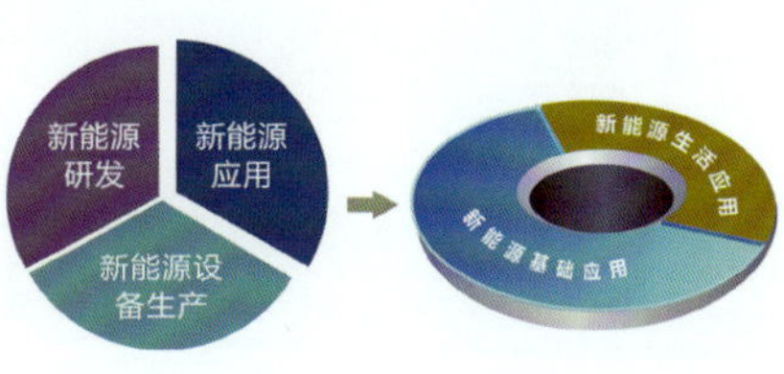

● 品牌战略定位：圣元新能源——新能源生活应用创导者

圣元核心业务锁定在“新能源生活应用领域”，拓展未来无限发展空间。据此，成长策划建议：将圣元太阳能品牌战略定位界定为——新能源生活应用创导者！并将圣元太阳能名称改为圣元新能源。

这一战略定位极大地帮助圣元抢占“新能源生活应用”概念，建立品牌定位的唯一性，占领行业的制高点！新能源生活应用创导者有助于建立消费者的购买标准，创导者体现品牌的前瞻性、创新性、领导性，树立行业的权威形象。

旧LOGO　　新LOGO

要想成功抢占“新能源生活应用创导者”这一品牌战略定位，必须建立该领域的制高点，为企业造血，为圣元新能源品牌背书！

● 品牌背书：新能源生活应用研究中心——院士工作站

为强化品牌战略定位，圣元签约张耀明院士为圣元首席科学家，为“圣元新能源生活应用研究中心”荣誉主任，设立中国太阳能行业院士工作站，专注于新能源生活应用科研成果的技术转化工作，培育拥有自主知识产权的产品，建立创新型人才培养基地。

● 品牌主张：圣元新能源——现在就是未来

成长策划将品牌重塑持续向前推进，进一步发展出具有感召力和鼓动性的“现在就是未来”的品牌诉求。

对于社会：现在就是未来，代表着一种承诺，一份责任。

对于圣元：圣元作新能源生活应用创导者，将整合全球领先技术，更有成效地利用新能源造福人类生活。

对于消费者：从现在开始，行动起来，不仅是提倡用新能源，还要从你我做起，从现在做起使用新能源！

战略执行 全面升级

● 形象升级：战略符号 启动未来

新能源生活应用是一种环保低碳生活，体现绿色、节能、环保的生活方式。如何更直观地体现出来？我们需要一个简单，充满活力，充满鼓动性的一个视觉符号：ON——点击“ON”点亮新能源生活应用，现在就启动未来，开启我家的低碳生活！

同时塑造可爱的“安客”品牌形象作为圣元品牌大使，让新能源生活应用走进生活。

● 产品升级：新能源生活解决方案！

重新划分产品组合并全面升级现有产品线，将以往单个产品的销售方式改为贩卖系统解决方案。在新能源热水、太阳能照明、新能源未来村三大系统下，为消费者提供别墅热水解决方案、高层热水解决方案、道路照明解决方案、庭院景观照明解决方案、太阳能灭虫解决方案、太阳能水泵农业灌溉解决方案等一系列新能源生活应用解决方案。

● 终端升级：圣元新能源生活馆！

成长策划打造圣元新能源全新终端模式——新能源生活馆！

为消费者提供随身定制的新能源低碳生活整体解决方案，多种现代化方式模拟新能源应用场景，鼓励消费者看、听、

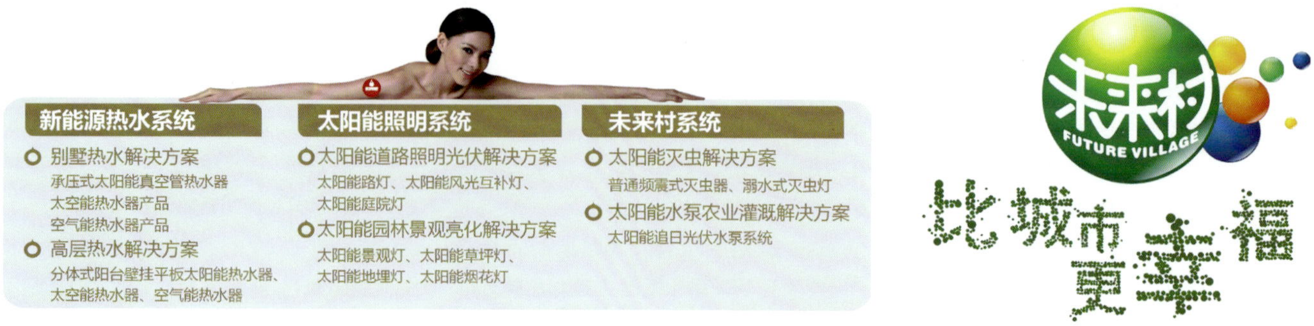
新能源热水系统
别墅热水解决方案
承压式太阳能真空管热水器
太空能热水器产品
空气能热水器产品
高层热水解决方案
分体式阳台壁挂平板太阳能热水器、
太空能热水器、空气能热水器
太阳能照明系统
太阳能道路照明光伏解决方案
太阳能路灯、太阳能风光互补灯、
太阳能庭院灯
太阳能园林景观亮化解决方案
太阳能景观灯、太阳能草坪灯、
太阳能地埋灯、太阳能烟花灯
未来村系统
太阳能灭虫解决方案
普通频震式灭虫器、溺水式灭虫灯
太阳能水泵农业灌溉解决方案
太阳能追日光伏水泵系统
未来村
FUTURE VILLAGE
比城市更幸福

圣元新能源
SHENGYUAN NEW ENERGY
圣元太空能热水器善水系列
善用水 更懂水
——开启我家SPA生活
圣元太空能热水器
全天候24小时提供生活热水
圣元新能源集团

圣元新能源
SHENGYUAN NEW ENERGY
买空气能，就选圣元水循环
水循环

圣元新能源
SHENGYUAN NEW ENERGY
圣元平板太阳能阳台系列
高层热水解决方案
我家的阳台热水中心
圣元平板太阳能阳台系列
高层热水解决方案

圣元新能源
SHENGYUAN NEW ENERGY
畅享舒适热水生活
圣元空气能畅水系列
家用普通分体式热泵热水机
圣元空气能畅水系列
家用普通分体式热泵热水机
高效节能 安全可靠 绿色环保 安装简单 适用广泛

圣元新能源
SHENGYUAN NEW ENERGY
中国驰名商标 高新技术企业
畅享舒适热水生活
圣元空气源热泵热水一体机
圣元空气能畅水系列
高效节能 安全可靠
绿色环保 安装简单
适用广泛
圣元空气能畅水系列
空气源热泵热水一体机

圣元新能源
SHENGYUAN NEW ENERGY
圣元太阳能照明系统
给夜晚一个太阳
圣元新能源集团

触、嗅……多感官齐调动，抢先感受新能源科技带给生活的新鲜变化，随心定制个性化的低碳舒适生活。

独特的情景化消费体验极大提升圣元新能源品牌价值，使其“新能源生活应用创导者”定位深入到每一位前来体验的消费者内心。

“新能源”从此不再是消费者心中遥远的希望，而真正成为生活的一部分。圣元还专门成立新能源生活应用资讯分享与交流平台——圣元生活家，ON lifestyle，并定期向会员发放《圣元生活家》杂志，倡导新能源生活方式。

现在就是未来，开启我家的低碳生活！

成长策划首席顾问肖惠来先生在圣元新能源生活馆开业现场

整合传播：在公益活动中升华品牌价值！

● 公益传播：我支持低碳生活！

作为新能源生活应用创导者，在与消费者的互动中，身体力行地推动新能源走进生活，鼓励消费者走进新能源，发起了一系列面向消费者的公益参与活动，包括低碳签名和新能源生活应用点子征集，都获得了不同凡响的效果，更为圣元在大众互动传播方面树立了楷模，为品牌的美誉度增色不少！

● 终端传播：圣元新能源“送福到家”大型活动

借助圣元新能源全新形象亮相，携手福建福彩中心，举行第一届送福到家活动。活动包括新能源知识普及，低碳环保行，太阳能免费体检等给力内容，突破了以往散乱、无序、纯粹促销的推广，取而代之的是体验式、整合性的营销推广模式，极大地强化了营销团队和经销商的信心。

● 加盟传播：“YBC圣元新能源创业计划”引爆加盟热潮

“YBC圣元新能源创业计划”面向有创业需求的青年群体，参加者成为圣元的经销商。创业者可申请相应政策扶持和资金帮扶，将参与人员进行培训，并委派义务专业持证导师进行创业指导，降低加盟门槛，保障创业成功率，极大促进创业青年加盟圣元的热情。

圣元新能源财富运动大会现场

●渠道传播：携手圣元，执掌未来财富！

为快速推广圣元新能源生活馆模式，成长策划专门为圣元打造“3+3”盈利模式，推出圣元新能源财富运动，并专门创意了招商神器：使用太阳能电池的“圣元新能源招财猫”，系统的创新和保障，极大地促进经销商的信心和签约。

现在就是未来，携手圣元，执掌未来财富！

显著成果

当众多对手还在太阳能领域焦灼竞争时，圣元抓住市场机会，避开红海，抢得行业战略高地，将品牌发展引入更加广阔的空间，此举获得行业专家学者的高度评价—— “极具行业启发意义的升级转型”！

在完成品牌重塑工程后，现在，圣元新能源已成为区域领导品牌，并以破竹之势，迅速向整个华南、华东、华北、西南区域扩张。2012年底，圣元新能源更以压倒性优势一举斩获第六届中国品牌节新能源行业金谱大奖……

客户对成长策划的评价

圣元新能源 董事长 杜云贵：

成长策划是我接触过的品牌策划公司中罕有在大势把握、战略创新、市场突破、创意执行等系统能力都非常强的一支闪电劲旅！

在2012年品牌营销年度合作中，成长公司独特的系统解决方案让我们震撼、感动、心动，更让我们行动，为我们品牌从区域领先走向全国市场提供强大专业支持，并短时间内实现突破。感谢肖总和他那支快速战斗的团队，成长策划为我们圣元新能源注入了一颗强劲的品牌“成长芯”！

点评：

老品牌在达到一定市场份额以后面临了销售瓶颈难以突破的问题，如何从销量的核心要素出发进行营销诊断寻找到销售增量的来源是本案的开始。案例中，策划公司对圣元进行了创新的品类规划，改变了品类的认知将“圣元太阳能”变成了“圣元新能源”的战略转型是成功的。其次，在消费市场选择上有所取舍，更精准化更聚焦在新能源生活应用领域。接下来，当品牌方与策划方高度认同之后，战术执行就异常顺畅了，品牌背书、品牌主张、形象升级等的品牌形象建立过程，公益活动、终端传播、加盟招商等的品牌推广活动都井然有序，执行力极强。

——徐 丽

古洛奇·智能床垫：品牌升级及营销推广全案

一、前言

20多年前，智能床在欧洲悄然兴起，预示着一种全新健康生活习尚的兴起。技术的引进和品牌的导入，国内智能寝具市场方兴未艾。然而，国外洋品牌的强势入驻，以及国内同行“诸侯混战”，古洛奇面对着一种尴尬局面。

雅图在充分调研市场和消费者心理需求之后，提出放大古洛奇致力于“创就真正适合中国人睡眠习惯的智能床垫”的品牌真谛，以“源自德国，为中国睡眠而来”的品牌使命，全面地诠释出了古洛奇所创领的智能寝具领域的“中国风”。

二、市场探析，明晰行业动态

(一) 欧美家庭形成智能睡眠习尚

在智能床起源和发展迅速的欧美地区，高度发达的经济水平使民众有足够的消费能力去改善生活硬件设施；同时较高的知识面水平使他们有更开放的思维去尝试和接受新事物、新理念。因此，他们有更多空间去考虑生活品质的提升。而智能睡眠理念的普及和智能寝具技术的成熟发展，使得智能床垫的使用逐渐成为欧美家庭的一种风尚，更成为一种生活习惯。

(二) 国内市场智能睡眠风尚初现端倪

反观国内，经过多年来的引进和发展，智能寝具市场发展已形成一定的规模。一些高端品牌在北京、上海、杭州等一二线城市已开设起专业卖场，如第六空间大都会、欧亚达、华东家具市场等。其中不乏一些知名智能寝具品牌，逐渐成为一批城市高端消费人群追求生活品质感的全新诉求点。

三、年度谋篇，整合品牌规划

雅图在与古洛奇达成品牌年度合作意向后，针对古洛奇品牌特点和发展现状，制定了古洛奇品牌形象升级、产品价值体系传播和产品生活价值呈现三个阶段的工作划分。

(一) 品牌形象升级

雅图团队通过对古洛奇品牌调性的重新探讨、确认、调整，逐步实现品牌传播体系的丰满、完善工作，并通过媒体推广完成古洛奇品牌在上虞市场的初步亮相。

通过策划古洛奇2012年新广告语——随心·随意，取“灵动随心，智动随意”之意，直观地体现了古洛奇·智能床垫源自欧洲的先进睡眠理念、智能变换的S形人体工学设计等特点。同时，通过了解上虞地区各类媒体平台，并结合雅图自身所拥有的媒体资

广 告 主：
绍兴古洛奇寝具有限公司
广告代理：
浙江雅图传媒环艺有限公司

浙江雅图传媒环艺有限公司在充分调研市场和消费者心理需求之后，提出放大古洛奇致力于“创就真正适合中国人睡眠习惯的智能床垫”的品牌真谛，以“源自德国，为中国睡眠而来”的品牌使命，全面地诠释出了古洛奇所创领的智能寝具领域的“中国风”。

源，完成媒体计划的排布，有节奏性地策划发布一系列户外广告，给上虞地区消费者留下统一的古洛奇品牌形象，为后阶段品牌推广奠定基础。

（二）产品价值体系传播

在经过第一阶段的品牌升级工作，古洛奇品牌体系较之原先已更为丰满和完善，而上虞地区消费者与古洛奇也有了初步的接触。

为了进一步扩大古洛奇品牌在上虞地区的影响力和知名度，雅图团队在此阶段着重为其策划了上虞睡眠体验中心及专属展厅的启幕仪式。通过在上虞商贸旗舰之一——上百·万和城实施专属展厅的亮相，以及与石狮商贸城古洛奇·睡眠体验中心之间的活动串联互动，让上虞消费者真实体验到了古洛奇·智能床垫的舒适睡眠感受，更有效地为其积累起一批客户资源。

此外，通过策划设计新一批的灯箱广告、杂志硬广、宣传折页、产品手册等宣传物料，有效配合本阶段营销推广活动的开展，使目标客群对古洛奇品牌留下更为深刻的印象。

（三）生活品质呈现

在第三阶段的工作中，雅图团队将工作重心转移到展现古洛奇·智能床垫更为贴近生活价值与品质感的策略推广之中，将产品价值与高端消费人群所追求的生活品质相联系，呈现出古洛奇所推崇的智能健康睡眠理念与品质生活格调。

从9月份开始，教师节、中秋节、国庆节等节假日接连而至，而十月份亦是上虞“浙东新商都购物节”的举办期，借助此时的节庆购物时段，雅图团队为古洛奇策划了“教师节感恩回馈”、“中秋·国庆相约献礼”等促销推广方案。同时，通过分析上虞地区高端客群分布状况，以高档小区住户为对象，制定针对性推广方案，以贴近生活而不失品位格调的方式，向上虞地区消费者展现了古洛奇·智能床垫所蕴含的全新睡眠生活品质感。

四、渠道拓展，实现合作双赢

作为高端智能寝具品牌，古洛奇更多地以渠道方式实现其产品的销售。雅图团队通过分析床垫市场的购买份额，有针对性地为古洛奇策划了一系列渠道营销方案。

（一）五星酒店呈现品位格调

在第三阶段的年度服务工作中，雅图团队针对古洛奇作为高端智能寝具品牌的档次性，以及分析床垫产品的使用率，将渠道合作的对象定位为上虞地区的五星级酒店。

经过对各大五星级酒店对比后，雅图团队将上虞国际大酒店确定为合作对象，策划了《古洛奇·智能床垫高端酒店一站式服务方案》，有针对性地展示出古洛奇与上虞国际大酒店之间品位、格调的共性，成功促成古洛奇与酒店实现品牌的强强联手。随后，以此次合作为案例，与绍兴、诸暨等地其他五星级酒店达成合作协议。

（二）寝具品牌相约强强联手

除酒店合作外，雅图团队还以其他寝具品牌为对象，策划了《古洛奇·智能床垫品牌合作书》，为古洛奇设定出另一条合作渠道。即寻找其他以销售床架、床框为主的高档寝具品牌，如年年红精品红木床，搭配古洛奇·智能床垫共同展示、销售。

既在品牌档次上实现两者的相辅相成、客源的共同分享，同时也增加了古洛奇·智能床垫的展示平台，能让消费者能够有更多直接体验古洛奇·智能床垫的机会。在感受智能床垫带去的舒适睡眠体验的同时，亦能看到床架与床垫搭配相融的完美效果，以期实现消费者对床架、床垫的双重购买。

（三）度假养老彰显高端品质

通过了解，国外养老院中使用智能床垫已成为一种习惯和标准配备。而我国社会养老机制的发展正逐步与国际接轨，其中不乏一些高端养老院，在发展过程中，设备、服务、管理等更趋国际化，因此，雅图团队建议古洛奇与高端养老院进行合作。

在策划过程中，雅图团队以呈现更具品质感的晚年休闲度假养生为主旨，规避传统养老院虚度余生的养老模式，将古洛奇·智能床垫六大产品特性，融入到动静皆宜的休闲化养老生活之中，为老年人带去晚年生活的全新品质呈现。

五、年度服务效果评估

雅图自2012年3月与绍兴古洛奇寝具有限公司建立合作关系，至今为止为古洛奇提供品牌全案服务工作，按照三大策划服务阶段节奏划分：

第一阶段：古洛奇品牌形象升级阶段；主要为品牌价值体系的重塑与强化，包含广告语、定位语、价值点体系、年度媒体计划投放等品牌升级阶段筹划工作。

第二阶段：古洛奇品牌产品价值体系分线详解阶段；在完成第一阶段古洛奇全新品牌形象升级工作的基础上，进一步深化制定出第二阶段的市场推广计划。主要为配套市场销售的展厅体验式消费活动、门店促销活动、公关推广活动、品牌文化圈层维系活动等线下工作。

第三阶段：古洛奇生活价值的全面呈现阶段；通过生活价值的营销推广思路，进行第三阶段的营销推广、促销策略方案的建议及确认。主要为渠道合作的全效铺线，通过五星级酒店，高端养老会所、异业联盟等渠道，实现地域拓展和销售辐射面拓增的战略合作。

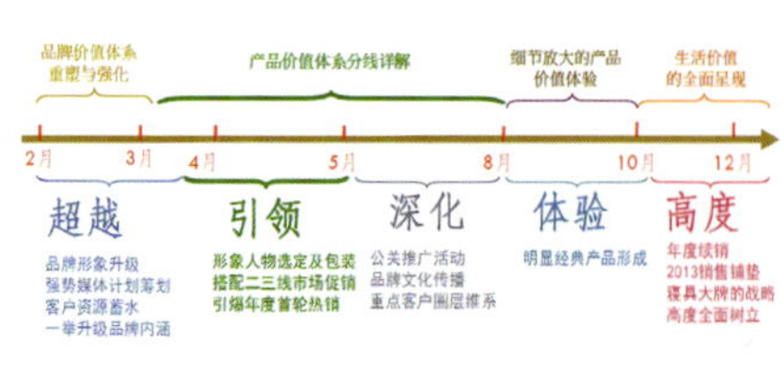

古洛奇2012全年度品牌全案服务战略阶段图

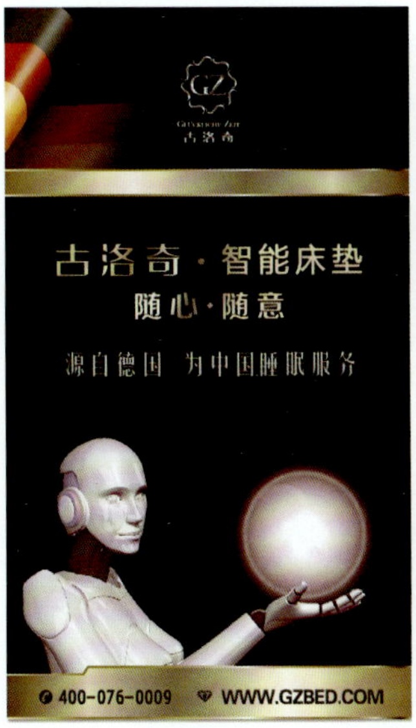

经过雅图2012年全案服务，古洛奇在品牌建构整体过程中，日渐完成了三大核心词版块的工作进度“凸显品牌形象、锁定目标客群、销售渠道拓增”

（一）品牌形象丰满化

·对外话语体系确认：广告语、定位语、价值点。

古洛奇·智能床垫　随心·随意 领创四大自由睡眠 自由调节·自由软硬·自由尺寸·自由按摩

·对外形象系统鲜明凸显

品牌通过语言和形象两方面的完善，在市场中能获取较为正确、丰富的品牌形象，辅助其传播过程中让消费群体从知晓到熟记过程。整体形象统一、鲜明，话语更为准确、生动。一句“随心·随意”，让许多消费者被古洛奇所倡导的健康智能睡眠和生活品质所感染。

（二）品牌客群清晰化

通过在户外高炮、灯箱、楼宇电视等一系列媒体发布品牌形象画面，在市场中形成了广泛的品牌认知；同时，经过专属展厅启幕、上虞睡眠体验中心开启，以及中秋、国庆等节假日促销推广等线上、线下活动推广，为品牌目标客群的成功定位，打下了扎实的基础。与此同时为品牌积累下了一批优质的客群资源。

（三）渠道合作充实化

在整个全案服务过程中，品牌接受雅图团队策划的《高端酒店一站式服务方案》、《异业联盟合作书》、《高端养老院合作手册》等一系列渠道营销方案，为品牌实现为与五星级酒店、高档寝具品牌、高端养老院的成功合作铺路搭桥，进一步实现了古洛奇品牌多元化的营销路径。

六、后记

品牌经过雅图团队为期一年，共三个阶段的品牌年度服务，使品牌内涵变得更为丰富和丰满。通过一系列有计划的媒体宣传和活动推广，使上虞消费者对古洛奇·智能床垫有了直观的了解，更有针对性地为品牌积累下一批高端客群。同时，多种渠道的策划推广，始终以呈现品牌使命——“源自德国，为中国睡眠而来”为主旨，展现了古洛奇引领中国智能睡眠领域的大家风范。

点评：

古洛奇·智能床垫全案相对系统地塑造了智能床垫的品牌形象，本案在渠道开拓方面的策划推广可圈可点。在“随心随意”与“中国风”的关系如果更紧密将会更优秀，在诉求“创领四大自由睡眠”时过于求全，如果聚焦一点效果将会更加理想。

——肖惠来

艾莱依家纺：睡得好吗?

广 告 主：
艾莱依家纺
广告代理：
大峡谷影视有限公司

艾莱依家纺在前几年的传播中始终坚持北欧休闲风情的定位，在表现上也始终坚持简约的表现手法，明确了品牌风格定位。接下来，艾莱依希望能发挥自己羽绒专业的特性，跳出家纺品牌普遍以布艺类产品展示形象的推广方式，以高端羽绒被作为突破点树立羽绒被专家的形象，从而整体拉动家纺的销售。

从共性中找特性

家纺市场品牌众多，推广多以代言人为核心，形成了代言人+一句广告语+优雅温馨的调子这样模式化的传播。艾莱依家纺在前几年的传播中始终坚持北欧休闲风情的定位，在表现上也始终坚持简约形式的手法，很好地明确了品牌风格定位。接下来的阶段，艾莱依希望能发挥自己羽绒专业的特性，跳出家纺品牌普遍以布艺类产品展示形象的推广方式，以高端羽绒被作为突破点树立羽绒被专家的形象，从而整体拉动家纺的销售。

艾莱依虽然在羽绒制品上有优势，但是羽绒被的诉求“轻柔、透气、温暖”是羽绒被的共性，艾莱依也没有更新颖独特的技术来支持艾莱依的羽绒被比普通羽绒被更“轻柔、透气、温暖”，所以产品差异化的卖点很难找到。那同样是卖“轻柔、透气、温暖”的羽绒被，如何让消费者更乐于选择艾莱依，如何支撑起艾莱依羽绒被专家的形象？这就需要我们在共性的传播中做出属于艾莱依的特性。

不要空洞，要打动！人文关怀是沟通的关键

大峡谷艾莱依家纺创意团队在调研和测试的过程中发现，“轻柔、透气、温暖”对消费者来说是他们已经认知的羽绒被的共性，但是消费者觉得自己并无法很好地判断在同一市场地位上的某一品牌是否比另一品牌更“轻柔、透气、温暖”，所以这一诉求对消费者来说并没有实际的打动力。

反而是在消费者洞察的过程中我们发现现代人由于生活压力、作息不规律导致的各种睡眠障碍日益严重，睡个好觉似乎已经成了现代人的奢侈梦想。而那些选择高端床上用品尤其是高端羽绒被的消费者并不是为了面子（毕竟床上用品是自己用的，别人看不到），而是真的希望能有一个舒舒服服的睡眠环境，能睡个好觉。所以当一句“好被子，睡得好”脱口而出时，我们相信这就是真正能打动消费者的人文沟通。“好被子，睡得好！”真正给出了“轻柔、透气、温暖”所带来的根本利益，是一床专业的羽绒被给消费者带来的终极体验！让我们和我们的家人睡得好，而得到满足和幸福。

专业用人性表现

如何让“好被子，睡得好”真正达到和消费者的共鸣，而不是沦为一句叫卖的口号，在表现上我们做了巧妙的转化，抓取了一句生活中再平常不过的问候“睡得好吗”来作为和消费者情感互动的纽带。通过不同的人们清晨刚睡醒时的满足表现，互相深情地问候“睡得好吗？”，来表达由衷的幸福和满足感，并希望自己爱的人也可以得到同样的满

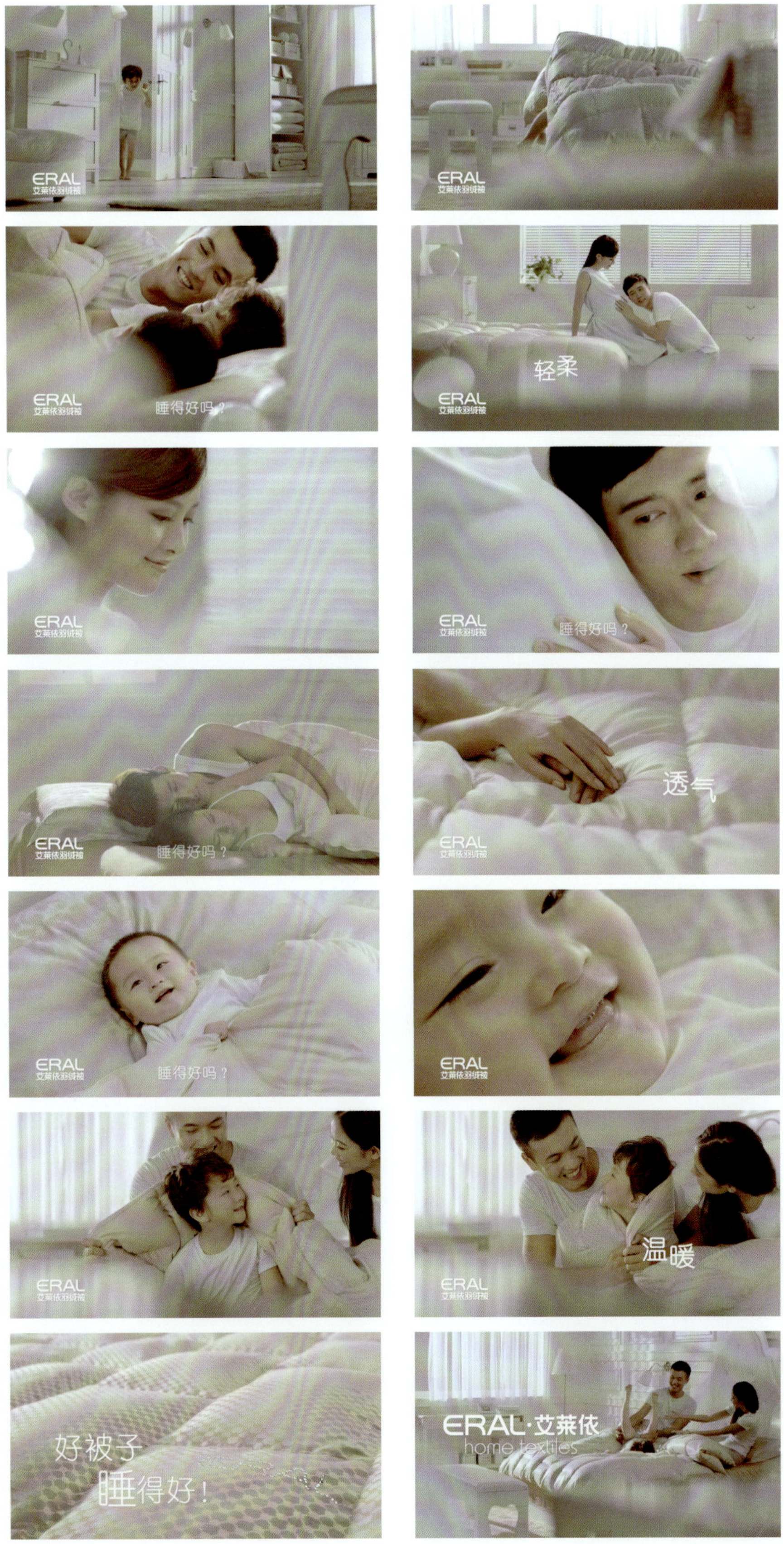
ERAL
ERAL
睡得好吗？
ERAL
轻柔
ERAL
ERAL
睡得好吗？
ERAL
睡得好吗？
透气
ERAL
ERAL
睡得好吗？
ERAL
ERAL
ERAL
温暖
好被子
睡得好！
ERAL·艾莱依
home textiles

点评：

看完艾莱依家纺《睡得好篇》品牌广告让人有一种购买的感觉，因为源自创作团队对人性的深入洞察，一组组温馨的充满亲情的感人情景，良好地塑造了艾莱依品牌“睡得好吗”的人文关怀。本片创意诉求如果能将被子适当强化以及与床垫的关系更加能区分的话，相信效果将会更好。

——肖惠来

足。顽皮的小男孩钻进爸妈的被子淘气地问候爸妈、贴在妻子肚子上问候未来宝贝其实是问候怀孕妻子的准爸爸；幸福相拥的小夫妻之间的问候；小宝贝满足的咯咯笑……这些平凡的而温暖的瞬间，配合一句温柔深情的问候“睡得好吗”，生活的幸福甜蜜满足，让每个看的人都深深感动和向往……艾莱依羽绒被的温暖，已经不仅仅是身体上，更是暖在心里。而这每一个满足的瞬间，都来自于艾莱依羽绒被的专业品质，为你和你爱的人提供了带来了好品质睡眠。

所以，专业，不只是冷冰冰的解说，更应该是感同身受的幸福感。我们在品牌形象的沟通上，必须在情感上和消费者进一步地对话，艾莱依正是抓住了这个最核心的情感纽带，在消费者的心目中不仅树立起了羽绒被专家的专业形象，更是让消费者感受到了该品牌浓浓的人文关怀，让品牌更贴心更亲近。

专业，为专业加分！

在拍摄制作上，首先必须坚持的还是艾莱依家纺的整体定位“北欧休闲风情”，所以整体的基调还是简约干净的白色调。执行团队在服装选择、化妆呈现、场景设计和道具上面都很好地把握住这一点，打造出一个个具有品质感的欧式生活画面。同时导演对演员表演的引导和把握上及对配音配乐的把握上都是非常到位，深情的表演和音乐让整条片子呈现出一种暖暖的柔情，将整个片子的温馨暖意、质感和使人动容的情绪都烘托到了极致。真正让片子达到了人文关怀和情感共鸣的境界。

片子投放后使艾莱依家纺在坚持北欧休闲风情的定位下又很好地进行了品牌的提升，让消费者真正感受到，一个专业品质的品牌就应该像艾莱依这样懂我的。

红豆家纺：深入挖掘“幸福家 乐生活”

由无锡传视文化投资发展有限公司全程策划拍摄制作的红豆家纺TVC广告片，由于全程深入细致全面地与客户接触沟通，加上团队的集体智慧和用心制作，最终以创新的视角制作出了一个令各方都十分满意的影片作品——《红豆家纺形象广告——幸福家 乐生活篇》。本片深入挖掘了红豆家纺所要表达的“幸福家 乐生活”的概念，通过唯美温暖的画面，贴合主题的广告语，具有象征意义的心形符号贯穿全片，突出了红豆家纺幸福家乐生活的品牌主题。

一、本案背景：

2013年2月，我接到了红豆家纺要求拍摄30sTVC的任务，在与客户的沟通中磨合中，我了解了客户对本片的创意制作要求以及投播卫视的宣传需求。

红豆集团是江苏省重点扶持企业，旗下拥有红豆男装、红豆居家、红豆置业等一系列知名品牌。其中，红豆家纺为集团旗下较新的家纺品牌，目前正需通过广告打响品牌知名度。所以本次广告主打品牌概念，通过30s的时间，向消费者传达出红豆家纺“幸福家 乐生活”的品牌理念。又因为红豆家纺希望争做国内婚庆家纺第一品牌，所以也会带到婚庆家纺的内容。

二、创意思路：

经过多次与客户方的沟通和团队的商讨，我最终决定本片通过表现幸福家庭生活的快乐时刻，表现出有红豆家纺的陪伴生活更快乐的主题。以散文式的镜头表现手法，注重画面美感，每组镜头间用心形串联，用符号象征爱与幸福。截取一个家庭从新婚到三口之家生活中最幸福快乐的时刻，一句广告语对应一种时刻，重点突出红豆家纺“幸福家 乐生活”的品牌概念。

三、影片执行：

方案获得认可后，为了保证影片的品质和效果，我们的制作团队在公司自有的1000平方米摄影棚内置景布光，营造出温馨家庭的感觉，开始紧张的棚内拍摄。对于此次广告片，采用Red One数字电影机拍摄、后期粗剪精剪调色、公司原创配乐、数字编辑合成自主全流程的制作方式，合力完成了这样一部高质量的TVC广告片。

四、效果

广 告 主：
红豆家纺
广告代理：
无锡传视文化投资发展有限公司

红豆集团是江苏省重点企业集团，国务院120家深化改革试点企业之一。以创民族品牌为己任，从企业草创到目前产业相对多元化，大力推进品牌建设，不断实现转型升级。由无锡传视文化投资发展有限公司全程策划拍摄制作的红豆家纺TVC广告片，由于全程深入细致全面地与客户接触沟通，加上团队的集体智慧和用心制作，最终以创新的视角制作出了一个令各方都十分满意的影片作品——《红豆家纺形象广告——幸福家 乐生活篇》。

本片所用创意及文案，包括后期执行效果，受到了客户方的一致赞扬，并因此取得后期继续合作的机会。

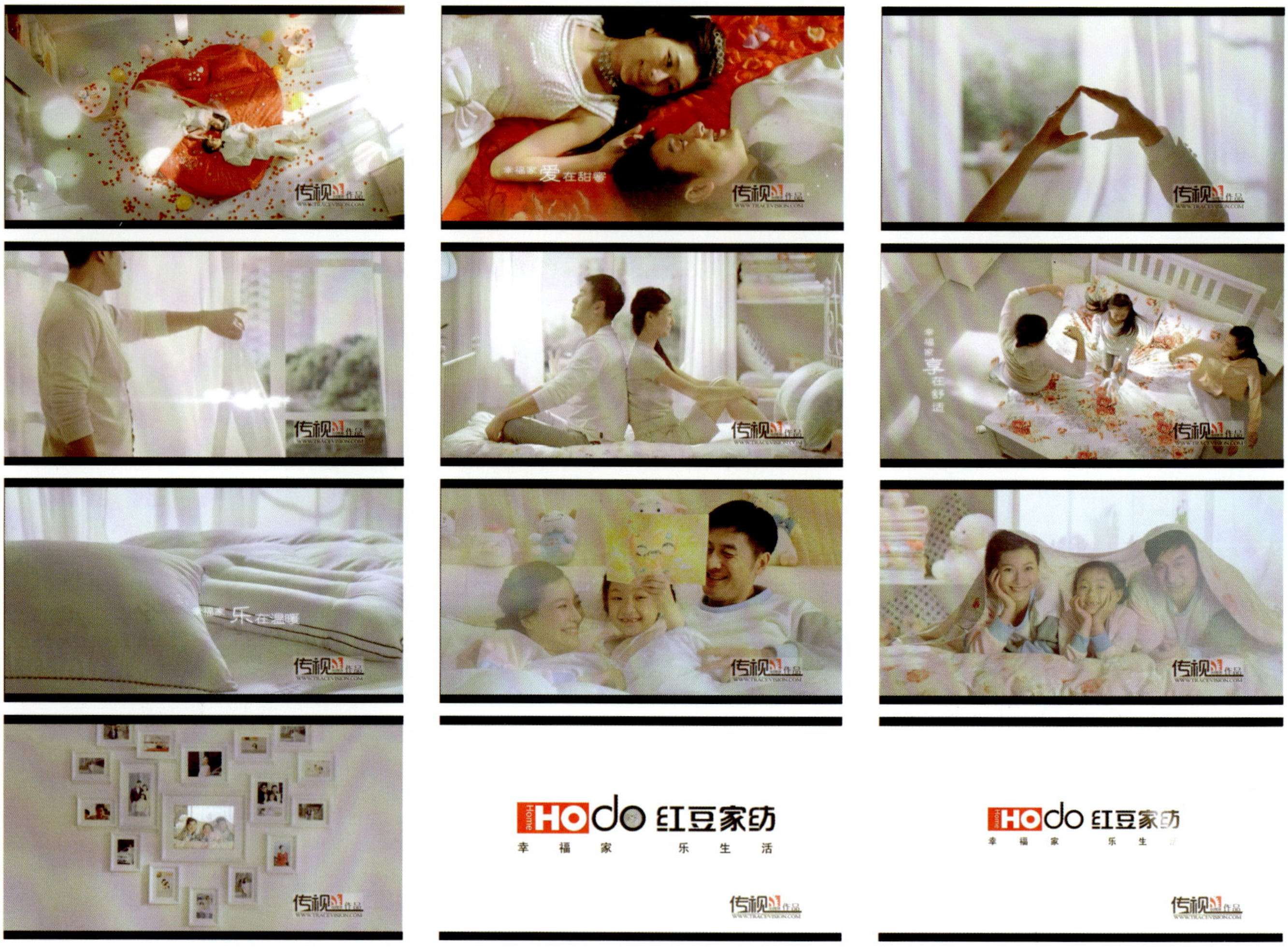

点评：

虽然已经到了街头巷尾都在谈数字营销的年代，但传统电视TVC广告的作用还是无可取代的。红豆集团是江苏省重点企业，旗下拥有红豆男装、红豆居家、红豆置业等一系列知名品牌，此次通过电视TVC的方式做红豆家纺的品牌传播也是想进一步扩大红豆家纺品牌的知名度。在案例中，无锡传视文化投资发展有限公司的团队利用散文般的口吻，描绘出了一个温馨而充满爱的家庭，表达出红豆家纺所要传递的品牌文化。

——唐 超

富士达电动车：让顾客爱上扫码

生活方式决定了消费者的选择，消费者的选择决定了企业的命运。只有顺应时代潮流，企业才能向前发展。现在消费者的生活离不开手机，离不开网络。原来的消费都是货比三家不吃亏，现在很多人都是商场里看好衣服，然后回去上网购买，到2015年，中国智能手机将达到7.5亿用户。

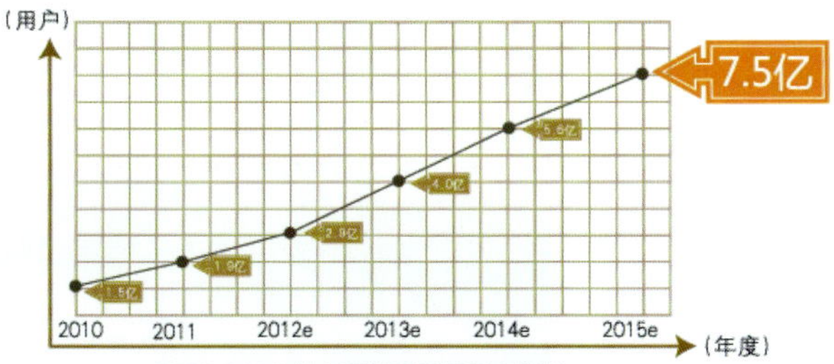

2010-2015 年中国智能手机用户规模

顺势者行

中国电动车行业作为本土创造独特品类的产品，经过十多年发展，从事电动车企业从2000多家下降不到1000家，电动车行业已经进入到完全竞争的格局。目前各电动车品牌营销核心工作还是停留在渠道产品销售阶段，而没有进入产品品牌营销阶段，更谈不上品牌产品阶段。众所周知，现在主流消费者已经以80后、90后为主，他们是伴随网络的发展成长起来的一代的人，谁能把握主流消费者趋势，谁将最终赢得市场主导权。

不得不承认，中国电动车行业现在不是大鱼吃小鱼而是快鱼吃慢鱼的时代。纵观电动车行业发展，一直以来产品同质化现象严重，制约着品牌的深度演绎和发展。与此同时，随着电动车行业渠道扁平化趋势的演进，渠道不断下沉，渠道模式也发生了深刻的变革。

富士达寻求营销突破

面对庞大的线下体系，富士达如何在企业数量众多且产品同质化严重的电动车市场中取得领先之地?

为了寻求突破，富士达携手壹串通品牌营销策划机构（以下简称壹串通）共同打造品牌之路。在合作的过程中，富士达的市场总监徐总在一次闲聊中对壹串通董事长李锦魁说："马云说，要么电子商务，要么无商可务。我们也想做线上电子商务的销售，但是这样会破坏实体门店和经销商的利益，很难让线上和线下完美结合。"李总随声说到："这个问题有很多朋友和我诉过苦。2006年我在日本生活过一段时间，在日本我才第一次接触到二维码，研究之后发现，二维码的应用很广泛，不仅可以看到产品的信息、图片和

广 告 主：

天津富士达电动车有限公司

广告代理：

壹串通品牌营销策划机构

纵观电动车行业发展，一直以来产品同质化现象严重，制约着品牌的深度演绎和发展。与此同时，随着电动车行业渠道扁平化趋势的演进，渠道不断下沉，渠道模式也发生了深刻的变革。为了寻求突破富士达携手壹串通品牌营销策划机构共同打造品牌之路。

视频，还可以用来预订购物。物品发货很快，而且都是最近的门店或经销商发货，线上线下完美结合。发现这个趋势后，我回到国内就开始成立O2O物联网实验室，现在成立了一个移动物联网‘O2O营销’公司（广州码通信息科技有限公司）。帮助企业解决线上线下结合问题。”

率先布局O2O营销模式 快人一步

在2013年3月，富士达品牌战略峰会在天津梅江国际展览中心开幕，壹串通和码通参加会议。峰会为了更好地呈现产品的信息，使用了广州码通公司的二维码来演示产品信息和实现现场抽奖。现场气氛火爆，尤其是“富士达一‘码’当先 领跑O2O营销新模式”更是将现场气氛抬到最高点。

精准营销，企业免费传播时代来临

目前，企业的信息发布与传播，许多仍停留在广播式年代，广告铺天盖地，成本居高不下，成效甚微，难以量化。而且新旧信息重叠，旧信息残留在市场上，残留在互联网的海洋里，不利于新信息的传播，令新信息无法及时传播到位，存在误导市场、误导客户、误导消费者的可能。

通过手机二维码的营销应用，企业可以实现精准营销，与目标消费者互动交流，提高营销传播的效果。选择使用二维码获取产品信息的消费者，往往就是该产品的目标消费者或潜在消费者，具有主动性和针对性。他们的每一次点击都会是一次精准的营销，大大节省了企业的宣传成本。

此外，二维码营销的优势还表现在通过二维码获取信息的便捷性和全面性。相对于广播广告、电视广告、平面广告的时间和版面限制，消费者通过手机二维码连接网络所获得的信息量是它们无法比拟的；而相对于互联网，通过二维码获取精准的产品信息也会更加方便和快捷。

O2O模式，线上和线下相互融合

传统品牌营销，营与销是脱节的，消费者看到品牌广告后无法直接购买，造成了大量潜在购物机会的流失。二维码则改变了这一局面，它促进了品牌广告与移动购物的结合：企业在品牌广告中植入二维码，消费者看到广告时便可立即扫描二维码进行手机购物，随时随地购物，实现“营与销一体化”，大大提升了营销效果。

利用二维码技术，企业可以搭建连接线上与线下的桥梁，让消费者通过手机扫码随时随地进行移动购物，从而助力企业将O2O模式完美落地，节约各种成本，实现利益的最大化。如中国码通为企业量身定做的手机二维码防伪技术，不仅可以让企业实现高科技防伪，同时也能让企业打通电商入口，把每一件附有“中国码通”二维码的产品变成让消费者实现“扫码购物”的入口。

传统的手机购物局限性很强，比如服饰类产品在手机中就很难得到全面的细节展示，看上去“没感觉”，无法刺激消费者的购买冲动。二维码手机购物则改变了这一现状，很好地解决了传统手机网购不够直观，无法更好展示细节的劣势。

消费者的选择决定了企业的命运

如何让顾客爱上“扫码”？为此，壹串通项目组联合码通技术人员进行二维码创新应用，先通过新颖的彩色二维码、液态二维码来吸引大家关注，再通过扫描抽奖、积分来引诱大家扫码，最后通过二维码里的精彩信息打动消费者。

消费者扫描二维码后，还可以进行对于产品的评价，让消费者成为企业的产品开发工程师。

让传播从平面转向立体，降低物料成本

传统的传播广告铺天盖地，成本高，效果低，消费者无法直观地了解到产品的信息和功能，需要印刷大量的纸质文件。使用二维码让传播变得立体，通过文字、图片、视频，可以查看更多其他型号的产品。

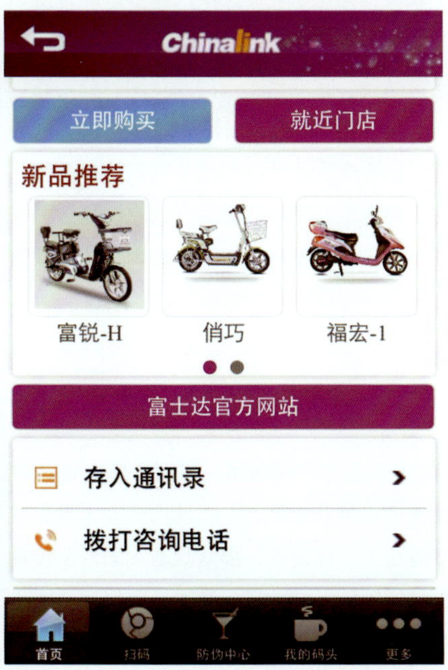

线上线下完美结合 循环销售

线上下单，通过手机定位和查找最近门店，消费者填写地址信息和产品需求。富士达通过企业后台处理数据发送产品到消费者手中。消费者在线下实体门店产生购买意向也可以拿着产品购物手册扫描二维码到线上购买。

点评：

O2O营销模式是当下热议的一种营销方式，移动互联网如何与线下打通，随着智能手机的普及O2O成为了最好的方式。通过手机二维码的营销应用，企业可以实现精准营销，与目标消费者互动交流，提高营销传播的效果。选择使用二维码获取产品信息的消费者，往往就是该产品的目标消费者或潜在消费者，具有主动性和针对性。

对于品牌来说，二维码营销的优势还表现在通过二维码获取信息的便捷性和全面性。相对于广播广告、电视广告、平面广告的时间和版面限制，消费者通过手机二维码连接网络最快地了解富士达电动车的相关信息，从而更加方便消费者做选择和决定。

——唐 超

布雷尔利金属门窗：金属艺术家

广 告 主：

布雷尔利金属门窗

广告代理：

深圳卫视镜像文化传播有限公司

布雷尔利作为唯一一家不锈钢家居用品的全国性连锁品牌，经过多年的发展，销售网络遍布全国。为推动品牌升级，形象代言人从朱时茂到李小璐，从“坚固耐用”到“时尚、高档、信赖、流行”，找到了品牌的视觉灵魂。从“定制家的色彩”到“金属艺术家”，提升了品牌的文化和应用内涵！广告词写得也很精彩。

布雷尔利不锈钢品牌是我们多年服务的优质客户。这次的品牌策划将主要解决以下问题：1.品牌升级；2.彩色不锈钢。

品牌现状：

随着我国经济发展的需要，不锈钢产品被广泛地运用到各行各业。1997年之前，我国不锈钢年产量只有25万吨，进口51万吨；然而进入新千年，我国不锈钢需求量成倍增长，在2002年到2007年之间，不锈钢的产量从94万吨激增到837万吨；截至目前我国不锈钢年消费量已经达到940万吨，巨大的消费市场为不锈钢行业带来广阔的收益前景。布雷尔利是唯一一家不锈钢家居用品的全国性连锁品牌，在成功上市的几年间，公司在保定、包头、长沙、佛山、江苏都有生产车间。经过多年的发展，到目前为止布雷尔利各地经销商已经达到500余家，销售网络遍布全国。公司旗下的产品包括不锈钢防护系列、不锈钢家居系列、不锈钢卫浴系列等多个系列上千种商品。同时，公司在北京、保定、长沙、佛山等多个地方设有物流配送中心，确保了布雷尔利产品能及时、快速地送达千家万户。

品牌升级：

在品牌升级阶段，我们将主要找回品牌所赋予产品的时代内涵，将时代特征注入到品牌的每一款产品中去。形象代言人是本次影视传播中的升级核心，以前的代言人是影视明星朱时茂，其品牌传播建立在“坚固耐用”传播点上，而现在，要从代言人的形象传播中，赋予一种“时尚、高档、信赖、流行、高附加值”的品牌内涵。所以，影视明星李小璐，成为了众多明星之中的首选。从朱时茂到李小璐，从“坚固耐用”到“时尚、高档、信赖、流行”，找到了品牌的视觉灵魂。

从“定制家的色彩”到“金属艺术家”，提升了品牌的文化和应用内涵！

布雷尔利不锈钢门窗，不仅仅是门窗，从工艺、造型、质感、手感、材质等诸多方面，已经超出了一个“门窗”的应用内涵，它不仅仅是产品，更是一件艺术品，是一件金属艺术品。当我们的创作人员提出“金属艺术品”的品牌概念时，得到了布雷尔利公司的高度认可。有了概念，也就有了视觉画面……现代展馆，让一件件产品成为金属艺术作品，以展馆展览的方式，构成艺术的氛围，融入代言人也变得非常自然、流畅。

品牌代言人：李小璐

核心输出：金属艺术家

布雷尔利金属门窗《鉴赏篇》广告词

你听到的是瞬间……

拥有的是永远！

你看到的是色彩……

拥有的是精彩！

你触摸的是现在……

拥有的是未来！

你开启的是门窗……

拥有的是布雷尔利金属艺术！

金属艺术家布雷尔利！

（英文）布雷尔利

点评：

布雷尔利的此次升级，需要的是对市场、消费者、品牌的一次全面升级，但如何诠释这种升级，从策略创意上，本案从品质到时尚，技术到艺术，色彩到精彩，科技到人文方面等实现了品牌的升级目标，同时代言人策略的调整，更能体现这次升级的要求，使这次升级更具有沟通性和销售力，也升级了消费群体。

——肖惠来

朗达移动电源：核心科技抢位

广 告 主：
朗达移动电源
广告代理：
壹串通品牌营销策划机构

智能手机开始风靡，顺其自然地，移动电源火了!老牌的电池企业朗达找到壹串通品牌营销策划机构，通过系统立体的品牌策略、整合传播、终端规划、样板打造、线上运营等一系列运作，一个移动电源行业的实力品牌已经振翅腾飞，知名度不断上升。

案例背景：

2011年是智能手机开始风靡中国、销量井喷的一年，由于它丰富诱人的应用程序，给使用者带来了耗电量大的困扰，“一天一充”成为很无奈的举动。俗话说，有问题就有解决方案。很快，“智能手机耗电大”这个问题就迎刃而解了，解决方案就是移动电源。它扮演了“手机移动后备电池”的角色，在户外将存储好的电量输送给手机，令使用者尽享畅快、便捷。

顺其自然地，移动电源火了！而且火势非常凶猛，截至2012年初，国内移动电源厂家数量已超过2000家，且市场上出现了一超多强的局面：品胜成为第一品牌，羽博、电小二、劲量、爱唯克思等紧随其后，将行业竞争局面演绎得十分激烈。

在这场激烈的争夺战中，还有一位参与者——朗达，作为老牌的电池企业，朗达的电芯产品凭雄厚的研发制造实力走过辉煌的13年，产品功能十分优秀，但基于一直奋战在B2B的阵营里，朗达对于B2C运作经验缺乏，在面对消费者的市场上，其移动电源品牌知名度尚未打开，因此找到了壹串通，意在合力建立完整的品牌体系，打造行业知名品牌，让更多消费者用上卓越表现的产品。

对手玩虚的，我们就要来实的！

毫无疑问，智能手机现处于火爆并且将长期处于火爆的阶段，因此移动电源势必一路飘红，市场前景十分广阔，朗达走品牌之路是十分明智的。但，这条路要怎么走?

“知己知彼，百战百胜”这句如今已经俗得掉渣儿的古语还是十分经典。看看对手怎么走，朗达才能起而攻之。品胜是先声夺人，很早便出击吃到了市场第一口香饽饽，凭借其知名电池厂家在全国早已布下的广泛渠道，以“手机数码/IT/配件领导者”的定位，典型的纯白方形移动电源形象，很快虏获了一二线城市的消费者芳心，但产品的核心竞争力始终不明朗，它传递的就是“实力品牌，值得信赖”的印象。本质上，胜在企业多年沉淀的知名度和美誉度。

再看另一劲敌——羽博，深谙消费者网购化趋势，将电商运用到极致，天猫、淘宝、京东、易讯……几乎所有的电商都进驻了，单独淘宝就有3000多家店铺在销售。这使其成为“网络第一移动电源品牌”，而纵观其产品核心优势，也主要集中在外形的设计和产品线布局上，羽博宣称“买品质，选羽博”但品质到底好在哪里，终究没说清楚。

从以上两个最大对手的情况看，他们都热衷于玩虚的，在产品竞争力上含糊不清，这给了朗达很重要的提示：干脆走“实”的路线，迎面攻击对手，抢占市场份额。

找到突破点了，关键还得看自身本事够不够。朗达用铁打的产品证明了自己有资格去

"挑衅"：33年的电芯研发制造，生产A品电芯，其移动电源转换率行业领先，比普通对手高出接近20%，是真正的容量实足。转换率是衡量移动电源功能的根本指标，转换率越高，电量转移越有效，能充电次数越多。一句话：朗达的移动电源比普通的对手充电次数更多！

至此，我们找到了朗达最核心的也是最有利的反击武器，即用实实在在的产品卓越功能去对抗对手花里胡哨的外在表现。

就做最专业的手机移动电源

从前面的抽丝剥茧中，朗达确定了以产品力作为核心战略，再放眼市场，我们发现，移动电源本身能适用常见的所有数码设备，这也成为所有对手的招数，大力宣扬移动电源的多功能，而消费者使用移动电源主要给手机充电，我们认为，将消费者的注意力集中在某一点，是最省心和有力的，"爱一个就够了，爱得多心就散了"，因此朗达果敢将品牌定位为"专业手机移动电源"，核心卖点呼之跃出"容量足"，用抢位策略攻击对手，抢占手机移动电源这一细分市场，区隔于对手大而全的适用范围（手机、iPad、相机、PSP等）。

那么，朗达做容量实足的移动电源，背后的支撑在哪里？我们找到了三个功能支持点：

1. 100%容量实足，转换率行业领先。

2. 专注电芯研发，33年技术积淀(始于1979年)。

3. 智能掌控， 四重安全保护，方便又省心。

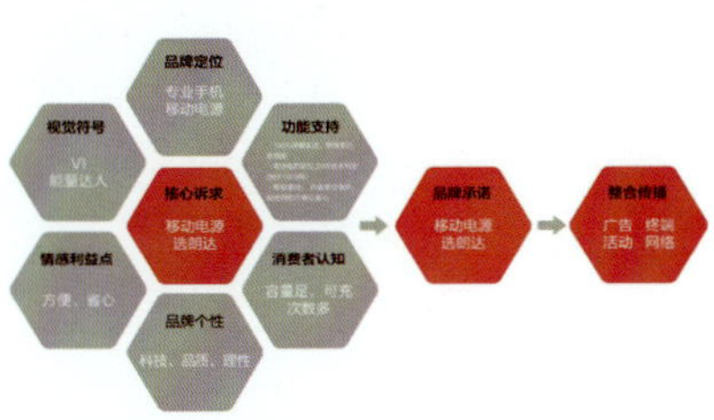

朗达移动电源策略蜂窝图

那它能给消费者带来什么？用最通俗易懂的词汇描述，往往让消费者最快记住，所以我们用了"充一次用多次、方便省心"这样的大白话，不仅容易传播，也契合了"做实在品牌"的核心思想。那么，干脆一实到底！广告语脱口而出——移动电源选朗达！

而在区域市场上，介入重点一二线城市，将面对无数强敌的猛烈冲击，短期内难以发展壮大，因此，我们采取曲线攻略，避开硝烟弥漫的核心城市，从广东、浙江、江苏等发达省份的二、三线市场入手，占山为王，先在局部打响知名度，从侧翼抢占市场份额。

能量达人，能量无极限！

制定策略后朗达如何最直观最有效地和消费者沟通？塑造生动形象的品牌符号是捷径。结合移动电源释放电量的特征，以及朗达突出的产品功能，我们创造了酷劲十足、阳刚威武的"能量达人"，配合新logo的能量原点，经典红色调，形成震撼的视觉冲击，拥有"超人基因"的能量达人，传递的是朗达雄厚的科技力量，澎湃的强劲电量。而根据使用移动电源的三大常见场景——出差、旅游、逛街分别创作的平面广告让消费者切身体会对移动电源的强烈需求。一问一答的广告语精炼有力，直捣人心。

朗达新logo

品牌符号——能量达人

系列平面广告

释放品牌元素，线下火爆初见端倪

有战略地图，有传播因子，还要有终端的临门一脚。因此，我们为朗达准备了庞大华丽的装备：终端一体化手册、SI手册、导购员手册、产品封套和单张，一应俱全。立体呈现一个实力移动电源品牌的外貌和内涵。同时在中山成功打造样板市场，仅其中一家代理商，一个月便发展75家经销商。朗达每天在该区域出货5000~10000元，截至2013年1月6日10万货物全部出货完毕。

点评：

该案例用最通俗易懂的词汇描述这款实用的移动电源，让消费者能够最快记住。经过考虑，最后团队用了“充一次用多次、方便省心”这样的大白话，不仅容易传播，也契合了“做实在品牌”的核心思想。实在就是朗达的品牌内涵，广告语脱口而出——移动电源选朗达！而在区域市场上，介入重点一二线城市，将面对无数强敌的猛烈冲击，短期内难以发展壮大，因此，广告策略采取曲线攻略，避开硝烟弥漫的核心城市，从广东、浙江、江苏等发达省份的二、三线市场入手，占山为王，先在局部打响知名度，从侧翼抢占市场份额。

——唐 超

深圳品牌形象店外观

终端立牌、地贴

产品单张

迎合消费趋势，线上也要火力全开

电商这块沃土自然不能放过，尤其是年轻一代购物新宠——天猫商城。于是，经过5个月的精心准备，朗达携带全新打造的产品正式上线，仅仅一个月，天猫旗舰店销售朗达产品总额为46370元，好评如潮，成绩喜人，潜力无限。

通过系统立体的品牌策略、整合传播、终端规划、样板打造、线上运营，一个移动电源行业的实力品牌已经振翅腾飞，知名度不断上升，接下来，就是美誉度登场的时候，新的一年，朗达和壹串通将继续携手共进，让亿万消费者真正体验朗达带来的惊喜和震撼！

Retailer & Service

零售与服务企业类

天猫：从“光棍节”到“购物狂欢节”

广 告 主：

阿里巴巴

广告代理：

DDB中国（DDB China Group）

针对2012年的光棍节，DDB打造的方案主题是“双十一购物狂欢节”，这和单身节的原意已经不同。整个方案非常好地传承了品牌广告的元素，打造了线上线下传播方案。在中国内地收视率最高的两大电视台——中央电视台和湖南卫视投放广告进行宣传。同时通过优酷网、腾讯网和新浪网进行在线推广；同时在地铁、公交站及地铁站的户外灯箱及墙壁嵌入式广告宣传栏上，这次活动的广告触目可及。

目标

2012年，DDB中国受命把11月11日打造成天猫“双十一购物狂欢节”。DDB所面临的挑战，一方面是要打破天猫2011年“双十一”的销售记录，同时还要确保本次购物节能吸引到除一、二线城市之外的广大消费者。这次活动证明了中国的消费者行为是有可能被改变的：从纯粹促销日，变成全民狂欢的购物节。更重要的是，这一天也因此成为了天猫特有的节日“天猫日”：一年当中全民网购的采购狂欢节。

解决方案

2012年9月，DDB中国为天猫发布了新的品牌方案“指尖上的购物天堂”。这大大巩固了天猫在网购平台中的最领先地位——天猫平台所拥有的品牌旗舰店数量名列电商行业首位，在商品的多样化、款式及质量方面均是佼佼者。回想起和天猫的合作，DDB创意总监邓斌在采访中告诉记者：“天猫效率非常高，电商企业的节奏很快，他们的团队相对比较年轻，反应非常迅速，我们5月中接到比稿，三周提了两轮创意，然后第二天就接到赢得比稿的通知，然后就开始找导演制作，很难得的是，最后买的创意，就是我们比稿时第一轮提的创意，这也说明我们的思路非常准。”

在之后的一个月中，DDB的创意团队找到香港广告界的大牌导演David Pun，与其合作。David Pun是艺术指导出身，同时做过电影的艺术指导，获得过香港金像奖最佳艺术指导提名，由于其工作经验，该导演的作品视觉感很强，拍出来的画面非常美，很有时尚感和品质感，非常适合天猫的品牌特性。同时，这个片子还在纽约第五大道取景，找了美国当地的制作公司合作拍摄，最后在香港后期合成全片。

经过2个月时间的制作，到7月中旬，这个广告片的“香港篇”就出来了，到8月“纽约篇”和45秒完全版就出来了。

这则时尚的电视广告以两大国际购物圣地香港和纽约为背景。通过在线逛天猫，购物变得前所未有的简单和容易：消费者可以完全听从自己的时间和节奏，最重要的是，可以舒服地在家购物。

针对2012年的光棍节，DDB打造的方案主题是“双十一购物狂欢节”，这和单身节的原意已经不同，因为我们要确保这一天将来会成为独特的天猫购物狂欢节。整个方案非常好地传承了品牌广告的元素，打造了线上线下传播方案：

线上：在中国内地收视率最高的两大电视台——中央电视台和湖南卫视投放广告进行宣传。同时通过优酷网、腾讯网和新浪网进行在线推广。

线下：在地铁、公交站、地铁站的户外灯箱及墙壁嵌入式广告宣传栏上，这次活动的广告触目可及。线上的宣传视频在周末时达到最高的点击率，同时大大增加了本次活动的宣传力度。

成果

淘宝和天猫成功地将双十一“光棍节”转变为“天猫购物狂欢节”，并赫然成为中国最盛大的网络购物盛会。

此次购物狂欢节给天猫这一网络零售平台带来了巨额的销售量，远超去年的光棍节。淘宝和天猫在当日的点击量超过1亿次，天猫销售额更是高达132亿元人民币（21亿美元）。双十一的单日销售额就相当于中国其他网购平台一月或者一年的销售总额。

研究机构comScore的数据显示，2012年光棍节当日天猫和淘宝的最终销售额达191亿（约30亿美元），打破了此前12.5亿美元的单日电商销售记录。本次“双十一购物狂欢节”超越了美国类似的单日购物狂欢节如Cyber Monday，Black Friday和Boxing Day等等，创造了新的世界纪录，一个新的神话。

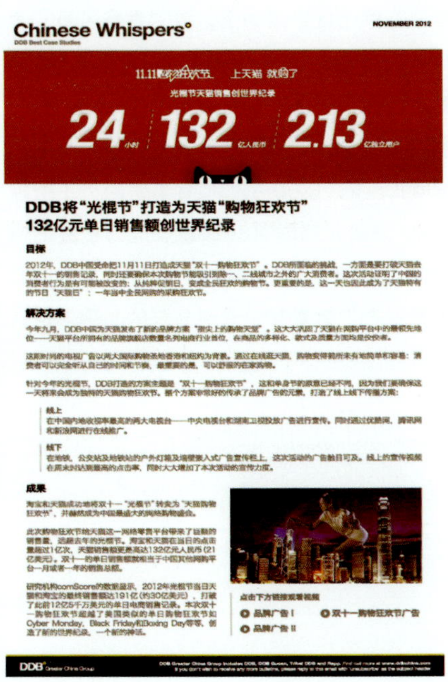

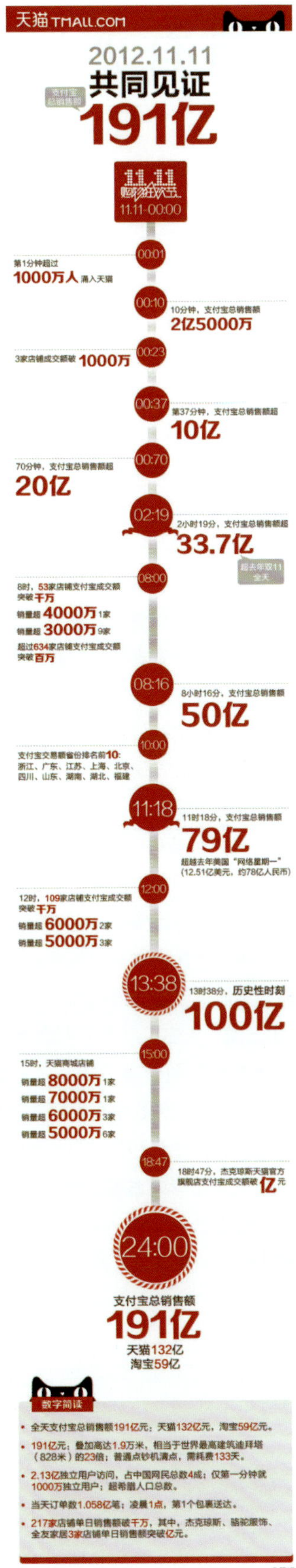

点评：

2012年淘宝商城更名“天猫”，并发布全新logo形象，一个代表时尚、性感、潮流的品质商城由此诞生。

同年DDB中国为其发布的品牌方案“指尖上的购物天堂”，以两大国际购物圣地香港和纽约为背景，既符合天猫的市场地位，又从视觉上激发了消费者的购物欲望；在购物方式上，简单、便捷的在线购物由消费者一手掌控，不出家门便得时尚名品的方式更是快节奏生活下人们购物首选。

两支广告在收视率最高的中央电视台和湖南卫视进行投放宣传，同时结合优酷、腾讯和新浪三大网站的在线推广，实现了收视人群的大面积覆盖；配合地铁、公交站和地铁站的户外灯箱及墙壁嵌入式广告宣传的线下模式，令触目可及的广告与消费者之间的黏度不断增强。

所有宣传推广与话题发酵在双十一当天创造了购物界新的神话——超过1亿次的点击量、132亿人民币的销售额。更令人称叹的是，它成功将普通的光棍节打造成“天猫购物狂欢节”，并持续引领中国最盛大的网络购物盛会。

——刘 震

苏宁易购：借力《致青春》塑造青春品牌形象

广 告 主：

苏宁易购

广告代理：

北京合润德堂文化传播股份有限公司

苏宁易购发起以“青春”为主题的“青春三部曲”活动，进行了一系列的整合营销传播活动。一方面，苏宁易购在其新浪微博的官微上发起了“青春体”的创作活动，引发了众多网民的积极参与，“青春体”风靡网络，成立网络热门话题。在《致青春》上映之初，携手《致青春》剧组举办“七城联动《致青春》明星见面会”活动，为广大影迷提供与明星面对面的交流机会。另一方面，在线上促销活动上，以“青春风暴”为主题的4·18“0元购”大促，取得了不错的销售增长业绩。

随着赵薇首次执导的电影《致我们终将逝去的青春》在全国各大影院热映，其浓浓的文艺范儿迎合了当下80后、90后年轻一代的热烈追捧。而电影讲述的青春成长故事更是引起了70、80年代人的强烈共鸣。作为《致青春》的深度合作伙伴，苏宁易购也借电影《致青春》的热映，将“青春”、“活力”的品牌形象根植人心。

苏宁易购一直都在主打“青春”牌，从冠名《天声一队》，到赞助《中国好声音》，从主办校园营销大赛，到开启1200所校园招聘，苏宁易购的每一次活动都以青春、活力的形象亮相。此次植入《致青春》，以电影为内容载体，全面借用影片元素来推动品牌的营销活动，制造引爆点，形成线上线下呼应的整合营销。苏宁易购更是从品牌到营销、从线上到线下将“青春”的主题发挥得淋漓尽致。

2013年4月，苏宁易购发起以“青春”为主题的品牌活动。先是苏宁易购执行副总裁李斌的一纸《青春宣言》吹响了“青春”集结号，再到整个4月不断推出的“青春密码”、“青春风暴”、“青春梦想”的“青春三部曲”活动，一度引起了媒体、电商行业、网民、消费者的广泛关注。

塑造品牌需要内外兼修。苏宁易购为了塑造“青春”的品牌形象，进行了一系列的整合营销传播活动。一方面，苏宁易购在其新浪微博的官微上发起了“青春体”的创作活动，引发了众多网民的积极参与，“青春体”风靡网络，成立网络热门话题。在《致青春》上映之初，携手《致青春》剧组举办“七城联动《致青春》明星见面会”活动，为广大影迷提供与明星面对面的交流机会。另一方面，在线上促销活动上，以“青春风暴”为主题的4.18“0元购”大促，取得了不错的销售增长业绩。

无论是“青春体”的传播、举办“七城联动《致青春》明星见面会”，还是4月份“青春三部曲”促销活动，苏宁易购都在为其塑造“青春”的品牌形象加分。

分析人士认为，苏宁易购的团队平均年龄不到25岁，以80后、90后为主的员工所独有的青春与活力气息正影响着其品牌的定位。另一方面，伴随着80后逐步成为社会的中坚力量以及越来越多的90后步入社会，这一代年轻群体俨然成为网购的消费大军。面对年轻的团队和年轻的消费群体，苏宁易购意欲塑造一个“青春”、“活力”的品牌形象，博取关注，抢占市场。

点评：

好莱坞式电影习惯以宏大、炫酷场景征服观众眼球，异军突起的中国青春题材电影则通过找到观众容易接受的方式，与他们产生了互动与情感共鸣，从心灵上征服观众。其中最具代表性的便是赵薇首次执导由风靡一时的小说改编成的电影《致我们终将逝去的青春》。

电影需要找准市场，塑造品牌则需要内外兼修——定位、树立品牌形象+精准宣传营销。

苏宁易购一直定位"青春"牌，并通过冠名、赞助、举办比赛等方式全面树立起青春活力的品牌形象。

而此次看准"致青春"的市场热潮，苏宁易购不仅在微博上发起"青春体"的创作活动，引发网民的积极参与互动，增加与消费者的粘度；另一方面，乘势而上，在线上发动以"青春风暴"为主题的418"0元购"促销活动，直接激发消费的产生。

线下携手《致青春》剧组举办"七城联动《致青春》明星见面会"，有效地利用明星效应进行宣传推；4月的"青春密码"、"青春风暴"、"青春梦想"的"青春三部曲"活动，一度引起了媒体、电商行业、网民、消费者的广泛关注，巩固并完善了品牌"青春"形象。

无论是何种方式的宣传，苏宁易购始终不遗余力地围绕其"青春"的品牌形象、通过对品牌的精准定位、市场的即时掌控进行整合营销传播，实现了品牌的利益最大化。

——刘震

锦江旅行家：打造品质、中高端电商平台

广 告 主：
锦江旅行家
广告代理：
上海广告有限公司

量身打造品牌微电影，串联锦江集团的各个核心产品，形成病毒传播，不但体现了品牌核心价值和产品利益点，并在极短期内，使锦江电商平台收获了目标受众的瞩目，并为电商平台创造持续商机和良好的用户口碑。

一、品牌需求

于锦江自建电商平台“锦江旅行家”创建伊始，需要在短时间内提高平台曝光，形象推广，及电商产品核心述求传播。

二、策划方案

以“品质、中高端”的电商平台调性为基础，为锦江在“微博端、视频端、iPad端”构建整合推广平台，形成“集中曝光-虚拟体验-口碑扩散”的营销体系。

视频端：

为锦江集团电子商务平台量身打造，挖掘传播的热点，结合“情人节”高传播度的话题性，以真人真事，实景策划拍摄视频短片，以引发共鸣。

三、执行过程

《穿越五大洲的超感动求婚》-锦江国际

锦江旅行plus为一位参与情人节活动的热情粉丝出谋划策，拍摄剪辑感人求婚视频#穿越五大洲的超感动求婚#，以锦江国际作为拍摄地点，在视频中融入世界各地的求婚祝福，与锦江旅行的主题相呼应。

http://v.youku.com/v_show/id_XMzUyMjg3MjI0.html

● 视频播放量：40.6万次以上

● 评论量：1,000次以上

● 微博转发量：4,800次以上

● 传统电视媒体报道：9 家以上

● 平媒报纸：10家以上（包括上海新闻晚报）

● 热门论坛传播：3 家以上

以真人真事，实景策划拍摄的视频短片，在优酷网首页推荐该视频，短期内就引起新浪视频、搜狐视频、凤凰视频、土豆网，baomihua.com，ku6.com等视频网站转发。同时，各大电视新闻媒体相继报导，经过一系列的整合网络营销推广，该视频迅速成为2012情人节的一大亮点。

传统媒体篇：

东方卫视《看东方》，上海电视台《媒体大搜索》，南京电视台《大刚说新闻》，上海地铁公交移动传媒，安徽卫视，山西电视台，江苏电视台，山东电视台等传统电视频道播出。

新闻篇：

此次视频内容在各大网络新闻媒体报导：人民网、解放网、中国新闻网、东方网、第一新闻网、深圳热线、新视界、新浪网、凤凰网等。

白领 A1 叠 17

男友精心制作求婚视频感动女友

南腔北调“劝婚” 女孩答应嫁了

2.14日新闻晚报半版报道

论坛社区宣传篇：

豆瓣、人人网、开心网、爱卡汽车网、佳友在线等。

四、活动效果

量身打造品牌微电影，串联锦江集团的各个核心产品，形成病毒传播，视频短片优酷播放27.7万次，视频评论量784条；56.com转发播放13.9万次。东方卫视《看东方》、上海电视台《媒体大搜索》、南京电视台《大刚说新闻》、上海地铁公交移动传媒等各大传统电视频道相继播出。不但体现品牌核心价值和产品利益点，在极短期内，使锦江电商平台收获了目标受众的瞩目，并为电商平台创造持续商机和良好的用户口碑。

点评：

众所周知，病毒的扩散极其迅猛且危害力极大，所到之处无人能幸免。这种模式被应用到营销传播领域，有利于消费者快速认识品牌，从而了解、信任到最后依赖品牌。

锦江电商平台正是以真人真事，实景策划拍摄的求婚视频，串联锦江集团各个核心产品，短期内引起新浪、搜狐、凤凰、土豆网等视频网站转发。同时，各大电视新闻媒体，网络媒体，豆瓣、人人网等论坛社区相继报导。

锦江电商平台“集中曝光-虚拟体验-口碑扩散”的营销体系，通过对市场热点的整合分析，结合“情人节”高传播度的话题性引发共鸣；而真人真事的真人秀微电影更能够贴近普通人的生活、顺应观众对真实强烈需求的趋势以及所产生的互动，能够引发观众参与其中，提高观众与品牌的粘合性及延续性，在提升品牌知晓度的基础上，打造品牌知名度。

此次视频传播营销不但体现品牌核心价值和产品利益点，在极短期内，使锦江电商平台收获了目标受众的瞩目，并为电商平台创造持续商机和良好的用户口碑。

——刘 震

飞鹤汽运：鹤舞江海，责任致远

广 告 主：

飞鹤汽运

广告代理：

南通骑士广告设计有限公司

在取得的成绩面前，南通汽运集团高层认识到品牌文化是通过准确的定位，赋予品牌丰富而深刻的内涵，充分利用多种有效的传播途径形成消费者对品牌的高度认同，最终形成强烈的品牌忠诚度。经过多次研究，南通骑士提出用“飞鹤”作为公司的统一品牌。飞鹤的简洁形象体现了亲和与旅客至上的服务理念，整体设计既有较深厚的中国传统文化底蕴，又凸显了现代设计的简洁，具有强烈的装饰感和视觉冲击力。

一、鹤舞六十载

敲响历史的晨钟暮鼓，穿越世纪的风雨雷电。紫琅山下，濠河之畔，南通汽运集团这个发端于解放之初，成长于和平年代，跨越于世纪之巅的运输企业，一路耕耘，一路领跑，演绎了由小变大、由弱变强的行者风范，缔造了通江海、达天下的瞩目传奇。沧桑巨变一甲子，岁月总是匆匆而过。一幅幅画面让人记忆犹新……

进入新世纪，南通汽运集团以优异的成绩获得了大量荣誉，是全国交通行业“文明示范窗口”、“中国道路运输百强诚信企业”。

在取得的成绩面前，南通汽运集团高层认识到品牌文化是通过准确的定位，赋予品牌丰富而深刻的内涵，充分利用多种有效的传播途径形成消费者对品牌的高度认同，最终形成强烈的品牌忠诚度。

基于这个认识，公司毅然决定首先在一千多辆长途汽车的车身分期进行形象识别的改造，通过和我公司的多次接触沟通，委托我公司首先统一设计车身形象。 在当时这么多的长途客车，车身全部由外地某知名企业的服装广告所占用，如今要将其全部换成没有任何广告收益的品牌形象，直接经济损失可想而知，需要集团高层巨大的勇气和独特的眼光。

经过多次研究，我公司提出用“飞鹤”作为公司的统一品牌。一是国内运输行业消费尚未有“飞鹤”名称的品牌，用飞鹤来体现运输业的快速、安全、舒适比较恰当。二是用飞鹤形象优美，有浓郁的东方审美趣味，以它来象征平安吉祥，易为大家所接受。

我们在进行视觉识别设计时，运用现代装饰设计手法和传统壁画表现手法相结合，并根据车身特点灵活处理画面，再按照不同的功能先后设计出具民族审美特色各有亮点的车身装饰图案。

飞鹤的简洁形象体现了亲和与旅客至上的服务理念，整体设计既有较深厚的中国传统文化底蕴，又凸显了现代设计的简洁，具有强烈的装饰感和视觉冲击力。

二、鹤翔千万里

飞鹤的系列车辆一经面世，立即引起了强烈反响，无论是行走在道路上，抑或是在各地的停车场上，“飞鹤快客”的优美身姿都是最吸引人们的眼球的。南通汽运通过飞鹤快客的形象在社会很快接受的前提下，进一步整合公司旗下各类车辆。近几年先后将“飞鹤公交”、“飞鹤巴士”、“飞鹤物流”运用统一中求变化的设计手法更新换代，使得“飞鹤”形成了一个完整的系列。仅飞鹤快客一千多辆长途汽车就全部焕然一新，成为通城和各条道路上一条流动的靓丽的风景线。面对社会各界对飞鹤品牌的肯定，南通汽运

鹤舞江海·责任致远

SINCE 1949.8.2

集团不失时机地推出了“飞鹤”的品牌理念——“心鹤交融，爱播一路”。提出飞鹤品牌是企业的生命，也是员工素质的保障。飞鹤起舞，我心飞扬；心鹤交融，活力无限。要引导全体员工把“我爱飞鹤，我树飞鹤，我创飞鹤，我享飞鹤”，变成思想和自觉行动，做到“品牌在我心中，精品在我手中”。并进一步创作了《飞鹤之歌》，歌词中这样写道：“我们是/腾飞的/腾飞的/丹顶鹤，爱唱一支/一支和谐的歌。我们是/腾飞的/腾飞的/丹顶鹤，爱唱一支/一支和谐的歌。微笑服务春常驻，把每个生命/温馨呵护，江海情怀多宽阔，四面八方把爱心传播/把爱心/把爱心传播。”在员工中广泛传唱，飞鹤品牌意识在员工中得到有效的确立。公司的企业报《飞鹤日报》也以独特的面目每月按时出现在各个服务窗口。

三、鹤冲九霄外

南通汽运集团将“鹤舞江海，责任致远”确立为企业的宗旨，表示汽运集团的员工和车辆像一群丹顶鹤，在江海平原上欢快舞动，风雨兼程，驰骋千里。作为国有企业员工的汽运人以公益为重，志向高远、责任重大、淡泊名利，一切从旅客、顾客出发，一切为旅客、顾客着想，一切对旅客、顾客负责，一切让旅客、顾客满意。这是南通汽运集团五千员工的集体智慧的结晶，是汽运人在长期的经营生产实践中逐步形成的理想信念和价值取向。南通汽运集团通过大力塑造“飞鹤品牌”，使飞鹤的优美形象随着企业获得的多种荣誉而不断提升。近几年连续荣获“中国企业文化十佳单位”、“全国企业文化建设百强单位”等荣誉称号。

我公司设计的“飞鹤”品牌VI，以其独特的造型入选《中国品牌年鉴》，最近又传来入选“澳门设计双年展”的好消息。

随着汽运集团参与投资兴建的南通农副产品物流中心，南通汽运交通学校的先后落成，位于南通市东部的新客站已拔地而起。汽运集团一如既往地注重品牌形象的不断创新和提升，以“致力于旅客的安全出行和居民的绿色餐饮为更多的人提供更多的服务”为企业使命，提出了发展愿景：专注道路运输、专营农副产品、做全省领先、全国领先的现代服务业运营商。

点评：

正如来自辽宁马鞍山的一位乘客写的那样“雪白的飞鹤，五彩的祥云”，南通骑士依然显示出了他们强大的品牌定位和包装能力。对一家没有任何品牌基础的传统汽运公司进行品牌包装策划，对于任何广告公司来说都是一大挑战。因为如果不能脱颖而出就只能淹没在众多的国产品牌之中。

在该案例中，南通骑士的团队对南通汽运集团进行了企业形象识别系统的改造，通过“飞鹤”的形象来突出汽运集团每日上千里运输旅客。“鹤”也是中国传统文化中的一个非常具有识别度的意象，这让一家多年积累的本土公司增加了一份文化的内涵，能把这一点体现在交通运输行业，是难能可贵的。

——王正飞

Alcoholic Beverage
酒精饮料类

马爹利名士：“跃升新优雅”广告运动

广 告 主：

马爹利名士

广告代理：

TBWA（上海）广告公司

面对国内高手如云的进口洋酒市场，马爹利名士的竞争对手可谓是虎踞龙蟠，要想成为成为中国市场的品类领导者，有显著的销售提升，必须基于深刻的消费者和市场洞察。为逐步构建“当代名士”的社交平台，马爹利名士由当代名士精英典范们做出表率，通过线上线下的活动，传达主旨、建立认知，扩大参与。在媒体宣传上，逐年增大网络互动的投入，更为精准投放和密切联系最终实现提升品牌联系和品牌倡导。

进口洋酒在中国市场，拿干邑来说，占据整个酒类市场的2%，基本在酒吧或者KTV渠道按瓶消费。面对如此激烈竞争、喧嚣的市场环境， 主打派对的竞争品牌以歌舞升平的姿态占据强有力的优势，马爹利名士显得远远落后。

面对占有50%市场的轩尼诗，30%的人头马，马爹利仅占据20%的市场占有率，处于第三名位置再难有突破。相对于音乐和舞蹈的平台，马爹利所沟通的“时尚”显得单薄，较难取悦消费者并建立深层连系。

目标：

- 马爹利名士成为中国市场的品类领导者
- 显著的销售提升
- 引导“考虑”与“转化”的消费者习惯
- 提升品牌联系和品牌倡导

目标消费群体：

25岁~35岁中国男士，中高档收入，在工作上拥有一定的成绩，在社会上或自己的领域拥有一定的定位，并且活跃于社交。

基于消费群洞察，中国男士对于成功的丈量一般以名利地位的物质层面，渴望得到更多场合去展现自己，社交、商务、与朋友的休闲，但如果只靠物质包装，或以歌舞升平来催化，都是浮躁和空洞的。他们也渐渐感到文化内涵的匮乏和举止修养的欠缺，使他们在这些场合不能游刃有余。当物质基础达到一定程度，转而对精神层面产生强烈的追求，超越物质层面的外在表现，是消费者的需求所在。而我们也发现了一群进步的中国男士领悟出真正的成功是在于“懂得”而不只是 “拥有”。

基于市场环境洞察，轩尼诗VSOP以音乐为传播平台的“炫音之乐”已达四年之久，人头马VSOP的“用心跳”也达三年，并且酒类市场活动都离不开唱歌跳舞，即使轩尼诗和人头马已经占据了这两大领域成为专属，也不能在本质上构成鲜明的差异化特征。因此，逐渐同质化的市场需要新的力量，逐渐倦怠的消费者也需要新的刺激。

创意洞察：

马爹利名士以“跃升新优雅”为核心理念，力推一群被称为“当代名士”的中国优雅男士开启“新优雅”风潮，以期汇聚25~35岁的中国男士，打造“当代名士汇”的社交平

The Chinese economy is growing fast

Success was largely justified by
how much you owned

MARTELL
How can we make China
become more elegant?

Charisma
to join a social movement aiming at

Targeting 25-35 years old Chinese modern men

the frontrunner of social changes

MARTELL
NOBLIGE
JOIN
the NEW
ELEGANCE
跃升新优雅
马爹利名士

An engagement platform that visualized
a New Elegance leveraged by the Social Influencers

2012 Engagement

over 15,000 influencers
successfully reached
all over China led by KOLs each year

当代名士
马爹利名士
NOBLIGE
Over 5,000,000 visits
on the digital assets

马爹利名士
当代名士
Justin Jin
Later on,
200,000 viewers to e-magazine,
10.5 minutes spent.

马爹利名士
MARTELL
NOBLIGE
COGNAC
2013 Dang Dai Ming Shi
Journey Campaign

travelled around 6 different cities in China

Following the trend of
JOIN the NEW ELEGANCE

MARTELL
COGNAC
马 爹 利

台， 实现从“饮酒渠道”出发的常规策略转化到具备社会属性的变革运动。

创意执行：

为逐步构建“当代名士”的社交平台，马爹利名士由当代名士精英典范们做出表率，通过线上线下的活动，传达主旨、建立认知，扩大参与。在媒体宣传上，从第一年的大众媒体的广泛宣传，逐年增大网络互动的投入，更为精准投放和密切联系。

2010年－推出，品牌以“优雅宣言”电视广告片以及“优雅宣言”盛典活动打响了“跃升新优雅”运动的头阵，传递给受众什么是马爹利名士所倡导的优雅，通过与凤凰网合作的短片，通过四位当代名士精英典范之口表达对于优雅的理解。（第一年主要合作的当代名士精英典范：柏栩栩、张驰、蔡明、冯唐）

2011年－激发，品牌期望让受众更具象的理解马爹利名士的“新优雅”并能够建立参与性，推出“优雅映像”电视广告片，与国际摄影师ZoeCassavates合作拍摄一组名为“映像当代名士”的照片，通过六位当代名士精英典范的随身之物展现优雅蕴于细节之中，启发受众马爹利名士倡导的新优雅在于生活的细节。

（第二年主要合作的当代名士精英典范：柏栩栩、张驰、薛啸秋、李奇、梁伟丰、蔡明）

2012年－参与，“跃升新优雅”的口号已经宣传了两年，建立了一定认知，品牌打算将“当代名士”推至前线阵地引领此风潮，并不断扩大受众参与。由国际著名纪实摄影师Justin Jin (金峰) 发起“当代名士・映像寻旅”，踏行中国六个城市，用纪实风格拍摄系列纪实摄影片与微纪录影片，通过展现六位当代名士的真实生活与工作状态，抛开他们的名利表相，挖掘他们的内心世界，展现他们如何在超越物质、在精神的追求中平衡。

（第三年主要合作的当代名士精英典范：陆川、窦文涛、Hugo、吕永中、高翔、张大水）

三年来，我们的精英典范队伍不断壮大，在这些精英男士的认可和拥护下以长期合作为目标，并不是作为一次广告活动的商业参与来看待。在他们的引领下，当代名士的队伍也在不断壮大。

在线社区“当代名士汇”被打造成为中心枢纽，将当代名士精英典范与目标受众连系起来，分享内容，获取灵感，参与互动，从而鼓舞受众在他们的生活中寻找并感受他们自己的“新优雅”。当代名士汇，也如其名，在各个城市开展大型盛典活动，汇聚各路精英男士，将“当代名士”的理念落地到生活中。

最终，我们将这一场广告运动从饮酒场合转到了以“当代名士”为平台的社交网络，结合品酒、促销、体验，引导和鼓舞消费者加入“当代名士汇”网络社区，继而加入“新优雅风潮”。

除了每年既定的策略之外，对于当代名士精英典范群体，品牌与他们自己的活动都尽可能展开合作，比如2011年、2012年分别赞助张驰的服装秀，2012年陆川《王的盛宴》首映礼以及配合电影宣传的专场品酒观影会，2012年与2013年连续两年赞助《风度》的年度风度人物评选，将当代名士精英典范推选为风度人物（2012年：张驰、柏栩栩；2013年：薛啸秋）。

点评：

马爹利的调性就是名仕的风范，这一点毫无悬念。中年成就者的虚荣与焦虑、自我与放纵、装腔作势与头头是道，与车、表、酒密不可分。当一切以“传播”的面孔出现，自然会迎来中国中产阶级的附庸“优雅”。没错，马爹利。

——史劲松

芝华士25年："心灵之境"大银幕呈现

广 告 主：
芝华士（CHIVAS REGAL）
广告代理：
央视三维电影传媒集团

芝华士25年"心灵之境"微电影的广告创意，符合"有意思"这一主张——主媒体投放定位在一线主流消费城市（北、上、广）的优质影院大银幕；导演与演员的个性魅力及话题性契合追求个性、品质生活的25~40岁都市主流消费人群（这也正是观影人群的主要构成）；形式主推电影内涵与气质（芝华士25年强调的是"像电影一样品味酒文化，彰显品质生活"），将品牌调性张扬到最极致，配以独特的文艺气息台词与音效、光影画面，与人们司空见惯的"说教式"微电影广告鲜明区分，构建整个微电影的极高辨识度。

案例背景：

作为世界声望颇高的威士忌品牌芝华士（CHIVAS REGAL），其旗下的芝华士25年是一款特别调和的极致苏格兰威士忌，着力打开并拓展其在中国地区的品牌知名度。

2012年，芝华士力邀华人传奇导演王家卫、华人时尚界与影视界明星共同为其量身定制微电影——心灵之境，应景第65届戛纳电影节，投放央视三维旗下影院，并辅以央视一套综合频道、电影频道及互联网相关投放，扩大芝华士25年，品牌在高端消费人群中的绝对影响力，并为后续产品做铺垫，拓展精准销售的可能性。

项目分析：

1800多年前，曹操《短歌行》中的一句"何以解忧？唯有杜康！"让世人领略并传承了酒文化在中国社会文化生活中的非凡影响力，而世界文化总有着惊人的相似之处。在西方，酒神精神无所不往，它对文学艺术家及其创造产生了巨大深远的影响。发展至今，酒已经延伸到个人现实生活的各个领域，饮酒，不再仅仅是一种消费行为，更多的是一种时尚、品味和文化的象征。

电影，就是这样一个传承酒的精神的神奇艺术形式。一百多年来，电影带给我们无数的回忆与启示，时至2013年的今天，电影日渐成为现代人日常生活的主要休闲娱乐形式之一，甚至有人将其比肩买房这一刚性需求。

而微电影，跟电影的关系也是千丝万缕的。从雏形《一个馒头引发的血案》到"开篇之作"《一触即发》，无处不在的电影契合点，近两年来，中国的微电影以其短小、精练、灵活的形式风靡互联网。凯迪拉克、桔子酒店、梦洁家纺、周生生珠宝、网易等品牌已经成功运用了微电影营销推广自己的品牌。

展现广告品牌内容为主的微电影，其共同特质就是以时尚元素为主导。与电影一样，有固定的主人公人物、明确的故事线，生动鲜明地展示品牌的时尚潮流与品质追求。而近两年来，时尚圈掀起了电影狂潮，微电影甚至有取代传统广告大片之势，"像电影一样拍广告，走进影院看广告大片"已在都市主流消费群体中蔚然成风！

目标受众：

芝华士25年"心灵之境"创意微电影广告——主媒体投放定位在一线主流消费城市（北、上、广）的优质影院大银幕；导演与演员的个性魅力及话题性契合追求个性、品质生活的25~40岁都市主流消费人群（这也正是观影人群的主要构成）。

首先，电影受众是领先型消费群体的绝佳代言人，他们先天的意见领袖气质，在优质

影院媒体的传播环境及表现力境遇下，必然将自身亲临的芝华士25年“心灵之境”体验，直接转化为此种专注观影环境下的“消费心境”。而这与微电影的主要受众群体不谋而合，他们正是各品牌营销非常看重的目标受众。

其次，芝华士作为戛纳电影节的长期合作伙伴，此次微电影应景第65届戛纳国际电影节（2012年5月16~27日）展映，为其在国内影院传播预热。作为世界三大国际最高标准的电影节之一，戛纳电影节可谓中国电影的福地，国内观众，尤其是文艺片爱好者更钟情于该电影节。因此，提前预热可谓“明智之举”。

再者，微电影选择影院媒体平台，在其先后展开的四波投放中，一方面，期间涵盖电影票房产出的主要档期——端午档、六一档、七夕档、暑期档，同时临近中秋国庆档，票房产出占到全年的三分之一。而所在档期的影片包罗万象，几乎涵盖各类型题材电影的国产片和进口片，吸引绝大多数主流观影人群走进影院，决定了其互动性的强度与深度。另一方面，四波投放间隔平均，以周为单位分不同频次投放，最大化精准覆盖有效人群。

广告策略：

（一）有意思：心灵之旅胜在创意

好的创意，可以倍增广告的关注度，可以大幅度影响信息传递以及购买意愿。而消费者不喜欢的创意甚至有损购买意愿。

芝华士25年“心灵之境”微电影的广告创意，符合“有意思”这一主张——主媒体投放定位在一线主流消费城市（北、上、广）的优质影院大银幕；导演与演员的个性魅力及话题性契合追求个性、品质生活的25~40岁都市主流消费人群（这也正是观影人群的主要构成）；形式主推电影内涵与气质（芝华士25年强调的是“像电影一样品味酒文化，彰显品质生活”），将品牌调性张扬到最极致，配以独特的文艺气息台词与音效、光影画面，与人们司空见惯的“说教式”微电影广告鲜明区分，构建整个微电影的极高辨识度。

（二）有故事：像好电影一样“自圆其说”

借助微电影这一可视化视频品牌营销媒介，其广告内容必须像电影一样，“有起承转合的内容桥段”——有源起、有悬疑、有冲突、有故事。创意性的设计和处理需要有别于传统的方法。“电影快餐”时代，要求微电影的表现手法和内容能够第一时间脱颖而出，否则就会湮灭在鱼龙混杂的微电影大海。

王家卫是一个华人电影奇才，在电影受众中的地位非同一般。他能够将一个故事演绎得出神入化，将光影的运用发挥到极致，彰显电影的艺术表现力，这与芝华士25年意欲表达的精神不谋而合。“心灵之境”2012年在影院共有四波投放，每次都引发轰动效应，这似乎也是意料之中的事情。因为，这个故事讲得绝佳——才子佳人模式下的男女主人公以“25”为线索，演绎相遇、相爱与相知，在时空的斑驳流转中凝聚成一个完整的电影情节，同时留下悬念，吊足观众胃口，观影热议和追捧自然也在情理之中了。

（三）有触动：“消费心境”巨现大银幕

在新媒体包围和轰炸的时代，“形式”有时候大于“内容”。如何引起受众兴趣并使之有“参与”的欲望，并能“欲罢不能”地持续参与，是成功品牌营销能否具有“商业价值”的关键。“怎样参与”比“参与什么”重要得多。观众的互动性，如微博的转发讨论，线下口耳相传的口碑推送，续集或系列的悬念大小，甚至演员的选择等，都是互动参与的重要组成部分。影院作为人们日常休闲娱乐的重要场所，使得“心灵之境”的影院之旅异常的迷人。

微电影与生俱来的时尚、新潮、前卫气质，是品牌营销在各自的媒体投放组合策略中越来越受到重视的重要一环。因此，此番通过与其他品牌的映前同台效应，更凸显和增强了芝华士25年的独特品牌气质。

执行过程：

微电影选择影院媒体平台，主要看中的是其优质资源可进行自由、灵活组合投放。180秒的超长版本更适合在影院媒体投放，在其先后展开的四波投放中，集中在5月31日~9月19日，跨度长达四个月。一方面，期间涵盖电影票房产出的主要档期——端午档、六一档、七夕档、暑期档，同时临近中秋国庆档，票房产出占到全年的三分之一。而所在档期的影片包罗万象，几乎涵盖各类型题材电影的国产片和进口片，吸引绝大多数主流观影人群走进影院，决定了其互动性的强度与深度。另一方面，四波投放间隔平均，以周为单位分不同频次投放，最大化精准覆盖有效人群。而微电影广告内容本身的“悬念一说”，更增加了话题的线下可延展性，传播效力远在影院之外。

效果评估：

180秒何为？跨媒体协同组合凸显电影媒体的传播贡献。

微电影与电影媒体的高度契合特性，在品牌建立差异化认知和受众品牌偏好等方面具备优势的得天独厚，是大视频时代跨媒体组合投放新趋势下，品牌重塑和升级的有效尝试途径。

不同于电视、网络等媒体的GRP比较，作为新兴视频媒体独具的高效特性，电影媒体强调的是广告效果的单一线性广告效果，即单次到达效率的最大化。新媒体时代，人们越来越青睐内容视频化的传播方式。电影媒体的传播有效率是电视的2.5倍，是网络的5.8倍。

【数据来源：CTR个案调研汇总统计2011-2012】

而对于消费品牌同质化日益严重的广告市场来说，在新媒体碎片化的当下，跨媒体协同组合成为主流，电影媒体在其中展现出高度的传播效力。在媒体组合模式不变的情况下，影院媒体的独特传播特性，对于广告效果1+reach（单次到达效果）的传播贡献将可达到75~80%，拉升其整体投放效率，从而有效增强组合投放的广告效果，节省品牌在其他媒体方面的费用。

芝华士25年180秒微电影“心灵之境”超长版本在影院媒体的精准演绎，帮助其建立品牌壁垒，拓展品牌区域知名度与纵深度，并为其品牌营销——《传奇再现》打下良好基础，同时也引发其他品牌在跨媒体协同组合中更加重视影院媒体在其传播效力的良好贡献。

点评：

2010年，时长94秒的好莱坞式电影《一触即发》开启了微电影时代，也开创着新的广告营销传播模式。

微电影形式简单，短小精悍，既能在“体型”上契合受众即时消费的诉求，又能快速有效传达品牌特性及精神。94秒，凯迪拉克完美完成了其品牌的传播推广，引得无数品牌前赴后继。

在微电影泛滥之时，芝华士《心灵之境》的出现，构建着整个微电影的极高辨识度及电影应有的质感与品位，其跨媒体协同组合的投放策略也革新着广告、品牌及微电影传播模式。

王家卫导演的个人气质魅力、独特的文艺气息台词与音效、神秘迷离光影完美阐释了芝华士所倡导的“像电影一样品味酒文化，彰显品质生活”理念。一线主流消费城市的优质影院环境、电影产出票房的主要档期、涵盖各种类型题材的国内外影片所带来的不同消费人群……其投放最大化精准覆盖了有效人群，其微电影广告内容本身的“悬念一说”，更增加了话题的线下可延展性，传播效力远在影院之外。

《心灵之境》的轰动效应，提升了整个微电影环境的品质感，同时也为其他品牌在跨媒体协同组合中更加重视影院媒体的传播效力作出了良好贡献。

——刘震

三得利纯生：缤纷畅想时刻互联网推广

广 告 主：

三得利啤酒

广告代理：

互动通控股集团

洞察社会热点，我们发现“剩男剩女”等情感问题一直为大众所探讨，活跃于微博的情感专家，粉丝拥护众多，而“伦敦奥运”、“同事同学聚会”都是能够迅速唤起消费者的共鸣点。

“缤纷畅享时刻”是为此次传播的核心创意点。结合桌面+移动的网络传播策略，全方位扩大传播面是此次传播方式的创新点。搭建Web和Wap网站发起互动；在官方网站中，置入接金币小游戏和加薪排行大比拼，实现了手机PC双屏合一，并结合社交媒体分享，加强了互动的趣味性和传播效果，为品牌带来巨大的曝光与互动。

传播背景：

截至2012年6月底，中国网民数量达到5.38亿人，手机网民规模达到3.88亿，互联网普及率为39.9%。平均每一分钟，在中国互联网上有48.7万次百度搜索查询，5万条微博，1.37亿人同时QQ在线……这些数字都在告诉我们，互联网多元化时代已经到来。而互联网营销也成为品牌成功的关键。

在网络广告声量的调查中（数据来源：iAdTracker3.0），三得利名列广告主费用排名No.4。对比其同类竞争者在广告投放形式上丰富多元化，三得利一直以来的广告投放形式相对较单一，主要以插播式富媒体广告为主、视频类富媒体广告为辅。为此，2012年三得利纯生将顺应互联网多元化发展趋势，结合流行的视频营销理念，以丰富的网络传播形式，进一步提升品牌信任度和忠诚度。

传播目标：

此次推广，专注上海区域，目的是为深化品牌亲民形象，延展品牌价值，拉动受众参与度，促进销售转化。

策略与创意：

洞察社会热点，我们发现“剩男剩女”等情感问题一直为大众所探讨，活跃于微博的情感专家，粉丝拥护众多。年度热点“伦敦奥运”，还有日常的“同事同学聚会”都是人们欢聚畅饮的契机。抓住这些非常时刻，能够迅速唤起消费者的共鸣点。

“缤纷畅享时刻”是为此次传播的核心创意点。结合桌面+移动的网络传播策略，全方位扩大传播面是此次传播方式的创新点。搭建Web和Wap网站，结合微博话题，发起互动活动；并在官方网站中，置入接金币小游戏和加薪排行大比拼，实现了手机PC双屏合一，并结合社交媒体分享，加强了互动的趣味性和传播效果，消费者在娱乐的同时，传递三得利品牌“注重细节，勇于创新”的品牌形象，为品牌带来巨大的曝光与互动。

执行过程：

随着大互联网时代的到来，桌面+移动可以帮助我们实现品牌传播最大化。社交媒体的热潮，让品牌与目标消费群体有了更及时更深入的交流沟通。为此，我们结合互联网推广的独有特点，推出“剩男剩女，幸福一刻”、“我要加薪，惊喜一刻”、“奥运梦想，精彩一刻”，呼应社会热点，引发互动高潮。并结合桌面、移动、社交，分时分段制定最有效的传播策略。

剩男剩女，幸福一刻。搭建Web和Wap网站，结合微博话题，由情感专家吴迪坐镇，排解感情困惑。互动平台，幸福升温！同时，在展示类广告中，结合双屏富媒体技术，环抱受众，全方位扩大传播面。（活动页面：http://xinfu.suntory.com.cn/；http://xinfu.suntory.com.cn/wap/）

活动页面

手机页面

富媒体截图

我要加薪，惊喜一刻。在官方网站中，置入接金币小游戏，加薪排行大比拼，惊喜好礼连连送，持续互动，热潮不减。同时，结合精准富媒体投放，定向区域，锁定受众群，优化传播效果。（活动页面：http://jingxi.suntory.com.cn/）

活动页面

富媒体截图

奥运梦想，精彩一刻。采用双屏整合技术，玩转奥运之梦！用户可以随时随地奖牌竞猜，随心选择观战地点，并结合微博分享互动，与好友共同见证中国健儿巅峰时刻。玩法简单，趣味十足，赢得了广大网友的热情参与。

（活动页面：http://jingcai.suntory.com.cn/；http://jingcai.suntory.com.cn/wap/）

活动页面

手机页面

富媒体截图

营销效果与市场反馈：

双屏联合，环抱受众；展示互动，记忆双效；热点接力，引发三大高潮！4月至8月，创造了25,035,245次的富媒体广告曝光；新浪微博互动分享13,828人次；活动网站访问量达416,655人，其中站内参与测试、游戏等互动数为33,658人次。品牌与受众获得零距离亲密接触，使三得利纯生获得有效深入的品牌传播！

三得利项目此次投放，在PC端累计产生曝光数18,355,555次，超过预期13.12%；累计产生点击20,763,351个，超过预期55.78%；在手机端累计产生曝光数超过预期7.73%；累计产生点击超过预期15.00%。hdtMobile掌握传媒富媒体表现形式运用其成熟的技术，在PC端与手机端上均实现了精准广告联播，效果理想。

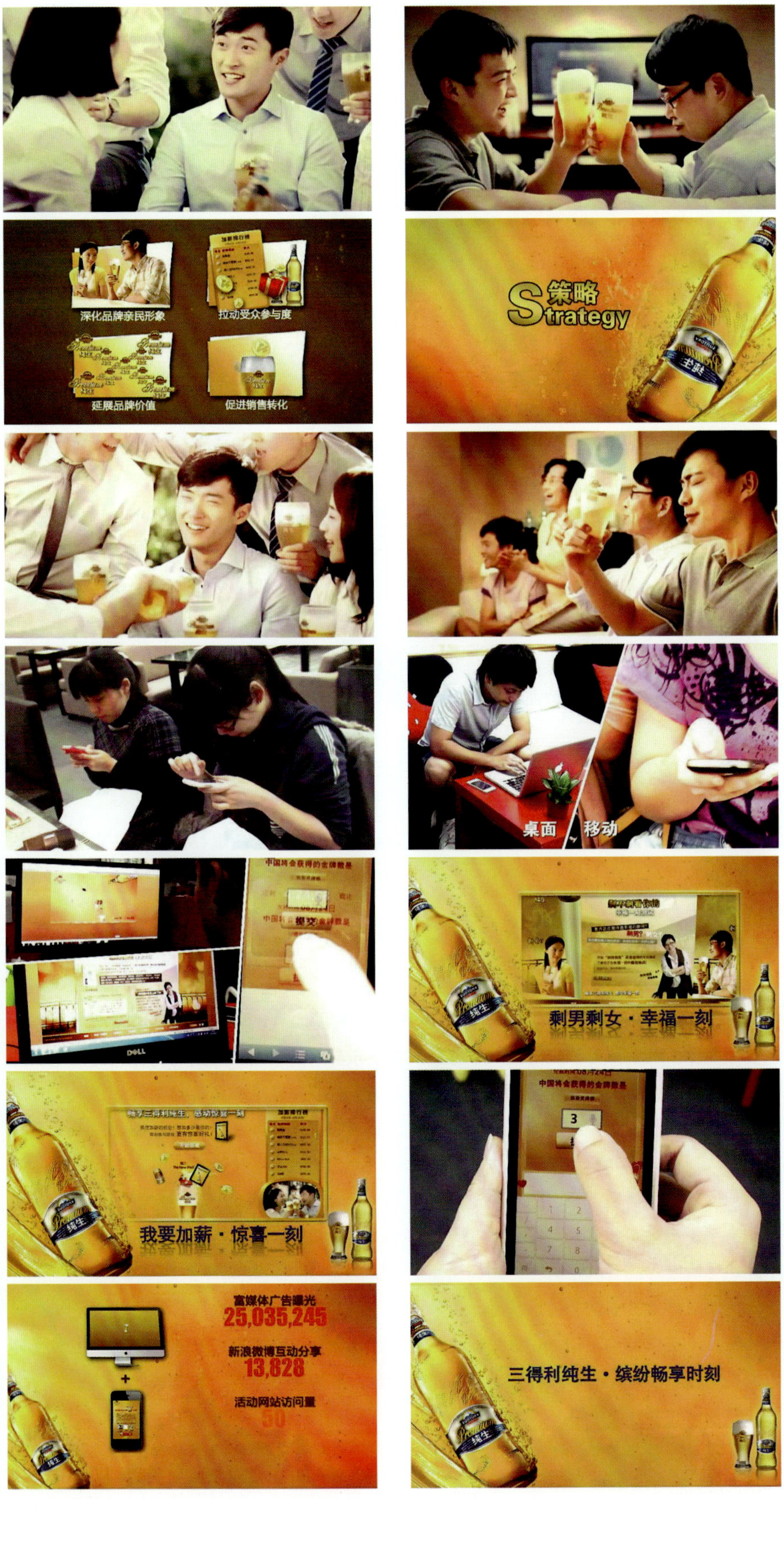

点评：

热点即吸引力，吸引力即潜在购买力。

三得利通过对互联网的市场环境及自身网络广告投放形式的分析，得出在互联网多元化时代，流行视频营销理念、丰富的网络传播形式的互联网营销是品牌成功的关键的结论。

营销模式的成功与否取决于对市场的把控之余，是否能够产生社会影响力及传播力、最终落实到购买力上。

三得利提出“缤纷畅享时刻”的核心创意点，结合桌面+移动的全方位网络传播策略，搭建Web和Wap网站，微博话题，发起互动活动；并在官方网站中置入接金币小游戏和加薪排行大比拼，实现了手机PC双屏合一。

此次互动营销，让热点成为人们沟通分享的桥梁，也是唤起消费者的共鸣点，加强了互动的趣味性与传播效果，为品牌带来大幅度的曝光与互动，吸引了巨大的潜在购买人群，让消费者在娱乐的同时，传递三得利品牌“注重细节，勇于创新”的品牌形象。

2012年三得利纯生的互联网互动营销，不仅顺应了互联网多元化发展趋势，而且以流行的视频营销理念，丰富的网络传播形式进一步提升了品牌信任度和忠诚度。

——刘 震

水井坊：以网球演绎优雅精神

广 告 主：
水井坊
广告代理：
成都泽宏嘉瑞品牌传播有限公司

水井坊“中国白酒第一坊”，和网球这一高雅、时尚的“绅士运动”携手，提升并推动了水井坊所倡导的优雅的、时尚的、有底蕴和品位的生活方式。“水井坊，中国高尚生活元素”这一文案的提炼，很好地诠释了网球与水井坊相近的历史流传、相似的优雅气质、相同的目标人群，使水井坊与网球有了更多的可结合点。通过各种途径的有效传播，取得超预期的传播效果。

市场挑战：

水井坊“中国白酒第一坊”，一直以独特的“三文主义”（文物、文化、文明）以及水井坊所倡导的优雅的、时尚的、有底蕴和品位的生活方式，而被人所熟知。在白酒行业被称为“中国文化酒”的杰出代表之一。

2012年，中国白酒行业的工业总产值达到了4466亿元，在此之前的十年白酒行业快速增长期，被称为中国白酒的“黄金十年”。水井坊将大量的精力投入到海外市场拓展当中，错失了市场快速增长的良机。直接导致当竞争对手纷纷通过更大的广告投入和营销费用来提高品牌的宣传影响力扩大市场份额时，水井坊一直以“小众传播“为主，央视广告，也仅仅以品牌形象标版为提示。竞争对手纷纷开疆扩土，抢占一个又一个市场，而拥有深厚文化底蕴的水井坊却面临“叫好不叫座”的尴尬境地。

● 在行业方面，水井坊所处的白酒行业面对着众多有知名度和竞争力的品牌，水井坊如何在激烈竞争的中国市场赢得认同?

● 在消费者（25~44岁，男性）认同方面，白酒行业各品牌都努力塑造自身独特的品牌特征和气质，水井坊如何将这种品牌形象更有效地传递给消费者?

核心理念的产生：

从2000年始，水井坊与中国网球协会开始合作“水井坊杯”中国大城市业余网球团体赛（简称CTC），并积极筹建“水井坊网球俱乐部”，借助网球这一高雅、时尚的“绅士运动”提升并推动水井坊所倡导的优雅的、时尚的、有底蕴和品位的生活方式。

虽然活动很成功，但限于其影响力和关注度有限，无法帮助水井坊品牌传播，并服务于市场。

但网球与水井坊，相近的历史流传、相似的优雅气质、相同的目标人群，使水井坊与网球有了更多地可结合点。为此，我们将网球与水井坊的结合提炼后，形成了2011年的水井坊传播核心：“水井坊，中国高尚生活元素。”

为了更好地贯彻这个传播核心，使消费者了解并接受水井坊品牌，我们选择了中国网球公开赛（英文简称：China Open），来作为水井坊公关传播的爆破点。依托中网赛事级别高，影响力大；选手阵容强大，明星效应强；赛事关注度高，覆盖面广的特点，设定并开展系列的水井坊中网公关营销。

在实现即定市场目标的同时。针对水井坊所面临的市场环境及消费者认知，我们为水井坊量身打造了水井坊“网球公关五年计划”。

核心理念：

借助中网公关的活动平台，强化意见领袖和VIP客户对水井坊品牌“优雅、时尚”的感受，凸显英雄产品“典藏”在水井坊中网公关活动中的位置。

围绕品牌核心诉求、配合中网市场活动的核心诉求，展现水井坊的时尚、优雅气质，更将与“典藏”英雄产品的年度传播任务形成贯穿和系列化。

核心理念的实施：

1.赞助中网借助网球赛事和传播效应，提升水井坊网球公关的关注度和影响力。为水井坊借高雅的网球运动演绎“中国高尚生活”提供了一个平台和载体。

2.制定应用媒体库，罗列水井坊常用媒体140家，并建立沟通，确认赛前、赛中、赛后的媒体传播内容，针对传播期间可能产生影响，分阶段构架媒体传播计划；包括相应传播内容、手段以及媒体的安排等具体内容；保证水井坊品牌中网赛事传播期间品牌展示及品牌曝光率；

3.中网赛事期间全面覆盖赛事现场，重点区域制定传播计划，保证中网公关影响力的覆盖；

4.水井坊VIP贵宾尊崇体验；

5.赛事现场活动：依托水井坊品牌馆，利用中网赛事期间，水井坊中网VIP贵宾参观接待、球迷参观接待、水井坊酒道表演、球星互动等内容充分展示水井坊中国高尚生活原因的核心理念及产品特色；利用中网赞助VIP包房赠酒，借势其余赞助商之势，多元化展示水井坊品牌；

效果：

本次水井坊中网项目传播阵地包括电视、网络、报纸、杂志在内媒体种类，传播范围覆盖北上广、华南、华北等水井坊重点销售区域。

中网赛事期间，共监测到媒体刊发新闻108篇，其中：电视媒体报道3条，总时长6倍于预估时长，平面媒体51篇，网络媒体54篇；

使用百度和google搜索“水井坊 中网”词组，分别监测到超过17,700和4,000,000个有效结果，同时相关新闻排布位置靠前，百度和google搜索前5页大部分均为我们发布的相关新闻，丰富的转载量确保了本次传播信息的充分渗透。

众多媒体受邀或自发报道水井坊中网相关新闻，吸引大量的消费者关注和评论。百度指数显示，水井坊十一期间一周媒体关注度上升50%

抓住BTV卫视新闻在十一期间资源共享的机会，剪辑新闻多频道并机播放，使传播具有优越性价比，同时经过深入沟通争取到水井坊专访，使得水井坊企业信息最大化，最后实际新闻报道总时长6分40秒，远超预计时长。

土豆网和优酷网共自行剪辑和发布5条视频连接，并分别在资讯频道对视频进行了推送，点击率超过26，000次。

点评：

体育赛事营销是近年来国内正在兴起的一种营销方式，这源于人们对于健康的生活价值的认同，也越来越关注体育节目。自2011年开始，水井坊开始向核心理念“水井坊，中国高尚生活元素”迈进，通过一个点来引爆品牌传播成为重点。在该案例中，水井坊通过与中国网球公开赛合作，以依附于网球赛事的热点效应来引爆话题，取得了非常好的效果。在社会化媒体如此发达的今天，如何选择一个合适的引爆点对品牌传播来说尤为重要。

——唐 超

泸州老窖窖龄酒：阅历，即魅力

广 告 主：

泸州老窖

广告代理：

成都泽宏嘉瑞品牌传播有限公司

泸州老窖拥有悠久的历史和深厚的积淀。泸州老窖—窖龄酒作为一个新概念，新品的市场白酒产品，为更加贴近消费者，并使得消费者产生代入感、认同感。泽宏嘉瑞将文案浓缩，在字里行间体现了历史的沉积，以文案表现引导消费者，并展示窖龄酒的产品，以此来引导消费者对于窖龄酒产品价值及内涵的认知。

项目背景：

泸州老窖，始于秦汉，兴于唐宋，盛于明清，发展在新中国，是响誉海内外的百年中华老字号名酒企业，拥有规模庞大的原生态老窖池群，其数量达至10086余口，是中国浓香型白酒的发源地，被誉为浓香鼻祖，浓香型白酒典型代表，称为中国第一窖。

而美酒的转变，这一过程主要在窖池中完成，窖池是发酵的容器。酒窖拥有充裕的时间，才可累积丰厚内涵。传承百年的中华老字号——泸州老窖，拥有世界上最大规模的原生态老窖池群，其不间断地孕育着富含生香物质的微生物，生生不息、历久弥香。窖龄越老、窖泥色彩越斑斓多彩，产品风味亦愈加醇美。老窖因悠长岁月臻于化境，成就这天造佳酿。百年泸州老窖正是用这些与国宝窖池一脉相传的老窖池酿造，并以不同年龄窖池为区隔所形成的市场第一款“窖龄酒”品牌。

市场挑战：

泸州老窖——窖龄酒，是精选30年、60年、90年持续不间断使用的老窖池精心酿造而成，并经过3年、6年、9年的洞藏存放，最终经过泸州老窖传统技艺传承的酿酒大师，精心勾调而成。

作为一个新概念，新品的市场白酒产品，窖龄酒的产品价值及其蕴含的内涵如何收获市场消费者的认同，是窖龄酒在中国白酒的传统消费认知形式上所面临的一个重大挑战。

创意思考：

泸州老窖窖龄酒精选 “百年”沉积老窖池，是精选城外五渡溪优质黄泥与凤凰山下龙泉井水掺和踩揉建成，黄泥色泽金黄，绵软细腻，不含砂石杂质，钙、铁离子含量少，黏性好，且富含有益微生物，无须经过防渗处理即能保水。自明代万历年始泸州发现并开始用此泥制窖，至今被称为“窖泥之王”，全国仅存不到1万吨，贵如黄金。

美酒的转变，这一过程主要在窖池中完成，窖池是发酵的容器。 “千年老窖，万年糟。”浓香型白酒每酿一次酒会留下1/4老酒糟。1/4老酒糟中含有丰富的有益微生物和香味物质，由此周而复始不停酿造。由于泥土做成的窖池凹凸不平，窖泥中会附着很多有益微生物。窖龄越老，窖泥中繁衍的有益微生物和有益微生物所产生的香味物质也就越多，所酿的酒就越好。

“百年”所孕育的不过是浩瀚历史星河中极其微小的一颗，但却是千年文化与智慧的结晶。老窖与窖泥，与地气之间保持完美距离，成就其动静皆宜、从容自若的稀有性格。

用作窖泥的黄泥在漫长的岁月中经过若干年浸润，每次洗礼，都让成长更为稳定。

每一次的洗礼都是一份沉淀，在时间历史的长河中积淀发酵，最终绽放属于自己的精彩魅力，每一份积淀都是一份阅历，在人生成长的过程当中厚积勃发，最终一飞冲天展示自我的精彩；窖龄酒开启窖龄时代的举措，已经其所包含的历史意义无不隐喻了人生。

人生的价值与意义是自己赋予的，其他任何人强加给你的都不是你的人生，而是别人的人生，所以要想知道人生为何，只有问问你自己的心，心之所至，就是你人生的方向，不要用别人的标准要求自己，否则你永远是舞台上的舞者，用一生的时间去演绎别人，这是人生最大的悲哀！

创意表现：

阅历，即魅力。时间的长河像永不停歇的脚步，始终在前进，经历时间的磨砺绽放自己的精彩。

为更加贴近消费者，并使得消费者产生代入感、认同感。泽宏嘉瑞将文案浓缩，在字里行间体现了历史的沉积，以文案表现引导消费者，并展示窖龄酒的产品，以此来引导消费者对于窖龄酒产品价值及内涵的认知。

点评：

“阅历，即魅力”很给力的广告语。符合白酒消费者心智的传达，符合时代对于百年泸州老窖的期待。消费者或许对自身阅历的实质经历更感兴趣，那是更能触动消费者心底的“痛点”。有阅历，魅力更显光芒。

——史劲松

石库门黄酒："海上繁华"

广 告 主：
石库门上海老酒
广告代理：
成都泽宏嘉瑞品牌传播有限公司

作为上海市黄酒市场的领军企业，金枫酒业旗下"石库门"、"和酒"、"金色年华"等系列产品均已取得非凡的市场成绩。石库门的最新力作"海上繁华"，将上海跨世纪的繁华予以了完好的串接。以"石库门先生"李守白的6幅石库门代表作作为瓶身的主画面，重彩画形式再现海派风情，试图改变你我对黄酒的传统认知，并使其成为代表上海的又一城市名片。

冬日某下午，上海新天地北里。

幽深的弄堂走到底，是一家法式餐厅。踩着木质地板走上二楼，便是与楼下的西式风格截然不同的另一个天地。一个黄酒品牌将新品发布会选在这样别致考究的地方，自然有其用意——选址时尚的新天地，也许正是为了带来一种全新的体验，让人相信黄酒也可以时尚风情，正如新天地本身，把石库门艺术和星巴克结合在一起，演绎出新时代下的新味道。

此次"石库门·海上繁华"系列产品为海派酿酒大师与海派绘画大师跨界合作精品，上海戏剧学院的特邀嘉宾们现场演绎了6款重彩画描述的场景，让人感受到六七十年前的上海滩，还没有各种现代电器产品时，上海的女子在石库门里形形色色的享受和生活。

2001年，"石库门上海老酒"上市，并于2007年即被授予"中国名牌产品"荣誉称号。在实现市场的广泛认可之后，上海石库门酿酒有限公司一直致力于产品线的不断拓展，志在实现对黄酒市场的全面占领。经过反复的市场调查与多年的技术开发之后，定位为高端黄酒的"石库门·海上繁华"终于正式面向市场。

"石库门·海上繁华"充分运用了高端海派酿制工艺。金枫酒业核心研发团队，反复调制，最终取传统黄酒酿制技法之长，革故鼎新，促进产品进化，使得"石库门·海上繁华"在工艺、配方、口味等方面均获极大提升。"石库门·海上繁华"不仅在产品本身取得了巨大进展，还志在打造"海派艺术经典"。石库门建筑已成为海派文化的典型符号，而一直以海派重彩画表现石库门风情、有"石库门先生"之称的李守白，其作品堪称经典。"海上繁华"的6款产品各自精选李守白的6幅石库门重彩画代表作，妆饰瓶身，呈现时尚繁华气象。

在瓶身的设计及制作上，"石库门·海上繁华"采用了石库门上海老酒一贯的扁平高肩造型；同时特别选用了高档白瓷质感材质，以提升瓶身品质；而业界首次使用的进口3D喷绘技术，极大地保证了瓶身画面色彩的精确还原，最大限度地表现了李守白的画作神韵，体现出醇正的海派文化气息。经典中透出时尚，并有强烈的现代感。

"石库门·海上繁华"在打造品牌"高端黄酒"的形象同时，更志在打造成上海又一城市文化名片。并在几个方面有所突破。

首先，"石库门·海上繁华"在命名上即紧紧抓住了上海的一个重要特质：繁华。经过前期广泛的市场调查，金枫酒业发现，上海给人的总体印象是：在外国人眼中是中国的，在中国人眼中是国际的，在年轻人眼中是时尚的，在老年人眼中是怀旧的。而这一切的背后，均指向上海的"繁华"特质：无论是20世纪三四十年代的"东方巴黎"，还是新世纪的"国际之都"，上海的"繁华"特质均一直在延续，一直给人以极深的记忆。而石库门建筑恰恰承载了上海的中国、上海的国际、上海的时尚、上海的怀旧，以及上海的

背景资料：

作为上海市黄酒市场的领军企业，金枫酒业旗下“石库门”、“和酒”、“金色年华”等系列产品均已取得非凡的市场成绩。

为了保证产品的品质及营养成分，“石库门·海上繁华”特别甄选18年陈酿优质酒基，糅合蜂蜜、枸杞、姜汁等多种营养成分，纯天然精心酿造，酒香醇正，口感绵润悠长；同时，其活血祛寒、调节脾胃、通经活络等养生作用也得到了进一步提升。

讨媳妇

讨媳妇，吃喜酒，石库门里厢不光是多了一户人家，还开始多了一个故事好讲。

着棋子

秋天的午后，瞌睡的猫咪，闲花落子间，享受的是悠闲与适意。

绣花头

上海女人是嗲女人，更是Jia女人。石库门里每一家，嫂子和小姑，手上手下认真较劲。

翻行头

出门之前的辰光总归是不够用的，哪个讲姐妹们在一起，话题一定是男人?

蟹红了

吃蟹的季节，弄堂里厢到处都飘着鲜和甜。老酒是要温的，配上生姜和香醋，才是秋天的味道。

寻搭子

搓麻将，是要讲究搭子的。白相得开心不开心，就不光是麻将了，对对胡不打紧，关键是嘎三胡。

繁华。“石库门·海上繁华”的命名即将上海跨世纪的繁华予以了完好的串接。

其次，为了更好地展现上海的繁华特质，“石库门·海上繁华”特别选取著名海派重彩画家、“石库门先生”李守白的6幅石库门代表作作为瓶身的主画面。李守白出身上海艺术世家，师从著名画家林曦明教授学画多年，更被其赞为“知黑守白，彩墨生辉”。李守白的重彩画在长期淬炼中，自成一派，既有中国画的神韵意境，又有西方油画的透视和光感，东情西韵的风格与上海“海纳百川”的城市精神一脉相承。“石库门·海上繁华”所选取的“寻搭子”、“绣花头”、“讨媳妇”、“蟹红了”、“着棋子”、“翻行头”6幅画，将石库门里的生活场景艳丽而优雅地一一展现，这些画作还传达出一个共同的信息：即使是最平淡的日子，也要以最优雅的姿态度过，即使是最平常的上海，也有最独特的海上繁华。

另外，九木传盛董事长、上海世博会海宝设计师邵隆图在现场提到，现在一提上海城市文化名片，人们通常会想到外滩、中国馆、大剧院、新天地……但他认为，上海的城市文化名片，还应包含这个城市的产品和品牌，而如果石库门·海上繁华作为上海城市文化名片，就不仅可以是被观摩、被欣赏、被记忆，还可以被带走、被馈赠、被传播。

为了完成这一目标，“石库门·海上繁华”还特别选取了世博护照的独家出品运营机构、一直致力于城市文化礼品的东沃集团作为产品的全国总经销商，希望借用其对于城市文化推广方面的丰富经验，将“石库门·海上繁华”真正打造成为上海的又一崭新城市文化名片。

点评：

石库门上海老酒，说实话我只在上海喝过。味道还是很好滴。那种精致、淡雅、有致，真是一种风情。大概是不能真正理解上海的缘故，离开上海就不会再想起喝她。正如“海上繁华”系列，让人很欣赏，但对于我来说还是有距离。当然，你可以说：石库门本来就不是给你们乡下人喝的。

——史劲松

塔牌黄酒：手工黄酒

广 告 主：
浙江塔牌绍兴酒有限公司
广告代理：
思美传媒股份有限公司

锁定以社交应酬为主的轻度消费人群，瞄准消费者心理矛盾中的空隙，融合黄酒的特性与塔牌的优势，塔牌的广告语“塔牌，养人的还是手工黄酒”就此诞生。首先，用黄酒低度的特点，解决消费者应酬当中喝多喝少互相矛盾的问题。其次，突出传达塔牌黄酒“养人”的特点，满足消费者对于健康养生的需求。最后，以“手工”的优势，集中拉升塔牌产品的价值，继而提升品牌的价值。

黄酒，给人的第一反应就是“传统”。

黄酒卖什么？

口感？年份？文化？历史？——传统！

一个能适应所有酒类的卖点，必然不会是品牌的核心USP。

如何给传统黄酒做出新意，这就是思美接手塔牌黄酒项目的第一思考。

营销传播运动背景

市场现状

中国是消费酒类产品的大国。酒对于中国人而言，除了是一种饮品，更是一种传统、文化、礼仪，是一种用于表达情感的媒介。在中国人的酒桌上，始于中国的古老黄酒，却远不如葡萄酒和白酒盛行。在酒类市场当中，黄酒只分到了其中的一小块蛋糕。

在黄酒主要涉及的江浙沪市场当中，金枫酒业旗下的石库门、金色年华、和酒等品牌牢牢把控了它所精耕的上海市场；江苏一带市场有独大的沙洲优黄；而在浙江市场里，塔牌是次于古越龙山和会稽山的绍兴黄酒的第三大企业。

塔牌现状

作为一个黄酒市场上的老品牌，塔牌的产品一直受到消费者的广泛认同。从20世纪50年代作为中国黄酒的代表性品牌出口销售开始，塔牌身在黄酒领域中已有了近60年的历史。但是近年来，随着国内整体市场环境发展，品牌塑造与广告传播的作用日趋明显。而一直专注于“内力”的塔牌，在品牌方面的滞后却随之渐渐显现。

在市场的走访中我们发现，塔牌黄酒的品质受到了许多消费者的认同，在消费者群体当中有着很好的口碑和较高的重复购买率。但是与市场上的其他品牌相比，人们能够说出古越龙山的中央酒库、足年库藏。会稽山是绍兴人爱喝的绍兴酒，一说到上海老酒人们就会联想到石库门，却说不出来塔牌具体的形象是什么。

这是认可，也是危机。

塔牌在浙江市场上黄酒品牌名列第三意味着，塔牌次于古越龙山与会稽山；不仅是次于，并且是替代品中的次于。这代表，对于价格敏感的传统资深黄酒饮用者而言，当没有价格优势，而品牌力又不足之时，塔牌便会落入随时被消费者遗忘的境地。

回归塔牌本身，几十年手工酿造黄酒的工艺在黄酒机械化生产下的大背景下劣势尽显，价格成本上毫无竞争优势，品牌力不足的情况下即使更新机械化生产也只会使品牌认知继续跟随两大品牌，毫无意义。

在这种外患内忧之下，塔牌，该何去何从？

创意核心

消费者洞察

我们对酒类产品的消费人群进行了细分。按照喝酒的频率和粘度，我们把消费者区分为三类：第一类是喝酒已经成为生活习惯，经常喝酒的重度消费者；第二类是偶尔需要喝酒，也有一定选择偏好的“轻度消费者”；第三类是较少喝酒，对于酒类的味道和品牌都还没有形成明确倾向的“新晋消费者”。

对于酒类的重度消费者而言，他们主要关注的产品的味道，并且他们已经形成了自己的明确倾向，认准的品牌不做广告他们也会购买，而不喜欢的味道，就算做再多广告也无济于事。新晋消费者虽然拥有较大的消费潜力，但是他们对于品牌的选择容易动摇，对于产品的质量也还没有能够形成合理的判断。所以，我们把塔牌黄酒的目标消费人群锁定为轻度消费者，他们经常在外应酬，有消费酒类产品的需求和能力；同时，他们也可以成为新晋消费者的意见领袖，引导更多的消费人群。

策略推导

在对目标消费人群的洞察中我们发现，经济的飞快发展带来人们生活水平的提高，也潜移默化地改变着人们的生活方式。在衣食无忧的当今社会，人们开始更加注重身体的健康和饮食的营养。同时，酒在人们的生活当中，也已经不仅仅是一瓶普通的酒精饮料。酒被用于聚会上、宴会上，甚至被当成了一种礼品。酒的角色已经开始演变成为一种彰显自身品味的标签，一种人与人交往当中沟通和交流的润滑剂。

在中国大量消费酒类产品的人，内心却并不一定喜欢喝酒，更多时候他们把喝酒当成了一种无可奈何的应酬。这导致中国人喝酒首先讲的是面子，是档次或者价格，而不是酒的味道本身。久而久之，在喝酒的人们身上就形成了一种矛盾——要有面子的太贵，喝便宜的又贬身份；喝多了伤身体，喝少了却伤感情。在喝好喝坏、喝多与喝少之间，人们需要一个平衡点，而这也正是塔牌黄酒所找准的市场机会。

不同于白酒，黄酒没有经过蒸馏，酒精含量在15%左右，属于低度酒。延续两千多年的酿造历史，黄酒也是和中国传统文化交融颇深。黄酒含有氨基酸、糖、醋、有机酸和多种维生素，其温和醇厚的特性，深入贯彻了中国传统的养生哲学。因此，与其他品类的酒相比，黄酒通常被认为是更健康的酒。

再回到塔牌身上，与同行业黄酒厂家相比，塔牌一直走酿酒师傅手工酿酒的传统工艺路线，生产过程中更加注重对于手工的坚持。在现代化机械制酒的大背景环境下，因为过度机械化，手工酿造显得更加难能可贵；因为层出不穷的产品质量问题，手工酿造显得更加安全可靠。就某种程度而言，手工酿造，正是健康的代表。坚持古法、坚持时序、坚持自然、坚持人不一定胜天——塔牌对手工的坚持，真正将塔牌与其他黄酒区隔开来的，正是这一点。

在现代消费者的主流观念中，对于手工的认可却是在逐步提升的。从名牌箱包到豪华跑车，再到人们身边的家具和服饰，越是手工的产品反而越能够受到消费者的认同，越能够卖出更高的价格。因此，手工的特性恰恰能够成为塔牌黄酒的突出优势，支持塔牌拉高自身的品牌形象。

传播口号

锁定以社交应酬为主的轻度消费人群，瞄准消费者心理矛盾中的空隙，融合黄酒的特性与塔牌的优势，塔牌的广告语“塔牌，养人的还是手工黄酒”就此诞生。首先，用黄酒低度的特点，解决消费者应酬当中喝多喝少互相矛盾的问题。其次，突出传达塔牌黄酒“养人”的特点，满足消费者对于健康养生的需求。最后，以“手工”的优势，集中拉升塔牌产品的价值，继而提升品牌的价值。

营销传播运动目标：

我们试图重新出发，跳出黄酒的小品类局限，以“手工黄酒”立名，在整个酒类市场中找到新的发展空间。通过一系列线上线下传播整合，灌输消费者以全新手工黄酒概念，力求将塔牌打造为中国手工黄酒中的NO.1。

整合传播策略及实施

第一步，全新品牌形象推出

确定了核心策略暨传播口号之后，我们开始对品牌的传播进行全方面的完善和演绎。仅仅依靠一句广告语，我们无法向消费者传达塔牌全新的品牌内容，我们强化了塔牌全新的手工酿酒世家的品牌形象，通过报纸、杂志、电视、广播、户外路牌等媒介，全面地展示塔牌的全新品牌形象。

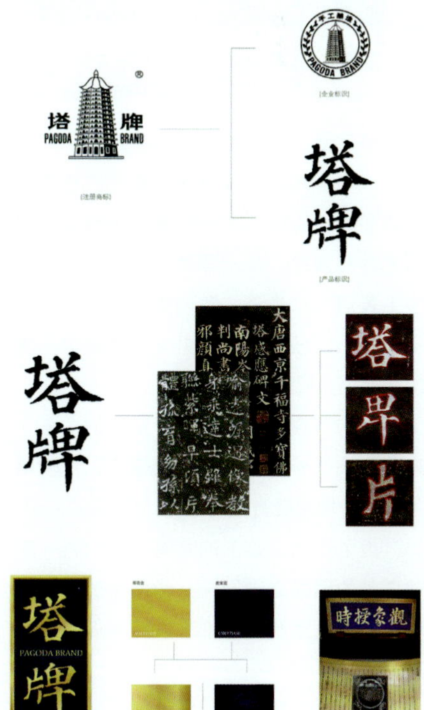

第二步，手工黄酒系列整合

塔牌旗下产品种类繁多，有碍于消费者记忆。根据“手工黄酒”概念，我们选取了黄酒市场主流品种——五年陈，整合塔牌旗下一系列产品，合并为“手工冬酿”系列。以“手工”标榜工艺，以“冬酿”说明一季一酿以及遵循天时的生产标准，力推“手工冬酿”成为塔牌明星产品。

第三步，线上媒体感性突破

一个全新的品牌概念，除了广告语，还需要线上媒体的配合传播，进行全方面的完善和演绎。基于塔牌“养人的，还是手工黄酒”广告语，我们明确了广告片的基调——以温暖的关怀引发消费者与品牌情绪上的共鸣。

“这不应该仅仅是一个黄酒的广告，这更应该是一股温暖心灵的暖流，就像喝下黄酒时候温暖身体的感觉。”

为了达到情感上的共鸣，我们再一次对塔牌的消费者进行深一步的情感洞察，对他们的生活和情感细节进行贴近的了解和体验。

“在亲人的眼中，你的健康，比其他的一切都重要。”

这便是塔牌想要对消费者说的话。

在广告片《背影拥抱篇》中，我们选取了消费者生活当中常会经历的一个场景片段：先生在应酬的酒桌上喝酒的时候，想起了出门之前妻子的叮咛。为了不让妻子担心，先生选择了养人的塔牌手工黄酒，而这一选择当即得到了在场其他客人的认同。

我们力求让整个广告片的情节朴实而不做作，让广告片更像是一段简短的记录，记录属于每一个消费者的普通生活。这并不是那些容易引起消费者反感的叫卖式广告，而会让消费者联想到自己，产生情感共鸣。我们希望，这既是一次广告活动，更是一杯温暖内心的“塔牌黄酒”。

第四步，线下公关整合

除了以感性化来表达塔牌黄酒全新的品牌形象，我们也尝试以全方位的整合传播，来影响相对年轻的消费群体。除传统地方性媒体的营销宣传和户外广告，利用塔牌出口优势，将媒体覆盖至央视、香港凤凰卫视等全球、全国性影响力更大的范围。

我们积极尝试新型媒体，试水网络推广、微博、大师访谈等营销手段，与消费者建立直接互动，线上线下精准化传播，让更多消费者，特别是年轻消费者通过塔牌了解到“手工”黄酒的文化价值所在。

做为国内唯一坚持全部采用传统纯手工技艺酿造黄酒的企业，将“立冬”节气绍兴酿酒企业祭祀酒神的仪式，变为塔牌品牌文化传递的年度盛宴。以传递“手工”品牌核心理念为基石，将品牌推广与市场营销整合一体，经销商、消费者与媒体共同参与见证塔牌手工黄酒开酿庆典。在开酿庆典上，通过祭祀、开酿、传承、分享四大环节，传达非现代黄酒世家——塔牌，对自然与传承的尊重。

传播上则细分人群，通过网络、电视、当地知名报纸等多个平台招募消费者，参与立冬开酿庆典，通过活动了解塔牌手工酿造的文化传承，并参观塔牌酒厂、亲手体验酿酒工艺，再通过电视、网络平台进行二次广泛传播，让更多的消费者了解塔牌手工冬酿的品牌文化。

营销传播效果说明

新推出的品牌形象通过传播推广后，在消费者心智中形成了全新的塔牌手工黄酒印象。广告投放初期，在浙江区域的消费者调研中，比较投放前的数据，塔牌在黄酒品类的第一提及率从第四位上升到了第二位；同时，塔牌也已成为了“手工黄酒”的第一提及品牌，以北京为代表的新兴北方市场，塔牌黄酒也得到了政商界人士一致认可与好评。

2012年在酒水市场低迷的情况下，塔牌逆势增长将近3成，整体销售额上升了1亿元，增长30%。广告当中出现的主打明星产品（手工冬酿）的销售额，在短短几个月时间内达到了2000万元。同时，广告活动的推广也极大程度提高了经销商的信心，一年时间内，塔牌黄酒产品的经销商由380家上升为420家，增长率达到了11%。

点评：

“养人”和“手工黄酒”是两个概念。都很好，但是放在一起分散了传播力度。“手工黄酒”的概念比“养人”来得直接有力。何不好好深度挖掘“手工”呢？

——史劲松

南台酒：客家风情

广 告 主：
广东南台酒业股份有限公司
广告代理：
深圳市中视星艺文化传播有限公司

如何从广告上突出南台酒的价值点？最终，从南台酒在酿造技艺上是传承客家的传统古法入手，在广告上突出客家酿造技艺的高超；运用天然岩洞窖藏的南台酒来表现酿酒地点的罕见；通过一瓶南台酒从岩泉里破水而出的画面，表现酒的清亮透明。至此，南台酒已拥有得天独厚的天时地利人和。后期通过2D+三维动画合成的特效来制作此电视形象广告片，从南台酒开始酿造到酿造完成的这一个过程来表现出南台酒客家酒业的历史积淀。

"你是梅园中最傲雪的一枝梅，在寒流面前，你以自己的峥嵘一枝独秀。你的剑气就是梅骨，你的英气就是梅香。"这首客家诗歌，让我们感受到一种铮铮铁骨、一种凛然正气、一种正义的民族英雄气概。"梅花香自苦寒来"，客家精神是客家人在困境、绝境、险境中磨练出来的。南台酒传承客家传统古法酿造技艺，是中国客家米香型白酒的典型代表。我们将客家精神赋予在南台酒中，形成一种独特的客家风情，让南台酒更加深入人心。

品牌背景

广东南台酒业股份有限公司创始于1956年，公司倾力打造园林式的厂区环境，以传统工艺与现代白酒机械生产相结合的模式，自制特种酒曲。年生产白酒和露酒10000吨的现代酿酒企业，是当地主要经济支柱。

广东南台酒业股份有限公司拥有先进的生产设备和完善的检测设备，聘请了多位高级酿酒专家，对生产工艺进行严格要求。南台酒传承客家传统古法酿造技艺，取世界最大天然卧佛—南台山下的优质岩泉，选用天然无污染的有机大米为原料，用陶缸在天然岩洞窖藏老熟，运用精湛的勾调工艺，赋予了南台酒"清亮透明 、蜜香清雅 、入口柔绵、 落口甘洌、回味怡畅"的独特风格。

"蒸酒磨豆腐，矛（无）人敢称师傅"，可见客家酒文化的历史地位。南台酒是中国客家米香型白酒的典型代表，成为了中国白酒四大基本香型的客家品牌。

核心价值

传承五千年中华酒文化，作为中国人，可谓是在酒缸里长大的民族。在中国，酒的市场前景广阔，有利于南台酒在市场上的又一突破。但是，消费者对广告也慢慢产生了审美疲劳，我们意识到一个优秀的广告不能只是在宣传产品本身，更重要的是突出产品的定位以及丰富其内涵。

首先，我们必须要深度发掘产品本身的价值。南台酒的价值在哪里？为此，我们将彻底剖析南台酒的前世今生。

市场定位

一个明确的定位可以成就一个成功的广告。

南台酒作为梅州客家酒业的一根脉络，它的消费群体在全国吗？我想，当然不是。

虽然中国酒业的市场广阔，但是面临着各大酒业的激烈竞争。南台酒是中国客家米香型白酒的典型代表，我们为什么不开拓适合产品本身的市场？为什么要舍近求远呢？

我们创作团队经过市场调查、产品及消费者分析，深思熟虑后认为梅州的当地人就是南台酒不二之选的消费群体。鉴于他们对于南台酒有一定的家乡情怀，比起其他的酒就更容易接受。

梅州客家人为南台酒定位，让梅州人喝梅州酒。

南台酒——客家情

五十余载的光景，有多长？让南台酒回答你。

梅州酒业历史悠久，客家地区的酿酒业与毗邻地区相比，在时间上要早、技术上要成熟。南台酒便应运而生，直至今日，已有五十余载。

客家人是梅州主要的居住人群，客家人来源于中原汉民族，北方粗犷豪爽的性格特征，造就了客家人的乐观迈进、刚强弘毅，勇敢豁达，客家人具“北方强者的血统与遗传”。

客家人经过历代长期艰苦奋斗，使民族性格得到考验和磨炼，使客家人自始至终带有一种浩然正气的民族节操，他们崇尚忠义，反抗压迫，同仇敌忾，爱国爱乡，注重武术的凛然自傲之气，使他们成为“民族心理发展中的一群勇者”。这便是客家精神。

在李文浩导演的睿智带领下，通过深入的探讨沟通后，最后我们确定了将南台酒文化与客家精神相融合，使得南台酒不再是酒，更是一种民族精神的延续。

创意阐述

在广告上怎样来突出南台酒的价值点？经过了一次次否定，又一次次肯定。最终，我们一致认为南台酒在酿造技艺上是传承客家的传统古法，从这里入手，在广告上突出客家酿造技艺的高超；运用天然岩洞窖藏的南台酒来表现酿造酒的地方十分罕见；因为南台酒使用的是优质的岩泉，我们通过一瓶南台酒从岩泉里破水而出的画面，表现酒的清亮透明。至此，南台酒已拥有得天独厚的天时地利人和。

后期通过2D+三维动画合成的特效来

点评：

在该案例中，从历史传承可以看出南台酒在酿造技艺上是传承客家的传统古法，广告策划从这里入手，在广告上突出客家酿造技艺的高超；运用天然岩洞窖藏的南台酒来表现酿造酒的地方十分罕见；因为南台酒使用的是优质的岩泉，通过一瓶南台酒从岩泉里破水而出的画面，表现酒的清亮透明。抓住了这个营销价值点，南台酒已拥有得天独厚的天时地利人和。广告策划从南台酒开始酿造到酿造完成的这一个过程来表现出南台酒客家酒业的历史积淀。

——唐 超

制作此电视形象广告片，从南台酒开始酿造到酿造完成的这一个过程来表现出南台酒客家酒业的历史积淀。

镜头一：

画面：朦胧似幻的云层淡淡散去，神秘的客家生活情景与酿酒画面一一呈现

音效：仿古音乐渐起

旁白：精湛酿酒工艺

镜头二：

画面：一坛坛酒缸在岩洞发酵酝酿

音效：清新的音乐

旁白：天然岩洞窑藏

镜头三：

画面：一瓶南台酒从优质岩泉下浮出水面

音效：清新的音乐

旁白：慧心传佳酿

镜头四：

画面：南台酒四周溅起层层涟漪，多角度展示南台酒瓶

音效：清新的音乐

旁白：千载客家情

镜头五：

画面：南台酒从天而降，溅出水漫，在客家风情背景下，南台酒屹立不动，一根红色丝带翩翩起舞，南台酒LOGO出现

音效：清新的音乐

字幕：广东南台酒业股份有限公司 荣誉出品

本支广告通过2D+三维动画合成的特效制作来完成，解决了因实景拍摄无法完成的问题。通过导演、策划、后期等工作人员的共同努力，才能够创作出适合产品本身的广告。本广告在梅州当地播出后，被梅州人很快地接受，成功地提升了南台酒的销量及产品的知名度，打造出南台酒企业的一种文化品牌。

双沟牡丹酒：领略人生，苏式浓香

双沟牡丹作为一个几十年的老产品，具备一定的品牌资产，但由于近来年的营销缺失，产品愈渐弱势，广告主通过研究，判断双沟牡丹仍具备很好的发展潜力，开始着手重塑双沟牡丹品牌。

面对的市场

消费者对于白酒的品类行为： 消费者（以男性为主25~65岁）在确定对一个品牌忠诚的使用前，希望尝试不同的品牌

在白酒市场，面对高端如水井坊、国窖1573、茅台，中端如泸州老窖、洋河之列，已经多年处于领导地位多年的品牌，双沟牡丹酒虽然继承了“双沟”品牌资产，但仍存在诉求不明确、品牌资产维新的种种难题。尤其想要走近现代的消费者仍然需要长时间传播。因此，双沟牡丹酒需要及时应对这个问题，来争取市场份额，并与消费者建立良好沟通。

本次传播活动目标受众

25~55岁的男性酒类消费者，他们经历人生的不同阶段，走近社会，走近人生，不同的阶段，所追寻的目标与物质资料也不尽相同。

40岁~55岁高收入阶层，大型企业的高层领导，政府部门担任要职，收入稳定，有较好的人际关系。

30~50岁中高收入阶层，企业的部门领导，有相对稳定的收入，50岁以上中老年人，大型企业基层职工，退休或将近退休，看似清楚的定位中，25~65岁因为特定场所的消费，社会性、人情世故的约束，较难界定其用酒特征，

因此，一个包含多个产品，多个细分市场的品牌，想要走近消费者，不能单单是“一个人”概念，而应该是一段“人生”。人生不同阶段的需求才是我们要寻找的传播目标。

本次传播活动目标

1. 通过宣传，强化双沟牡丹品牌，加强对消费者的持续宣传。

2. 创建一个整合的品牌定位，覆盖双沟牡丹酒旗下，红牡丹、蓝牡丹、金牡丹各个产品系列。

3. 目前正在使用竞争品牌的用酒人士，对他们的需求提出感性诉求，寻找情感上的

广 告 主：
双沟牡丹酒
广告代理：
中视金鑫国际广告有限公司

“为每一种情怀，超越；为每一个梦想，超越……”双沟牡丹酒做为一个几十年的老产品，具备很强的品牌资产，定位成功男士，通过宣传，强化双沟牡丹品牌，加强对消费者的持续宣传。对目标群体需求提出感性诉求，寻找情感上的回归，鼓励他们来尝试使用双沟牡丹产品。阅历代表魅力，牡丹酒找到成功代言！

《双沟牡丹之红牡丹》TVC

“这一刻的幸福事，金榜题名；这一刻的幸福事 洞房花烛。这一刻的幸福事，麟儿满月；让生活每一刻，充满对幸福的期盼；人生幸福事 双沟红牡丹”

回归，鼓励他们来尝试使用双沟牡丹产品。

创意核心：领略人生 苏式浓香

【主视觉】

核心创意背后的策略思考：

他们是当代社会中流砥柱，接受人生的洗礼也理解与历史积淀下来的情怀。

他们穿梭各地，领略不同风景，有领悟有思考，一周七天一天二十四小时，他们既是工作者也是生活的参与者，与其他人相比，责任带来的是更多的人际关系。对于家庭他们是承担者，他们需要参与到种种聚会中去，这时候他们更渴望的是家庭带来的温暖与安稳；作为工作的参与者，他们面对的是各种人际交往，身份的不同转换让他们了解人生的宽度。

作为独立思考的当代男性，他们同样理解从成长到成熟的人生深度。而双沟牡丹酒希望成为男人在人生旅途上的一个助力，是开启人生幸福篇章的幸福之酒，是打开心灵、拉近友情的友情之酒，是越超之时，众人庆贺的成功之酒，是位处巅峰之时，鉴证成就的荣耀之酒。

因此，主要的消费者洞察为：牡丹，男人的阅历之酒。是阅历，积淀男人的深度，打磨了男人厚度，阅历定义了男人的魅力，领略了人生的真谛。

由上消费者洞察与策略思考，我们认为：

1. 通过向目标受众展示他们人生不同阶段的所要经历到的，或者所思所想，我们一直陪伴左右。

2. 将双沟牡丹定位为实现这一愿望的见证者。

3. 建立起一个整合的品牌，能覆盖不同的子品牌。

“领略人生，苏式浓香”文化层面以“人生”与消费者通话，而物理层面以“苏式浓香”给消费者利益上的支持，以此在目标消费者的心智中成功构建起优势的战略位置。

1. 以目标群体所能接触生活状态出现产品，体现双沟牡丹酒陪伴目标人群重要时刻。

2. 单一的洞察保证诉求准确性，一个产品只说一句话，并以TVC主视觉颜色代表不同种类的双沟牡丹酒产品。

3. 利用系列的电视广告，充分展示“领路人生 苏式浓香”的丰富性、多元性。阶梯化的传播，让消费者一目了然双沟牡丹酒产品线，实现对位营销最大化。

《双沟牡丹之金牡丹》TVC

“为每一种情怀，超越；为每一个梦想，超越；为每一次成功，超越；从容由情，超越于心；为超越喝彩，双沟金牡丹”

点评：

不同年龄段的男人有着不同的生活阅历，有着不同的人生重点。《领略人生 苏式浓香》精准地洞察到消费者的这一特征，利用整合的品牌定位方式，分别以不同年龄段人所具有的故事呈现给不同的受众群体，勾起人们的情感共鸣，向消费者传达双沟牡丹酒的品牌DNA。

——王正飞

基地老粮白酒：相聚篇

广 告 主：
深圳基地老粮酒业
广告代理：
深圳卫视镜像文化传播有限公司

本片是一个依据在微电影基础上的压缩版广告。在人群定位上，以中年的中低消费人群为主，不以朋友而泛，而以兄弟相交，以“兄弟文化”来构建品牌的灵魂，从而，兄弟情，成为了本片的创意核心！以“好兄弟，喝好酒”的主题广告语，酣畅淋漓地传递出了基地老粮白酒的品牌灵魂！

本片是一个依据在微电影基础上的压缩版广告。

在前期为基地老粮公司做影视策略时，规避了当下流行的所谓“窖藏”、“年份”、“历史传承”等概念，紧抓品牌名称中的核心词“基地、老粮”，尽可能地将品牌名称视觉化。在人群定位上，以中年的中低消费人群为主，不以朋友而泛，而以兄弟相交，以“兄弟文化”来构建品牌的灵魂，从而，兄弟情，成为了本片的创意核心！以“好兄弟，喝好酒”的主题广告语，酣畅淋漓地传递出了基地老粮白酒的品牌灵魂！

创意核心

好兄弟/喝好酒

兄弟文化的解读：

兄弟 是一种朋友的升级；

兄弟 是一种忠义品格、永不背叛；

兄弟 是一种不离不弃、肝胆相照；

兄弟 是一种团结、协助、共赢；

兄弟 是一种执着 坚持；

兄弟 是一种勤奋 不服输 创新；

兄弟 是一种身边的叮咛，远处的思念；

兄弟 是一种力量，一种勇往直前……

这是一个关于兄弟相聚的“微电影”结构式的情感叙事片段式广告。整个影片以兄弟情为调性，以基地老粮酒为线索，以跨越时空的方式进行视觉结构，将“兄弟情、产品利益、主张”进行自然切入，使之真切、朴实、感人。营造一种“兄弟相聚是幸福滋味”的质朴人生主题聚焦。

剧中的五个男子是莫逆之交，他们有过共同的童年、共同的大学生活、一起玩耍、一起长大……

他们有共同的童年，共同的往事、共同的追求，相聚，找回了共同的味道——基地老粮。

电影版的方向是以“聚”为故事来展开，将基地老粮酒以植入的方式来结构。讲诉一段兄弟间不同阶段的成长故事，倡导一种人与人之间那种既朴实、又纯真，既有放飞的理想、又有回归的真味。全片结构需符合电影模式。故事的线索非常清晰：车站——在车厢上的回忆——相聚。人物之间的关系自然、融洽、符合逻辑。

全片广告词：
兄弟的那份真，
就像基地老粮，
无论经历再久，
哪怕远在天边，
纯真的味道，
能让彼此渐行渐近。
好兄弟，从基地老粮开始。
一声兄弟，一生兄弟！
好兄弟，喝好酒
基地老粮
字幕：中国生态白酒基地

点评：

喝酒，大家都会拿“兄弟”说事。所以也就不太好讲。30秒内说清楚“兄弟”其实有点难。广告又是生活的升华。兄弟与酒是浓缩、是交融、是刚烈、是柔情，阐述起来滋味颇多。最关键是兄弟中一定要有与“女人”的爱恨情仇。这样的兄弟情才会更丰满、更有质感。

——史劲松

泸州老窖特曲：一生情，一杯酒

广 告 主：

泸州老窖股份有限公司销售公司

广告代理：

成都天工开物文化传播有限公司

上海圣峰广告有限公司

泸州老窖有着悠久的品牌历史，是中国四大名酒之一，百年品牌也为泸州老窖带来了良好的销售业绩。在该案例中，特曲老酒围绕品牌核心诉求“一生情，一杯酒”，与特曲老酒的核心销售区域进行连接，以销售额及消费者群体数量为导向，采取逐个击破，层层推进的策略， 借助品牌代言人周华健的演唱会公关活动平台，充分利用明星的影响力和品牌直接关联，强化大型企业和VIP团购客户对特曲老酒品牌“一生情、一杯酒”的感受。周华健的粉丝效应也让泸州老窖的品牌价值进一步扩大。

第一部分：案例分析

1：案例背景

泸州老窖特曲是中国最古老的四大名酒，1915年获巴拿马太平洋万国博览会金奖，1952年在中国首届评酒会上被国家确定为浓香型白酒的典型代表，是唯一蝉联五届 “中国名酒”称号的浓香型白酒。2010年以前，娱乐与白酒还没有开展全方位的立体化合作，而作为泸州老窖核心产品的特曲老酒以“一生情，一杯酒”核心，展开了以“朋友、情谊”文化为主导，倡导一份真挚、可贵的朋友之情，采用周华健为品牌代言人，利用明星效应，与70年代和80年代这一群核心目标消费者产生情感共鸣，并结合特曲老酒的核心销售片区，以巡回演唱会的推广模式，拉开了明星代言+片区演唱会+渠道推广的组合型行销模式的先河。

2：案例战略

核心战略

特曲老酒围绕品牌核心诉求“一生情，一杯酒”，与特曲老酒的核心销售区域进行连接，以销售额及消费者群体数量为导向，采取逐个击破、层层推进的策略， 借助品牌代言人周华健的演唱会公关活动平台，充分利用明星的影响力和品牌直接关联，强化大型企业和VIP团购客户对特曲老酒品牌“一生情、一杯酒”的感受。并通过实际的赞助、买赠等方式实现产品的销售。

具体实施

1.以70和80年代受众熟知的明星周华健为品牌代言人，并以友情为主要核心倡导，形成品牌传播核心理念“一生情，一杯酒“

2.在核心销售片区如：石家庄、郑州、天津、黄石、重庆等地举办巡回演唱会，逐步辐射华北、华东、西南片区。

3.将演唱会作为商业项目，进行招商和赞助的资源置换，推动与大型企业的宣传合作，但以广告资源共享、演唱会权益共享的方式进行置换，形成互利共赢，共同推广的局面，已经达成与九江银行、恒丰银行、王老吉等多行业多品牌的资源置换，互利共赢。

4.在各大终端渠道则以“买酒赠票”的模式推行演唱会，与大宗团购挂钩，打破市场常规推广模式，形成产品体验，逐步培育忠实消费者。

3：案例执行

特曲老酒以周华健演唱会为公关热点，将周华健营销元素广泛引入到渠道促销、渠道宣传等各个行销活动中。同时泸州老窖整合多品牌的资源，聚焦演唱会。以点带面将特曲

老酒推向整个营销活动的高潮

1. 多形式的资源置换：

A、异业品牌的资源置换：

利用演唱会的影响力和宣传作用，以广告宣传、门票回报、纪念酒、常规特曲老酒等进行组合回报，进行招商。

B、销售渠道的资源置换：

以门票回报、纪念酒、演唱会周边产品换取销售渠道的终端差异化包装、宣传服务等。

2. 形式多样的行销活动

泸州老窖集团公司整合多品牌资源，推出一系列活动。

A. “一生情 一杯酒”周华健巡回演唱会首发新闻发布会暨特曲老酒品鉴会

B.团购网站单独合作

C.房地产开发商/代理公司合作

D.周华健歌迷营销

E.公益活动

3. 免费抢票活动

官网、短信平台联动，配合销售渠道的宣传。

4：效果

周华健群星巡回演唱会，从品牌的嫁接到冠名商的引入，从VI设计到现场广告位安排，从媒体推广到后续报道，都成为演唱会当地最成功的营销及品牌宣传活动，波及人群广泛，影响深远。

A.整合媒体资源：整合了全方位的媒体资源，并建立了全新的媒体营销渠道。

B.公关事件营销：以巡回演唱会为公关事件，发起了一系列的客户答谢活动，维系了多方情感关系。

C.避免同质化营销：以巡回演唱会的形式，另辟蹊径展开营销，避开了同行业的同质化的公关活动竞争，在同行中脱颖而出。

D.传达品牌理念：周华健巡回演唱会表达与特曲老酒诉求一致，保证了品牌理念的深远请准传播。

E.提升品牌美誉度：实力巨星，一流的视听感受，各站演唱会均取得了巨大成功，广大观众赞许不绝，特曲老酒的品牌美誉度得到了迅速提升。

F.提高了产品关注度：特曲老酒利用演唱会的影响力及周华健的号召力，进行了一系列的线下活动吸引了众多关注，直接带动了产品销售业绩，演唱会当地的团购订单及渠道铺市均取得了较大的增幅。

第二部分 案例在媒体上的创意作品

1：平面媒体类

（海报）

（部分网页新闻）

2：视频网站类

岁月如歌广告篇

一生情一杯酒广告篇

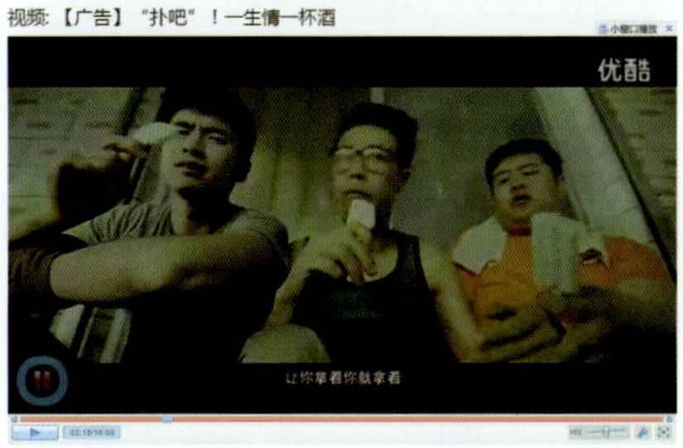

点评：

创造性消费方式 扩大市场占有率

对于一个成熟的行业和品牌来说，如何扩大市场占有率，从竞品受众抢夺更多市场份额，是每天都在考虑的问题。此案的最大亮点就是通过周华健全国巡回演唱会传播泸州老窖特曲老酒品牌。在目前限制高端消费的大背景下，今天的白酒营销已经不再是“高大上”的天下，如何做到品牌传播渠道下沉反而更加有意义，普通大众在逐步成为消费的主体。案例通过周华健演唱会、微电影、搜索营销等一系列营销手段，让特曲老酒的平民性得到了回归，让他成为了朋友之间的酒，同时也为白酒行业提供了一个提升销量的想象空间。

——侯明廷

燊井贡酒品牌策划全案纪实

广 告 主：

四川圣井酒业有限公司

广告代理：

深圳唐古品牌策划设计有限公司

这是一篇诚意之作。在案例中，通过对燊井贡酒原产地四川自贡市的地域文化分析，最后确定品牌文化及定位方向锁定在历史、文化、传统及地方独具特色之中。在经过文化要素整合提炼之后，将自贡的地方盐业资源与酒业资源进行融会贯通，最终形成燊井贡酒独具特色的盐史与酒文化，并以此引申出燊井贡酒灿烂的品牌文化。

背景

2012年春夏之际，蔡新先生一行人一路自驾来到了深圳，借在深圳短暂停留之时特约我一见，商谈其燊井贡酒品牌的相关事宜。一餐之中我们将品牌的各方面情况与状态做了深入浅出的沟通。在对品牌全面了解之后，我提出了我对品牌的一些建议与看法，志同道合的状态下我们随即达成了合作意向，由我团队直接介入燊井贡酒的整盘之中，并以专业品牌策划与设计的全面导入而全力推动品牌快速落地。其后几日，蔡新先生一行回到了成都，且迅速进入相关综合事务的统筹与安排之中。一切安排完备后，我应邀飞抵成都。在此之前，我们根据整个品牌的运作节奏和最终目标制定了合作计划方案，并以此作为合作方针签订了合作合同。第二日，因品牌启动时间紧迫等原因，我马上飞回了深圳，开始立即着手落实燊井贡酒品牌策划与设计的启动工作。

案例介绍

燊井贡酒为四川圣井酒业有限公司旗下核心品牌之一，公司总部坐落于四川自贡，是自贡市重点企业单位和重要扶植发展企业。公司立足于中国白酒黄金三角地带，具有得天独厚的行业优势资源，是一个年轻且快速蓬勃发展的现代企业集团。

品牌全案策划人：徐朗（欧元宗）

执行单位：深圳唐古品牌策划设计有限公司

项目内容：

品牌文化系统（品牌渊源、品牌故事、品牌愿景、品牌广告语）

品牌形象系统（品牌LOGO设计、品牌VI系统设计）

品牌产品系统（品牌高端、中端及低端产品线策略与设计）

品牌终端系统（品牌终端SI系统设计、终端旗舰店形象导入及工程预算）

品牌传播系统（品牌形象网站设计开发及整合推广）

品牌定位背景

燊井贡酒为四川自贡的本土品牌，其产地的历史与文化影响由来已久。而作为地方传统产业的盐品与白酒而言，更有着深远的不解之缘。在这片自贡人世代生息繁衍的土地上，酒与盐一样深入人心，跟人们的生活密不可分。当自贡盐业深度影响世人生活的时候，而酒却深深地影响着自贡人生活。因此，燊井贡酒的品牌文化及定位方向即锁定在了历史、文化、传统及地方独具特色之中。在经过文化要素整合提炼之后，我们将自贡的地方盐业资源与酒业资源进行融会贯通，最终形成燊井贡酒独具特色的盐史与酒文化，并以此引申出燊井贡酒灿烂的品牌文化。

品牌故事演绎

公元189年，汉末的战火连绵华夏大地，熊燃大江南北，各路枭雄在战乱的纷争中逐渐形成了集权态势，各方雄主虎视中原，三国序幕逐渐拉开。作为中原腹地的四川，更是被兵家视为必得之地而不断卷入战争之中。这里除了以天府之国为中心的成都以外，更有着自贡这样因盛产盐品而名扬天下之域。在自贡每年都有一批自贡人将当地的盐品运往大江南北，天长日久后，人们便把这批自贡运盐人称为“盐邦”。在这群以蔡邑为首且行走于天下的盐邦中，一直伴随着他们的还有盐邦那一坛坛浓郁悠长香飘万里的美酒。每一次盐邦护送盐品出城行往外处时，他们都不忘带上一些途中享用的家乡美酒。是年夏月时分，当蔡邑一行人来到荆州界地之处，碰到了一群威武雄壮的兵士，领将却是一个如同白面书生般的英气男儿。当他们来到蔡邑一行人边上之时，只见此人纵身一跃胯下战马，蔡邑等人大惊失色忙夺路欲逃，白面将军叫住了他们，并告知行军路途中饥渴难耐，见得蔡邑一行人有酒携带，想购得一些慰劳将士。蔡邑听至此处恍然大悟，顿时热情招呼白面将军及其属员们，并给他们呈上一坛坛一碗碗来自自贡的好酒。众将士饮后均赞叹此般美酒天下难寻，在悠长的回味中爱不释手。

公元221年开春之际，年近七旬的蔡邑正在家中休息，一群将士突然造访。一番交谈后，蔡邑方得知此行军士是受命于闻名天下的赵子龙大将之托找寻自己。后来，蔡邑才得知当年所遇一群军士中的白面将军即是赵大将军。至此，蔡邑忙问何事找寻自己。当得知自己欲为刘备在天府之国成都称帝天下昭告四海之际提供美酒之时，蔡邑感动中老泪纵横。由此，饮用蔡氏美酒慢慢成了天下豪杰之士之所向，并也逐渐形成了进贡首选之酿。

岁月沧桑斗转星移至近代，自贡蔡氏酒业如同盐业一样，在经过两千多年的历史沉淀下，已成为一种物质与精神的象征，并也在不断地被后人继承与发扬。盐业至清末年间更是达到了登峰造极的状态，清道光年间所开凿的燊海井更是创造了世界第一深井先河。而蔡氏家族酿酒业也在传承中不断创新与发展，在延续着蔡氏宗族历代古法酿造的同时，结合自贡水质特点优创出了流畅着的历史美酒，并以象征区域与荣誉的“燊井贡酒”之名宣告天下。

品牌形象塑造

1.品牌LOGO形象设计

燊井贡酒承继千年酿酒工艺与传统，为当代呈现出精品佳酿。此标志设计构思以中国传统文化为背景而提取设计元素，以酒业特点为核心与传统文化相结合。标志整体形态形似一口古代深井，井边雕有吉祥腾云，而井内上下两边线条寓意着清波环绕的井水，预示着时运当头财源滚滚。中间以“燊”字抽象而成的图形，更是演化出了一个古代鼎和酒杯的造型，并以此揭示着企业的做事原则，并也充分点明了行业属性。标志整体气韵万象，动感十足，是一个标识性非常强的精神图腾，也便于强化记忆和应用传播。

2. 品牌产品形象设计

如果企业发展依托品牌战略的话，那么产品与销售则是品牌战策核心。我们说没有不对的市场，只有不好的产品。而就产品而言，我们将其划分为两个重要组成部分，即内与外的结合。其内为产品品质，其外是包装形态。所以，我们在结合燊井贡酒优质产品的同时，以目标消费群体为导向的制定出一个系列四个款的包装策略，为迎合目标市场和引导目标群体设定切实可行的消费基础。

贡酒之尊
人者长
或德行高
亦或智慧深
因而备受众人敬且为尊

贡酒之王
勇于天下之先
具众望所归之荣
神武德众
为天下仁民之主者为王

点评：

很好看，很有文化。设计很到位。只是觉得少了和消费者的沟通。比如那个"燊"字，查了字典我才知道怎么读。惭愧。

——史劲松

贡酒之皇
天下九五之尊
视观宏宇心系天下
为万民之敬仰
缔洪福于百姓
行万世之功德者为皇

贡酒之圣
膜拜之模
众尊之神往
存于有态与无形间
与天地光时同辉
塑灵魂之神往者而为圣

3.品牌终端形象设计

品牌终端系统是品牌与消费者建立关系的重要场所，是品牌个性与产品特性展示的舞台，其风格与氛围将直接影响消费者对品牌的认识和认同。所以，建立一个既具传统理念又富现代审美的终端旗舰店就显得尤为重要。品牌终端系统不但关系品牌执行效果，也为后期品牌连锁化发展奠定良好的参照样板。同时，品牌终端后期的执行过程中，我们根据各地终端场所的大小不同和结构差异，针对性地将品牌终端旗舰店风格进行复制导入至实地，并在施工过程中对差异部分进行细节把控。由此，来确立品牌终端系统的有效执行和形象风格的完整统一。

唐古团队寄语燊井贡酒及蔡新先生

蔡新先生为70年代末生人，与我们团队的平均年龄相仿，但他那勇于开拓事业和不懈追求理想的热情非常值得我们学习与效仿。生于四川农村的蔡新先生，因早年家境原因未能接受过多的知识教育，但他努力奋进，以后天更多倍的付出而获得了超出常规的知识内容，并也在社会上建立了良好的人际关系与个人口碑。在他事业奋斗的历程中，我们团队能有幸参与其中，并在愉快协作的氛围下贡献我们的专业与智慧实属难得的善缘。至此，我们唐古团队真诚期待四川圣井酒业有限公司能够蓬勃发展蒸蒸日上，燊井贡酒品牌能够稳健快步茁壮成长。

Financial & Insurance

金融保险类

建行龙卡：龙年就要用龙卡，龙的传人用龙卡

广 告 主：
中国建设银行
广告代理：
上海唐神广告传播有限公司

2012年是中国龙年，中国建设银行发行的信用卡都被惯称以“龙卡”，“龙”、“龙年”以及“龙卡”传承中国文化，令人入耳入心，共鸣共振，自信自豪。作为“龙卡”的本命年，恰逢时机地提出“龙年就要用龙卡”，不仅有利于促销主题的开展，同时更可以使得建行“龙卡”品牌深入人心，树立并统一全年的品牌形象。
在建设银行“龙卡”的统一品牌下，有利于集建行的整体优势组织营销，更能够借“龙行天下”之势，深化龙卡信用卡全球通用 、龙行世界的品牌形象，以龙卡信用卡经营十年之成果，喜迎第一个龙年，并以此翻开龙卡品牌新篇章。

实施时间：2012年
核心策略：龙年就要用龙卡，龙的传人用龙卡

背景：

我们的时代，是经济全球化的时代，是信用畅行天下、消费足迹遍布全球的时代。建设银行龙卡信用卡，将信用生活与智慧人生相融合，迄今已成为3000多万持卡人畅行全球的生活伴侣。信用成就未来，建设银行龙卡信用卡一直以来都保持着创优不止，追求卓越的精神，被称赞为“中国发展最快的信用卡”。

条件：

2012年是中国龙年，中国建设银行发行的信用卡都被惯称以“龙卡”，“龙”、“龙年”以及“龙卡”传承中国文化，令人入耳入心，共鸣共振，自信自豪。作为“龙卡”的本命年，恰逢时机地提出“龙年就要用龙卡”，不仅有利于促销主题的开展，同时更可以使得建行“龙卡”品牌深入人心，树立并统一全年的品牌形象。

在建设银行“龙卡”的统一品牌下，有利于集建行的整体优势组织营销，更能够借“龙行天下”之势，深化龙卡信用卡全球通用 、龙行世界的品牌形象，以龙卡信用卡经营十年之成果，喜迎第一个龙年，并以此翻开龙卡品牌新篇章。

营销目的：

通过重点促销活动等客户利益点的宣传，促进更多的客户“用龙卡”；

通过对产品、功能、营销办卡等优势和竞争力的宣传，吸引优质客户群体“办龙卡”；

通过加强对循环信用、分期付款、预借现金、龙卡商城等交易行为多客户的细分宣传，促进客户更好地“用龙卡”，提高业务收入。

执行：

根据建设银行信用卡2012年的年度主题“龙年就要用龙卡”，我们最先定下了全年的主题系列平面稿，以“龙”字作为核心，系列稿囊括旅游、分期以及餐饮三大领域，凸显千万优惠、千亿分期、千店美食的品牌促销力度以及品牌优势，使其在同质化广告竞争

中脱颖而出，树立精品信用卡、主流信用卡的专业品牌形象，同时抓住“龙年”这样一个难得的契机，将“龙卡”品牌推广并宣传开来，有利于抓住消费者的眼球，引起消费者以及媒体的共鸣，扩大并提升建设银行信用卡的知名度和名誉度。

中国人注重面子，出门要讲排场、要讲气派，龙年用“龙卡”，不仅迎合了国人注重面子、追求气派的心态，更是一种追逐时尚的态度。如何能让“龙年就要用龙卡”这句口号在年初的时候广泛地传播开来，并且能够让大部分的国人看到、听到从而产生潜移默化的印象，我们将目光锁定在了春晚的舞台上。花钱要好钢用在刀刃上，在中国最有影响力的节目应该就是春晚了，春晚是一个大品牌，是一年独此一次、一次独此一家的广告机会，每年的观众都有十亿人以上。从人数上来看，没有任何一个固定的电视节日能获得如此巨大的市场。在这样的一个平台上投放广告，首先它的受众是绝对有保障的，其次它所带来的品牌影响力也是非常可观的。

整个TVC紧扣”龙”的元素，以画龙点睛作为全片创意点，展示龙卡信用卡产品的同时，洋溢着浓浓的春节气氛，红底金字，烘托出全片主旋律“龙年就要用龙卡”，朗朗上口，深入人心，引起亿万观众的共鸣。

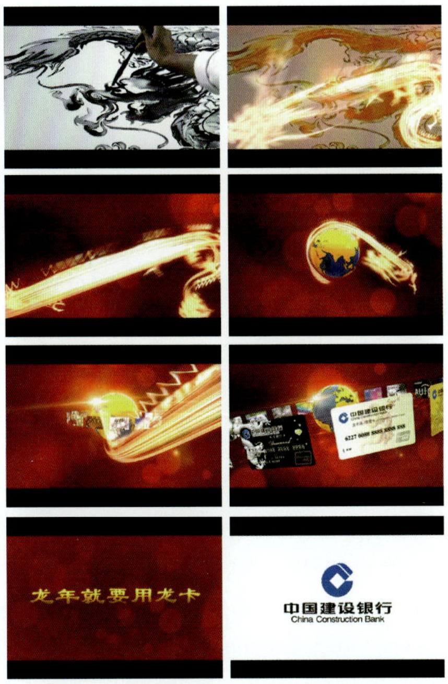

根据年度品牌稿，我们在建行今年主推的促销活动中，又延展为其相应的促销主画面，将“龙年就要用龙卡”的主题名称做成标识，植入在每一张主画面之中，保证了全年主题的贯穿性和统一性。

旅游类-玩转香港：

旅游类-玩转美国：

餐饮类：

名企卡：

名城卡：

名校卡：

芭比卡：

变形金刚卡：

冠军足球卡：

国航龙卡、东航龙卡、南航龙卡、深航龙卡等一系列航空联名卡，集建行服务与航空服务为一体，使持卡人飞更高、行

更远，让信用演绎自信人生。

欧洲旅行信用卡，围绕赴欧商务、旅行、留学提供专属优惠，全球通用，赴欧必备。世界旅行信用卡，国内首创“旅行基金”权益，“我的世界，更添精彩”，是建设银行信用卡对持卡人恒久的承诺！

斑斓世界，总有些瞬间感动你我内心；万千场景，总有些光影让我们久久难忘，世界之美，在于优越相伴，拥有建设银行世界旅行信用卡，让旅游带来更多的精彩选择，成为持卡人的环球伴侣，以精益的服务共享世界之美，让“你”的世界，成就“我”的精彩。

建设银行“my love信用卡”独具匠心，彰显个性，展示骄傲、倾诉珍爱，上千万人次参加my love系列大赛，评选产生魅力冠军、冠军宝宝、年度星宠，让千万人分享到my love信用卡的幸福和温馨，用信用传递爱心。

分期付款作为信用卡的最主要功能之一，受到很多消费者的钟爱。能够提前拥有，轻松实现，是更多人选择刷卡分期最主要的原因。建设银行信用卡配合“龙年”推出分期0利息0手续费的促销方案，给消费者带来的是实实在在的实惠。我们从建行信用卡最主要的三大分期业务：账单分期，安居分期和购车分期出发，以还款轻松，梦想实现和0利息0手续费作为支持点，针对主力消费人群，完成相应的视觉呈现。

在“龙年就要用龙卡”全年宣传主题的基础上，结合龙卡信用卡“国际品质”、“全球通用”、“畅行世界”等卓越金融功能，建设银行信用卡开展了“龙卡信用卡龙行世界寻宝大赛”的线上活动。通过发起这项活动，更结合了“龙年”、“龙卡”、“龙行世界”等宣传点，进一步加强了建设银行“龙年就要用龙卡”的年度主题宣传，强化了龙卡信用卡“龙卡信用卡，国际品质，全球通用”的宣传。

同时利用微博等具有广泛传播影响力的微媒体，通过趣味赛龙舟比赛、知识答题、微博宣传、办卡用卡等活动形式，实现客户传播与品牌传播的结合，实现集宣传品牌、推进发卡、促进消费等于一体的活动目标。通过举办线上活动的形式全方位、多角度地展示了龙卡信用卡业务，包括信用卡产品、分期付款、龙卡商城、网络办卡、刷卡消费、用卡服务等各方面，让消费者和持卡人通过趣味性的游戏形式，能够全方面深入地了解龙卡信用卡的更多资讯。

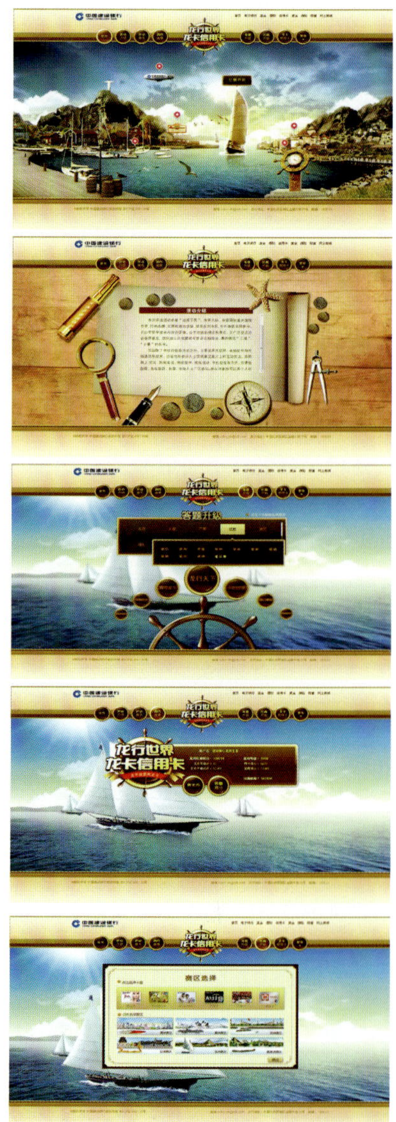

建设银行将信用卡事业与公益事业充分结合，成为关注公益事业人士心仪的金融产品。与上海市慈善基金会合作，开展了龙卡信用卡“爱心100分”的积分兑换活动。与此同时，我们帮助其策划并设计开通了慈善捐赠的minsite，并根据阶段性的活动主题更新相应的网站风格，在短时间内吸引了数万持卡人积极参与，深化与客户群体的互动，取得了不错的效果，通过“积分献爱心”也彰显出龙卡持卡人热心公益事业的拳拳之心。

龙年岁末，根据“龙年就要用龙卡”的全年战略，建设银行信用卡着眼于未来，进一步升华主题为“龙的传人用龙卡”，在响应龙年主题的同时，更是确定了未来一段时间建设银行信用卡的一个长期品牌主题，通过一连串交相辉映的品牌传播，可谓是趁热打铁，牢牢地把“龙卡”的印记烙印在每个消费者的心中，在信用卡领域树立了自己的权威地位。

建设银行信用卡于2012年年底以大手笔制作了“龙的传人用龙卡” 品牌主题的TVC，在2013年年初投播于央视强势媒体，新闻联播之后的黄金位置。在进行了为期一个月的投放之后，收到了颇为显著的传播效果，引起很多消费者的共鸣和认可，使得建行“龙卡”品牌在经历了龙年强势之后，更上了一层台阶！

本片为龙卡信用卡品牌宣传为主，同时呈现龙卡信用卡的主要功能与热销卡种，以情感托付作为诉求点，讲述龙卡时刻相随，伴随着每个人的成长，从莘莘学子跨入校门，到学有所成走向社会，畅游世界、成家立业、温馨亲情，每一个动人时刻，每一个幸福瞬间，处处体现龙卡信用卡服务的品质和理念，时时都有用龙卡的生动情景，目地在于建立龙卡与消费者之间更紧密的关系，通过各种场合的教育，引导消费者作为“龙的传人“，刷卡就要刷龙卡，有力的树立起了“龙卡”品牌。

龙卡成就未来
我的世界 我的精彩
真心为您 珍爱永恒
自在畅行 挥洒自如
欢聚时刻 温馨无限
龙的传人用龙卡
中国建设银行

尾声：

至此，唐神广告在2012年为“建设银行新信用卡”在品牌推广与创意策划上赢取了漂亮的一个战役，用智慧，用策略，用创意，准确而精彩地诠释并传播了“龙年就要用龙卡” 、“龙的传人用龙卡”的主题，让“龙卡”概念深入人心，使得建设银行信用卡在2012年的各项业务量都得到了提升，在关注度和知名度显著提高的同时，赢得了更多消费者的认可和持卡人的信赖，收获了更大的市场份额，取得了品牌效应与经济效应双赢的结果！

点评：

建设银行的系列广告给人的第一感觉就是接地气，首先是针对性的设计，让每一个客户都有一种专属的感觉，各类的专属人群，专属行业都各有所属，但是龙卡却能够合而为一；其次，虽然运用了高高在上的龙的理念和图形，但是符合国人对龙的崇拜和向往的心理，尤其是在投入时间上做了精巧的安排并随着时间的改变推出了适合的广告语。系列性的广告设计，其主题性很明确，集中力量去攻克，让龙卡成为无孔不入的主流，处处存在，让人避之不及。

——李长福

招商银行生意贷：种豆得瓜

广 告 主：
招商银行
广告代理：
上海龙韵广告传播股份有限公司

素有创新银行美誉的招商银行，运用满含中国智慧的“种瓜得瓜，种豆得豆”隐喻，既有冲击力，又直观明了，最巧妙地表现了“小贷款 大收获”的方便，使得定位更加清晰，成功塑造了“小微企业贷款”全新的差异化形象，市场反应热烈。

背景

升级“小微企业贷款”业务形象

素有创新银行美誉的招商银行为了全面扶持小微企业和个体工商户的发展，秉承“因您而变”的理念，积极探索针对小微企业最为便捷、富有成效的融资及资金管理解决方案；针对小微企业的日常经营需求，对小微企业贷款进行了全方位的升级优化，建立了“新一代零售信贷工厂”经营模式，破解小微企业贷款困局。

在此背景下，需要全新打造招商银行“小微企业贷款业务”整体差异化的形象，体现“额度大”、“速度快”、“随借随还”、“用款方便”、“融资成本低”等五大优势。

策略

触发消费者内心的冲动

小微企业贷款的目标人群为35~55岁有独立经济能力，他们一般具有较高月收入，希望能够借助外力的帮助实现自己创业梦想；对工作有较高的热情，对于商业类的新闻较关注，眼界较开阔，对于世界局势更为关注。

品牌形象的升级，也是建立在对消费者需求引导的升级上。根据原来的定位，仅仅在“方便”、“快捷”这样表达功能层面需求引导是不够的，更需要引导消费者精神的需求，触发他们内心的共鸣和冲动。

创意及决胜

极具诱惑力的广告语“小贷款 大收获”

原来“小微企业贷款业务”的广告语“小贷款 大方便”，定位差异化体现就不够显著了，消费者的利益点阐述不够冲击力。

重新分析消费者，发现我们的目标消费者是一群有激情、有梦想、勇敢、大胆的创业实践者，他们将时间、金钱、精力勇敢地拿来投入到风险巨大的“创业梦想”里面，对他们来说最渴望的是“投资有收获”。

现在小小的投资创业梦想，为的是以后大大的收获，全新的广告语诞生了——“小贷款 大收获”。

同时，对于怀揣创业梦想的人而言，他们可能背负着各种压力因此踌躇不前，创业路上，他们更需要的是鼓励和支持，让他们能坚持梦想、实践梦想的创业激情。无疑，“小贷款 大收获”在这一点上极具诱惑力。

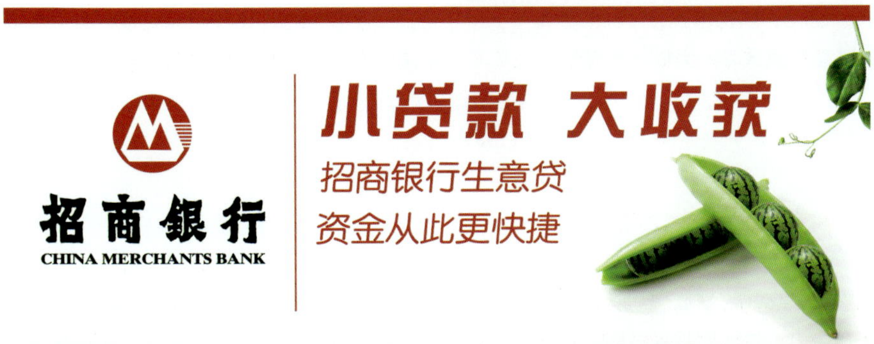

巧妙的隐喻 “种豆得瓜”

客户要求广告设计不使用人物图片，整体画面必须直观，冲击力强。不能使用人物图片显然是个难点，如何既要有冲击力，又直观明了？如何最巧妙地表现“小贷款 大收获”？

精巧，可谓中国文化的精髓。汉语言简意赅的特性，常常让人拍案叫绝。“种瓜得瓜，种豆得豆”就是这样一句精巧的谚语。

“种瓜得瓜，种豆得豆”比喻做什么事得到什么样的结果；“种豆得瓜” 则正好比喻投入小，收益大。

按照这一创意，将“种豆得瓜”设计出来，清新的绿色，从豆子里长出的西瓜，视觉上极具冲击力，又清新简洁，配上一目了然的寓意，与业务的整体形象再契合不过了。

执行

根据目标消费者的特征分析，公司建议客户选择了倾向度最高的媒体广播交通信息节目以及渗透率最高的新闻报纸新闻栏目进行广告投放。并且围绕中小企业老板的活动范围（主干道十字路口、大型商场或者高端超市、事业单位的停车场、乙级写字楼、小型工业园区或者小型创意办公园区广告牌等）进行传播。在上海证券报、新天地、地铁站等都进行了投放。

效果

本次广告运动使得品牌定位更加清晰，成功塑造了“小微企业贷款”全新的差异化形象，市场反应热烈。

点评：

这个营销案例很好地运用了本土文化，并与目标受众的心理的契合度也很高，其设计理念值得称赞。具体的视觉展现上直抒其意，让种豆得瓜的含意会让人直接感受到，能够让受众直接阅读设计。设计作品的信息层次分明，图的含意是“小投入，大收入”，其视觉冲击力极强，体现了图在广告中的作用，充分展现本广告的创意精髓所在。

——李长福

交通银行信用卡：点亮愿望，新年派礼

广 告 主：
交通银行
广告代理：
互动通控股集团

新年之际，交通银行信用卡发起“2013点亮愿望，新年派礼”富媒体推广活动，充分利用新年良好的节日氛围，结合新年许愿话题，搭建Web和Wap网站，发起互动活动，将创意与目标受众紧密联系起来；在活动网站中，置入捕蝴蝶小游戏，实现手机PC双屏合一，并结合社交媒体分享，增强互动的趣味性和传播效果，希望吸引消费者娱乐的同时，为品牌带来曝光，增进品牌和消费者之间的情感沟通。

传播背景：

中国经济的快速增长以及对外开放程度的提高，都使得商务差旅市场在中国迅速成长，并成为了一个最为潜力的新行业。除此之外，有国外求学、经商、调研需要的人，也是一群生活水准高、愿意尝试新的消费习惯的族群。各大银行信用卡中心瞄准这些市场领域，推广信用卡。

目前，工行信用卡累计发卡量已经超过7000万张，中行2012年上半年信用卡消费3081亿元，同比增长超过60%，建行上半年消费交易额也达到3600亿元。银行信用卡市场竞争日趋激烈，为提升交通银行信用卡市场覆盖率，在2013年新年到来之际，交通银行信用卡中心携手互动通，启动“点亮愿望，新年派礼”桌面+移动线上活动，全方位扩大传播面，扩大交通银行信用卡品牌影响力。

创意核心：

新年之际，交通银行信用卡发起“2013点亮愿望，新年派礼”富媒体推广活动，充分利用新年良好的节日氛围，结合新年许愿话题，搭建Web和Wap网站，发起互动活动，将创意与目标受众紧密联系起来；在活动网站中，置入捕蝴蝶小游戏，实现手机PC双屏合一，并结合社交媒体分享，增强互动的趣味性和传播效果，希望吸引消费者娱乐的同时，为品牌带来曝光，增进品牌和消费者之间的情感沟通。

传播目标：

借新年许愿活动和双屏互动——捕蝴蝶互动游戏，在许愿、娱乐的同时，增强受众对交通银行信用卡品牌的亲近感。

促进新的受众和现有受众使用交通银行信用卡。

传播策略：

根据受众特性以及客户的推广目的，互动通凭借平台优势，整合互联网和移动终端广告，通过精准的广告定向投放和高效的互动创意以及双屏互动，吸引受众参与活动，有效提升交通银行信用卡的品牌曝光度。

搭建Web和Wap网站，结合新年许愿话题，发起互动活动；并在活动网站中，置入捕蝴蝶小游戏，实现了手机PC双屏合一，并结合社交媒体分享，加强了互动的趣味性和传播效果，消费者在娱乐的同时，为品牌带来巨大的曝光与互动。

执行过程：

1.PC端广告多重定向，有效覆盖

根据交通银行信用卡的受众人群特性，精选新闻资讯类、汽车财经类、时尚潮流类、生活资讯类四类媒体二十家媒体多重定向，有效覆盖目标受众。

2.绚丽富媒体，吸引用户进入PC活动页面

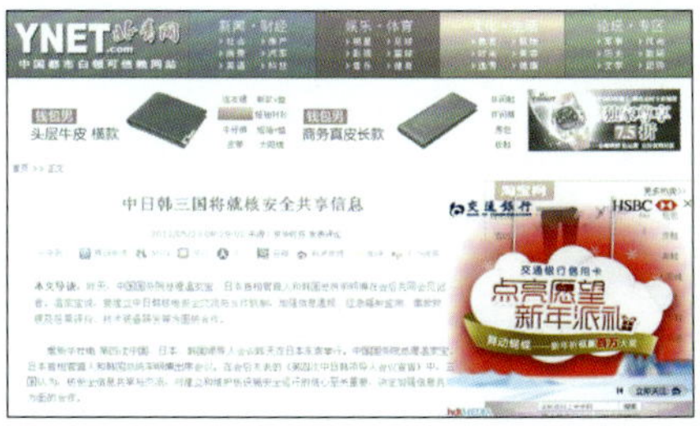

自定义视窗广告展示，点击可进入PC活动页面

点击页面上给你的蝴蝶显示其他参与者的新年愿望，编辑新年愿望

提交愿望，分享微博@3位好友，填写个人信息，参与抽奖

3.移动终端广告多重定向，有效覆盖，HTML5技术创意Banner，丰富展现形式

根据交通银行信用卡的受众人群特性，互动通精选中金博客、因为科技–越声理财、华为智汇云、凤凰新周刊、虎扑体育、效果无限（购物）等手机WAP及APP媒体，采取机型定向技术，锁定高端智能机手机用户，有效覆盖目标受众。

APP内置广告

点击Banner后直接跳转至活动移动网站

进入手机活动网站，手指触摸点击蝴蝶，显示其他参与者的新年愿望

点击“说出你的愿望”，登录新浪微博账号

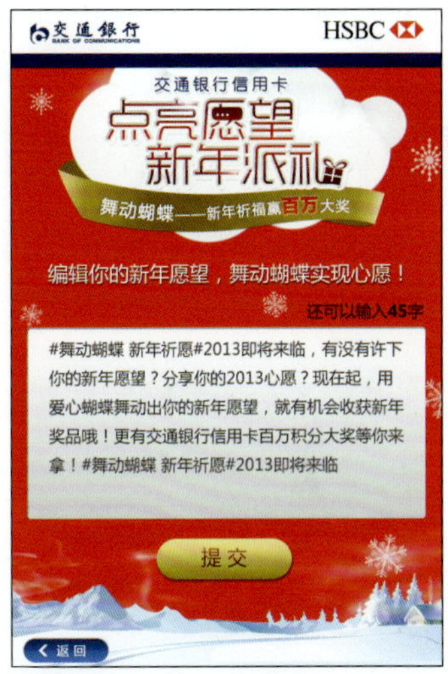

进入编辑愿望页面填写新年祝福

提交愿望，分享微博，选择@3位好友

分享微博成功，代表新年愿望的蝴蝶翩翩飞舞

完成送祝福活动，填个人信息，参与抽奖

4.创意趣味捕蝴蝶游戏，完美实现双屏互动

此次互动广告投放，一种方式可以通过键盘控制网兜、捕蝴蝶；一种是可以通过扫描二维码，利用手机来控制网兜、捕蝴蝶，实现双屏互动。如下：

2013年1月1日零点，活动页面自动亮灯

选择手机捕蝴蝶

手机扫描屏幕上的二维码，进入游戏界面

手机端点击“开始”button

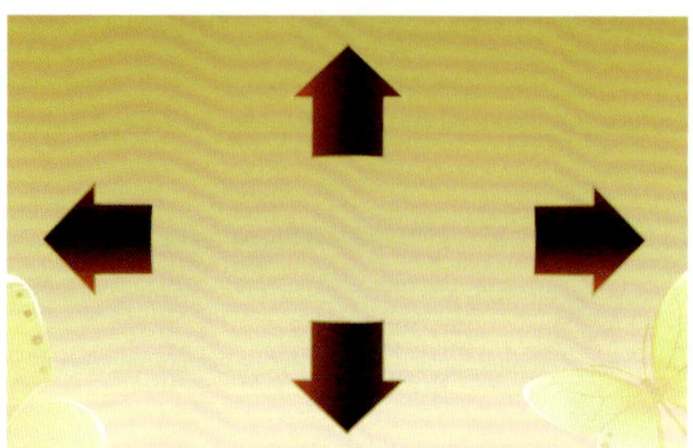

手机端点击上下左右箭头控制

游戏页面，用手机控制网兜，捕捉蝴蝶

手机捕蝴蝶的游戏结束

选择PC鼠标捕蝴蝶，开始游戏

投放效果：

此次广告投放为期5天，PC端累计产生曝光量2,062,451次，点击量63,703次，广告得到广泛和深度传播；手机端实际产生54,386次广告点击，计划完成率108.77%，实际点击率0.95%，投放情况良好。其中，12/31日受跨年氛围推动，广告投放情况最佳，点击率达1.12%。

点评：

这一案例在媒介上和形式上都做了很大的突破。互动式的广告形式，参与性极强，对喜爱尝试新型消费方式的受众有极强的吸引力，符合目标消费群体的群体特性。PC平台和移动终端的结合也是一种值得称赞的尝试，在移动终端成为主流的时代，已然成为一种不可忽视的广告媒介，不久的将来这种互动式的广告形式也许就会更加灵动地出现在移动终端上。倘若在互动上能够将PC端和手机移动端之间的关系能够处理得相对再独立些，其效果会更好。

——李长福

建行金：足金足心

项目背景

近两年来，商业银行的“黄金业务”保持着快速发展势头，产品线覆盖黄金实物、黄金交易、黄金融资等，商业银行对黄金产品链的开发，为大众消费者的黄金投资需求提供了丰富的选择。面对市场上的激烈竞争，各个商业银行都打出了自己的黄金业务品牌，如工行的“如意金”、农行的“传世之宝”、招行的“招财金”、交行的“玖玖金”等，这些黄金品牌和产品的诉求点都立足于投资保值、礼品、收藏为主，在营销上主要依靠银行自身品牌形象来作差异化的背书，缺乏独特性和市场亲和力。如何让“建行金”的品牌形象、品牌内涵形成差异化是本案着重解决的一个问题。

推广目标

打造“建行金”新品牌：在2010年，建行实物金新品牌“建行金”面向市场，并在2010年间逐渐取代已使用了5年的“龙鼎金”品牌，此时新品牌上线推广亟须进行。

承上启下，深化发展：在2011年，建行金品牌确定了“足金足心”品牌形象定位，2012年《中国建设银行贵金属中心建设指导意见》出台，加快和深化发展黄金业务势在必行。

维护“建行金”高端形象：2012年，建行金新产品上市、旗舰店成立、回购业务出台……一系列产品创新层面的举措需要一个高端的形象来予以支持。

解决策略

深化“足金足心”形象，以情动人，将建行金做出“人情味”

我们将“足金足心”的内涵定位在“情”字上，光阴易老、人世变幻，人们的真情、记忆需要一个象征物，我们期望“建行金”就能承载这样的价值，以此创造自己的差异性并夺得市场先机。

基于这一思路，建行金除了在“产品利益诉求”角度上传达自身的品质优势、投资优势、业务优势，构成客户选择建行金的基础外，重点要在“情感诉求层面”充分挖掘建行金蕴含的感性价值，给消费者带来些“感性”的打动，形成客户选择建行金的决定性因素和偏好。

重新规划产品，清晰定位

产品的调整是推广的基础，我们对建行金现有共计300余款产品款式规格进行了重

广 告 主：
中国建设银行浙江省分行
广告代理：
浙江美洋广告有限公司

将“足金足心”的内涵定位在“情”字上，光阴易老、人世变幻，人们的真情、记忆需要一个象征物，我们期望“建行金”就能承载这样的价值，以此创造自己的差异性并夺得市场先机。

基于这一思路，建行金除了在“产品利益诉求”角度上传达自身的品质优势、投资优势、业务优势，构成客户选择建行金的基础外，重点要在“情感诉求层面”充分挖掘建行金蕴含的感性价值，给消费者带来些“感性”的打动，形成客户选择建行金的决定性因素和偏好。

综合考量了广告、公关、促销等多种整合营销传播手段后，公司制定了“形象先行、公关为主、促销为辅”的推广策略来达到与消费者的沟通目的。

新包装和规划，重点形成了婚庆系列、成长系列、感恩系列、投资金系列、普陀金系列产品线，并对产品进行全新的形象拍摄，以利于产品品牌的推广再造。

公关为主，重塑消费者的建行金产品形象认知与品质认知

综合考量了广告、公关、促销等多种整合营销传播手段后，我们制定了“形象先行、公关为主、促销为辅”的推广策略来达到与消费者的沟通目的。

在形象推广上，用讲故事的方法，展现黄金与情感的关联，塑造并传达“建行金为真情见证”的情感认知和“真金不怕火炼”的产品品质隐喻。根据黄金产品的营销特点，主要通过创新公关方式、多种公关活动来掀起传播能量。

产品规划

重新组合，清晰定位

我们结合客户研究、市场需求研究、产品研究，对“建行金”现有8个系列（贺岁系列、平安祈福系列、玲珑系列、真爱系列、感恩系列、十二生肖金章系列、中秋节庆系列、鼎盛华章系列）共计300余款产品提出了重新规划的方案。经过沟通最后形成“婚庆系列”、“成长系列”、“感恩系列”、“投资金系列”、“普陀金系列”几个主导产品系列，并对产品进行全新的形象拍摄，为后期推广上市做铺垫。

（重新对建行金产品的规划.部分设计图样）

市场推广

足金足心，尊宠之情——建行金“尊宠女人节”活动

在营销方面建行需要一场活动来提升一线销售人员的信心、给整个银行网点聚拢人气。“建行金”品牌也需要有一个触点来引发大众对“足金足心”的认知，三八妇女节为我们提供了这样一个机会。

女性是黄金产品消费的一个主导群体，女性消费黄金更多的是看中黄金背后蕴含的爱情、亲情、自我珍重、生活纪念等情感性价值。2012年三八妇女节，我们以“尊宠”为话题，让建行金同客户进行了首次的情感沟通。“建行金·尊宠女人节”的优惠促销以微博渠道进行，网友通过转发微博赢取抽奖方式参与，成功地吸引了时尚的、懂得自我犒劳、感性、重情感的女性一族对建行金的关注，进而辐射到她身边的朋友、爱人。促销活动的展开达到了预热的效果，为建行金后期营销造势进行了铺垫。

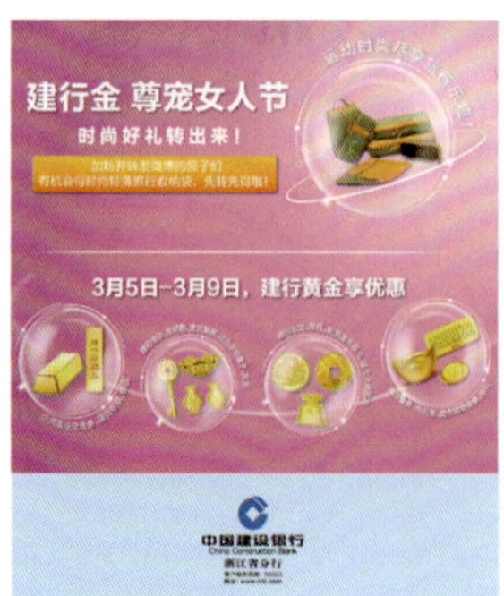

（建行金 尊宠女人节活动主画面）

足金足心，真情主张——用《黄金演义》为自己证言！

推广运动开始后，我们还需要寻找一种容易为大家接受并能快速扩散的宣传方式传播建行金的“足心足心”，为此我们制作了“病毒”短片《黄金演义》。

《黄金演义》以诙谐的手法从黄金的属性开始，介绍黄金的淬炼、黄金的货币价值，对身份的象征等逐渐引申到黄金在婚庆、金榜题名、春节等不同场景的作用。片中以建行的年度吉祥物“龙娃”作为形象代言人，介绍建行金的多种类产品，传达建行金“足金足心”以及投资黄金、让家业代代相传的内涵，把黄金所承载的感性和理性价值与“建行金”的品牌诉求加以完美契合。该短片通过网络视频、建行网点两种渠道播放，有效覆盖了建行金的目标客户群体。

（建行金“黄金演义”视频短片部分内容画面）

足金足心，爱情见证——“缘定浙大”建行金见证感动瞬间

为了进一步让消费者认同“足金足心”的品牌主张，“缘定浙大·建行金见证感动瞬间”的活动随后推出。2012年5月的一个上午，浙大紫金港校区128对浙大校友举行了首届校友集体婚礼，中国建设银行浙江省分行作为此次活动的主赞助方携“建行金”婚庆金产品铭记了这感人的一刻。此次集体婚礼活动引起了社会的广泛关注。“建行金”作为爱情的见证和信物，出现在青年才俊、高知高端、都市新生力这个群体中，用珍贵时刻的亲身出场诠释“足金足心”的主张。

（建行金“缘定浙大”集体婚礼活动现场）

足金足心，岁月有情——建行金“为爱拍电影”活动

黄金产品的营销大多着重强调产品在纯度、种类、价格等方面的优势，加上银行黄金多从银行自身专业角度出发向消费者灌输买黄金的理念，缺少了与消费者的情感沟通。我们将建行金与微电影相结合，策划了“为爱拍电影”的主题的品牌推广活动，讲述真爱的故事，借助电影的情感性、故事性与建行金建立关联。

第一阶段，《真爱来袭》：从9月开始，全面启动真爱故事征集，网络上以“为爱拍电影”主题网站为平台，建行官网、建行官方微博、本地门户网站《19楼》“我要结婚”版块、新浪微博等形成传播互动，掀起在网络渠道的影响。线下与《都市周报》合作，全程跟踪活动进程，发布活动信息、配合以“建行金”婚庆系列金产品介绍，号召读者以移动短信群发的形式参与。同时通过《都市快报》、《钱江晚报》、公交电视、FM91.8等媒体扩大影响力。为了提升宣传效果，我们按照“时间”定向、“地域”定向、“关键字、词”定向、“兴趣组”定向、“用户点击”行为定向等方式进行了广告的精准投放。

（建行金“为爱拍电影”活动宣传海报）

第二阶段，《感动真爱》：进入10月，我们开始在征集来的故事中甄选经过岁月沉淀酝酿的真爱。黄金的提取需要千淘万漉，而真爱的价值也只有经历挫折和磨难方能显现。岁月的变迁不会改变黄金的颜色和价值，天长地久情不变也正是真爱的特质。建行金，足金足心，99%的品质象征着爱的纯粹与独一无二。参与活动的网友可以在主题网站向感动故事发起投票，线下通过对每周新星的采访报道与消费者进行深度互动。

第三阶段，《最后的感动》：读者网友投票最多的真爱故事成为“为爱拍电影”的电影创作素材，微电影拍摄成功后以新片发布会的形式，邀请合作媒体、获奖情侣及建行人员参加，各界媒体的报道把整个活动推向了高潮！

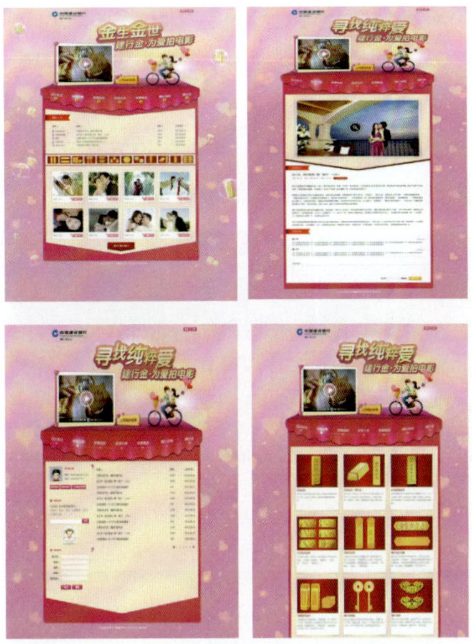

（建行金“为爱拍电影”主题活动网站）

在微电影中建行金以植入的形式出现，“足金足心”与“岁月有情、真爱无价”的内涵完美呼应，主人公讲述又恰到好处地点出了建行金的产品特点，品牌的情感属性和物质属性得到了完美的诠释传达。

（建行金“为爱拍电影”之微电影《金婚》拍摄花絮）

（为爱拍电影活动宣传海报）

足金足心，利乐有情——普陀金，打造黄金领域的特色品类

佛教讲“利乐有情”，讲利益众，使人们欢喜、快乐。购买黄金的客户对亲人、朋友自然会报以关爱、付出，希望他们生活幸福，心情快乐。从这个结合点，我们发现了“建行金”打造新品类、丰富品牌内涵的机会，包装推出了“普陀金”系列产品。

“普陀金”以宗教背景为特色，具有浓郁的民间福文化诉求，面向满足旅游纪念品、高端馈赠、祈福、贵金属保值投资这几个市场的需求。在推广普陀金时，我们依然按照“形象先行、公关支撑、促销为辅”的策略执行。

7月20日（农历6月19日）是观音成道日，我们以“旗舰店开幕仪式,高端客户禅修之旅”为主题，配合普陀山的礼佛氛围，隆重推出了普陀山建行网点新包装，这一行动既拉高了品牌形象，又为“普陀金”稀贵黄金产品的推出埋下了伏笔。

（建行普陀山旗舰店内部设计）

点评：

“真情”、“真金”与传统文化的交织的契合点，是这则案例的出处，符合了大众的心理情感，引发了消费者内心的共鸣。以真情、真爱、真金贯穿各种媒介，各种形式的广告之中，持续性的、高密度的集中冲击人们内心深处对“真”的渴望和向往，即便是以宗教为背景而生的“普陀金”也处处“留情”。所有的广告策划都围绕着“人情味”去展开，这种坚定的执行力是品牌形象塑造的关键，是值得称赞的。

——李长福

筹备召开《建行普陀禅修之旅暨黄金新品首发仪式》是我们在普陀金推广上打出的第二张牌。中国建设银行总行个人存款与投资部总经理、省行行长、副行长、普陀佛教协会会长、普陀寺大法师、大客户等重要人士参加了仪式，在“参禅静修·心生莲花”的主题下，普陀佛学文化“莲花初升，莲生平安之意”与“普陀金”实物黄金首次面世相结合，活动现场搭建的莲花池内，普陀金产品与佛教文化的意境交相融合，感染力空前。

在活动当天，我们共推出6款、14个规格的普陀金产品，并组织了普陀金全套产品慈善拍卖活动，募集的59.8万元善款现场捐赠给舟山慈善总会普陀山分会。

（建行“普陀金”产品）

（2012年12月 建行普陀禅修之旅暨“普陀金”黄金新品首发仪式）

继旗舰店窗口形象提升和“普陀金”的成功发布，我们规划了后续的促销计划，观音成道日、观音涅槃日（农历9月19）以及农历新年期间，建行网点“普陀金”黄金套装及观音主题文化黄金礼品促销相继进行。

将黄金产品与佛教文化创造性结合，让“普陀金”获得了消费者的青睐，客户表现出来的热情也远远超出了初始预期。建行金“普陀金”的推广创造了建行在实物黄金领域的特色品类，为“建行金”品牌的发展打开了一条新路，提升了品牌的无形资产，让品牌受益颇多。

推广效果

从建行金产品的重新规划、到“尊宠女人节”，从《黄金演义》到“缘定浙大”，从“为爱拍电影”到“普陀金推广”我们自始至终都以情感的“软力量”来达到打动消费者“硬效果”，传达建行金“足金足心”的品牌内涵，让“建行金”的品牌形象与竞争品牌形成了区隔！

叩动心灵的声音自然获得了真情的回应，以“为爱拍电影”为例，仅2012年10月到12月期间就吸引了浙江省内689813人次访问活动主题网站，回访用户占总数的54.86%，新增访问用户占45.13%。《都市周报》、《绍兴晚报》、《萧山日报》、《海宁E家论坛》、《温州第一论坛》、《柒零叁网》等数十家浙江地方性主流媒体争相报道，媒体曝光率持续上升！以情感为桥梁的沟通不仅使广大消费者认识到了建行金，更催生和激发了消费者的购买欲望、形成了选择偏好，中国建设银行浙江省分行黄金产品的销售业绩在推广阶段内飙升到全行首位，取得了可喜可贺的业绩增长。

浦发银行大连分行：跨界营销，“微”突围

广 告 主：

浦发银行大连分行

广告代理：

大连艾森品牌传播有限公司

背景—表现卓越

上海浦东发展银行是全国性股份制上市商业银行，浦发银行各项业务发展迅速，主要经营指标在国内同业中名列前茅。浦发银行大连分行成立于2001年5月，是浦发总行在东北地区开设的首家分行，现有七家支行。分行成立以来，以市场营销为核心，以产品创新为动力，以强化机制体制建设为保证，各项业务保持快速健康发展态势。

浦发银行大连分行在大连金融银行市场有着重要的地位，人均利润指标在大连市商业银行中曾经连续五年排名第一。在工行、建行等各商业银行推出手机银行的同时，浦发大连分行不想看见已有的市场被蚕食，也不想在这新一轮的跑马圈地中处于下风，希望凭借这个契机进一步吸引年轻储户保持其领先的市场地位。在新一轮的竞争中浦发银行大连分行如何才能突出重围，牢牢抓住消费者进一步扩大市场份额呢？让我们仔细来看艾森品牌是如何帮助浦发大连分行实现微营销的。

思想—力求颠覆

现在大连的金融市场已经很成熟，循规蹈矩，按部就班的策略已经不能在竞争中取胜，如果不能快速有效地打开局面占领市场，就会被市场所淘汰。要想在竞争中占据优势就要快人一步，力求颠覆，浦发大连分行本着这样的指导思想确定了营销推广思路。

手机银行的目标用户定位在年轻人和敢于尝试新鲜事物的中年人，智能手机在目标用户中有很高的使用率，可以说是机不离手。 移动互联网的发展使人们不再受空间的限制就能享受网络的便利，网购等电子支付已经成为日常的支付手段之一，手机支付恰恰满足了消费者随时随地即时支付的需求，不用对着电脑使用网银，不用去银行排队，只要一部智能手机全部搞定。浦发的手机银行就是要占领这部分人的手机屏幕。单纯的占领手机屏幕不是浦发银行的最终目的，浦发要建立一个长效的互动的沟通平台，让用户产生聚集效应，并不断发酵扩散。在平台上与目标消费者建立联系并保持顺畅地沟通，在轻松的氛围中沟通的同时让消费者体验浦发手机银行的各种功能，从而形成使用习惯和品牌忠诚度，然后再稳步地扩大使用人群，通过这个平台浦发可以了解用户的使用习惯和偏好，把这个平台可以做成一个庞大的用户数据群，在这个互联网的时代，有了用户资源就拥有了一切。这部分消费者中微博和微信的使用率极高，完全可以利用社会化媒体平台作为沟通渠道，达到体验和推广的目的，但是，微博和微信如何选择，要仔细斟酌，作为社会化媒体阵营中的主流媒介，消费者信息接收习惯和金融行业的行业属性成为了择取的标准，最终因为微信的可控性与可预见性，将“微信公众平台”作为浦发银行大连分行的自有媒体。

如何能利用这个平台和目标消费者保持沟通是要解决的问题。“内容”是吸引消费“内容”是吸引消费者引起围观的和参与的主要因素，颠覆的思想一直贯穿始终，跳出银行相关信息的简单推送，还要吸引目标消费者的主动参与，经过仔细的分析，要找到年轻人的兴趣点，推送年轻人感兴趣的话题，把浦发银行手机银行融入其中，形成了隐性的宣传和产品体验。根据以上分析，艾森品牌提出了“银行+电影”跨界结合的构想，借助微信和电影文化及相关娱乐相结合来构建平台，运用平台来提高用户的黏性，实现品牌跨界营销、个性化突围。

者引起围观的和参与的主要因素，颠覆的思想一直贯穿始终，跳出银行相关信息的简单推送，还要吸引目标消费者的主动参与，经过仔细的分析，要找到年轻人的兴趣点，推送年轻人感兴趣的话题，把浦发银行手机银行融入其中，形成了隐性的宣传和产品体验。根据以上分析，艾森品牌提出了“银行+电影”跨界结合的构想，借助微信和电影文化及相关娱乐相结合来构建平台，运用平台来提高用户的黏性，实现品牌跨界营销，个性化突围。

执行—聚焦微营销

在确定了以电影为核心传播内容以后，经过多方努力，终于2013年5月21日浦发银行大连分行和即将开业的高新区万达国际影城成功建立合作关系，微信平台推广活动围绕电影及周边信息展开，内容由万达影城提供，实现了浦发银行大连分行与万达国际影城的客户资源共享，为本次新媒体的跨界营销奠定了基础。

一、前期准备

（一）命名

因为微信平台传播的内容是易于受众接受的电影文化，年轻人观看电影时为的是享受那90分钟甚至120分钟的悠闲时光，体验电影为自己所带来的欢乐，而微信平台最终想打造的是如同家一般的温馨、舒适，所以截取“会”不仅可体现家的感觉，更可以体现家庭成员之间的团结奋进。所以，艾森帮助浦发大连分行把微信公众平台命名为——浦发影乐会。

（二）板块设计

名称确定以后微信的架构及其内部功能是能否吸引消费者并留住消费者的关键因素，通过内容的整合把浦发影乐会的架构确定分为“乐友天地”、“ 互动娱乐”和“购电影票”三大板块。

乐友天地中主要以影乐会每日推送信息（小乐特刊）、今日影讯、影乐天地三部分组成，今日影讯以高新店和华府店的观影指南为主要内容，影乐天地以经典影视台词为主。

互动娱乐中主要以1元抢票、爱猜电影、每日影乐三部分组成，1元抢票和爱猜电影作为影乐会的特色活动以开展近10期，已成为影乐会经典活动之一。

购电影票主要以一键购票和折扣特惠组成，作为大连地区首家研发出微信购票的微信公众平台，浦发影乐会已成为受众的依赖品。

二、发力微营销

在前期策略均以到位的情况下，艾森团队为迅速实现“快速吸粉，稳步增长”的平台运营目标，为浦发影乐会特别制定四种传播策略：

“微营销”之一，1元抢票

活动目的：提供专享优惠活动，提高“乐友”忠诚度

虽然浦发影乐会是一个为受众提供简单生活的资讯平台，但一味地推送信息，势必会造成受众的反感，经过艾森团队对受众心理的分析研究，推出满足消费者“专享”概念的优惠活动——1元抢票，以每周四为活动节点，通过省时省力的平台回复，提高消费者对影乐会的忠诚度，同时也带动了同期中奖人的办卡、刷卡交易。

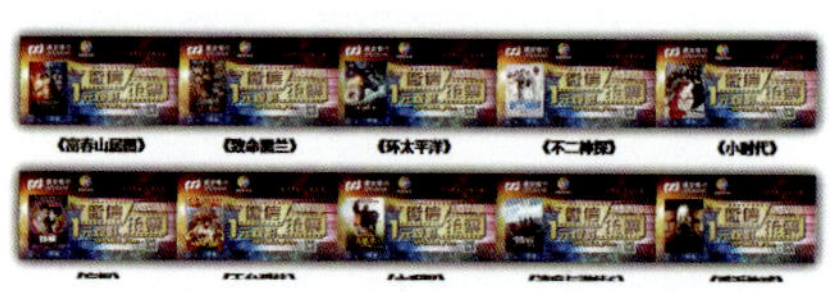

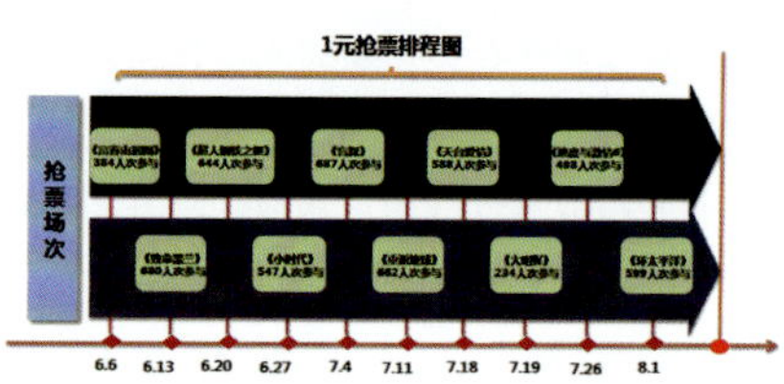

“微营销”之二，明星见面会

活动目的：借势明星，引爆粉丝关注点

2013年5月25日以来，艾森促成浦发影乐会与万达影城合作展开明星见面会浦发专场4次，从开始仓促的赵薇见面会到弥补遗憾的佟大为见面会，再到人气爆棚的基努·里维斯见面会，艾森团队充分借势明星的影响力，吸引线上大量人群参与抢“明星见面会”门票活动，让乐友体验与明星面对面接触的兴奋感。4次明星见面会，共计1794人次参与抢票，粉丝增长2430人。

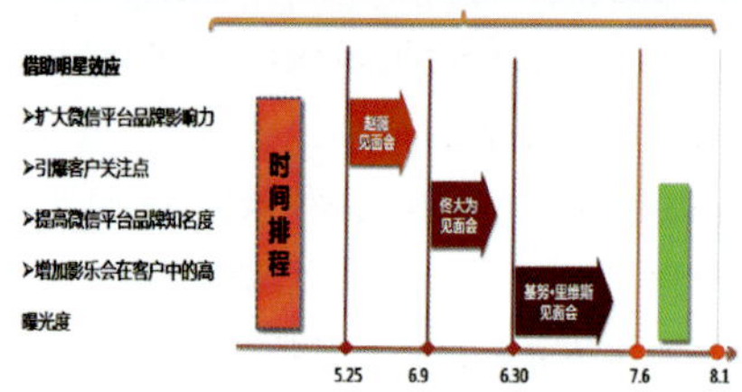

“微营销”之三，首映送票

活动目的：借焦点电影提高参与度

2013年6月19日， 艾森团队为增加浦发影乐会微信平台的粉丝关注量，为浦发影乐会陆续开展了“一个好汉，三个帮”、“国际巨星—基努”、“齐心协力降票价”、“米奇有约”、“素鸡”等首映送票活动 ，借助好莱坞大片对目标客群的吸引力以及部分乐友喜欢尝鲜首映的事实，展开抢票观首映活动，提高影乐会的知名度与影响力。

“一个好汉三个帮”效果

共计740人参与超人抢票，增长粉丝444人。

“齐心协力”效果

海底捞月共计53人参与秒杀活动。

“巨星基努”效果

太极侠首映共有 967 名乐友参与，活动期间粉丝增长 2020 人。

“素鸡”效果

“素鸡”持续五天，共计 707 人次参与抢票。

“微营销”之四,幸运转盘

活动目的：借助线下活动的真实性，提高粉丝粘性

自6月6日发起抢票活动后，粉丝对平台发起的抽奖存在不确定性，不知是否存在内部规则，“幸运转盘”活动在高新、华府两家店同时进行，以“即抽即送”为原则，让粉丝真实体验中奖的感觉，提高粉丝对平台的粘性。活动为期14天，两店共开展22次，现场参与4192人次，扫描关注影乐会有效3721人。 截至7月28日最后一次转盘活动，平台粉丝总数达到8306人。

效果—跨界成功

浦发影乐会自筹备建立到运营维护，已经过去了70天的时间，浦发银行大连分行运用了“银行＋电影”的跨界营销，成功地把握住了社会化媒体时代建立自有媒体的机会，实现了从无到有的过程。实现在新媒体领域的成功试水，开辟新的客户资源管理平台，实现了营销目的。借助电影文化的易接受性，建立起新媒体传播领域的独特性，系列线下活动的展开，让消费者深入体验影乐会的简单、真实，通过不断地交流沟通，消费者在逐步依赖影乐会。实现了从最初线下活动时人们对“银行”一词的排斥，到现在人们对影乐会活动的依赖，消费者对浦发的信任感在逐步增强。 随着影乐会的用户体验不断增强，用户粘度不断提高，利用微信平台自发地进行二次传播，影乐会的会员数量不断扩大，把影乐会打造成生活娱乐第一平台。

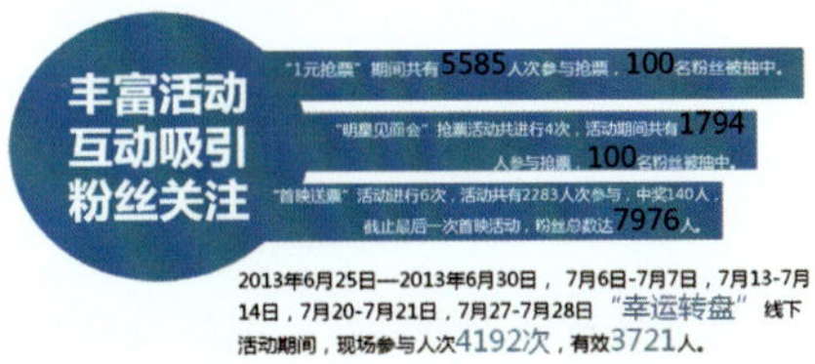

点评：

跨界是当下最需要的、最平常的，但也是做难做到的，在纷杂之中玩好跨界是难能可贵的。本案例就是一次成功的跨界。自有平台的完美的应用，很有针对性地指向了目标受众，让广告最大范围地与受众全方位地进行接触。将微信与电影相结合，目标受众最为关注的两者相互的结合，可谓是强强联手，这个“微营销”岂有不成功的呢？在执行中，目标受众乐于参与的互动又层出不穷，让企业形象不断地在“乐”之中建立起来。

——李长福

佛山农商银行：全新品牌形象打造

广 告 主：
佛山农商银行
广告代理：
广东麦智传扬广告传播有限公司

全新定位、独特的记忆符号、契合产品利益点的品牌形象、对品牌形成正向推动的明星化产品，乔布斯式的品牌发布会、地域特色鲜明的品牌形象片，这一切，让佛山农商银行一亮相就博得满堂彩。佛山农商银行一亮相就取得一鸣惊人的效果，一家以“iBank便捷服务·社区金融”为品牌理念的“有狮子的银行”在业界引发了强烈反响！

2012年12月5日，广东金融行业的500多名领军人物齐聚一堂，参加佛山农商银行开业暨品牌发布会。佛山农商银行的品牌标志及“iBank便捷服务·社区金融”核心理念一亮相就受到一致的好评。

从农信社到农商银行，品牌所面临的挑战

在农信社改制农商银行的大时代趋势之下，禅城农信社获批改制为“佛山农商银行”，由此启动了改制挂牌、树立新品牌形象的一系列工作。但是品牌的塑造面临的挑战在于：

品牌形象老化：由于之前依靠的是整体农信系统形象，没有形成聚焦化的品牌认知；旧有的农信社形象虽然积累了很多优势，但是没有明确清晰的品牌核心利益；

行业同质化严重：银行业逐渐形成同质化严重的行业格局——竞争策略大同小异，不同品牌缺乏明显的差异化特点；各商业银行推出的产品功能、服务内容相差并不明显。

竞争越来越剧烈：作为中国银行业最特殊的区域，佛山农商银行所在的区域不仅面临传统股份银行的竞争，同时也要面临区域内的南海农商银行、顺德农商银行的竞争。

麦智传扬的解决之道——
战略定位：我的时代，iBank便捷服务·社区金融

来自银行业的微观洞察：网络购物的兴起，直接推动电子银行的发展；无钱包生活方式，直接拉动卡类业务的发展；方便与快捷需求，催生金融社区便利店概念；触摸与感受的需求，让品牌的存在从知道到可感知；爱与被爱的紧缺，情感是触动内心与拉近距离的催泪弹……从这一系列的微观洞察中：银行业已经逐步从“卖方市场”进入到以“我”为中心的时代。

在“我”的时代，佛山农商银行的品牌格局打造的三个转变

1. 从金融的提供到满足的转变，从“幕后”到“台前”，让消费者由之前感受不到品牌的存在，到品牌形象清晰可见；

2. 从储户到顾客的转变，从“办理”联系到“便捷”关系，让消费者由之前“我在用”，到“能给我有便捷体验的乐趣”；

3. 从契约关系到情感共鸣的转变，如何最大限度地利用已经形成的相伴多年的优势而不是回避自己的最大的资产；

所以我们将佛山农商银行定位“社区金融”，以“便捷服务”重塑品牌形象，以iBank开启区域银行的亲民化的情感形象；

Bank
FRCB
佛山农商银行
我身边
最便捷的银行
点多 快捷 实惠 贴身
服务热线：96138
网站 www.foshanbank.cn
Bank
便捷服务
社|区|金|融

Self-service Banking
24
自助银行服务

24
HOUR
Self-service Banking
自助银行服务

Bank
便捷服务
社|区|金|融
FRCB
佛山农商银行
小企快利贷 您腾飞的动力
每一个有雄心壮志的企业都是充满潜力的。我们相信，只需一个助力，他们就能让梦想起飞，成就非凡未来。正是这种潜力激励我们率先推出小企业融资品牌快利贷，为您提供灵活、及时和贴心的金融服务和融资方案，以更加方便快捷的金融支持，伴您成长，助您腾飞。
快利贷
FAST LOAN
小企业融资
精明眼
服务热线：96138或登录网站 www.foshanbank.cn

佛山农商银行
FRCB

便捷服务
社|区|金|融
FRCB
佛山农商银行
小企快利贷 您腾飞的动力
每一个有雄心壮志的企业都是充满潜力的。我们相信，只需一个助力，他们就能让梦想起飞，成就非凡未来。正是这种潜力激励我们率先推出小企业融资品牌快利贷，为您提供灵活、及时和贴心的金融服务和融资方案，以更加方便快捷的金融支持，伴您成长，助您腾飞。
快利贷
FAST LOAN
小企业融资
精明眼
服务热线：96138或登录网站 www.foshanbank.cn

便捷服务
社|区|金|融
FRCB
佛山农商银行
小企快利贷 您腾飞的动力
每一个有雄心壮志的企业都是充满潜力的。我们相信，只需一个助力，他们就能让梦想起飞，成就非凡未来。正是这种潜力激励我们率先推出小企业融资品牌快利贷，为您提供灵活、及时和贴心的金融服务和融资方案，以更加方便快捷的金融支持，伴您成长，助您腾飞。
快利贷
FAST LOAN
小企业融资
精明眼
服务热线：96138或登录网站 www.foshanbank.cn

iBank 便捷服务
社|区|金|融

iBank，是我身边最便捷的银行。它就像贴心周到的社区管家，细心帮客户处理好一切金融事务，提供便捷服务，创造财富增值。

iBank，是我身边有爱的银行。它与佛山人一起成长、发展，不仅以一己之力承担社会责任，更以自己的影响力感召更多热心人士回报社会。

品牌符号：
少有人走的路，构建有狮子的银行

是的，iBank我的银行，那怎样让这种地缘情感成为佛山人的一个独有的记忆符号呢？

提起佛山，龙舟，祖庙，剪纸，陶瓷，黄飞鸿……这些都是佛山特有的印象。在经过一系列的调研和访谈之后，我们最终将目标锁定在南狮上。南狮发源于佛山，是佛山的城市名片，更主要的是南狮吉祥、喜庆、亲和的形象与佛山农商银行所要传达的品牌精神和品牌个性如出一辙。

创意源自佛山人民精神之魂寓意的南狮形象的标志应运而生，承载着佛山农商银行与佛山人民六十多年的相知相伴深厚情感和贴身的社区金融服务。而狮子稳健有力的速度与代表的精神，直接反映了佛山农商银行提供便捷服务的特征，同时也反应了与时俱进的个性，更代表着吉祥、威严与庄重。

在品牌发布会上，广东省银监局副局长何晓军对佛山农商银行的新标识给出了高度的评价："我第一次看到跟钱没有直接关系的银行LOGO，这是佛山农商银行带给我的一个惊喜。"而消费者对佛山农商银行的称呼"那家有狮子的银行"则是对我们工作最大的肯定。

品牌形象：
聚焦点多、快捷、实惠、贴身利益，强化我身边便捷的银行

"社区金融"的品牌定位只是进行消费者品牌导向的第一步，以怎样的利益点来吸引、满足并服务好我们的消费者，才是诱导消费者进行品牌选择的关键。麦智传扬提出：银行间的竞争最根本的还是服务的竞争！去银行办事无休止的排队等待，是最让人头疼、无法忍受的、老生常谈的话题，在生活节奏如此快速的今天更是如此，方便、快捷是消费者对银行的最迫切要求。针对以上要求，我们提出"便捷服务"的概念，并在便捷服务的基础上延展出"点多、快捷、实惠、贴身"四大优势，逐步打造"我身边最便捷的银行"。

产品格局：
明星化产品战略实现品牌形象传播的推拉策略

如果iBank的形象和有狮子的银行只停留在品牌形象的层面，那所搭建出来的品牌形象则是一种空中楼阁的形式，为了让品牌与产品之间实现更紧密的系统化形象，麦智传扬提出在产品业务上进行明星化战略打造。

在产品业务线上，以"i"和"狮子"两大形象认识进行核心产品业务的概念包装和提升。打造出个人消费贷款的"i时贷"、电子银行的"i网银"、便捷服务创新的"i易付"等明星战略产品。以"金狮"为核心的公司金融和理财产品，还有承担社会责任成为城市慈善名片的"南狮慈善金"……让品牌的"iBank"和"有狮子的银行"的品牌核心与产品也形成良好的呼应，让品牌与产品形成系统化的整合，最终实现品牌与产品在推广上形成有效的"拉动"和"推动"策略。

发布形式：
为银行业带来一场"乔布斯式"的品牌发布

大屏幕、炫目的PPT、手持iPad的演讲方式，乍一看，你会以为这是一场最新IT产品的发布会，或者是罗永浩式的演讲。实际上，这是佛山农商银行的开业发布会。

佛山农商银行一亮相就取得一鸣惊人的效果，一家以"iBank便捷服务·社区金融"为品牌理念的"有狮子的银行"在业界引发了强烈反响！在激动欣慰的同时我们有理由相信，在未来，麦智传扬与佛山农商银行还会迸发出更大能量，取得更大的成果！

点评：

在品牌符号上，能突破惯用的以"铜钱"为造型的银行定式标志模式，极具鲜明特征的狮子造型，让客户记住了"那家有狮子的银行"形象。并能结合地域文化特点，个性化地进行品牌视觉符号的设计，本身就非常符合品牌独特性这一原则。结合自身优势和特点拟定的"社区金融"品牌定位，既满足了消费者品牌导向的需求，更很好地诱导着消费者进行品牌选择。在行业服务趋于同质化的今天，该案例是有效对行业进行正确定位，并以独特的记忆符号契合产品利益点的优秀品牌形象设计与策划。

——曹琳

重庆三峡银行：三生万物，峡通四海

数字“三”在中国古代文化中有重要的含义，《庄子》有曰，“道生一，一生二，二生三，三生万物”。三代表了“道”与“万物”。在数学学科里，三也代表了一种稳定的象征。

汉字“峡”在字典中的释义为，两山夹水的地方。《世说新语》有云：“桓公入峡，绝壁天悬,腾波迅急。”这里的“峡”特指三峡，三峡之水，给人峡通四海、气势磅礴、奔流不息的大气之感。有蒸蒸日上、不断发展壮大之意。

三峡是中国乃至全世界独特的文化符号，表现了山的磅礴与水的柔美；三峡银行秉持“包容、活力、创新”的精气神，应时而生，顺势而为，从小到大，稳健发展，以汇聚金融财富和人才而周济天下，汇通四海。聚合点滴的坚持，是为了成就万流奔腾的壮阔，成为财富汇聚的源动力。

由此，引出重庆三峡银行的品牌口号——三生万物 峡通四海。

广 告 主：
重庆三峡银行
广告代理：
重庆高德豪广告策划有限公司

三峡是中国乃至全世界独特的文化符号，表现了山的磅礴与水的柔美；三峡银行秉持“包容、活力、创新”的精气神，应时而生，顺势而为，从小到大，稳健发展，以汇聚金融财富和人才而周济天下，汇通四海。聚合点滴的坚持，是为了成就万流奔腾的壮阔，成为财富汇聚的源动力。

平面广告创意

水墨篇：用水墨画来体现三峡的壮观，体现了三峡银行的人文特色。三峡旁边的层叠山峦的线条表现出“三”的意境，与三峡银行的LOGO异曲同工。整体风格突出三峡银行的文化积淀。

朝阳篇：用早晨旭日东升的实景三峡照片来表现三峡银行的蒸蒸日上、峡通四海的大气磅礴。整体风格突出三峡银行的实力和发展愿景。

点评：

该品牌口号富有东方的哲学思想，也符合三峡银行秉持“包容、活力、创新”的精气神。平面广告设计上很好地诠释了品牌口号内容，视觉形象明细，突出了广告主的相关信息。体现出三峡的壮观又蕴含有三峡银行的人文特色。最主要的是平面广告中三峡旁边的层叠山峦与三峡银行的品牌LOGO吻合一致，凸显出整体的品牌视觉效果。

——曹 琳

太平洋保险："在你身边"

每个创意人都在寻找创意的途径。在成堆的学术理论和不断的实践磨练后，我们发现几乎所有成功的创意都能挖掘消费者最真实的想法与需求，"消费者洞察"俨然成为了创意中最重要的一环。今天就让我们来看看上海广告的创意团队如何从消费者洞察中找到创意的钥匙……

近日在不少媒体上都播放着太平洋保险最新推出的一条以"在你身边"为主题的广告片，这条广告片不同以往的表现手法，令人耳目一新。为此我们采访了这支广告的创意团队。创意群总监王旋接受本刊记者采访时介绍，当今中国保险市场正处于一个新兴的快速成长的时期，保险行业高速发展的进程中暴露了诸多问题，由于粗放的发展模式未能得到改变，所以买卖双方矛盾较为突出。行业整体声誉不佳，负面形象较多。同时保险同业竞争日趋激烈，竞争主体增多，随着以买方为主导的保险市场的日益庞大，保险客户的需求开始成为各企业的主要关注点。太平洋保险作为一家中国领先的保险公司，已从近年开始全面实施"以客户为导向"的战略转型，在这个目标的引领下通过品牌传播来不断强化"在你身边的保险公司"形象。在这样的大背景下，这个新版广告应运而生。

对于"在你身边"这一主题，创意主创也谈了自己的理解："在你身边一直以来都是太平洋保险的品牌诉求，这条新的广告在消费者需求方面做了更深层次的挖掘，将'在你身边'的理念进一步深入到了消费者的内心。我们发现，许多保险消费者对于保险公司的期望不仅仅停留在一个保险产品、服务的提供商，更是希望能够找到一个值得信任的专家和伙伴，帮助自己规避风险、规划未来，并在最自己需要的时候能够及时地给予专业、便利的服务与帮助。"

接着，王旋讲述了新版广告的故事脉络："人的一生说长不长说短不短，每个人都有从年幼到老的过程，而这过程中，经历的虽然不同但无非都是与人、事物发生着关联，而不同的'时间'、'地点'、'人物'造就了各自不同的境遇。我们试图从'时间与空间'、'个体与群体'、'家庭与社会'不同维度诠释了'无论何时，无论何地，太平洋保险始终在你身边'的主题。从一个人的呱呱落地到长大结婚、成立家庭、养育子女、与另一半携手白头，整个生命周期中的每个时间片段都有着保险的保障与陪伴；虽然是默默的背后支持却能让人生的每一步都走得稳健踏实。而当你踏上旅程，跨越空间，表面上看到的是不同交通工具与保险之间的关联，而背后要传达的是对人生过程中的保护与关怀；从一个小家庭，到所处的社区，放眼整个城市，再至整个社会，都离不开保险。"

在被问及为何将"Pad"作为一个重要道具贯穿整条广告时，王旋说到："我们在创作这条片子的过程中也不断与客户围绕着'在你身边'的主题进行沟通与挖掘。太平洋保险在此次战略转型过程中不断创新，积极地将最新技术应用到服务中，让服务可以无视时间与空间的界限，真正做到在你身边。其创新亮点——'神行太保'智能移动终端技术更是为消费者带来了更专业、便利的体验。因此，我们将该技术的终端载体'Pad'作为贯

广 告 主：
太平洋保险
广告代理：
上海广告有限公司

太平洋保险作为一家中国领先的保险公司，已从近年开始全面实施"以客户为导向"的战略转型，在这个目标的引领下通过品牌传播来不断强化"在你身边的保险公司"形象。在这样的大背景下，这支新版广告应运而生。几乎所有成功的创意都能挖掘消费者最真实的想法与需求，"消费者洞察"已然成为了创意中最重要的一环。"在你身边"这一主题，贯穿广告始终，让消费者感知到让太平洋保险"专业、便利、亲和"的品牌形象。

穿整条广告的引子，让手指在‘Pad’上的滑动与点击动作，将一幅幅美好生动的生活情景与太平洋保险工作人员为客户提供专业服务的场景汇聚到‘Pad’的整幅屏幕中。同时这条广告片还将3G快速查勘理赔、客户体验中心、95500电话服务、客户自助查询等太平洋保险其他技术创新亮点以情景植入的方式出现在片中，从不同接触点上全面系统的展示太平洋保险‘在你身边’。”

当被问到“在此次的新版广告中有一些视觉元素在之前的太平洋保险的广告中似曾相识，是不是出了延续性的考虑呢？” 王旋回答说：“是，也不是。除了延续性的考量，我们更希望在新版广告中将这些符号进一步加强。我们沿用了太平洋保险之前的几条广告片中出现的具有代表性的视觉符号‘伞’它所代表的呵护与保护正是太平洋保险专业的服务带给消费者的；而‘彩虹’，则给人以温暖、希望，激起消费者对于美好事物的憧憬和向往。”通过对这些视觉元素的加强，将品牌视觉符号固化下来，成为品牌资产的一部分。为了更好地拍摄这一广告片，上海广告公司邀请了在广告圈颇有名气的导演赖国安与他的专业团队，赖导演之前执导过奔驰、马自达、福特、国航等众多的优秀作品。在这条广告中赖导采取了诸多不同的拍摄手法，例如虚实、远近景交替等来营造亲切温馨的氛围，这样的氛围极易被消费者接受，潜移默化中就为品牌加了不少分数，由于赖导专业严谨的工作态度更令广告片的细节得到完美呈现。

新版广告其实通篇谈的就是一件事，太平洋保险是一家“在你身边”的保险公司，用从小到大涵盖各个层面的产品和服务，用满足消费者需求的创新技术，用向消费者提供的全生命周期需求的专业关注，跨越时间、空间的限制，始终陪伴在你身边。“这就是我们这条广告片希望让消费者感知的太平洋保险‘专业 便利 亲和’的品牌形象。”

点评：

在你身边一直以来都是太平洋保险的品牌诉求，这条新的广告在消费者需求方面做了更深层次的挖掘，将“在你身边”的理念进一步深入到了消费者的内心。我们发现，许多保险消费者对于保险公司的期望不仅仅停留在一个保险产品、服务的提供商，更是希望能够找到一个值得信任的专家和伙伴，帮助自己规避风险、规划未来，并在自己最需要的时候能够及时地给予专业、便利的服务与帮助。

——曹 琳

人保电话车险：史上最强车险攻略

广 告 主：
中国人保
广告代理：
华扬联众数字技术股份有限公司

人保电话车险这条创意广告以相对较长的篇幅讲述了车险行业的起源、诞生，并且帮助消费者理解人保的车险业务，它采用了风趣幽默的动画形式，从而打破了保险长期以来带给人们的观念：死板、繁琐……给受众耳目一新的感觉。在这种感觉、气氛的影响下，消费者更易于接受其传达的信息，深刻地与电话投保号码4001234567产生共鸣。

案例背景

几乎所有人都和保险有关，但几乎所有人都搞不清楚保险。400-1234567不仅是一个可以被轻松记住的车险号码，更应拥有丰富的视觉印象，让人过目难忘。

目标

希望通过轻松、活泼、又不失知识性和娱乐性的“车险攻略”视频广告，扭转人保给人的刻板印象。

创意阐述

这条创意广告以相对较长的篇幅讲述了车险行业的起源、诞生，并且帮助消费者理解人保的车险业务，它采用了风趣幽默的动画形式，从而打破了保险长期以来带给人们的观念：死板、繁琐……给受众耳目一新的感觉。在这种感觉、气氛的影响下，消费者更易于接受其传达的信息，深刻地与电话投保号码：4001234567产生共鸣。

首先从创意内核，我们强烈主张以网友所喜爱的方式来传达产品的利益点，而非高高在上地宣布人保电话车险的服务和优势。所以在表现形式上，更多地采用了受众所熟知和喜爱的元素，例如：草泥马、愤怒的小鸟等，配音启用非专业但人气很高的“日和漫画”配音团队。在不影响信息准确性的前提下，这些元素的融入使得整个影片具有超强的亲和力。

执行效果：

视频投放仅几天，优酷种子视频共播放 375,774 次，人保车险新浪官方微博转发量超过1000。

目前国内的保险行业很少采用这样的形式制作广告，人保电话车险的这次尝试无疑是广告公司和广告主的一次成功突破！

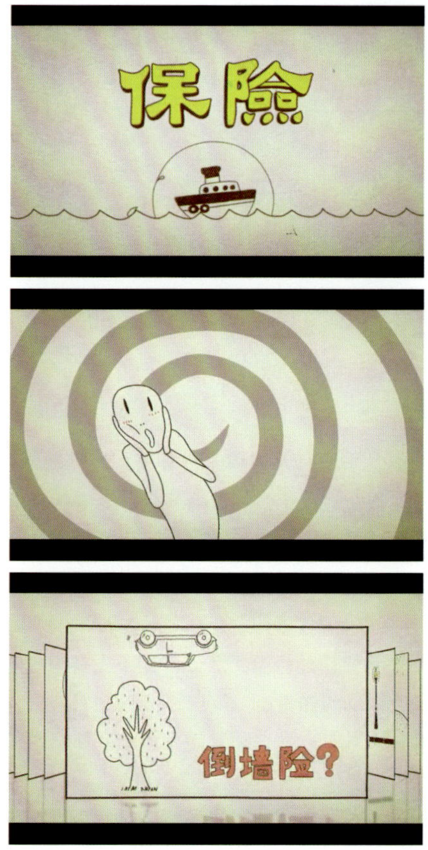

点评:

现在什么行业都流行互联网行业，从煎饼果子、油条、豆浆到出门打车，大有席卷天下的态势。保险业当然不能放过。回想一下，保险在人们的印象中大多是比较死板，比较负面的，比如说上门推销，电话直销等等。当然这种上门推销送一块肥皂，一袋洗衣粉的方式只适合我们父辈那一代人。面对年轻的一代人，保险行业也必须做出改变。

广告是随着消费者的注意力走的，当80后、90后伴着互联网成长的这一代人踏入社会并成为消费的主体时，互联网广告已经成为影响消费者不可缺少的一部分。人保电话车险案例利用轻松搞笑的互联网语言，把枯燥无味的车险讲得妙趣横生，从病毒视频的反馈结果来看该案例是非常成功的。

——曹 琳

翼支付：热爱生活，轻松支付

广 告 主：

天翼电子商务有限公司

广告代理：

上海会众极致广告有限公司

热爱生活，轻松支付。为配合中国电信翼支付业务快速发展的步伐，积极响应客户需求，上海会众极致广告有限公司从2012年开始年度服务翼支付，策划设计了多套翼支付创意卡册、卡片及相关活动海报。与翼支付合作至今，已策划、创意、制作发行了多套创意精美的纪念卡与卡册，旨在承载翼支付纪念卡固有价值之外，更能传承与发扬中华传统文化，表达对美好生活的热爱，对党和祖国的礼赞。每一次，我们将翼支付与不同主题共融，充分激荡出不一样的火花，发行了一套又一套纪念卡与卡册。

上海会众极致广告有限公司从2012年开始年度服务翼支付，策划设计了多套翼支付创意卡册、卡片及相关活动海报。与翼支付合作至今，已策划、创意、制作发行了多套创意精美的纪念卡与卡册，旨在承载翼支付纪念卡固有价值之外，更能传承与发扬中华传统文化，表达对美好生活的热爱，对党和祖国的礼赞。每一次，我们将翼支付与不同主题共融，充分激荡出不一样的火花，发行了一套又一套纪念卡与卡册。

翼支付：一个热爱生活的品牌

天翼电子商务有限公司是中国电信股份有限公司旗下全资子公司，拥有电子商务、企业虚拟货币等业务的专业运营能力。翼支付是天翼电子商务有限公司推出的第三方移动支付品牌，面向个人用户提供方便、快捷、全方位的移动支付服务；面向商户提供专业化的电子支付平台及解决方案，业务涵盖移动支付、固网支付及积分支付等多个领域。用户开通中国电信翼支付账户并储值后，即可在中国电信联盟商家和合作商户使用该账户通过网站、短信、语音等方式进行远程支付，办理翼支付卡后还可通过手机刷POS机方式进行现场支付，以手机替代传统的银行卡进行消费。

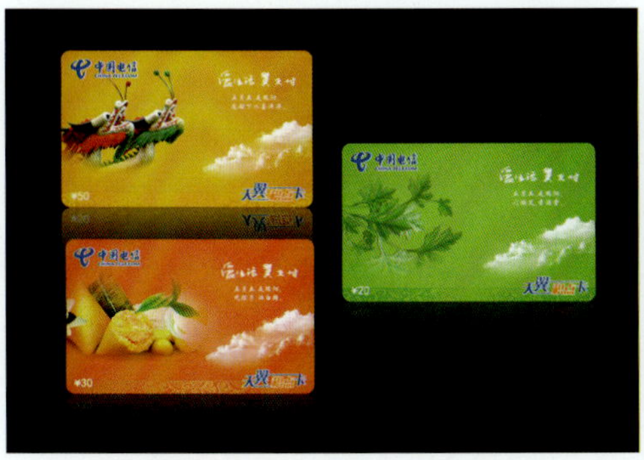

翼支付纪念卡“方寸天地”集收藏、鉴赏于一体，除了实用性外，还具有欣赏性、收藏价值和宣传效果。纪念卡由卡片与卡册组成，卡片含中国电信有效面值，内容丰富；整版纪念卡由卡册与多枚系列卡片、封套、礼盒、手提袋等组成。翼支付纪念卡是中国电信的有价储值卡，由中国电信股份有限公司统一印制。采用专业印刷工艺，在保证卡片储值价值的同时更注重卡片的艺术性与收藏价值。

目标人群分析

2012年天翼电子商务有限公司成立之初，通过实际数据分析发现，翼支付的目标用户现阶段以已有政企客户资源为主，主要集中在政府、企业等客户，以电信内部人士为辅，涵盖中国电信广大员工、领导和各省分公司电信人员。在业务发展的初期，基于已有的客户资源开展业务，可能是一个快速成长的捷径，但终究不是长久之计，在翼支付未来的发展中将是一个很大的局限。因此，发展公众客户就显得尤为重要。

那么，我们需要开辟的目标市场到底在哪里？研究发现，纪念卡的发行路线和收藏价值与礼品市场的需求存在巨大的交集。近年来礼品消费需求庞大，现有的政企客户每年用于礼品消费的预算较多，对礼品的档次、文化、低碳、重复性等方面的要求各有提升，礼品最好具有纪念和收藏意义以及政治文化内涵。那些想要购买礼物而又发愁不知道买什么好的人们，正是我们瞄准的主要目标群体。

另一个发现是，目标用户都需持有翼支付账户，通过使用电脑终端或智能手机进行充值消费，频繁使用和接触互联网以及移动互联网。简言之，大家都是网络时代一份子。这都是我们在发行推广的过程中，所要注意的目标人群特征。

生日卡折叠效果

生日卡折叠后（正面）

生日卡折叠后（背面）

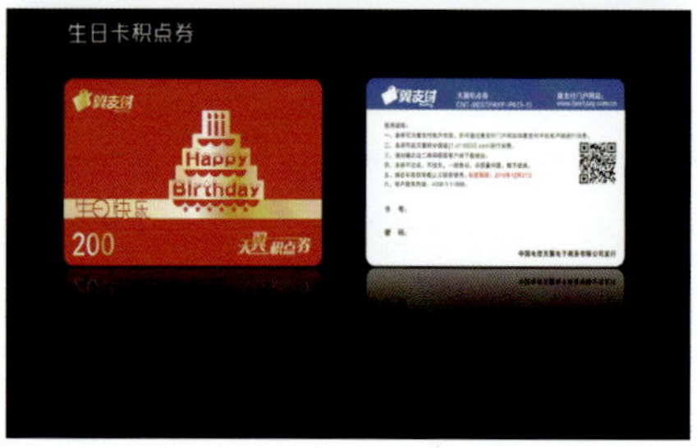
生日卡积点券

发行推广策略

上海会众极致广告作为翼支付年度广告宣传合作伙伴，不断创新完善以提供更优质的服务。在接手翼支付品牌后，主要以创意发行纪念卡为切入点，提升客户感知，进一步推广翼支付品牌。在目标消费群体对翼支付纪念卡的认知不足、影响力不够的前提下，应推出精品以提升吸引力。我们结合2012年度热点事件、节庆节日、特殊纪念事件的时间节点，策划四条主线，串联式发行系列实体纪念卡和纪念版卡册，在卡面上设计印制特殊化的内容，赋予纪念卡个性特征与收藏纪念意义，并在市场上进行推广。

第一条线——热爱生活，关注生活热点，挖掘翼支付自身价值，简易包装设计，面向电信内部和社会大众，不限发行数量与发行时间，旨在拓宽受众面。

第二条线——发扬中国传统节日文化和现代节日丰富内涵。结合2012下半年时间节点，选取中国传统节日文化结合绘画、剪纸、艺术、科普等为主线，规划系列主题，串连式发行，无缝覆盖全年。

第三条线——唱响主旋律，赞歌送祖国，关心时事政治，缅怀历史事件。献礼党和祖国，传递正能量，翼支付与祖国共同成长，谱写美丽中国红色篇章。选取党和祖国的纪念日为主线，规划系列主题发行。

第四条线——精诚合作，携手共赢。为企业量身定制福利卡、礼品卡，与相关机构、单位联合发行联名卡，为合作伙伴推广品牌、业务和产品。根据合作伙伴的要求，量身选取普通或特殊材质进行创意设计制作，发行量根据双方商定而宜，面向商业合作伙伴的目标群体发行。

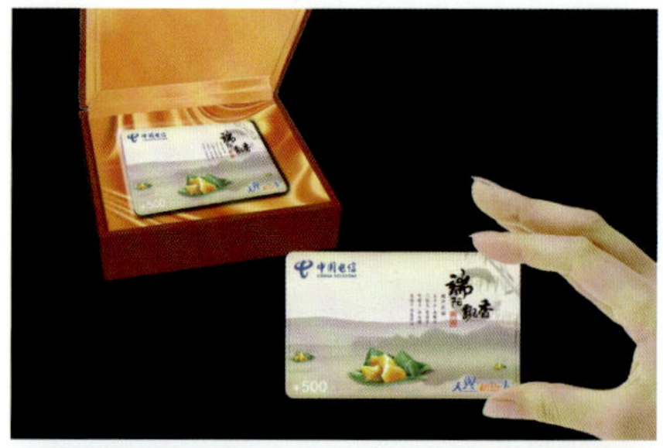

以传承传统民俗文化之名

民俗文化，代代传承。翼支付以传承传统文化之名，汲取中华民族名俗养分，提炼出极具代表性的文化元素加以设计。在节庆期间发行，庆祝传统节日，关注中国非物质文化遗产，传承中华传统民俗文化，展示各地民风民俗、民间故事，让五千年华夏文明薪火相传。

我们采取积极主动的态度，把自己

的独特民俗文化展示出来。一个民族的文化要走向世界，要被别人认可，离不开每一个创意者。传统文化是翼支付卡设计的基石，它不能仅仅是元素。中国民俗文化是一条长河，长江黄河发源处的涓涓细流和入海口的汹涌磅礴在表象上千差万别，在内涵上却一脉相承。卡面设计要提倡民族化，不能仅仅停留在图案、工艺这个层面，而要深入挖掘数千年的文化积淀和民族精神。

艺术or商业，这不是问题

在各大电商品牌价格战如火如荼重演的时代，传统卡面真的不再具有吸引力了吗?

翼支付品牌的出现，为艺术和商业之间寻找到新的平衡点。传承中华民族的传统艺术，通过在传统节日和事件发行11888主题纪念卡，发扬所赋予的文化内涵促进卡片销售，推广翼支付业务，提升充值消费额。

卡只是一种媒介，面值之外的，挖掘纪念卡收藏价值，赋予纪念意义，带动消费者收集爱好作为馈赠及纪念礼品，提升客户感知，进一步推广翼支付品牌。

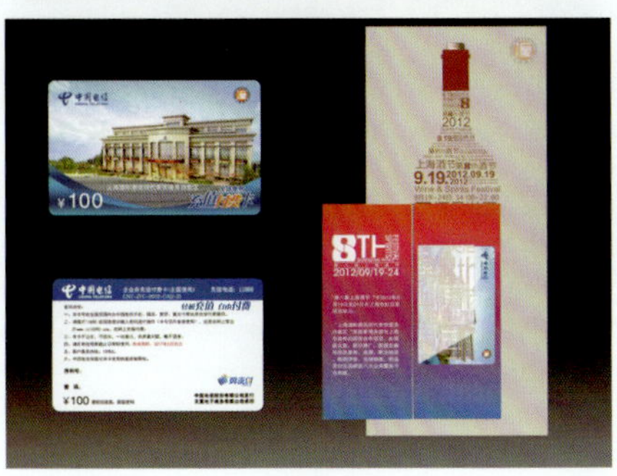

将“创意”进行到底

创新，就是不断推翻以往的想法。创意的火花，在这里撞击。方寸之间的设计，在这里开始！翼支付品牌设计将携带这股冲劲儿一直勇闯天涯，主张且崇尚年轻的生活方式，尝试大胆创新，在时尚潮流方面也多向社会推荐含中国本土设计的原创力量，促进跨界的各种交流互动，是一个文化“反应堆”。整合资源价值——在融合了创意及文化展示、品牌合作交流与互动、商业洽谈与心得分享、冠名与赞助契机及跨界潮元素为一体的新形态展会上，演出、活动、PARTY、体验、摄影、鉴赏等参与内容层出不穷。对展会的观众们来说，玩转潮流世界并不难。增进“潮流文化”在中国的传播范围，也会为聚集更多中国能量，促进本土的潮流时尚文化发展。

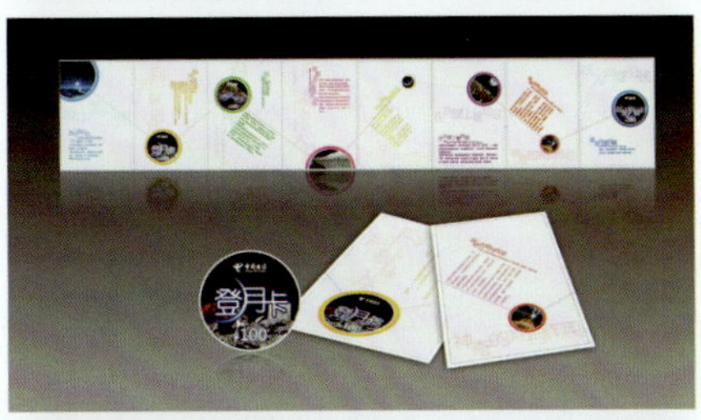

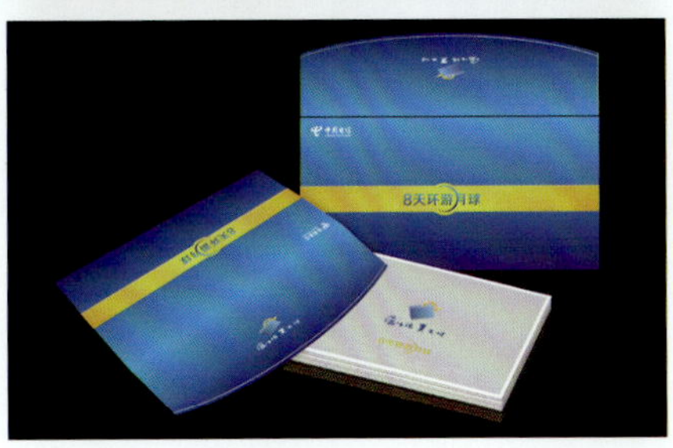

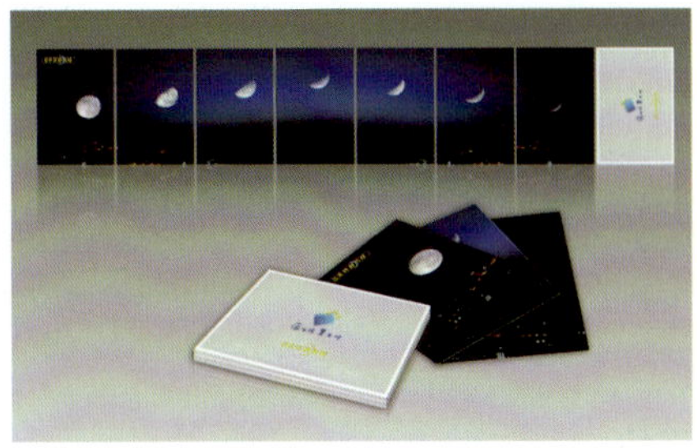

翼支付——会众创意年鉴

●2012年6月，发行端午主题礼品卡册

●2012年7月，发行《福禄寿喜》天翼积点券礼品卡册

●2012年8月，发行3G飞Young系列天翼积点券

●2012年8月，中秋系列礼品卡册。

●2012年9月，发行《第八届上海酒节》11888卡礼品卡册

●2012年9月，员工福利卡-生日卡。

●2012年11月，虹口区科协科技会员日，定制卡封

●2012年12月，预付卡产品更名为“翼充卡”

点评：

“以热爱生活之名、以传承传统文化之名、以赞歌送祖国之名、以私人定制之名”，翼支付走出一条与众不同的发行道路。

别出心裁的卡面设计，翼支付让我们知道电商品牌价格战如火如荼的时代，传统卡面仍旧魅力无穷。

也许，对于使用翼支付的人而言，它不仅只是意味着是一张卡，它会意味着更多。

——王正飞

农行信用卡：走自己的品牌年轻化之路

广 告 主：
中国农业银行信用卡中心
广告代理：
大广（上海）广告有限公司

根据上海大广广告有限公司为农业银行信用卡所做的消费者洞察，“农行信用卡”品牌形象提升面临三个问题：活动历来丰富，但仍缺乏统一主线贯穿；优惠力度不差竞品，但活动各自独立；传播不够整合，缺乏统一主线贯穿，使消费者无法加强印象。针对以上的问题，上海大广广告有限公司重点分析了农行的目标人群，对他们进行了深入了洞察，最后得出结论是要继续巩固30~34岁优质用户的同时，提高25~29岁年轻人群的活跃度。

我们的目标

2010年，凭借着独到新颖的方案及丰富的广告营销经验，上海大广在与4A公司的比稿中脱颖而出，成为中国农业银行信用卡中心的广告服务总代理，正式开启了合作之旅。我们的目标很明确：“与农行信用卡中心一起，致力于将农行信用卡打造成为国内一流的信用卡品牌！”

我们面临的挑战

① 市场需求发生改变

整个信用卡市场发展已从“跑马圈地“到”精耕细作“，对于信用卡产品的专业化与细分化要求会更高。

② 行业竞争激烈，竞争品牌纷纷抢占先机

市场竞争白热化，产品及服务同质化严重。与此同时，竞争品牌招商银行在品牌传播上走在了前面， 奠定了信用卡品类的No.1地位；交通银行通过“最红星期五“的亮点活动，提升了信用卡的品牌效力；同样作为四大银行之一的工商银行信用卡，也通过母品牌的实力茁壮成长……

③ 农行持卡人数量庞大，但活卡率相对较低

农行信用卡现有持卡人数量早已突破千万，处于相对领先地位，但较竞争银行相比，农行关键环节的转化率仍有待进一步提升。提高用卡频率，让持卡人经常用卡， 成为我们服务农行期间，面临的重要课题之一。

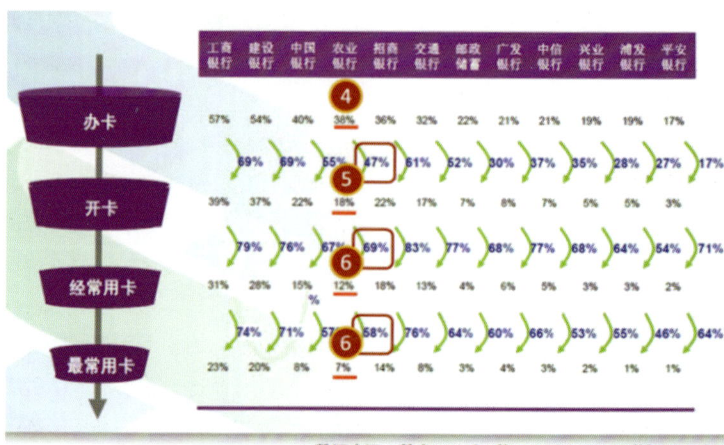

数据来源：数字100《“信用卡持卡人”运营智慧研究》

我们的思考

面对挑战，大广农行服务团队协同农行信用卡中心市场部，一起深入研究，多方探讨，明确了要将农行信用卡打造成国内一流的品牌，现阶段的首要任务就是“让农行信用卡的品牌形象全面提升”，朝着这个方向，我们共同努力。

经系统分析，我们发现：

“农行信用卡”品牌形象提升面临的问题一：农行信用卡现有主要客户群体不够年轻，与经常使用信用卡的人群不相符。

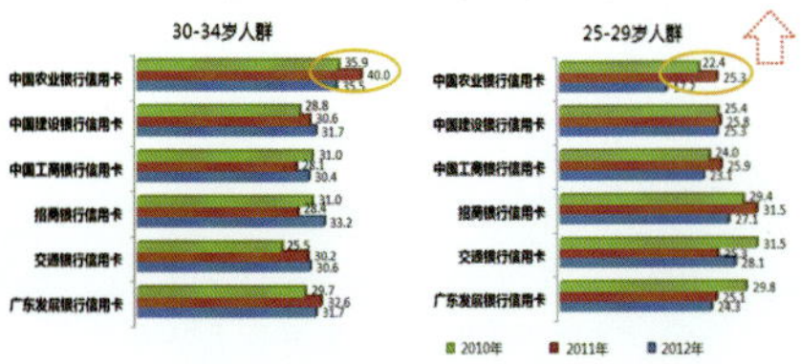

数据来源：H3(2010年、2011年、2012年目前)最经常使用工行、交行、招行、广发、农行、建行六大银行信用卡30-34、25-29岁的人群的比重。

“农行信用卡”品牌形象提升面临的问题二：固有品牌形象缺乏亲切感，与“信用卡”品类属性有背离。

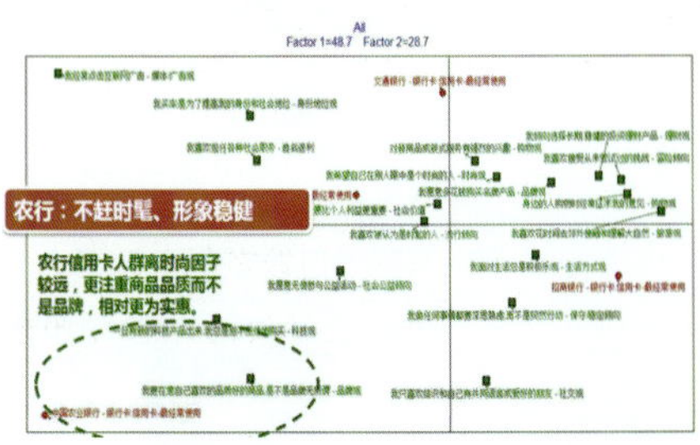

“农行信用卡”品牌形象提升面临的问题三：活动历来丰富，但仍缺乏统一主线贯穿。积分活动、商户促销、分期功能……信用卡活动丰富，优惠力度不差竞品，但活动各自独立，传播不够整合，缺乏统一主线贯穿，使消费者无法加强印象。

针对以上的问题，我们重点分析了农行的目标人群，对他们进行了深入了洞察，明确要继续巩固30~34岁优质用户的同时，提高25~29岁年轻人群的活跃度。

五类价值圈层，找到更容易获取的人群

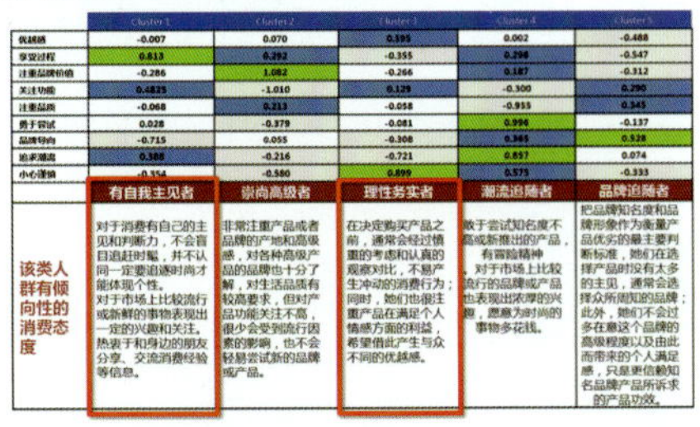

农行信用卡目标人群描述

针对年轻群体，让农行信用卡的品牌印记焕然一新。农行信用卡，走的是属于自己的年轻化之路！

我们的策略

明确了这样的任务，我们充分考虑依托农行母品牌，整合信用卡品牌资源，在统一品牌理念下进行传播，明晰品牌形象。并将有影响力的活动资源整合，多点战术，聚焦一个主线，期待将品牌扎根在消费者头脑中。

2011年，我们调整视觉表现模板；并统一品牌对外传播名称为“中国农业银行信用卡”，简称“农行信用卡”。

2012年，我们推出“2012欢享无限”年度传播主题，进行整合营销传播。携手国际组织开展2012年伦敦奥运系列营销活动获得巨大成功。配合与中国体育总局合作开展全国全民健身操大赛，整合业务内容，统一宣传口径，让农行信用卡的品牌形象得以全面提升。

2013年，以“至诚相伴“的品牌理念，并通过一系列的传播活动，让“至诚相伴”的品牌精神，让更多的消费者认知的同时也让农行信用卡的品牌形象提升了一个高度。

农行信用卡的品牌资产金字塔

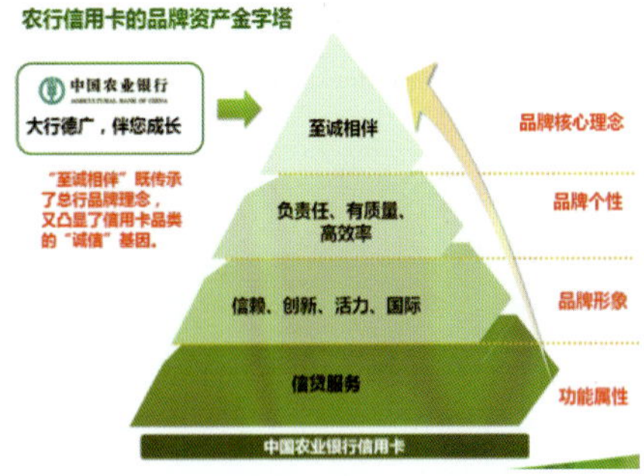

如何理解“至诚相伴”

“至诚相伴”的诠释

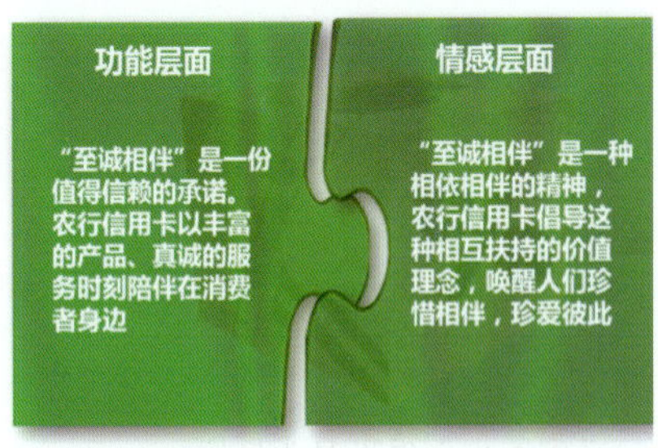

未来的路还很漫长，农行信用卡的品牌年轻化工作仍在继续，我们大广也将继续坚持“以品牌促发展”的战略方针，以品牌为主导，全面贯彻“至诚相伴”农行信用卡品牌理念，不断发展，不断提升，帮助客户朝着“国内一流信用卡品牌”的方向努力！

点评：

“品牌年轻化”这个词是我们时常能听到的。而如何进行品牌年轻化却不是轻易能做到的。

该案例中，大广通过整合农行原有的关于信用卡的各类宣传活动，对外统一宣传口径，集中了品牌传播的精准性和效果。同时以“至诚相伴”为品牌理念，通过系列的整合传播活动，成功地传达了“至诚相伴”的品牌精神，并进而提升了品牌形象在消费者心中的认知度。

当然，农行信用卡的品牌年轻化依然在路上。

——王正飞

Telecom & Mobile

信息通信类

英特尔超极本：“交换人生”在线互动

广 告 主：
英特尔
广告代理：
上海麦肯光明广告有限公司

MRM团队通过对潜在消费者的生活和工作轨迹的细致观察，提出与其花大量时间在电脑屏幕面前点“赞”和各种“羡慕嫉妒恨”，何不让大家可以有机会用“超极本”实现一次人生的交换，将“PC平板二合一”的背后价值真正通过人们心中的出游热情得到释放和全情体现，体验这种跨越的改变！于是“交换人生”的这个创意想法诞生了，MRM团队在近千位候选人中，选中了三位分别在设计、文学和演艺方面拥有一定活跃粉丝量的草根意见领袖，安排他们带上三款根据他们需求而配置的不同型号的“超极本”，分别前往包括韩国首尔、尼泊尔和意大利的西西里岛在内的三个白领普遍向往的旅游胜地。

你或许对“超极本”这个名字并不陌生，但你知道“超极本”究竟能为我们带来哪些具体的用户体验及价值？一场由英特尔中国发起的“交换人生”线上社交互动活动，让年轻消费者直观体验到了“超极本”给他们出游所带来的无穷乐趣和非凡体验。

这是由英特尔中国的创意代理商，麦肯世界集团旗下北京MRM特别策划执行的线上主题网站宣传活动。MRM团队通过对潜在消费者的生活和工作轨迹的细致观察，发现经常移动办公随时互联且对新科技有需求的白领人群，很多都有逛旅游攻略网站的爱好，他们一方面羡慕他人游记中所描述的出游时光和经历，一方面又苦于徘徊于工作和家两点一线的日子。正是基于上述人群的特点，MRM团队提出与其花大量时间在电脑屏幕面前点“赞”和各种“羡慕嫉妒恨”，何不让大家可以有机会用“超极本”实现一次人生的交换，将“PC平板二合一”的背后价值真正通过人们心中的出游热情得到释放和全景体现，体验这种跨越的改变！于是“交换人生”的这个创意想法诞生了，MRM团队在近千位候选人中，选中了三位分别在设计、文学和演艺方面拥有一定活跃粉丝量的草根意见领袖，安排他们带上三款根据他们需求而配置的不同型号的“超极本”，分别前往包括韩国首尔、尼泊尔和意大利的西西里岛在内的三个白领普遍向往的旅游胜地。

MRM团队设计搭建了一个专门的活动网站，号召大家“想变？趁现在！”。网站通过日志发布的方式，让每个主人公通过36张照片，向公众展示他们的三天旅行中的36个美好时刻，点击浏览该网站的参与者即可自由决定是否愿意交换，成为那个时刻中的“他”，并即时通过新浪微博或豆瓣网互动发表自己的交换宣言，转发的参与者还有机会可以赢取照片中藏着的从这些地方带回来的独一无二的旅游纪念品。

该活动网站于8月中旬正式上线，除了通过豆瓣、百度、腾讯以及包括携程在内的多家国内在线旅游网站进行了宣传投放，为了进一步提高活动覆盖度和影响力，MRM团队还邀请了包括马里奥小黄在内的多位深受白领人群喜爱的漫画博主参与到“交换人生”的活动中，并让他们以“交换人生”的特点为题创作有趣的漫画游记作品。活动进行至今，主题网站的访问量已经超过4百万人次。

此外，MRM团队根据“超极本”所具有的轻薄、可变形及可触控的三大特点，还特别设计了三款Flash小游戏，让消费者通过趣味互动的方式来在线体验一下“超极本”在旅行中所体现出的优势特点，如何给消费者带来不同的使用感受。除了享受游戏的快乐外，活动参与者还可以通过“过三关”的方式，有机会赢取包括5000元旅游基金在内的精彩大奖，真正让参与者实现带着“超极本”出游所带来的超凡经历！活动将最后诞生三位幸运儿，并于“十一”黄金周之后在活动网站上统一公布。

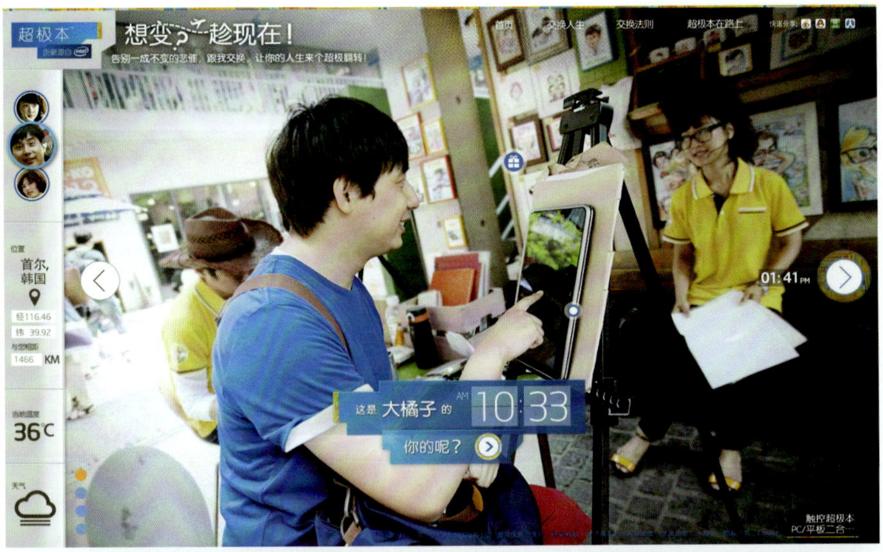

点评：

麦肯集团旗下的MRM团队策划的英特尔“超极本”交换人生在线互动活动，制作思路清晰，逻辑递进紧密，环环相扣，通过3个不同领域的3个典型草根意见领袖做代言，3个典型旅游胜地，3天旅行，“过三关”游戏，3个幸运儿等等，与“超极本”所具有的“轻薄、可变形、可触控”的三大特点数字上极度吻合，大大强化了受众的印象，线上线下不断互动，可谓是非常成功的广告案例。

个人认为，美中不足的是在三个广告画面中左侧的旅游地点、人物变化了，但经纬度、温度等未相应变化。

——尹 磊

微软Surface：咔嗒，声动心动

广 告 主：
微软Surface
广告代理：
互动通控股集团

Surface的富媒体传播作为常规传播的有效补充，围绕“咔嗒，声动心动”这一主题，结合通栏画中画联动、底浮通栏和自定义视窗等富媒体表现形式，传递出产品收放自如、畅连多端、色彩缤纷的功能。

传播背景：

Surface是美国微软公司推出的全新硬件品牌，2012年6月19日，微软发布了全新Surface系列平板电脑。Surface最大的特色是它集成了键盘功能的磁性保护盖——TouchCover，形成笔记本与平板电脑的自由切换。在兼容性方面，Surface独有的Micro HDM以及全尺寸标准USB2.0接口，保证用户能够最大程度的兼容目前主流的使用环境和设备。此次富媒体传播作为常规传播的有效补充，围绕“咔嗒，声动心动”这一主题，结合通栏画中画联动、底浮通栏和自定义视窗等富媒体表现形式，传递出产品收放自如、畅连多端、色彩缤纷的功能。

传播挑战：

平板电脑的产量正以近乎100%的涨幅飞速增加，在竞争激烈的平板电脑市场，如何让产品更具特色，更为实用，更加便捷，成为产品最终是否能够脱颖而出的关键所在。强大的用户体验是能否聚拢消费者的核心因素之一，结合当下炫动的富媒体技术，如何渲染出强大的用户体验效果至关重要。

传播目标：

通过富媒体平台传递出Surface强大的TouchCover和良好兼容性的硬件设备，推广全新Surface系列平板电脑便捷、高效、时尚的产品特性。

传播策略：

针对微软的品牌特点和Surface目标人群分析，此次主要选择投放在流量较大的门户网站首页，借此能够吸引较多的目标用户关注，也有利于品牌宣传。

执行过程：

整个产品的演示过程采取横轴播放的效果：

① 撞色的背板设计在醒目传递产品信息的同时，也体现出了其中独具一格的时尚气息，采用灰色背景板搭配鲜艳的Surface字体，给用户带来强烈的视觉冲击；

② 首先从产品整体的使用技巧为切入点，带出产品收放自如便于携带的特点；

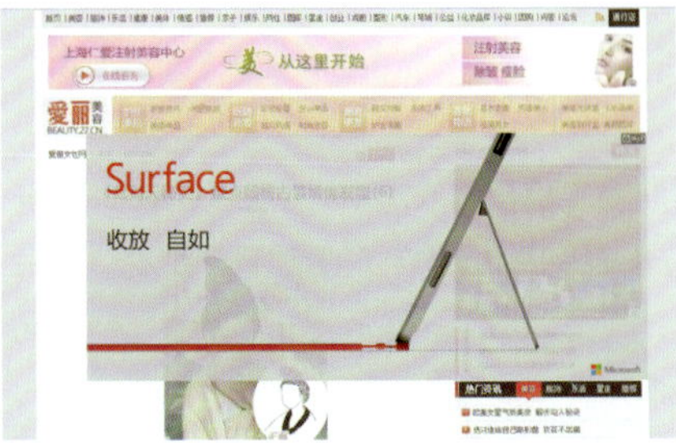

③ 从全景过渡至细节，展现Surface畅连多端的强大兼容技术；

④ 展现产品在设计中的时尚元素，黑色色调的主屏幕搭载炫彩键盘，用户可以自由变换不同颜色的键盘组合出属于自己的Surface电脑，与背景板的撞色设计遥相呼应；

⑤ 延续了TVC的主题，即“咔嗒，声动心动”，用“咔嗒”这一拟声词，带出“此时无声胜有声”的效果，令消费者耳目一新，画面的最后呈现官网活动链接，吸引消费者了解更多精彩内容。

投放效果：

截止到5月31日，广告累计曝光量达到23,098,644人次，点击数493,546次，点击率达到2.14%，投放初期便取得如此显著的宣传效果，也为后续的宣传推波助力。

点评：

成功地运用了多种文学修饰手法，拟声的“咔嗒”达到了此时无声胜有声的效果，极具针对性地选择了门户网页、富媒体平台等传递讯息，巧妙地运用了背景色彩反差突出surface字体，形成了强烈的视觉冲击力，采用全景过渡至细节的手法，多彩元素展现屏幕、键盘等，用3种不同颜色的键盘吻合3种色彩的背景板……

本策划案娴熟地运用了美学、色彩学、文学等手法，通过最具针对性的宣传渠道，巧妙地取得了显著的宣传效果，是一个非常成功的广告案例。

——尹磊

诺基亚LUMIA：凡事不平凡

广 告 主：

诺基亚

广告代理：

互动通控股集团

诺基亚LUMIA非凡系列，拥有多彩绚丽的时尚设计，搭载Windows Phone 7.5操作系统，靓丽屏幕和集音乐、视频、游戏为一体的流行娱乐功能，是年轻一代追求个性与非凡体验用户的最佳选择。

通过hdtMobile的媒体整合平台，选择凤凰网、人民网等综合类门户网站，爱丽女性网、 YOKA时尚网、金鹰网等时尚生活类网站，以及威峰网等优质媒体资源，结合地域定向、时间定向，精准地将广告推送至目标受众，有效地将品牌信息传递出去。

传播背景：

随着中国手机用户总数突破9亿大关，我国作为全球最大的手机市场，在蕴涵巨大商机的同时也面临着激烈的竞争。如何树立良好的品牌形象以获取可持续性竞争优势，成为此次传播最大的挑战。

传播目标：

1. 打响知名度，扩大诺基亚LUMIA微电影的影响力。
2. 凸显品牌，在受众心中树立诺基亚LUMIA非凡系列独有的品牌个性。

传播策略/媒体策略：

诺基亚LUMIA非凡系列，拥有多彩绚丽的时尚设计，搭载Windows Phone 7.5操作系统，靓丽屏幕和集音乐、视频、游戏为一体的流行娱乐功能，是年轻一代追求个性与非凡体验用户的最佳选择。

通过hdtMobile的媒体整合平台，选择凤凰网、人民网等综合类门户网站，爱丽女性网、 YOKA时尚网、金鹰网等时尚生活类网站，以及威峰网等优质媒体资源，结合地域定向、时间定向，精准地将广告推送至目标受众，有效地将品牌信息传递出去。

执行过程：

结合MoCast富媒体广告形式，在iPad端实现“诺基亚LUMIA微电影：谢霆锋演绎多面人生”的完美流畅演绎，以微电影带动受众对品牌的关注与探知。配合落地页面对产品的全方位展示以及融合社交媒体，进一步深化品牌信息，加深品牌记忆。

传播效果：

此次诺基亚LUMIA非凡系列推广取得不错反响，实际曝光数比预计高出0.66%。互动点击数更是超出预计的304.69%。 基于iPad平台的富媒体广告产品——MoCast，为广告主在优质的网络环境中，创建了品牌与用户接触的体验空间，增强广告投放的有效性，大大提升品牌的知晓度和记忆度。

诺基亚微电影截图

投放上线一周表现

- 点击爆发增长
- 曝光小幅增量
- 阶段数据平稳

点评：

只有平凡的人，没有平凡的人生，凡事不平凡。

每次尝试都有非凡体验。

选择了尝试，就免不了与失败为伍，但执着的目标是创新的灵魂，确定了目标和方向，勇于驾驭人生，代言人与主题吻合，加上唯美的画面，一个摩托车手飞跃后重重的跌倒在大雨中……

自制的吉他、独身于原始森林、解救矿工于危难中、以弱博强的拳坛争霸，无不是面对巨大困难而敢于亮剑！短片最后非凡体验非凡人生，紧扣主题，印象深刻。

个人认为，在有限的时间内即有5个例举，稍感重复而冲淡了主题诉求。

——尹磊

联想手机：爱要合拍

广 告 主：

联想（北京）有限公司

广告代理：

北京电通广告有限公司

随着80，90后的年轻消费者成为消费主力，针对他们推出的联想智能手机S890应运而生。然而在目标消费群心目中的联想像个稳重而保守的大叔，缺乏吸引力。面对激烈的市场竞争，联想需要被赋予品牌活力，征服年轻消费者是我们面临的挑战。

对正当青春的80后、90后来说，有很多关键词。梦想，旅行，自由，与众不同……以及，他们永远在谈论的——爱情。在年轻又崇尚个人风格的他们眼中，完美爱情不再是电视剧里的你侬我侬，而是与步调一致的那个人，一起实现他们心中在别人看来哪怕是疯狂的梦想。同时，热衷网络社交的年轻人们，认为爱就要大胆秀出来，自拍晒幸福是他们表达爱情的一种方式。

市场背景：

IDC预测，2012年中国将超越美国成为世界上最大的智能手机市场。由于品类的增长，国内外的手机品牌都争相发力，竞争陷入白热化。联想正式开启PC+时代，试图在智能终端市场占得先机。

课题：

随着80后、90后的年轻消费者成为消费主力，针对他们推出的联想智能手机S890应运而生。然而在目标消费群心目中的联想像个稳重而保守的大叔，缺乏吸引力。面对激烈的市场竞争，如何赋予品牌活力，征服年轻消费者是我们面临的挑战。

产品卖点：

潮流外观与超强的拍照功能。

消费者洞察：

对正当青春的80后、90后来说，有很多关键词。梦想，旅行，自由，与众不同……以及，他们永远在谈论的——爱情。在年轻又崇尚个人风格的他们眼中，完美爱情不再是电视剧里的你侬我侬，而是与步调一致的那个人，一起实现他们心中在别人看来哪怕是疯狂的梦想。

同时，热衷网络社交的年轻人们，认为爱就要大胆秀出来，自拍晒幸福是他们表达爱情的一种方式。

广告创意：

基于以上洞察，我们注意到了一对爆红网络的潮人情侣档——百勒丝和刘雷门。这对外观养眼、风格前卫的刺青师+网络写手的情侣组合，却用一种传统而动人的方式表达爱情——手牵手拍照。他们在世界各地拍下的牵手照片在互联网上引起了年轻网友的疯狂转发。这给了我们灵感——我们创意了“爱要合拍”概念，将拍照变成了一种让人心生向往的life style，邀请百勒丝和刘雷门，以他们的故事为原型拍摄了TVC。

TVC投放以后，引起极大反响，“爱要合拍”成为网络热词。“左手牵着TA，右手拿着S890，爱就要这么合拍！“成为一种新的love style！

TVC旁白：

百勒丝：我们有个梦，关于爱情……

雷门：从追逐到并肩；

百勒丝：渐渐地，我们成为了连自己都羡慕的情侣档；

百勒丝：梦想手牵手，到世界的尽头；

百勒丝：实现和他一起的梦想；

雷门：记录和她一起的幸福；

百勒丝&雷门： 爱，就要这么合拍；

百勒丝：我们都有梦……

联想智能手机S890

让梦发生

网络活动：

数据表明，52.7%智能手机用户喜欢拍照并上传到社交网站。我们针对这一用户偏好，配合TVC的热度，与SNS媒体合作，发起了“爱要合拍“的网络活动，向网友征集他们的合拍照片，而最合拍的情侣，将像TVC结尾中的百勒丝和刘雷门一样，赢得去北欧看极光的奖励。

活动受到了网友的追捧与热情参与，在互联网上引发合拍热潮。

成果：

传播环境在改变，消费者在改变，我们的广告营销方式也必须要改变。根据电通的消费者行为分析模型AISAS，（电通认为，目前营销方式正从传统的AIDMA营销法则(Attention注意；Interest兴趣；Desire欲望；Memory记忆；Action行动)逐渐向含有网络特质的AISAS发展，即1.Attention——引起注意；2.Interest——引起兴趣；3.Search——进行搜索；4.Action——购买行动；5.Share——人人分享），应对互联网与无线应用时代消费者生活形态的变化，与目标消费群沟通他们感兴趣的话题，才能引起他们的兴趣与主动传播，进而影响销量和口碑。令人兴奋的是，在爱要合拍campaign影响下，S890在该价位段的市场占有率排名第一（数据来源—赛诺的排行及占比）。而购买S890的消费者中，有23%是受广告或Campaign的直接影响而发生购买行为。同时消费者调研显示，联想的品牌形象在年轻消费者心中一改保守，“大叔”成功变“型男”！我们赢得了品牌和市场的双赢。

点评：

题好一半文！北京电通广告公司的该推广案例，通过《爱要合拍》这一一语双关的巧妙创意，针对80后、90后年轻消费人群“自由、时尚、个性”甚至是“叛逆”的鲜明特点，充分利用“爱要合拍”这一创意诉求点，画面中时刻出现相爱的两个时尚潮人，同时自然地将S890出现在恋人中间，或一手恋人相牵，一手把持S890拍照，“爱，就要合拍！”不仅一语双关地将创意推向极致，亦将联想的传统、稳重甚至有些保守的形象彻底颠覆为时尚、前卫、自由。“大叔”成功变“型男”！本案例可谓是非常成功的。

——尹磊

中国移动：老人愿

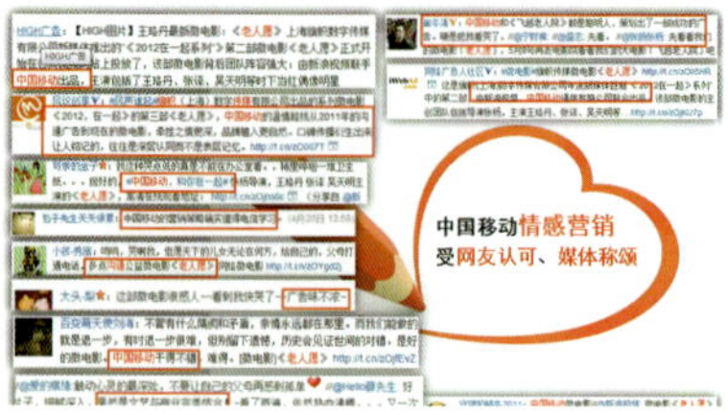

广 告 主：

中国移动

广告代理：

华扬联众数字技术股份有限公司

中国移动通过搭载有质量的内容，并伴随相应的口碑营销，为自己的形象进行重新定位和传播。作为《飞越老人院》的番外篇，前者取得了良好的口碑，《老人愿》微电影同等火爆，引发网友的强烈共鸣，为塑造良好形象起到很大作用。但是也稍有不足，真正庞大的移动用户有多大比例可以看到这支微电影?

市场环境：

中国移动逐渐变为老百姓心中的“强势”企业，“吸金大王”，急需通过搭载有质量的内容，并伴随相应的口碑营销，为自己的形象进行重新定位和传播；中国移动对数据流量爆炸式增长“又爱又怕”，因为中国移动面临着成为“哑管道”，数据量增长与收入增长不成比例的窘境。新的商务模式正在成为主流，传统电信运营模式受到严峻挑战。运营商擅长提供稳定、安全的电信级服务，但移动互联网业务呈现出“快周期、不完美”、“快速迭代、敏捷开发”等特点。在某些新兴领域，与互联网的盈利模式、运作机制相比，传统电信体制、商务模式已经成为一种束缚，必须通过改革创新适应新的发展需求。

目标：

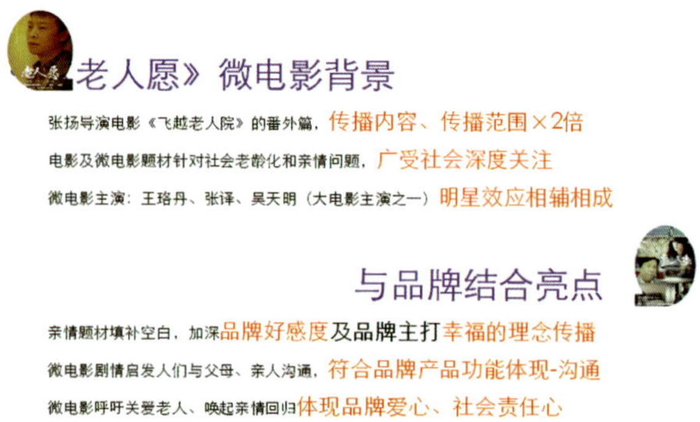

策略：

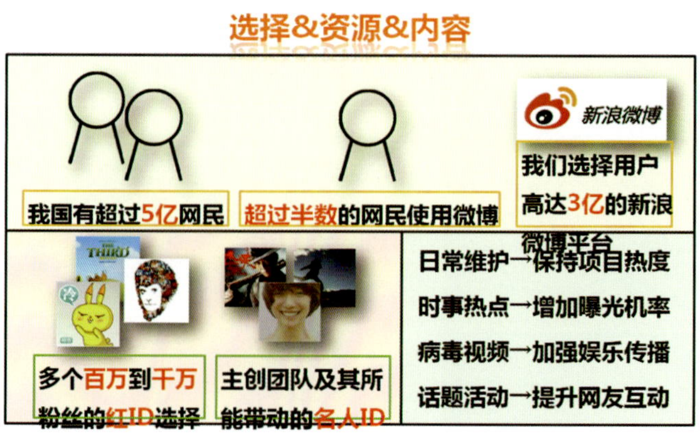

执行过程：（包括创意、营销等内容描述）

微电影首映、上线微电影官方微博与中国移动微博联动，强化品牌情感传递

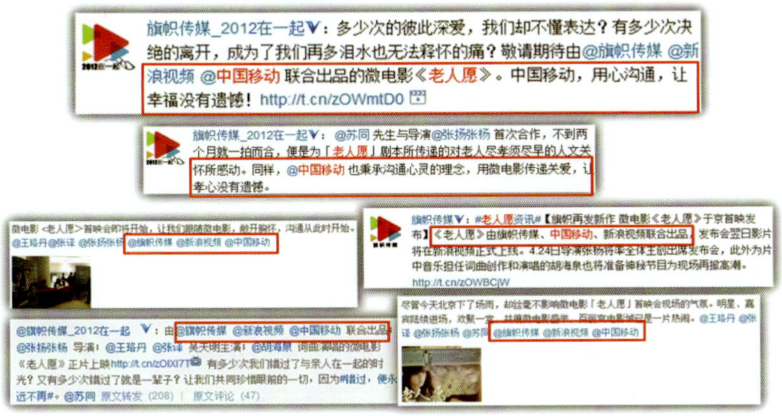

媒介表现：将活动中所应用的各类媒介以图片、视频等形式予以展现。

（以2009中国媒介创新营销奖金奖作品之一‘永恒之塔’的媒介展示内容举例，仅供参考）

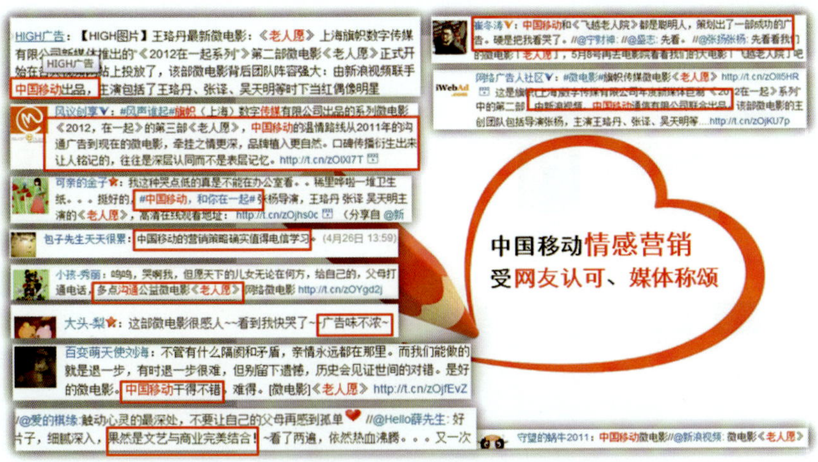

中国移动通过影片传递沟通、幸福概念深入人心，网友记忆深刻

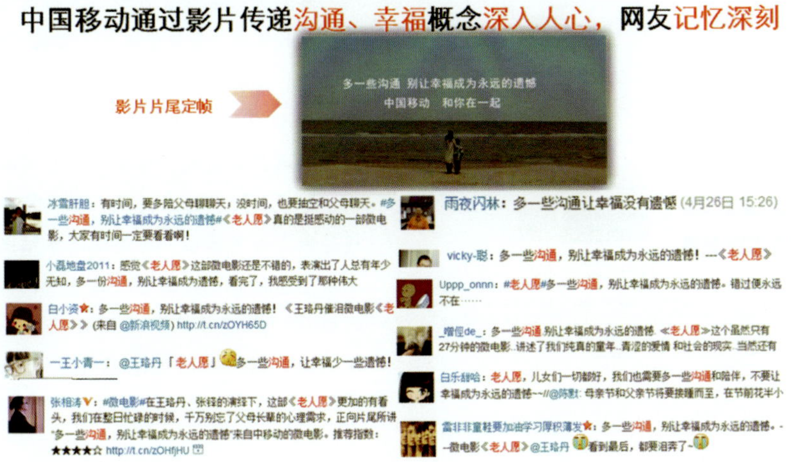

执行效果及市场评价

执行效果可参考以下两个维度，结合活动实际效果情况，选择性阐述活动具体效果及相关数据内容。

在无购买转发条件下，仅凭《老人愿》内容得到转发量：36,536次 评论：近5000条。

上线仅两周，微电影播放量已破2千万次，近1680万人次微博在讨论2012在一起。

网友对于影片内容和微访谈的反馈

粉丝基于对明星的关注
对于亲情的踊跃探讨
影片带来的感动潸然泪下
对于幸福与沟通的理解与讨论
对于中国移动的讨论
激发感恩社会，关爱老人的情绪

点评：

中国移动作为老百姓心中“强势”的“吸金大户”，世界500强，已远远落后于一些互联网新秀，正面临“哑管道”的巨大风险。其巨大的运营成本倒逼其迅速将“哑管道”打造成“智能管道”。要将“移动+互联”打造成“移动×互联”。

“中国移动”通过极具亲和力的“老人愿”微电影的形式，结合中国移动微博联动、百度贴吧、粉丝关注、媒体推广、访谈等线上线下活动，传递沟通幸福概念，激发感恩社会、关爱老人的情绪，从而达到强化“中国移动”品牌好感度、美誉度、体现品牌爱心，社会责任感的目的。

——尹磊

Media & Publishers

媒体与文化产品类

武汉晚报：“玫瑰战争”

武漢晚報

为百姓谋利益

新闻热线 82333333

初中生家长托本报给两会捎信

请给孩子们更多时间锻炼身体

代表委员热议“减负”

大学生不减累中小学生减累，这不正常

闻香读晚报 玫瑰送读者

今天三镇报摊20万枝七彩玫瑰等你来拿

四重大礼迎“三八”

买今天晚报赠七彩玫瑰

拍玫瑰@武汉晚报中iPad mini

今天的晚报是玫瑰香水报

随报赠送武汉女性生活读本

联合国安理会 全票通过对朝制裁决议

武汉市第二届 “群众满意中小学”揭晓

本报今推特刊 《中超，汉军再启程》

广 告 主：

武汉晚报

广告代理：

武汉晚报

一份《武汉晚报》，一支从昆明刚刚空运到汉的新鲜玫瑰，“买晚报送玫瑰”成为这个三八妇女节武汉街头最为敞亮的声音。如果你靠近报纸，阵阵的玫瑰香和着油墨香，“今天的晚报特别温情”！《武汉晚报》在各报摊被抢售一空，20万支玫瑰花花传万家。这场有别于以往常规操作、声势浩大的“回馈读者”活动其实源于一则读者微博，武汉晚报人发挥媒体的新闻敏锐度，借“微”言大义，实现了报纸的影响力和美誉度的提升。

2013年3月8日清晨，细心的武汉市民都会发觉，三镇街头的报摊亭上都被娇艳欲滴的玫瑰花妆扮一新。

一份《武汉晚报》，一支从昆明刚刚空运到汉的新鲜玫瑰，“买晚报送玫瑰”成为这个三八妇女节武汉街头最为敞亮的声音。如果你靠近报纸，阵阵的玫瑰香和着油墨香，“今天的晚报特别温情”！

在这个三八妇女节中，最幸福的武汉市民，自然也响应了武汉晚报这样“大手笔”的号召，一时间《武汉晚报》在各报摊被抢售一空，20万支玫瑰花花传万家。不论是口耳相传还是微博晒幸福，人手一支玫瑰花，送自己、送情人、送亲人、送朋友真真都是极好不过的。

武汉晚报的“玫瑰战争”完满结束，不仅实现了当日零售的火爆，更让读者感受到这家拥有50年办报历史的报纸的办报宗旨——为百姓谋利益。而这场有别于以往常规操作、声势浩大的“回馈读者”活动其实源于一则读者微博，武汉晚报人发挥媒体的新闻敏锐度，借“微”言大义，实现了报纸的影响力和美誉度的提升。

微博采集新闻线索，全力新闻策划造势

3月初，一则武汉微博用户关于“女人节如何讨好丈母娘”的求助微博受到热捧，众多博友在微博中纷纷响应，为这个苦心求得丈母娘欢心的小伙献计献策，小伙采纳其中一位博友建议决定前往昆明亲自采摘最新鲜的玫瑰作为“女人节”礼物献给未来丈母娘。

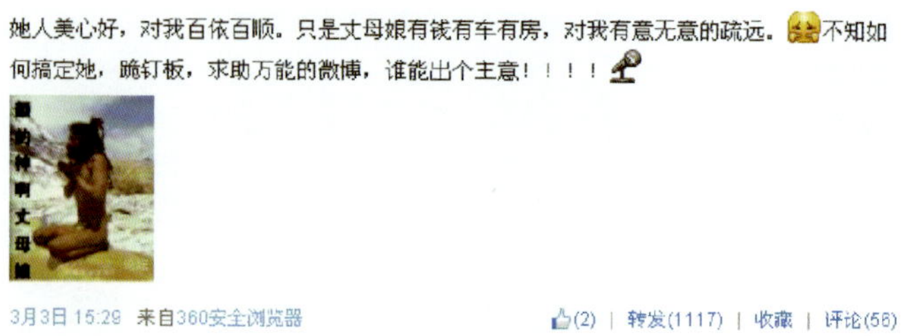

这则微博引起了记者的关注，并成为新闻线索。

在得知这则新闻线索后，作为“女人节”最为热门的话题，《武汉晚报》率先关注此事件，通过对微博本人采访和信息确认，取得第一手资料，并对新闻事件进行报道，引发读者及网友强烈反应，对小伙千里赴滇采花的行为给予支持。鉴于事件的高关注度，《武汉晚报》迅速对事件进行跟进，并准备派记者陪同小伙赴滇采花。

就在跟踪报道中，读者及网友对“昆明玫瑰花”一时热情不减，都想一睹为快，网

友“求代购玫瑰”的请求也一度成为热门标签。“那我们就满足读者愿望，送读者昆明新鲜玫瑰。”当场拍板，“三八女人节”当天“买晚报送玫瑰”。

3月5日，武汉晚报特派记者千里赴滇亲自采摘玫瑰，赠与读者，并对“送玫瑰”活动进行了大篇幅的报道，搅动武汉昆明全城媒体报道，全国诸多门户网站和论坛竞相转载，成为大众津津乐道的话题。

3月6日，本报关于赴昆明采玫瑰的新闻报道。

3月7日，本报关于“买晚报送玫瑰”活动的新闻报道。

报纸热销，社会效益和经济效益双丰收

3月8日，武汉晚报推出：买晚报送玫瑰、看晚报闻花香、拍玫瑰赢大礼、赠武汉女性生活读本，四个活动同步开启，当天报纸一经上市，在三镇热销，一时洛阳纸贵，掀起了全城玫瑰热潮。当天的武汉晚报官方微博更是收到众多网友“@”，随手拍玫瑰花，盛赞本次活动，其中还引出不少送玫瑰花的温情故事。

3月8日，本报头版的新闻报道。

本次“三八女人节”重磅推出的《来自金星的报道——武汉女性生活读本》，结合本次“买晚报送玫瑰”热力，通过区别于以往的主题策划，联合武汉市权威行业部门以及主流消费机构发起的消费调查，跨越城市生活的各个层面解码武汉女性生活和消费方式，涵盖商业、品牌、房产、汽车、旅游、餐饮等十多个行业。特刊的心系市民、关注热点、贴近民生等特点，充分吸引读者的目光，使特刊更具可读性。最终刊发的四十八版，共拉动广告销售近300万元，实现经济效益和社会美誉的双丰收。

《来自金星的报道——武汉女性生活读本》精美设计和内容，备受读者喜爱。

资源善用 开创新格局

对新媒体的运用是本次活动最为亮眼的部分，也是本报得以在这次“三八女人节”中脱颖而出，实现了完美的“玫瑰战争”砝码。作为传统媒体，本报对微博运用并不仅限于此，“国庆征集好故事”、“过年合家欢”、“美丽武汉”等一系列活动都拉近与读者距离；并率先在全国纸媒中开辟了‘微故事’专版，已刊发了三千多篇报道，影响巨大；武汉晚报官方微博捧红了80多位微博达人、草根英雄，传播了正能量，成为推动城市发展、社会进步的媒体力量，一举夺得“2012湖北微博之夜·2012年度最受欢迎媒体”奖项。

新闻、广告和发行三轴联动铸成了本次活动的成功，不论是新闻的跟进式报道和专业易读的特刊主题策划，还是“买晚报送玫瑰”活动中发行渠道的畅通配合，都为本次“玫瑰战争”广告招商创造了良好条件，三驾马车的成功配合都是对媒体广告新运营模式更好地诠释和解读，是一次成功的开拓和创新。本次活动的圆满成功，不论是前期炒作还是当天热销，都是成功的资源嫁接，通过合理利用和多方资源拓展，最终让“玫瑰花香遍江城”，让武汉晚报“赠人玫瑰，手留余香”。

点评：

2013年3月8日清晨，“买晚报送玫瑰”成为这个三八妇女节武汉街头最为敞亮的声音。对新媒体的运用是本次活动最为亮眼的部分，也是《武汉晚报》得以在这次“三八女人节”中脱颖而出，实现了完美的“玫瑰战争”砝码。本次活动的圆满成功，不论是前期炒作还是当天热销，都是成功的资源嫁接，通过合理利用和多方资源拓展，最终让“玫瑰花香遍江城”，让武汉晚报“赠人玫瑰，手留余香”。

——王智颖

长隆集团：全球欢乐聚长隆

广 告 主：

长隆集团

广告代理：

广东平成广告有限公司

作为首批国家5A级旅游景区、最受欢迎旅游度假胜地，此次品牌提升战的主题是“非常6+1，全球欢乐聚长隆”。通过六大主题公园的整合推广，形成长隆旅游大品牌战略。以非一般的欢乐帮助消费者在经济通胀环境下释放压力，提高每一位来到园区游玩的消费者的幸福指数，从而建立长隆“欢乐”的品牌内涵，打造其成为中国旅游业领先品牌。

案例简介：

作为首批国家5A级旅游景区、最受欢迎旅游度假胜地，长隆此次品牌提升战的主题为“非常6+1，全球欢乐聚长隆”。通过六大主题公园的整合推广，形成长隆旅游大品牌战略。

营销背景：

2011年以前，长隆的品牌宣传主要是以项目体验为主，但项目的经常变动并不能很好地为品牌积累资产，同时这些项目难以让消费者对品牌产生亲近感。如何打造长隆品牌，吸引更多消费者来长隆体验，是长隆2011年需要解决的问题。

营销目标：

随着高铁的开通，除稳固原来的珠三角城市的核心消费市场外，通过吸引高铁、轻轨沿线，乃至以北京为主的全国发达省份的潜在消费者，提高销售额。

策略与创意：

2011年，提出长隆传播方式的调整，从项目到品牌的转变，以情感传播方式展现品牌的人性化，提升目标消费者对品牌的好感度。

长隆传播方向的调整

此次品牌提升战的主题是“非常6+1，全球欢乐聚长隆”。通过六大主题公园的整合推广，形成长隆旅游大品牌战略。以非一般的欢乐帮助消费者在经济通胀环境下释放压力，提高每一位来到园区游玩的消费者的幸福指数，从而建立长隆“欢乐”的品牌内涵，打造其成为中国旅游业领先品牌。

长隆的主要目标消费者是广东地区消费者，其次是高铁沿线的消费者。无论游玩还是商务需求，酒店是他们的落脚点，也是到其他主题公园游玩的起点。因此，把长隆酒店作为长隆品牌的强势产品，实现园区的联动营销。

园区联动

1. 长隆酒店官网的改造

长隆酒店新官网传播的核心是围绕“欢乐主题高端度假酒店”的定位。与旧官网相比，新官网最大的特色是通过360度的全景展示酒店和度假区内五大园区全貌。从用户的角度出发，让用户在虚拟的网络中如同亲身体验酒店与各个园区游乐设施的欢乐，而不只是单纯的产品展示。同时，为了实现酒店带动其他园区的营销，在360度体验中，增加了重点项目的介绍，让用户更加直观和深入地了解长隆酒店、园区的与众不同。

同时，网站的内容也集成了“欢乐”这一核心内涵，如展示交通的欢乐天地线、在不同园区从早到晚可以享受到的欢乐特权。在客房展示方面，也以360度客房体验每个房间可欣赏到的欢乐景观，增强用户体验。

新官网首页360度体验

长隆酒店

长隆欢乐世界

长隆水上乐园

香江野生动物园

广州鳄鱼公园

长隆国际大马戏剧院

2. 长隆品牌节点推广

长隆集团及六大园区紧贴节日节点进行推广，不断累积“全球欢乐聚长隆”的品牌内涵，从而形成长隆品牌与其他竞品的强识别。

全球欢乐聚长隆

（1）长隆集团

品牌推广概念：非常6+1全球欢乐聚长隆

整合六大园区的节日营销，塑造长隆品牌“欢乐”的内涵。

长隆集团圣诞主视觉

长隆集团节点推广

长隆集团《品牌宣传篇》

长隆集团《考拉贺岁篇》

（2）长隆酒店

品牌推广概念：森林中的宫殿

长隆酒店不但是自然生态的超五星级酒店，也同享五大生态主题公园的酒店。围绕着酒店的各种珍稀动物和生态雨林植被、各种体验的欢乐欢迎着您来到这座森林皇宫。平成策划了“森林中的宫殿”的主题概念年，提升了酒店的品牌定位，将酒店的价值最大化，让消费者置身于森林中的宫殿。

长隆酒店主视觉

长隆酒店节点推广

(3)香江野生动物世界

品牌推广概念：幸福旺地

贴合香江品牌推广，把香江定位为“幸福家庭欢聚地”，提出“人与人更亲近、人与动物更亲近、人与自然更亲近”的广告语。无论是在各大节点、还是新区的推广，动物不仅仅是动物，还是一个个的动物明星，他们与消费者如朋友般亲近。以此将香江从动物最佳的居所，打造成人们家庭欢聚的场所，从而成为许多人成长的精神印记！

长隆香江野生动物世界主视觉

长隆香江野生动物世界节点推广一

长隆香江野生动物世界节点推广二

香江野生动物世界《品牌形象篇》

(4)长隆水上乐园

品牌推广概念：亲水

一改以往单纯产品作为推广核心，从消费者感受出发，发掘水上乐园带来的感受，提出“亲水”的品牌概念；从暑期“幸福家庭亲水拍”活动到“十一”桑巴沙雕节的“沙拉拉亲水巴”等主题都体现了此概念，逐步强化消费者对品牌与亲水这一概念的联想。

长隆水上乐园主视觉

长隆水上乐园节点推广

长隆幸福家庭亲水拍活动

从游客在园区亲水拍照的体验出发，在园区为游客拍摄最独一无二的亲水照片，并进行现场照片展播与抽奖，游客还可以到亲水拍官网上取照并且参与照片评选活动。从现场活动延续到网络活动，强化了游客体验，增加活动口碑传播。

长隆幸福家庭亲水拍活动官网首页

长隆水上乐园《热浪谷篇》

(5)长隆欢乐世界

品牌推广概念：开心欢乐

针对家庭客及年轻人的喜好，长隆欢乐世界的品牌推广概念定位为“开心快乐”，通过突出主题概念强化欢乐世界在消费者心中的品牌记忆，从而促进销售。

长隆欢乐世界五一主视觉

长隆欢乐世界节点推广一

长隆欢乐世界节点推广二

(6)长隆国际大马戏

品牌推广概念：魔幻

贴合园区引进新节目，各个节点的推广都围绕着“魔幻”这一神秘的调性，并运用电影的海报形式进行主视觉创作，为一个个主角谱写了一段又一段的传奇。

长隆国际大马戏主视觉

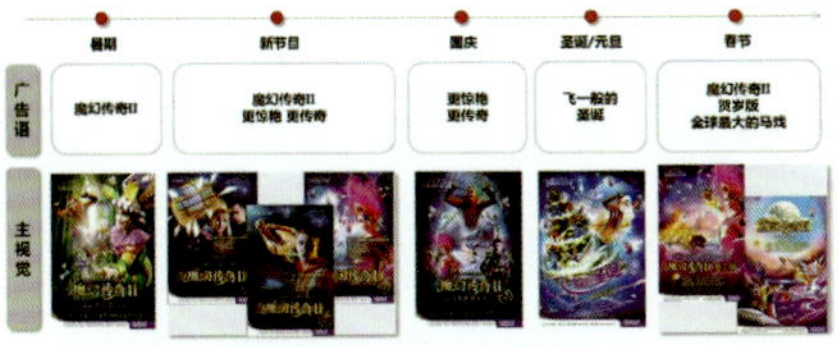

长隆国际大马戏节点推广

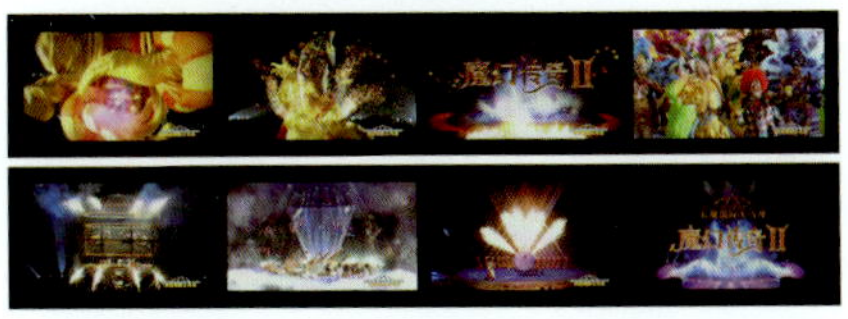

长隆国际大马戏《魔幻传奇II》

（7）广州鳄鱼公园

品牌推广概念：湿地动物

根据园区特点，将广州鳄鱼公园的品牌推广概念定位为“湿地动物“，与竞争对手如南沙湿地公园这类以“湿地植物”为卖点的湿地公园形成差异。

长隆广州鳄鱼公园主视觉

长隆广州鳄鱼公园节点推广

媒体策略与选择：

1. 媒体策略：从广东走向全国

长隆全年计划拟定为1.2亿元；其中广东省是长隆一直以来的重点市场，占据其90%以上的费用，资源适当向华南和全国市场转移势在必行，并在外省获得更大的品牌影响力和销售增量，提高投资回报率。

本次省外及全国市场的推广是长隆提升的关键区域，如何针对三个市场策划不同投放策略，是整个预算方案的关键所在。

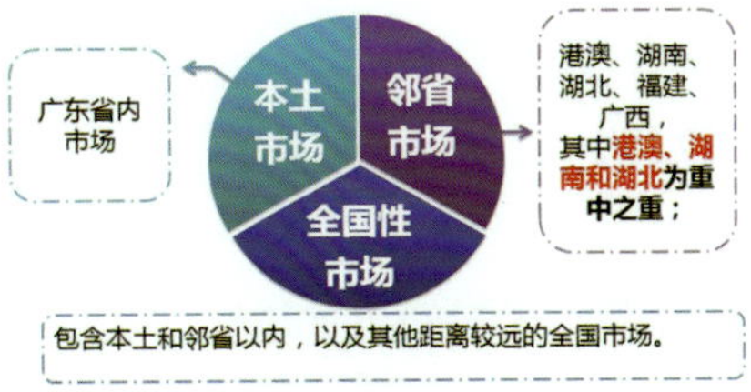

长隆媒体投放策略

2. 不同市场的消费者洞察

市场	全国市场 高端人群 政商人群 出游意见领袖	邻省市场 商旅/家庭出游	本地市场 家庭/年轻人出游
认知	对长隆品牌认知极低，长隆的品牌认知和影响力尚待建设。	消费者对长隆虽然快速成长，但是总体认知度不高，长隆还未成首选旅行目的地。	品牌认知度极高，但消费者不了解园区项目性的活动。
解决方案	以北京为核心辐射全国，选择强势媒体进行品牌曝光，提升长隆在领袖级人群的影响力。	在区域市场和旅客来粤途中加强宣传，促成消费者来长隆的旅行目的达成。 同时进一步进行大众媒体投放，寻求覆盖量。	项目信息大量输出，让消费者对阶段性活动有全面认知。 多媒体整合，大覆盖。

3. 投放媒体分解

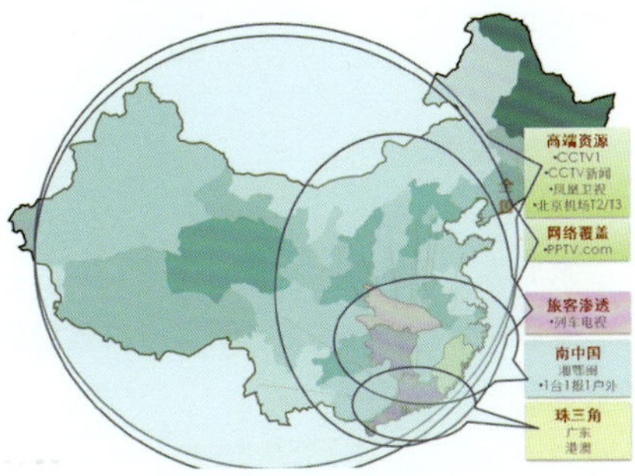

推广效果：

吸引用户关注核心信息

通过对目标消费者调研发现，旧官网在设计上为了与其他园区的版式一致，所以在右上方摆放的是整个度假区的导航，而酒店网站的导航放在中下方。从热像图来看，用户关注点主要集中在首页的视频和上方的度假区导航上，而酒店网站本身的导航却关注度不高，这就导致很多用户看完酒店首页后，就去看其他园区的介绍，而未能深入了解酒店本身的特色。

而新官网在设计上，酒店最主要的特色已经体现在一级导航上。从热像图来看，用户的关注点主要集中在一级导航上，其中欢乐特权、欢乐景观客房、全球美食汇这三个板块的关注也非常高，强化了用户对品牌的识别。

长隆酒店新官网关注点热像图

点评：

作为首批国家5A级旅游景区、最受欢迎旅游度假胜地，长隆品牌提升战的主题为“非常6+1，全球欢乐聚长隆”。通过六大主题公园的整合推广，形成长隆旅游大品牌战略。该案例用了360度的传播方式，让欢乐长隆的旅游品牌形象深深地印在了人们的脑海里。

——王智颖

中华恐龙园：春季市场强启动

广 告 主：
常州中华恐龙园
广告代理：
广东平成广告有限公司

常州中华恐龙园紧抓春季华东主题乐园市场营销空白，独创专属恐龙园的“国际恐龙节”，拉动4至6月春季销售市场。2013年中华恐龙园斥资百万打造“勇闯恐龙山”项目，作为全国首个亲历型实景历险项目，丰富了游客对恐龙的多维体验。利用大家对已有的电影大片记忆，实现历险区“大片化”，并整合线上、线下多种传播资源集中推广当季焦点项目，吸引受众入园体验。勇闯恐龙山项目成为2013年最成功的主题乐园体验项目，成为整个中国主题乐园市场主题项目打造及营销推广的新标杆。

案例简介：

常州中华恐龙园紧抓春季华东主题乐园市场营销空白，独创专属恐龙园的“国际恐龙节”，拉动4至6月春季销售市场。2013年中华恐龙园斥资百万打造“勇闯恐龙山”项目，作为全国首个亲历型实景历险项目，丰富了游客对恐龙的多维体验。利用大家对已有的电影大片记忆，实现历险区“大片化”，并整合线上、线下多种传播资源集中推广当季焦点项目，吸引受众入园体验。勇闯恐龙山项目成为2013年最成功的主题乐园体验项目，成为整个中国主题乐园市场主题项目打造及营销推广的新标杆。

项目背景：

每年3月起，主题乐园市场进入春季促销季，游客多为中小学生春游团队。就中国主题乐园行业而言，主题乐园无主题、营销推广同质化是目前存在的一大问题，该时间段大多数主题乐园活动以春季踏青为主，活动主题停留在无号召力的音乐节、小丑节等。

但对于常州中华恐龙园而言，3月起的春季市场正是呈现一年四季乐园主题差异化的最好时间。作为全球三大恐龙主题盛事，“常州中华恐龙园国际恐龙节”紧扣恐龙特色，差异化地提出“恐龙节”的概念，填补春季市场空白，建立了与其他乐园的明显区隔，提前强力启动了园区的销售旺季。

2013年常州中华恐龙园斥资百万打造“勇闯恐龙山”项目，该为中国首个亲历型实景历险项目。如何通过有限的资源，借助不同的传播手段，将这个拥有19处景点、具备侏罗纪时代体验的新项目清晰地传达给消费者，并震撼他们的内心，成为此次营销运动最大的挑战。

目标人群：

家庭客、年轻客

寓教于乐，拓展家庭游客。补充园区以刺激类项目为主的现状，以亲历型实景的卖点吸引更多年轻客群。

策略与创意：

提升国际恐龙节平台效应，通过影视、平面、互动等多种手段主推“勇闯恐龙山”项目，结合热点节目提升媒介覆盖及达到率，以项目整合推广提升恐龙园品牌影响力！

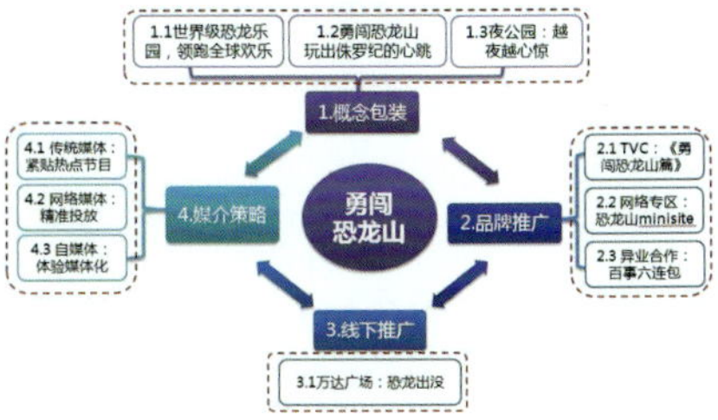

推广拓扑图

1. 概念包装：

紧扣“勇闯恐龙山”项目，首先借国际恐龙节之势奠定恐龙园的行业地位，然后从行业创新项目“第一个亲历型实景历险项目”入手，体现项目“闯恐龙山玩心跳”的创新体验，最后园区延长游览时间，推出与型男一起夜闯恐龙山的“夜惊心”体验，进入项目推广的高潮期，三步推广形成春季主题旅游尽看常州中华恐龙园的口碑效应。

（1）第一步：以国际恐龙文化做舞台，恐龙园做主角，制造恐龙山项目出台背景，提升恐龙山为2013世界级焦点项目。投放中华恐龙园品牌形象户外硬广及软文宣传常州中华恐龙园世界级恐龙主题乐园的概念，拉升整个恐龙节的品牌形象。

国际恐龙节icon

品牌形象户外硬广

（2）第二步：项目包装，概念提炼

提出“勇闯恐龙山，玩出侏罗纪的心跳”，以“玩得就是心跳”的承诺创造出集实景、角色扮演、互娱体验于一体的中国首款亲历型实景历险项目，创造2013年春季旅游市场新亮点。

勇闯恐龙山项目icon

项目推广户外硬广

（3）第三步：五一夜公园，越夜越心惊！

利用五一小长假，把流行元素“型男”与“恐龙山”项目结合，推出五一夜公园，园区出现型男伴游客勇闯恐龙山，提升恐龙山项目的话题性，进行最后一轮的口碑传播。

项目推广户外硬广

2. 品牌推广：

利用影视、线上互动等手段，步步深化项目内容，保持信息新鲜，让项目魅力全面展示，热点报道不断，口碑带动销售。

（1）勇闯恐龙山TVC

“勇闯恐龙山”项目创新的游戏方法不容易被消费者了解，为使消费者清晰理解项目，亲身体验戏影化的内容，将历险区“大片化”成为整片的创意中心。

利用大家已有的电影大片记忆，让大家感觉游历恐龙山，就是亲身游历好莱坞大片里的各种刺激。广告片以呈现园区最精彩的“逃亡片段”，从高潮进入，以一家三口的恐龙山历险片段为主。影片的开始就由恐龙震撼出场，然后一幕幕扑面而来的惊险片段最极化地展示了园区的丰富信息并将影片推至最为高潮部份结束！ 期间以字幕形式插入一个个园区及活动信息。

《勇闯恐龙山篇20秒》TVC版本

（2）网络互动专区：勇闯恐龙山minisite

a、紧扣TVC“好莱坞大片”拍摄概念，推出“大片来认证”活动。要求网友上传与恐龙山19区有关的电影大片截图并分享至微博，即能赢取iPad mini。网站充分展现园区19处新增景点，以“恐龙山19区”的概念包装，使消费者在参与活动的时候深入了解19区的体验内容。

minisite首页

b、同时，Minisite兼顾线上线下联动的功能。线下购买百事可乐勇闯恐龙山六连包，凭包装上的唯一码至线上网站参与活动，即能抽取价值千元的奖品。

（3）异业合作：百事六连包

“勇闯恐龙山，百事皆可赢”！凭百事可乐六连包上的优惠券至园区售票处购票即享受20元门票优惠，另外凭借包装上的唯一码，可至线上抽奖！在赢取奖品的同时充分了解园内恐龙山19区的详情。

通过与百事可乐异业合作的方式，在最短时间内针对目标受众精准投放，在百事可乐六连包的包装上，植入勇闯恐龙山项目介绍，并通过二维码的方式引流至线上活动专区参与活动，兑换奖品！实现园区第一次线上线下的成功互动，成功拉动园区门票销售，提升品牌影响力！

百事六连包

3. 线下地推：

在重点市场举办与潜在消费者面对面的地推活动，注重恐龙主题与当季焦点项目推广。以恐龙出没夺人眼球，增强地推现场互动体验与传播，配合“勇闯恐龙山”项目推出，许诺消费者一个不得不来的理由，赢得区域市场传播优势。

五一期间，在上海4家万达广场连演7天“恐龙出没”。在万达广场的中央设置一个神秘牢笼，吸引路人围观。每天整点笼子里会走出一只神秘恐龙，恐龙出笼后会围绕万达广场进行路秀表演。国内顶尖仿真恐龙深入商场店铺，与顾客亲密互动，吸引数百位顾客自主拍照合影。并配合微博和当地媒体报道，扩大活动影响力。

活动现场

地推推广单页

项目推广单页

4. 媒介策略：

台网互动推高项目影响力，解构传播内容发挥媒体优势，大媒体集成聚焦关注热点。以最火爆和性价比最高的明星竞技电视栏目为主，节目特性与时间和项目高度匹配，同时辅助视频网站贴片的传播投放。

（1）传统媒体当季最红栏目——江苏卫视《星跳水立方》

投放平台：江苏卫视《星跳水立方》

投放时间：2013年4~6月

园区的目标市场以江苏地区为主辐射上海、浙江，广告片的主力投放平台选择目标市场周末黄金档收视率最高的江苏卫视为平台，同时为匹配“勇闯恐龙山”勇气、冒险为主题的项目特性，选择当季全国收视热点《星跳水立方》节目，该节目为明星真人跳水竞技比赛，在当季备受关注，观看人群以爱体育、爱冒险的年轻人和家庭人群为主，节目特性和受众与园区项目匹配度较高。

累计在以江苏地区为核心的35个城市，曝光4,112万人次。

（2）网络媒体——优酷网、PPTV补充投放

将《勇闯恐龙山》视频进行内容和地区定向贴片投放，对电视人群进行有效补充，形成台网互动的最大化覆盖。

（3）自媒体平台

自媒体平台传播的内容以消费者体验为主，用消费者自己拍摄的真实园区场景与好莱坞大片场景做匹配，引导消费者建立侏罗纪实景体验历险区的概念。

微博截图

市场效果：

1. 入园游客大幅度提升

与2011~2012年同期比较，2013年春季入园人数的增长率为137%；

2. 强力启动中华恐龙园春季市场

在春季主题乐园的市场推广中脱颖而出，利用春季市场的强启动，奠定了全年四大节点活动营销的良好基础；

3. 品牌国际化形象的塑造

提升了常州中华恐龙园作为恐龙主题乐园的品牌影响力，加固了国际恐龙节在世界级恐龙主题旅游的行业地位；

4. 焦点项目引领全新的主题乐园项目建设方向

勇闯恐龙山项目的成功运营，引领了中国主题乐园新的项目建设思路。2013年5月淹城春秋乐园跟随推出“勇闯春秋五霸

山”体验项目，沿用恐龙园勇闯恐龙山的实景体验互动类项目的思路，作为其6月推广的重点项目；

5. 拓展多种销售渠道

通过区域市场地面推广活动、与百事的异业合作、网络互动营销引流，立体拓展了园区原有销售渠道，拉动了园区门票销量。

点评：

每年3月起，主题乐园市场进入春季促销季，游客多为中小学生春游团队。就中国主题乐园行业而言，主题乐园无主题、营销推广同质化是目前存在的一大问题，该时间段大多数主题乐园活动以春季踏青为主，活动主题停留在无号召力的音乐节、小丑节等。但对于常州中华恐龙园而言，3月起的春季市场正是做出一年四季乐园主题差异化的最好时间。该案例紧扣“勇闯恐龙山”项目，首先借国际恐龙节之势奠定恐龙园的行业地位，然后从行业创新项目“第一个亲历型实景历险项目”入手，体现项目“闯恐龙山玩心跳”的创新体验，最后园区延长游览时间，推出与型男一起夜闯恐龙山的“夜惊心”体验，进入项目推广的高潮期，三步推广环环相扣，形成春季主题旅游尽看常州中华恐龙园的口碑效应。

——王智颖

大连森林动物园：“zoo来了秀”整合传播

广 告 主：
大连森林动物园
广告代理：
大连艾森品牌传播有限公司

针对大连森林动物园的现实情况，通过前期大量的实地调研及企业经营数据分析，深入了解动物园核心顾客群的年龄结构，我们将品牌传播的核心受众锁定为4~6岁孩子及其家长（80后人群）。艾森品牌传播机构（以下简称艾森品牌）以这样的家庭为市场切入点，为大连森林动物园提炼了“制造快乐”的品牌主张。围绕“制造快乐”这个主张加强传播的力度，增强目标消费者的参与性，让家长重新带孩子走进动物园，并且提升重复入园的频率。因此，如何吸引小朋友的家长，让他们重新带孩子游动物园是品牌营销的重点。

简介

面对日益激烈的市场竞争和品牌营销渠道多元化的局势，作为大连旅游行业的领军者——大连森林动物园，在品牌推广的过程中不断创新，立意鲜明，通过“zoo来了秀”等主题活动的打造，展开了新一轮的传播攻势，运用口碑营销提升品牌知名度，并通过社会化媒体的整合运用，不断提升大连森林动物园的品牌。

老品牌的窘迫感

大连森林动物园并不是一个全新的品牌，在大连及周边旅游市场，已具备一定的品牌知名度。其位于滨海旅游风景区内，是国家首批AAAA级景区，省科普教育基地，在东北甚至全国动物园中，规模与影响力首屈一指，成为市民周末游玩、外地游客来大连旅游的首选。

但是，大连旅游市场竞争日益激烈，大连森林动物园面临品牌老化和模糊化的双重压力。对于外地游客而言，作为大连这一海滨城市的旅游资源，大连森林动物园遭遇陆路景观的瓶颈制约；对于本地游客，缺乏新奇感与重复游园的乐趣，未能掀起持续的热潮，经营状况面临严峻的考验，品牌形象的维护与创新推广势在必行。

新立意的突围

针对大连森林动物园的现实情况，通过前期大量的实地调研及企业经营数据分析，深入了解动物园核心顾客群的年龄结构，我们将品牌传播的核心受众锁定为4~6岁孩子及其家长（80后人群）。艾森品牌传播机构（以下简称艾森品牌）以这样的家庭为市场切入点，为大连森林动物园提炼了“制造快乐”的品牌主张。围绕“制造快乐”这个主张加强传播的力度，增强目标消费者的参与性，让家长重新带孩子走进动物园，并且提升重复入园的频率。因此，如何吸引小朋友的家长，让他们重新带孩子游动物园是品牌营销的重点。

艾森品牌根据这一营销重点，结合“制造快乐”的品牌主张，制定了“zoo来了秀”这一活动主题。本着少投入、大效果为基本原则，以“zoo来了秀”制造“内容”为原点，以新媒体的二次或三次传播为宣传途径，吸引小朋友的家长参与互动，达到传播主题的目的。我们在此实现了动物园游客利益点的转换，即由传统的游览、被动参观，转换为将动物园塑造成为一个展示自己、寻找快乐的新利益点。总体来说，这是一个主题明确、目的性强，能够引起社会强烈反响的大型游园活动！是一个贯穿全年、有效整合外部资源、以活动为核心的整合营销传播运动。

新鲜内容的制造

一、“zoo来了秀”主题电视栏目

艾森品牌围绕“zoo来了秀”这一主题，量身定制了同名主题电视栏目“zoo来了秀”，该节目由大连森林动物园与大连电视台少儿频道通力合作，在大连森林动物园实地拍摄，以园区动植物、特色场馆及其他旅游资源推介为基本点，进行广为流行的少儿“真人秀”节目的拍摄，诸如闯关活动、互动游戏、才艺表演，辅以知识性和趣味性，形式生动活泼，以电视媒体作为品牌传播主渠道，辅助以微博互动参与，播出以来深受小朋友及家长的喜爱，收视率超过2%，“zoo来了秀”节目始终贯穿着快乐的基调，是大连森林动物园的一个小窗口，是品牌精神的传播源，通过这个活动提升了大连森林动物园的品牌影响力，传播了“制造快乐”的品牌理念。

二、“zoo来了秀”焦点事件聚力量

电视节目作为“zoo来了秀”主题营销的常规阵地，不断地发挥着品牌传播的积极效用，使大连森林动物园品牌的保鲜度达到理想状态。与此同时，焦点事件的品牌营销，也能进一步增强品牌的凝聚力，同时丰富“zoo来了秀”的内涵。焦点事件作为传播的另外一个内容制造点和引爆点，则发挥着推波助澜的人气聚集作用，争取最广泛的关注。

例一：

2011年“六一儿童节”，“zoo来了秀”节目排演了大型公益舞台剧，前期由网络海选评选出的60名小朋友，在栏目组的安排下，统一编排大型儿童舞台剧《奇幻森林》，并在“六一”期间公开上演，引爆全城瞩目。

例二：

2013年8月9日，大连森林动物园围绕大熊猫过生日展开了一系列的品牌推广活动，举行了一场特殊的生日Party，主角是3岁的雌性大熊猫“妙音”，这是妙音来到大连森林动物园后首次生日派对，动物园面向社会召集了50余名与它同月同日生的小朋友，与现场游客共同参加了生日Party。“大熊猫的生日”被推升为阶段性的亮点和重点，引起社会媒体关注，继而为大连森林动物园“大熊猫馆”未来的事件延伸提供条件，这是实际收益最直观的事件营销。

新媒体的助力传播

新媒体传播力量的有效运用在品牌营销领域蔚然成风，在以“zoo来了秀”为推广核心的战略总领下，大连森林动物园对品牌的新媒体营销推广进行了尝试，效果显著。紧紧抓住“秀”这一核心，对“Zoo来了秀”电视栏目和焦点事件这两个内容制造点进行深度价值挖掘，通过微博、论坛等新媒体，引发口碑的多次传播，达到对“zoo来了秀”活动品牌的影响力扩散及知名度的有效传播。

以“zoo来了秀”为核心主题，大连森林动物园搭建了初具规模的自媒体传播体系，形成涵盖以官方微博（新浪微博）为主阵地的官方网站、腾讯微博、官方微信及其他媒体资源的媒体矩阵。

一、官方网站+活动网站

内容：活动发布、线上评选，为大连森林动物园的主要形象平台；

目标：提升点击量及关注度。

二、新浪微博

内容：5大核心板块，每周制定详尽的内容发布计划。

目标：建立官方信息发布渠道，树立品牌传播形象。

三、腾讯微博

内容：活动消息通知。

目标：对新浪微博的补充，利用圈子及好友进行传播。

四、BBS论坛发稿

在媒体的应用渠道中，大连森林动物园从“zoo来了秀”电视栏目的拍摄内容中选取素材，并挖掘话题亮点，以海量发稿和口碑营销为策略，在东三省以及全国性知名论坛积极发稿，诸如大连本土的“天健网”、“大辽网”，覆盖全国的“腾讯”、“西祠”，同业相关的“北京动物园”，还有各大论坛的母婴、旅游频道，通过话题的制造为活动增加曝光率、公众的关注度，起到了重要的品牌传播作用，使借助外部资源的病毒式转发为口碑营销创造了可能。经过短暂的运营，各自媒体均颇见成效，发展态势良好，新浪官博正式上线后，很快成为信息发布的主阵地，聚集了大量活跃粉丝；企业官网与活动官网的同步更新，活动的可信度和传播度更高；腾讯微博加V，微信公众平台申请成功，自媒体体系基本建立完成，并发挥重要的品牌传播作用。

整合传播的效果

目前，“zoo来了秀”这一品牌传播活动已经运营了3年的时间，已经形成了线上线下完整的传播体系。活动以孩子为主体，以大连森林动物园与电视栏目组为载体，为孩子提供展示自我的平台，让家长积极地参与进来。节目播出时间为每年6~10月游园旺季，从小朋友的现场海选到网络评选，逐渐在社会圈层内掀起热潮。小朋友“秀才艺”、“秀成长”，大连森林动物园“秀品牌”、“秀服务”，活动效果明显。根据统计，2012年有超过10000名家长及儿童关注了解了“zoo来了秀”活动的内容，其中260多名儿童参与到活动中，更加深刻地了解了大连森林动物园，还亲身体验了与动物们的亲密接触。重要的是，参与活动的家长和观看拍摄现场的入园人数不断增加，从而带动门票收入及年卡办理业务额的增长，使得园区游客数量增长迅猛， 为大连森林动物园创造了一个复苏和崛起的奇迹，销售收入同比大幅增长。大连森林动物园在新的品牌竞争浪潮下，已成为先行者，占得先机，以全新的活力，持续并在更广的范围内传播着“快乐”的理念，品牌的社会影响力更加夯实。

点评：

大连森林动物园并不是一个全新的品牌，在大连及周边旅游市场，已具备一定的品牌知名度。但是，大连旅游市场竞争日益激烈，大连森林动物园面临品牌老化和模糊化的双重压力。对于外地游客而言，作为大连这一海滨城市的旅游资源，大连森林动物园遭遇陆路景观的瓶颈制约；对于本地游客，缺乏新奇感与重复游园的乐趣，未能掀起持续的热潮，经营状况面临严峻的考验，品牌形象的维护与创新推广势在必行。在“制造快乐”的主题下，用焦点事件给这个品牌形象进行了有力的逆转。而借助于新媒体的传播，整个案例形成了线上线下完整的传播体系，给这个品牌带来了一股清新之风。

——王智颖

山西代县：穿越3000年

背景

自2012年开始，山西省把文化旅游产业作为资源型地区转型发展的战略重点，以此促进山西转型跨越发展，达到经济结构转变、实现可持续发展。

山西本身有着丰富的旅游资源，独特的民俗风情，个性的人文情怀。但却有很多优美的旅游景点都不被人知晓，甚至连山西人自己都不知情。

坐落在山西东北角的代县，是一座独具风情的小镇。它旅游资源丰富，景区元素多样。并且历史悠久、已经形成了独具边塞特色的文化内涵。它还是中国历史文化名城、中国民间文化艺术之乡和中国现代民间绘画之乡，存留下来许多的民间技艺。

在旅游资源上，代县有自己鲜明的特色。

旅游景区：代州古城、雁门关、边靖楼、杨忠武祠、赵杲观、阿育王塔。

特色风味：代县火烧，莜面栲栳栳，代县熬鱼，高粱面鱼鱼，代县腕托。

地方文艺：木雕、石雕、刺绣、剪纸、泥塑、面塑、书画……

代县的这些特色也契合了现今都市人们渴求悠闲的生活状态，渴望发现新去处，以及体验更有内涵的旅行的需求。

而代县同样面临着知名度低，鲜为人知的问题。打造城市品牌，打响城市品牌刻不容缓。

战略

形象和认知能够驱动价值，没有形象就无法形成认知。 面对知名度甚低的县城，我们通过对代县的历史、人文、旅游资源等多方面进行梳理。并寻找代县与山西其他各旅游县市的差异，将代县的形象定位为“穿越3000多年的边塞风情小镇”。

为了通过传播建立品牌形象区隔，达成品牌偏好，从而达至后发制人。

于是，代县旅游城市的品牌传播战略将分三步进行。

一、认知形成阶段。通过宣传片、宣传画册、病毒营销、微信营销、户外媒体、名人效应得以实现。

二、兴趣达成阶段。通过美食传说，住宿体验、旅游线路、精品购物等活动由此达成。

三、忠诚培养阶段。微电影的拍摄、电影电视剧、公关活动、话题营造、媒体全推广等形式得以巩固。

首先以人们较为熟悉的雁门关景区为切入点，辐射代州古城、边靖楼、赵杲观、阿育王塔、杨忠武祠等景区，进行系列的品牌形象传播。

广 告 主：

山西代县旅游局

广告代理：

华瀚兄弟品牌传播机构

“中国风”符合山西代县这一古朴历史文化浓厚的古城，很契合代县本身的属性和个性，“水墨”的运用，又赋予“中国风”灵动和美观。贴合中国风元素，整体宣传风格具有一致性。此外，“水墨”本身就很契合文化历史，水墨的效果也可以将边塞重镇、雁门风情自如地挥洒出来，使得整体的感官古典里也不失灵动性，使整体的宣传效果浑然天成。为山西代县旅游的推广画上浓浓的一笔，妙不可言！

雄关雁门

阿育王塔

边靖楼

代县
DAIZHOU
ANCIENT
TOWN
中国·山西

DAIXIAN ANCIENT TOWN 中国·山西·代县
雁门关
中国长城文化瑰宝 长城第一古关
代县
DAIXIAN ANCIENT TOWN
边塞风情 文化名城
代县，三千余年的中国历史文化名城
境内名胜古迹达两百一十七处，
其中属省重点文物保护单位四十五处

DAIXIAN ANCIENT TOWN 中国·山西·代县
代县
DAIXIAN ANCIENT TOWN
边塞风情 文化名城
边靖楼
明代古建筑 被国务院列入全国重点文物保护单位
是目前中国现存最大鼓楼
代县，三千余年的中国历史文化名城
境内名胜古迹达两百一十七处，
其中属省重点文物保护单位四十五处

DAIXIAN ANCIENT TOWN 中国·山西·代县
代县
DAIXIAN ANCIENT TOWN
边塞风情 文化名城
杨忠武祠
位于代县境内鹿蹄涧村 北宋杨家将的故乡
杨忠武祠创建于元代 是杨令公在雁门关和代县这片土地上抵御外族侵略
忠贞为国的纪念和见证
代县，三千余年的中国历史文化名城
境内名胜古迹达两百一十七处，
其中属省重点文物保护单位四十五处

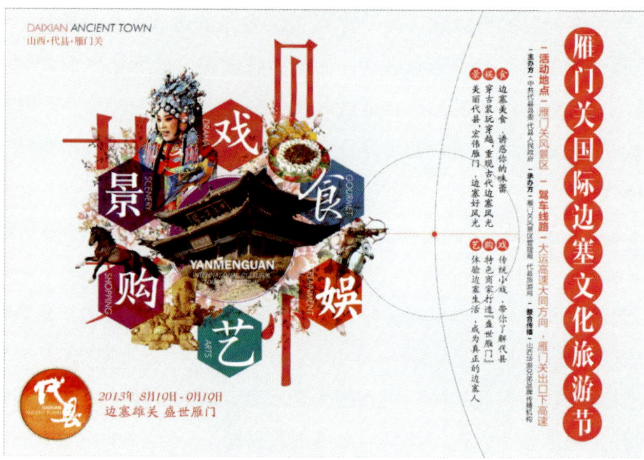
DAIXIAN ANCIENT TOWN
山西·代县·雁门关
雁门关国际边塞文化旅游节
活动地点 雁门关风景区
驾车线路 大运高速大同方向，雁门关出口下高速
景 娱 食
边塞美食，诱惑你的味蕾
穿古装玩穿越，重现古代边塞风光
美丽代县，宏伟雁门，边塞好风光
艺 购 戏
传统小戏，带你了解代县
特色商家打造「盛世雁门」
体验边塞生活，成为真正的边塞人
戏 DRAMA
食 GOURMET
景 SCENERY
购 SHOPPING
娱
艺 ARTS
YANMENGUAN
代县
2013年 8月19日－9月19日
边塞雄关 盛世雁门

创意

“穿越3000多年的边塞风情小镇”是一个大的概念。结合山西代县的地方特色性、历史性、文化性、人文性、边塞性，我们在传播形象创意上找到了突破点：中国风之水墨。

中国风很契合代县本身的属性和个性，但由于考虑到中国风所带来的不为年轻人所喜好的因素，我们再次基础上参入了“水墨”的概念。

“水墨”这个概念，贴合中国风元素，整体宣传风格具有一致性。此外，“水墨”本身就很契合文化历史，水墨的效果也可以将边塞重镇，雁门风情自如地挥洒出来，使得整体的感官，古典里也不失灵动性，使得整体的宣传效果浑然天成。

执行

2013年为代县整体战略实施的第一阶段，这一阶段首先要做的事是让山西认知代县。通过前期的市场调查，市场成功项目的思考借鉴，及对代县各项旅游资源的深入考察，在传播策略的执行上，我们做了如下动作，并取得了很好的反响。

一、影视制作：对代县进行微电影的拍摄，电影电视剧的制作，在网络及省内电视台播放，细致勾勒出代县的性格及个性，使得代县更深入地入植到山西人民的心里。

二、广告

在不同的宣传渠道进行了全方面立体的宣传推广。

1. 布局游客人流量密集的场所。

— 机场、火车站。山西省人流量最集中的地方，在LED户外大屏轮流播放代县形象宣传片。增加代县曝光率同时，也伴随进进出出的人流量与知名度流传传播开来。

— 省会城市太原繁华路段。在山西省会太原城市的各繁华路口进行LED大屏代县形象片的轮流播放。通过鲜明生动的视觉形象，加强知名度的认知。

— 高速公路宣传推广。在山西具一定知名度景点的告诉路段在户外大屏投放代县形象广告，以此在人们在这些景点旅游时，得到旅游的关联性。

2. 电台推广：在山西省音乐广播电台受众量大街集中的节目进行广告宣传。多时段，高频率以此得到反复记忆的效果。

3. 报纸广告宣传。在山西青年报和山西晚报阅读量较大的报纸，对代县进行广告宣传。在阅读中提高代县的知名度。

三、公关活动

1. 举办雁门关国际边塞文化旅游节。其中包括代县风味美食节、代县特色手工艺体验活动、汉服体验活动等系列独具代县古韵风情和地方特色的旅游项目。加深客户对代县的人文历史的认知和体验。

2. 出席北京one国际表演艺术周。通过代县民间手工艺术家与波兰手工艺术家交流以及同台献技，让代县传统民间技艺在山西省外亮相，并得到国际友人的赞赏。

四、网络互动

1. 在新浪网网页进行代县形象广告的宣传，和相关软文的介绍和宣传，以及相关著名旅游网站的链接。利用网络最大化地提高知名度。

2. 代县微信平台的开通。在微信开展”转发和关注“送代县旅游券的活动，以此加大代县知名度的传播速度。

3. 代县旅游官方微博的开通。利用微博广大的受众面，吸引年轻人对代县的认知与了解，从而进行全方位的品牌推广。

成就

山西代县经过自身品牌的建立和品牌的传播，在2013年取得了显著的成绩：

1. 客流量增加。

2. 旅游收入提高。

3. 省内知名度提升。

代县城市品牌认知已经建立起来。知名度得到广泛的认可和提升。代县从过去在山西省内的鲜为人知的旅游地转变为现在被广为追捧。

如今的代县已渐渐被山西人民所认知，它正在逐渐成为山西的一张名片，它所代表的历史岁月、文化内涵，正在被不断挖掘与探索。

这只是我们整体战略的第一步，魅力代县才刚刚揭幕！

点评：

山西代县通过认知形成阶段、兴趣达成阶段、忠诚培养阶段三个不同阶段营销活动，通过宣传片、宣传画册、病毒营销、微信营销、户外媒体、名人效应、通过美食传说，住宿体验、旅游线路、精品购物等活动构建了一条完整的宣传链条，为这个具有3000年历史的小镇披上了一层神秘的外衣。

——王智颖

仁寿山景区：以品牌留人，以文化留客

广 告 主：
仁寿山生态文化旅游景区
广告代理：
甘肃汇视广告传播有限公司

诗意唯美的古风文案，精准透彻的市场洞察，很大程度上把握住游客心理，激发游客关注度，该方案全篇贯穿“自然环境、地域文化、休闲娱乐”的创意理念。作为兰州市新兴旅游改造项目，仁寿山景区以“林中有园、园中有林”和“山青水秀、花木葱郁”的“西北小江南”为主体目标，提升品牌形象，展现文化内涵，达到了“以品牌留人，以文化留客”的宣传目的，成功打造集旅游、休闲、度假、餐饮、购物、娱乐、养生为一体的地方特色度假村，为营造良好的文化旅游氛围贡献力量。

背景分析

兰州的旅游资源一直有点“藏在深闺人不知”的味道，这与兰州地处西北内陆，非传统旅游区有很大关系，但也和我们自身对旅游资源发掘不够、保护不力、未建成旅游项目一体化有很大关系。

如今，在“中国西北游，出发在兰州”文化旅游新形象的带领下，“兰州新十景”的评选，给予兰州重新定位自身文化资源和旅游资源的契机。而兰州市安宁区仁寿山生态文化旅游景区的有幸入选，打开了用优质旅游资源和逐步完善的旅游项目开拓市场的新局面。 位于兰州市安宁区刘家堡北面的仁寿山景区，距市中心15公里，园内绿树成荫，风景秀丽，素以“草木野卉俱佳”而美名。山上亭台楼阁，绿树红花相映，山中建有玄武庙、凌云阁、祖师殿、仁寿亭等仿古建筑，山下设有优雅别致的桃园度假村、明清商业街、温泉养生园、文体游乐园、民俗风情园等娱乐休闲场所。其优美的景致被誉为“林中有园、园中有林”和“山清水秀、花木葱郁”的“西北小江南”。这些占主导地位的旅游项目都能给游客以休闲性较强的感觉，这一切，在城市工作、生活日趋紧张的今天，无疑具有巨大的市场感召力。

品牌定位

具有旅游、休闲、度假、餐饮、购物、娱乐、养生等功能的综合型生态文化旅游景区。

创意主题

“静享仁寿仙山　细品西北江南”

主题内涵：

这里远离城市的喧嚣，却不乏都市的繁华，在静静的岁月流淌中展现它独有的宁静古雅的西北江南风韵，让喧闹城市里的人们享受一片特有的心灵宁静。在这里，静享仁寿仙境，品位诗意生活！

主题文字

安宁仁寿山生态文化旅游景区，位于兰州市安宁区刘家堡北面，是金城兰州的著名景点之一。园内绿树成荫，风景秀丽，素以“草木野卉俱佳”而美名。这里是集旅游、休闲、度假、餐饮、购物、娱乐、养生为一体的具有五星农家乐、旅游服务、都市休闲、商业购物、文体娱乐等功能的综合型生态文化旅游景区。

这里是人们领略自然风光、感受江南韵味、享受现代生活的绝佳去处。

创意诉求

为了能最大程度地把握游客心理，激发游客关注度，本方案将全篇贯穿“自然环境、地域文化、休闲娱乐”的创意理念。把握自然环境，既响应了政府对保护环境的要求，同时也满足了游客亲近自然、观光旅游的心理；

紧抓地域文化，更好地展现景区风情，为游人提供丰富的视觉盛宴，同时也为宣传当地文化做铺垫；

展现休闲娱乐，为游客提供别具特色的娱乐项目和别致清雅的农家餐饮憩息地，建立健全的旅游配套服务体系，使其成为带动景区旅游业经济发展的龙脉。

创意目的

作为兰州市新兴旅游改造项目，仁寿山景区以“林中有园、园中有林”和“山青水秀、花木葱郁”的“西北小江南”为主体目标，具体分为以下几个方面：

1. 以宣传仁寿山历史文化为目的，加深游客对景区文化的认知；

2. 采用自然风光（如桃花）开展多类型的活动，加深游客对旅游项目一体化的印象；

3. 打造集旅游、休闲、度假、餐饮、购物、娱乐、养生为一体的地方特色度假村，营造良好的文化旅游氛围。

4. 提升品牌形象，展现文化内涵。达到“以品牌留人，以文化留客”的宣传目的。

目标群体分析

1. 高级灰——主要由城市中的白领阶层和管理者构成，旅游目的是缓解工作压力、放松身心、亲近自然；

2. 大学生——安宁区内高校云集，作为各大高校的主角，大学生成为消费群体的主力军；

3. 合家欢——以年轻的父母为主要决策者，旅游的目的可能是帮助孩子增长见识，也可能是孝敬父母，因此比较喜欢休闲型较强的景区；

4. 白发族——指50岁以上的离退休工作人员，消费动机为锻炼身体、强筋健骨；

5. 宗教信徒——各类群体皆有，旅游目的非常明确，即宗教信仰；

6. 艺术爱好者——基于自然和人文景观，进行写真、摄影等艺术创作。

综上所述，目标群体为喜欢都市休闲旅游、追求心灵诗意感悟的一族。

平面媒体文案

主—— 仁寿山·宁静古雅的人间美境

随着东方缓缓泛出的鱼肚白，金城的第一缕阳光洒向“西北小江南”——安宁仁寿山，洒在它高耸的寿星建筑上，洒在它年轻的青灰色屋瓦上，洒在它身边的十里桃海中。在都市的喧嚣嘈杂之外，它静静守候，在岁月的流淌中呈现着一种宁静古雅的独特魅力，期待着远方宾客的到来。

副—— 归·归于自然淳朴的世界（五星农家乐）

白墙灰瓦、漆青色木窗、大红灯笼，处处都回旋着古色古香的味道。宽阔的水泥道边桃花争艳，家家张灯结彩。跳动的石子精灵铺成的幽长小路，弯曲回绕，向前延伸。夜幕降临，更是另一番灯光璀璨的世界。

副—— 清·还你一个清新江南美（旅游服务）

若是听厌了五泉的叮咚作响，看惯了白塔的高大巍峨，品尽了徐家山的自助烧烤，来吧，亲近仁寿，来这里踏景赏风。花木扶疏、流水清澈、雾气缭绕，深吸一口气，满满的冲入鼻腔的尽是清新的空气，顿感身心舒畅，不愧它“城市肺叶 天然氧吧”的美名。细细品来，便独有一派“西北小江南”的好景致。

副—— 憩·修身养性的好去处（都市休闲）

远离城市的喧闹，给疲惫的身心放个假。约三五挚友一起来，漫步于林荫小道上，穿梭于亭台楼阁之间，听木桥的咯吱作响和流水欢快，跟随这跳跃的节奏舞动每一处细胞。抛开工作的压力，或温一壶好茶，或斟一杯好酒，闲憩于石凳上，和挚友谈天说地，愉悦心灵。

副—— 乐·富庶美好的安居乐园（文体娱乐）

工作再忙别淡漠了需要陪伴的妻儿，生活再累别忽略了自己的健康。金城人自己的后花园，找一个闲暇的时间，来仁寿山走走。五馆连珠、一园相伴，最近距离地了解历史，最深层次地领悟文化，体会艺术的魅力；强健体魄、锻炼身体，开始一场动静结合的文娱之旅。

副——享·享受不同的城市生活（商业购物）

在古色古香的建筑群中行走，品尝本土名优小吃，感受当地人的餐饮文化，给味蕾一次颠覆的体会。店中随手拿起的特色饰品，没有城市的浮华与躁动，一针一线中流淌着的是一个地区的文化，乃至一个民族古老的故事。

户外

平面

点评：

安宁仁寿山生态文化旅游景区优美的景致被誉为“林中有园、园中有林”和“山清水秀、花木葱郁”的“西北小江南”。为了能最大程度地把握游客心理，激发游客关注度，本方案全篇贯穿“自然环境、地域文化、休闲娱乐”的创意理念。把握自然环境，既响应了政府对保护环境的要求，同时也满足了游客亲近自然、观光旅游的心理；紧抓地域文化，更好地展现景区风情，为游人提供丰富的视觉盛宴，同时也为宣传当地文化做铺垫；展现休闲娱乐，为游客提供别具特色的娱乐项目和别致清雅的农家餐饮憩息地，建立健全的旅游配套服务体系，使其成为带动景区旅游业经济发展的龙脉。这可以说是一个地域旅游营销概念的最佳诠释。

——王智颖

牯牛降风景区：生态，山水之魂

项目资料：

牯牛降风景区是黄山向西延伸的山脉，为国家4A级风景区，主峰海拔高1727.6米。崛起在石台县的南部边缘，1982 年，安徽省政府已批准在此建立牯牛降自然保护区，以主峰为中心，跨祁门、石台两县，面积6700 多公顷。经林业部提出，国务院批准列入第二批国家级森林和野生动物类型自然保护区名单，于1988 年5 月9 日予以公布。牯牛降便成为安徽省第一个国家级的以森林生态系统为主的综合自然保护区。

项目成果：

安徽池州市石台县牯牛降风景区，在2010年底委托北京光华卓策公司对其营销咨询，经过两年时间的发展，2012年景区门票收入实现翻两番，景区年游览人数翻番，景区单日游客人数创历史新高，合作旅行社由原来的二十多家旅行社发展到两千多家旅行社，创造了营销史上的一个神话，同时也是北京光华卓策继秦皇岛乐岛模式之后的又一个营销神话。“牯牛降旅游营销模式”开创了石台旅游的新格局。

项目基本情况：

2011年初北京卓策公司接受牯牛降景区的时候，景区的基本情况是，观光产品为主，处于旅游发展的第一阶段；景区体量大，景观少，想拍个有纪念意义的照片都难。销售渠道方面：全国各城市合作旅行社24家，潜在客户28家；门票价格和渠道政策处于劣势。市场品牌方面：牯牛降，5小时半径圈都知道，形象模糊；竞争压力大，九龙和观音堂，同质化程度很严重。销售团队方面：市场处人员3人，销售能力弱；销售团队刚涉足旅游，经验不足。销量方面：2010年游客接待量团队和散客约各50%；团队量同比下降了20%。

由于牯牛降风景区刚刚被政府回收，景区管理委员会也成立不久，景区管理和营销现状很混乱，卓策公司面临着很多的问题和挑战。

项目问题：

如何为牯牛降找魂，牯牛降应该站要到哪里去？品牌定位不明晰，品牌诉求不明确，个性化不强，如何清晰品牌形象，找准核心目标消费群？由于是牯牛降管委会刚刚成立，组织流程、渠道管理、营销管理等方面很不健全，如何强化管理框架和管理模式，

广 告 主：

牯牛降风景区

广告代理：

光华卓策旅游品牌营销策划机构

牯牛降作为石台的龙头景区，要打造皖南生态休闲旅游，使之成为石台乃至皖南休闲经济的催化剂和引爆点，形成“以旅游休闲和景观房产为主体，以大型基础设施投资为增长点，以文化产业为新优势”的产业结构和发展战略，构建以牯牛降为核心的新浪潮旅游时代的新旅游模式，引爆牯牛降蓄积的能量，发挥拉动石台区域休闲经济的龙头作用。

如何通过精细化管理提升效益？由于跟旅行社合作基础薄弱，加上服务支持和监控不力，导致渠道关系泛化和恶化。如何加强渠道合作和管理，通过新的模式提高渠道效率？市场拓展盲目混乱，如何规划各区域市场的人财物投入问题？怎样降低风险，高效率地启动重点市场？广告传播和宣传推广信息分散、杂乱，促销方式单一常规，没有整合，传播资源浪费严重，如何系统化地制定全年度的整合营销传播计划？

项目执行过程：

为牯牛降找魂：生态山水 天下最美

旅游品牌背后是文化，文化的承载量越大的项目，其效益释放量越大。效益的增长不是算术级数，也不是几何级数，而是原子裂变级数。要使牯牛降有一个质的飞跃，必须对牯牛降的战略定位、品牌规划、推广有一个全新的提炼，寻找牯牛降的灵魂、品牌基因和人文文化内涵，乘势确定品牌个性及定位。那么，如何确立牯牛降的灵魂和品牌基因呢？

毫无疑问，首先我们要从牯牛降中找到亮点，找到差异性，找到景区的独特特征，并赋予足够的内涵支持和聚集足够的动力使牯牛降旅游品牌特征向前飞跃。跳出常规的山岳景区的定位，从大格局整体认识牯牛降，才能有新的突破。

牯牛降作为石台的龙头景区，需要从大格局出发，石台整体的定位为中国原生态最美山乡，从而引伸到牯牛降的定位，把牯牛降打造成石台旅游景点的代表。这样不但可以借势带动牯牛降旅游发展，同时可以跟当地政府建立良好的关系，通过“政府营销”，整合资源，发展在本地的影响力。

牯牛降，就要打造皖南生态休闲旅游，使之成为石台乃至皖南休闲经济的催化剂和引爆点，形成“以旅游休闲和景观房产为主体，以大型基础设施投资为增长点，以文化产业为新优势”的产业结构和发展战略，构建以牯牛降为核心的新浪潮旅游时代的新旅游模式，引爆牯牛降蓄积的能量，发挥拉动石台区域休闲经济的龙头作用。

牯牛降，以生态文化为灵魂，超越其他山岳型景区，开创生态旅游新的领导者。牯牛降应该是生态休闲旅游第一目的地，它就是……皖南生态旅游休闲王者，是皖南地区生态旅游目的地第一品牌。“生态山水，天下最美。”一个极具震撼力地品牌概念和响亮的品牌口号脱颖而出，它既具有天下最美的景观，又准确有力的传达出牯牛降是什么。通过个性鲜明的口号和生态文化的深挖，赋予了牯牛降生态、山水、活力的精神内涵，切合人们对美的追求、对生态的期待。在这里游客可以体验到皖南地区生态最佳的山水，此情此景，“景比黄山多一绝、水如九寨胜三分”，不由让人感叹，华东最后一片原始森林，生态不愧于“天下最美”的山水。“仁者乐山，智者乐水”，他们是天生的旅行家，去探索一切美好的事物，并用心去慢慢享受，去领悟生活。为了得到消费者的认同，景区在网络上征集景区logo和吉祥物，经过与消费者共同讨论，最总确定了代表景区的山水型logo和可爱活泼的吉祥物……青青、牛牛。终端以logo和吉祥物为主形象包装出来的一系列海报、立牌、背景板等物料，各类媒体上的系列报广和各类软文炒作，都获得了极大的成功，让牯牛降鲜明的活力、亲和人性化的品牌形象，迅速传达到千家万户。

而消费者渴望适合人类居住和生活的城市，还原生态是其中必不可少的一个因素，这个价值也正好迎合了消费者的需求，从而得到了消费者的肯定。

五波营销：

在品牌营销之前，北京卓策公司先要认识到，当一个品牌使命深深植入消费者的思想、心灵和精神之后，他就变成了消费者所用的品牌。在新浪潮科技的引领下，消费者与企业的关系已经从垂直化逐渐向水平化演变，消费者将逐渐地参与到品牌的建设中来，消费者之间的沟通更加便捷、快速，消费者相互之间更加信任，消费者成为品牌的真正拥有者。那么牯牛降风景区该如何向消费者营销自己的理念将是景区赢得消费者的一个重要因素。北京卓策公司通过网络营销让消费者第一时间知晓景区，通过微博营销让消费者更接近景区。

北京卓策针对“生态山水 天下最美”这个主题进行传播，传达景区生态养生价值观，开始了轰轰烈烈的五波推广活动：

第一波：“生态山水 天下最美”——牯牛降新品牌形象全新亮相。3月和4月，按照“先买理念再买产品”的思路，以“生态山水 感受天下”为主题的牯牛降品牌推介会在合肥、南京、武汉、蚌埠、徐州等地陆续成功召开。以山水型logo和青青、牛牛为载体的各类平面广告、终端物料纷纷亮相，全新的牯牛降品牌主题形象给旅行社和消费者全新的视觉感受，让消费者体验到人性化的牯牛降品牌形象。会上不但推出了牯牛降的十大特色，展示了牯牛降11年新的品牌形象，更重要的是给各地旅游局和旅行社传达了景区品牌化运营的大思路，牯牛降品牌推介会在各地取得空前成功。

第二波：“走进生态山水 感受天下最美”——牯牛降杯登山节暨牯牛降生态山水文化摄影大赛启动。以推动全民休闲，加强文化交流，展示景区风情，促进旅游发展为宗旨，以激发当地居民旅游参与热情，开展全民运动休闲，推动牯牛降景区发展，增强牯牛降品牌美誉度为目的，活动当天虽然下着小雨，但是丝毫不影响游客参与活动的热情，活动不但吸引了池州的市民，同时还吸引了来自南京、湖北等外地的旅游者和参赛者，特别是得到了像马鞍山能量户外运动俱乐部等专业参赛队伍的主动参与和网络宣传。此次活动也得到了安徽等各大媒体的争相报道，将石台牯牛降的品牌传播出去。

第三波："2011年安徽·石台茶叶节"——牯牛降农耕茶文化节。此次活动是为了迎接"安徽·石台茶叶节"是石台县的一大节庆活动，旨在让游客亲身体验采茶的乐趣，使游客通过与茶树零距离亲密接触，了解茶树的种植、茶叶的采摘、茶叶加工过程等，更深地理解"农耕文化"源远流长、博大精深，是中国五千年灿烂文化的源泉；通过观摩精湛的"茶艺"表演，解读中国传统"儒学"、"道教""佛教"以及"徽文化"的文化精髓。活动吸引了大量的外地游客专门到牯牛降景区体验采茶乐趣，享受劳动成果。同时对茶文化有了整体的、直观的认识和了解，而且还带走自己丰硕的劳动成果。体验旅游走在了石台旅游的前沿。

第四波："非常零距离·体验生态山水之美"——牯牛降"激情狂欢"泼水节。以传播石台牯牛降的原生态山水为宗旨，让游客在原生态山水中尽情地释放自我，激情泼水，酷暑不再炎热；高考学子，玩生态山水，释放高考压力，心灵回归；各高校学生触摸原始，享受大自然。此次活动持续了一月的时间，得到了大区旅行社的强烈反响、持续关注。淮北市场陈总对此次活动给与极大的肯定，在交谈中，陈总讲："这个活动真的是太好了，活动当天我还参与了水上拔河项目，希望景区持续举办这样的活动。"

第五波："绿色户外运动、享受品质生活"——牯牛降帐篷文化节。通过首届石台牯牛降帐篷节的举办，提升石台牯牛降风景区户外运动旅游的新热点，树立石台牯牛降的旅游品牌新形象；同时宣传倡导健康、时尚、休闲的生活新理念，并以此活动为契机，让大家爱上户外运动，畅游石台牯牛降。依托石台牯牛降风景区举办户外帐篷节，拓展体育旅游市场，突出宣传石台牯牛降风景区的自然景观以及生态环境，让大家了解石台牯牛降，爱上石台牯牛降，来到石台牯牛降。通过双龙谷寻宝活动，向外正式揭开双龙谷景区"穿越自然 触摸原始"的面纱；刮起石台牯牛降风景区双龙谷景区旅游热潮！此次活动极大地吸引了游客的参与，活动当天，扎帐篷比赛激烈异常，寻宝活动迎来了一波又一波的游客，大家对寻宝乐不思蜀，当活动结束时，游客还依依不舍，不停地问何时组织下一次类似的活动。

通过消费者内心的深刻洞察，通过细致完善的牯牛降产品线的设计，线路不但获得了各大旅行社的欢迎，还获得了消费者的广泛认可。通过后期活动的举行，给重点市场消费者传达了牯牛降"生态山水天下最美"的形象，丰满了牯牛降的品牌形象。

点评：

旅游品牌背后是文化，文化的承载量越大的项目，其效益释放量越大。效益的增长不是算术级数，也不是几何级数，而是原子裂变级数。该案例对牯牛降的战略定位、品牌规划、推广有一个全新的提炼，寻找牯牛降的灵魂、品牌基因和人文文化内涵，乘势确定品牌个性及定位。并从大格局出发，在营销方面提出四个面向：向消费者营销企业使命；向渠道合作伙伴营销企业的价值观；向企业员工营销企业的价值观；向股东营销企业愿景的战略，为该景区的发展助了一臂之力。

——王智颖

来自中国原生态最美山乡
石台·牯牛降
生态山水 天下最美
国家AAAA级风景区
国家级自然保护区
华东地区最后一片原始森林
中国原生态旅游目的地
2011年游玩生态山水最佳路线
石台牯牛降+蓬莱仙洞+秋浦漂流
石台牯牛降+蓬莱仙洞+怪潭漂流
江苏各大旅行社均可报名
安徽石台牯牛降风景区管委会 地址：石台县牯牛降风景区 景区驻江苏大区负责人：徐双全 18656628078
行车路线：走宁芜高速直行进入沪渝高速殷家汇出口下，走省道s221到石台即可 网址：www.guniujiang.com
中国·石台第一届“牯牛降杯”登山节
奖项设置
活动时间：2011年3月6日
三八妇女节
女性免门票

	人数	奖励方式
冠军	男女各1名	奖金1000元、获奖证书
亚军	男女各1名	奖金800元、获奖证书
季军	男女各1名	奖金500元、获奖证书
鼓励奖	男女4-20名	奖金200元

4项大奖！
登山节奖励设置
中国·石台牯牛降第一届“生态山水”文化摄影节大赛

	人数	奖励方式
典藏作品	1名	奖金60000元、获奖证书
珍藏作品	1名	奖金5000元、获奖证书
收藏作品	10名	奖金1000元、获奖证书

3项大奖！
摄影节奖励设置
登山节活动当日参赛者门票免费
以上活动详情请访问石台牯牛降官方网站
景区热线：0566-6029696 6022155 6658189

国家AAAA级风景区 国家级自然保护区 华东地区最后一片原始森林 中国原生态旅游目的地
石台牯牛降 双龙谷 景区
最有趣的科普教育基地 峡谷奇观 全面的生物多样性解说系统
热烈庆祝双龙谷景区对外开放
温馨提示：因景区试开放，服务设施正在逐步完善中，如有不便之处，敬请见谅，谢谢理解！
陶然忘忧，
生态佳境 心归于此
撩拨心弦的山水柔媚
诱你遁出世外
悠游乐不知返。。。
安徽省石台县牯牛降旅游发展有限公司
TEL：0566-6658189 FAX：0566-6658388
ADD：石台县牯牛降风景区 Http://www.guniujiang.com

石台县牯牛降风景区
生态山水 天下最美
牯牛降水韵
秋浦河漂流
怪潭漂流
蓬莱仙洞
夏日情趣
采茶乐趣
石台牯牛降+蓬莱仙洞+秋浦漂流
石台牯牛降+蓬莱仙洞+怪潭漂流
旅行社组团优惠价100元/人

中国原生态最美山乡 安徽石台·牯牛降欢迎您
今年十·一怎么玩？
双龙谷寻宝 龙门山庄拿IPhone！
活动时间：10月1日 详情请见景区官网：www.guniujiang.com
帐篷节活动内容：开幕仪式、双龙谷寻宝、扎帐篷比赛、摄影展、抽奖、篝火晚会

中国原生态最美山乡 石台·牯牛降欢迎您
中国·石台牯牛降第一届帐篷节
暨双龙谷景区正式对外开放
活动时间：10月1日

Brand Image Category
企业形象类

中联重科：植入《钢铁侠3》

广 告 主：
中联重科
广告代理：
北京合润德堂文化传媒股份有限公司

《钢铁侠3》是一部全球知名的系列电影，是文化输出最为优秀的载体。影片中钢铁侠Tony的形象已经深入人心，他拥有创新技术赋予他的超级能量、巨额财富、超高智商，风度翩翩，并且有着非常强的社会责任感。钢铁侠的一切特质，都与中联重科的品牌理念相得益彰。

中联重科现身《钢铁侠3》进一步加速国际化战略

好莱坞劲爆动作大片《钢铁侠3》在全球的上映，吸引了无数人的眼球。其中广大观众除了对该片中精彩的演戏、美轮美奂的特效所吸引以外，中联重科以全球唯一重工企业合作伙伴，现身好莱坞大片《钢铁侠3》，进一步加快了品牌的国际化战略步伐。同时，也开创了中国工程机械植入好莱坞大片的先河，成为工程机械行业创新营销的经典案例。

早在合作《唐山大地震》时，中联重科就与合润传媒达成了共识。重工企业希望把重型机械和广大受众的距离拉进，在《唐山大地震》中这一良好愿望得以实现。当中联重科的机械出现在拯救和重建的场景中时，这个距离缩短了，冷冰冰的机械变得有了人情味，坚硬的钢铁臂膀撑起的是生命和希望。这次在国内的成功合作，对品牌的传播有了非常正面的效应。

随着中联重科国际化路线的不断深化，已经成为世界钢铁巨擎的中联提出了全球化营销战略：融入当地文化，做本土化企业，打造总部在中国的全球化企业。这就引发了中联公司更多的世界范围内的品牌塑造需求。他们不仅仅想要在原有品牌基础上进行强调，更需要一次升级，他们需要一次全球经销商和客户都能理解的品牌定位，更能够让投资者对品牌的社会效应有认同感。恰在此时，合润将《钢铁侠3》呈现在中联重科面前，于是一切问题迎刃而解……

《钢铁侠3》是一部全球知名的系列电影，是文化输出最为优秀的载体。影片中钢铁侠Tony的形象已经深入人心，他拥有创新技术赋予他的超级能量、巨额财富、超高智商，风度翩翩，并且有着非常强的社会责任感。钢铁侠的一切特质，都与中联重科的品牌理念相得益彰。钢铁侠的扮演者小罗伯特·唐尼，好莱坞炙手可热的高票房男星，深受全球亿万粉丝的拥趸，无论男女、成人还是孩童一网打尽。无论是《钢铁侠3》还是小罗伯特·唐尼，这其中所蕴藏的商业价值都将无可估量。

中联重科助力钢铁侠，拯救世界

我们看到的中联重科在《钢铁侠3》中的植入自然又恰到好处：钢铁侠与终极BOSS在港口决战，背景就是中联重科的龙门吊，对决激烈，而中联重科的吊车仍在有条不紊地工作；钢铁侠的家被摧毁，需要一些机械去拯救，钢铁侠问道“吊车准备好了没有？”而中联重科恰恰想要表达“我们是未来世界的建设者”这样一个观点。所以把产品放在这两个场景中，就做到了真正的融入。中联重科植入了钢铁侠，但这仅仅是一个开始。借势一部震撼全球的商业大片的影响力，展开一系列的宣传手段和营销资源，帮客户做到了精准的最大化宣传效果。

德国宝马展惊艳亮相，剑指国际市场

《钢铁侠3》上映前期，正值德国宝马展。中联重科带着“钢铁侠”参展，可谓风光无限。中联重科在展会的展区占地面积达到3840平方米，有29台产品展出，涵盖了混凝土泵车、喷射机械手、汽车吊、轮胎吊、履带吊、塔式起重机、推土机、挖掘机等产品。作为《钢铁3》的全球唯一重工企业合作伙伴，中联重科在展示中大量运用了“钢铁侠”的元素，其中，“钢铁侠”特殊涂装的重工产品俨然工程机械版“钢铁侠”。有着美女相伴的“钢铁侠”，让中联的展位的客户熙熙攘攘，大腕配大腕的宣传效果非同凡响！合润为其制作的《钢铁侠》版宣传片更是锦上添花，震撼全场。

点评：

2013年，好莱坞大片《钢铁侠3》在内地上映5天就斩获了3.9亿的票房，成为当年5月第一周最赚钱的影片，而引起内地影迷和投资者关注的还有在片中植入广告的A股上市公司中联重科，更是成为了业内人士和不少投资者的谈资。

在剧中，身着中联重科制服的工人和挖掘机登上了银幕，而在影片高潮段，钢铁侠与生化人进行决战的码头上，更是以中联重科的大型龙门吊设备为背景。尤其是在电影放映之前以钢铁侠形象包装的中联重科广告更令人深刻。随着中联重科打进国际市场，企业形象如何更加紧密地贴近西方受众的心理是本次策划关注的重点，合润传媒借助好莱坞电影形象《钢铁侠》，绝妙地将冰冷的重型机械与最受观众喜爱的钢铁侠融为一体，通过电影文化包装，让冰冷机械更有人情味，以钢铁侠风格涂装的中联重科重型吊车，拉近了和欧美国家客户的心理距离。

广告设计的另一种境界不是要展示你的设计水平有多高，而是你的设计是不是抓住了观众的心，中联重科做到了，合润传媒做到了。

——陈 举

嘉绍大桥：行走在江上的艺术

广 告 主：

浙江省交通运输厅

广告代理：

杭州源苑广告有限公司

嘉绍大桥作为建筑的艺术品，在宣传片中将“梦幻”、“传奇”作为此次策划的重点。让一个作品经久不衰，就必须要注入与人们心灵契合的东西，同时要让它耳目一新，我们在超越传统，勇于创新。但要把这种虚化的定位和精神的感知作为一种实体在影片中表现出来，对广告公司提出了巨大的挑战。

嘉绍跨江公路通道是沈海国家高速公路常熟至台州并行线的主要路段，北起嘉兴南湖枢纽，南至绍兴上虞沽渚枢纽、全长69.5公里，是浙江第一条一次性建成的八车道高速公路，嘉绍大桥全长10.137公里，主桥宽55.6米，为现今世界上唯一八车道跨海大桥。

“传奇”、“梦幻”的策划为重点，这不单单是一座桥，更是凝聚了无数人智慧的艺术品。

项目背景

从杭州湾跨海大桥到舟山跨海大桥，再到象山港大桥……一座座跨越天堑的世界级大桥，定格了浙江交通人不断创新驱动、跨越发展的成长足迹；也点亮着“桥梁强省”梦，“海上浙江”梦，“长三角一体化”之梦。

2013年7月16日，嘉绍跨江公路通道建成通车，浙江攻克世界级难题，使杭嘉绍形成三角形，杭州湾形成“一湾两桥”格局，再圆接轨与共融，延伸与统筹，提升与腾飞的梦。特别是嘉绍大桥的建设，完美地将环保学、工程学、美学和经济学进行了有机融合。在科学发展的指引下，开创了世界建桥史上的又一个传奇！

嘉绍大桥创造奇迹的背后，有着部省领导的高度重视，有着强大的技术专家队伍，有着“不交作业交作品”的管理理念，还有着打造精品的卓绝实践。

这里的一个个瞬间凝结成永恒，展示着决策者的智慧、建设者的实力、创造者的勇气、交通人的成绩。

特别是在嘉绍大桥建设中，虽一年有效作业天数只有280天，桥位处实测最大流速达7.5米/秒，最高的潮差有三层楼那么高……但他们4年如一日，放弃城市的缤纷生活，在海天之间用梦想点燃激情，用拼搏创造奇迹，用精神战胜困境，用生命描绘彩虹，有力地诠释着“惠民、奉献、服务”的浙江交通精神。

在我们策划的过程中要特别展示大桥的优越性与其震撼力，它具有的“唯一感“要在策划中着重渲染。

- 世界三大强潮区上唯一的建筑物
- 世界上最长、最宽多塔斜拉桥
- 世界上最大规模超大直径单桩基础
- 世界首创刚性铰
- 世界上首次在单桩独柱桥墩上大规模采用连续钢构，利用架桥机进行短线法预制节段拼装
- 国内最复杂水文条件下的主墩承台施工
- 国内最先进的大体积混凝土质量控制

● 国内最复杂环境下的最大规模钢箱梁运输、吊装

概念演绎

嘉绍大桥作为建筑的艺术品，我们将“梦幻”、“传奇”作为此次策划的重点，这说起来简单，但这个定位是虚化的、精神感知的，在实体表现中，怎么样做到最贴切地传达?

让一个作品经久不衰，就必须要注入与人们心灵契合的东西，同时要让它耳目一新，我们在超越传统，勇于创新，作为策划的掌舵者，源苑广告不禁感到心头沉重，这份颠覆传统，鼎立巅峰的策划，我们要从哪几个方面入手呢?

●围绕重点体现自身价值

●文化传承，技术创新

●展现大桥的整体艺术形象与背后智慧结晶

●现代感

●利用多种媒介进行传播

●传奇与梦幻的相协调

创意策略

嘉绍大桥的实践告诉世人：浙江交通不盲目地冲击世界纪录，我们在环保需求中直面未知，在发展要求下勇于挑战，以务实创新攀向高峰。

而此次我们的创意策划正是遵循了这个原则。

传统的传播模式一般都是围绕创意进行，而我们本次活动采用整合宣传思维模式，以活动作为策划宣传的重点，得到宣传的目的。

为了使嘉绍大桥的形象深入人心，整个活动主题定位为“行走在江上的艺术”。

活动包括“行走嘉绍”、“留念嘉绍”“影像嘉绍”这三部分进行诠释。

第一：利用媒体效应举办一场别开生面的自驾游活动；

第二：为参与嘉宾发送以嘉绍大桥为主题的纪念邮票与明信片；

第三：制作《再跨杭州湾》画册，进一步推广宣传。

《再跨杭州湾》画册

在此部画册中，以嘉绍跨江公路通道建设纪实为依据，流畅的线条、活动作品以及优美的文字组合而成的画册集是极具创意，又具有可读、可赏性的形象宣传媒介此画册十分适于收藏，易于携带，再加上巨大的纪念价值十分有助于活动的宣传以及活动意义的升华。

画册主要反映与嘉绍大桥相关的人文风情以及浙江省交通厅事业对社会、经济的影响与作用。并考虑将典礼片的光盘附在画册之后。

通过此部画册配合整个活动，通过展现浙江省交通厅事业的瑰丽宏伟，并展现其在建设道路中所作的巨大努力与取得的优良成果。同时也映射出各大政府机关领导与杰出建设者的重要贡献。摄影画册公开发行上市，最大限度地扩大社会影响力。

1. 画册风格：

以大气为主要格调，既突出中国文化底蕴，又彰显激进的时代气息。

2. 设计理念：

展现此次活动规模宏大，意义深远，体现港航局，各政府领导与杰出建设者的实力与风采，不仅树立起他们奉献公路交通事业的公仆形象，体现人文韵味与商业魅力。

3. 画册成品定位：

完美的印刷品质，精确细腻的画面效果，高品质的纸张质量。如此画册，从视觉的感观上冲击读者的眼球，从指尖的触摸中刺激读者的每一根神经。

画册内容（画册内容分专题展示）

一：首页

（向嘉绍大桥工程建设者致敬）

二：前言

嘉绍大桥的背景简介

三：目录

分为五个篇章：奇迹篇、印象篇、风采篇、引领篇、大事记

配图：

项目执行

此次活动是由我们与客户组成的工作小组共同完成，并在活动开始前的一周就工作细节进行多次的讨论、安排、总结，保证活动进行的万无一失。

活动在嘉兴拉开帷幕，整个活动充满活力与挑战，让每位来宾体验大桥的艺术性美观与行驶的便利，在此过程中，嘉绍给人留下深刻的印象。

线上执行：

报纸媒体：选择新闻版进行宣传。

网络媒体：新闻纪实栏目，在交通运输厅的网站上进行宣传。

公关宣导：新闻发布会，剪彩仪式，邀请媒体参加，配合相应的报道。

线下执行：

活动开展前：组织人员进行培训，确保活动进行得有条不紊，各个小组安排妥当，对各自的项目清楚明白。

活动开展中：安排嘉宾选择路线，通过现在时尚的微博进行现场直播

活动开展后：在活动开展后送给嘉宾每人一册宣传册与视频母带、纪念邮票、明信片。

项目评估

本次活动通过几个项目的实施，将嘉绍大桥的建筑艺术与行驶便利带给了每一位到场嘉宾一次全新的震撼，在活动中展现了“传奇”、“梦想”的精神力量。

在策划过程中，永远要将二维的事物转为三维感官，任何平面创意都要与实践活动相结合。

我们的策划与执行得到了巨大的成功，利用多种品牌传播的整合运用，将嘉绍的魅力留在人们心中，这次的宣传活动使用的是文化宣传，“行走在江上的艺术”活动圆满落幕。

我们都明白创新的重要性，如何将墨守成规打破是我们策划人始终在追寻的东西，在越来越丰富的科技媒体时代，我们将利用有限的资源创造出无限的精彩，与时俱进，推陈出新。

点评：

嘉绍跨江公路通道是沈海国家高速公路常熟至台州并行线的主要路段，嘉绍跨江公路通道建成通车，杭州湾形成“一湾两桥”格局。嘉绍大桥的建设，将环保学、工程学、美学和经济学进行了有机融合。

如何让一个作品经久不衰，就必须要注入与人们心灵契合的东西，要让它耳目一新，就必须超越传统，勇于创新。此画册以嘉绍跨江公路通道建设纪实为依据，流畅的线条、活动作品以及优美的文字组合而成的画册集是极具创意，又具有可读、可赏性的形象宣传媒介此画册十分适于收藏，易于携带，再加上巨大的纪念价值十分有助于活动的宣传以及活动意义的升华。

平面设计的前沿是将二维的事物转为三维的感官，创新的意义就在于利用有限的资源创造出无限的精彩。《嘉绍大桥：再跨杭州湾》值得留存。

——陈举

浙江电力：勇立潮头的身影

广 告 主：

浙江省电力公司

广告代理：

杭州源苑广告有限公司

此次策划的中心任务是把握项目的深层价值、文化底蕴，更是以此来表达对勇立潮头的建设者们的赞扬。这个策划包含两个部分，影视宣传与平面宣传，其精神宗旨都是以浩然壮阔、气势磅礴的基调为背景，将电力建设者的丰功伟绩缓缓道来。

精益求精，止于至善。“三集五大”体系建设是一项不断深入、持续改进的工程，浙江电力公司将以更高的标准、更严的要求，不断完善“三集五大”体系，深化“两个转变”，努力在国家电网公司创建“世界一流电网、国际一流企业”中走在前列！

在此次策划中源苑通过挖掘项目的深层价值，文化底蕴，更是以此献给勇立潮头的建设者们。

背景介绍：

潮起东方，浩浩荡荡。科学发展的时代潮流，犹如钱江潮涌，奔流不息。国家电网公司顺应时代的潮流，转变电网和公司发展模式，展开了建设“世界一流电网，国际一流企业”的壮志画卷。“三集五大”体系建设，是国家电网公司落实科学发展观的生动实践，是推进“两个转变”、实现“两个一流”的必由之路。

千帆竞发，百舸争流。

运筹帷幄，决胜千里。建设“三集五大”体系，是国家电网公司加快推进公司发展方式转变、攀登现代电网企业管理高峰的重要战略决策。浙江公司提出要在推进“两个转变”、创建“两个一流”中走在前列，深感建设“三集五大”体系时不我待，主动作为，高标准、高质量、高效率建设“三集五大”体系，各项重点任务统筹推进，得到上级领导的充分肯定。

编辑一本画报，留存一段历史。一个个镜头见证了浙江省电力公司“三集五大”体系建设的进程，展现了浙江电力铁军勇立潮头的身影，记录了改革征程中取得的丰硕成果。

创意策略：

这个策划包含两个部分，影视宣传与平面宣传，其精神宗旨都是以浩然壮阔、气势磅礴的基调为背景，将电力建设者的丰功伟绩缓缓道来，现今社会进程的快速发展中，对电力的需求量更是与日俱增，而在世界光明，人们享受现代科技快感的同时，是一群群电力工作者在背后倾情无私的奉献。

所以在策划中，将现今的生活常态与电力工作者的工作状况进行比对，使我们更加深入了解他们，在画册中将士气磅礴的钱江浪潮与电力工作者结合起来，将其比喻成这波涛汹涌的浪潮，前赴后继建筑起伟大的电力事业。而在影视片里，将建设者朴实的形象与崇高的事业结合在一起，通过时间交替、场景转换等一系列剪辑效果，做出我们需要的效果。

项目构成：

【画册】

精美的画册好比是一条包罗万象的历史河流，在其中我们能清楚地看见一幕幕历史进程，本身就是非常具有历史价值的。

画册主题：大气磅礴背景，平实朴素的电力工作者的工作场景为重点，精品工程（建议电力公司给我们选择好“三集五大”建设来具有巨大影响的4~5个精品工程）

对于这选出来的工程，我们将进行重新拍摄，拍出极具震撼力、视觉冲击力强的照片。在设计中我们将注重整体大气的风格，并配相关经典的文字。

画册内容:

决策·过程（执行）篇

（引言：）此篇主要展示的是管理决策的运筹帷幄，决胜千里。建设“三集五大”体系，是国家电网公司加快推进公司发展方式转变、攀登现代电网企业管理高峰的重要战略决策。浙江公司提出要在推进“两个转变”、创建“两个一流”中走在前列。

建设·成效篇

此篇章中，将电力工作者“尽善尽美，无可挑剔”的工作标准，压缩管理层级，优化业务流程，创新管理模式，都在此篇中展现。

保障·精益（支撑）篇

拍摄组织干部深入基层“双服务”，畅通员工沟通交流通道，建立“一对一”思想政治工作机制，全力破解重点难点问题，做到情况在一线了解、思想在一线疏导、问题在一线解决、决策在一线落实，确保上下思想同心、行动同步、队伍稳定。

创新·卓越篇

拍摄空景，辽阔无垠的土地上，电力建设者精益求精的工作态度，在这里开启人民的生活之门。

【宣传片】

宣传片作为影像资料，对感官来说是更为直接的，所以在制作过程中尤为至关重要，并且就其适中的信息含量和经典美观的内容内涵而言，此片十分适于收藏，易于携带，再加上巨大的纪念价值十分有助于活动的宣传以及活动意义的升华。

点评：

“千帆竞发，百舸争流”，对于浙江省电力公司来说需要图文和影像资料来记载公司的发展历史，同时也为公司未来的发展明确方向，坚定目标。杭州源苑广告有限公司策划的这一整套案例深入地挖掘了公司文化内涵。宣传片由”望湖—迎潮—弄潮—立潮”四个篇章构成，通过四个篇章从不同角度表现了国家电网公司加快推进“三集五大”体系建设的重大意义，以及浙江公司干在实处、走在前列的信心与决心。

——唐 超

宣传片以钱江潮和西湖为核心意向，一个奔腾激越，象征着浙江电力人不断努力超越，追求卓越，一个柔美祥和，寄寓着人们对美好生活的憧憬，片子全景式展示浙江公司“三集五大“体系建设的壮丽画卷，展现了浙江电力人激流勇进、敢为人先的精神风貌。

此片由”望湖—迎潮—弄潮—立潮”四个篇章构成。望湖篇表现国家电网公司加快推进“三集五大”体系建设的重大意义，以及浙江公司干在实处，走在前列的信心与决心。迎潮篇反映浙江公司做好全方位的准备推进工程进度。弄潮篇再现公司建设的实施过程。立潮篇展现浙江公司锐意进取，开拓创新，做到“自选动作有创新”。

宣传片在视听语言上努力追求动静结合、虚实互补、情景交融，以期达到“熟悉而陌生化”的效果。

结语：此次的策划，除了要感谢创意团队的倾情付出，更要感谢客户的眼光和信任，我们将一个个创意汇聚成一部作品，这则广告呈现出一种大气、稳健、进取震撼的格调，非常准确地表达了所要传达的意思，在其中充分展示了浙江电力事业的繁荣且日益壮大， 展示浙江现代电力人的精神面貌。

浙江省港航局：摄影的魅力

浙江省港航局作为浙江省交通厅下属的政府机构。因为是政府部门，我们在给他们做宣传的时候，需要考虑的因素太多而且复杂。我们不仅需要把活动做得有效，有影响力，而且需要有实实在在的东西展现给政府和老百姓，否则的话，我们就是在浪费纳税人的钱。

那么，如何才能做到尽善尽美?

于是，我们用一份精致的全案策划来展现港航建设进程中的旧貌新颜，并通过传播提高社会影响力，让社会大众参与、关注并了解浙江的港航建设事业，以扩大浙江港航在全省乃至全国的影响力。

“创新浙江 魅力港航”盛典背景

为了贯彻浙江省第十二次党代会关于加快港航建设的方针，总结近几年来港航发展的新思路、新举措和新成就，鼓舞港航系统上下一致，打造浙江港航强省凝聚士气，汇总港航建设进程中的旧貌新颜，并通过传播提高社会影响力，让社会大众了解并关注浙江的港航建设事业，以扩大浙江港航在全省乃至全国的影响力。

在此次策划中，一共包括三个策划内容，第一：摄影盛典，第二：画册，第三：活动展览展示，我们需要展现的内容包括：港航（水运）的旧貌和新颜；港航建设进程中的重点工程以及相关场景掠影；浙江港航人的新风貌；各级领导关注港航建设、亲临港航事业一线；各航道沿岸以水文化为背景的生活、经济、文化面貌组图。

“创新浙江 魅力港航”摄影盛典内容

本次活动以老照片收集和现拍相结合，以专题摄影展与媒体宣传相结合的方式，发动组织全社会的人员积极参与。

1. 专业组作品来源：

A：组织应邀的专业摄影人员集中采风，安排去浙江省11个地市采风。

B：通过浙江省摄影家协会和浙江省艺术摄影学会发文，组织各地市摄影协会和艺术摄影学会的专业人员自由采风并投稿参与。

2. 业余组作品来源：通过网站（浙江在线、省交通厅和省港航局官方网站）和报纸(钱江晚报) 发布信息，积极发动全社会摄影爱好者通过以上任何一种手段报名参加或是投票。

3. 港航系统作品来源：通过省交通厅和省港航局发文，组织全系统摄影爱好者积极参与投稿评比。

广 告 主：
浙江省港航局
广告代理：
杭州源苑广告有限公司

此次策划通过画册、摄影典礼、活动展览等，形象地展现了港航（水运）的旧貌和新颜，港航建设进程中的重点工程以及相关场景掠影，以及浙江港航人的新风貌。同时也展示了各级领导关注港航建设、亲临港航事业一线，各航道沿岸以水文化为背景的生活、经济、文化面貌组图。

评委及摄影人员名单：

赵大督　中国大画幅摄影学会会长

吴品禾　浙江省摄影家协会主席

朱卫平　杭州市摄影家协会主席

裘志伟　钱江晚报摄影部主任

王芯克　青年时报副总编

贾首峰　东方航空杂志摄影部主任

严新荣　浙江省摄影艺术学会副主席

郑意川　中国大画幅摄影学会理事

大赛流程：

（1）摄影名家采风启程仪式

（2）摄影名家采风（组织专业摄影名家以及媒体摄影部主任进行采风）

（3）各合作媒体发布信息征稿

（4）评选各组奖项

（5）优秀摄影作品展及颁奖典礼

“创新浙江 魅力港航”盛典画册

画册：《浙江港航风采》

流畅的线条、精美的摄影作品以及优美的文字组合而成的画册集是极具创意，又具有可读、可赏性的形象宣传媒介。不论是大气磅礴的建设气势，悠远翔实的历史名迹，还是缤纷多彩的社会景象，朴实无华的风土民情，都能囊括其中。并且就其适中的信息含量和经典美观的内容内涵而言，此画册十分适于收藏，易于携带，再加上巨大的纪念价值十分有助于活动的宣传以及活动意义的升华。

画册于摄影活动、摄影展结束以后，整理期间的优秀作品，并进行总合制作完成。此画册将赠送于省、市级政府领导、相关单位领导及参加此次活动的各大摄影家与摄影爱好者、媒体单位等，以求扩大活动的社会影响力与知名度。

画册主要反映与港航相关的人文风情以及港航事业对社会、经济的影响与作用。并考虑将典礼片的光碟附在画册之后。

通过此部摄影画册配合整个活动，展现浙江港航事业的瑰丽宏伟，反映浙江港航在社会上的地位、经济上的作用，并展现其在港航强省建设道路中所作的巨大努力与取得的优良成果。同时也映射出各大政府机关领导与杰出建设者的重要贡献。摄影画册，公开发行上市，最大限度地扩大社会影响力。

画册成品定位：

画册内容（画册内容分专题展示）

主要内容：

目录：打破原来的传统目录风格，运用水墨的笔锋勾画出浙江港航强省建设的大手笔，大气势、大成就。以专业摄影家的优秀作品和全社会业余摄影家参赛的优秀作品为主集成。

（一）源头活水

各港口河道的简介以及工程介绍

此篇主要展示浙江港航各地有代表性的港口航道风貌，以大幅的作品彰显浙江港航气势以及现代港航人的精神面貌。

（二）海纳百川

摄影比赛、摄影展作品：

中国新闻摄影名家携手全国摄影爱好者看浙江港航

（三）奔流到海

省港航局以及所属各地市港航局简介与风貌（分地市介绍各级港航局领导班子成员，体现本届港航人风貌）

封面、封底、扉页等内容：略

“创新浙江　魅力港航”盛典作品展

作品展览是一种重要的宣传手段，广泛吸引社会公众的注意力和兴趣，可达到传播文化、促进沟通、扩大影响的目的。展览工作只要安排到位、宣传得当，往往都能收到很好的宣传效果。尤其是规模越大，布置越新颖，特色越鲜明，内容关注度越高，往往越能吸引越多的群众前来观看，达到的宣传效果越好。将摄影作品进行筛选整理后，举办摄影展，可以更好地扩大浙江省港航局的社会影响力。

“旧貌新颜看港航”摄影作品展为室外展，安排在吴山广场展出。吴山广场交通便利，在周末更是聚集着大量的人群，立足文化广场，利用群众性文化活动场所的资源，精心策划，周密安排，举办展览是扩大活动宣传力度、提升浙江港航影响力的一个不错选择，能广泛吸引人们的注意力。好的展览将发展成为浙江港航的一张“名片”。

“创新浙江　魅力港航”摄影盛典媒介宣传：

本次大赛全程跟踪报道媒体为“浙江在线”，另外参与活动前期采风发车仪式、摄影作品展剪彩及颁奖典礼并发布相关信息和新闻的媒体还有：新华社浙江分社、浙江日报、浙江青年报、都市快报、浙江经视新闻、钱江都市频道、教育科技频道等。

传统媒介：

《钱江晚报》活动前期发布宣传版

点评：

在为浙江省港航局策划案例中，通过摄影盛典、画册、活动展览展示等，向外界展现了港航（水运）的旧貌和新颜；港航建设进程中的重点工程以及相关场景掠影；浙江港航人的新风貌；各级领导关注港航建设、亲临港航事业一线；各航道沿岸以水文化为背景的生活、经济、文化面貌组图。而且各界媒体进行360度的报道，为此次综合性活动策划画上了一个完美的句号。

——唐 超

面，详细刊登本次大赛章程、奖项、奖金设定及参与方法。各受邀媒体摄影名家在自己的媒体上发布相关图片资料。

网络媒介：

“浙江在线”进行全程链接，发布大赛章程、参赛细则等详细信息。并发动网民积极参与投稿和评选。

利用网络这个庞大的媒体，在浙江在线和省交通厅、省港航局的网站上开辟专栏，进行活动的全程展现、宣传以积攒人气，有效提高活动的公众参与度，扩大活动的影响力。传达大赛有关事项和大赛方案，及时发布活动进展信息，同时收集、发布有关图文资料，发表活动中涌现的优秀摄影作品，并在网站专栏上对本次所有的参赛作品提出建议和意见。

名家作品拍摄完成后开启网络投票系统，使业余摄影爱好者也能上传自己的作品和参与评奖。所有投票者一个IP只能投一次票，保障投票的公平性。

同时从所有投票者中抽取一定的“参与奖”(参与抽奖的投票者需填写自己的基本资料)，奖品可联系合适的单位提供赞助，如数码相机等，更能凸现此次比赛及赞助单位的专业性与权威性。赞助的单位可在该投票页面获得奖品图片展示的机会，并在下方标注“本次比赛奖品由XX单位赞助提供”。

浙江在线和省交通厅以及省港航局的官方网站专栏互相做好链接，投票页面也要与各大门户网站做好链接，让更多的人能了解这个活动，参与到这个活动当中来。

媒介组织形式：

第一环节：

制作本次活动专题页面，详细介绍大赛各项规则，页面直接连接到浙江在线潮鸣天下论坛，业余参赛选手可以通过发布帖子的形式，直接投递作品。

第二环节：

在浙江在线新闻网站首页设置较大的窗口，连接活动专题页面，提前宣传预热，由网站论坛牵头，组织邀请网友参赛。

第三环节：

所有作品将在浙江在线新闻网站展示，并设置投票窗口供网友点击投票，带动众多网民来参与这个活动。

第四环节：

网络新闻报道配合

1. 在摄影展期间，浙江在线新闻网站将配合主办方做全程跟踪报道；内容采用文字、图片、视频三者结合。

2. 相关新闻报道根据需要及时安排在浙江新闻频道。

3. 有关信息可通过浙江在线 “浙江手机报”直接发布到手机用户。

利用传统媒介和互联网媒介的通力协作，可以将港航的这次盛典宣传得更为广泛，更为深入。

结语：

此次的活动，主要由三个环环相扣的活动策划组成的，在其中充分展示了港航建设事业的繁荣且日益壮大， 展示浙江港航各地有代表性的港口航道风貌，以大幅的作品彰显浙江港航气势以及现代港航人的精神面貌。

丰源煤电：打造舰队，挑战远航

广 告 主：

山东丰源集团股份有限公司

广告代理：

苏州传视影视传媒有限公司

山东丰源煤电股份有限公司，二十多年的风雨历程，在船长陶志远董事长的带领下，成功地走出一条自主创新、滚动发展之路，圆满完成了一次又一次的航行。影片围绕丰源集团的发展历程进行，展示集团的经营理念和雄厚的企业实力，以及高度的社会责任感。

案例描述：

本片为山东丰源集团股份有限公司的企业纪录片，通过对集团的成长历程以及成长过程中所形成的企业文化和发展理念的描述，对内作为企业内部员工了解丰源煤电的桥梁，向员工传达集团的经营理念，感染员工，产生集团凝聚力。对外作为企业宣传的一种形式，展现丰源煤电的企业实力，博大的企业文化和高度的社会责任感，提升企业形象。

山东丰源煤电股份有限公司，二十多年的风雨历程，在“船长”陶志远董事长的带领下，成功地走出一条自主创新、滚动发展之路，圆满完成了一次又一次的航行。现在的丰源煤电，不仅拥有强大的规模资源与技术实力，更拥有巨大的发展潜力，是一个积极向上、持续发展与进步、富有责任的现代化大企业。

影片围绕丰源集团的发展历程进行，展示集团的经营理念和雄厚的企业实力，以及高度的社会责任感。在内容上，影片分为四个部分，分别展现丰源的过去、现在、理念以及未来。在画面设计上，以太阳下此起彼伏的海浪作为影片转场部分，形成画面记忆点，彰显丰源的绿色循环经济以及搏浪进取的精神，感染力十足。影片的主题则是引用企业的舰队文化，最终确定为：打造舰队，挑战远航。

影片四个主要章节：

第一部分：力挽狂澜 起锚扬帆——概括丰源煤电的规模实力，引出丰源煤电的昨天，主要展现丰源在陶志远董事长的领导下，从困境中突围而出，一跃成为全市同类企业的旗舰和标杆。

第二部分：博弈进取 蓄势远航——主要表现董事长如何审时夺度，力排众议，扩大集团产业链，将企业做强做大，发展到如今实力雄厚、规模庞大的产业舰队，成为枣庄市首推上市企业。

第三部分：高瞻远瞩 文化领航——体现丰源煤电经过多年的思考与探索，所形成的发展思路、管理理念和企业文化等，这些理念在企业发展中形成，同时也为企业的发展保驾护航。

第四部分：全力向前 直驶未来——作为影片的结尾，此部分主要展现公司所获得的荣誉、对社会的责任感和前程展望。

点评：

该影片通过“力挽狂澜 起锚扬帆”、“博弈进取 蓄势远航”、“高瞻远瞩 文化领航”、“全力向前 直驶未来”等四个部分，向我们展示了一部企业的辉煌画卷。从企业理念、公司掌舵人的魄力等方面，深刻刻画了这个企业的灵魂。

——唐 超

中益发电：视觉形象的品牌化战略

项目背景

新乡中益发电有限公司位于河南省新乡市长垣县，拟建2×600MW超超临界火电机组，厂址位于常村镇中部，紧邻S308省道，西距新乡市60公里，东距长垣县城12公里。本工程总投资约48亿元，由河南投资集团有限公司和河南豫能控股股份有限公司合资建设。

战略思考

品牌定位在品牌经营和市场营销中有着不可估量的作用，建立高度精准的品牌定位是品牌经营成功的前提，为企业进占市场、拓展市场起到导航作用。而依托于精准品牌定位量身打造的视觉标志，能使品牌整体形象长久驻留在消费者心中，获得大众对企业标志的认同以及对企业的认同。

中益发电是一家实力雄厚、管理规范、发展稳健并具有较强影响力的国有企业，纯粹将企业特征提炼升华，对品牌进行精准定位，打造品牌形象，最终通过整体规划和设计的视觉符号，准确地把形象概念转化为视觉形象，科技领航、勇于创新的设计理念传达了企业的产业特点、价值等信息，而方正有力、沉稳大气的风格标志着企业的经营理念、文化特色、价值取向，表现企业的个性特征，具备高度商业价值和艺术欣赏价值。

解决方案

标志是企业视觉传达要素的核心，也是企业开展信息传播的主导力量。企业强大的实力、完善的管理、优质的产品和服务，都浓缩于一个造型简单但意义明确的视觉符号中。作为现代企业市场竞争的“利器”，标志的造型、色彩等元素，都举足轻重，直接决定着它能否在信息纷繁复杂的品牌中脱颖而出、一击即中。

纯粹在创意标志的过程中，进行深度的要素挖掘。标志的基础图形是以中益发电的首字母“Z”经过艺术化的处理设计演变而来。整体造型形如闪电，突出了中益发电的行业属性。最终呈现的视觉效果则是中益发电的汉字“中”，这一设计理念不仅体现了中益发电所在地新乡地处“中原之地”的地域特征，又表达了企业承载担当中流砥柱的理想和崇尚中正务实的工作作风。

标志的色彩体系以深蓝色为主色调，并辅以深入人心的中国红，体现了中益发电专业沉稳且不失活力与激情的精神特质。代表广阔无边、深邃悠远的蓝色，具有沉稳冷静的特性，具有理智、专业、创新的意象，寓意中益发电科技领航、雄厚稳健的企业特征；红色

广 告 主：
新乡中益发电有限公司
广告代理：
河南纯粹文化传播有限公司

为河南中益发电设计的这套视觉体系，设计风格方正有力，象征中益发电踏实稳重的精神和大气雄厚的实力，能够很好地传递企业的行业属性。简洁的标志具备深刻的文化内涵，符合国际化的视觉审美需求，能够展现企业的独特个性。

点评：

品牌定位在品牌经营和市场营销中有着不可估量的作用，高度精准的品牌定位是品牌经营成功的前提，为企业进占市场、拓展市场起到导航作用。中益发电是一家实力雄厚、管理规范、发展稳健并具有较强影响力的国有企业，如何将企业特征提炼升华，对品牌进行精准定位，准确地把形象概念转化为视觉形象，必须具备高度的商业洞察力和独到的艺术欣赏力。纯粹广告在创意中进行深度要素挖掘，既突出了中益发电的行业属性，同时体现了中益发电的地域特征，展示出简洁而深刻的文化内涵，符合国际化的视觉审美需求，能够展现企业的独特个性。作为企业和消费者链接的桥梁，标志整体设计创意独特，具备良好的视觉识别性，易于识别、记忆和传播。

——陈 举

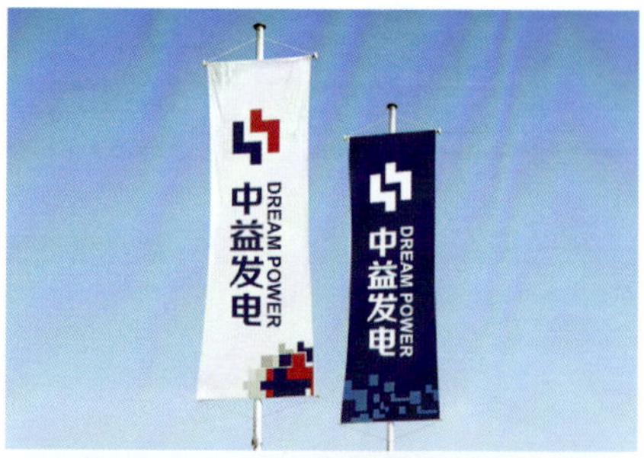

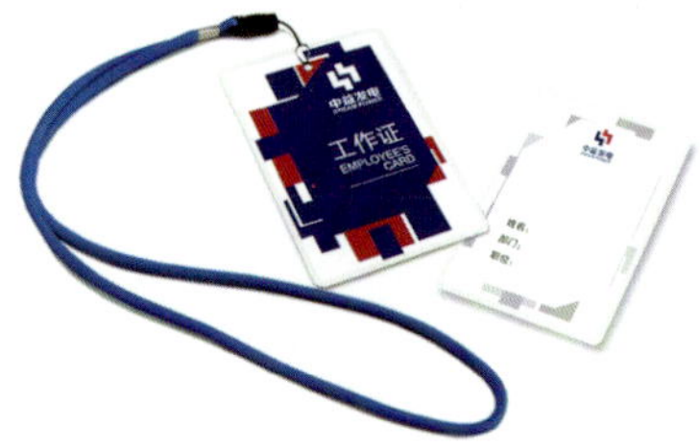

是中国人最喜爱的颜色，甚至已经成为中国的文化图腾和精神皈依，它端正大方而富有生命力，具有热情奔放、积极进取、活力四射的意象特征，表现了中益发电勇于开拓、创新发展的企业文化。

标志设计风格方正有力，象征中益发电踏实稳重的精神和大气雄厚的实力，能够很好地传递企业的行业属性。简洁的标志具备深刻的文化内涵，符合国际化的视觉审美需求，能够展现企业的独特个性。作为企业和消费者链接的桥梁，标志整体设计创意独特，具备良好的视觉识别性，易于识别、记忆和传播。

最终效果

2012年12月，中益发电正式启用了由纯粹为其设计的全新品牌视觉形象建设方案及品牌战略规划。

蒙草抗旱：可圈可点的视觉形象

品牌文化——品牌的灵魂

如果说形象是品牌的外衣，那么文化就是品牌的灵魂。我们这里所谓的品牌文化简单的说，就是指品牌的自我理解，即对“我是谁”、“我要成为什么”，以及“我的核心竞争力是什么”这三个问题的清晰认知及恰当表达。而回答这三个问题，也就等于回答了品牌文化的核心理念。只有核心理念确定了，才能实现其他品牌要素的延展，包括品牌名称、品牌主题诉求语、品牌文化故事及品牌形象定位等。

合作背景

内蒙古蒙草抗旱绿化股份有限公司创立于2001年，前身是和信园绿化公司，是一家专营园林绿化的企业。2006年与先行进行战略合作，重新为企业寻求核心竞争之点，立足北方地域优势，倡导和发展低碳、抗旱、节水绿化，公司名称更名为“蒙草抗旱”，在团队共同的努力下，公司于2012年9月在创业板成功上市。

品牌核心文化挖掘

先行认为在园林设计行业中，内蒙古企业从地域上本身就不具备行业信任度和关联性，在大众的心智之中很难有正确的品牌联想，“牛奶内蒙古的好，但园林设计肯定是南方好”。因此，没有差异化的诉求就很难形成企业独特的竞争力。

相反的，先行发现，弊端本身就是优势：虽然内蒙古地区植物稀少，然而但凡能够存活下来的都具备极强的抗旱属性。另一方面，对于整个行业而言，绿化灌溉对水资源的消耗量非常之大。因此，和信园品牌文化的核心就在于：内蒙古的绿植，节水抗旱。围绕这一核心，一系列品牌要素系统展开。

广 告 主：
蒙草抗旱
广告代理：
内蒙古先行广告公司

根据蒙草抗旱的地理优势，经过多方面的考察，最终确定和信园品牌文化的核心就在于：内蒙古的绿植，节水抗旱。在之后的一系列外包、公关市场活动中都围绕这一核心，一系列品牌要素系统展开。

点评：

在园林设计行业中，内蒙古企业从地域上本身就不具备行业信任度和关联性，在大众的心智之中很难有正确的品牌联想，“牛奶内蒙古的好，但园林设计肯定是南方好”。因此，没有差异化的诉求就很难形成企业独特的竞争力。

但另一方面，弊端本身就是优势：虽然内蒙古地区植物稀少，然而但凡能够存活下来的都具备极强的抗旱属性。对于整个行业而言，绿化灌溉对水资源的消耗量非常之大。因此，和信园品牌文化的核心就在于：内蒙古的绿植，节水抗旱。围绕这一核心，标识创意、品牌定位等一系列品牌要素系统有序展开。

——唐 超

蒙草文化核心理念

品牌命名：“蒙草抗旱”

释义：“内蒙古的抗旱草种”，直接突出产品的地域属性及核心价值。

标识创意：将企业品牌核心竞争力、企业愿景及社会责任融合在形象设计中形成独特的视觉符号——一个“圈”一个“点”，向奢侈绿化画句号，让低碳生活多一点儿！

品牌定位：中国蒙草抗旱低碳绿化 节约型生态建设倡导者

蒙草价值：拒绝奢侈绿化、拒绝短命绿化、要为浪费水的生态建设划句号，要将抗旱植物推向全世界。

蒙草责任：既要种草，也要树人；既要发展、更要责任。我们带头举起了“蒙草抗旱绿化”的旗帜，但是需要更多人感知、让更多人担当、让更多人将这份“星火”传承，广行而广德，蒙草抗旱绿化 造福子孙后代。

蒙草使命：我们要为过去和现在一些不节能、不环保、不科学的绿化行为划上句号；我们要让低投入、低能耗、低排放为基础的“低碳绿化”落下一个实实的圆点、是我们的“心主张”、“新开始”。

形象展示：

Health/Medical Products
药品与保健品类

明兴清开灵：成为清开灵中的明星

广 告 主：

明兴清开灵

广告代理：

张晓岚营销策划中心

感冒类、清热解毒类药品的市场竞争一向尤为激烈，种类繁多让人应接不暇。此次广告创意的主要创意点在于让产品从众多的其他同类产品中脱颖而出。张晓岚影视中心项目组经过定向调研发现，清开灵的功效早已被人们熟知，但是清开灵的品牌却远远不止一种。通过一些列的明星代言活动，广告消费者心中辨识度得到明显的提升。

明兴清开灵颗粒系列广告，通过幽默夸张的故事情节，淋漓尽致地融入了产品功能，过目难忘且让人津津乐道！看过明兴清开灵颗粒系列广告的观众，都不禁惊叹：一个药品广告，竟能把明星效应与创意结合得如此完美！

《发廊篇》

《玫瑰篇》

《面馆篇》

《采访篇》

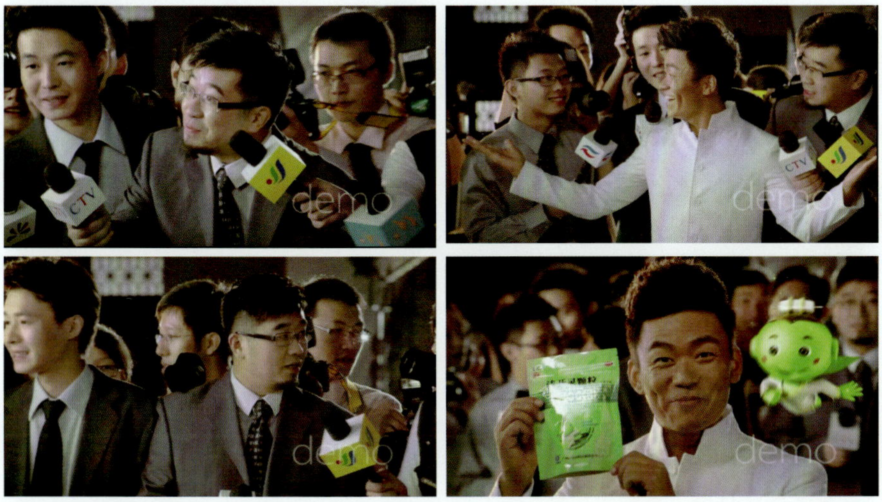

“明兴”锁定“明星”

感冒类、清热解毒类药品的市场竞争一向尤为激烈，种类繁多让人应接不暇。怎样才能突围而出？自然成了这次广告创意主方向。经过定向调研，张晓岚影视中心项目组发现，清开灵的功效早已被人们熟知，但是，清开灵的品牌却远远不止一种。于是，广告创作主线就成为——“让大家记住明兴这个品牌”。怎样能让“明兴”在众多清开灵品牌中脱颖而出？围绕这个问题，项目组随即展开了一系列的头脑风暴，在这个过程中，虽然碰撞出了很多独特的创意，但在反复讨论后，都认为创意的记忆点不够深刻。

就在创意构思陷入迷局中时，作为本广告片的主创兼总导演的张晓岚老师一言惊醒梦中人：“明兴”的谐音就是“明星”！明兴清开灵，就是清开灵里的“明星”！

这是多么具有杀伤力的一句广告语啊！整个项目组都为之振奋，客户得知后，更是兴奋得拍手叫绝。于是，贯穿“清开灵里的明星”这个绝妙的创意，明星代言这个方向已是势不可挡！

选“星“之路

到底选用哪个明星作为明兴清开灵的代言人最为适合呢？张晓岚影视中心项目组把目光朝向了当今炙手可热的一线实力派演员——王宝强。明兴清开灵作为一个日常用药，传递给大众的必须是积极向上的正能量，王宝强踏实、朴素、上进的健康形象刚好与其十分吻合。很重要的一点是，今年由王宝强主演的《泰囧》电影，打破了多项票房纪录，一夜之间，几乎让全中国的观众都牢牢记住了王宝强！这正好是一个难得契机，代言人锁定王宝强！

每个牛逼创意的背后，必定有一个“狂人”团队

代言人定下来了，但怎样在广告中贯穿产品才最能打动人心？

张晓岚老师认为，这次的创意必须要把“明星”的本身特质最大化。既然明星代言人是王宝强，就必须把王宝强本来该有的明星形象凸显出来。众所周知，出道以来，王宝强的屏幕形象都是憨厚老实，且非常诙谐幽默。张晓岚影视中心项目组决定把王宝强这个形象坚持到底，明兴清开灵的广告片就该有明星专属的光环！

幽默的表现方式可以有很多种，作为感冒类药品，怎样出色地把产品功能功巧妙地融进创意中去，就是首要解决的问题。项目组成员经过了多日的思想碰撞和创意筛选，让人忍俊不禁的系列广告创意《课堂篇》、《玫瑰篇》、《面馆篇》、《采访篇》终于宣告出炉！

张晓岚老师认为，最好的广告创意，应该是源于生活，却高于生活。因此，系列广告创意的思路都紧紧围绕着感冒症状——咳嗽、打喷嚏、流鼻涕，而且场景非常生活化，极易拉近观者距离，让人产生共鸣！

突如其来的雷同创意 挑战“闪电团队”

系列广告脚本基本敲定，拍摄筹备工作也即将铺开了，就在这个时候，一条即将出街的广告片引起了项目组的特别关注，这条广告片无论是情节还是产品性质，都与我们的系列广告中的《课堂篇》创意十分雷同，更让人惊讶的是，竟然是明兴清开灵竞争品牌的广告片！

如此相像的创意，竟然同时产生了！如此巧合的事情竟然发生了！

得知这一消息，为了保障客户的利益，张晓岚老师随即果断地带领项目组人员日以继夜地重新头脑风暴、修改脚本。于是，在短短时间内，《发廊篇》闪电诞生了！

意外的是，创意过程如此波折的《发廊篇》，在成片后，由于其创意夸张幽默、大胆诙谐，竟然成为了四条广告片中最出彩的一条片子！

镜头前三秒钟，幕后三年工

好的创意，必须依靠好的执行力才能完美表现出来，为此，张晓岚影视中心丝毫不敢怠慢拍摄工作。其中，为了达到《玫瑰篇》、《发廊篇》中的吹花瓣和吹乱发型的镜头的夸张效果，工作人员在开机前已经做了无数的拍摄实验。

拍摄当天，张晓岚先生作为总导演，一众工作人员有序不紊地各司其职。但凡到现场的客户看到整个团队的工作后，都不禁感叹：从来没见过任何一个团队的默契能与张晓岚团队媲美！他们执行力实在强大啊！

后记

从创意、准备、拍摄，整个广告制作流程当中，张晓岚影视中心的团队所表现的专业与认真是令人动容的，作为广告人，他们执着工作，他们热爱工作，期待张晓岚影视团队创造出更多出色的作品！

点评：

要在众多同类产品中脱颖而出，到位的演绎是不够的，出位，才是正确的方法，夸张、充满戏剧性的幽默手法，让生活中的小小不适被消解于无形，并让这个过程充满欢乐。

另外，一个好的广告，策略对了，方法对了，如果缺少了强大的执行力，终究还是劳而无功。明兴清开灵这个案例，王宝强代言，幽默手法运用，都已经走在了成功的路上，但是，最后起着关键作用的，依然还是制作者的完美执行。

——钟毅

先声药业：微电影与演唱会

广 告 主：
先声药业有限公司
广告代理：
上海同盟广告有限公司

在本次宣传活动中，先声药业突破了药企的推广活动的惯例，采用了大型巡回演唱会的形式。在演唱会中播放了两个先声客户的感人故事，两个故事以普通的医药人员为代表，描述了他们在日常生活中对医药的爱心和执着的精神。

先声药业要在2012年做企业营业推广，但是现在药企的推广活动多是以租普通的宾馆会议室，以企业宣讲、产品经理或外请专家医药知识宣讲及问答送礼品为主。但是这种企业推广活动千人一面，难分彼此。我们经过大量的市场调查发现，发现人们现在喜欢参与性强、形式活泼的活动。所以我们推荐先声药业突破医药企业的营业推广活动的惯例——采用大型巡回演出形式，这种演唱会的形式不仅覆盖人群广，而且高质量、高效果。

先声药业接受了我们的建议。演唱会的准备工作在有条不紊的进行中。有一天老板突然叫整个创意部的文案上楼开会。当时我们都丈二的和尚，不知道上来开什么会。老板告诉我们，先声演唱会上是有一个舞台剧的，但是现在先声觉得舞台剧不符合演唱会的形式，需要有另外的一个节目来顶替。这个节目要符合先声演唱会的目的，而且还要和医药代表们有关系。更重要的是这个节目，要便于执行。因为离先声演唱会不到2个月了，执行难度也是要考虑进去的。

考虑到先声演唱会是以企业推广为主，经过一番讨论，我们决定做2个与医药有关的感人微电影，将先声植入之中，这样既能引起整个医药代表的共鸣，又因为微电影在演唱会的播放，不会影响整个演唱会的节目顺序，而且执行时间也容易掌控。时间紧任务重，我们开始齐头并进，一边创意部现在马上开始做脚本，一边和导演商量拍摄的时间和执行的难度。在短短的几天内《夫妻医生篇》、《营业员篇》就诞生了。

《夫妻医生篇》

《夫妻医生篇》选取了一段夫妻医生的生活片段。夫妻两个人身为医生，每天都在医院忙碌着，而把自己的孩子托给了老母亲。夫妻两个都没有时间照看家里，只因为“我要照看患者”这句借口，也说出了每个医生的责任，而老母亲的话“她们都忙，我理解他们”也说出了每个医生家人的默默支持。医生为了责任，尽心尽力医治每一个患者，这与先声“一切为了患者”宗旨相吻合。当视频在演唱会播出时，真实的生活片段，真实的解释理由让在场的每个人都深有感触。

《营业员篇》

现在普遍的消费者认为药店为了挣钱卖很多的药，而对医院和药店产生误解。《营业员篇》是选取了更一个与患者接触更近的药店营业员，通过描述社区药店的营业员的独白，来展示药店营业员的心声。通过视频中营业员的口，帮助广大的医药代表说出了他们的心声，他们都是尽心尽力为患者着想的。

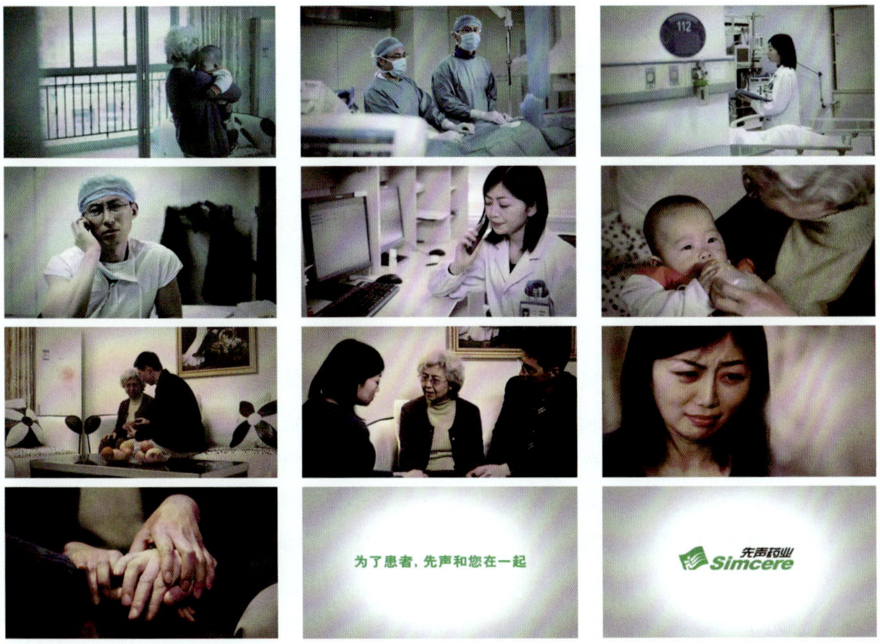

《夫妻医生篇》

《营业员篇》

突破药企的推广活动的惯例，先声药企采用了大型巡回演唱会的形式。在演唱会中，播放了两个先声客户的感人故事，两个故事以普通的医药人员为代表，描述了他们在日常生活中对医药的爱心和执着的精神。整个演唱会在济南、南京和武汉三个城市了进行了演出，覆盖了13万多人，在整个演唱会中这两个感人故事都得到了客户一致鼓掌认可。当我们看到这一切的结果，我们觉得我们的付出一切也是值得的。

点评：

以演唱会为媒介推广药企，是一新；在演唱会上插播微电影，又是一新。本案看似风马牛不相及的出招，却处处契合时下传播方式的变化，招招紧扣目标对象的内心戏码，以新意吸引目光，以真情打动人心，的确是一次成功的传播活动。

——钟毅

参灵草：让影帝来传递信任

广 告 主：

江西江中制药（集团）有限责任公司

广告代理：

上海焦点广告传播有限公司

参灵草的目标是打造比冬虫夏草更好的滋补保健品，通过中医的智慧配伍，将西洋参、灵芝、冬虫夏草完美配伍在一起。江中的目标历来是做到极致，老板追求极致的精神就像中药界的乔布斯。这种极致精神和陈道明的精神追求完全契合。进一步的沟通中，陈道明发现，苛刻是高品质的通行证。

他是《英雄》里的秦始皇，是《康熙王朝》里的康熙大帝，是《楚汉传奇》里的皇帝刘邦，影帝陈道明多年来成功塑造了一个接一个的帝王形象，其帝王气度，无人能敌。

他的艺术造诣、他对角色的苛刻、他对脚本的慎重，造就了他最终领衔“低调而霸气”的影帝。一向谨慎代言保健品的陈道明，为什么会选择和参灵草对话?

这源于焦点品牌管理提供的品牌传播策略：参灵草身处保健品品类，幸运的是出身就有个强有力的背书——江中品牌，不幸的是身为保健品这个品类，身处一个整体不被信任的环境，因此，参灵草的营销本质就是一场信任营销。传递信任营销除了运用科学证实之路外，传递信任的最感性方式是：用一个可信的代言人来传递信任。

鉴于参灵草人群定位的高端性，从商界和政界的抽样调查中陈道明独占鳌头。

说服陈道明：眼见为实

耳听为虚，陈道明向来爱惜羽毛，代言参灵草之前明确对外宣言：本人不接药品、保健品一类入口的东西。如何赢得陈道明的信任，传递江中一如既往的信誉，传递参灵草的制造理念，传递参灵草国医的评价，显然并不足够。在信任缺失的年代，企业需要付出十倍甚至百倍的诚意才能赢得市场。在某种意义上，陈道明首先是一名消费者，他也需要第一个被说服。眼见为实，邀请陈道明微服私访，在事先不经过客户知晓的情况下，突击走访江中药谷，如果陈道明能够亲眼看到参灵草是在3000亩森林般的药谷中制造，如果能够看见世界上领先的首个中药制剂无人车间，看到参灵草的“冬虫夏草银行”，他还有顾虑吗？陈道明欣然接受，考察完江中药谷后，他感慨万分：江中制药和我的想象完全不同，中国有这样先进的技术和制造工艺，我完全没有想到，可以说震撼！

信任：江中品牌与“中药界的乔布斯”

参灵草的目标是打造比冬虫夏草更好的滋补保健品，通过中医的智慧配伍，将西洋参、灵芝、冬虫夏草完美配伍在一起。江中的目标历来是做到极致，老板追求极致的精神就像中药界的乔布斯。这种极致精神和陈道明的精神追求完全契合，进一步的沟通中，陈道明发现，苛刻是高品质的通行证。

江中的领导人钟虹光先生是一个追求极致主义的人，当他身边的好友接二连三地被癌症袭击的时候，他萌发了一个念头，为什么不能为高端人士打造一款真正适合他们的滋补品？随身的补品，品质高，能补精气神，开盖就能喝。在广泛的调研后发现虫草是高端滋补的首选，虫草虽好，但是由于炖煮煎熬的不方便，原料本身的局限性，珍稀的资源白白被浪费了不少。为了超越虫草，钟虹光先后研制了三年，走访了多位名老中医，最后

确定了西洋参、灵芝、冬虫夏草加玫瑰花的完美组合。为了找到适合参灵草的道地药材，他坚持要在源头设立采购点；为了找到最适合包装的材质，他坚持在全球招标，最后选择了日本提供的专利罐；为了彻底祛除农残和重金属，他选中了成本高但不会产生有害物质的物理去除法；为了确保消费者放心，他坚持每一批都交给全球知名的公信机构——瑞士S G S检测机构检测。这些坚持，几乎导致员工发疯，老板太苛刻了，但是当他们拿到中国科学院的检测报告——显示参灵草复方比单方功效明确，当他们拿到中国社会科学院给参灵草申报中医药文化瑰宝的推荐报告时，他们才发现，所有的苛刻是赢得信任的关键。

信任：向生命致敬 向57个总统传递中医文化

中医相信精气神是生命的根本，参灵草中的三味主方，一个填精、一个安神、一个补气，三者完美配伍后，达成了超越“精气神同补”的另一种境界：养五脏、防百病。如果生命值得用心滋养，如果生命值得延续，中国人献给世界的礼物就是中医智慧。2011年国庆前，由外交部礼宾司将参灵草馈赠给174个驻华使节，让参灵草成为继国酒之后的新国礼。

2011年11月，在北京召开的由30多位国医大师、院士组成的中医药瑰宝推荐会上，参灵草的配方智慧赢得了多方赞誉。与会专家表示：参灵草组方科学，符合中医的整体平衡观。从性状上看，西洋参性寒、虫草性温、灵芝性平，三者配伍后，一寒一热一平，达成了寒热平衡；从三者的特性看，冬虫夏草入肺、肾，西洋参入心、肺、肾，灵芝入五脏，三者配伍后效能叠加，达成了心、肝、脾、肺、肾五脏同时调理，达成了系统平衡；从剂型上看，口服液完美促成了高效吸收；从包装上看，金属罐、随时开、随时补，确保了中医有效融入现代滋补。

2012年6月7日，太湖文化论坛授予了参灵草“中医药文化瑰宝”的称号，这也是参灵草获得业内顶级专业人士认可和推荐的见证。

点评：

要让低调霸气的影帝、自惜羽毛而谨慎代言的陈道明，出任一款刚上市的保健品的形象大使，赢得他的信任，也就是成功的开始，而成功来自对品质的自信，也来自策划者的卓越执行力。当然，自信是一回事，赢得市场信任又是另一回事，还需要有正确的方法，影帝代言，国医大师、院士背书，可以说，参灵草的每一步都踩在了正确的点上。

——钟毅

虎杖传说·还元会所：体验还元

广 告 主：

上海和风来实业有限公司

广告代理：

上海焦点广告传播有限公司

还元会所是一个从日本引进的全新健康业态，是全球领先的细胞氧疗、还元疗法会所。在这里，不但人体的健康状况能得到还元，而且由于一系列独家专利的产品，使得水还元、空气还元、食物还元也成为可能。

今天您还元了吗？

沪上悄然兴起的问候方式，引出一个全新的品质生活理念。

三十年前，国人相互问候语是“您吃了吗？”，二十年前转变为“您忙吗？”，十年前转变为“您还好吗？”，现在已在沪上悄然转变为“您还元了吗”？

在清凉的佛乐声中，在犹如原始森林的富氧环境中，静静地躺上30分钟，静静地出汗、排毒，蒸一次，人体就还元一次，蒸一次，人体就慢慢从亚健康还元到健康态、年轻态。

这是一个从日本引进的全新健康业态，是全球领先的细胞氧疗、还元疗法会所。在这里，不但人体的健康状况能得到还元，而且由于一系列独家专利的产品，使得水还元、空气还元、食物还元也成为可能。

2012年7月登陆上海，坐落于上海曲阳路850号的虎杖传说还元会所，是焦点参与整体品牌规划的健康连锁品牌。焦点的进入，对这个业态的定位重新进行了梳理，她独特的技术优势、确凿可见的还元效果以及独特的体验，都决定她的消费市场巨大，传统养生养什么？虎杖还元，还元什么？

传统养生仅仅是放松，通过手法、推拿，提供给消费者的保健疗法，只对症态负责，不针对细胞原点，不能从根本上改善身体体质，已不足以满足高品位人群的健康需求。

通过打通微循环，让细胞在富氧环境中得以修复、更新，新陈代谢加速了，还元效果每个人都可以感知，一次虎杖会所30~40分钟的还元，相当于4个小时的高尔夫运动；相当于12个小时的森林漫步；相当于5次专业的颈椎按摩；=10次有氧运动。

求医不如养生，养生不如还元。

走进虎杖传说还元会所曲阳店，宽广幽静的空间弥漫着禅意，香港净空老法师的“纯净纯善”、上海龙华寺照诚方丈的“福”临门，让每一位宾客感受到虎杖净地的殊胜。清新入肺的空气扑面而来，硅藻土本色的室内还元涂料，古朴质感的软装设计，典雅悠然的灯光渲染，衬映着七个彩球“和风来还元工法”，在和谐中闪着光耀，它才是会所的核心，它才是还元新理念的旗标。

当您还在被空间氛围所感染时，客服人员淳朴自然的微笑，递上一杯会所特制的还元水，普通的纯净水在和风来酵素桶六个小时的软化，ecoparadise特殊酶与水分子离子产生共振，离子键间隙力变小，普通的中性水转化为弱碱性水。弱碱性水入体内，激发带动占体重65%的体内水分子同频率共振，达到机体酸碱平衡作用。喝上一杯还元水，这是您健康还元神奇体验的开始。

回归婴儿态
蒸得能还元
www.ecoparadise.com.cn

虎杖传说：全球领先的细胞氧疗 · 还元会所
自2012年7月登陆上海
坐落于曲阳路850号的虎杖还元会所，运用第三代生命科学技术，由内而外，固本清源，复始还元。引领全新的健康消费理念，在森林般的环境里进行细胞氧疗、细胞还元。恢复人体健康态、年轻态，还元的感觉，轻松极了！
虎杖传说·还元会所
和风来还元工法
www.ecoparadise.com.cn

蒸过才知道，求医不如养生，养生不如还元
好车要保养，好人更需要保养。以往的保健疗法，只对症状负责，不针对细胞原点，不能从根本上改善体质。虎杖还元会所，独特的细胞还元氧疗疗法，蒸一次，还元一次，蒸得越多，疾病、亚健康被还元得越多，这可不是传说哦！
和风来还元工法
www.ecoparadise.com.cn

虎杖传说还元会所

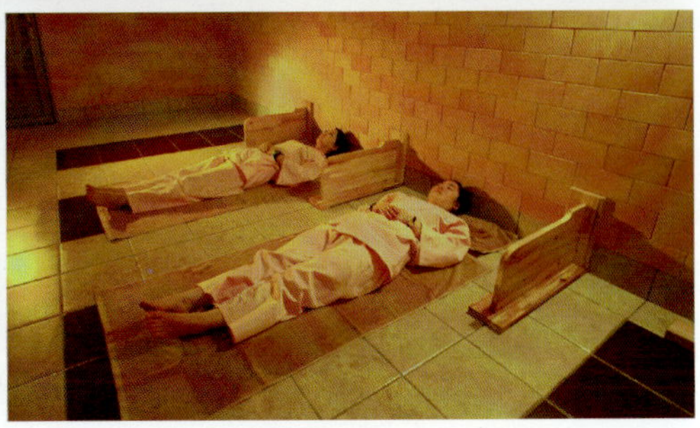

点评：

一个刷新中医养生、针灸推拿、传统美容业的全新业态，要让市场产生信任，必须下一番市场培育的功夫。而充满典雅气息、纯净纯善的空间，客服人员专业到位的举止，让人意犹未尽的还原功法护理，让每一位尝试者在和谐的氛围中感受正能量的传递。无疑，成功的产品自己会说话，而营销人做的，只是让这些声音正确地传递给顾客，这也是一种专业性。

——钟 毅

一楼男宾，二楼女宾，分区还元，共13间工法室，每间门头上的铭牌，宫毗罗（子神弥勒菩萨）、伐折罗（丑神大势至菩萨）、迷企罗（寅神阿弥陀佛）、安底罗（卯神观世音菩萨）、毗羯罗（亥神释迦牟尼佛）……佛界十二时辰的护法神，给每一位来宾护佑加持。

走进工法室，Ecoparadise还元工法技术，全部日本建筑工法材料打造的还元空间，每个工法位12块日本进口能量陶板，恒定50℃的地热系统，42℃的室温，20%相对湿度的体感，四周墙壁为日本能登半岛的硅藻土陶砖，封闭的室内空间。工法位静卧，只有优美的背景音乐轻轻陪伴，闭目冥想，空间的还元酶在抚摸着你，激活您的副交感神经，赶走了疲劳；相当于森林海边浓度的负氧离子一个个游进您的血脉，由上而下，由下而上，净化您的血液；空间的电子进入了您机体内的每一个角落，修复受损细胞；HSP热休克蛋白被激活，突变细胞被击昏；您还元了，受伤的您恢复了强大……30~40分钟的静卧还元体验，您被一身的汗水搅醒，体内一个个毒素分子顺着汗腺排除体外，清清无味的汗液，非以往的臭汗，这是妙法。您还在惊奇这样高热的的室温下，您丝毫没有感到任何的胸闷不适，一个全球领先的细胞氧疗方法，美妙的还元历程意犹未尽。

来到休息区，客服人员端上一杯营养水果酵素，原味山楂，清口怡爽，补充人体所需要的酶，调节肠胃功能，平衡酸碱体质，改善便秘。朋友间用一样的眼光相互打量，您面色好了，您年轻了，情不自禁又续了一杯山楂酵素，我深感到这才是生活，健康生活，高品质生活。

在会所偶遇该项目引进人，和风来中国董事长傅蓉女士，她正在接待杭州加盟商寿彩萍女士一行到访，一个是博大胸怀的优秀女企业家，一个是社会责任积极推动者，言语间远知灼见的相互碰撞，正能量在传递。面对采访，傅董事长说：虎杖传说·还元会所项目是致力于地球环境改善、人体健康还元的善业，空气还元，水还元，食品还元，机体还元，还元人类生态自然和谐。选择项目加盟商要看是否具有相同价值观，永续经营能力，共赢理念，团队及当地资源。

虎杖传说项目总监钱多多女士给我们介绍，中国笔王宁波贝发集团正打造的中国健康文化产业园平台，将引进虎杖传说还元会所作为能疗项目链接，强强合作。正如贝发集团邱智铭董事长对外界媒体发布称，虎杖传说将掀起健康产业新纪元。上海曲阳店、上海新闸店、上海四川北路店，上海虹桥店，北京，杭州，温州，宁波，义乌，石家庄，海口，虎杖在行动。

经历一次虎杖传说·还元会所的还元体验，不仅您机体由气血经络，到细胞修复，是一次360度全方位护理；尤其是您内在气场的五心（心向、心思、心情、心量、心泽）的一次洗礼。正如会所内台湾星云大师为会所亲笔赐字“清凉自在”，所表达的寓意，虎杖还元是一次机体还元，更是一次身心灵三位合一的还元历练。

富硒康：老杜的美好生活

硒元素是人体不可缺少的微量元素，但近几年国民才意识到补硒的重要性，国内硒市场前景广阔。富硒康是1994年华信药业与北京大学合作推出的补硒保健品，是中国补硒产品的开创者，至今已经在江浙皖地区热销了19年。

2013年，华信药业与海润合作，提出他们目前的问题和对未来的要求。首先，富硒康曾拍摄过很多支TVC，但调性始终偏重促销，品质感不高。其次，从礼品向自服，是保健品市场的发展趋势，而富硒康年节销售比例超过80%，客户希望开拓自服市场，改变单纯的礼赠品牌的形象。最后华信药业希望通过对富硒康系统、大规模的传播，令品牌发展登上一个新台阶，巩固现有优势市场江浙皖，并全力向全国市场进军。

名人代言，是品牌推广常用的手段，在保健品市场，屡见不鲜但却行之有效。这点上华信药业与海润不谋而合。富硒康的消费者主要是中老年人，挑选中老年人喜爱的明星是必做的功课。在众多的中老年明星中，我们把目光集中在了著名演员杜雨露身上，杜老中年以后才被大家熟知，他的荧幕形象多是忠臣、将军、干部等身居要职的正面角色，这些正义的角色深受中老年人欢迎，同时杜雨露身体健康，家庭幸福和睦，他是富硒康代言人的不二人选。选定了名人，怎么用好用足用出新意，正是海润的长项。在创意过程中，我们尝试颠覆传统严肃的杜雨露形象，让他从有威严的“杜老”变成一个和蔼可亲的家常 “老杜”，同时，我们以系列广告的方式，用家庭和老年活动中心两个典型场景，拉近与消费者的距离。

《视频聊天篇》将视频聊天作为老年人生活的时尚元素，展现健康老人良好的生活状态。在聊天过程中，杜雨露假装对好摄像头，实则给对面的老朋友展示自己的富硒康， “不用儿女送，我自己买的！”，话里话外透出的一丝炫耀，将补硒的重要性，以及富硒康的功效融汇其中，又恰如其分地表现了老年人也懂得关心自己为儿女分忧的父母心，符合保健品市场从礼品化到常态化的消费趋势。TVC展示富硒康功效同时，也给中老年人传递一种健康乐观的生活方式。

《缺席篇》则围绕老年大学的老伙伴缺席课程展开，贯穿“身体缺硒”造成的“健康缺席”情节，杜雨露是一位关心伙伴的“老大哥”，倡导大家重视补硒，享受幸福晚年。当前社会儿女不在身边是很平常的状态，所以老伙伴之间的感情越发珍贵。关爱中老年人健康的富硒康，自然融进老伙伴们浓郁而温暖的真情中。

在执行上，我们邀请著名广告导演齐虹执导，齐导拍摄风格细腻，曾为我们执导过多支哈药六厂的产品广告，对于名人代言广告，可谓驾轻就熟，加上拍摄现场杜老专业而一丝不苟的演出，整个制作过程十分顺利。

老杜篇系列广告完成后，客户十分满意。客户更从合作过程中，看到了海润对保健品市场的深刻认识和操作经验。 随后，华信药业正式委托海润广告，全权代理组建营销团队开拓山东市场，迈出产品走出江浙皖、走向全国市场的第一步。

广 告 主：

富硒康

广告代理：

兰州海润广告有限公司

富硒康精分市场，邀请中老年观众熟知喜爱的杜雨露老师做形象代言，《视频聊天篇》将视频聊天作为老年人生活的时尚元素，展现健康老人良好的生活状态；《缺席篇》则围绕老年大学的老伙伴缺席课程展开，贯穿 “身体缺硒” 造成的 “健康缺席” 情节，杜雨露是一位关心伙伴的 “老大哥”，倡导大家重视补硒，享受幸福晚年。用家庭和老年活动中心两个典型场景，拉近与消费者的距离，最终使品牌发展上了一个新的台阶。

点评：

富硒康是一款针对中老年人的保健产品，要打动这个年龄段的人，单纯的产品功能诉求，或者自以为是的以情动人，都不能说服这些见惯市面、理智冷静的消费者。要对他们说上话，最重要的是，站在一个能够发生共鸣的共同立场上，找到一种正确合拍的语境，只有这样，传播才有可能发生。老杜，老杜说的那些话，说明广告人深刻理解了中老年人的语境和立场。

——钟毅

康宝莱："永葆青春"整合营销案例

广 告 主：

康宝莱

广告代理：

上海珍岛信息技术有限公司

品牌在网络数字平台的沟通已经成为一种不可逆的现实，此次康宝莱"永葆青春"整合营销案例利用"青春"主体是此次传播活动的主题，也是对有着多年历史的康宝莱品牌形象一次强势的青春再现。

营销背景：

康宝莱是一家全球领先的营养和体重管理直销公司，它的独立经销商网络遍布世界80多个国家，通过200多万的独立经销商进行销售。在品牌营销方面康宝莱一直沿用传统的品牌营销方式，注重传统广告渠道的营销。康宝莱一直在保健品行业中占据着强势的品牌地位和很高的品牌美誉度，这与其熟稔的线下品牌传播活动有着莫大的关系。

但数字时代的到来也使这家传统的保健品牌大鳄开始警醒，受众已经开始改变关注媒体的习惯和方式。上网查看信息和了解新闻已经成为每个人生活中不可缺少的一部分，而传统传播方式所影响的受众，在与康宝莱"青春活力"的品牌受众已经出现了一些偏差。

如果一次品牌传播活动不能"打中"品牌的受众，那这次品牌传播活动自然是不成功的。品牌在网络数字平台的沟通已经成为一种不可逆的确实，于是有了此次康宝莱"永葆青春"整合营销案例。"青春"是此次传播活动的主题，也是对有着多年历史的康宝莱品牌形象一次强势的青春再现。

营销困境：

1) 线下精彩，线上式微，宣传断层。

康宝莱的线下活动很精彩：资助康宝莱家庭基金会（HFF）及康宝莱之家计划，将优质的营养品带给有需要的孩子们，做各种公益活动。同时也赞助了很多世界顶级运动员、运动队以及多项赛事，包括洛杉矶银河队和巴塞罗那足球俱乐部，还有超过15个运动项目的冠军获得者。冠名了《美丽俏佳人》电视节目等。但线上品牌活动几乎没有开展，更在社交媒体中沉默不语。

2) 线上负面信息泛滥，很多存在于知识平台和论坛，缘于对"直销"公司模式与滥用产品的误解。

3) 消费者大多只能从经销商处获得品牌产品信息，而经销商对线上的参与度也不高。

营销目标：

塑造康宝莱"青春"的品牌形象，提高品牌美誉度。通过网络舆情监测与网络公关减少人们对于康宝莱直销模式的误解。增加康宝莱在年轻群体中的知名度，通过微信、微博等社会化渠道加强品牌与消费者的粘性。

策略与创意：

加强康宝莱在线上的品牌宣传推广力度，加大品牌知名度，加深品牌认知度。

媒体策略：

制定康宝莱线上的传播策略，立体化、全方位的互动营销。采用搜索、社交媒体和EPR等相结合的营销组合策略。同时根据“品牌的知名度”、“品牌的认知度”、“品牌的忠诚度”等不同需求对应选取不同的营销渠道。

品牌策略：

通过线上活动传递康宝莱核心理念（营养与体重管理），推出康宝莱明星产品（瘦身奶昔）；搭建一条连接线下与线上的桥梁，让康宝莱线下精彩的声音传播到线上；实现与康宝莱的经销商在线上的互动，共同塑造品牌。

公关策略：

舆情检测，清理或压制负面的声音，覆盖传播正能量，打造康宝莱健康的网络环境。

创意：

足球永远是“青春”、“激情”的象征！利用品牌代言人C罗的红人效应，结合体育热点，传递康宝莱“青春”的年轻品牌形象。利用社会化媒体，打造康宝莱减肥真人秀活动，持续跟踪报道，透过社会化媒体营销的口碑效应，真实可信地传递康宝莱的产品让消费者保持青春活动力。

1)线上品牌推广活动，巧妙设计康宝莱减重大赛，全民狂减十万斤！通过红人意见领袖等号召更多的人参与康宝莱减重大赛，提升品牌知名度；同时对活动结果在网络二次传播，扩大品牌影响力！

2)透过珍岛独有的SEP与SEM结合做搜索的营销模式，提升搜索性价比的同时，起到口碑宣传作用。使用珍岛独创的舆情检测系统，进行危机公关。

执行过程/媒体表现：

珍岛对康宝莱采用的是整合网络营销方式，结合了所有康宝莱在线下的优质资源，线上的适时热点，使用最综合、最全面的网络营销方式，进行交互式、立体化的营销。

搜索营销：

在搜索引擎端建立“康宝莱”百度品牌专区，使搜索者能第一时间全面了解康宝莱的品牌及产品相关信息；

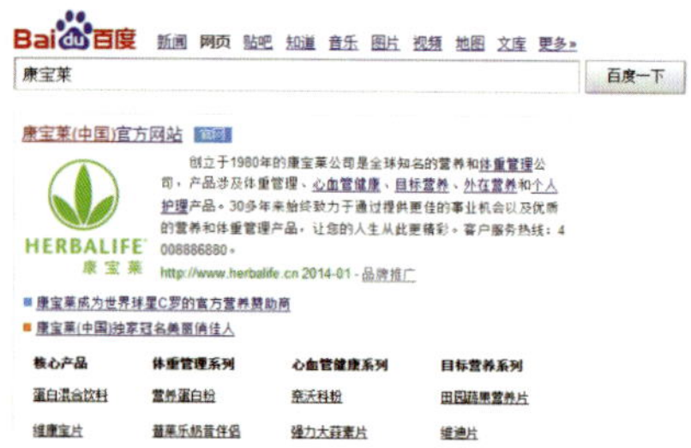

SEO与SEM结合做搜索，制定科学的搜索营销策略，有机结合SEO与SEM。SEM周期短，见效快，品牌权威效应，SEO内容营销起到引导性作用。SEO与SEM有机结合 ROI达到最大化；

社会化媒体营销：

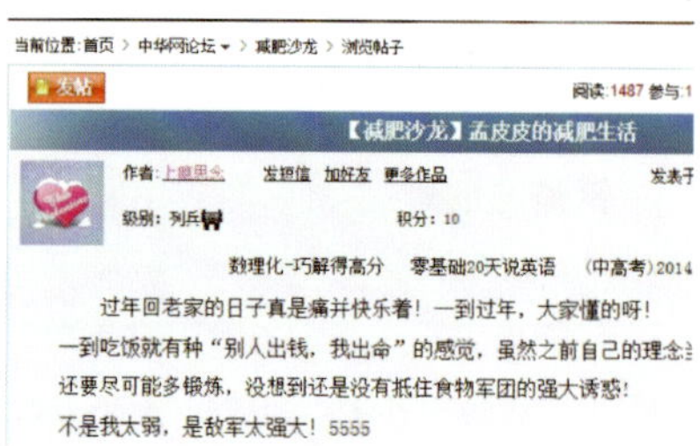

以真实人物孟皮皮的减肥生活为蓝本，在论坛中设计“孟皮皮减肥生活”的连环帖，以此为内容源，利用微博、开心、人人等传播渠道进行扩散式传播。同时打造一系列康宝莱相关的论坛置顶精华贴。

把握时事热点进行微博营销，如雅安地震、康宝莱新签C罗为代言人、母亲节等。

建立康宝莱微信公众号，并运营推广，设置3000个高频核心关键词的自动回复。通过线上线下的活动，并结合庞大的经销商体系进行二维码的推广。

网络公关：

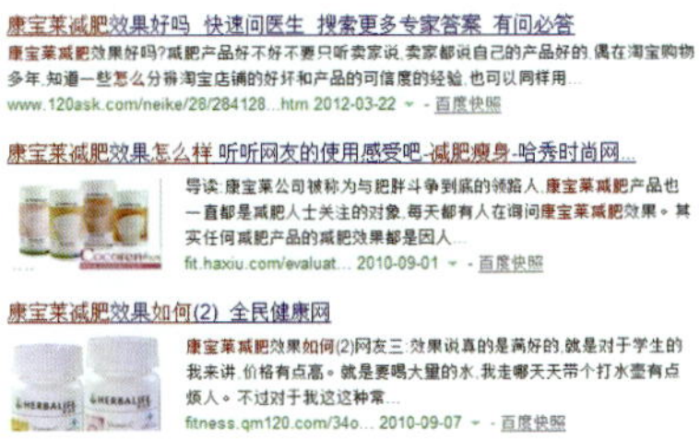
康宝莱减肥效果好吗 快速问医生 搜索更多专家答案 有问必答
康宝莱减肥效果好吗?减肥产品好不好不要只听卖家说,卖家都说自己的产品好的,偶在淘宝购物多年,知道一些怎么分辨淘宝店铺的好坏和产品的可信度的经验,也可以同样用...
www.120ask.com/neike/28/284128...htm 2012-03-22 - 百度快照

康宝莱减肥效果怎么样 听听网友的使用感受吧-减肥瘦身-哈秀时尚网...
导读:康宝莱公司被称为与肥胖斗争到底的领路人,康宝莱减肥产品也一直都是减肥人士关注的对象,每天都有人在询问康宝莱减肥效果。其实任何减肥产品的减肥效果都是因人...
fit.haxiu.com/evaluat... 2010-09-01 - 百度快照

康宝莱减肥效果如何(2) 全民健康网
康宝莱减肥效果如何(2)网友三:效果说真的是满好的,就是对于学生的我来讲,价格有点高。就是要喝大量的水,我走哪天天带个打水壶有点烦人。不过对于我这这种常...
fitness.qm120.com/34o... 2010-09-07 - 百度快照

应用珍岛独创的舆情检测信息查找负面信息，进行正面回复、舆论导向、名誉恢复及正面的口碑宣传。

腾讯播客-康宝莱赞助旅游卫视《美丽俏佳人》品牌推广
标签:康宝莱品牌推广 分类:原创播放次数:475简介:康宝莱赞助旅游卫视《美丽俏佳人》康宝莱奶昔健康健康减肥,健康生活理念:品牌推广 顶 已顶 0 顶 踩 已踩 0 踩 ...
v.qq.com/boke/page/d/j/f/d010048ay... 2012-06-17 - 百度快照

康宝莱独家赞助旅游卫视《美丽俏佳人》掀起瘦身时尚!
近日,环球著名养分与体重办理专家康宝莱(中国)与旅游卫视《俏丽俏美人》栏目告竣协作和谈,成为该节目2012年的独家冠名商,标记着康宝莱(中国)品牌推行进入全新时期 ...
www.kbljianfei.com/vip/5ikbl/dwzdeta... 2012-01-29 - 百度快照

康宝莱(中国)独家冠名旅游卫视美丽俏佳人栏目 健康焦点 健康资讯 ...
2012年1月9日 - 近日,全球知名营养与体重管理专家康宝莱(中国)与旅游卫视《美丽俏佳人》栏目达成合作协议,成为该节目2012年的独家冠名商,标志着康宝莱(中国)品牌推广进入...
jk.scol.com.cn/12/010... 2013-11-14 - 百度快照

结合《美丽俏佳人》节目及康宝莱线下的视频，运用整合网络营销方式，在视频网站上做二次传播与营销。

知识平台营销主动营销，设置可能的问答；机会营销，解决现有的提问。

营销效果与市场反馈：

营销活动的具体效果及相关数据，以及来自广告主、业界专家、媒体、受众的反馈与点评等。

通过一系列的整合网络营销方式，康宝莱在互联网上有了一个全面立体的品牌形象，同时也在不同的平台都发挥了自己的品牌影响力。康宝莱线下的资源得以在线上发挥更大的价值，品牌的知名度和美誉度都得到了提升。

1) 搜索营销 ：alexa排名稳步上升，根据alexa数据显示，网站的日均访问IP平均为27000，门户网站流量激增。

2) 论坛营销：各种设计的相关论坛帖长期置顶精华推荐；“孟皮皮减重连环贴”发布于各大主流论坛，由于楼主和网友的充分互动并能及时帮助网友解决问题，多次被各大论坛评为热帖。截至目前，康宝莱论坛营销所获得的浏览量累计已超过5，000，000次。

3) 微播营销：康宝莱并未开通官方微博账号，而是经常及时把握热点事件，利用KOL在微博上造势。在康宝莱更换代言人的事件中，我们共邀请了10位微博红人对此事件进行了巧妙的传播，累计转发量超过了10000次，累计评论量达到了1000多次。

4) 微信营销：有效联动线上线下，结合O2O的模式，最大限度曝光二维码来推广康宝莱微信。微信后台数据显示：该微信公众账号上线仅5天便获得了6000多个关注，1500多条留言。

5) 舆情检测与危机公关：每日舆情监测发现负面信息及时预警并提出解决方案，化解危机。服务期间，搜索引擎前十页无负面信息。同时，全屏覆盖以品牌、产品相关的科普信息或新闻。

6) 视频营销：康宝莱的所上传的视频总的观看率超过30万。

7) 知识平台营销：创造了50个以上分别针对品牌、产品、营销方式等的科普问答，所有问答的浏览量超过百万。

客户评价：

通过与珍岛的整合网络营销合作，康宝莱在互联网发出了自己强有力的声音，很多消费者透过线上了解了康宝莱，提升了我们的品牌认知度；同时把我们在线下的活动成果传播到线上，制造了反响热烈的二次传播效应，扩大了品牌的知名度。最可贵的是，我们的经销商也积极加入到线上的互动中，大大增加了品牌、经销商和消费者之间的联动和凝聚力！总而言之，珍岛营销是一家十分靠谱的整合网络营销公司！

点评：

数字时代既把一些原来的行业大鳄逼出了新招，也让它们在创新中收获了前所未有的成功。康宝莱原本是习惯于传统媒体营销的，现在，它的目标对象在向网上集结，于是，品牌的目光也开始向网络营销聚焦：搜索营销、论坛营销、视频营销、社会化媒体营销，再加上C罗的品牌代言，成功地开展了一场网络整合营销，结合品牌原有的线下优质资源，行成了交互式、立体化的营销。既使品牌形象得以全方位的立体呈现，也让营销在不同平台上形成合力。

——钟毅

养生堂天然维生素C：不远万里，只为众里寻它

广 告 主：

海南养生堂药业有限公司

广告代理：

浙江博采传媒有限公司

从产品角度来看，“VC内服健康美白”这个细分市场，在全国范围来看暂时没有竞争对手，也取得了较好的销售回报。大水牛在各地均有各种当地小品牌的VC产品，或多或少地获取市场份额。此次品牌传播活动建立了养生堂维C在VC产品中的品牌口碑，树立了很好的品牌形象。

背景

养生堂天然维生素C于2007年4月上市，上市后至2009年主要采用“杂志+报纸平面”两种媒体形式进行推广和宣传。

自2010年1月下旬起，在湖南、浙江、江苏等卫视投放第一条TVC——“耀一世界的白”篇，取得了不错的市场反响。

2011年10月，投放第二条TVC——“天然的红，自然的白”，巩固了养生堂天然维C内服美容品的市场地位。

养生堂天然维C的主要销售渠道在药店，占比80%以上的销售份额都是在药店产生；商超渠道也有销售；同时于2010年启动淘宝官方旗舰店。

自上市以来，产品每年都有较大程度的增长，与客户的期望目标比较符合，但2011年增长速度放缓。

据2009年22个城市的药店销售调研数据测算：约有577万人次购买，仅占20~49岁城镇女性的4%，从这个数据可以看到这个产品依然具有非常巨大的成长空间。

因此，客户想要投放一支新的广告片，希望对处于平缓期的市场，有一个更好拉动。

竞争优势

维生素C被称为万年青的产品，它是人类维持生命活动所必须的元素，它具有唯一性，不会被其他物质替代，需求长期稳定。并且，维生素C许多新的功能和应用正在不断地被发现，所以，市场上的各种维生素C产品也在不断增加，品类繁多。

大多数消费者对于维C产品，它是什么，它有什么作用，都已经很熟悉，而且消费市场相对成熟，如何在众多的维C产品中脱颖而出，广告片中产品说什么，用什么打动消费者，就变得犹为重要。

那么，养生堂天然维生素C的竞争优势，在哪里?

1. 不同于目前市场上其他VC产品“提高免疫力”的功能宣传，养生堂维C，采用类护肤品的推广方式，以“健康美白”的差异化功能诉求和源于稀有针叶樱桃的珍稀原料诉求，进行差异化推广，同时逐步建立“清新脱俗”品牌个性。从市场调研数据来看，养生堂天然维生素C在全国VC品类市场占有率排名第二，第一是力度伸，主要诉求免疫力。

2. 珍稀原料。养生堂天然维C的所有原料， 它不是来源于我们日常生活中随处可见的橘子、猕猴桃或者是柠檬等水果，而是远渡重洋，来自原产于加勒比海地区的珍稀水

果，美誉“VC之王”的针叶樱桃！针叶樱桃Acerola cherry，原产热带美洲西印度群岛加勒比海地区，目前仅在巴西东北部等少数地区有产量，有着馥郁酸甜的味觉感知，能提供丰富的天然维生素C，一般每100克针叶樱桃中，维生素C含量约1743毫克，远远高于猕猴桃的100毫克，橙子的49毫克，柠檬的40毫克。

3. 养生堂天然维C，是目前中国市场上唯一有保健食品批文的“全天然来源的维生素C”产品，产品名称叫“天然维生素C”，而其他维生素C类产品基本都是合成维生素C，或者是复合维生素C，因此只能叫做“维生素C”。天然维生素C最大的特点是自身就含有维生素P，更利于维生素C的吸收利用。同时采用先进工艺，不含合成色素，不含人造香精，不含防腐剂，为消费者提供了更为优质的维生素C产品。

说什么?

从当时的市场状况来看，“VC内服健康美白”这个细分市场，在全国范围来看暂时没有竞争对手，也取得了较好的销售回报。但是，在各地均有各种当地小品牌的VC产品，利用终端拦截的方式，以同样的诉求式，或多或少地获取市场份额。

是继续以“VC内服健康美白”这个诉求来做，还是要调转枪头，进行突围?

这是摆在养生堂和我们面前的一个难题。

在进行了大量的市场调研与竞争优势的分析之后，养生堂最终决定了本次广告片的诉求方向：说原料。

长期以来，养生堂对于产品原料的把控是相当严苛的，因为在对物质追求越来越高的当下，健康成为了人们首要的追求，人们对于维生素的原料及成分极为看重。

你可以同样拥有维生素C的产品功能，但是，我的原料独一无二——来自于加勒比的稀有针叶樱桃，它是极为珍贵的，它是天然的——

不远万里，只为众里寻它。

在广告表现可以尝试聚焦在针叶樱桃上，体现原料的珍惜性，并且富含天然维生素C，在保持美感的基础上，回归到食品属性。

在确定了广告的策略方向之后，客户对广告片的风格调性，提出了要求。

养生堂天然维C之前一共拍摄过两条广告片，

第一条广告片建立了“清新脱俗、世外桃源”的唯美视觉，

第二条广告片延续了唯美风格，但更强化了品牌识别色：红白两色，白色主要是表现产品的美白功能，红色主要是表现原料针叶樱桃。

所以，第三条广告片所要承担的任务就是：继续表现产品的稀有原料——针叶樱桃，获得消费者对天然品质的认可，在风格调性上要与之前的广告片有所延续，它是唯美的，但诉说的内容是真实的。

创意发想

如果说，在广告片策略方向的制定上必须是严谨的，那么，在广告创意的发想上，就可以是充满想像的。

一提到加勒比，整个创作组的成员都很兴奋，整个创意过程在蓝天碧海，美人鱼，海盗，阳光沙滩，海风……中游历，从一开始的天马行空，到最后的慢慢聚焦，加勒比、针叶樱桃与天然维生素C的形象，开始慢慢勾勒出来：

世界上，能有几个加勒比，

前一秒雨水，后一秒阳光，

只在这里，才有稀有针叶樱桃，

落下的雨滴，穿过的季风，合适的阳光，

让针叶樱桃的独一无二，凝结在加勒比这块神奇的土地之上，

这里，仿佛就是一个世外桃源，让人对它充满向往……

于是，一座属于养生堂天然维C的天空之城，在创意组成员的面前慢慢浮现，并且顺利通过提案。

执行

近两年，公司在广告的发展上，加强了与国外一些广告公司的合作，通过了解同行业特征，用强强联手的方式，把国外公司的一些新思维、新技术引进来。公司在2010年和2011年两年参加了法国戛纳国际电影节，在展会期间认识了戛纳法国大巴黎区电影协会营销总监yam，在他的介绍下认识了Mikros image（米克鲁斯）公司。双方沟通了解后，发现米克鲁斯公司的发展过程、框架结构、营运模式和内容和博采几乎一样。

米克鲁斯公司成立于1990年代，以后期特效见长，曾为Dior，Nissan，Heineken等国际大牌进行过广告片制作，并在2012年戛纳广告节影视制作类中，拿下过全场大奖。近两年涉足电影动画剧集的拍摄和制作。因为跟公司的历程和框架结构、项目内容都非常接近，所以双方都很快达成共识，明确了今后可以用资源共享，优势互补的方式，来联手合作。

经过了1个多月的准备，3天的拍摄，2个月的后期制作之后，在无数人的等待与期盼中，广告成片终于出现在我们面前，看到的第一眼，仿佛就吹过了一阵加勒比的海风，清新自然。

当片子顺利完成交到客户手中，他们流露出的肯定，就是对我们最大的褒奖。

不远万里，

只为众里寻它，

这是养生堂对于产品原料的坚持与执着，

也是我们对创意及制作的不断探寻。

这是一次跨国际的尝试，也是一种新合作模式的开始，我们会不断地探求创意及表现的创新。

点评：

从洞察到创意只有一步之遥，但这一步却来之不易。养生堂在中国的保健品市场已经有多年的品牌积淀，并且养生堂维生素C产品也占有了很大的市场份额。如何再进一步挖掘市场潜力，这是摆在博彩广告团队面前的一个重要挑战。想要继续扩大市场份额就必须要让产品接触到一个新的群体。最终博采广告团队决定主打“VC内服健康美白”这个细分市场，尽管执行过程中历经艰辛，最后广告也圆满完成，通过国际合作让TVC的视觉效果完美无瑕。

——唐　超

天空之城篇15秒

前一秒雨水　后一秒阳光

只在加勒比，才有稀有针叶樱桃

它是自然的礼物

发现它，爱上它

为天然而生

养生堂出品

Others

其他类

《龙门镖局》中的品牌"神出现"

广 告 主：
中国平安、腾迅游戏、聚美优品、五谷道场、胡姬花、红牛、庆沣祥、雪中飞
广告代理：
北京合润德堂文化传媒股份有限公司

合润传媒以客户需求为导向，为优秀影视文化作品同品牌建立沟通渠道，在DNA吻合的情况下将品牌营销内容化，融入电影、电视剧，微电影/BC剧、电视栏目等视听内容作品中，不仅广泛发掘国内优秀影视文化作品，与国内80多家顶级制片方成为独家战略合作伙伴，同时通过与好莱坞6大影业公司达成的战略合作，形成了公司的国际化业务格局。古装职场爆笑喜剧《龙门镖局》火爆荧屏，合润传媒经过深入挖掘、精心定制、专业设计，成功实现影视广告的双赢。

背景介绍：

大型古装职场爆笑喜剧《龙门镖局》于2013年火爆荧屏。该剧7月30日安徽、湖北、东方、天津四大卫视，优酷、腾讯、乐视、爱奇艺、PPTV等网站同期首播。瞬时间引发关注，迅速登顶网络收视榜首，截至目前网络点击近8亿次完美收官。

合润传媒作为唯一指定品牌内容营销合作品牌，为该剧输送了中国平安、腾迅游戏、聚美优品、五谷道场、胡姬花、红牛、庆沣祥、雪中飞8个优质客户，每个品牌的合作都独具特色，精彩绝妙，剧中的广告俨然成为收视热点，引发全民关注及热议。

古装职场爆笑喜剧《龙门镖局》火爆荧屏，视频网站点击持续走高，话题热度居高不下。作为一部"古装职场喜剧"，整部电视剧在炎热的夏天，除了给观众带来清凉效果之外，也传递出了满满的职场正能量。

而我们耳熟能详的一些品牌，也在剧情中以幽默的方式展现在我们面前，比如：平安票号、聚美胭脂铺、五谷道场、胡姬花、红牛都以一种"神出现"的植入方式，令观众惊呼，如此之"贱"，而这一切都是出自专业的品牌内容整合营销公司合润传媒之手。

剧中展现之整集定制

《龙门镖局》一开场，就设定了剧情：平安票号是龙门镖局的大股东，由于龙门镖局资不抵债，会影响平安票号的商誉，于是派遣少东家陆三金前来清理不良资产、接手整顿龙门镖局。同时该剧情设计强调了通过平安票号投保重要性，也充分彰显了中国平安针对企业的金融业务。

随着《龙门镖局》剧情的发展，出现了一集专门为茶庄庆沣祥实现的整集定制——围绕庆沣祥茶庄设计了一整集戏份，充分展现品牌诉求。众多的宣传物料，频繁持续曝光，呈现出无所不在的立体式宣传效果。

在《龙门镖局》后续的剧集中，有一整集的剧情都围绕另一个品牌胡姬花展开，并通过重大剧情线，以十分自然、有趣的方式将胡姬花古法小榨花生油"古法小榨，上品花生，木榨工艺"、"可被传承、难以超越的制作工艺及古法六艺精髓"、"古法小榨，品质生活的首选"等品牌诉求充分展现。

而最令人惊艳的是为网络游戏QQ仙灵量身定制整集剧情，故事生动，吸引力极强；拍摄手法新颖，充满搞笑轻松的乐趣。

剧中展现之人物定制

主角陆三金作为平安票号的“代言人”，开场戏便反复强调其平安票号的少东家的身份，为后续平安票号的出现和发展作了完整铺垫，而之后陆续出现的陆三金的整个家族，更是从各方面体现了平安票号的不同业务和品牌知名度。

在五谷道场面馆，更是定制了人物角色掌柜忠良，与主角蔡八斗斗厨艺因为面好而更胜一筹，融入手法别致，令人难忘。

在剧情发展到后期，为胡姬花古法小榨花生油特别定制了剧中角色——胡姬花及卖油郎。胡姬花年轻貌美，精于养生，形象正面，符合胡姬花古法小榨花生油的品牌调性，给观众留下深刻印象，十分有利于胡姬花古法小榨花生油的品牌内涵展现。卖油郎推着卖油车沿街摆摊叫卖，品牌信息醒目出镜。

在为 QQ仙灵定制的剧集中，出现了相关的定制人物“小雪绒”，并为其配置了特定的道具“小虎娃”和QQ仙灵游戏中人物台词“我可以喜欢你吗？”

剧中展现之中插广告

这部剧中最亮眼的部分莫过于《龙门镖局》每一集中间有一个中插广告，得到了众多网友的赞扬和喜爱，甚至可以说零差评。这个中插广告除了专业还是专业，无论是“平安票号为江湖提供全面金融服务”、“五谷道场非油炸健康食品”、“红牛燃烧斗志”系列抑或是“青花会职业技工学校”那广告词一套一套地往上整，还有专业旁白，甚至还玩起了人海战术。而“龙门铁匠铺”不仅能修理钢铁侠，还能修理阿童木，而且英语、日语通吃，让人看得开怀大笑，完爆现今荧屏上播放的众多广告，总之就是两个字——专业！

剧中展现之口播赞美

三金在面对走镖时，为他们准备了平安票号的人身保险，说假如他们出事，会得到医疗费、丧葬费以及抚恤金，强调了该保险最全面、最人性化的服务。胡姬花告诉八斗，自家的油之所以这么好，这么受欢迎，是因为胡姬花古法小榨花生油精选原料，只要青岛出产的大花生，依靠古法六艺榨取。八斗大赞五谷道场：面条劲道，汤好，卤也好，大众点评，五星推荐。通过如此幽默的口播，与剧情、场景紧密结合，在娱乐中推进剧情的同时，记住了品牌各自的优势。

剧中展示之道具展示

在剧中，聚美胭脂、庆沣祥茶品、胡姬花古法小榨油等一系列产品作为道具与自己相关联的剧情和人物中频繁出现，既推动了剧情的发展，又与品牌调性相结合，让观众有更深的记忆度。

剧外的品牌营销

在电影的品牌内容整合营销过程中，剧中的植入只占整条营销链接中比较小的一环，在电影上映前的预热，上映后的联合活动等一系列的动作，才尽可能地借用电影元素来推动品牌营销，如今电视剧作为内容载体，也可以借鉴电影内容营销的

模式。

在合润传媒的策划下，此次参与品牌内容营销的企业，除了在电视剧中有很好的内容植入，在更是结合《龙门镖局》宣传素材元素延伸到自己品牌与产品的宣传中来。比如：平安银行在内刊、平面硬广、广播广告上结合《龙门镖局》元素作为自己近期宣传的主题；五谷道场结合《龙门镖局》元素在视频网站上投放了贴片和暂停广告，并结合电视剧元素进行了大量的微博互动，在看《龙门镖局》的同时能第一时间联系到五谷道场；而腾讯游戏QQ仙灵更是推出了同名网游版本《QQ仙灵·龙门镖局》并实现了电视剧与游戏中人物角色的同步；各大品牌更是在网上结合《龙门镖局》的热播举办了各种各样活动，一时成为话题。

揭秘《龙门镖局》中所蕴藏的商业模式其实很简单，就是“专业人做专业事”，专业发行公司盟将威，专业宣传公司麦特，专业品牌营销公司合润传媒。有了这些专业操作公司替《龙门镖局》作保证，编剧才能潜下心来为电视剧的质量把关，才能在如此精彩的剧中实现上乘的品牌内容整合营销。

点评：

近几年电视剧中植入式广告有全面爆发的趋势，植入式广告重点要把握一个度，最忌讳强迫式植入，生搬硬套剧情，植入技巧性不强，大大影响广告传播效果，应注意：植入式广告要和剧情在一个主题下进行创作，广告一定要与内容相契合，不能为植入而植入，更不能出现有违生活常识的植入，令观众无法接受。《龙门镖局》的广告植入很好地做到了这一点。各类广告作为与剧情共同发展的一部分，达到了非常理想的传播效果。

——吕梁

上虞市：信义文化节

广 告 主：

中国伦理学会

中共上虞市委

上虞市人民政府

广告代理：

浙江雅图传媒环艺有限公司

信义，是中华民族传承几千年的美德，“人无信不立，业无信不兴”，早已深入中华儿女的心灵。上虞乃虞舜故里，是一方人文之地，更是一片信义之地，自古就有“卓公行千里如期”的信义美名流传。上虞不仅拥有历史记载或文献记录的众多信义人物、故事，更有不少信义遗迹留存，像孟尝合浦还珠、陈春澜义造春晖中学、经叔平德泽九州，以及一生节衣缩食捐资家乡教育事业的爱乡楷模张杰等。当前“上虞基金现象”被诸多媒体广为报道，信义人物不断涌现，所以在上虞举办中国信义文化节有着特殊意义。

一、前言

“信义”是中国传统伦理道德规范中的重要范畴，有着深厚的历史文化渊源。信义是衡量社会文明的重要尺度，信义缺失将会严重影响一个国家的经济社会平稳发展，甚至影响一个国家在国际社会中的形象。构建社会主义和谐社会、推进社会主义文化大发展大繁荣，需要弘扬中华民族优秀的信义文化，这是塑造良好社会道德风尚的基础。

二、传统美德，闪耀华夏

(一) 最美之风吹拂浙江之地

近年来，浙江省先后涌现出“最美妈妈”、“最美教师”、“最美警察”、“最美护士”、“最美司机”等一系列影响全国、感动全社会的“最美人物”。这些道德模范、“身边好人”和时代楷模，在平凡中见伟大，在朴实中见崇高，生动地诠释了以“务实、守信、崇学、向善”为内涵的当代浙江人共同价值观，成为群众热议、追捧、学习的草根明星、平民英雄，浙江逐渐成为长三角乃至全国范围内的“道德高地”。

(二) 信义美德传扬孝德之乡

浙江上虞，乃虞舜古地，有着深厚的历史文化底蕴，素有“孝德之乡”的美誉。大舜“孝感动天”、曹娥“投江寻父”的故事，千百年来为上虞人民广为传颂，而其孝德精神更是感染了一代代虞舜子孙，形成了具有上虞地域特色的“孝德文化”，并成为上虞人衡量人格品质的重要道德标准。近年来，上虞对大舜庙、曹娥庙等一些承载着虞舜文化孝义品格的历史建筑进行了修缮、重建，使其成为新时期精神文明建设中一处精神高地、品格之所，极大地弘扬了传统孝德文化。

如今的上虞市委市政府高度重视上虞精神文明建设，从根植于内心的“德孝”精神到“重信守义”的道德延伸，为上虞的发展奠定内在精神基础。为进一步传承和弘扬“信义”精神，中国伦理学会联合浙江上虞市委、市政府决定在举办“中国（上虞）信义文化节”的同时举办“寻找当代最感人的中华十大信义故事（人物）”活动。通过树立信义楷模、挖掘信义故事，要在全社会形成重信守义的舆论氛围，让信义精神为社会的科学发展、和谐发展奠定坚实的思想道德基础。

三、信义盛典，见证上虞

上虞乃虞舜故里，是一方人文之地，更是一片信义之地，自古就有“卓公行千里如期”的信义美名流传，上虞不仅拥有历史记载或文献记录的众多信义人物、故事，更有不少信义遗迹留存，像孟尝合浦还珠、陈春澜义造春晖中学、经叔平德泽九州，以及一生节衣缩食捐资家乡教育事业的爱乡楷模张杰等。当前“上虞基金现象”被诸多媒体广为报道，信义人物不断涌现，所以在上虞举办中国信义文化节有着特殊意义。

（一）弘扬文化，展现上虞城市气调

文化是一座城市最具价值的资源，也是推动经济发展的重要动力，信义便是上虞特色文化的重要组成部分。

通过此次信义文化节各项活动的实施，雅图始终将独具上虞地缘特色的虞舜文化为主线，以此串联策划各项活动、设置亮点。同时配合以“孝义、诚信、责任”为核心的新时期上虞精神的宣传，以及“中国孝德文化之乡”建设成果的展示，全方位呈现出了上虞崇信尚德的社会氛围和重诺守信城市品格。

（二）优势载体，实现上虞城市推介

本次信义文化节活动之一的“寻找当代最感人的中华十大信义故事（人物）”活动，是一项具有国际影响力的活动，中国伦理学会也是全国知名的社会团体。联合举办这样一个全国性的大型活动，这对上虞来说是一个十分难得的载体，是展示上虞发展实力和城市风貌的平台。

在传承和弘扬信义精神的同时，雅图成功将宣传推介上虞城市形象与信义文化节各项活动有机结合，从而有效提高了上虞的对外知名度和美誉度，让更多人了解上虞、关注上虞、走进上虞。

（三）别具匠心，记载上虞城市品格

上虞悠久的历史长河中，涌现出了不少重信守义的信义人物、故事，更有不少信义遗迹留存。一直以来，这种耳闻目睹的信义精神深深影响着上虞，成为上虞人民的行为准则。

信义文化节举办期间，雅图专门策划设计了一系列展示弘扬信义文化节主题和上虞悠久历史特色的宣传海报、楼宇电视宣传片，以及在城区最具地缘文化特色的公众休闲场所之一——舜会百官广场，设计制作了信义墙、信义窗、信义林等一些列宣传载体，旨在让更多的上虞市民和外来游客感受上虞信义文化，弘扬中华信义美德，同时也将成为记载上虞城市品格的光辉一笔。

四、投身从“文”，共创繁荣

通过配合市委市政府策划实施此次信义文化节活动，雅图将弘扬上虞信义文化和新时期“四个上虞”建设目标，有机结地结合在了一起。同时，在长期投身文化创意领域的发展过程中，雅图在上虞的人文建设方面，亦有着不少亮点之作。

（一）同筑孝德之所

2011年，由上虞市政府筹资重建的大舜庙正式竣工。6月18日，大舜庙落成典礼暨中华孝德文化之乡授牌仪式在曹娥景区隆重举行，此次典礼成为雅图致力弘扬虞舜精神、传承孝德文化过程中的一大亮点。经过近半年的策划筹备，雅图广泛搜集了传统祭舜典礼的各类资料，并参考学习绍兴每年一度的祭禹大典，以极具古风古韵的活动形式和现场布置，打造出一场宏大庄重的大舜庙落成典礼，成功地凸显了大舜庙作为上虞一处重要的文化地标所散发出的魅力，也是营造信义之风的暖身之举。

（二）塑造人文精神

雅图通过不断挖掘上虞的人文资源，深化“孝义、诚信、责任”主题教育活动，在文化创意产业领域积极弘扬重孝义、讲诚信、守规则、有责任的行业风尚。同时，积极为政府机构、企事业单位、乡镇社区等策划开展各类文化创建活动，协助市委市政府建设城市公共文明体系，改善环境、优化秩序、完善服务，有效提升城市文明程度。

（三）打造文化品牌

上虞有着众多优秀的历史文化资源以及秀丽山水风光，是上虞精神文明建设的宝贵财富。雅图通过整理挖掘更多彰显城市文脉和人性的文化元素，提升文化共享度，策划操作各类文化宣传推介活动，如“虞舜文化周”，扩大市民参与度，进一步增强上虞作为浙江历史文化名城魅力，提升上虞特色文化的品牌影响力。

（四）推进文化惠民

此外，多年来雅图承接了上虞众多历史文化展厅、名人乡贤故居的设计建设工程，如上虞非物质文化展示中心、青瓷博物馆、陈春澜生平事迹陈列馆、张杰事迹陈列室、崧厦展览馆等，为广大市民和游客了解、感受上虞悠久的历史文化，提供了丰富的资源，同时极大地提升群众文化的吸引力和参与度。

五、后记

此次信义文化节组委会特别授予了上虞市“中国信义城市”称号，表彰上虞在信义文化建设重作出的重大贡献。作为首届中国信义文化节主办城市，中国孝德文化之乡，一直以来，信义文化建设始终融入上虞推动经济社会发展的方方面面。在全国范围内，上虞在弘扬信义文化、创建信义城市方面发挥着示范引领的作用，尤其是以信义之名反哺社会的现象在上虞蔚然成风，“信义”已成为上虞城市精神的重要内涵之一，这座城市始终充满着温暖的阳光，传承着信义的文化，展示着信义的力量，弘扬着信义的精神，真正践行着“上善若水，虞美天下”的城市诺言。

加强基层组织
推进科学发展
共创美好生活
崇孝守信
新时期
上虞精神
务实创新
ADVOCATING FILIAL PIETY KEEPING FAITH
中共上虞市委员会 上虞市人民政府
中国信义城市 中国孝德文化之乡—上虞欢迎您

中国（上虞）信义文化节
开幕式
OPENING CEREMONY

信义耀中华

信义窗

信义林

上虞市非物质文化遗产
展示中心

点评：

该案例侧重挖掘城市的历史文化。上虞悠久的历史长河中，涌现出了不少重信守义的信义人物、故事，更有不少信义遗迹留存。一直以来，这种耳闻目睹的信义精神深深影响着上虞，成为上虞人民的行为准则。信义文化节举办期间，雅图专门策划设计了一系列展示弘扬信义文化节主题和上虞悠久历史特色的宣传海报、楼宇电视宣传片，以及在城区最具地缘文化特色的公众休闲场所之一——舜会百官广场，设计制作了信义墙、信义窗、信义林等一些列宣传载体，从而让更多的上虞市民和外来游客感受上虞信义文化，弘扬中华信义美德，同时也将成为记载上虞城市品格的光辉一笔。

——唐 超

建德市：17度，建德新安江

广 告 主：

建德市风景旅游局

广告代理：

浙江美洋广告有限公司

被一系列大城市和旅游名胜古城包围的建德，要想从中脱颖而出，走出一条适合自己的发展道路，需要下一番苦功夫，必须要对自身的优劣点做一个明确的定位，扬长避短，将自身闪光点尽情发挥。影片在做了一番实地调查之后，挖掘资源亮点，打造独特销售主张，瞄准周边城市夏季避暑旅游市场，确立市场志向，打响一江水，将建德旅游的独特卖点聚焦在“17度”上。然后进行了良好的品牌包装和延伸，最终打响了品牌赢得了知名度，大大促进了建德旅游业的兴旺。

靠近杭州的建德长期以来并未分享到旅游消费高涨带来的机会，外省游客的消费聚焦在杭州，本地客户对建德“视而不见”，这让建德的旅游管理部门感到颇为棘手——多年以来以“清凉世界，梦幻新安”为形象的旅游传播并未带来多少实效。

事实上，建德对自身的旅游市场有着较为明确的定位，杭州、绍兴、宁波、乃至上海的都市居民、以休闲度假为主的旅游消费一直是建德旅游推广的核心，但是，低速缓慢增长的本地旅游经济、长期的宣传投入产出不显著的状况都表明了建德旅游的营销传播出现了问题。不温不火的建德旅游，该如何引燃爆发力，创出一个新局面?

现状诊断：品牌的差异性不足是造成建德旅游品牌影响力不高的主要原因

在本案前期，我们以杭州、上海、宁波为样本地进行了一次摸底调研，发放了上千份问卷，数据显示61.40%的受访者表示不了解建德旅游，这一结果让人吃惊——建德旅游近十年的传播能量跑到哪里去了?

结合客户调研和周边市场研究，我们发现“缺乏独特卖点”是消费者不关注、不了解建德旅游的主要原因，“清凉世界，梦幻新安”品牌口号未传达出与竞争对手的差异。

“清凉世界，梦幻新安”的口号看似讲明了建德旅游的“清凉”特点，但这更像一幅朦胧的中国山水画，而不是包含特定目标消费群体、鲜明的差异性、明确或隐含的消费价值等要素在内的充满个性、高精准度的市场指针。更不妙的是，周边的普陀山、天目山等旅游目的地，同样在打“清凉牌”，建德的宣传推广并没传达出与对手之间的差异，消费者无法作出有效抉择。

事实上“清凉”可以分为很多种，普陀山的佛国清凉、天目山的高山清凉都具有不同的内涵，建德的“清凉世界”本应具有与之不同的特点，而这一特点尚未被挖掘出来。

品牌策略：挖掘资源亮点，打造独特销售主张，瞄准周边城市夏季避暑旅游市场确立市场志向

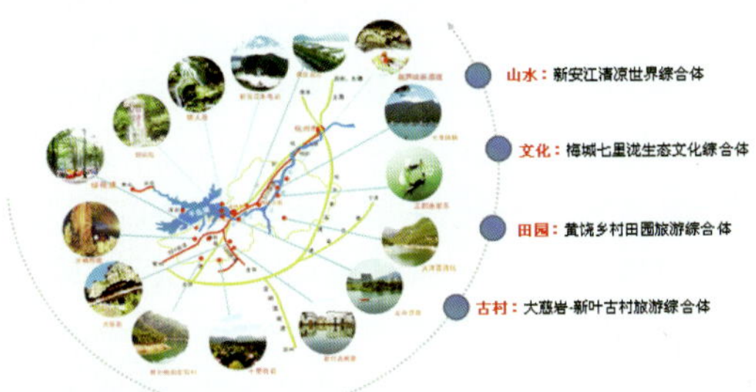

（图1：建德旅游资源图谱）

抓住一条江，将建德旅游品牌的重心引导到新安江上，以此构架建德旅游的资产体系

建德旅游推广和旅游品牌建设长期以来缺少一个重心，山水、文化、田园、古村以及新安江新城各有特色，但没有一个重心，在罗列景点景区的“大而全”的传播中不能自拔。

通过对建德旅游资源的梳理和对旅游品牌打造、旅游市场营销的考虑，我们将这场品牌战役的重心放在了新安江上。

（图2：新安江风景）

新安江发源于徽州，是富春江、钱塘江的上游，干流长373公里，素以水色佳美著称。古人“风烟俱净，天山共色……奇山异水，天下独绝……”的名篇就出自新安江。沿流风景绝佳，深得文人雅士青睐，留下了数百篇吟咏诗作，号称“唐诗之路”，其中就有李白、孟浩然、杨万里、范仲淹、陆游、唐寅、董其昌等的作品。

严子陵钓台、梅城古镇、徽派村落、800余岁新叶古民居等景点；枇杷、柑橘、蜜桃、板栗等特产；九姓渔民水上婚礼、婺剧、新叶昆曲、三月三庙会等文化遗产……建德丰富多样的旅游资源都与这一江春水有着密不可分的关系。1960年新安江水库大坝蓄水后，580平方千米的水域中近1600个岛屿星罗棋布，全国著名的千岛湖横空出世，更是提升了新安江的知名度。

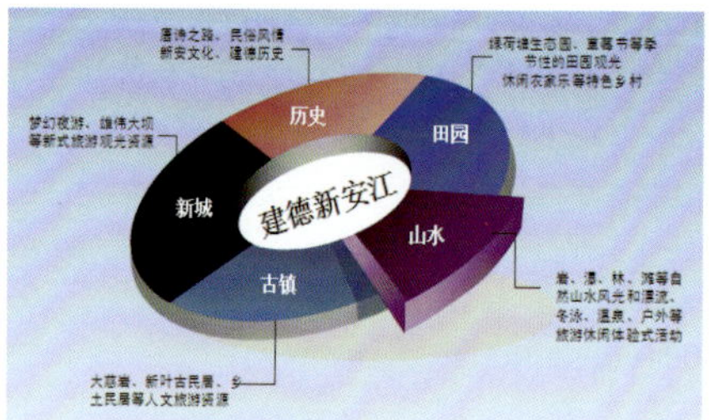

（图3：围绕新安江规划的建德旅游资产体系）

打响一江水，将建德旅游的独特卖点聚焦在“17度”上

有了“新安江”还不足以撬动市场，我们继续深入，将看点聚焦在了新安江水之上。

新安江的江水自有其不凡之处！建德新安江与千岛湖水库大坝落差达90米，水库开闸时湖底冰凉的水流入新安江，使江水常年保持在12-17° C之间，这个温度与浙江冷到零下、高至40度的气候而言是名副其实的“冬暖夏凉”。

（图4：新安江风景）

17度的水温于冬季则温润柔暖，于夏季则沁骨清凉。在大坝下游水面平阔的江面上波澜不兴，常年云雾蒸腾。沿岸的山水城市、江上的游船大桥在其中若隐若现，真如人间仙境一般。这样的一江水在周边乃至在全国都是绝无仅有的，足以堪称为“奇迹”。

为了保证“17度”品牌核心具有生命力，我们还研究了医疗健康方面的资料，人体工学报告显示，17度是一个人体最能感到舒适、凉爽的温度，对于需要在杭州这个“火炉”城市和酷热的长三角地区忍受高温炙烤数月之久的人而言，这一亮点具有强烈的吸引力。

无独有偶，从气象部门得到的数据显示，建德常年的平均气温竟然也在17度左右，这当然也要拜江水所赐。

至此，“17度”的亮点被我们提炼出来，成为建立差异性品牌的核心。一个实实在在的“17度”，给“清凉世界”的“清凉”以明确的定义，使其可感、可知、又有效区隔了竞争对手，为建德所独有。

“17度，建德新安江”，瞄准抢占夏季避暑旅游市场鳌头确立志向

在杭州周边，有着诸如莫干山、天目山山林避暑，普陀山海岛佛国避暑这样的避暑旅游目的地，在挖掘出“17度”的独特卖点并将其作为 “17度，建德新安江”的品牌核心后，以水凉、风清、雾奇、往来便利、配套更丰富为特点的“17度”新安江避暑旅游对那些不喜爬山劳累、漂洋过海、讲求便利的都市一族产生了巨大的吸引。我们期望通过“17”度的销售主张的支持，让“17度，建德新安江”这一全新的旅游品牌在区域避暑旅游市场确立绝对的领导地位。

品牌包装：展示全新形象，对品牌接触点进行全新包装整合，唤醒受众的眼睛和耳朵

找到独特卖点后，我们以“17度，建德新安江”为品牌，对建德旅游的视觉形象进行了整合包装。设计了全新的建德旅游识别符号，并对旅游品牌形象、旅游门户网站、旅游局办公应用识别、旅游产品推介中心、景点景区、旅行社等旅游品牌传播的重点环节进行了全新的视觉整合，以一股17度清凉之风，唤醒了受众的知觉。

图5：建德·新安江旅游品牌LOGO设计，融合进17度元素

图6：ICON设计，突出17度和新安江的清凉

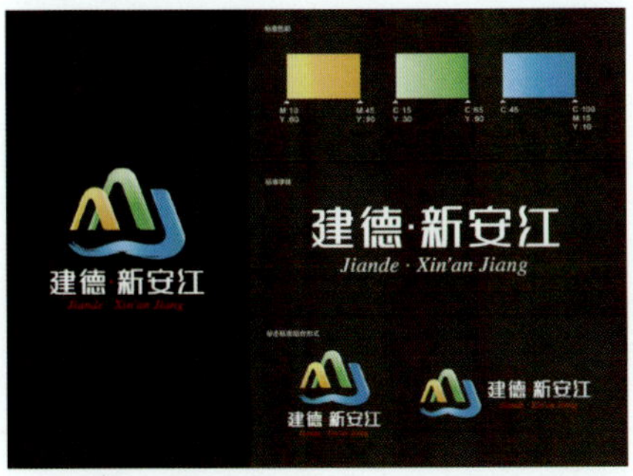

图7：建德·新安江旅游品牌标准色、标准字体、组合规范

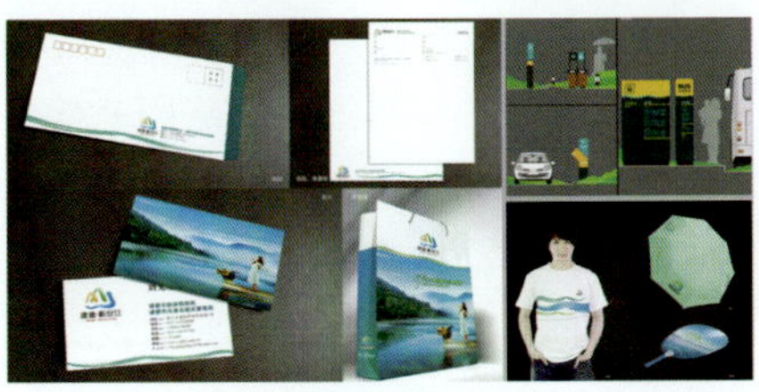

图8：建德·新安江旅游品牌VI应用办公系统、指示系统、应用系统

图9-11：建德·新安江旅游主形象设计

图12：建德·新安江旅游形象宣传片

图13：建德·新安江旅游形象公交、户外宣传

图14：建德·新安江旅游门户网站

图15：休博会建德新安江旅游展厅设计

图16-17：建德·新安江旅游宣传手册、宣传折页

除品牌形象的整合包装之外，我们还和建德旅游管理部门一起，面向景区、旅行社、酒店等旅游系统内的相关单位进行了关于“17度”的独特销售主张和“17度，建德新安江”旅游品牌的宣传贯彻，从旅游产业内部统一意识、协调行动。发布了新的旅游导游词书、建德市餐饮业服务规范手册、推出了以“17度”命名的“17（yiqi）游”旅行社、开通了杭州到建德的“17度”旅游巴士等。

图18：建德之旅旅游词书

图19：建德市餐饮业服务规范手册

品牌推广：通过公益活动、游客互动手段传播17度的清凉，在夏季避暑旅游市场打响知名度

通过旅游广告、旅行社、景区景点的常规传播还不足以在短时期内打响品牌知名度，制造传播看点、激发市场的积极响应随之成为本案的另一个重点。我们紧抓清凉做文章，处处凸显17度，利用公益手段建立公众对品牌的知晓和好感，利用参与性的挑战建立受众对品牌优势的感知。

向高温英雄致敬，“17度，建德新安江”夏季送清凉公益活动

杭州之美人人皆知，但不一定体验过杭州酷夏的炎热，40度左右的气温，50度左右的地面温度将城市变成了中国第二大火炉。与此同时，长三角其他区域也在高热蒸腾之中。难熬的酷暑恰恰给品牌创造了闻名的机会，我们针对杭州、上海、苏州、嘉兴、宁波、嘉兴这几个重点客源地市场展开了一次“送清凉”的活动，针对公交、交警、出租车、建筑、公安这几个行业顶着酷暑正常作业的工作者发放防暑降温用品、“17度，建德新安江”旅游消费券。在杭州举行完活动开启仪式后，“17度清凉特工队”分赴五个地区展开线下行动。

图20：“向高温英雄致敬”公益活动宣传

合作电台：FM107私家车电台作为媒体合作单位联合举办本活动，网络、电视以新闻形式报道宣传，报纸刊发新闻、软文。

旅行社：搭建消费平台。免费、优惠门票给各地旅行社，激发旅行社开设建德旅游线路，同时也为旅行社自身带来更多游客。

图21-24：“17度，建德新安江”夏季送清凉公益活动定制礼品

由于本活动紧贴时段热点，顺应了焦点需求，制造了舆论话题，加上电台媒体、杭州交警大队、杭州市文明办、杭州市公安厅交管局等单位的积极配合，公益活动一经推出便掀起了强烈的反响，公众不仅由此建立了对建德新安江旅游品牌的好感，更通过高温话题与17度清凉的反差对比，记住了“17度，建德新安江”的独特卖点—“够清凉 新安江”！

一站到底，突出“17度，建德新安江”旅游品牌核心特色的互动传播

要让受众感受到品牌的独特魅力，还需要策划一场品牌与消费者的亲密互动，架起从“知晓”到“体验、认可”的桥梁。

酷热的夏天，置身清凉的水中无疑是非常惬意的，17度的新安江欢迎您来挑战，看谁在水中站得最久，冠军游客将获得万元大奖。既能享受清凉，又有机会拿大奖，新安江顿时成为周边都市人群清凉消夏的热点去处。事实证明，绝大多数参与者还是低估了新安江江水的凉劲，当一个个挑战者哆哆嗦嗦地上岸后，才明白本地人含笑不语的内涵——17度的清凉至此在游客心目中留下了难以磨灭的印记。

据统计，“一站到底”活动开展以来，共接待参赛游客125组（50人一组参赛），合计6250人，体验游客达到50000余人。杭州主流地方门户《19楼论坛》上形成了固定的话题讨论区，乐途、途牛等行业网站转帖230多次，地方性报纸、网络门户报道、转帖500余次，极大地推升了品牌知名度。

图25-27：一站到底，独立寒江挑战赛

品牌延伸：从“17”到“一起”，升华品牌的内涵

“17度”是一个温度概念，它可以借此引爆避暑旅游市场，但作为一个品牌

"17度，建德新安江"还需要更为广阔的发展空间。

在休闲度假游、体验游的过程中消费者还有着深层的情感、精神方面的需求，那就是"体验和分享"——繁忙的都市人群非常需要一个和家人朋友一起放松、一起体验、一起在旅游中增进情感友谊的机会、空间。洞察到这一点后，我们将"17度，建德新安江"品牌的内涵从"17度"的清凉延伸到了"一起"，希望游客在建德不仅体验到清凉的水、秀丽的山、特色的物产……更能收获亲情和友谊的增长，得到精神的愉悦和情感的满足。

"17度，建德新安江" 旅游品牌理念延伸—最好的旅行就是在一起

图28：最好的旅行就是在一起

图29：品牌形象宣传画面—心在一起

图30：品牌形象宣传画面—爱在一起

图31：品牌形象宣传画面—乐在一起

围绕"在一起" 的品牌理念，设计推出相应的旅游产品，诠释品牌内涵

针对江浙沪广泛的骑行爱好者群体和关注运动保健的都市人群推出的自行车骑行游路线，结合本地特色果品成熟推出的鲜果采摘游项目均获得了很好的市场反响。与温泉、铁皮石斛、五加皮等资源结合的17度养生旅游项目、与17度优质水源和休闲文化结合的建德啤酒节项目正在陆续推出，为一起领略"17度.建德新安江"旅游之美增添了更为精彩的内容。

图32、33：建德新安江自行车骑行游、鲜果采摘游旅游产品宣传

品牌重生：优异的市场业绩是对品牌推广工作的最好反馈

通过挖掘建德旅游的独特卖点推动品牌差异性激活市场、通过丰富品牌内涵进一步壮大品牌资产，建德旅游品牌推广项目创造出了巨大的传播效应。"17度，建德新安江"不仅成为了周边市场的知名品牌，还以"17度"的独特印记成为了夏季避暑旅游市场的领导品牌。而最值得骄傲的，则是通过本案的运作，我们与客户一起将"17度，建德新安江"打造成了创造经济产值的民生工程！

截至2012年7月，建德景区游客接待量同比增长85.75%，是项目展开前的4.3倍。旅游综合收入同比增长64.7%，建德旅游综合收入从2009年的5亿元飙升到了2012年的20多亿元，强有力的数据增长成为市场对本案工作的最好反馈。

点评：

不管传播如何发展，独特卖点，仍然是传播的出发点。策划者发现了建德新安江传播无效的症结所在，也找到了"清凉"这一独特卖点，但是，这样就够了吗？谁不会说清凉？什么样的清凉才是独特的，别人无法复制的，同时又是能够让人清晰感受到的？17度这个概念，真是让人叫绝，这是一个价值无可估量的概念。这就像一个楔子，深深地楔到了受众的心里，由此，一切传播问题迎刃而解。

——钟毅

GE医疗产品海报案例

广 告 主：

GE医疗集团

广告代理：

北京福思营销顾问有限公司

医疗器械通常难以给人以温暖之感，如何通过平面海报的形式，让人感觉冷冰冰的医疗器械，体现“关爱”这一诉求点？如何以触动心灵的情感诉求表达出来？福思营销最后确定用大自然对万物的关爱，人与人之间的情感关爱两个方向来完成创意。用雨后的彩虹来表达远程诊疗，用破土而出的嫩芽来传达“小体积，大能量”，用秋天飘落的树叶来表达”动态心血管诊疗”……把原本生冷无体温的东西和大自然的圣灵结合起来，给器械以温度，使得整体海报看上去非常唯美，而与产品特性也很贴合。

项目背景：

GE医疗集团隶属于GE（通用电气）公司，提供革新性的医疗技术和服务。公司每年都会推出新的医疗设备与服务。如何吸引客户的眼球，并让他们迅速了解这些产品的亮点与理念，是困扰客户的主要问题。

主要挑战：

GE医疗在2013年即将推出的产品有10款，通过平面海报的形式投放在合作医院和GE医疗全国的办公室。10款海报须成系列稿，既有创意又要符合GE医疗一贯以来的风格。

创意策略：

基于GE医疗在2013年全新的市场战略——关爱先行，产品海报的策略以“关爱”作为主要突破点。那么，一贯让人感觉冷冰冰的医疗器械，如何体现关爱？如何以触动心灵的情感诉求表达出来？

经过策略、客服和创意团队对产品的深度了解后，我们发现，这10款产品在设计的理念上，都是从关爱的角度出发，比如，医疗设备的影像更清晰，工作流程更简化，让医生可以更准确地分析病情，对患者来说，可以增加诊断的准确性，因此，关爱医生，关爱患者。

如何用关爱来将产品的这种特性表达出来呢？

呈像清晰、动态诊疗、远程诊疗、医疗信息化……轮番的头脑风暴之后，团队最终选定两个方向，大自然对万物的关爱；人与人之间的情感关爱。

广告创意的形成：

策略确定后，创意团队开始思考，在大自然中，什么元素能够表达关爱？——露珠、阳光、水、土壤、微风……什么样的场景既能体现大自然的关爱，又能恰如其分地表达产品特性？团队开始费尽心思地寻找各种植物或是自然景象，最终，我们以三款产品作为示意，用雨后的彩虹来表达远程诊疗，用破土而出的嫩芽来传达“小体积，大能量”，用秋天飘落的树叶来表达“动态心血管诊疗”……整体海报看上去非常唯美，而与产品特

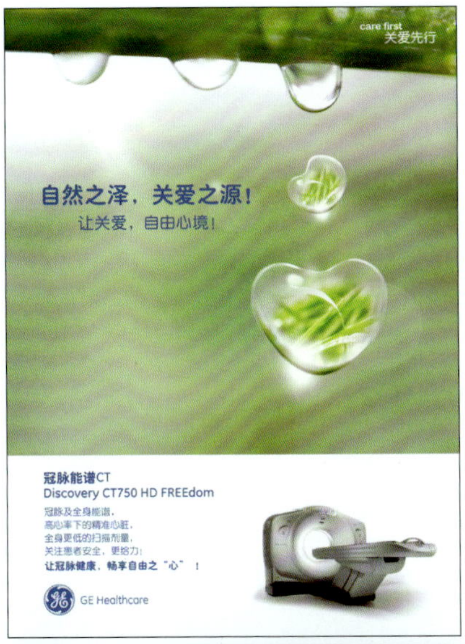
care first
关爱先行
自然之泽，关爱之源！
让关爱，自由心境！
冠脉能谱CT
Discovery CT750 HD FREEdom
冠脉及全身能谱，
高心率下的精准心脏，
全身更低的扫描剂量，
关注患者安全，更给力！
让冠脉健康，畅享自由之“心”！
GE Healthcare

care first
关爱先行
自然之泽，关爱之源！
让关爱，近若咫尺！
超声远程会诊解决方案
Tele-U/S
GE独特精准的超声成像技术，
与先进IT技术的完美结合，
真正实现远程诊断，
方便多科室应用，患者就近诊疗。
让距离，从此不再遥远！
GE Healthcare

care first
关爱先行
自然之泽，关爱之源！
让关爱，心心相连！
创新心电管理系统
Optima EMS
数字化管理，个性化流程，专业化分析，
创新、共享、互联，高效，
数据信息化，惠及偏远人群，
让心与心，智能互通！
GE Healthcare

care first
关爱先行
自然之泽，关爱之源！
让关爱，惠满天下！
医疗融资租赁解决方案“皇钻”
优惠的融资条件，
便捷的审批流程，
公立医院全覆盖，融资轻松无难处，
高品质医疗服务，关爱大众的健康！
让更多医院，尽享融资之惠！
GE Healthcare

care first
关爱先行
自然之泽，关爱之源！
让关爱，随心而动！
高端专业心血管彩色超声系统
Vivid E9
卓越的四维定量，更精准！
简化的工作流程，更轻松！
全“心”解决方案，应对疾病挑战。
让心血管检查，实现动态诊断！
GE Healthcare

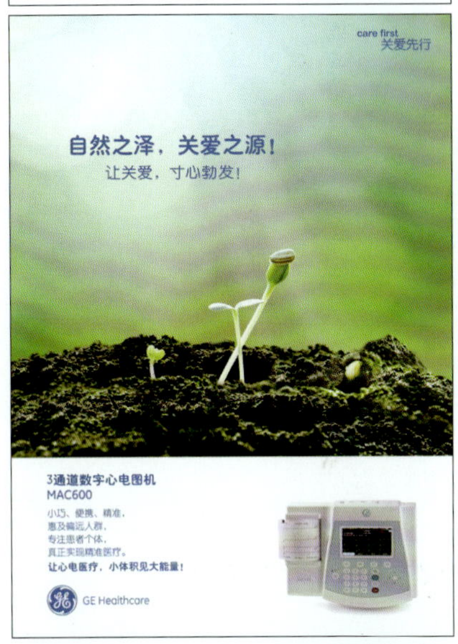
care first
关爱先行
自然之泽，关爱之源！
让关爱，寸心勃发！
3通道数字心电图机
MAC600
小巧、便携、精准，
惠及偏远人群，
专注患者个体，
真正实现精准医疗。
让心电医疗，小体积见大能量！
GE Healthcare

care first
关爱先行
自然之泽，关爱之源！
让关爱，多姿多态！
数字胃肠X射线系统
PT800+
能拍胸片的多能数字胃肠机，
更高品质图像，提升自信，
更多临床应用，轻松应对，
让众多检查，从此悠然应对！
GE Healthcare

care first
关爱先行
自然之泽，关爱之源！
让关爱，尽显不凡！
高端全身临床应用超声
LOGIQ S8
高品质探头、高分辨率成像、专业超声功能，
操作简单，性能卓越，
全面临床应用，为公众早健康护航。
让超声诊断，简约不简单！
GE Healthcare

care first
关爱先行
自然之泽，关爱之源！
让关爱，畅通互联！
心血管数据管理和分析解决方案
CVIT 5.0
企业级数据，轻松访问，
多类型设备，互联互通，
个性化流程，灵活定义，
高效创新互联，应对疾病挑战。
让心血管数据，融汇贯通！
GE Healthcare

点评：

像GE这样的企业，在传播中最难做到的，不是创新，而是对既有传播策略的坚持，让每一次广告活动的说服力能够累积与叠加，而不是每次都发生偏移与修正以致最终让市场不明所以。GE的这次平面传播，广告公司固然拿出了过硬的作品，而GE对自身调性的冷静把握与正确抉择，也是最终成功的必要前提。大自然的选择，人与人的情感关爱，精准厘定了概念，才能在两者中做出正确选择。

——钟 毅

性也很贴合。

人与人之间的情感关爱，包括父母对孩子的关爱，朋友之间的关爱，夫妻之间的爱，儿时小伙伴之间的友爱……这其中，我们将“儿时小伙伴之间的友爱”视为是最纯真的，更容易打动受众，有助于情感沟通。而表达这种友爱的场景，创意团队从“儿时的游戏”这个角度进行思考。依旧是以三款产品作为示意，用纸筒电话、编花等儿时的小游戏紧扣产品特性，引发共鸣，整体感觉比较温馨。

最终，客户选定大自然篇。

收获

在客户确认创意后，最令我们担心的是，十款海报如果呈一个系列，是否能行得通?

而在十款海报都完成的那一刻，也让整个团队长长地出了口气。在这个项目中，对产品的深度理解，如何巧妙地转化成大自然的关爱，如何将画面做得唯美，都让团队经受考验。确实，长达一个多月的努力，从对各种画面的模棱两可、自我否定，再到恰如其分，除了客户对最终作品的赞赏有加，也让团队自身充满了成就感。这也充分地验证了一句话：只要相信，就可以做到!

丁邦清

广东省广告有限公司副董事长执行创意总监

中国商务部品牌万里行专家委员会成员、中国广告协会学术委员会常委、中国广告节评委、中国报纸优秀广告奖评委、中国营销大奖评委。

服务品牌100多个：水井坊、海天味业、广州本田、美的、金六福、三金西瓜霜、亚都、奇瑞、真功夫、丽江花园、广州奥林匹克花园等。曾获中国广告节金奖、全国报纸优秀广告金奖等各类大奖100余项，撰写中国广告学通用教材《广告创意》。

桑田

广州市千里马广告有限公司总经理

广州影视广告专业委员会主席、IAI中国广告作品年鉴历届评委、广州大学客座教授。

荣获多项国内外金、银、铜奖，曾获《IAI中国广告作品年鉴》最佳创意总监奖，荣获美国莫比国际广告节双金奖。服务于步步高、TCL移动通讯、海信电器、兴业银行、燕京啤酒、茅台、古井贡、本田摩托、五菱汽车、东风汽车、特步、匹克、红蜻蜓、康奈、白云山制药、龙润制药、康弘制药、中联药业等上百家知名企业。

童年

北京太阳圣火广告公司总裁

中国电视艺术家协会广告委员会副会长。创办中国太阳集团、北京太阳圣火广告有限公司、北京锦华盛典国际传媒广告有限公司、中国童年慈善会。策划并与中央电视台合作推出“著名企业故事展播”、“著名企业音乐电视展播”、“中华旅游名胜展播”、“电视扶贫广告活动”。策划及作品荣获近百项国内外大奖，影视作品多次荣获中国电视金鹰奖。

高小龙

中国商务广告协会创作委员会主任、中国广告大奖评审委员、纽约广告节中国区评委、中国中央电视台首届《AD》盛典初评评审委员、时报华文广告奖评审团顾问、2004～2005年度最具影响力的广告导演、年度中国十大广告创意制作人、年度广东省十佳广告人。

曾获中国广告协会学院奖金奖、中国国际影视广告大赛最佳导演奖提名、2004年25届美国广告电视大奖、2001年美国莫比广告大奖杰出创意证书奖。

苏乾三

导演

早期任职于台湾国华广告公司，并曾赴日本东京电通广告株式会社研习广告企划与制作，以及赴菲律宾研习AV多媒体制作。离开国华广告公司后，成为自由影视广告导演、多媒体策划导演，担任过《游园惊梦》、《云门舞集》等多部舞台剧之多媒体策划指导。1996年后到北京，2002年至上海，继续担任广告策划与导演工作。完成的作品超过500支，其中参展得奖数十支，曾获时报广告奖、台湾4A广告奖、台湾广告金钟奖。

吴晓波

广东平成广告有限公司董事长

中广协公司委员会、学术委员会常委、中广协广告专业技术资格评定工作委员会委员、广东省广告协会常务理事、中国广告奖评委。获2003年首届中国十大广告经理人。

服务过好记星、鹰牌花旗参、波导手机等客户。“好记星”品牌定位运动、“CCTV-5”品牌推广运动获艾菲广告实效大奖金奖。

叶茂中

叶茂中营销策划机构董事长

著名广告人、资深营销策划人和品牌管理专家。在策划界素有“鬼才”之称。曾被评为中国企业十大策划家、中国营销十大风云人物、中国广告十大风云人物、中国十大广告公司经理人，入选《中国创意50人》。

著有《广告人手记》、《转身看策划》、《新策划理念》、《创意就是权力》。曾为上百家企业进行策划创意拍摄广告片300多条。

张晓岚

张晓岚营销策划中心总经理兼执行创意总监

中国资深广告人、影视广告导演、营销战略家、全过程营销包装创始人、台湾《动脑》广告人俱乐部荣誉会员、云南大学设计学院、昆明大学设计学院、昆明理工大学艺术学院、云师大世博学院、云师大商学院客座教授、时报广告金犊奖终审评委、时报华文广告终审评委、中国广告节长城奖评委、中国最具影响力的创意总监、中国最具影响力的平面设计师、中国十大策划风云人物、中国十大影视广告导演。

张斌

观池广告创建人，从业TVC制作15年

1000余条TVC制作经验，服务过600余个国内外品牌，中广协学术委员。

史峰

中视金鑫传媒董事总经理

2003年同期创办了中视金鑫广告传播有限公司至今。多年来秉承国际化整合行销传播理念，脚踏实地，锐意进取，带领团队打造了一个集策划推广、顾客关系行销、公共关系、互动行销、视觉管理、广告制作发布等全方位服务客户的国际意义的全案广告公司。服务产品类型涉及快消、交通、服装、 金融、信息服务等多个领域，合作伙伴包括金六福酒业、苏酒集团、牡丹酒业、小糊涂仙酒业，迎驾酒业、泸州老窖金镶玉系列、广西农垦集团、江苏汤沟酒业、三笑集团、五谷道场、海天酱油、新日电动车、上海杰宝大王电动车、上海永久、雅鹿服饰、红豆集团、奇瑞汽车、福特汽车、三星电子、方正科技等众多国内外著名企业。

张惠辛

中国广告杂志社社长兼主编

国内最早进行职业化运作的策划人和最早从事策划和创意研究的学者之一，著作并主编专著多部。

祝卫东

上海雅润文化传播有限公司董事长

20年资深广告人，九十年代初任职于智威汤逊及精信等国际广告公司，担任高管。2005年创立雅润文化传播有限公司，现在是全国最大的媒体经营公司之一。

曹琳

江汉大学设计学院副院长，视觉传达设计系教授

中国出版工作者协会装帧艺术委员会会员

湖北美术家协会会员，武汉市高校教师学科带头人。代表作奖项：《民间剪纸》获第二届湖北省高校美术作品大展金奖。出版教材：《书籍装帧与版面设计》高等教育出版社，《书籍装帧创意与设计》武汉理工大学出版社。

陈姝

艾森品牌传播机构创始人、执行创意总监、中国广告协会学术委员会专家委员、中国包装协会设计委员会全国委员、中国色彩协会全国委员、中国艾菲实效广告奖专家评委。

1996年毕业于大连大学，2002年创立大连艾森品牌传播有限公司，2007年就读清华大学EMBA。曾获2006年度大连民营企业十大创业精英，2007年度中国十大品牌策划专家等荣誉。

成赛

湖南博创广告有限公司执行创意总监

多次荣获中国国际广告节及中南地区广告设计评比金、银、铜奖，2011年《中国广告杂志 》影视广告专家评委。

20年广告策划、创意设计从业经验，在平面、影视、展示设计多个领域均有建树的三栖设计师。曾亲自参与和领导主持数十个品牌的广告策划和创意工作，二次荣获国际艾菲实效广告奖首届中国区评比铜奖。

陈举

河南鹰展文化传播有限公司董事长

四川渠县人，资深传媒从业者。1994年大学毕业，携笔从戎八载，足迹遍布祖国大江南北，亲历亲为97香港回归、98特大抗洪、99澳门回归、申奥等上世纪重大历史事件。从业影视20年，做过记者、编导、制片人。多部影视作品获得国家级奖励，目前领衔制作《太极拳--申报人类非物质文化遗产名录》等大型系列文化纪录片项目。

陈竹林

南通师范高等专科学校美术系主任、副教授。

江苏第二师范学院分院学科带头人，美术协作组成员，发表学术论文和美术作品20余篇（幅）

邓广梼

香港/澳大利亚籍资深广告人。

互动通控股集团总裁

北京大学新闻与传播学院客座教授

北京大学新媒体营销传播（CCM）研究中心研究员

邓广梼曾于香港广告业工作十年，任职CitiAd广告公司，后由澳洲Mojo/MDA收购并调派往澳洲悉尼总部工作十年，之后重返校园完成MBA学位。1999年在上海接管“形象工厂”（Image Factory），随后担任集团公司的北京智威汤逊广告公司（JWT）董事总经理，两年后担任IPG集团的灵狮广告公司（Lowe Worldwide）中国区董事总经理，其后出任互动通控股集团总裁，中国领先的数字广告平台。

方棱

麦智传扬机构董事长、平方影视广告公司首席执行官

中国十大策划专家、中国十年最具影响力策划专家50人、中国最具影响力平面设计师100人、广州十大品牌设计师、广州TVC影视专业委员会委员、《销售与市场》第一营销专家团特邀专家、《中国设计师年鉴》《中国设计机构年鉴》评选委员、广州平面设计师协会发起人之一、资深品牌战略及营销传播专家。相继创建麦智传扬广告传播机构（全案）、平方广告（影视）、麦智盈方广告（媒介）。

房振宏

河南科技学院艺术学院教师，兼任实验室主任。

现为中国民俗摄影学会会员，河南省摄影家协会会员，河南高校摄影学会理事，新乡市青年摄影协会副会长等，系国家青少年摄影师测评员、国家摄影师及冲印师高级测评员。

韩志翔

南通骑士广告设计有限公司总经理兼设计总监

现为中国美术家协会会员、中国民间文艺家协会会员、中国版画家协会会员、中国包装联合会设计委员会委员、中国工业设计协会会员、江苏省广告协会学术委员会委员、南通市广告协会副会长；1995年被联合国教科文组织和中国民间文艺家协会联合授予“中国民间工艺美术家”称号。在美术、广告和平面设计领域有三百余件作品在全国获奖或发表。

侯明廷

引力传媒集团市场总监

资深编辑记者，从事新闻媒体报道近十年，先后在《中国经营报》《中国投资》《广告导报》等报社杂志任记者、责任编辑、首席编辑。曾为《引力医药健康传播》《中国电视广告》电子杂志主编。

侯见华

tandem盛创广告董事长 总经理

1990年毕业于上海大学美术学院　美术设计专业　获学士学位

95年创业，盛创广告创始人。其独到“品牌品格论”塑造了众多的品牌，如回力、捷强joymax、亚明、RIO等。

黄孝仕

互邦影视董事长兼导演

科班美术出身于中国美院、西安美院；

从影9年，2003年离开西安电影制片厂，同年创立互邦，任互邦影视董事长兼导演；

江苏民盟成员；

政府城市形象品牌发展顾问；

中国电影艺术家协会会员；

世界华人华侨精英联合会江西分会会长；

2010年荣膺中国青年十佳广告导演。

黄导拥有扎实的美术功底、视觉把握能力和尖端策略一直服务于企业宣传、城市规划、影象广告方面工作。多年来为江苏，广东、安徽、江西、等地区企事业单位拍摄过200多部的宣传片和电视广告，为企业品牌的提升，推动经济增长作出了重大贡献。

黄诚

上海太和广告有限公司总经理、策略总监

上海荣太文化传播有限公司 执行董事

入行15年，长期从事市场行销策略架构与传播策划服务。曾为中国联通、江苏吴中集团、安徽协亚集团、桂林三金、旺旺食品、中新药业、太平洋保险、云南白药等数十家企业提供的市场营销、品牌传播和广告创意的服务。在品牌产品的调研、策略、概念、创意、媒体、公关等各方面具有丰富经验。

江涛

浙江美洋广告有限公司、上海厚美广告有限公司总经理，浙江大学及香港大学广告及整合营销传播专业毕业。从业15年，专注服务金融及旅游行业客户多年，在营销策略及整合传播领域拥有丰富实践经验。

黎泽潮

安徽师范大学传媒学院副院长、教授、博士，省级人文社科重点基地创意产业发展研究中心主任、安徽师范大学学位委员会委员、中国广告协会学术委员会委员、中国高等教育广告教育研究会常务理事、安徽省广告教育研究会会长、安徽省公共关系学会副会长、全国大学生广告艺术大赛安徽省评审专家组组长。长期从事传播理论与实务、广告美学与批评、媒介批评与文化创意、公共关系等教学与研究工作。在《新闻与传播研究》、《现代传播》、《新闻战线》、《新闻大学》、《现代广告》、《中国广告》、《修辞学习》等刊物发表学术论文多篇。

李东明

《中国保险报》广告品牌部负责人

工商管理硕士，研究生学历。拥有多年广告公司管理经验，策划或参与策划很多成功案例。是《中国广告》在上海师大举办的广告培训班第一期学员，近几年连续作为年度优秀案例评述人。

李锦魁

壹串通品牌营销策划机构董事长

美国国际管理大学管理学博士、厦门大学新闻传播学院硕士生导师。18年营销实战经验、11年营销策划管理经验、7年国际4A广告公司合作经验。

独创“美的熊”和“原来生活可以更美的”美的策划方案；2007年中国十大策划风云人物;2007年国际经理人协会最佳营销总监；2006年中国十大策划案例金奖;2005年中国营销大奖营销专家；服务过的客户：美的电器、TCL、鹰牌陶瓷、浪鲸卫浴、南海科技工业园、蒙娜丽莎陶瓷、华帝、福特斯LED照明、霸王、旺海饲料、中顺纸业、奥乐v、琪泺婚纱等。

李长福

阜阳师范学院美术学院艺术设计专业负责人

先后就读于辽宁工业大学艺术设计与建筑学院和南京艺术学院设计学院，从事广告设计教学和理论研究多年，并在各类学术期刊发表多篇论文。在实践中具有丰富的实践经验，参与和主持了多个品牌的广告推广和策划。

梁参军

武汉户外广告协会会长

1984年毕业于华中师范大学。毕业后先后任职于洪湖市大沙湖中学和广州五羊集团，1990年起于武汉晚报社担任记者、编辑职务；1998年成立武汉锦绣中华广告有限公司并担任总经理至今。2011年起担任武汉户外广告协会会长。在任期间，协会影响力进一步提升，为武汉户外广告行业的发展作出了积极贡献。

刘旭明

中视金桥国际传媒集团董事、首席运营官

美国加州科技管理大学工商管理硕士、乐途旅游网非执行董事，中国4A理事。

刘旭明先生是中视金桥核心创始团队成员之一。自2005年以来，他一直担任中视金桥高级副总裁，2011年1月获任集团董事及首席运营官，主要负责集团公司日常运营计划的执行及管理。

他在传媒运作与管理、广告创意与市场开发领域拥有二十年的实战经验，尤其对视频类媒体的广告策略与创意管理有着独到理解，曾先后被评为“中国最具影响力广告经理人50强”、“中国城市策划专家”，并多次担任中国4A金印奖媒体类评委会主席、中国国际广告节中国公益广告黄河奖监审等职务。

刘震

上海龙韵广告传播股份有限公司，董事创意总监，总导演

曾是美术出身的专职广告导演，从创意到拍摄执行，至今20年里已执导有广告片、宣传片、专题片等400余部。2010年获中国广告年度大奖。

善于提炼产品诉求中最具冲击力的部分并加以表现，尤其对视觉美学特效有明确的控制力。擅长用幽默的方式表现产品，相信幽默是TVC永不过时、最具杀伤力的表达方式，喜欢寻找创意中最原点的部分，相信好的TVC是可以用一句话表述清楚的道理。

马文彬

1982年开始从事电台记者、频道总监、广告部主任、天成公司总经理等工作。

欧元宗

深圳唐古品牌策划设计有限公司CEO

别名徐朗，中国知名品牌策划人、中国十大策划专家、中国百位策划品牌人物、中国广告案例年鉴专家评委、中国品牌5S战略创始人。曾在国内先后创建多家公司，现亲领深圳唐古品牌策划设计有限公司，并出任该公司首席执行官统筹公司发展及执行落地工作等。至2013年底另任国内七家大型集团企业品牌战略顾问等职，为客户及团队带来众多直接和间接价值，并带领团队和辅助企业快速发展。

史劲松

北京世邦和广告传媒有限公司总经理

毕业于北京电影学院摄影系 、中国IAI广告年鉴评委、公益广告专业评审委员会委员、中国4A协会理事。

十八年广告从业经验 ，始终致力于对中国服饰品牌、酒类品牌、珠宝品牌的建设、管理与研究。

田志宪

石家庄市星河广告有限公司总经理

原河北汽贸总公司办公室副总，于2003年接手石家庄市星河广告有限公司，出任总经理，兼任石家庄市天月广告展览展示有限公司总经理。广告从业经验11年。

腾丽

奥维国际咨询集团副董事长

品牌管理专家，对品牌战略制定、策略执行、品牌公关、媒介宣传有着深厚的功底，任多家企业品牌顾问，在为数不多的女性品牌管理专家行列里，以敏锐的眼光和雷厉风行的执行力而享有盛名。

主要客户经验：盼盼食品、蜡笔小新食品、九牧王、匹克、特步、德尔惠、中宇卫浴、喜多多、理想茶行、名茶村，玖龙茗茶，彬伊奴、RICH-BOOS、Q-SPORT、旗牌王、福马、亚礼得等。

王茜

河北合悦广告总经理

从事广告行业12年，侧重于户外广告领域的整合传播，致力于让本土客户享有4A公司标准的服务。

独家开发河北省内三甲级医院内框架媒体，河北省高速公路媒体，石家庄市区户外大牌、LED、候车厅等户外媒体资源。

曾就职于北京众美时代广告公司副总经理，负责公司整体运营以及高速公路全国整合业务。服务客户：茅台集团习酒、德尔地板、山东临工、凤铝铝材、茅台白金酒、泸州老窖、洋河蓝色经典等客户的全国高速代理。

培训经历：

2003-2005年，首都经贸大学，企业管理，本科。

2005年，IPMP项目管理系统学习，C级认证。
2007年，户外媒体研修班，高级经理人培训证。
2007-2009，中国传媒大学，媒体产业管理，在职研究生。
2012年，中国员工心理健康咨询师。

王法
湖南卫视节目公司执行总经理
资深媒体策划人，国家高级策划师，曾获“1994~2004年中国十年最具影响力策划专家50人”，2006年荣获“博鳌中国策划大会特别贡献奖”。

吴波
上海唐神广告传播有限公司总经理助理、品牌管理总监（分管策略，创意，数字营销）
香港大学整合营销硕士（imc），资深品牌策划人，善于结合市场给予品牌策略性战略思考，以超越常规的思维解构广告营销元素，对品牌传播的时效性有独到的思考。多年担纲知名广告公司策略群及数字营销群总监。
近期案例：“携程在手 说走就走”整合传播案例、TOTO 卫洗丽产品推广案例、海鸥照相机品牌复苏战略等。

王韶春
沈阳工业大学文法学院新闻传播系教师、硕士生导师、文法学院院长、沈阳工业大学侨联主席。
系沈阳工业大学教学名师，在沈阳工业大学担任校学术委员会委员、校学位委员会委员、沈阳工业大学学报（社科版）编委会成员。近年来为新闻传播学专业的本科生主讲主讲《现代广告学》、《广告策划与创意》、《广播电视广告学》和《大学生公关礼仪》等课程。系广告学专业学科带头人；《思想道德修养及法律基础》辽宁省精品课主持人；2008年被评为辽宁省高等学校优秀思想政治理论课教师。连续三年被中国大学生广告艺术节学院奖评为“最佳组织教师”和“杰出组织教师”。在广告策划、品牌策略、企业文化和媒介战略等领域有深入的研究和实践，策划、创意、导演企业电视广告专题片或专题节目50余部，为企业策划、创意广告100余条，为企业形象的塑造和产品的市场推广发挥了重要作用。

王一飞
合润传媒总经理
10年广告销售的经验，历任凤凰卫视多家分公司总裁、总经理职务，曾任阳光卫视副总裁，负责广告营销品牌传播、落地发展和公共关系的整体运营。
2005年，赴美国考察媒体及广告发展态势，系统探究品牌内容广告全球发展态势。2007年，因为偶然的机会他在美国发现，当地收费电视不能插播广告，品牌广告多植入电视节目或影视剧，观众的接受度也非常高。那时他意识到内容可能才是最恰当的广告载体，而非某个播放渠道。这就是他与搭档一起创办合润传媒的初衷。该公司目前主导业务是影视剧品牌内容广告（植入广告）、品牌内容整合营销（线下推广）、品牌内容公关（影视剧宣传推广）品牌与影视资源评估（匹配值配对）及影视基金引导投放等。作为国际品牌内容营销协会中国首家会员，合润致力于中国品牌内容营销的大平台的建造和中国品牌内容营销的发展。

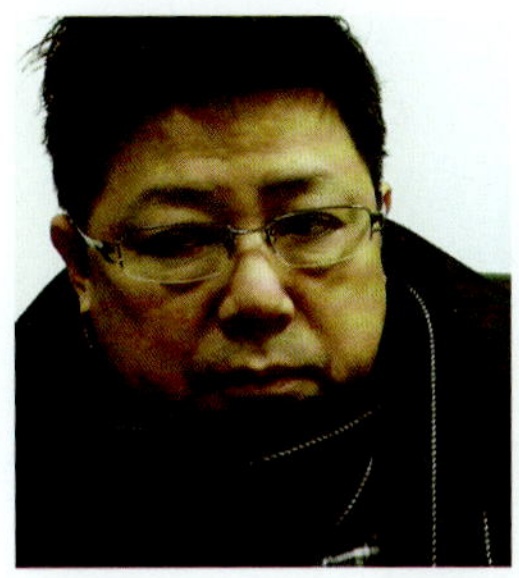

王伟明
苏州大学凤凰传媒学院广告系主任，教授，研究生导师
长期从事广告学研究和广告设计教学，撰写著作《视觉艺术》、《广告设计——理论与实务》、《品牌视觉形象传播》、《广告学导论》、《中小城市户外广告控设体系研究》等六种，发表论文50余篇。广告设计作品荣获国际金奖、华东大奖赛银奖等国内外奖项近20项。

吴晨晖

九江学院艺术学院视觉传达设计教研室主任，江西省包装之星设计大赛评委，江西省平面设计委员会执委，“中国设计师协会”理事，《中国艺术人类学学会》，《中国摄影家协会》会员。从事教育及广告工作十余年，指导学生多次获得全国及亚太奖项，发表核心论文多篇，对外参与广告策划与项目结合及发布工作。近期积极从事艺术人类学的研究和非物质文化研究。

肖惠来

成长策划机构创始人，“成长闪电豹”发明者，中国10大策划专家。肖惠来以奉行“无坚不摧，唯快不破”的快哲学著称，16年来服务过200多家企业，包括为水立方、青岛啤酒、中海地产、燕之屋燕窝、道然茶业、左右沙发、骅威玩具、南方人物周刊等著名品牌提供品牌营销咨询全案服务。

徐丽

上海焦点品牌管理有限公司董事长，中国当代杰出女广告人，华东师范大学哲学硕士。1995年创建的上海焦点广告传播有限公司，在行业内具有重要影响，累积服务过的中国一线品牌超过100个以上。

常年担任江中牌健胃消食片、江中初元、江中参灵草、诺贝尔瓷砖、脑白金、黄金搭档、水晶石、114号码百事通、江中牌草珊瑚含片等本土第一品牌顾问，管理品牌价值连续五年超过300亿以上，并持续增值至今，被客户誉为“第一品牌女管家”。

中国广告协会理事、上海广告协会理事、《中国广告》核心专家顾问。曾先后荣获中国当代杰出广告人、中国最具影响力的营销策划100人、中国30位杰出女性广告人、中国策划25强、2009年度中国广告行业杰出女性等业界荣誉。

叶茂中

叶茂中营销策划机构董事长

著名广告人、资深营销策划人和品牌管理专家。在策划界素有“鬼才”之称。曾被评为中国企业十大策划家、中国营销十大风云人物、中国广告十大风云人物、中国十大广告公司经理人，入选《中国创意50人》。

著有《广告人手记》、《转身看策划》、《新策划理念》、《创意就是权力》。曾为上百家企业进行策划创意拍摄广告片300多条。

于波涛

青岛海之风广告有限公司总经理

公司成立于2001年，公司职工总数20余人，年收入500万元，上缴税金60余万元，总资产近1000万元。总经理于波涛从事广告行业近20年，有着深厚的广告公司经营经验，曾被多次授予“青岛市创业带头人物”等荣誉称号，其公司发展至今，已成为当地广告业龙头企业，也曾被多次授予“青岛创业明星企业”、“守合同重信用企业”等，先后与海尔、双星、海信、中国移动、中国联通、农业银行、工商银行等企事业单位保持友好合作关系。

尹磊

江苏支点广告有限公司总经理

1987年从事广告业，1996年创建江苏支点广告公司，专注广告媒体的创新、研发、拥有15项广告国家专利，2012年取得国家工商总局及人社部颁发的“广告策划师”资格证书，擅长于户外媒体的创新策划，政府大型公益公关活动等。

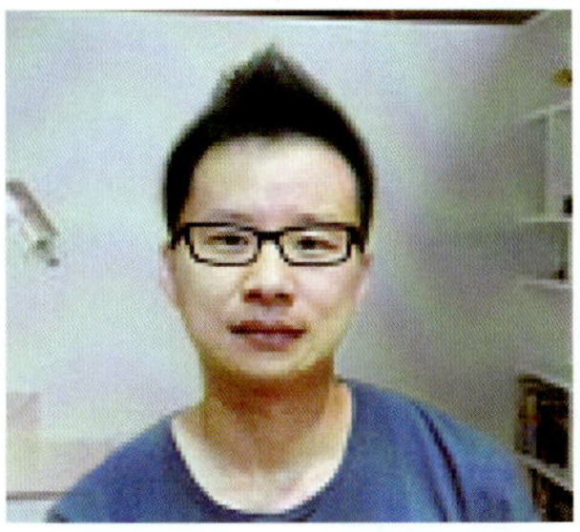

俞晓俊

杭州亿邦广告策划有限公司总经理

1999年毕业于杭州高级中学，后在杭州电大广告学专业学习，2000年创办亿邦广告至今，长达十几年的广告行业工作经验，会展、公关行业的领头人物，强大的实战经验及需求洞察力，被喻为团队的“定海神针”，率团队赢得众多高品质客户，号称“杭州公关第一人”，强调服务意识，高客户续约率成为其最显著的个人职业标签！

公司创办至今，在浙江、江苏、安徽等地服务客户上百家，与万科、德信、龙湖、中国铁建、500强企业利星行、中国人寿浙江分公司、杭州银行、兴业银行杭州分行、杭州运河综保委、杭州钱江新城管委会、浙江省人民大会堂等企事业单位有着长期合作关系。

余忠造

天义广告有限公司总经理，创意总监，抚州市广告协会会长。

上世纪九十年代混迹于广告行业，从此浸淫其中。2011年通过考试获国家首批（策划）广告师职称。从项目AE到部门经理，从策划总监到总经理，一路走来，他尽情享受广告带给他的痛苦与快乐。他先后多次获“全国公益广告先进个人”、“全国广告协会先进工作者”、“江西省十大广告人物”等荣誉称号，广告作品屡获全国奖项。

张国伟

吕梁市文化产业商会会长、离石区广告传媒商会会长

张国伟，笔名蒲苇，酷爱文学，迄今已在《散文》《时代文学》等全国较有影响的文学刊物上发表各类作品400余件，著有诗集《青青蒲苇》，报告文学集《风吹响一树叶子》（上、中、下），并有编著十部。

1997年组建吕梁第一家广告公司——吕梁市华宇广告公司，首开吕梁广告文化市场先河。经过十五年的发展，公司已发展成拥有注册资金1000万元，固定资产5000万元，营业办公面积2000平方米，员工80余人，户外媒体面积2万平方米、年产值5000万元的吕梁市最大的综合性广告文化传媒公司。近年来公司先后被评为中国一级广告企业、“全国守合同重信用企业”、“中国广告行业百强”、“全国广告行业文明单位”。2013年被山西省人民政府命名为“山西省文化产业示范基地”。

张一涛

深圳卫视镜像文化传播有限公司董事长

早年就读于中央美术学院油画专业。九十年代进入电视台并先后任美术编辑、编导、创作中心主任、北京央视达文化传播公司艺术总监、采纳影视总导演。2000年起，在广州、深圳、北京作自由广告导演，现任深圳卫视镜像文化传播有限公司董事长。2000年被评为中国优秀影视广告导演、2001年度中国优秀影视广告制片人。

作为影视广告资深导演和制片人，先后为合肥美菱集团、中国银行、中国移动、TCL、青岛啤酒、长酿集团、红领服饰、锦绣香江地产、健力宝、万利达手机、美的电器、白大夫、宇航人集团、千金药业、威玛服饰、松鹰男装、河南中烟《大爱无疆》、好太太电器、欧意电器、好迪电器、浙江金美达剃须刀、华山泉矿泉水、好家风纸巾、维雪啤酒、安琪纽特、澳大利亚生命力集团等企业及品牌，拍摄过近300条优秀的影视广告片。拍摄的影视广告作品多次被收编进《中国广告年鉴》、《中国影视广告年鉴》。微电影《昏宴》获得中国大学生国际电影节《评委会大奖》。

郑意川

中国十大影视广告导演、中国广告影视年度大奖创意五强、中国影视广告大赛常务评委、中国广告理事会成员，任总导演至今数十载，创作影视作品近千部。

总导演郑意川也是摄影家，现担任中国民俗摄影协会副会长、世界民俗影像数据中心常务副主任、中国大画幅摄影学会理事、中国新闻摄影学会会员，近百幅作品在国际、国内获得大奖。为国家及省市政府和大型企业创作了诸多的影视剧、微电影、形象片、宣传片、文化片等系列作品。

周鸿昕

南通纵横广告策划有限公司合伙人/执行创意总监

擅长品牌创建设计与整体营销，综合能力表现为：在同质化中寻找差异，让符号成为品牌的独特印记。十四年来，凭借着对本土市场及目标消费人群的感悟，以及对品牌意义的深刻认识，先后带领团队服务本土近百家企业，为其进行品牌创建与改造，并在实践过程中形成一套符合中小企业与区域性品牌创建与维护的理论。作品多次入围中国广告节及入选《IAI中国广告案例年鉴》。

曾云辉

广告导演，美术出身，从事专职影视广告导演八余年。

擅长视觉影像的经营，讲究对风格化元素的提炼和符号性的表达塑造影片调性。

获“２００８中国十大影视广告导演”，2007-2008中国广告案例大奖评委。

主要服务客户：娃哈哈HELLO-C、营养快线、银鹭八宝粥、花生牛奶、雁荡山啤酒；七匹狼男装、鸿星尔克、艾莱依羽绒服、步森男装、爱登堡、富贵鸟、匹克、孚日大家纺、；老板电器、夏新手机E606、万利达、金牌厨柜、万利达DVD。

朱旭东

易居中国创始人之一

拥有超过20年的房地产行业市场营销经验，资深广告创意人。创造并形成了以地产公关为核心，跨界各高端领域，整合各行业资源的商业模式。2000年合伙创立易居中国，2007年易居中国登陆美国纽约交易所，2009年起出任公司房地产媒体与广告业务负责人，2010年至今，并购重组太立德仁（中国）公关传播集团，并担任总裁。 同时还担任中国国际公共关系协会理事，华东政法大学法制新闻研究中心付住任。2014年至今，担任易居社区增值服务集团首席执行官。上海交通大学EMBA。

入选品牌索引（按汉语拼音为序）

入选品牌索引（按汉语拼音为序）

入选广告公司索引（按汉语拼音为序）

入选广告公司索引（按汉语拼音为序）

Appendix
附 录

《中国广告案例年鉴》推荐广告经营（教育）单位

安徽克成文化传播有限公司

这是一个充满梦想、热爱广告、执着于影视艺术的优秀群体！

这是一个激情互动、敢于创新、分享快乐的专业团队！

安徽克成文化传播有限公司立足合肥、联动江淮，是安徽省颇具实力的专业影视制作机构之一，是安徽省内民营广告公司中设备最齐全的公司。公司自有比较全面的专业广播级摄录编器材及各类辅助拍摄设备，为客户提供从策划、拍摄、后期制作一条龙服务。专业的制作水准，执着的工作态度，真诚的服务意识，为公司赢得了无数的赞誉。

业务范围：影视广告片、专题片创意、拍摄与制作、电视促销片、电视栏目制作、相关影视器材租赁等。

我们热忱欢迎广大同行交流合作。

地址：安徽合肥九华山路九华山庄 1 号楼 2 单元 14 楼

电话：0551–2638942　2655830　2197005

联系人：王先生　13705699859

淮南日报社广告中心

淮南日报社广告中心是淮南日报社报社的广告经营部门，经营《淮南日报》、《淮河早报》广告业务，共有员工 32 人。

《淮南日报》是淮南市委机关报，是百姓最信赖的主流媒体。《淮河早报》由淮南日报社主办，是淮南地区最具公信力和影响力的都市类报纸。

淮南日报社广告中心秉着“以客户为中心”的经营理念，以客户的宣传实效为己任，主动为客户提供多元化的贴身服务，得到客户和业界广泛好评。淮南日报社广告中心热心欢迎您的惠顾，并以诚实守信的服务与您共谋发展，实现双赢。

地址：安徽省淮南市田家庵区洞山西路蓝天大厦淮南日报社 2 楼

邮编：232038

负责人：王旭明

电话：0554–6644624

邮箱：hnrbgg@163.com

安徽琥珀广告艺术有限责任公司

安徽琥珀广告艺术有限责任公司是专业从事策划、设计、制作为一体的广告公司，集媒体代理、营销策划、品牌策划、影视制作于一体的全方位品牌策略机构。琥珀广告十几年磨一剑，始终坚持以市场为先导的经营理念，围绕消费者，以品牌为原点，采用“自下而上”战略规划和执行策略，不断创新品牌行销力，努力为客户营造一个全方位多赢的营销环境。目前，有多个成功和经典案例，是目前省内综合实力较强的专业品牌策略机构之一。

十几年的金牌代理，专业的传播经验，多家企业的共同验证铸就了琥珀广告公司雄厚的实力。并秉承“以消费市场为导向”的广告经营战略，以树立客户形象、拓展产品市场为职责，为客户提供市场调研、消费者分析、广告策略策划实施、广告创意制作、媒介实施、广告效果监测等一系列的“全效”服务。

地址：安徽省合肥市胜利路元一时代花园 8 栋 504 室

邮编：230011

电话：0551–64245369　64238544

E–mail：371395192@qq.com　负责人：张总

合肥科人广告有限公司

合肥科人广告公司，是一个广告发布兼制作的大型广告实业公司。公司下辖策划部、礼品部、传统业务部、户外媒介部和工程部，集策划、设计、媒体代理、制作发布、为一体的专业广告公司，已经为国内诸多企业发布户外广告、宣传活动并为出谋划策、设计制作各种广告、促销用品、宣传品、礼品、承办大型会议、展览展示会等大型活动，提供全面周到的专业服务。其中户外部在合肥市区内拥有众多户外广告牌，遍布东、西、南、北门，是合肥市内发布户外宣传首选广告公司之一。

公司近期服务的部分客户有祥源集团、绿地集团、永瑞置业、金辉地产、宋都集团、乐客来、百大拓基、华润集团、辉达房产和万达集团等房产客户，以及安徽中烟、中国移动、高炉酒业、宣酒集团、长虹集团、起亚汽车、广州本田、一汽丰田、斯柯达、北京现代、福田汽车、松下电器、阳光保险等提供全程广告服务。

地址：合肥市新站区临泉路与当涂路交叉口晨辉大厦 17 层

E–mail：lcx8738@126.com

电话：0551–64222999　64217999　64217222

传真：0551–64393456　邮编：230011

北京盛世至尊投资有限公司

北京盛世至尊投资有限公司（以下简称盛世至尊）是中国4A成员单位，是本土最具实力的47家广告公司之一。

盛世至尊是以广告全案、展览展示、会议服务、物料制作、新媒体业务为主营业务的有限责任公司，主要服务对象为国内通讯类、设备、汽车、金融类客户。张向阳先生为北京盛世至尊投资有限公司的主要投资人并担任该公司董事长及总经理职务。至尊公司重组后，不断扩充服务团队，现有员工120人，总部位于北京，分支机构覆盖上海、广州、深圳、杭州、天津、长春，服务客户涉及通信、家电、电子、汽车、金融等众多领域。

盛世至尊是致力于为客户提供“整体市场解决方案”的智业机构，业务涵盖立体化推广服务、市场调研、营销策划、影视广告、平面广告的创意制作、网络营销、视频短片、公关活动策划执行。

地址：北京市朝阳区高碑店新村1区43–1幢

电话：010–85766099　　传真：010–65889877

邮编：100024

北京光华卓策旅游规划设计院

北京光华卓策旅游规划设计院是一家国内领先的旅游智业机构，致力为中国城市和景区提供融合“旅游策划规划＋旅游品牌管理＋旅游营销托管＋旅游公关顾问”于一体的多元化咨询服务。以首创的整合旅游品牌营销（IBC）理念，打造中国旅游策划实战营销五大服务体系。汇集了一批国内旅游策划、旅游规划、城市规划、园林设计、景观设计、建筑设计、旅游管理、计算机技术、广告学、房地产投资、市场营销等领域的专业人士，以孜孜不倦的服务精神和精益求精的工作态度，全方位的为客户提供一流的旅游策划，一流的旅游规划，实现项目价值的最大化。

地址：北京市朝阳区建国路88号SOHO现代城D座1507

电话：010–858911598

邮编：100022

负责人：武义勇 85891158–8008　133

北京中视腾龙文化传媒有限公司

北京中视腾龙文化传媒有限公司，于1992年涉足影视制作领域。并于1996年成立了保定分公司——保定腾龙文化传播有限公司。

公司为客户提供企业宣传片、广告片、专题片、创意短片、MV、电视栏目包装、动画制作及后期剪辑合成、配音配乐等全方位的影视制作服务；同时，为客户提供各类大型活动整体运作服务。腾龙聚集了业内资深导演、摄像、制作及各类优秀人员，可胜任不同题材的创意、拍摄、制作。公司以亲和力为源，以规范的制作流程、完善的控制体系为本，力求塑造完美的作品。

联系电话：13522355558　13503325858　13011408519

联系人：邹老师

QQ：1012964724

长城·广联（北京）国际文化发展有限公司

长城·广联（北京）国际文化发展有限公司隶属于长城梅地亚集团，主要从事媒体代理、传媒经营、影视制作、3D动漫、微电影、电视包装、营销策划、平面设计、户外传媒、网络传媒、公关活动、航拍、承办文化体育活动等业务。

公司现有员工260人，拥有国内一流的各类专业人才和资深专家。公司总监入选“中国十大策划专家”，多名高级专业人员获得“中国最佳策划师”、“中国优秀设计师”、“全国百名优秀广告导演”等荣誉称号。公司先后有260多件作品获奖，连年荣获中国广告最高奖——长城奖。

公司拥有200多台套国内一流的平面设计制作、影视制作、节目制作等前后期设备，自有航拍专用飞行器及其它相关设备。每年制作影视专题片、广告片等百部以上。

地址：北京市朝阳区北四环东路89号富城花园

电话：010–87375700

邮编：100101

负责人：王百忠

智源光谱广告有限公司

智源光谱广告作为一家综合性的专业传播公司，致力于在广告行业大变革的年代，为客户提供最适合，最有效的整合传播推广方案。

公司下属的影视中心， 是以策略为先导、以创意为核心的影视创意制作机构。成立 20 年来，拍摄制作了超过 1000 条的电视广告、企业形象宣传片、产品宣传片、微电影、网络病毒视频、会议视频等各类影像作品。我们既为联想、惠普、拜耳制药、壳牌润滑油，马石油、东风标致，阿迪达斯等国际化企业提供影视传播服务，也对伊利、美克美家、浪潮、曙光、业之峰装饰、爱国者等国内企业的需求有着深入的了解。

凭借精准、独到的品牌分析模式，智源光谱将极具洞察力的策略转换为富于感染力的创意，建立以行业精英为主导的"监制中心制"项目管理模式，在创意与客户需求之间找到完美平衡，制作出有效提升客户品牌形象的广告作品，实现品牌的有效沟通。

地址：北京市西城区北三环中路甲 29 号华尊大厦 A—1302

电话：010—82021995/6/7/8

负责人：徐雯

北京仟村传媒广告有限公司

18 年中国县域农村市场广告经验，全国首家县级电视媒体代理的专业广告公司，合作客户涉及各个行业近 600 百家。

仟村传媒致力打造中国最大的农村电视媒体超市，为您提供全天候最优广告时段。

截至目前，仟村传媒已经搭建了有 1500 多家县市级电视台参与的电视联播网，是目前针对县域市场最有效的电视广告媒体平台不仅省却了广告主亲自逐县安排广告的繁琐工作，更为客户降低了媒体投放的成本。专业化的农村市场研究和媒介策略保证了客户的媒体投放更加有效，更加精确。

地址：北京市海淀区中关村西区善缘街 1 号立方庭大厦 2—826 室

电话：010—82483550 82868087

网址：www.qccm.net

联系人：刘女士：13810766610

北京世邦和广告传媒有限公司

公司成立于 1996 年，中国 4A 协会创始成员。是一家综合性全案广告服务公司。

伴随经济发展，世邦和与中国一线品牌共同成长，服务品牌跨越政府、大型国企、通信、乳业、白酒、服装、金融、地产等多个领域。服务客户有伊利集团、北京移动、中粮集团、稻花香、黄鹤楼酒业、李宁公司、白领服饰、赛菲尔珠宝等等。

公司以品牌、创意、互动、媒介为组织体系，以创新、实战的整合传播策略为指导，为企业提供品牌发展策略、品牌咨询、创意制作、公关策划、媒体发布、网络营销、项目包装等综合性服务业务。

18 年来，世邦和以独特的创意表达完成客户诉求，共制作广告片 300 余部，企业专题片 80 余部；世邦和将视觉营销渗透于品牌塑造的各个环节，并取得显著效益。

地址：北京市建外大街 9 号齐家园外交公寓 11—1—51

电话：010—85800616

网址：www.shibanghe.com

北京无限视点广告有限公司

公司成立于 2005 年，是一家集活动组织、影视策划、栏目包装、后期制作与创意设计为一体的综合公司。

近十年来专业制作影视剧、广告片、纪录片及大型活动摄制等影视服务。在深度服务北京市政府、奥组委、能源类公司如壳牌、中石化等的过程中不断完善提高自身，形成了从市场出发、专业为本、创意制胜的实效主义风格。

承制影视后期工作的作品有：《大宅院的女人》、《看不见的背后》《丈夫的秘密》、《不要离开我》等十几部电视连续剧。

纪录片： 《梅香》曾获第 27 届东京国际录影节优秀奖，并在 CCTV 《东方时空》、《360 度》播出。

合作过的企业有：建行、壳牌、中海油、中石油、ABB、中国建筑等。

电话：13911816873

邮箱：qsbl@vip.sina.com

联系人：申青林

北京长江传媒有限公司

北京长江传媒有限公司是湖北广播电视台（集团）旗下的大型国有传媒公司，也是湖北广电开行业先河，首创“双总部”运营机制在北方设立的运营总部，2012 年 8 月以中关村高新技术企业的身份在北京启动运营。

北京长江传媒有限公司的广告经营团队由湖北卫视广告部与北京长江传媒广告团队合并组成，全面负责湖北卫视的广告经营工作。

2013 年，湖北卫视实现广告创收 7.5 亿元，在经营实践中，团队不断升级营销理念，创新营销模式。其中，湖北卫视首档大型音乐励志真人秀《我的中国星》招商堪称典型案例，从前期推广炒作到后期招商创造了诸多第一：竞拍湖南卫视《我是歌手》总决赛标王，创造了一家卫视到另一家卫视荧屏做营销的“行业第一标”；向广告圈、营销圈、传媒圈名人广下战书，征集能猜中每期节目收视率的“预言帝；总决赛广告招标开创了湖北广电大型活动现场招标的先河。《我的中国星》与美的、九朵玫瑰、加多宝、猫人等行业领导品牌深度合作，实现媒企共赢。

地址：武汉市武昌区公正路 216 号平安国际金融大厦 12 楼

电话：027–88861060

太平盛世影视广告有限公司

1999 年北京太平盛世成立，从几个人的规模发展到目前拥有北京和上海两个办公室及几十名专业工作人员的国际化影视广告制片公司；迄今为止拍摄了几百支不同风格和表现形式的 TVC 作品，其中很多作品为客户创造了不菲的传播价值；也屡获国内、国际的诸多广告奖项。 在 TVC 创意制作领域我们不断进取；用全球化视野整合全世界，优秀的 TVC 创意制作资源，来满足客户的更高要求。

目前我们已和国内外一百多位优秀的 TVC 导演建立了紧密的合作关系。同时具备国际先进的 TVC 制作的管理经验和流程。我们建立了丰富的演员、场景、道具的资料库让执行更为高效准确。我们不断的努力就是要让客户的作品更精彩，更安全，更高效。我们深信服务和执行的过程也是一件追求完美的作品。

地址：北京朝阳区八里庄西里 98 号住邦 2000 商务中心 3 号楼 203 室。

电话：010–51650003

“视听工场”影视机构

“视听工场”为北京视听传奇影视文化有限公司全国推广的影视品牌，是专业从事各类影视题材制作的综合性影视机构， 主要致力于院线数字电影、网络微电影、电视剧、TVC 的制作、传播和发行。

“视听工场”影视机构，由北京电影学院毕业的青年导演、摄影师、编剧等人员精编而成，专业的电影教育、多年的电影实战、强大的行业资源，使公司在竞争中更具竞争优势。 公司面向全国，重点开发北京、上海、江苏、浙江等发达地区，已承担众多电影、微电影、广告片的策划和拍摄，并以绝对的价格优势代理、投放了众多央视广告。公司的综合实力已引起社会各界的广泛关注。

地址：北京西城区月坛北街 26 号

电话：400030116

网址：www.bjstgc.com

QQ ： 834731090

中视行动国际广告（北京）有限公司

公司立足于中国广电传媒产业，以中央电视台、地方卫视广告经营为核心业务、平面与网络媒体等跨媒体广告经营以及媒体、公关为延伸业务，致力于成为中国一流的传媒运营集团。

公司作为中央电视台主要媒体代理商之一，拥有中央电视台广告代理权，并拥有 CCTV–1/CCTV 新闻频道晚间黄金时段、电视剧贴片广告等优势代理，CCTV–2、CCTV–3、CCTV–4、CCTV–5、CCTV–6、CCTV–7、CCTV–10、CCTV–13 全频道资源的整合和购买优势，具有强大的跨媒体资源购买与整合策划能力，能够为客户完成媒介策划、媒介购买、媒介执行、媒介研究等系列整合传播服务。

地址：北京市朝阳区西大望路下甸甲 3 号尚 8 广告园 1 号楼 2 单元 205 邮编：100022

电话：010–57792686、57746123 传真：010–65387515

负责人：总经理 李睿峰

网址：www.c–digital.com.cn QQ：150106616

门玛品牌传播机构公司

门玛致力于打造有市场竞争力的创作型广告公司，践行智业加产业的商业模式，以下一代产品和服务需求研究为导向，建立有竞争力的营销和品牌推广体系。门玛为企业提供从战略到战术落地的整体解决方案。门玛的专业体系专才包括：企业战略咨询专家、企业管理专家、市场营销专家、整合设计专家、整合传播专家，我们的服务项目类型涵盖 CIS、整合设计（VI、平面创作、SI 商业空间设计、动漫创作）、影视制作、公关活动执行、媒介投放。我们的研究领域涉及：单店运营系统构建、加盟连锁体系打造、会员体系构建、项目招商执行、新品上市推广，与整合传播模式构建。门玛业已服务众多企业，并从不同层面帮助企业成长，深厚的专业积淀，强大的团队支撑，专业的流程管控，创新的合作模式，保障思行合一，与合作伙伴共赢市场。

地址：福州市白马北路芍园 1 号文化创意园 3C#2F

电话：0591－83700606

网址：www.menma.cn

大禹文化传播有限公司

作为中国连锁行业视频培训的开创者，大禹针对连锁企业品牌建设中所遇到的终端问题，紧密围绕终端三元主体，采取情景模拟、实际案例、现身说法的影视多媒体形式，为企业量身打造连锁培训系统教学片。

这种终端培训教学互动视频创新多种培训及互动方式，在中国首屈一指，并屡获诸多国内一线品牌的成功验证。中国零售视频培训系统是第三代终端教学的全新升级，只要一台电脑或是一部手机就可以轻松实现线上线下学习，通过互动考核轻松了解学习成效。企业还可科学跟踪，从根本上改变原培训脱节的问题，及时发现问题，优化培训内容，让培训效果最大化！

电话：4008888530

手机：13799895969

联系人：孔俊人

厦门大格局广告

厦门大格局广告十多年致力于打造行业品牌专家。是集企业战略规划、品牌进化管理、品牌咨询服务、品牌终端推广执行、SI 环境导向系统、展览展示、网络营销与推广的专业管理服务与执行机构。我们拥有丰富的经验和系统专业的理论来协助企业达到提升品牌的目的，并拥有广泛的专业行销、生产、管理、企划等人力资源、并擅于制定正确的营销战略，运用有效的营销战术，全方位为企业打造核心竞争力。

获得荣誉：

1、 荣获中国著名品牌

2、 福建省 AAA 信用企业

3、 厦门广告协会理事

4、 2007—2012 年度优秀广告经营单位

5、 厦门市政府对外展示宣传制定承办商

地址：福建厦门市湖里区枋钟路金山财富广场 3 号楼 301 室

电话：0592—5920250

奥维国际咨询集团

奥维国际咨询集团，专注为品牌进行顶层设计和战略规划，拥有品牌力、模式力、领袖力三位一体的先进服务构架和理念，以及 20 年服务企业的实战经验，服务内容包括：企业战略规划、领袖力修炼、商业模式规划、品牌定位、产品定位、价格定位、渠道定位、团队定位，致力于打造中国最具价值的商业战略思想库。

地址：厦门思明区软件园二期观日路 30 号之一 101

电话：0592—5999552

邮编：361000

负责人：罗文先

石狮永业广告有限公司

永业传奇为国内知名品牌战略顾问公司，旨在运用先进的品牌定位与管理理论，为企业制定完整的品牌战略（解决产品“怎么说”、“说什么”的问题）。在品牌定位战略的指导下，规划品牌DNA系统。同时协助企业实施有力的市场推广。

现在我们拥有品牌、卖场道具、商标知识产权三个事业部，分别为这三个领域的客户提供品牌定位、品牌规划推广、商业空间设计及道具制作、商标注册转让和防伪商标系统服务。

凭借精准的品牌定位和成功的市场推广业绩，永业传奇已成为众多优势品牌的战略合作伙伴。并荣获2006中国最具传播力策划机构、2006中国十大品牌策划专家、2008国际品牌节组委会副秘书长、中国国际交流促进会常务理事、中国策划协会泉州管委会会长单位。在随着中国大国崛起的时代背景下，未来永业传奇致力中华五千年文化与现代商业模式的有机结合的探索模式，与有识之士共同引领中国文化创意品牌走向世界！

地址：福建石狮市八七路信义大厦八楼D座。

电话：0595–88580971

圣美咨询机构

咨询·投资·猎头

圣美咨询机构2005年创建于经济特区厦门，后陆续建立深圳、加拿大公司，是一家以策略、创意为核心驱动的专业服务食品行业和现代农业的综合型品牌营销咨询机构。立足食品大行业，聚焦农业产业链，透析中国食品行业发展态势，深耕于食品业的品牌建设及营销战略制定，致力于打造中国食品和现代农业咨询服务产业链。机构提供三大板块的资源整合和专业服务：咨询、投资和猎头。深圳、加拿大公司同时提供旅游策划规划服务，是国内领先的深度研究农业生态观光旅游的智业机构。

地址：厦门市嘉禾路392号国泰大厦30A–30B

电话：0592–5185081　3122580　3122581

传真：0592–5185082　邮编：361009

官网：www.solome.com.cn

邮箱：tiger0328tiger@163.com

圣美微博：“圣美咨询”

圣美微信：“圣美咨询”

酒泉市天成广告传媒有限责任公司

公司成立于2013年4月，是一家集广告、营销策划、传媒于一体的大型私营企业。

天成广告传媒公司专注打造品牌运营代理，强势媒体投放，专业营销策划与执行，影视文化传播，演艺经纪，一流广告创意与制作。是作为西北地区一流的整合广告传媒，品牌运营代理公司之一。我们的创意，以文化的融合、策略的导向为基础，全力帮助客户在品牌、产品、业务各方面获得成功。公司资金势力雄厚，配有先进一流的硬件设施，拥有一批素质优良、专业技能、经验丰富的一流年轻团队，我们一直努力致身于广告事业，精心打造品牌核心价值观念，不断提升自我，引领品牌战略销售市场。

天成广告传媒公司总经理张菊花携全体员工将竭诚为您服务。

地址：酒泉市东方明都正南鼓楼东医药公司2楼

欢迎致电13909378851　QQ：281488820

天成微信公众帐号：tcggcm88

官网：http：//tcggcm88.chinapyp.cn/

甘肃嘉元影视

嘉元視覺·刷新你的視覺分辨率

甘肃嘉元影视，中国西部最具原创实力的数字动画创作机构。

自2000年成立以来，甘肃嘉元影视一直致力于三维数字视觉技术的拓展与应用。

针对地产开发商、广告机构、设计机构不同需求提供包括房地产漫游动画、影视特效、影视广告、企业宣传片、专题片、多媒体互动在内的高品质数字视觉服务。

嘉元一直执着于通过不断自我创新与超越，寻求艺术与技术完美结合，从而为客户提供更为卓越的视觉表达服务，凭借精良作品与真诚做事态度，赢得业界广泛认可与尊重。成为本土优质客户最为倚重的影像合作伙伴。

地址：甘肃省兰州市城关区张掖路1号保利大厦c座10层

电话：13321224006　0931–8484452

QQ：1045309986

邮箱：1045309986@qq.com

网址：www.jiayuancg.net

甘肃汇视广告传播有限公司

甘肃汇视广告传播有限公司成立于 2000 年，是一家负责任的广告行销策划机构，总部设在兰州，有两家分支机构。是一家集广告代理发布、影视创意制作、品牌策划、整合营销于一体的专业化资深广告公司。是一家从战略到战术、从营销到传播、从品牌到广告、从创意到媒体、从管理到文化的全能型的广告公司。

地址：兰州市庆阳路 5 7 号兴隆大厦 8 楼 B1 座

电话：0931—8875585　8879875

传真：0931—8875558

邮编：730020

E—mail：GSHSGG@Vip.163.com

网址：www.huishiguanggao.com

广西师范大学设计学院

学院坐落在世界著名山水旅游名城、历史文化名城桂林市，其前身是成立于 1988 年的艺术教育系，2010 年学校根据学科建设与发展的需要将设计学科从美术学院分离出来成立设计学院。设计学院师资力量雄厚，现有教职工 67 人，其中专任教师 51 人，包括教授 6 人、副教授 9 人，讲师 24 人，具有硕士学位的 42 人。学科带头人是国家教育部高等学校工业设计专业教学指导分委员会委员、中国机械工程学会工业设计专业学科教学指导委员会副主任及中国工业设计协会理事；单位是中国包装设计委员会、中南六省区“中南星奖”艺术设计大赛组委会组织单位。

设计学院现有一级学科美术学（设计艺术理论研究、设计艺术应用研究、动画与媒体艺术研究、视觉传达艺术研究、空间艺术研究、服装艺术研究）和课程与教学论（设计）二个学术硕士学位授权点及艺术专业硕士（MFA）学位授权点；开设有全日制视觉传达设计、环境设计、服装与服饰设计（含服装设计与表演方向）、产品设计、公共艺术、动画（含数字媒体艺术方向）、工业设计等七个本科专业。

MYC 名影整合传播

MYC 名影整合传播创立于 1993 年，经过 20 多年发展，MYC 名影整合传播已经成为一家集品牌策划、平面创意设计、影视广告、产品形象包装设计、印刷制作为一体的专业化广告设计公司。先后获得中国优秀影视广告公司、中国广告 30 年 30 家杰出贡献影视广告公司、中国广告创作实力 50 强、广州 4A 成员等荣誉。 MYC 名影整合传播立足广州，服务中国，以“大道至简”的创意理念，及卓越的品牌整合传播实力，与上百家知名企业达成合作，见证了民族品牌的崛起。

我们的目标是为客户创造价值，和客户共同发展，我们致力成为您的事业伙伴，我们尊重并以真诚回报您给予的信任和期待，因为我们的价值来自于我们协助您创造价值。

地址：广州市天河路 299 号体育中心棒球场 2 楼

电话：020—38776008

中山市小榄电视台

中山市小榄电视台是广东省中山市北部镇区的强势媒体，每年的广告客户约有 1300 多个，客户分布于北京、上海、广州、深圳、顺德、江门、佛山以及中山本地。有可口可乐、蒙牛、中国移动、保利地产等 115 个知名中国名品牌前来投放广告。

从 2008 年 1 月 1 日起，由原来单一的电视广告业务发展成为一个多元化经营、立体式宣传的强势媒体，广告业务涉及电视广告、户外广告、LED 广告、DM 杂志广告、网络广告、文艺演出、车展、楼展等等。

中山市小榄电视台坐拥这一优势传媒平台，为企业的品牌传播提供了一个最适合的位置与高度，见证着品牌传播的力量。

地址：广东省中山市小榄镇文化路 82 号

邮编：528415

联系电话：0760—23383676、22113322

深圳职业技术学院艺术设计学院

深圳职业技术学院
艺术设计学院
School of Art and Design, Shenzhen Polytechnic

学院成立于 1993 年，现有环境艺术设计系、服装设计系、视觉传达设计系、工业设计系、珠宝首饰设计系等 5 个系，15 个专业方向，在校生近 2000 人。

在十八年的发展历程中，艺术设计学院始终贯彻艺术与技术相结合、设计与制作相结合、产学研相结合的办学方针，致力于培养具有较高综合素质的，既具有一定专业理论知识、又有较强的创意设计能力；既有具体岗位技能操作能力，又懂得岗位群管理的高技能、应用型专业人才。

近三年来，学院已建成了以珠宝首饰工艺及鉴定专业为重点的国家级示范专业及艺术设计专业群。省级重点建设专业视觉传达专业及专业群正在建设完善之中。现已成功申报两门国家级精品课程，四门教育部教指委精品课程，三门省级精品课程，十二门校级精品课程。

电话：0755–26019271

传真：0755–26019271

网址：design.szpt.edu.cn

智合文化传播有限公司

智合文化传播有限公司
ZHIHE CULTURE PROMOTION CO., LTD.

智合文化，由专家智囊团、实战泰斗及资深一线精英组成的专业团队，不同地域、不同经历、不同教育背景的人汇聚在一起，赋予智合特殊的气质和文化内涵，不同的思想在这里交融、碰撞，激发出新的创意灵感。

主要业务包括：大型活动策划、品牌整合设计、影视创意摄制，设计、制作、发布、代理各类广告业务。

公司自成立以来，一直致力于成为企业及其产品迅速成长的推动力。实效传播是我们矢志不渝的追求目标！我们不相信苍白无力的创意，我们不迷信精彩绝伦的构想，我们始终让自己站在客户的立场上，以最严谨的市场调研、最精准的概念提炼、最切中要害的创意方案，创造出最适合市场，最经得起考验的作品！

地址：广东省中山市火炬开发区会展大道加州阳光 C 区一层

网址：www.zhihewh.com

总经理：史振明　　手机：18928183555

电话：0760–89969388　　传真：0760–89969818

E–mail：zhihewh@vip.163.com　　QQ：1092888333

广东博艺广告有限公司

博艺广告
PROART ADVERTISING・助力企业成长

广东一级广告企业——广东博艺广告有限公司创立于 1994 年，坚持"让中国品牌更受世界的尊重"之使命，凭借专业高效的核心团队、良好的客户关系和优势的媒介资源，致力于为客户提供企业战略咨询、品牌策划、整合传播、创意表现、公关活动、视频制作、广告工程、礼品设计等专业性全案服务。

博艺广告始终坚持以国际视野服务本土需求，深耕华南，弄潮珠三角。成立至今，已在广州、佛山、珠海、江门等地成功设立分公司，服务客户遍布地产、酒店、商场、通信、餐饮、汽车、家居、灯具、快消品等各行各业，与南方电网、中国移动、嘉宝莉、天地一号、香港建设等大批知名企业和品牌保持着密切合作关系，成为珠三角地区最具专业价值的品牌策划及整合推广机构之一。

地址：广州市天河区黄埔大道西 33 号三新大厦 18 楼 G 单元

负责人：黄海波

电话：020–38829421

传真：020–38906131

邮编：510070

湛江市金色同盟品牌设计有限公司

GOLD ALLIANCE CREATIVE DESIGN CENTER
金色同盟
创意设计中心

公司成立于 2007 年，有专业的设计策划团队，现有员工数十人。公司业务分"广告策划事业部"与"空间设计事业部"两大板块。2012 年组建"金色同盟创意设计中心"，营业面积近 1000 平方米，是湛江目前办公面积最大、最有格调的创意空间。

金色同盟"广告策划事业部"专门为房地产、商业地产项目提供全程策划、定位、形象设计、整合推广服务。五年来，服务湛江本土及其他城市地产项目达 30 个，建筑面积达六百万平方米。"空间设计事业部"专注办公空间、会所空间、样板房空间、快餐连锁店、居家、写字楼、店铺、酒店、商场、娱乐城等空间设计施工。我们始终坚持精品路线，走专业化发展道路，力求精益求精，以专业化、高标准、高质量的设计、施工质量，赢得了市场赞誉和客户的信任。致力于为客户提供：设计、策划、材料、施工、维护为一体化服务。多年来，业绩非凡。

地址：广东省湛江市人民大道北 39 号湛江图书馆内

电话：400–8088–003　0759–3161686

邮编：524000

E–mail：gubd2007@126.com

深圳中视星艺文化传播有限公司

中视星艺 CTV STAR ART CC'S

深圳中视星艺成立于1999年，是一家集电影、电视剧、微电影、影视广告片、专题片、纪录片、MV、电视栏目、大型演艺活动晚会为一体的策划制作公司。十几年来，作品曾多次被中央电视台及行业评为全国金奖、银奖、最佳创作奖、最佳导演奖等。

公司投资上千万的影视先进设备，拥有最先进的广播级数码高清、摄录编、三维动画多套影视设备，拥有一批高水平的策划、创意、导演、拍摄、制作的策划人才、艺术人才和技术开发人才。公司现已成功策划、制作、播出了大量的影视节目、音像制品，并与港台、国内外同行合作摄制了多部电影、电视连续剧；成功举办过各类大型比赛、央视大型晚会、国内外文化艺术交流等活动，是中央电视台及地方电视台在深圳的节目制作基地。

地址：深圳市福田区深南路3039号国际文化大厦1411—1413

电话：0755—82091876

传真：0755—82091860

网址：www.ctvxy.com

E—mail：1104254198@qq.com

深圳唐古品牌策划设计有限公司

唐古 TENCOOL

公司成立于2005年5月，立足中国改革开放经济特区—深圳。在此前沿阵地中我们高瞻远瞩且审时度势，依托香港国际优势资源与资讯，紧紧把握全球前沿设计动态趋向，不断创新创意超越自我。

作为中国知名品牌策划设计公司，我们没有一丝松懈，并深感肩负的责任与使命。为更多品牌创造价值并连带实现自身价值是我们永恒追求的核心。未来，我们一如既往的珍惜青春，用自身饱满的热情和尖端的专业去与更多当代精英们共创共荣！

团队，是我们核心，也是我们引以为豪的力量！在我们的团队中，处处洋溢着和谐的氛围，青春的气息释放无拘。在我们的团队中，彼此博采众长互相汲取，不断创新携手共进！在我们的团队中，发展的战略里，我们以完整的思想统一，使我们没有理念的分歧，更没有目标的差异，一切都在既定的轨道上高效前行！

地址：深圳市布吉布澜路182创意设计产业园3号楼3A11

电话：4000—198038　　传真：0755—82470755

QQ：81419580　　E—mail：tenool@qq.com

网址：www.tencool.cn

中山圣峰文化传播策划有限公司

聖峰文化传播策划有限公司 S.F. Culture Communication Co., Ltd.

圣峰公司是由在中山市主流媒体从事广告经营行业长达十多年的专业资深媒体人创办，拥有丰富的实践经验和众多成功的营销案例；曾全程参与策划、跟进多个中山市大型户外活动，如：中山市大型车展、书展、房地产展等；并曾跟进过中山市内多个大型商业项目，包括：益华百货、壹加壹、太阳城、优越百货、富业广场、利和广场等的宣传推广及系列活动。

本公司擅长为企业及客户提供从策划、策略咨询到全程实施的整合推广、项目活动以及市场传播服务。我们对IT、汽车、房地产（商业地产）、商业百货、快速消费品等行业的发展和竞争动态有着深刻见解；尤其擅长地产及商业百货行业的策划跟进。

此外，我们与中山乃至全国的各大媒介传播机构有着全面紧密的合作；我们的团队整合了业内资深的专业高端人才，能为客户提供最专业、最到位的行业服务。

地址：中山市石岐区民生路100号康星顿3F—4

邮篇：528400　　负责人：梁志华

网址：www.ZSFM888.com

电话：0760—88619088

中一广告策划有限公司

CHINA ONE

公司成立于2001年，总部设在中山，旗下设有江门、小榄、肇庆分公司。中一是立足于会务庆典、公共关系、行销推广、文体演出和广告执行的专业团队，以体育营销和视觉创意为特色，为客户提供企业品牌创建、品牌形象推广、地产整合推广；广告策划、代理、发布；商业活动策划公关等，能为客户提供珠三角全方位的路演活动服务。

目前已服务蒙牛、伊利、王老吉、可口可乐、统一、康师傅、屈臣氏、中国劲酒、鹰唛食品、海天酱油、中顺洁柔、中国电信、波顿时装等众多知名企业和品牌，并获得业界认可。

中一媒介资源：中山体育场／馆、全民健身广场广告唯一代理；中山广告网（中国广告网中山频道）http：//zhongshan.zg168.net；《体育·休闲》期刊；丰富的公共关系资源。

我们真诚期待与您诚信合作，携手共进，启迪未来。

地址：广东省中山市兴中体育场西门　　总经理：姚夏雨

电话／传真：0760—88223218　88926118

邮箱：chinaone_888@126.com

网址：www.china-one.net.cn

珠海汉艺企业广告有限公司

澳门汉彩广告企划设计始于1991年，2002年成立珠海汉艺企业广告有限公司，而后两间公司于2010年重新整合。

公司始终致力于打造以人为本的企业文化，以科学、人性化的管理，创造和谐融洽的工作环境，同时汇聚两岸四地活动统筹策划、品牌规划、广告创意、设计制作、公关活动、媒体投放、展览展示、包装设计、专业顾问服务等专业人才，先后为珠澳两地各政府部门、商业机构、社团等超过300家客户服务，拥有丰富的跨域服务经验。

磨砺二十余载，打造优质服务团队HON COLOR，凭着专业的团队操作以及丰厚的业内经验，戮力以赴，致力为客户锦上添花。

地址：中国广东省珠海市珠澳跨境工业区珠海园区5—3号利时大厦6楼B2

电话：0756 — 8138 665

传真：0756 — 8138 565

邮编：519000

负责人：胡锦汉

网址：www.honcolor.com.mo

零点星传媒集团星弧广告

深圳总部现有专业人才60多名，主力人员曾服务多家主流广告公司，具备5年以上工作经验。公司总部共分三个事业部，由策略、创意、设计精锐组成核心团队。操作全国多个知名旅游休闲及房地产项目和消费品牌。提供年度全程整合推广服务，范围涵盖策略制定、创意执行及媒体发布。

地址：深圳市福田区八卦二路536栋西侧4—5楼

电话：4000733339

传真：0755—82414578

网站：www.hesper—sz.com

联系人：余军荣

手机：18820218868

壹媒介

壹媒介（ONE MEDIA）专注于停车场进出口黄金广告位媒体的研发和运营。以高新技术促进广告业发展，努力提升企业技术创造力。自主研发的多项专利设备使停车场收费系统与广告媒体完美融合，大幅提高道闸设备的质感和广告媒体的美感。

壹媒介旗下全资子公司深圳市一道通科技有限公司是一家专业研发、生产智能广告型停车场管理系统的高科技企业。

公司经过一年多时间的研发，设计出了行业最领先的两面翻转广告型停车场道闸。公司的新型广告设备已经拥有国家12项发明专利，目前经过不断优化的广告型专利道闸设备运行稳定，媒体画面的加入，使道闸设备的美观和用途大幅提升。

壹媒介现已开通：北京、上海、广州、深圳、长春、沈阳、山东省、兰州、银川、杭州、宁波、苏州、无锡、常州、大连、河南省、昆明、贵阳、成都、重庆、福州、厦门、泉州、中山等几十个城市。设备在各地得到了物业公司、广告客户、广告公司一致好评。

地址：深圳市福田区深南大道6025号英龙展业大厦816—817

电话：0755—83711939　0755—88283135

网址：www.onemedia.net.cn

深圳市战略伙伴文化传播有限公司

战略伙伴精英团队组合，从独特的创意→导演的艺术→剧组的拍摄→后期的剪辑，由出国留美人士、上影资深导演、摄影师、丰富经验娴熟的非编师，共同组成富有市场战斗力和凝集力的团队。

用创意为根基，以市场为突破口，借用专业手法。为客户产品行销、业绩提升、市场扩张、品牌创建提供无限动力。提供调研、策划、创意、制作、发布全程服务和策略咨询，为市场推动提供笃信力量，制作强劲有力、针对性强、更贴切、视觉冲击力大的专业艺术宣传品，已为众多企业制定宣传片、广告视频、微电影等大量案例。

地址：深圳市福田区福民路博伦花园2栋2单元2层

电话：0755—83830055　83836556

传真：0755—83836428

QQ：312172301

E—mail：3721dvd@163.com

网址：www.3721dvd.com

珠海公交文化传媒有限公司

珠海公交文化传媒有限公司是于 2009 年由珠海市公交广告有限公司和珠海信禾广告有限公司合并重组而成的一家集广告策划、创意设计、制作为一体的全资国营企业。 公司通过完整的广告运作体系、培养高素质的专业技术人员，发展多元化广告业务，逐步发展为整合多种户外媒体资源，打造强势户外媒体网络的大型专业化、现代化广告公司。公司现有媒体资源包括：珠海市内上百条公交线路，1000 多辆公交车的车身媒体及各大公交站场广告资源；长途客运大巴车载视频及车内头套广告媒体；位于各大商业旺区的户外广告大牌、报刊服务亭灯箱媒体等等。 公司经营业绩在珠海同行业中名列前茅，获评国家二级广告企业资质及广东省一级广告企业资质，具备较强的企业品牌影响力。

地址：珠海市香洲区吉柠路 2 号

电话：0756—6833555、0756—6833600

邮编：519000

负责人：陈伟龙

惠州市千禧文化传播有限公司

惠州市千禧文化传播有限公司是一家集策划、设计、制作、实施、管理为一体的专业文化活动服务机构。致力于为珠三角企事业单位提供创新、高效的服务，并将服务提升到全方位、系统化的高标准。公司拥有实战型、专家级、全攻略精英团队团结奋进、开拓进取。

经营范围涉及：大型庆典策划、公关活动、高端论坛、产品推广、明星经纪、文艺演出、婚庆策划、礼品定制等项目．经过数年的拓展整合，成功承办各个领域的大型活动数以千计，深得客户的信赖和赞赏。

地址：广东省惠州麦地东路玉兰商务中心 2 楼

全国服务热线：4006003848

电话：0752—2101006　　传真：0752—2101036

网址：www.qxlywh.com

负责人：周亚雄

广州橙天文化传播有限公司

广州橙天文化传播有限公司成立初依属珠江电影制片厂硬件资源和专业制作人员组建而成。历经发展，成为整合台、港、大陆及亚洲和全世界影视广告制作资源的影视制作公司。

橙天广告影视制作团队，态度严谨，制片经验丰富，流程科学且规范，拥有强大可靠的执行能力，建立完善的执行系统，确保影视广告制作高质和高效。

自 1996 年成立，橙天广告制作数百条广告片，涵盖服装、化妆品、电器、药品、房地产、汽车、电子等领域，十多年来，橙天在与广告公司和客户的合作中，“水井坊、金六福、海南椰岛、比亚迪、哈飞汽车、江淮汽车、潍柴动力、广药集团、蓝月亮、仁和……”一串串知名品牌影视广告作品点缀了橙天的成长年轮。

地址：广州市海珠区新港东路 238 号世港花园（海珠创意园）A 座 607

电话：020—34319476　34318373

邮编：510330

负责人：黄航空

深圳市宝视达广告有限公司

宝视达（BEST FILM）创建于 2001 年，始终致力于为各行业内的领先品牌企业提供卓越的数字媒体服务。帮助企业达到最有效的品牌视觉传播。为了满足不同企业国际业务的发展，于 2008 年成立宝视达香港分公司，配合企业在海外视觉技术的需求。

运作 12 年来，宝视达成立了三大运营事业部：一、影视制作部：企业形象宣传片制作、影视广告片制作、产品宣传演示、政府宣传片、商业微电影、三维动画制作；二、商业展示技术部：体感互动商业演示解决方案、裸眼 3D 商业演示解决方案、全息 3D 影像制作、3D 互动投影技术、多媒体互动展厅设计制作；三、APP 应用开发部：手机应用软件开发、后台服务器的开发、部署。

现已成为四大企业：华为、腾讯、迈瑞、中兴指定年度数字媒体供应商。

总机：0755—25871448　传真：0755—25871449

地址：福田区下梅林梅华路满京华投资大厦 406

电邮：szdv@szdv.com

网址：http：//www.szdv.com

成长策划：品牌战略闪电豹

成长策划＝战略公司＋广告公司＋设计公司

成长策划是仅有掌握 “成长闪电豹” 核心能力的品牌机构，坚信无坚不摧，唯快不破！成长闪电豹模式，助推 200 多家企业实现快速腾飞，让市场闪电爆发，让品牌持续爆发！

以智慧推动资本，以创意成就生意！

成长策划是中国 10 大最具影响力策划专家机构，16 年智慧历练，成功服务 200 多家企业，30 家著名品牌，15 家上市公司，协助 30 家客户引进风投，帮助数十家客户吸引风投关注！

成长 Inside，为企业注入一颗强劲的品牌 “成长芯” ！

成长策划致力于成为中国品牌最具价值和持久爆发力的 “智慧芯片” ！力助企业突破发展瓶颈，成就企业雄心——不是第一就是唯一！成长 Inside，为企业背书，成就最具成长力的伟大品牌！

成长热线：0755/61617987　13302313737

成长官网：www.grooowth.com　　微信公众号：深圳成长

地址：深圳市福田区彩田路彩虹新都彩霞阁 18 楼

深圳飞人谷营销策划有限公司

飞人谷营销策划有限公司成立于 2003 年，不同于管理咨询公司和单纯的设计公司，飞人谷专注于为客户定制最适合的品牌策略与包装服务。飞人谷营销策划有限公司，籍十数年的本土实战，抛开繁琐的营销八股，以独到的 “品牌价值营销体系” 为理论基础，以顾客价值为原点，品牌价值为目标，开创了 “发现价值、重估价值、配置价值和传递价值” 为核心的作业模式，形成独具特色的包括品牌构建、营销落地、产品包装设计在内的中国酒水全程品牌营销咨询服务体系，全方位解决中国酒水企业营销难题。

地址：深圳福田区上梅林中康南路 8 号深圳标树苑 B 座 1-3 楼

电话：0755-83243170

广州市四方广告有限公司

自 2008 年创建以来，四方广告致力于为合作伙伴提供高质量的广告代理服务；我们拥有包括策略创意、影视拍摄、传统媒体以及新媒体在内的业务经验，我们更懂得如何为客户调配资源，赢取竞争。

服务和资源双领先的配套理念是四方广告业务高速增长的基础；我们赞赏充满策略的思考和创造（调研、定位、策略、创意），我们也鼓励更多合作媒体资源的开发（全面代理广东、湖南、江苏、浙江、广西、贵州、云南、吉林八省电视广告资源，优酷土豆、腾讯网、DSP 精准、微信微博）；我们乐意成为全面而精明的广告代理公司，为客户提供更深层次的整合传播服务。

客户是四方的战略资产，我们为百分之八十以上的客户（包括王老吉、白云山、潘高寿、美的等知名品牌）提供了超过三年的连续服务，长期的协作使双方能够更加深入地了解与配合，因此才造就了客户品牌的持续升值，也创造了四方广告年复合增长率超过 50% 的佳绩。

地址：广东广州市环市东路 326 号之一亚洲国际大酒店 1106 室

电话：020-83762852

零点星传媒集团

零点星传媒集团创建于 1999 年 7 月，立足深圳辐射全国现已有喀什、沈阳、香港、北京、广州、长沙、太原、郑州、合肥、西安、台州、贵阳、海口等全国 22 公司。现已成为零点星影视（影视制作）、零点创意科技（多媒体、三维数码科技）、星弧广告（平面整合推广）、星界传播（公关活动策划）、星易顾问（调研策划定位）、零点星媒体（新媒体推广）、零点星包装特效（视频特效）、零点星空间设计（展示空间设计）、零点星投资发展（商业投资）的等 9 大分公司，为客户提供全方位，360 度专业无缝服务。

集团现为深圳市政府重点扶持的文化企业、深圳市文化创意产业协会副会长单位、深圳市影视制作协会副会长单位、中国影视广告协作体副会长单位。被评为 “中国十大影视制作机构” 及 “中国广告 30 年 30 家杰出贡献影视广告公司” ，荣获 “中国影视广告年度优秀影视制作公司” 称号。零点星策划、承办的深圳首届诗歌节荣获《南方都市报》 “深港国际生活大奖” 之城市人文推动奖。

地址：广东省深圳市八卦二路 536 栋西侧 4-5 层

网址：www.hesper-sz.com

电话：400-073-3339　　传真：0755-82414578

蓝光通达广告有限公司

广州市蓝光通达广告有限公司成立于一九九二年，中国一级广告企业，广州4A成员。一直致力于为客户提供综合性的广告服务，拥有丰富的市场调研、文案策划、平面设计、影视制作、三维动画制作、媒介代理等经验。特别是在房地产广告行业中，成为业界极具口碑的具有整体策划、创意设计、执行、媒体代理等完善的品牌推广综合能力的专业广告公司。我们秉承以完美主义者的广告理念专注于做好每一个品牌的形象顾问，力求与每一位客户达成互动共赢的目标。

地址：广州市天河区体育西路7号骏汇大厦中座22楼B
电话：020-38891822
邮编：38891510
E-mail：cleverad@163.com

中山市奥理广告有限公司

中山市奥理广告有限公司成立于1995年，是中山首家"广东一级广告企业"资质企业和广东省广告协会副会长单位，多年的行业经验、优质的媒体资源、健全的运营体系，铸就奥理品牌的核心竞争力，是中山最具实力的、专业的户外媒体运营及服务公司。

奥理致力于户外优质媒体的开发、经营和管理，媒体资源覆盖中山各繁华中心区域，构建起立柱式广告牌、大型落地广告牌、灯箱、灯旗等媒体类型，总面积达一万多平方米。

多年来，奥理肩负行业责任和社会使命感，秉承"创新、高效、责任、和谐"为核心价值观的企业哲学，拥有一支具有创新精神和强大执行力的团队，旨在向客户提供优质的媒体资源和专业的广告服务，并为客户创造价值。

未来，奥理公司将以户外媒体规划开发、运营管理为核心业务，繁荣发展中山广告业，朝着具有核心竞争力的文化传媒集团的目标迈进。

地址：中山市石岐区民科西路3号207
电话：0760-88261111　　传真：0760-88387499
http：// www.only1998.com　　E-mail：zsonly@126.com

艺美亚国际影视广告制作机构

艺美亚，专注企业品牌视觉创意整合服务提供商

艺美亚成立于2002年，公司位处广州天河CBD繁华商圈烫金位置——天河北路，毗邻中信广场、财富广场、天河体育中心、广州火车东站，现为华南地区最大的影像视觉品牌整合传播制作机构之一，致力于领先的视觉艺术推动传播效果，为客户提供真正符合市场需求及具有销售力和高性价比的电视广告片、影视形象片、企业宣传片、公司专题片、产品介绍片、政企招商片、多媒体汇报片、三维动画影视广告、地产项目形象展示、招商推广、市政汇报、数字展厅展馆、多媒体互动、建筑效果图等等业务。

十多年来，艺美亚以同步世界主流的先进理念，专注于"影视拍摄＋三维动画"的运营理念和独特优势，成为南中国首家三维动画与影视拍摄集大成者，已形成了一套完整的、产业链式的制作模式。

地址：天河北路都市华庭362号月观轩25CD
电话：020-85262770
邮编：510500
负责人：王迪

贵阳青蓝紫广告策划有限公司

贵阳青蓝紫广告策划有限公司是一家集广告策划、设计、会议、展览、公关、演艺为一体的综合性广告公司。以其独特的"体验式差异化营销"为客户提供全面优质的广告及市场服务，是贵州省较具核心竞争力的广告公司之一。

公司曾分别被《贵州日报》、《贵州都市报》、《贵州商报》、《贵阳晚报》、贵阳电视台等媒体授予最佳广告代理公司，是贵州媒体的资深战略合作伙伴。其策划案例获"首届中国著名案例暨著名策划人评选"金奖，公司董事长、首席策划罗永权先生获"中国企业最佳策划"称号。

历经17年的发展，青蓝紫凭借"创新思维、细致服务"、坚持"创意创造价值"的经营理念，不断探索和努力，现已由创业之初的媒体代理转向文化产业运营。

地址：贵州省贵阳市观山湖区世纪城龙城庄园18-1
电话：0851-6870011　6870280　　传真：0851-6831123
网址：www.qinglanz.com
联系人：唐涛（13984095777）

贵阳翼展风行广告有限公司

贵阳翼展风行广告公司成立于2002年，至今已有十余年历史。是一家集品牌项目策划、活动组织执行、展厅设计装修为一体的综合性广告公司。

公司凭借专业稳定的团队、丰富的媒体资源以及强大的生产外协资源，整合多种营销模式，采用异化营销策略，有效利用异业联盟资源为客户提供战略性营销推广服务。

公司多年来一直服务于海尔、联想、安利、华硕等国内外知名品牌，多次策划并执行政企事业单位、房地产等各类大型活动。翼展风行，以卓越的策划力、高效的执行力以及十余年累积的公信力享誉市场，在竞争日趋激烈的广告市场里，始终以高效的综合运营能力保持着领先地位。

地址：贵州省贵阳市延安中路8号景天城大厦1501
电话：0851－8635666 传真 0851－8570708
网址：www.ssbgad.com
邮编：550001
负责人：宋宇

贵州诺客电梯广告有限公司

贵州诺客电梯广告有限公司成立于2003年，是经贵州省工商行政管理局注册批准，专营电梯广告业的企业，公司现拥有贵阳、昆明两个省会城市电梯媒体直营资源，全国52个重点城市电梯媒体合作网络资源，是上海21城广告传媒有限公司股东单位，全国优秀广告经营企业。

我们以"为客户创造价值"为己任，秉承"诚信为本、长期服务"的经营宗旨，认真对待每一个客户，每一个服务细节，通过多年的努力和积累，已发展成为目前贵州省内服务规模最大最专业的电梯广告服务商。由于优质、高效的服务，赢得了广大客户的长期青睐，迄今已为上千家企业提供了电梯媒体宣传服务。

地址：贵州省贵阳市延安中路48号世贸广场B栋1104
电话：0851－5630333 0851－5630332
传真：0851－6990085
网址：www.gylook.cn

河北省廊坊市蓝色光标广告有限公司

廊坊市蓝色光标广告有限公司成立于2004年10月，是集媒体开发、广告代理、媒介购买、活动行销、品牌管理、设计印刷、影视广告和宣传片策划制作服务等于一体的专业时尚传媒机构。

公司自成立以来，一路兢兢业业，其《第5季生活》杂志、公交车体、北京爱温暖影视公司、爱国者国货精品馆、东风标致4S店等众多旗下品牌都得到了社会各界的大力支持与关注，并与中国移动、中国联通、中国电信、中国石油、中国石化、新奥集团、宏泰集团、荣盛地产、华夏地产等大型企业和多家国内外知名品牌形成了良好的合作关系。

作为一个不断创新、与时俱进的企业，我们始终坚持以独特的广告创意、精湛的设计水平、专业的策划团队和优质的诚信服务为主导，与客户共同携手，创造更高的价值。

地 址：河北省廊坊市新华路天利得益商务中心11楼1111室
电 话：0316－2190975 2199456
邮 编：065000
传 真：0316－2199444 E－mail：lsgbgg@163.com

石家庄市天长文化传媒有限公司

石家庄公交候车亭媒体运营商。主要经营石家庄市候车亭媒体，我公司经营有石家庄市24条主干道（中山路、中华大街、维明大街、红旗大街、泰华街、翟营大街、胜利大街、槐中路、槐北路、联盟路、新石南路、新石中路、新石北路、大经街、方北路、北荣街、四中路、谈北路、塔南路、谈固东街、北新街、东岗路、丰收路、东大街等，）及6个车站站点（火车总站、火车北站、南焦长途客运站、白佛长途客运站、长途汽车客运北站、运河桥长途客运站等）等客运站候车亭媒体。

地址： 河北省石家庄市广安大街财富大厦A座1003
电话：0311－85300108
邮编：050000
网址：www.sjztc.cn
负责人：武朝杰

鹰展文化传播

鹰展文化传播隶属于河南中鑫企业集团，是中原地区一家大型专业文化传播机构，注册资金 1000 万元，拥有广电总局颁发的影视节目制作许可证和文化部颁发的营业性演出许可证双资质，是中国电影制片人协会（CFPA）正式会员单位。始终致力于打造中原地区极具专业的影视制作机构，拥有一支行业经验丰富、技术精湛同时获得中国电影制片人协会（CFPA）认证的制作团队。

影视代表作品有：电影《拳皇》、《聚客镇》，前者在央视电影频道和奥斯卡院线播出，后者由电影艺术家田华等领衔主演，获得 2013 英国万像国际电影节优秀华语原创故事片奖。纪录片《中国．太极拳（申报人类非物质文化遗产纪录片项目）、《从摇篮到摇篮》（BBC 选送播出）等。

目前主要从事 VI 设计品牌推广、地面活动营销、纪录片、宣传片、影视剧及私人影像定制服务。

地址：河南郑州经三路北 19 号绿洲商务 4 层

网址：www.yingzhan.tv

微信公众账号：yingzhanchuanbo888

客服热线：0371-65856959

联系人：陈 举 13949011166

郑州大是文化传媒有限公司

公司成立于 2002 年，专业影视制作品牌，拥有一流导演、摄像、后期制作团队，采用当今世界最先进的数字影视拍摄制作设备和手法。为客户提供专业全方位的影视服务，主要以高清影视、广告片、形象片、宣传片、三维动画演示片等为主，我们始终以营销为导向，以成果为验证，真诚为客户服务。

大是十年品牌验证，客户也回报以热情、支持和赞扬，在这十年的发展历程中，大是精益求精，不懈的致力于河南影视广告业的探索和发展。大是影业目前已成为影视业界一块闪亮的金字招牌。

凭借对中国市场趋势敏锐的洞察和对消费者、企业形态深刻的理解，经历十多年的洗礼与磨炼，大是已于众多高端客户建立起长期的战略合作关系。服务的客户已跨越地产、旅游、教育、汽车、工程、医院、日用化工、食品饮料、工业、机械等行业。

地址：河南省郑州市紫荆山路 8 号阳光铭座 A 座 1203 室

营销中心电话：0371-87539713、87539723

技术支持电话：0371-60907651/2/3/4/5

公司负责人：刘钺

先河传媒

先河传媒深根中原，专注本土众多报纸、广播、网络、电视、户外等优势媒体的广告代理。强势代理的河南报纸媒体包括：《大河报》《郑州晚报》《东方今报》、《河南商报》、《河南日报》、《郑州日报》等河南省内主流报纸媒体。

先河传媒在河南广播代理领域同样首屈一指，代理范围涵盖河南人民广播电台和郑州人民广播电台下设的省级及市级各主流电台：河南交通台、郑州交通台、河南经济台、郑州经济台、河南新闻台、郑州新闻台、河南影视广播、FM94.4 郑州电台音乐广播，有明显的代理优势。2007，独家买断年度河南人民广告电台交通广播、旅游广播及爱听 92.8 交通行业广告代理权。2008 年又斥资千万竞得河南人民广播电台全频率“汽车行业”广告独家代理权。

客服热线：4006597592

网址：www.zzxhgg.com

地址：郑州市金水东路 219 号盛润国际东塔 20 层 / 郑州市建设西路 187 号泰隆大厦 10 层

河南田野广告有限公司

专于精、精于简、简于力、力于新！

公司成立于 2003 年，荣获 2013 年优秀广告先进单位．我们擅长：品牌原创设计、企业 VI 设计 、平面广告创意设计、产品设计、包装设计、 新品上市策划、整合营销策划、品牌定位策划、户外广告等。田野拥有一支强有力的高素质专业团队，能满足企业在专业方面需求。多年来和全国各地，大、中、小企业有过深度的合作。涉及领域包括：酒类、家电、服装、饮料、医疗、学校、旅游、商超、地产等，为企业量身打造品牌形象，提供传播渠道。专心、专注、专业的团队精神取得众多企业的信赖与支持，赢得业界一致好评！

公司为致力于“为企业提供精准的策划方案，愿美妙的创意成为企业生存发展的重要部分，为改变、创新、发展、颠覆旧的广告理念而奋斗”

地址：郑州市中州大道与纬四路向西 100 米

郑总：13653827596 电话：0371-65628872

邮箱：89086867@qq.com

网址：www.tianyegg.com

郑州天翼企业策划有限公司

公司成立于2000年，是一家专业从事户外广告制作发布、影视广告制作、企业品牌规划、品牌建设与维护、整合营销传播的企业策划公司。公司独家买断大（大庆）广（广州）高速河南段广告经营权。目前公司媒体网络覆盖河南省十多个地市，主要覆盖的高速公路有京珠高速、连霍高速、大广高速、二广高速等多条高速公路。媒体形式包括立柱广告位、跨线桥体广告位、干线桥体广告位、跨街广告位、收费站顶棚广告位、收费亭广告位、收费站落地牌广告位等形式。

天翼企划针对本土企业品牌营销的实际需求，用融汇中西的品牌谋略，来帮助本土企业建立自己的领导品牌。公司与资深品牌战略专家组成的品牌战略联盟，是一个实战能力强、经验丰富的智囊团，可为企业和社会团体提供超值的传播领域智慧援助。

地址：郑州市航海东路启航大厦B座405室

联系人：周经理　13503711223

网址：www.tianyiqihua.com

黑龙江神笔画业广告有限公司

黑龙江神笔画业广告有限公司，成立于1993年，是集营销策划、创意设计、影视动画制作、媒介代理、广告礼品、彩印制版、会议组织、展览展示为一体的综合性广告公司。

多年的拼搏进取，神笔集团旗下已拥有广告策划、设计印刷、文化传播、活动执行、装饰装修、影视动画制作等一系列神笔产业品牌。神笔广告下设北京神笔画业广告有限公司、黑龙江神笔画业广告有限公司等分支机构，分别实施专业化发展，并形成全国联动、横向联动之势。

地址：哈尔滨市南岗区经济技术开发区昆仑商城康顺街28号

电话：0451－82313022 82308917

传真：0451－82308915

网址：www.shenbi.com

E-mail：caishen2008@126.com

哈尔滨日月地产经纪咨询有限公司

公司始创于一九九四年，迄今已诚信服务社会十八年，是行走在中国房地产实战前沿的精准营销服务团队，全面致力于房地产开发领域的市场研究分析、项目营销策划、项目全案代理等专业服务。

日月机构凭借多年的地产操作经验，秉承“专业创造价值”的核心理念，不断的为房地产开发商提供及时、准确、有效并具有前瞻性的房地产全程解决方案。始终不囿常规，敢于挑战新的领域，力求找到房地产销售的共同密码，在住宅地产、商业地产、写字楼地产等多个销售领域均有不俗战绩。先后成功代理数十个项目，形成了跨越多个领域的房地产营销核心竞争优势。

地址：黑龙江哈尔滨开发区赣水路30号1205室

电话：0451－82283880

长沙传承品牌策划有限公司

长沙传承品牌策划有限公司，作为一家专业的品牌策划机构，拥有成熟的服务团队；提供品牌策划，企业文化建设，管理目视化、影视制作四大块服务，为客户提供一站式、系统化的高效传播服务。

公司团队曾服务国内领导品牌超过30个；　管理企业媒介投资累计超过10亿元。核心成员均具有10年以上广告及媒体从业时间；荣获各类广告、设计奖项；拥有多个大型品牌建设和传播服务的成功经验。传承品牌策划，秉承职业道德与诚实正直的品格，以高效沟通为核心，为客户提供高水准的服务。

地址：湖南省长沙市芙蓉中路359号佳天国际新城南栋12C

全国统一服务热线：4000731730

企业法人（负责人）：杨军

浩源传媒集团

浩源传媒集团
HAOYUAN MEDIA GROUP

集团成立于2000年。经过十余年的发展，浩源传媒已从当初单一的媒体广告代理，迅速发展为集媒体整合、媒介代理、创意策划、广告制作、电视购物、节目生产与发行等于一体的多元化大型传媒产业集团，并深度介入艺术培训、旅游文化、休闲娱乐、职业技能培训与输出等相关行业。 浩源传媒作为湖北省广播电视台长期战略合作伙伴，与湖北广电、武汉广电旗下各频道，湖北日报报业集团、长江日报报业集团，以及省内各地市媒体和其他平面、网络、户外媒体都保持着良好的合作关系，是省内唯一独家买断湖北电视教育频道、湖北电视体育频道广告经营权的本土企业。多年来已独家策划、制作、发布《车族风》、《美丽印象》、《美丽十分》、《大武汉医生的故事》、《家居时代》、《生活全攻略》《行游天下》《垄上泥巴剧》等电视栏目、相关线下活动及时尚情景剧。

地址：武汉市武昌区丁字桥路51号弘业俊园C座2403—2503
电话：027—87366999/87897888　　传真：027—87573600
邮编：430071
网址：www.haoymedia.com

武汉四海一家广告有限公司

四海一家

公司经过10年的发展，不断扩大媒体市场份额，已形成户外媒体采购、制作、发布、媒体策略制定和评估监测的"一站式"服务体系。在武汉市拥有自主经营权媒体总面积超过10000平方米，公司致力成为湖北地区广告行业的重要力量，通过制定详细的企业发展规划和战略，不断拓展媒体资源，重点发展户外广告业务，不断提升服务质量。我们同时注重品牌的培育和发展，希望与有实力有远见的客户结成牢固的协作同盟，迎接湖北市场的机遇和挑战。

四海一家是一家经验丰富、媒体资源充足的开发型广告企业，我们以全新的媒体形式、优质的服务开拓武汉户外广告媒体新领域。拥有覆盖汉口解放大道、友谊大道、建设大道；汉阳琴台大道；武昌和平大道、友谊大道等多座广告位，形成武汉市中心城区强势媒体覆盖。媒体资源视野开阔，周边楼盘、商户云集，媒体迫视性强，周边人群消费潜力极大。

地址：湖北省武汉市江汉区京汉大道万科金色家园二期
电话：027—85717358
负责人：乔煜　　电话：13886162444

武汉锦绣中华广告有限公司

錦繡中華
Splendid China Media

公司成立于1998年9月18日，是一家综合性广告服务的公司。2011年12月，公司法人被武汉市户外广告协会选为协会会长。公司拥有现代化的先进设备，聚集一流的广告专业人才，致力于企业形象的塑造和信息传播。

目前公司媒体网络覆盖了武汉市户外媒体的最佳地段位置，拥有车站站台、"的士"后示广告位、公交专线、高速公路、擎天柱、市内大型三面翻广告牌等优势部位和载体。与我们携手的合作伙伴有：中国宝洁、飞利浦、惠普、中国联通、中国电信、中国移动、佳能、西门子、北大方正、新加坡金光集团、美尔雅服饰、美的空调、宝安地产、保利地产、大连万达、深圳万科地产等国内外知名企业。

抢占有限、有效的户外广告资源，不仅能使您的品牌和产品率先进入广大受众的视界，而且将会帮助您的企业成长为强势品牌，赢取巨大的商业回报！

地址：武汉市盘龙城经济开发区盘龙大道特8号
邮编：430300
电话：027—61897108

源苑广告

源苑广告
中国十大影视广告公司
YUANYUAN/ADVITISING

我们是源苑广告，系中国十大影视广告公司 用创意点燃激情，用梦想改变世界我们以独到的视角，敏锐的感官，卓越的品味去创造品牌的生命力，创造品牌的影响力，策划、制作和创意一系列产品规划、品牌战略规划、营销策划、广告传播，精准把握时代脉搏为品牌创造发展力。 我们是源苑跳动的心脏，在这里我们各展所长为您倾情演绎一场视觉的饕餮盛宴，我们恣意的挥洒青春的热血，在这场战役中，我知道，我们一枝独秀，谁与争锋，你知道，我们会是你最好的团队伙伴。

我们精准的分析市场和消费者，蓄积最大的原动力。我们的身影活跃于政府、企业、商业各大领域，与众多全球知名品牌并肩作战，创造无数个奇迹，源苑一直走在行业的前端，以优秀的制作团队、经典的创意策划、专业的航拍技术、高端的品牌策划、国际化的展览展示、精彩的大型活动而被肯定，我们将走得更远。

地址：杭州市下城区环城北路141号永通·信息广场西1702室
电话：0571—88376861 88376865 传真：0571—88376865
网址：www.yyad.cn　　E—mail：yy—guanggao@163.com
杭州｜嘉兴｜上海

武汉中央商务区文化传播有限公司

公司成立于 2009 年，系武汉中央商务区置业管理有限公司全资国有子公司，注册资金 300 万元。是武汉市户外广告协会副会长级单位。公司以行业精英人才和强势媒体资源为核心竞争力，集广告设计、策划发布、平面设计印刷、照明工程设计和安装、大型钢结构设计、施工及企业营销策划等业务为一体，凭借领先型的前瞻视角、丰富的行业经验、务实稳重的工作作风、精英团队的实力水准以及强势的资源整合能力，成为了武汉中央商务区唯一指定的广告运营服务商。

日前，为配合武汉中央商务区对外宣传，公司将公益广告和商业广告相结合，独家享有商务区内的广告资源近 20000 平方，主要是商务区内的围挡、道旗、路名牌、LED 屏及三面翻等多种形式的广告宣传牌。

公司坚持将 “无限的创造力和有效的执行力” 作为企业的领先优势，不断强化专业技术和服务水准，以国际视野诠释本土特性，以武汉 CBD 的品牌核心价值缔造广告行业的成功典范。

地址：湖北省武汉市江汉区淮海路特 1 号

电话：027–83333066

湖南大华国际广告有限公司

湖南大华国际广告有限公司是一家综合型的品牌专业服务公司，公司员工团队中广告专业人员占 80% 以上，其中博士 4 人，硕士 16 人，具有大专以上学历员工占全体员工的 85% 以上。作为中国一级广告企业、湖南信用等级 AAA 企业、湖南省诚信创建企业和湖南最受尊敬企业、湖南师范大学及湖南大学唯一指定实习基地。公司历经 15 年的沉淀与发展，服务项目已全面涵盖市场调研、品牌策划、营销推广、媒介传播、公关活动等，同时聚集了丰富的服务省内外重大客户的经验，为诸多知名企业及品牌量身打造高效、优质、创新的整合营销传播推广策略。

大华秉承 “纳贤惜才、团结务实、创新进取” 的企业理念和 “真诚与客户携手笃行，共谋发展” 的服务宗旨，以完善的品牌服务、丰富的媒介资源，以及多次为政府及企业品牌举办高端会议和活动推广的宝贵经验，与众多省内外大型企业及品牌建立了长期的战略合作伙伴关系。大华立足于湖南本土品牌的开掘，着眼于全国广告市场的拓展，致力于持续地全方位打造自身综合型品牌专业服务公司的发展定位。

博创品牌机构

湖南最具影响力的品牌专家

博创品牌机构（原名：湖南博创广告有限公司）创建于 1993 年，是中国本土率先按国际 4A 模式组建运营的专业广告公司。公司奉行 “创意行销、创意传播，为客户提供有效服务” 的理念，以实现客户价值利益最大化为目标，为客户提供全方位的品牌营销解决方案，成为湖南本土企业不可或缺的战略合作伙伴。

行业资历：创立于 1993 年，20 年专业整合营销推广运作经验；中国一级广告企业；中国广告协会会员 ；中国信息协会市场研究协会会员；中国广告协会 2004 年度全国广告行业文明单位；中国广告协会 2005 年度全国广告行业文明单位；

我们的荣誉：2002 年、2006 年两度获得国际艾菲实效广告奖中国区大奖。

地址：湖南省长沙市芙蓉中路二段 89 号华天新城长城大厦 16 楼

电话：0731–84896907　84896441

传真：0731–84896907–0

湖南卫视节目公司

公司是湖南电视台直属具有独立法人资格的专业影视节目公司，也是由湖南卫视组建的一家全方位文化传播机构，下设媒介部、活动营销部、影视部、节目制作部、品牌推广部、市场部、客服部，主要从事广告发布，大型文化活动策划与执行，电视节目制作与发行，影视节目摄制、译制、出版、发行，全面代理国内外各类广告创意、设计、制作、发布。公司凝聚了一批资深传媒人、广告人、建立高效、团结、务实的营销策划管理团队，为企业提供全方位的服务。

如果您是企业——我们是您品牌走向世界的桥梁

如果您想宣传——我们就是您走进观众的那扇窗

地址：湖南省长沙市德雅路 480 号湖南电视台二办公楼二楼

电话：0731–82645110

传真：0731–82645109

网址：www.hunantv.com　　邮箱：hnwsjm@163.com

执行总经理：王法

湖南双飞广告传媒有限公司

中国百强户外媒体供应商，中国十大区域主流媒体供应商——双飞广告传媒创建于一九九五年，是一家大型综合性专业广告公司。现拥有以长沙为核心、覆盖全省的庞大户外媒体资源，以及中国电信新技术楼宇视频媒体两大支柱型媒体产品，并具备一支高度专业化的品牌服务团队。

中国电信传媒·楼宇视频“网动湖南　一触即发”。2010年，公司本着大胆开拓、勇于创新的精神与中国电信结成战略联盟，依托中国电信的强大品牌和网络技术，推出“中国电信传媒·楼宇视频”，并成为其独家广告运营商。技术上，“中国电信传媒·楼宇视频”实现了一分钟启动全省、一键式网络控制、十四地市州全覆盖，影响全省核心消费力人群，实现了楼宇视频媒体的技术革命。运营上，双飞广告以独特的视角和远见开展“主题化运营”，全面刷新了楼宇视频媒体的运营模式。

地址：长沙市雨花区人民中路1号上城星座2907—2910房、2919房　　邮编　410007

电话：0731—84179588　　手机：13319604418

网址：www.hnsfgg.com

湖南常德千禧龙影视广告传播有限公司

湖南常德千禧龙影视广告传播有限公司是一家集媒体广告发布代理、影视广告策划、房地产营销代理、企业整体形象推广、户外广告、平面设计、动漫设计制作及大型文体活动演出于一体的综合实力较强的专业公司，多年来致力服务于政府、企、事业单位和社会各界，取得了显著的经济效益和社会效益。我公司获得了国家级、省、市级的产品创意设计金、银、铜奖100余项，因此，公司成为湖南省广告行业文明单位、中国二级广告企业、湖南一级广告企业、常德市诚信守法企业、常德市消费者信得过单位、常德市青年文明号。

地址：湖南省常德市武陵大道中段326号美景大厦10楼1001室

法人代表：王剑英

电话：0736—7266778

QQ：497872650

中视润德文化传媒机构

中视润德文化传媒机构（简称中视润德），成立于2006年，主要从事视频营销策划咨询、电视广告片、企业宣传片、产品专题片、微电影、企业纪录片等策划制作。 中视润德主创人员大多来自吉林艺术学院、中国传媒大学等国内一流著名院校。 中视润德总是打破常规的思维，缔造全新的价值空间，凭借十几年的专业影视制作经验，运用现代高端数字设备，精妙的创意构思，使每个片子力求达到完美。中视润德拥有摄录一体高清摄像机、苹果高清工作站、航拍飞行器、摇臂等硬件设备，为企业提供编、导、摄、录、剪等视频一体化专业服务。

我们将以最敬业的精神，最灵动的创意，打造精品，助您赢得市场，为您创造更大的价值！

地址：吉林省长春市高新区硅谷大街3355号

电话：0431—85557077

联系人：于经理

网址：www.zsrd.cc

吉林省阿里郎传媒有限公司

公司成立于2001年1月18日，是集大型活动策划、会务服务、营销推广、公关传媒、管理培训等为一体的专业传媒机构。

十多年的实战经验使公司拥有了一支精湛的创意执行团队，已为全国百余家企事业单位进行了一系列传媒策划专项服务，受到广泛的公认和好评。目前，公司正策划及编辑出版的《2012延边创业者年鉴》，正与创业者俱乐部，共同为创业者相互交流，谋求发展提供更广阔的舞台。

公司先后获得“吉林省优秀策划单位”、“中国最具影响力策划机构”、“中国优秀活动策划运营机构”、“中国优秀广告经营单位”等荣誉称号。董事长朴俊德曾获中国十大策划专家称号，现任延边州政协委员、延边MBA精英教育学会会长、延边州社会组织联合会副会长、延边州企业家协会秘书长、中国策划协会常务理事、中国出版协会年鉴委理事、中国朝鲜族企业家协会会长团副秘书长、DM广告全国联盟副会长等社会职务。

地址：吉林省延吉市延西街558号

电话：0433—2737288　5003088

E—mail：ALLCM@163.com

江阴市开天广告有限公司

江阴市开天广告有限公司于1996年成立，致力于广告创意设计与制作，展览展示设计与施工，企业形象策划推广，广告代理及发布，网站建设及维护，礼仪庆典活动服务等，目前正与江阴日报社合作编纂《江阴人手册》。

"十年磨一剑"，专业的视角、专心的态度赢得了客户的好评和信任。

"路遥知马力"，长年服务于政府机构和品牌企业，为自己赢得了良好的口碑。

"以客户成功为先，品牌铸造为荣，专业精神为本"，在全体员工多年不懈努力下，公司已成为江阴地区最优秀的广告公司之一。

地址：江苏江阴市通江北路85号汇鑫大厦17楼

电话：0510—86897663　86110138

商务QQ：278819246　248819008　1161745813

南通金人广告装璜有限公司

南通金人广告装璜有限公司成立于一九九七年，是启东广告协会副会长单位，长期从事户外广告作业，为国内数家知名企业提供户外广告设计安装服务。

2000年，金人广告打破启东广告届的历史，首次在南通优秀广告作品大赛上荣获金奖，我们的创意受到了市领导和客户的一致好评。

公司在启东各黄金路段成功设置了近5000平米的户外广告位。主力打造为商品服务行业量体定衣的一站式服务方式，为更好地服务客户而不断完善自我！

通过不懈的努力，公司在商业和庆典领域，有了长足的发展，足迹踏遍南通六县一市。

金人广告的新颖的创意理念，以诚信而立足天下的商德，以崇尚科学发展观的工作作风，为客户提供一站式全方位的广告服务。

地址：江苏启东江海中路701号（华康大厦608室）

电话：0513—8331566

负责人：陆周

邮编：226220

江苏支点广告有限公司

江苏支点广告公司成立于一九九六年。多年来公司一直致力于户外广告的研究、开发以及和其它发达城市的交流合作，目前拥有广告媒体方面的12项国家专利，市区1500个路名牌广告，徐州观音机场媒体总代理，大型广告牌、高炮等强势户外媒体资源，广告客户遍布全国，已发展成为广告行业中享有盛誉的专业户外广告公司。

连续多年被评为"徐州市重合同守信用企业"、"徐州市广告行业精神文明先进单位"、"徐州市诚信广告经营单位"等荣誉，2013年被国家权威部门评为"中国百强户外媒体供应商"、"中国地市级100强广告公司"、"中国最具营销实效广告公司"等荣誉。

地址：江苏省徐州市中山北路1号盛佳大厦14层1405室

电话：0516—85734888　13905206798

邮编：221000

负责人：尹磊（总经理）

形形色色影像视觉整合机构

2005年，我们携数年广告专业经验，创办形形色色影像视觉整合机构，多年来始终致力于成为南京地区最专业的影像视觉和品牌策略的方案解决专家。

作为多个知名品牌的策划者、见证者、记录者与传播者，我们凭借敏锐的市场洞察力、精准的策略思维力、卓越的创意执行力以及全面的媒介运作力，整合多方优势资源，最大限度地挖掘品牌的核心价值。秉承"创新 专业 沟通 感恩"的文化理念以及对品牌的深度理解和影像视觉的专业把控，我们与沃尔玛、太阳雨、四季沐歌、正大天晴、尚德电力等多家国内外知名企业，建立起长期稳定的合作关系。形形色色不光是光影的记录者更是缔造者，我们赋予世界以形状、赋予色彩以情感，用发现的双眼探索美的奥秘！

地址：南京市中央路302号创意中央23号楼106室

邮编：210007

电话：025—84722319 84700292 84496529

传真：025—83361486

网址：www.njxxss.com

苏州广电城市传媒有限公司

公司为苏州广电传媒集团有限公司旗下具有市场责任主体和独立核算经营主体的全资子公司。经营范围包括设计、制作、代理、发布国内各类广告；广告工程的设计、施工及维护；通讯及广播电视设备的开发；企业形象策划；庆典礼仪服务；室内外装饰装潢工程、景观工程、城市亮化工程、建筑工程、立面幕墙工程的施工；负责苏州城市公共服务应急广播电视信息发布系统的规划、设计、施工以及信息发布平台建设，做好城市应急系统的运行维护工作，确保苏州市委、市政府各项公共应急信息及时、准确发布；承担由苏州市文明办主办、苏州市广播电视总台承办的“苏州文明服务栏”社区媒体系统的运行工作和公益、商业广告的发布，“苏州文明服务栏”进社区于2007年全面启动，至今已经在全市落地650台，覆盖近560个小区、60万户居民、180万人口；负责苏州广电传媒集团户外广告渠道拓展，统一经营户外广告业务。我们拥有一支特别能战斗的专业队伍，竭诚为客户提供满意的服务是我们永恒的追求。

负责人：赵建安（总经理），董事长：周惠敏

地址：苏州市东吴北路1号广电中心　　邮编215128

电话：0512—65283682

苏州新启成广告传媒有限公司

新启成传媒是苏州最具规模和影响力的整合营销服务提供商，全媒体整合营销的先创者。公司创建于2010年，已设立四大业务模块：品牌设计、传媒广告、网络营销、活动公关，并成立了四大业务运营中心（事业部），员工人数从最初的3个人发展至今近百人。

新启成传媒拥有行业经验超过十年的核心管理团队，拥有一支高效的创意、策划、营销、执行队伍，拥有完善的媒介资源和良好的媒体关系。新启成传媒坚持将“一切皆为了帮助客户节约时间和成本”作为自己的使命，始终秉承“诚实守信、客户至上”的价值观，致力于为客户提供更优质和更专业的服务。除此之外，新启成传媒独特的企业文化和机制更是成为业内关注的焦点。

官方网站：www.xinqicheng.net

新启成 新浪微博：@新启成

新启成 微信公众账号：szxinqicheng

地址：苏州市玉山路646号金枫广告产业园A幢4楼

电话：0512—67689885

负责人：葛璐　　　联系电话：13812764602

邮箱：gelu@xinqicheng.net

无锡广播电视发展有限公司电视传媒分公司

无锡广电集团是中国首家城市广电集团，无锡广播电视发展有限公司电视传媒分公司是无锡广电集团旗下的唯一电视广告经营部门，是国家广告一级资质企业，全权运营收视份额常年稳定在40%以上的无锡电视频道组广告创收业务。

无锡电视传媒统一经营新闻综合、都市资讯、影视、经济、娱乐、生活等覆盖无锡地面之优质电视频道资源。为广大广告主与代理公司，提供无锡区域市场强大的电视媒介专业广告投放服务，业务涉及电视广告播放、媒体资源整合、广告创意策划、终端市场调研、全媒体落地活动营销等；是苏南地区乃至全国城市台最具竞争力的媒体广告经营者。

卓越团队，精诚合作，突破思维，坚实发展，用丰富而多元的广告营销合作方式为您打开无锡市场新纪元。

地址：江苏省无锡市滨湖区湖滨路6号15—16F

电话：0510—85882600　　邮编：214061

官网：a.thmz.com

微博：无锡电视传媒　http：//weibo.com/wxgdgg

总经理：钱小满

响水县广播电视台广告部

响水·综合

响水县地处盐城、淮安、连云港3市5县交汇处，响水区位优势独特，是一个开放的沿海城市，新兴的工业城市。响水交通条件便利，境内不仅有沿海高速、204国道以及正在建设的盐连铁路、临海高等级公路，距离盐城、连云港、淮安3个机场均不到1小时车程。

响水县广播电视台现有综合、影视、城市、图文四个自办电视频道，有线电视用户15万户，其中数字电视用户13万户。房产类自办节目《魅力家园》、商业栏目《逛街》、健康养生类栏目《健康时空》先后获省、市优秀栏目。我们始终坚持以客户为中心的服务理念，发挥团队精神，创新、创优、创品牌，树立行业的良好形象，电视媒体已经成为县内外客户发布广告的首选平台。真诚欢迎海内外朋友来响共创美好未来！

响水县广播电视台台长：蒋道明

电话：0515—87165001

响水电视台台长兼广告中心主任：朱润华

电话：0515—87165018　86861541

地址：江苏省响水县黄海南路168号

常州市汉易广告传媒有限公司

成立于 2003 年，经历十年风风雨雨的洗礼，通过科学的管理和运行，拥有了丰富的广告服务和整合营销经验，也形成了独特的公司经营模式。

公司拥有三个设计部门和一个媒体运营中心。既可为客户提供广告创意、制作、印刷服务，还可根据客户个性需求，提供媒体传播服务。公司拥有独特的房地产业媒体资源，2013 年增设了营销策划及全程服务队伍，结合自身媒体资源，为客户提供多方位服务，获得诸多客户的认可。

展望未来，汉易人将紧随企业发展进程推进贴心服务，深入开发、强大媒体资源，将汉易打造成实战型的广告传媒公司。

地址：江苏省常州市新北区府琛广场 1 号楼 8F
电话：0519−88151563 18915010576
网址：www.hanyimg.com.cn

徐州市翰霖堂房地产营销顾问有限公司

徐州市翰霖堂房地产营销顾问有限公司是一家专注于为房地产开发企业提供市场信息咨询、策划设计及销售代理服务的专业顾问公司。成立于 2002 年，公司始终以正直诚信为经营之本，以高品质服务为作业之本，服务区域集中于淮海经济区，尤其在徐州市及周边县区具有丰富的市场经验。专业团队的服务能力覆盖普通住宅、别墅、商住物业、普通商铺。历经十年耕耘，翰霖堂硕果累累，已成为徐州地区代理楼盘面积最大的本土服务商。

地址：徐州市淮海东路华联商厦 B 座 1408
电话：0516−83759939
邮编：221700
网址：www.xzhanlintang.com
负责人：张晓东　滕超

互邦国际影视广告制片厂

互邦国际影视广告制片厂是国内唯一一家影视广告制片厂品牌资质。10 年的积淀，互邦已形成江苏影视广告圈引领品牌，在全国现已成为赫赫有名的影视广告制作商。

在南京三小时经济圈，互邦品牌已经植入到每个市县，尤其是集团宣传片业务，60% 当地的龙头企业都感受着互邦的品牌服务。

互邦已经拥有 200 多富有才干和创新思想的专业人士，迄今为 300 多家中国品牌、国内外知名集团、党政军提供着影像传播服务。2004 年前，我们从民营企业、政府单位建立了合作关系，发展到今天我们的营业额 70% 来自本土大型集团和上市跨国公司。

今天互邦影像品牌，由核心的企业宣传片、微电影、城市宣传片、影视广告业务的发展，升级到为更多需要营销、品牌、媒体输出的客户做出多元化的集团服务体系。

地址：江苏省南京市白下区中山南路 100 号天安国际大厦 16 楼
网址：www.hoobang.com
邮箱：28190964932qq.com
联系人：张小姐

江苏智城广告有限公司

十年风雨历程，智城广告公司已迅速发展成为为客户提供从市场调研、个案策划、创意设计、制作发布为一体的综合性广告公司。

主要从事：策划、设计、广告制作、工程（户外广告工程、展览展示工程）、会展服务、数码印刷等。拥有高炮、广告大牌等媒体。现专注经营框架媒体（社区、商超等框架媒体、银行 ATM 警示牌）

公司一直致身广告事业，积极参与社会各界活动。多次参与省、市级广告、装饰设计比赛并多次获得奖项。取得“中国国家高级注册策划师”“广告师”等专业资格，荣获市工商局与个协颁发的“文明企业”等称号。

创业至今，一直兢兢业业，不断开拓，稳步前进。为众多企业、政府机构、公司提供专业服务，并建立长期合作关系，成为客户值得信赖的合作伙伴与专家顾问。

地址：泰州市鼓楼南路 398 号
邮编：225300
电话：4000523 239　0523−86228786　86229786
网址：www.cnzczy.com

麒麟广告公司

麒麟广告公司成立于2001年，是一家集品牌策划，媒体发布，设计施工等为一体的一站式广告企业。

公司拥有单立柱、楼宇大牌、落地灯箱，过街灯桥6000余平方，公交站台300余座，媒体全城覆盖各交通大动脉，遍布城区主要街道、商业区及住宅区。

麒麟广告致力于品牌发展战略研究，企业形象塑造，以及自身服务能力的锻造，在广告业中迅速崛起，凭借雄厚的实力和强势媒体，现已成为部分大型企业战略合作伙伴。完善的服务和卓越的品质，获得了客户的认同，同时为客户创造新的增值空间。

扬州经典广告传播有限公司

扬州经典广告传播有限公司成立于1996年，是国家、省、市级重大活动扬州地区首选承办单位。近年来，公司组建专业品牌咨询专家、资深策划人及精英客户服务人员的团队，致力于以策划为先导，以国际文化视野，为市场提供最专业品牌规划和品牌营销的解决方案，积极推动品牌的建立与成长。加强与央视、省级媒体及地方媒体良好合作关系，注重与公众的"全方位信息交流"，整合所有的媒介功能及资源。

15年来，经典全案服务无数国际、国内知名客户，长期合作的客户近百个，涉及政府活动、文艺演出、地产营销、会展服务、庆典礼仪等诸多领域。已发展成为集调研、公关、设计、视觉识别、零售市场营销、促销和新媒体等于一体的大型综合性机构。　　用大创意成就大品牌。品牌是经典人所有行销决策的最高指导原则。身为品牌管家，经典的任务就在于确保品牌的核心价值忠实呈现在所有的行销活动上。

地址：扬州市汶河北路皇宫广场三号三层
电话：0514—87324800　　87324810

江苏新能源广告传媒有限公司

公司成立于1998年，注册资金100万元人民币，是专业从事广告发布、设计、制作和媒体开发运营以及房地产营销策划的综合性广告公司，同时承接各类展会、空间装饰设计施工和大型活动策划组织业务。作为一家以策划为先导、以平面设计见长的专业广告公司，我们通过前期市场分析、广告策略制订、表现执行、媒介执行、广告效果回馈等环节为客户提供全方位的广告代理服务。

经过多年的磨合，江苏新能源广告传媒有限公司已经锻造出一支具有较强专业水准、丰富实战经验和较高执行能力的工作团队。在人才的引进和培养，营销管理，平面设计，户外广告，CIS和媒体组合方面已处于扬州同行领先水平，在激烈的市场竞争中站稳脚跟。

十余年来，江苏新能源广告传媒有限公司在房地产业、制造业、通信业、零售业以及电器业和食品业等领域，为几十个知名品牌服务，创造了令客户满意的业绩。

地址：江苏扬州望月路373号401室
电话：0514—80820966

常熟市盛世唯喜广告传播有限公司

盛世唯喜广告传播有限公司是一家大型整合互动传播机构，集品牌策划推广、展览展示、媒体代理发布、"我购吧"电子商城运营为一体，多年来与品牌企业、金融、政府、旅游景区等众多客户建立了互信共赢的长期合作关系，独家买断苏通大桥江南入口段高速公路大型立杆户外广告的经营代理权，为客户品牌直面世界构筑桥梁，致力于以专业服务为客户赢取市场价值和品牌价值的最大化。

苏州市广告协会副会长单位
文化创意产业商会常务副会长单位

地址：常熟市锁澜北路23号4—61楼
联系人：马煜杰
手机：13901578003　　18662125588
电话：4000885398

九江学院艺术学院

艺术学院是以原九江师专艺术系为基础发展而来的，始创于1977年，距今已有33年的办学历史。学院现有专任教师112人，其中博士2人，硕士65人，教授5人，副教授21人，讲师43人，助教43人。共设美术、平面设计、环艺与工造、音乐理论、音乐表演、舞蹈、公共艺术等七个教研室。

目前共有艺术设计、音乐学、美术学、绘画、舞蹈等五个本科专业，在校本、专科学生共计2528人，其中本科生1880人，专科生648人。

九江学院追求当代大学教育的人文境界，大力研究和弘扬中华民族优秀传统文化，并将极具九江地域文化特色的庐山文化、书院文化和非物质文化融入到校园文化建设和人才培养中。同时，我院也积极发展对外交流合作，与法国普瓦提埃大学，芬兰卡亚尼理工大学，柬埔寨王家学院等学校建立了长期互派交流合作。

江西电视台公共频道

中国最红的爱心传媒

ZHONG GUO ZUI HONG DE AI XIN CHUAN MEI

江西五套秉承红土地纯正血脉，怀拥无尚深情的大爱无疆，就像是中国古代传说中的精卫一样，日复一日用自己的爱心去沟通人和人之间因为冷漠而渐行渐远的真情。

只有爱，经得起时间的穿透。只有爱才能贴近民心，赢得观众，得民心者得天下，凭借独一无二的爱心定位，江西五套的品牌事业如火如荼，从一个弱小的媒体成长为全国地面频道前八强，江西五套真正做到了爱赢天下。

“中国十佳创新力策划机构”、“中国最具投放价值省级地面频道”、“品牌贡献奖－影响中国最具品牌传播价值区域电视频道”、与湖南卫视等全国十大强势媒体获得“中国十大创新品牌”国家大奖等等，江西五套连年过奖可以说是“爱出者爱返，福往者福来”，五套的成功就是爱的成功，借用盛世长城国际广告公司全球首席执行官凯文·罗伯茨先生的话说：爱是五套的灵魂，江西五套就是“至爱品牌”。

上善若水，爱心福泽大地，途经一切风景，至“爱”品牌江西五套依然心不倦，爱愈浓！

江西天义广告艺术有限公司

天义广告 TIANYI ADVERTISING

中国二级广告企业

江西天义广告艺术有限公司是一家具有独立法人资格、注册资金530万元的中国二级广告企业，以大型庆典、广告策划、品牌推广、传媒代理、影视制作等为核心业务。公司成立于1998年，荣获“全国青年文明号”、“江西省十佳广告公司”等称号，为抚州市最具实力的广告企业之一。

从与美的、格力等30多家品牌合作到“《同一首歌》走进抚州”、第四届环鄱阳湖国际自行车大赛策划与执行；从《中国广告火辣辣》、《夏利汽车　燃烧的翅膀托起新的梦想》等几十件广告作品在全国获奖到成为东华理工大学广告教学实习基地、市广协会长单位。一路走来，江西天义广告艺术有限公司不断地创造着新的业绩、新的理念、新的行业标高。

十八年的努力，“天义广告”赢得了众多荣誉的同时，其品牌的内涵亦赢得了广告客户的认可和信任，一直成为引领本埠广告业发展的一面旗帜。

地址：江西省抚州上沿河路92号天义大楼三楼

电话：0794－8266099

辽宁师范大学文学院广告系

文学院

School of Chinese Language and Literature, LNNU

辽宁师范大学文学院广告系于2002年成立。该专业致力于高层次应用型、复合型创新人才的培养，建系十年以来培养了500余名具备广告学理论与技能，具有良好文字表达能力的广告策划与广告文案的专门人才。

目前，该专业已经形成了“以把握行业前沿为主导，以实践教学和素质训练为两翼，通过实践环节，努力培养学生的职业能力”的办学特色。近五年来，学生在全国各类的广告比赛中获得入围奖以上级别的奖项近400项，涉及平面、广播、影视等多个类别。该专业的教学改革项目获得省级教学成果奖。

电话：0411－85992305

网址：wxy.lnnu.edu.cn

地址：大连市甘井子区柳树南街1号

邮编：116081

铁岭方舟广告策划传播有限公司

铁岭方舟广告策划传播有限公司成立于2004年，注册资金55万元人民币，是以大型户外广告发布、影视制作和礼仪策划为主的广告策划传播公司，是铁岭县广播电视台独立运营单位、“铁岭市一级广告公司”、“辽宁省知名企业”。

2011年6月，铁岭县广播电视台两个频道资源由本公司整体承包，独家投资，独立运营。全天24小时循环播出，覆盖铁岭县15个乡镇及银州区（铁岭市区），受众80万人以上。本台以“打造绿色、环保媒体”为主旨，充分发挥自身优势，保证质量，办出特色，亲和，可信，得到了广大观众的普遍欢迎！

铁岭方舟广告策划传播有限公司总经理李玮先生竭诚欢迎社会各界志同道合的朋友广泛合作，共同发展！

地址：辽宁省铁岭市银州区广裕街101号

电话：024—74016666

易道广告

EWUN®易道

达人成己 BE HELPFUL BE GREAT

易道广告历经8年，优化整合旗下四大品牌八家全资子公司，在2012年实现了向集团化发展的新跨越。集团服务网络分布于上海、重庆、沈阳、长春、哈尔滨五市。EWUN·易道的业务范围：文化创意、广告传媒、文化传播产业投资　投资资产管理

投资咨询、策划 ；国内会展服务 、市场营销策划 、行销传播发展战略咨询、广告设计、制作、代理、发布　。

EWUN·易道是以“文化创意”为核心，通过技术的介入和产业化的方式制造、营销不同形态的文化产品。易道将产品发展、定价、推广、渠道与配销等行销活动结合传播模式，以全新的业态模式服务于外资企业、合资企业、上市公司和国有大型企业等高端品质客户，为客户的品牌提升和市场销售成长助力。

地址：辽宁沈阳市沈河区惠工街56号11楼

电话：024—88787888

瑞克广告

REQM®

市场是一个舞台，最热烈的掌声总是给予最优秀的表演者。

信息时代，选择的权利已经从生产者手中转交给消费者，生产者不再是经济的主导，一场品牌革命正在进行，获得成功者，必然是那些具有前瞻视野，并准备充分的人。

瑞克是提供企业品牌形象建设与推广解决方案、市场推广解决方案的专业广告公司。

瑞克在多年来为大量优秀企业提供覆盖国内的、持续、优质的服务，积累了丰富的本土化经验。

国际化的视野，优秀的执行、运做能力，使瑞克不断在市场的舞台上，为我们的合作伙伴赢得持续而热烈的掌声。

地址：沈阳市和平区和平北大街69号总统大厦A座1001室

邮编：110003

电话：024—22815001

传真：024—22815002

网址：www.reqm.cn

内蒙古先行品牌形象策划有限公司

sunsoar brand 先行®品牌

做品牌，就找先行

著名策划人、投资人、营销战略专家“孙先红”创立于1994年；

中国最成功的“品牌营销＋股权投资”的品牌策略服务机构；

深度参与“蒙牛、小肥羊、蒙草抗旱”的品牌策划及投资，以其实战经验编写畅销书《蒙牛内幕》与《中小企业快速成长之道》，以大策略、大市场、大运作的思维为企业赢得了“竞争快跑”的机会。

先行品牌的核心服务：1、战略营销咨询，竞争战略研究、差异化价值定位、营销策略的制定与管理。2，品牌策略推广，以“企业品牌影响力”为核心，通过“品牌定位、整合传播、事件营销与管理”进行企业品牌的建设与管理。3、形象设计策划，强化“形象就是竞争力”，服务有VI识别体系建设及实施，MI的总结提炼、包装设计、SI终端生动化设计、网站设计、画册设计、动态影视。

咨询热线：4000710006　0471—6687731　6687732　6687733

网址：www.sunsoar.com.cn

内蒙古电视台广告部

内蒙古电视台是内蒙古自治区第一电视传媒，是北方蔚蓝天空中耀眼的黄金，既具有省级媒体权威性又具有地方媒体贴近性的区域强势传媒，现拥有 9 个频道，分别是内蒙古卫视频道、蒙古语卫视频道、新闻综合频道、经济频道、文体频道、影视频道、少儿频道、生活频道、蒙古语文化频道，自办有新闻、经济、少儿、法制、科教、文艺、体育、译制等 40 多个蒙汉语电视栏目。

2012 年 5 月 1 日，内蒙古电视台广告部重组成立，负责新闻、经济、影视、文体、生活和少儿 6 个地面频道的广告运营，提出了"诚信营销，专业营销，创新营销，品牌营销"4 个营销理念，把营销从"产品"层面提升到"品牌"层面，正式推行了分行业代理制。

内蒙古电视台广告部本着合作、互补、共赢的精神，竭诚为客户提供最优质服务，让您的广告传播到内蒙古电视台所覆盖的每一个角落，让您的商品走进每一户寻常百姓家。

地址：内蒙古呼和浩特市新华大街 58 号 内蒙古电视台
邮编：010058
电话：0471—6630688 6630788

视博影视

视博影视：拥有美国 RED ONE 数字电影机，佳能 C300，3D 影片拍摄系统等高端影视设备，是中国西北地区知名的影视制片机构。数字科技：以影视三维动画制作，多媒体产品研发为依托，为客户提供多媒体展示整体解决方案。视博航拍：先进的无人机航拍设备和技术，开拓全新概念的航拍航摄服务。

地址：北京海淀区大钟寺太阳大厦 B4 座 20 层
电话：010—60205180 60205181
地址：银川兴庆区北京东路金源大厦 10 层
电话：0951—6735391 6735393
地址：西安雁塔区太白南路 216 号嘉天国际 1707 室
电话：029—88854586 88854587
地址：兰州酒泉路 2 号邮政信息大厦 1701 室
电话：0931—8114232 8114262
地址：呼和浩特呼伦贝尔南路东达城市广场 B 座 15 层
电话：0471—5255098 5255198
网址：www.shibo.com.cn
客服：4008878335

宁夏职业技术学院

宁夏广播电视大学是一所运用广播、电视、文字教材、音像教材、计算机课件和网络等多种媒体，面向全区开展远程开放教育的新型高等学校。1978 年 12 月建校，1979 年 2 月 6 日正式开学。学校隶属于自治区人民政府领导，业务接受自治区教育厅和中央广播电视大学的指导管理。主要任务是：开展本科、专科高等学历教育，为行业、企业从业人员和部队士官及其他社会成员提供接受高等教育的机会；开展岗位培训及农村实用技术培训等非学历教育，为各类社会成员更新知识和掌握新的技能提供教育服务；统筹利用全区电大教育资源，建设远程教育公共服务体系，为高等学校及其他教育机构开展远程教育提供学习支持服务。

近两年来，全区电大坚持"四个面向"的办学方向，确立了"一个中心"、"两条腿走路"、"三个监控"、"四项改革"的"1234"的现代远程教育工作思路，紧密结合宁夏少数民族地区经济建设和社会发展的实际，抓住"开放教育试点"这一重要机遇，积极探索人才培养模式，深化教育教学改革，不断提高教学质量，学校的综合实力和办学水平上了一个新台阶。

青岛天马广告有限公司

公司创建于一九九五年，现位于青岛市崂山区香港东路 9 号。历经多年发展，青岛天马广告有限公司已成为声誉卓著的大型品牌传播企业，拥有各项目专业资深广告从业人员 70 余人，其服务客户的群体不断增大，所代理的行业涉及通讯、地产、健身、电子、金融、日化、酒类等领域，如：中国移动、万达集团、英派斯集团、青岛啤酒、海信集团、华东葡萄酒、香港瑞安集团、澳大利亚金龙基集团等大型企业。

随着所代理行业的不断拓展，公司的年营业额也从初建时近百万到现在的逾 3500 万元，一直稳居山东省内所有专业创意广告公司前三位，整体实力占据青岛市第一位。先后获得"中国 49 家优势广告企业"，"中国创意 50 强"，"山东省著名商标"，"青岛市著名商标"，"中国一级广告企业"，"中国广告协会广告文明单位"等荣誉称号，连续数年获得中国国际广告节长城奖、山东省广告节金银铜等奖项。

电话：0532—83780111 传真：0532—83780222
邮箱：tmshare@163.com 网址：www.tm—ad.com

青岛农业大学动漫与传媒学院

青岛农业大学动漫与传媒学院发展的历史可追溯到 1983 年学校设置的电教室，2003 年成立传播学院，开始举办传播学专业，2012 年学科调整后更名为动漫与传媒学院。学院拥有 20 多年科技传播、动画制作、传播学研究、艺术创作和影视创作的深厚积累。建院以来，学院致力于培养既掌握现代传播理论，又能从事影视编导、动画、艺术设计、多媒体制作、网站建设与管理以及广告策划与制作的传媒高级专门人才。学院现设有传播学、广播电视编导、动画、广告学四个本科专业，五个专业方向，在校生 1500 人。

学院拥有一支教学和实践经验丰富、有 20 多年科技传播、动画制作、传播学研究、艺术设计和影视创作经验的优秀的教师队伍，目前有教职工 58 人，专任教师 45 人，其中教授 3 人，副教授 6 人，博士 5 人，山东省教学名师 1 名，享受国务院特殊津贴的省级突出贡献专家 1 人，博士和硕士学位以上的教师占教师总数的 80%。

地址：山东省青岛市城阳区长城路 700 号

电话：0532—86080747

院长：赵晓春

网址：cmxy.qau.edu.cn

滨州市奥泰尔广告有限公司

滨州市奥泰尔广告有限公司是一家综合型广告公司，成立于 2002 年，是滨州市首家发起路名牌广告与运营候车亭广告的专业化传媒公司，也是滨州唯一一家经营路名牌广告的专业化公司，在滨州及其周边县城已拥有 300 座候车亭站牌，1500 个路名牌、400 个公交站点广告牌等广告媒体，日夜覆盖整个滨州地区，并积极配合滨州城市的建设发展战略，逐步在向周边区域扩展。公司自成立以来，以专业、完整、高质、快捷的服务态度，为客户传递信息。

有路的地方就有奥泰尔，奥泰尔所做的每一项工作无不以客户的市场需求为目标，尽心尽力，力求做到最好！

地址：山东省滨州市黄河五路马家小区 111 号

电话：0543—3091111

邮编：256600

负责人：李振国

青岛世纪九洲文化传播有限公司

青岛世纪九洲文化传播有限公司是一家专注于中国房地产领域的公关服务行业，公司创立于 1997 年，主要业务涉及战略咨询、品牌顾问、媒体管理、活动创意策划及执行管理等。作为中国本土地产公共关系行业知名的品牌之一， 世纪九洲从成立之日起，一直秉承"业精于勤，更精于专"的经营理念，一切为客户着想，以客户的市场利益和社会利益最大化为己任，寻求以最小的市场投入获得最大市场回报为目标的运营模式，贯彻客户经营理念，提升客户品牌文化，为客户创造价值。从媒体传播和现场活动的直接效果开始，到影响目标受众的认知、观点和态度，到最终促进企业品牌形象的提升和销售的增加，帮助客户一步一步地取得竞争优势和商业成功。八年来，正是在这一理念的指导下，世纪九洲引领了本土地产公共关系行业的兴起和繁荣。

地址：青岛市市南区延安三路 135 号福彩大厦 5 层

电话：0532—83879687　　邮编：266000

负责人：丰 收

泰安市东方广告装饰有限公司

公司成立于一九九七年十二月，地处五岳独尊的泰山脚下，办公场所近 2000 平方米，公司内设广告公司、装饰公司、设计室、加工厂、建材工艺品销售等五个部门，统一管理。现有员工 35 人，管理人员 16 人，中专以上学历人员 20 人，中、高级职称人员 6 人，初级职称人员 11 人，技术工人 19 人。公司具有现代化的设计平台和管理体系。是一个集广告与装饰设计施工、建筑装饰材料和工艺品的制作和销售为一体的综合性企业。

其代表工程有：中国农业银行泰安分行形象装饰工程，某部队文化墙设计施工，泰山医学院的形象装饰工程，山东农业大学的形象装饰工程，泰安市岱岳区委的形象工程、中国国电石横发电有限公司企业文化设计、制作等。以上工程均以独特的设计和精心施工，赢得了建设单位、监理单位和社会各界的好评。

地址：泰安市光彩大市场泰山区 5 栋 13—19 号

电话：0538—8688597　　13905388580　　邮编：271021

邮箱：df8210789@126.com　　QQ：1335711192

负责人：刘志国

青岛海之风广告有限公司

青岛海之风广告有限公司成立于 1998 年，注册资本 200 万元，在职员工 40 余人，主要从事：企业 VI 设计，各类印刷品的设计制作，大型户外媒体广告的发布及各类广告工程项目。公司在市内拥有丰富的户外媒体资源，包括大型高炮式广告牌，跨路龙门，楼宇广告，公交车站亭 LED 灯箱广告。

多年来我们凭借一份认真、一份执着以及良好的从业精神与做事态度取得了阶段性的成绩，2005 年被青岛市工商局授予“青岛优秀广告企业”称号，2006 年被青岛市工商局授予“青岛市重合同守信用企业”，2010 年被青岛市促进就业领导小组授予“青岛市明星企业”。

人生尚无踏脚石，还有高峰需要攀登。我公司将一如既往的以以非凡的创意，一流的品质，为广大客户提供高品质的广告服务。

地址：青岛市黄岛区胶南向阳路 227 号　　邮编：266400

电话：0532—86163296

网址：www.qdhaizhifeng.com

E—mail：qdhzf@163.com

负责人：于波涛

淄博美源形象设计广告有限公司

今天你无论走到哪里都能见到力创－美源设计的作品，在很多行业，力创－美源创造了一个又一个的企业形象和品牌形象。

淄博美源形象设计广告有限公司——国家 A 级设计机构，始创于一九九六年，十几年来已为二十余家企业（包括上市公司）成功规划形象识别，美源的服务完全从客户的需求出发，立足于当今快速变化的市场，提供成熟的系统解决方案及完善的顾问服务，建立新的企业形象识别－－(CIS) 品牌形象，公司重视与客户的充分沟通，每一方案都能适合不同企业的特定需求并达到一定目标。由于业绩突出、发展迅速，公司成为深圳力创企划在山东的业务代理。公司以与客户同步发展为目标，以双赢为准则、以服务为保障，与客户一道诚信合作、立足现实、把握机遇，以取得共同的成功。

电话：4006168687

地址：山东淄博张店柳泉路 17 号

网址：meiyuansheji.com

E—mail：meiyuansheji@126.com

山东巅峰文化传播有限公司

山东巅峰文化传播有限公司成立于二零零二年十二月，是以视觉传达为主的制作公司，因视觉传达涉及动态的视频和静态的图像，因此，为了更专业的细分，巅峰传播专门设立了以动态视频为主的巅峰影视和以静态图像为主的巅峰平面两个独立运行的机构。

巅峰影视的制作范围：微电影、营销视频、病毒视频、电视广告片、企业形象宣传片、城市宣传片、房地产的三维动画、建筑漫游及虚拟售楼系统。

巅峰影视至今已经走过了十年的风雨历程，为社会各界制作了大量的视频作品，积累了各种影视前后期设备，磨练出了一只经验丰富，专业敬业的前后期队伍，成为山东影视圈十年磨一剑的楷模。巅峰影视，用影视传递思想，用传播创造价值！

巅峰平面，主要从事展览展示设计搭建、产品包装设计、宣传画册设计印刷、整体企业形象 VI 设计、标志商标 LOGO 设计、商业办公环境设计等。

地址：济南市二环东路 3966 号东环国际广场 B 座 2803

网址：www.dianfeng.tv

电话：400—600—6607

全国大学生海洋文化创意设计大赛

全国大学生海洋文化创意设计大赛是“世界海洋日暨全国海洋宣传日”系列活动之一，每年举办一届。由国家海洋局宣传教育中心、中国海洋大学共同举办，大赛已成功举办两届，分别以“海洋·人类·和谐”和“美丽海洋”为主题。

首届大赛共有 123 所高校参赛，征集作品 2380 件，共评选出获奖作品 365 件；第二届大赛共有 198 所高校参赛，征集作品 5980 件，共评选出获奖作品 380 件。参赛作品涵盖平面、造型、包装、景观、视频动画。全国大学生海洋文化创意设计大赛的成功举办，在全国高校乃至全社会产生了积极的反响。为办好大赛，组委会在大赛期间举办了“美丽海洋大家谈”论坛，丰富了大赛的内涵。

为了更好的宣传海洋，大赛组委会在全国部分高校举办获奖作品巡回展览，目的是普及大学生海洋专业知识，增强大学生海洋意识，激发大学生创意灵感，培养大学生创新精神和实践能力。同时，也为了增强全民的海洋意识，营造全社会关注海洋、热爱海洋、保护海洋的良好氛围，为海洋强国建设注入强大的精神动力。

大赛官网：www.ouc.edu.cn/mcd

电话：0532—66781828

独秀．印象（北京）文化传媒

独秀．印象（北京）文化传媒是中国最具优秀人文精神的影像传播机构，用心记录儒商企业成长历程，集影视（企业形象片、电视广告、企业营销微电影、数字电影等）全流程制作，品牌营销，媒体传播为一体，与国内知名导演、影视明星建立合作关系，核心团队全部由行业资深人士构成，聚集了策划、制作、摄像和艺术导演等方面的业界精英，拥有应全套专业高清影视拍摄设备，配有好莱坞非线性编辑工作平台、二维、三维工作站以及第三代全自动云渲染平台，为客户提供高附加值的影视产品以及品牌策划推广方案。

地址：淄博高新区政通路 135 号 B 座 610 室

电话：0533—3177226

全国免费热线：400—013—4560

网址：www.duxiucg.com

负责人：李春晓

山西华通广告传媒有限公司

华通传媒

HUATONG MEDIA

中国二级广告企业

公司是目前山西省最具实力的交通户外广告专业运营商和唯一的高速公路户外媒体网络供应商，是具有国家二级广告企业资质的全国户外媒体百强企业。

自公司成立伊始，秉承“专业化、网络化、数字化”的企业经营理念和“高度负责、高速超值、诚信共赢”的服务理念，着力打造交通大户外广告传媒第一品牌，已为上百个国内知名企业的品牌建设、形象推广提供策略性、个性化的高速公路户外广告解决方案。为交通银行、山西证券、兴业银行、中煤保险、中国移动、中国联通、国家电网、中国人寿、奔驰、丰田、本田、斯巴鲁、常家庄园、汾酒集团、青岛双星、极草、襄子老粗布等上百个客户代理发布户外广告；其展览展示活动和作品曾被山西省委宣传部、山西省交通厅授予“优秀组织奖”“最佳创意奖”，为繁荣社会、发展经济起到了积极的推动作用。

地址：山西省太原市长治路 306 号火炬创业大厦 C 座 19 层

电话：0351–7425661　客服热线：4006332012

网址：www.cnhtcm.com

吕梁市华宇广告有限公司

吕梁市华宇广告有限公司

LV LIANG SHI HUA YU ADVERTISING CO.,LTD

山西吕梁市华宇广告有限公司成立于 1997 年，是吕梁市首家组建的从事广告创意、策划、设计、制作、代理、发布以及装潢装饰为一体的综合性广告公司。公司拥有现代化办公营业面积 2000 平方米，员工 80 余人。公司整体实力、营业额、成立时间冠全市之首。几年来先后投入 5000 余万元在高速公路、火车站、风景区、社区、公交站点、广场等黄金地段设立户外广告媒体 6000 余块，总面积超过二万平方米。公司相继获得中国一级广告企业、中国广告行业百强企业、全国广告行业文明单位、山西省文化产业示范基地、全国守合同重信用企业等殊荣。与此同时华宇延伸和完善产业链，致力于打造一个集广告策划、制作、发布、影视制作、出版、演艺等为一体的综合性广告文化传媒王国，为企业集团化扩展战略奠定基础。

地址：吕梁市离石区兴盛路 1 号

电话：15235866666（蒲苇）

邮编：033000

圣朝传媒集团

“没有人生来就是英雄，

但有人注定将铸就英雄传奇；

历经十二年熔炼，

因传媒而生的圣朝，

注定成为中国传媒业新的英雄传奇！”

圣朝传媒集团是一家集以“战略、创意、服务”为驱动的大型综合性传媒企业，多年来，秉承“智慧策动力量，传媒创造价值”的理念，整合全面的商业战略讯息，开创了一条集“咨询管理、全案策划、平面设计、影视制作、媒体投放、户外推广、会务活动”的产业链，积累了丰富的市场实战经验，一直为各大型企业及成长中的中小型企业提供从品牌营销到媒体投放等方面的一体化服务。

董事长：刘锋兵

地址：太原市并州北路 35 号金港国际商务中心 A 座 15 层

电话：4006010351　传真：0351–4728211

邮箱：shengchaoyingshi@163.com

网址：www.sccmjt.com

邮编：030001

晋中市公交广告有限公司

晋中市公交广告有限公司是独家经营晋中市公交媒体的专业广告公司。多年来，公司始终坚持“顾客至上、诚实守信、服务周到、质优价实”的宗旨。迄今为止，已拥有晋中市以及太谷县500多辆公交车、40多条线路、100多座候车厅，运行于晋中区域和省城太原，并延伸到太谷县城。

公司主要承揽：设计、制作、发布公交车身广告，应急条幅广告，车前车尾电脑写真条幅广告，车尾LED广告，视频广告，车厢内拉手，挂板广告以及候车亭站台广告。

多少年来，随着城市日新月异的变化，晋中公交广告人的使命也在发生巨大的变化，不断的学习国内外先进的制作和管理经验，并在经营中不断的提升自己。由公交车身媒体广告发布到整合多种户外媒体资源，并拥有专业策划、设计、制作、维修等精英的团队，坚持以最小的成本为客户创造最大的利润。时间在变，不变的是晋中公交广告人赤诚之心和真诚服务客户以及对真、善、美的执着追求。

地址：晋中市榆次区中都北路87号　　邮编：030600

电话：0354—3068946

安康市洋洋广告文化传媒有限公司

YYAD

安康市洋洋广告有限责任公司

Ankang City YangYang Advertising Co., Ltd.

陕西省A级广告企业安康市洋洋广告有限责任公司（更名：安康市洋洋广告文化传媒有限公司），成立于1997年8月，注册资本500万元，连续多年获得陕西省广告行业精神文明先进单位称号。"YYAD"王冠形商标2000年获准中华人民共和国工商局商标局注册商标，2008年被认定为陕西省著名商标。经营范围：设计（创意、策划）、制作、发布、代理国内各类广告及LED数字移动广告；广告装饰装璜工程的施工；广告咨询及中介服务；电脑图文设计制作；印刷、喷绘、雕刻、广告灯箱及各类广告需要的灯光制作；各类媒体投放；各类创新媒体开发；各类活动创意策划推广；企业形象设计；企业营销策划；各类企划书策划撰写；各种文案策划创作；校歌司歌创作合成；公司个人起名服务；文化艺术活动交流推广；赛事活动、公关活动策划；文艺演出策划；园林景观设计；影视策划制作；庆典礼仪服务；市场调研服务；展览展示服务；会议会务服务；产品行销代理；文化传媒推广。

地址：陕西省安康市西内环路19号

电话：0915—3238889　　传真：0915—3214567

网址 www.akyyad.com　　QQ：189669818

上海盛创广告有限公司

tandem

tandem盛创，19年来坚持以“创意”为核心，形成以“互动营销、广告传播、品牌咨询”三大版块为主的本土广告创意机构，为众多企业和机构提供从“广告设计”到“全案咨服务”的完整解决方案。我们致力于打造一家具有“本土特色”、注重实战能力、融合先进创意力的本土创意热店。盛创一直在改变与前进，唯一不变的是对创意由始至终的热情坚持和对广告孜孜不倦的实践积累。

创意是盛创的理念精髓，而强硬有效的策划能力则是盛创不断发展壮大的筋骨，以创意的精神做策划，以策划的实践丰满创意。

tandem盛创，将创意渗透到每一个营销传播的环节之中。

地址：上海市宜昌路751号E仓创意产业园区B栋101室

电话：021—62257628，13801630428

网址：www.tandem-ad.com

负责人：顾典

上海七斗文化传播有限公司

七斗创意

CREATIVE ★ GUIDER7

上海七斗文化传播有限公司是一家具有前瞻性的品牌服务公司，公司立足于自有媒体的优势，坚持专业化广告公司的定位，以服务于品牌企业和时尚产业为主要方向，为客户打造品牌形象，实施品牌推广。以专业化的人才，为每个客户进行量身定做的广告宣传服务，更有效、有计划地为客户进行年度广告服务，建立了涵盖品牌定位、广告创意、传播策略、网络VI的服务系统。

2013年，新兴媒体的崛起，七斗传媒立足高远，与又一城强强联合，以“创意成就电商”为宗旨，强势进军电商领域，开启一座新的里程碑；同时将传统广告带入广告微营销时代，以自身厚重的品牌策划营销经验为依托，采取线上线下相结合的发展方式，在机遇与契机中实现公司的多元化发展转型。

火鸟广告电话：0512—52226100　　传真：0512—52226200

地址：常熟市莫干路5号电子商务产业园2号楼206—207室

邮编：215500

网址：www.guider7.com

E—mail：1600618913@qq.com

上海森林广告有限公司

上海森林广告有限公司是一家集设计、策划、制作于一体的综合性广告公司。20 年的风雨历程我们一路走来，这是“森林”人的不懈奋斗与耕耘；同时也感谢“森林”的知音们所给予的支持与信任。我们坚信——专业和朋友一同分享！

目前，公司拥有完整的广告作业体系，从广告策划、创意设计至现场制作，并配有专业的摄影棚，可以满足高端客户的需求，从而确保了每一个优秀方案顺利完成。

我们致力于专业而完美的企业形象整合，强调广告目标的品牌持续统一。我们拒绝平庸、远离奢华。

公司主要为企业提供广告策划相关的全程解决方案，包括：VI 导入策划、品牌策划、平面设计及印刷、会务庆典策划制作、雕塑及环境艺术、展览展示、商业空间、专业摄影、广告制作、LED 工程、全方位广告代理发布等。

网址：www.senlinad.com

E-mail：senlin_advert@vip.citiz.net　senlin@senlinad.com

上海言佳企业形象策划有限公司

上海言佳企业形象策划有限公司是一支有着专注创作意念的创造型团队，才华横溢而富有责任感，对品牌形象事业充满动力与激情。成立至今，上海言佳在企业品牌发展战略规划、想象规划设计（企业形象、品牌形象、成品形象）、VI 设计、标志设计、包装设计、画册设计、广告摄影、印刷等领域，致力于为顾客提供高水准的专业服务。一贯坚持以具有前瞻性的战略眼光对待每一件工作，立志提供有效的品牌解决方案、实施有价值的品牌建造工程。为保证提供给客户更高标准的服务质量，我们不断提高员工素质，与最好的供应商及协作商合作。努力地提高自己的工作效率，确保客户的推广计划正点进行。并以优异的品质，快速精良的创意制作，合理的价格，令我们的客户得到物超所值的服务！

上海：021-56602338　北京：010-51938358

昆山：0512-57178388　南通：0513-88408388

盐城：0515-88149388　南京：021-86688388

上海创艺广告公司

上海创艺广告公司是静安置业集团直辖企业的子公司，组建于 1991 年。主要开发经营户外媒体，同时承接广告设计、制作、发布和代理广告发布。经过十多年不懈努力，公司拥有面向“梅、恒、泰”金三角的静安区南京西路最繁华商业街上的一流户外媒体，多年来一直服务于众多国际知名品牌客户。公司经营理念是以市场为主导，运用切合市场的营销手段，确定战略目标，明确发展方向，充分整合媒体资源，打造企业品牌、塑造企业形象。

公司服务理念是以客户为中心，根据客户品牌战略方向，准确把握客户需求，重视设计、制作、发布方案各个环节，力求展现客户的企业风格和品牌特质，使其形象得到充分和完美的展示。

公司重视社会公益事业，本着取之于社会、用之于社会原则，将真诚、爱心和热情熔融社会，回报社会。

地址：常熟路 113 弄 6 号 6 层

电话：021-54033393　021-34613099

传真：021-34613099 转 601 分机

负责人：郑之寒

上海大学影视学院广告学系

上海大学广告学专业创办于 1993 年 5 月，上海大学是上海市高校中第一所创办广告学专业的院校。上海大学广告学系现隶属于影视艺术技术学院。本专业系现有广告学专业教师 29 人，其中教授 5 人，副教授 9 人，获博士学位教师 11 人，博士生在读教师 6 人。本系现在校本科生 480 人、研究生 45 人、博士生 14 人，博士后在站人员 2 人。

上海大学广告学系是日本电通公司一期资助中国六所院校的专业院系之一，在长达 8 年的合作中，本系先后有 16 位教师到日本电通公司总部研修广告。本系与世界广告主协会建立有合作关系，与美国俄克拉荷马大学、田纳西大学、密苏里大学等高校有学生与教师每年互访交流计划。

现任系主任查灿长教授。

地址：上海市上大路 99 号广告学系（HE 楼 3 楼）

邮编：200444

电话：021-66135068，传真：021-66135068

网址：myad.shumtv.cn，www.shumtv.cn

思美传媒股份有限公司

思美传媒股份有限公司，中国 4A 成员单位，中国壹级广告企业（综合服务类）。

公司运营中心在上海，并在北京、广州、杭州、南京都设有分公司，业务范围面向全国，公司现有员工总人数近 400 人。公司营业额在中国广告企业营业额排行榜中名列前茅，为行业龙头企业之一。业务范围包括消费者调研、品牌管理、全国媒体策划及代理、广告创意设计、娱乐行销、公关推广活动、户外媒体运营、数字营销等全方位整合营销传播服务。

作为传播领域国际化标准和本土化灵活的融合者和实践者，思美传媒先后服务宝洁、上海家化、相宜本草、卡夫、百事可乐、肯德基、皇冠曲奇、达能、光明、胡庆余堂、伊力特、金龙鱼、上海通用、鸿星尔克、东风日产、长城汽车、中国电信、阿里巴巴、中国平安、滇虹药业、三九药业、云南白药、中粮集团等中外知名企业，伴随着中国企业一起走向世界。

上海影辰文化传播有限公司

公司成立于2005年，上海影辰文化传播有限公司是集电视节目、企业宣传片、专题片策划、创意、制作、传播于一身的影视文化传播公司。 公司以科学的经营模式、丰富的社会资源、先进的技术支持、合理的人才结构以及完善的项目流程，在行业中独树一帜。

公司由专业的影视制作、广告创意、出版发行人员组成，可以为客户提供专业化的电视片摄制，影视广告制作，活动策划、演艺人员代理等文化传播服务。

公司拥有经验丰富的广告营销队伍，优秀的项目运作团队以及完善的客户服务体系，公司与上海媒体机构建立长期的合作关系，全面进入传媒市场，以开放的机制、双赢的原则开拓媒体平台和文化产品营销网络。

地址：上海杨浦区大学路 52 号 202—302 室（五角场 CBD 核心商务区创智天地）　　邮编：200433

电话：021—61486908

传真：021—61486909

网址：www.yingchen.com.cn

上海荣太文化传播有限公司

我们坚信：路虽远，行则必至。

荣太营销传播机构下属荣太文化、太和广告、荣太网络。

长期致力于品牌产品的前端战略研究，以及为客户提供市场策略、广告传播、公关策划、网络建设与互联网推广、终端活动等市场推动与直效传播的专业服务。

我们坚持：策划力、创作力、执行力，"3 力共赢"的专业理念。

我们以智慧与资源，为客户提供实效的策划与执行服务。

地址：普陀区长寿路 652 号 10 号楼 205 室

电话：021—3353 2580/2581/2582/2508

邮编：200060

网址：www.rontop.com

中国百屏联盟

中国城市户外 LED 联播网是由全国各省会城市和大城市地标位置的城市第一屏及各城市商圈和主干道的城市大屏组成的全国城市大屏联播网络，是中国第一个全国性大型户外 LED 视频网络联盟，于 2011 年 7 月份正式成立。

全国最大的户外 LED 传播网——上海百品广告传播有限公司是中国百屏联盟旗下的营销公司，由北京、山西、重庆、河北、陕西、江苏、山东、福建、浙江、新疆、安徽、湖北、广西等地十五家公司共同投资组建，并联合全国 200 多家户外 LED 大屏运营商，组建成中国最大的户外 LED 媒体业航母。覆盖全国 250 多个城市，1000 多座户外 LED 大屏，投放全国 LED，百品传播一站搞定。

地址：上海市徐汇区南丹东路 300 弄 9 号楼亚都商务 409

广告垂询：021—34691980　34691981　34691982

手机：13816811004

网址：　www.cbp100.com

上海云力广告传媒有限公司

上海云力广告传媒有限公司成立于2004年，是一家集广告策划设计制作、代理发布、展览展示、安装维护于一体的综合性广告公司。我们专注于户外指路牌广告、户外大牌、楼宇电梯广告、公交车身广告、社区广告、特殊广告位报批、店招牌发布等。致力于户外媒体、移动媒体资源的整合传播。我们的指路牌遍布上海各区县。云力传媒将以满足客户需求为己任，在定制化户外媒体领域为您提供高效服务。这一切将为您的品牌提供整合传播的高效执行。一流服务，值得信赖。

地址：上海市杨浦区国定路358弄1号902室

电话：021-51088015　13122751069

邮编：200433

负责：朱华军

网址：www.yunlimedia.com

上海涵远文化传播有限公司

上海涵远文化传播有限公司是一家集企业品牌策划管理、影视广告制作、品牌推广、视觉设计、公关活动策划与执行（展览、年会、发布会、论坛、庆典等）等多平台宣传活动实施于一体的整合传播机构。作为专业的影视机构，“涵远人”拥有强大的策划执行能力，为客户量身打造个性化影视摄制方案，协助客户扩大产品销售力，提升企业形象和竞争优势。

涵远是中国领先的营销策划公司，为企业提供创新价值的行销应用方案。拥有300余家企业和产品的成功实操经验，十二年的营销传播运作经验。以“行之有效”为策划出发点，帮助了众多企业创新商业模式，提供整体解决方案，帮助客户创造品牌价值，提升销售业绩！专注于机械、电子、船舶、化工、航空航天、教育等行业的广告策划服务，并服务过多家上市公司。

地　址：上海市虹口区四平路283号3号楼4A

全国统一服务热线：4007996969

E-mail：282524355@qq.com　　web@shhanyuan.cn

合作咨询：18918334699

QQ：282524355

张传银国际设计

张传银国际设计，最稳健健康发展，最前沿艺术创新，最先进工艺运用，最专注专业表现，最朴实真诚服务，最实力保障客户！

张传银最服务：样本画册设计印刷，标志设计创意，包装设计生产，展览展示设计搭建，网站设计维护，Vi整套设计规划

张传银最客户：

上市公司：国家电力，三星，上海电气，上海普利特，克莉丝汀，联合利华，Lv，凯迪拉克，香港仲盛集团，日本索尼。

国内大型企业：光明集团，凯撒琳，上海博格，安徽海螺，江苏艾立可，浙江沁园，上海广电，圣象，大自然，国家电网。

国内中小型企业：巨铠，皮特，品家，艺极，青钢，天宇，京泰，培鑫，德普尔，捷尔。

政府单位：浦东新区医院，东方医院，上海市政府，上海市财政局。

地址：上海松江久富开发区九新公路818号3层

电话：021-64360620　　　邮编：201615

邮箱：zhangchuanyin1979@163.com

网址：www.021cctv.com　　　联系人：张先生

上海传世企业形象策划有限公司

公司自2002年正式成立以来，长期致力于专业品牌策划、CIS视觉形象统一设计及广告传播的专业领域，在漫漫商业发展的洪流中，关注并不断地研究和拓展企业文化内涵的发掘与传播。以传世箴言“立功、立德、立言”为律，协助客户构建新的商业架构、重建品牌形象、以崭新的方式提供产品与服务，推动企业创新以因应时代改变。

公司秉借广告专业领域内十余年孜孜不倦的专业提升和专注的客户服务，集个体创意积累共筑起经验丰富的核心团队，已先后服务了全球及本土的优秀企业及领导品牌，取得丰富的从业经验和骄人的业绩。在创造、沟通、交流、合作的广告运营中，“积跬步于千里”，不断校正企业的有效资源、工具方法和运营体制。

如今，我们正在擅行“传世之道”，以“正见中观”的眼光为您提供一站式服务，确保传播价值，致力为更多的品牌建立其特有的市场地位和价值回报。期待并祝愿传世之“创”为您所用，正观之“谋”为您的品牌营销贡献无限力量。

地址：上海市黄浦区陕西南路307弄步高苑2号楼底座

邮编：200020　　　电话：021-64376469

四川慧晶强智文化传媒有限公司

慧晶强智

四川慧晶强智文化传媒有限公司成立于 2005 年 4 月，四川省工商联牛仔服装行业商会发起单位、常务副会长单位；成都市工商联荷花池商会常务副会长单位；《北尚成都》杂志总策划、独家运营单位；成都市工商联荷花池商会官方会刊《市场信息》独家运营机构；西部商讯网 www.shxunw.com 创办机构、城北商圈资源整合第一平台。公司制定了“慧团队之晶，强区域之智”为核心的内部企业文化系统，并立足成都商圈、面向全川，主要从事企业咨询、商业策划、品牌推广、活动策划、活动执行、媒体运营、广告整合、房地产营销策划顾问、餐饮品牌投资等业务。经过多年发展，四川慧晶强智文化传媒有限公司广告传媒板块形成了纸媒＋网络平台＋户外广告＋策划执行四大平台，开创协调发展的格局。

地址：成都市金牛区北站东一路 8 号 6 楼

电话：13388166701

成都天成声音传媒有限公司

天成声音传媒
TIANCHENG AUDIO MEDIA

成都天成声音传媒有限公司是成都人民广播电台全资子公司，独家经营成都人民广播电台旗下成都交通文艺频道 FM91.4、成都新闻频率 FM99.8、成都经济频率 FM105.6、文化休闲频率 FM94.6、唯一音乐频率 FM103.2、成都环球资讯 FM96.3、私家车广播 FM105.1 七套频率的广告经营及产业项目。

我们不仅独家代理成都广播电台广告业务，而且还积极开展产业业务，并成功取得了普泰防爆膜的全国代理权，为客户提供更加多样化的服务。天成声音传媒还与众多知名品牌并肩作战，建立了良好的合作关系，我们的客户分布在金融、交通、通信、医药、服装、食品、传媒等充满活力和前景的几十个行业中，他们正在撰写中国先锋企业飞速成长的传奇。

电话： 028-84336955

网址：cdbs.com.cn/ad/gg_index.asp

四川省城乡行广告文化传播有限公司

四川城乡行广告
Sichuan Chengxiangxing advertising

四川省城乡行广告文化传播有限公司是专门从事大型文艺演出、大型会展会务、活动策划执行、礼仪庆典、灯光音响舞台租赁、品牌管理策划、户外制作发布、广告气模研制等于一体的综合性大型广告演展企业，我公司下设广告部、策划部、庆典部、会展部、广告制品研制部、演艺部、灯光音响舞美工程部。

我公司从策划到实施是属一条龙服务，先后策划、执行、实施了众多大型活动；在广告策划活动方面，能做到另辟蹊径、独树一帜，在技术实施方面力争完美再现，让客户满意。公司发展以来，在庆典领域方面，先后参与了四川省内的各项大型活动，因为立足南充，故在各级政府、商业领域的活动中扮演着举足轻重的角色。

地址：四川省南充市顺庆区鱼米巷北湖盛景 1301 室

电话：0817-2338681　2338671　15882639376

联系人：陈成总经理

四川天地传媒有限公司

四川天地传媒有限公司

四川天地传媒有限公司是一家集策划、设计、制作发布户外广告和代理报纸广告的专业广告传媒公司。公司拥有一流的专业人才队伍，具有独特的资源优势、品牌优势、策划优势。独家拥有南充市顺庆区、高坪区、嘉陵区路名牌灯箱和旅游导向牌广告位 600 余个、大型单立柱广告位 20 多个，形成了强大的户外广告网络。同时与南充日报社、绵阳日报社、巴中日报社建立了战略合作伙伴关系，独家代理《南充日报》《南充晚报》《绵阳日报》广告，是川东北地区唯一一家整合发布报纸广告、户外广告的传媒机构，是四川最具实力和影响力的广告公司。

地址：南充市文化路 213 号南充日报社广告大楼 2 楼

负责人：敬展望

邮编：637000

电话：0817-2277000　2231181

传真：0817-2224333

网站：www.tiandicm.cn

成都泽宏嘉瑞文化传播有限公司

泽宏嘉瑞品牌传播

成都泽宏嘉瑞文化传播有限公司，上市公司成都博瑞传播（H600880）旗下品牌整合传播营销服务机构，隶属成都传媒集团。拥有先进的品牌传播理念和强大的专业平台以及丰富的公关、传媒资源。公司下设事业中心、策划中心、创作中心、影视中心、媒介中心、公关中心六大业务版块，提供完整的品牌运营传播及市场整合营销服务。公司长期服务于水井坊，泸州老窖，竹叶青，华致酒行，川渝中烟等全国大型企业客户。

泽宏嘉瑞凝聚五湖四海中国专业广告精英，坚持纯粹广告理想，探索“品牌修炼之道”；持续为客户提供独具创意和卓有成效的市场解决之道，以“创新，激情，诚信”的智力型品牌服务领先于西南广告行业。

地址：成都市青羊区小南街 123 号冠城花园二期丹枫阁 19 楼 111 号

电话 028—86111747

新疆珍宝公交广告有限公司

新疆珍宝公交广告有限公司是西北地区最具影响力的大型综合性广告企业，拥有一支思维敏捷、意识超前、训练有素的广告专业人才队伍。公司设备先进、技术力量雄厚可以以多种不同的广告形式为广告客户服务。优质的服务与精良的广告发布效果得到了社会各界的广泛赞誉，是新疆十强广告经营单位之一。

本公司立足于城市公交，全市公交线路 120 余条，公交候车亭 600 余座，BRT 线路 4 条，以覆盖全市所有角落，是户外广告发布的首选媒体。

地址：乌鲁木齐市西北路 286 号

电话：0991—4845663

邮编：830000

总经理：郝桂英

天津开发区丰源影视文化广告有限公司

天津开发区丰源影视文化广告有限公司是隶属于天津晟源堂影业创投有限公司旗下的控股子公司，注册成立于 2001 年，是天津滨海新区成立最早的影视文化传媒机构。

公司秉承“发现、沟通、成为”的企业精神，弘扬“传播诚信久远，服务精益求精”的经营理念，多年来在影视策划、制作、发布等业务领域取得了长足的发展，其中多部广告片、专题片、纪录片、三维动画片及电视节目作品获得省部级专业奖项。作为中国广播电视协会理事企业、省级电视台指定制片商及中国 500 强企业专业服务承包商，公司业务目前已涵盖影视制作、媒体运营、文化传播、网络科技四大领域，服务的客户范围已立足天津，辐射全国。

地址：天津滨海新区塘沽大剧院

电话：022—25327917　25327927

网址：www.fengyuanTV.com

昆明日越广告公司

昆明日越广告有限公司成立于 2002 年，是经昆明市工商行政管理局注册批准，专营投资电梯广告传媒的企业。

对国家——促进经济繁荣，发展中国广告业

对公司——追求经济效益，速度最快，质量最高完成目标

对客户——做到不卑不亢，信守合约，竭诚服务

对同仁——敬业乐群，团结友爱，与公司一起成长

数年的历练，使我们的团结有了更深厚的积淀——不断探索、创新，力求在每个细节都精益求精，时刻站在客户立场思考，竭尽全力“让客户用最小的代价换取最大利益。”

我们坚信只有客户利益得到保证，我们的企业才能获得长久的生命力

地址：昆明市环城西路 577 号社科春城国际大厦 8 楼 8C

邮编：650034

客户专线：0871—64118160

总机：0871—64118160　　传真：0871—64191677

网站：www.ynlook.cn

昆明锐力营销策划有限公司

昆明锐力营销策划有限公司，中国创新、系统、实效型营销策划领先品牌，云南唯一专业视野全球化、专业资源全国化、专业服务本土化的营销策划机构，为客户提供从市场研究、营销诊断、营销战略、品牌整合、产品营销策划、线上传播、线下活动到营销培训、贴身帮扶的全程专业服务。

锐力营销在多年的营销实战当中，创建了影响中国营销界的企业结构性包装、低成本市场营销、A-MCR 全营销系统、营销力学等营销理论体系，同时间用我们的专业践行帮助 50 余家企业创造营销奇迹，真正把创新营销从理念过渡到为客户提供贴身服务的实效运作之中。

地址：云南省昆明市人民中路 36 号如意大厦 6F-D 座

电话：0871-63622737　　63610760

传真：0871-63641454

值班手机：13888139985

网址：www.reray.com

邮箱：reray@163.com

浙江农林大学文化学院

浙江农林大学文化学院于 2011 年 3 月由浙江农林大学艺术设计学院、茶文化学院、人文学院的中国语言文学和新闻传播学学科组建而成，学院现有 7 个学科，涵盖艺术学、文学、法学三大学科门类，拥有设计学一级学科硕士学位授予权。浙江农林大学文化学院广告学专业设置于 2000 年，是浙江省重点建设专业。该专业坚持以提高应用能力为核心、以培育创业素养为重点、以培养应用型人才为目标，围绕创意、创业，强化专业能力和创业能力训练，在专业实践教学环节上逐步形成了自己的特色。目前，该专业已经培养学生千余名，学生在相关行业均已成为骨干；该专业现有教师 12 人，其中教授 3 人，副教授 1 人，教师中有浙江省 151 人才 1 名、浙江省高校教坛新秀 2 名、中国广告协会学术委员会委员 2 名、浙江省高校新闻传播学类教指委委员 1 名，1 人获教育部全国大学生广告艺术大赛优秀指导教师称号。

专业负责人：孙文清

地址：浙江杭州临安市环北路 88 号　　邮编：311300

电话：0571-63702503

玉溪市一诺广告有限公司

公司成立于 1998 年 9 月，注册资本壹佰万元。公司一直以高质量高起点的服务水准、专业的广告策划赢得客户的信赖和社会各界的大力支持，在玉溪广告界树立了良好的专业广告公司形象。是玉溪市广告协会理事会成员、云南省广告协会副会长单位，荣获：2000-2001 年度玉溪市红塔区“重合同　守信用”单位，2003-2004 年度玉溪市“守信用　重合同”企业称号，云南省一级广告企业，中国广告业企业资质二级认证，2008-2009 年度广告行业精神文明先进单位，玉溪市知名商标　云南省著名商标。

一诺广告“独具慧眼、一诺千金”，品牌业务分为五大项目：策划设计、户外媒体、公交车身广告、环境标识系统、会展活动。公司自有媒体包括户外大型路牌、候车亭灯箱等，独家代理玉溪公交车身广告。

公司经营范围：广告设计、制作、发布；广告材料、办公用品、装饰材料的批发、零售；建筑安装工程；室内装饰工程、设计。

电话：0877-2617199

地址：玉溪市红塔区北苑小区 E-9B036 号

台州影视文化频道

台州电视 2 频道，浙江省青年文明号、浙江省城市电视台十强频道，年广告创收 5100 多万，跃居台州第一。频道拥有四档强势自办栏目：《600 全民新闻》时长 60 分钟，是台州容量最大、收视率最高、唯一直播的民生新闻；方言新闻《阿福讲白搭》是台州电视最具知名度和影响力的节目，被台州市委宣传部授予宣传创新奖；《玫瑰三人行》是台州唯一一档娱乐与专业相结合的房产类谈话节目；《天天生活 +》是一档关于衣、食、住、行等的综合性生活服务节目，开发城市以及周边的美食、家居、旅游、美容、汽车时尚等好玩的项目。频道连续 6 年承办的《台州电视春晚》，成为台州第一大文化品牌。频道每年都有作品获省级以上政府奖，其中纪录片《柳菲的暑假》获国际电影节、中国电视金鹰奖等多个奖项，是台州获奖数量最多、奖级最高的新闻单位。

频道总监：吴　方

地址：浙江省台州市中心大道 315 号

电话：0576-88315788

邮编：318000

金正广告有限公司

金正广告有限公司成立于2001年，是集品牌设计、活动策划、社区品牌建设、终端展示连锁等服务为一体的全方位广告机构。成立以来，金正一直致力为客户提供具有全球化视野的品牌设计与推广等服务，凭借公司独到的创意理念和经验丰富的团队，先后为华润雪花、中国移动、中国电信、姚生记、加多宝集团、上海银行等众多知名企业提供品牌战略规划和设计，成为华东地区最具影响力的营销策划传播机构之一。

地址：杭州市新塘路65号元华旺座B座18F

电话：0571-85395963

网址：www.jzcis.com

汤臣广告装潢有限公司

本公司成立于2005年2月份，公司创立伊始以媒体资源整合和代理发布为主要业务，以户外广告媒体经营为核心积累了大量的客户资源，在行业内外有较强的综合实力，具有良好的信誉和诚实的作风。公司在多年的运作实践中不断改善，创新管理体系，优化管理及施工队伍，提倡设计与施工的有机结合。高品位的设计及高质量的施工使本公司在行业中迅速崛起，一跃成为具有一流实力的广告企业。

公司目前有80多个立柱式广告，每个投资20万元，路牌、楼顶、墙体广告牌共有100多处，每处平均投资6万元，总投资已达2200多万元。成为本地区规模最大的户外广告公司之一。

地址：永康市南苑路二弄1号2楼

电话：0579-87179797　87173366　87178555　87198777

杭州亿邦

策划　设计　执行　传播

以藏亿万妙思于胸，充实自我。以展业无限的理念，成人达已。

始终坚持以诚信经营，服务客户为宗旨。一直致力于将公司理念与客户价值高效结合。我们坚信，以亿邦精锐的服务团队，一定可以为每一个找到我们的客户提供最优的问题解决方案。

亿邦创建多年，在众多优质客户的信任与长期支持下，已经逐渐成为一家集合了创意设计、庆典活动、户外传媒、赛事演出、展览展示等众多优势的综合性广告公司。亿邦一直专注于广告业，通过不断地追求对客户消费心理、消费状态的更准确把握，使策划、设计、执行、传播形成直达消费的一条直线！已然拥有了全方位服务能力。

亿邦广告，您最坚定的盟友。

地址：浙江杭州东新路533号蔚蓝国际大厦908室。

电话：0571-81636178

高德豪

重庆高德豪广告策划有限公司是一家以全程营销策划为主的综合性广告公司，发展迅速，业绩骄人！在12余年时间内，凭借其专业的服务先后为国内外众多知名企业和品牌提供了实效与专业的服务。

其主服务范围广泛，主要有：市场调研、整体品牌策划、广告设计、企业战略咨询、网络营销策划、媒体执行发布、促销活动策划、各类公关策划、VI设计策划、产品包装设计、展览展示策划和连锁经营策划等。

地址：重庆市江北区富力海洋广场网网商产业园4-41

网址：www.golden-house.com.cn

手机：18696781955

电话：023-67897637

江苏常熟华夏广告传媒

HUAXIA . AD

江苏常熟华夏广告传媒是壹家集文化传播、企业培训、媒体代理、广告设计、营销策划、展览展示的实企。公司设媒体部、策划部、执行部、培训部四大板块。富有创意的设计、准确有效的策略传播、追求完美的工作态度——是我们赢得客户信赖的基石，相信龙的智慧可以谋天下。

我们的能力：

文化传播　企业培训　媒体代理　报刊杂志　策划营销　礼仪活动　摄影印务　展览展示　工艺礼品　环境艺术

我们的客户：

新合作常客隆／万达置业／集团／红星美凯龙／地产／波司登／梦兰／隆力奇／上海人立／农业银行／中国服装城／名佳企业／香格里拉／裕坤国贸／经济开发区／东南开发区。

广东电视台广告部

广东电视台

广东电视台广告部是广东电视台下属的广告经营管理部门，旗下设有编播、客服、策划、业务、项目和综合6个科组。广告部主要负责全台各频道广告资源经营、推广、管理以及客户服务等工作。作为广东电视台主要的业务出口，广告部以"品牌成就力量"为口号，坚持以客户为中心，以效益为生命，在实现广东电视台媒体事业发展和广大企业客户品牌传播双赢的道路上发挥着其重要的作用。

联系电话：020−61228888

江苏英迈文化传媒有限公司

imedia 英迈

江苏英迈文化传媒有限公司系提供品牌策略整合服务、媒体整合营销和广告制作等方面优势服务的综合性传媒广告经营机构。公司成立以来，在CCTV及各主要卫视的经营份额一直稳居全国前列。公司在平面媒体营销、网络媒体营销、媒体公共关系服务及广告制作方面均具备优势。

基于本地经验的市场洞察力、优秀的人才、卓越的创意、专业的策略、深厚的媒体关系、彻底的执行能力和倾力投入，是英迈的经验和优势。英迈一直致力于与客户建立长期稳定的合作伙伴关系并利用强大的整体实力帮助客户取得成功，是业内最具成长性的专业整合传播机构。英迈将始终如一的竭力为客户提供最优异的整合传播服务，共同推动伙伴们的长期可持续发展。

地址：江苏省南京市建邺区江东中路311号中泰国际广场05栋1712−1719室　　邮编：210019

电话：025−87792808　传真：025−87792809

网址：www.imediaad.com

负责人：赵晓春

北海浩皓广告有限公司

浩皓广告

北海浩皓广告有限公司是北海市诚信企业、北海川渝商会常务副会长单位、北海市广告协会常务理事单位，广西315消费者协会诚信兴商理事单位，是一家集专业广告策划、平面设计、广告制作、户外广告代理发布、商业赛事承办于一体的北部湾地区唯一综合性广告公司。

公司成立于2006年初，致力于打造北部湾广告行业标兵，先后拥有北海银滩、北海海门高尔夫球场、北海市金海岸大道、北海市美景路、北海市云南路、北海市银滩四号路、北海市广东路及北海客运港等地段的广告位经营权和北海市出租车流动媒体独家运营权。公司发起人在广告业拼搏多年，坚持诚信做人，专心做事，与政府机关、企事业单位建立了长期合作关系。

地址：北海市广东南路160号深海花园商铺东9号

电话：0779−2665266

负责人：李浩

浙江雄风

公司 1997 年成立，以"创民族品牌，振企业雄风"为创业理念，服务社会。致力于——企业品牌推广、大型户外广告、会展装饰设计、夜景灯光工程、影视演艺策划、网络运营管理。力争发展成为江浙地区全能规模型的广告公司。成为企事业单位在现代商战中品牌谋略良相，创意尖兵，在品牌文化阵线上作出广告企业特有的贡献，愿我们公司成为你创业事业路途上的合作伙伴，整合团队力量，共创明天 ...

创作部地址：浙江省海宁市西山路北关桥路口

电话：0573—87099994　87234558

企划部地址：海宁市钱江路广隆财富中心 1304 号

电话：0573—87099995　87378800

嘉善雄风：浙江省嘉善县嘉善大道 24 号

电话：0573—84222000　84221318

桐乡雄风：浙江省桐乡市世纪大道 1303 号

电话：0573—88138995　88138996

上海雄风：上海市中山北路中环大厦 3856 号

电话：400—7999—600

温州市南万广告有限公司

温州市南万广告有限公司是一家立足本地市场、放眼全国的专业化、综合性户外媒体运营公司。从 2002 年，南万广告开始注册并运营《浙江户外广告网》，网络平台的搭建，为我们带来了全国各地的客户资源，并于 2008 年正式成立，开始运作浙江省内综合媒体广告。2012 年，公司追加注册资金，同时增设机电工程项目。2013 年南万广告牵手世通华纳，独家代理车载移动电视酒类广告、社区灯箱快速消费品行业广告，在未来的发展路上，我们将不断开发新的媒体资源。

公司集设计、制作、发布于一体，拥有公交车、公交车移动电视、候车亭灯箱、社区灯箱、铁路广告、广播电视等多个广告发布平台，客户遍及全国各地。目前公司已与红牛、统一、加多宝、娃哈哈、中国劲酒、苏宁电器、腾讯、中国银行、优衣库、MG 汽车等多家知名企业建立稳定的、良好的合作关系。

多年来我们始终兢兢业业，做好每一个细节，并精益求精，争取做得更好。公司始终奉行"您的发展是我们最大的成就"这一理念。在未来资源整合的大时代，南万广告还将迎来更大的发展。

武汉利器传播集团

武汉利器传播集团创立于 1995 年，为国家一级广告企业，是湖北地区率先为客户提供一体化全程广告服务的综合性广告公司。2012 年 6 月中国商务广告协会综合代理专业委员会全票通过武汉利器传播集团当选为全国第 51 家中国 4A 公司（华中第一家）。集团旗下主要经营实体有：

武汉利器广告传播有限公司是武汉率先为客户提供一体化综合服务的广告代理公司。具有专业的市场研究、政策分析、战略规划、营销策划、广告创意、平面设计、影视制作、媒体发布、PR 传播、SP 执行、工程制作、发布监测等服务能力，以及完善的后续支援协作网络。

武汉利旗户外传媒有限公司拥有覆盖全湖北的高速公路媒体网、武汉市区城市媒体网、以武汉机场 LED 大屏媒体为代表的机场媒体网，户外广告媒体超过 50000 平方米，形成了立足武汉覆盖湖北、影响六千万人的户外媒体平台。

武汉地广广告传媒有限公司独家经营武汉轨道交通 1 号线广告媒体，包括站厅站台的灯箱、看板、墙面、柱体、LED 屏、展区、列车等全部平面媒体。1 号线是武汉首条轨道交通线，覆盖了武汉最重要的商圈与住宅区，沿线人口占全市 30%，GDP 占全市 40%，消费总额占全市 46%。

地址：武汉市江汉经济开发区汉口创业中心 1 号楼 5 楼

电话： 027—83567356

Since
CTVGAD
中视金鑫传播 CTV Golden Fortune Communication
用我们的智慧推动客户成功
中视金鑫传播集团将先进的国际理念与本土消费市场相结合，以稳健深入的作业标准，为客户量身拟定最佳的整合传播方案，与中国企业共同成长！
1996
中视金鑫传播集团，1996年成立，旗下有——中视金鑫国际广告（北京/江苏/广东）、有限公司、中视金鑫盛世国际公关顾问有限公司、北京开元视界传媒广告有限公司五大分支。
中视金鑫传播集团拥有传媒、广告、品牌、公关、影视五大专业板块，成为中国本土最具服务价值的传播代理机构之一。
16年来，中视金鑫传播集团服务于酒业、汽车业、建材业、服装业、家电业等众多行业领域，服务的客户有：洋河、双沟、汤沟、枝江、金六福、新日、杰宝大王、力帆汽车、长城汽车、雅鹿羽绒服、舒爽牙膏、中国网通、TCL、朗诗地产、东芝、宏基、三笑集团、杉杉集团、红豆集团、永久集团等知名品牌。
中视金鑫传播集团
WWW.CTVGAD.COM
北京公司：北京市朝阳区光华路甲8号和乔大厦C座11层 / TEL: 010-65618901/5612
江苏公司：江苏省南京市山西路128号和泰国际1605室 / TEL: 025-83245150/83163585

DAIKO
Ideas win
Ideas bring success to clients and value to consumers.
Daiko Advertising Co., Ltd.
Ideas win
创造让人心动的IDEA是我们的经营理念
因为我们矢志不渝的坚信“只有伟大的IDEA，才能带来和实现最有效的传播。”
Ideas win 因此孕育而生
Ideas win 带给我们创造的快乐
Ideas win 给予客户成功的喜悦
过去、现在、直至未来
www.daiko.com.cn
■ 大广（北京）广告有限公司
地址：北京市朝阳区工体北路甲6号 中宇大厦702室
联系电话：(86)10－6588－9255
■ 大广（北京）广告有限公司 上海分公司
地址：上海市石门一路211号 静安梅迪亚中心12楼
联系电话：(86)21－6217－8585
■ 大广（上海）广告有限公司
地址：上海市石门一路211号 静安梅迪亚中心12楼
联系电话：(86)21－6217－8585
■ 大广（广州）广告有限公司
地址：广州市东风中路410号 时代地产中心801室
联系电话：(86)20－8348－6861
■ 大广（广州）广告有限公司 上海分公司
地址：上海市石门一路211号 静安梅迪亚中心12楼
联系电话：(86)21－6217－8585

大峡谷影視

大峡谷影视有限公司

经营影视广告创意与制作、电影制作、影视文化交流。

大峡谷(厦门)影视有限公司成立于2002年，
2005年成立上海大峡谷影视文化传播有限公司，
2010年投资运营拍摄基地

大峡谷影视的制作执行具有国际视野和前瞻性，整合全球制作资源，拥有中国【大陆\港\台】及国际导演、摄影师、美术指导、监制等；有着大规模高规格的制作历程和跨国制作经验；拍摄取景遍及中国境内外，从都市到可可西里无人区，从新疆到青藏云贵高原，从香港台湾地区到澳大利亚\欧美等国家。

中国著名企业、一线品牌、国际4A公司是大峡谷影视主要服务的客户和合作伙伴。

http://www.grandcanyon.com.cn
http://www.mtsalon.com.cn
0592 5582998 5582999

深圳市鼎言广告有限公司

深圳市鼎言广告有限公司成立于2004年，服务内容涵盖广告创意设计、广告发布与制作、营销策划、品牌推广等，公司下设媒体运营中心、创意设计中心、整合营销中心、品牌策划中心、客户服务中心五大核心部门，为客户提供“广告金品质工程”和“广告一站式增值服务”。鼎言广告秉承“用心传播、追求实效”的经营理念，凭借多元化的媒体资源及创意设计，顺应客户的高品质需求，擅于提供营销策划，实践广告创新，赋予创意以生命，专注客户的价值取向，通过对客户品牌进行突破性思考和高实效策划，提升客户品牌价值。

系深圳市文化创意产业协会常务副会长单位、深圳市广告协会常务副会长单位、全国广告行业诚信经营单位、文明先进单位、最佳创意设计单位，同时也是安徽大学和深圳大学的实习基地。2013年，鼎言广告独家全程运营策划中国公交广告第一电子交易服务平台——公交广告在线，为公交媒体供应商和广告主提供最即时、最便利、最全面、最权威、最有保障的电子交易服务。

创意公交 美丽城市——10.29公交广告在线盛大启动仪式

公交广告在线（www.gongjiaoad.com）于2013年10月29日在深圳凯宾斯基酒店隆重上线！

为响应国家提出的“低碳环保，绿色出行”号召，落实“公交优先”的发展战略，并最终实现推动中国公交广告行业的繁荣发展的目的，从事公交广告十多年的深圳鼎言广告公司，经过多年的前期市场调研，后期紧张的平台建设公交广告电子交易服务网站。公交广告在线拥有全国最全面的公交车线路的资源数据，最前沿的公交车身广告行业的资讯，为媒体主和广告主提供供应及采购信息。权威赛事重公益，整合资源新创意，在公交广告在线建设的同时，鼎言广告同时推出首届中国城市公交公益广告大赛，面向全社会重磅发起，引导全城公益热潮！

为保证公交广告在线的专业性，启动仪式上邀请了来自中国广告协会网总经理张文保先生、中国著名十大营销策划专家朱玉童老师、亚洲户外传播机构董事长黄淘先生等诸多专家学者，来自美好明天、中粮长城干红等数十家品牌企业齐聚一堂，来自深圳电视台、深圳新闻网、《蛇口消息报》、《亚洲户外》等多家媒体记者全城高调放声，集中展现网站核心定位，迅速提高网站知名度。

公交广告在线的推出，将为全国各大品牌企业解决广告投放烦恼，并在这一权威整合平台上提供一系列增值快捷服务，包括免费发布创意车身广告、广告监管和效果评估服务等。为全国各大公交运营公司提供一个集中展示资源的平台，积累客户资源，有效提高信息到达率。

启动仪式伊始，现场播放的公交广告在线宣传视频，短短的四分钟令在场的所有嘉宾感受到了公交广告在线的无穷魅力和着眼于未来的战略目标。公交广告在线创始人陆行根总经理在嘉宾看完宣传片后详情阐述了网站的创作初衷，运营规划，未来展望等，博得了与会人员阵阵由衷的掌声。

据悉，发布会当天，主持人邀请白马广告华南区高级客户总监沈其宇先生现场注册公交广告在线会员单位，用户名为他的藏族名字jinmeizhaxi——寓意“永远的祝福”，成为公交广告在线第一位注册人员，并表示公交广告在线的推出是一个有着积极意义的举措。之后来自深圳美好明天实业公司董事长董智波先生与公交广告在线创始人陆行根先生现场签订合作意向书，将发布会推向又一个高潮。

公交广告在线刚刚孕育而生，在访问速度和专题信息等方面需要进一步测试和丰富。相信未来在创始人陆总的带领下，公交广告在线的团队将努力打造一个数据覆盖全球、内容丰富详实、应用方便快捷、服务优质高效的国际性电子交易服务网站。

深圳市耕田文化传播有限公司

深圳市耕田文化传播有限公司成立于2010年，是一家以影视制作、话剧制作、电视广告、活动策划、品牌推广为业务范围的综合性文化公司。公司系深圳市文化创意产业协会常务副会长单位、深圳市广告协会常务副会长单位、文明先进单位、最佳创意设计单位、全国诚信经营单位，近期正着手申报深圳市重点文化企业。同时也是安徽大学、深圳大学实习基地。

代表作品：话剧《又是一个情人节》、电视剧《一锁五十年》、《酒后吐真言》等。2012年在微电影作为新媒体行业的生力军时，耕田文化重点打造中国首部以传统节日文化为题材的原创系列微电影《家在情在，我的中国节》，4次获得国家级和省级微电影专业奖项。同时，斥巨资推出的该部微电影的主题曲《我的中国节》，多次登录央视，获得国内外的一致好评，并于2013年的端午节期间亮相素有“世界十字路口”的纽约时报广场LED中国屏。

在山西
想做大生意的，
难免要用到它。
华妙广告
太原市华妙广告有限公司
电视、广播、户外 媒体代理 影视制作 策划执行
公司地址：太原市新建路187号华宇国际A座28层D.E户
公司电话：0351-5602588

JINXIN AD.
力传递，心汇聚，共飞翔。
服务缔造信赖 · 创新成就未来
重庆金欣广告公司成立于 1993 年，作为重庆日报报业集团全资子公司，依托报业集团强大媒体优势，秉承“服务缔造信赖 · 创新成就未来”的经营理念，为众多客户提供全方位的市场服务。经营范围涉及品牌整合行销传播服务、媒体购买销售及代理发布、大型公关活动、会展服务等。
作为重庆广告传媒产业的一面旗帜，为重庆本埠民族工业品牌长安轿车、长安微车提供区域广告代理服务，并为平安财产保险、重庆再生资源交易中心等客户提供全程整合服务。
金欣广告
JINXIN-Advertisement
电话：023/6390 7927 6390 9268 6390 7505
传真：023/6390 7274 地址：重庆市渝中区解放西路86号

在山西
想做大生意的，
难免要用到它。
华妙广告
太原市华妙广告有限公司
电视、广播、户外　媒体代理　影视制作　策划执行
公司地址：太原市新建路187号华宇国际A座28层D.E户
公司电话：0351-5602588

www.jinxinad.com

performance + propaganda + thought

performance
展示力
|
报达文化

propaganda
推广力
|
传奇天下

thought
思想力
|
灵狮润阳

www.jookee.com.cn
【机构形象设计】
南通骑士广告设计有限公司
JOOKEE NANTONG JOOKEE ADVERTISING AGENCY
历本土广告二十年创意心路　获"中国设计事业突出贡献奖"
JOOKEE

www.jookee.com.cn
【海报广告设计】
激扬江海风
精彩十六运
激扬江海风
精彩十六运

www.jookee.com.cn
【书籍装帧设计】

www.jookee.com.cn
【展览展示设计】
南通经济技术开发区
THE FUTURE

www.jookee.com.cn
【包装装潢设计】
NO.2
TEXTILE
桑韵内衣真丝珍品
SANGYUN
全国知名设计机构
地址：南通市人民东路5号宝隆大厦
电话：0513－85593566 85150699
传真：0513－85150699
http://www.jookee.com.cn
E-mail:jookee_nt@hotmail.com

吕鲜食品
日式即食海苔
小儿氨酚黄那敏颗粒
A9125
万登
C-9101
GOLD BRIDGE TRADE
www.111qd.com
启东打折网

陕西日报
1940.3.25
坚守党报立场 反映人民心声
73载光辉岁月
彰显品牌文化
连续荣获"中国报刊广告投放价值排行榜省级日报十强"荣誉
全国创刊最早的党报之一
陕西最具权威的主流媒

REQM®

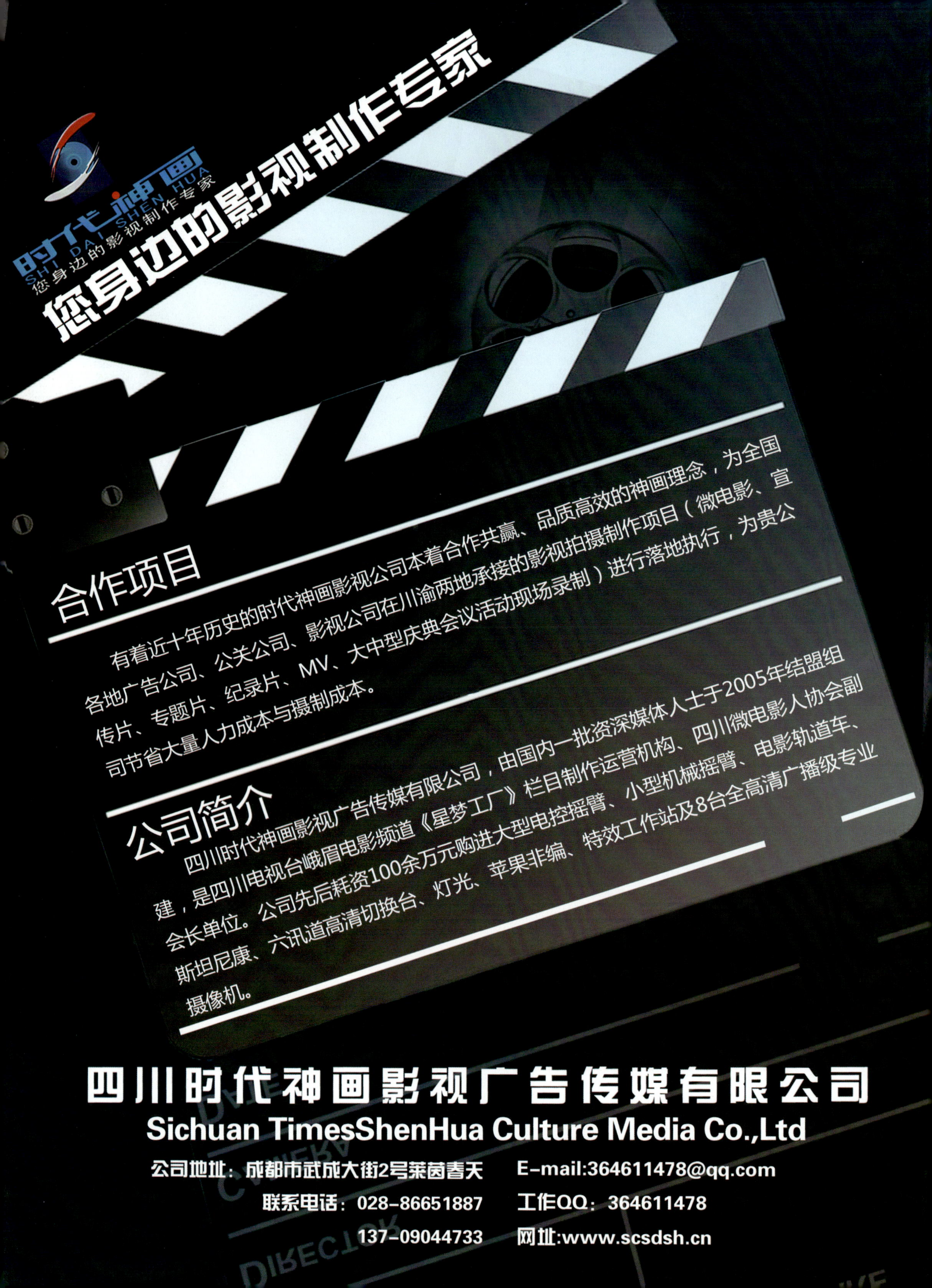
时代神画
SHI DAI SHEN HUA
您身边的影视制作专家
您身边的影视制作专家
合作项目
有着近十年历史的时代神画影视公司本着合作共赢、品质高效的神画理念，为全国各地广告公司、公关公司、影视公司在川渝两地承接的影视拍摄制作项目（微电影、宣传片、专题片、纪录片、MV、大中型庆典会议活动现场录制）进行落地执行，为贵公司节省大量人力成本与摄制成本。
公司简介
四川时代神画影视广告传媒有限公司，由国内一批资深媒体人士于2005年结盟组建，是四川电视台峨眉电影频道《星梦工厂》栏目制作运营机构、四川微电影人协会副会长单位。公司先后耗资100余万元购进大型电控摇臂、小型机械摇臂、电影轨道车、斯坦尼康、六讯道高清切换台、灯光、苹果非编、特效工作站及8台全高清广播级专业摄像机。
四川时代神画影视广告传媒有限公司
Sichuan TimesShenHua Culture Media Co.,Ltd
公司地址：成都市武成大街2号莱茵春天
E-mail:364611478@qq.com
联系电话：028-86651887
工作QQ：364611478
137-09044733
网址:www.scsdsh.cn

深圳卫视镜像品牌文化传播机构
中 国 十 大 影 视 广 告 导 演 奖
中 国 优 秀 影 视 广 告 制 片 奖
深圳卫视镜像
总导演：张一涛
精准创意 实效传播 新影视营销专家
企业发展靠什么？有人说靠有价值的品牌，有人说靠完善的市场渠道，有人说靠成熟的盈利模式，更有人说靠专家的营销方案……
都没错，其实，你更需要的是如何引爆市场！让营销不只是一个提案，让提案的价值不止步在别人的电脑上，让你的品牌价值在市场能摸得着看得见
花钱买策划方案的时代已成过去式，你的品牌需要更精准的影视创意和执行，需要更有效的系统传播
这一切都很简单
深圳卫视镜像传播机构，凭借先锋媒体资源，专为你而配置的专家团队，一站式品牌传播解决方案
深圳卫视镜像文化传播自成立近十年来，为各类企业和品牌创意制作了近300多条影视广告，透过强大的媒体资源，和众多影视明星有着直接的联系
精准创意＋实效传播
助你成功才是硬道理
新媒体时代
视觉全案服务
一站式影视系统解决方案
黄晓明
维雪啤酒
都市丽人
朱时茂
CASKA
小S
杨丽萍
巩汉林
SAMLY
范冰冰
by2
郭冬临
孙俪
PINE & EAGLE
Kami 开米
谭咏麟
布雷尔利
关之琳
千金药业
TSINGTAO
林心如
Haotaitai
MEIDA 金美达
華山泉
敬请登录：WWW.SZVIDEO.CN
0755-22911584 13798423003
821547956@qq.com

武漢晚报
两会直通车
2011年2月13日 星期日
山区代表团推出创意举动
大代表书写"未来卡"
年后寄回自己
两会建言
武汉应出台
《幼儿园管理办法》
武漢晚报
为百姓谋利益
2011年2月13日 星期日
32版
今日天气
李鸿忠要求
全省政法干警学习李
兔年首
飘江城
把促进武汉跨越式发展作为第一要务
市政协十一届五次会议隆重

星河风行燕赵
辉煌15载
星河广告|汽车品牌代理专家
地址：石家庄市东岗路28号燕港怡园A座1单元1401室　电话：0311-85890086 /85890096
1998-2013

2014世界旅游小姐中国直选赛区年度冠军总决赛唯一授权单位

安徽周博廣告

2013世界旅游小姐皖南赛区年度冠军总决赛暨颁奖盛典领导与获奖选手合影 2013.

周博广告®

周博热线：0563-2118888 5219999

http://www.zbgg.com.cn

◆ 全国广告行业文明单位 ◆ 全国广告行业诚信经营单位 ◆ 中国二级广告企业 ◆ 十四届中国广告节长城奖单位 ◆

◆ 中国广告协会会员单位 ◆ 中国优秀品牌广告公司 ◆ 安徽省广告协会常务理事单位 ◆

◆ 安徽省广告行业文明先进单位 ◆ 建筑装饰装修工程叁级资质企业 ◆

◆ 宣城市守合同重信用单位 ◆ 宣城市知名商标 ◆

◆ 促进宣城文化旅游事业发展贡献奖 ◆

CAM

青岛农业大学动漫与传媒学院

College Of Animation & Media

赵晓春教授向中央政治局委员、中央书记处书记刘云山，国家文化部长蔡武，国家广电总局局长王太华，国家新闻出版署署长柳斌杰，山东省委书记姜异康汇报学院产、学、研结合培养动漫人才，创作动漫精品的情况。

青岛农业大学动漫与传媒学院发展的历史可追溯到1983年学校设置的电教室，2003年成立传播学院，开始举办传播学专业，2012年学科调整后更名为动漫与传媒学院。学院拥有20多年科技传播、动画制作、传播学研究、艺术创作和影视创作的深厚积累。建院以来，学院致力于培养既掌握现代传播理论，又能从事影视编导、动画、艺术设计、多媒体制作、网站建设与管理以及广告策划与制作的传媒高级专门人才。学院现设有传播学、广播电视编导、动画、广告学四个本科专业，五个专业方向，在校生1500人。

学院拥有一支教学和实践经验丰富、有20多年科技传播、动画制作、传播学研究、艺术设计和影视创作经验的优秀的教师队伍，目前有教职工58人，专任教师45人，其中教授3人，副教授6人，博士5人，山东省教学名师1名，享受国务院特殊津贴的省级突出贡献专家1人，博士和硕士学位以上的教师占教师总数的80%。学院设有一个省级农业传播学重点实验室、一个省级数码传播实验教学示范中心、一个国家级动漫产业核心技术国家地方联合工程研究中心。青岛市“国家动漫创意产业基地人才培养与研发中心”、青岛市传播学会、青岛市计算机学会影视动漫专业委员会均设在本院。

学院积极拓宽办学思路，依托自身的资源优势以及技术、设备优势，为社会经济建设服务。我院共获得国家级优秀教学成果二等奖2项，省级优秀教学成果一等奖3项、获省部级科教影视创作政府奖34项；在国家级音像出版社出版音像作品230多部集，在农业部推广的80多种农业新技术科教片中本院制作的有52种、结合长期进行农业科技传播的实践和研究撰写出版了《农业传播学》专著一套（7本），被中国传媒大学出版社列为“中国传媒学术前沿丛书”。并获山东省第二十二次社会科学二等奖和山东软科学优秀成果壹等奖。

学院拥有教学用的专业摄像机、照相机、动画工作站、视频制作工作站、平面设计工作站等高档专用设备，建有电视演播厅，装备了全省第一套三维动作捕捉系统，并拥有全省高校唯一的的影视动漫特效合成设备SGI工作站，影视、动漫、艺术设计教学与创作平台功能完善。目前各类仪器设备总值为2617万元，配置水平达到了国内艺术传媒类院校创作设备的高端水准，在全省名列前茅，具有国内一流的办学条件。

学院与美国Autodesk公司、苹果公司合作建起了“三维动画工程师国际认证培训与考试中心”、“苹果公司数码媒体学院”，为培养高素质的视觉表达设计与传播人才提供了可靠的保证。

近年来，学院已经获得连续四届山东省泰山文艺奖以及中国电视金鹰奖、国家动漫精品创意奖、中国国际动漫节最佳动画短片“美猴奖”提名奖等奖项。目前学院与文化创意产业实体合作正在研发多个动漫创意项目，已在国家广播电影电视总局立项备案的动漫作品有6部470集3800多分种，其中学院正在创作的动画电影《崂山道士》已入选“国家首批动漫精品工程”，成为山东省唯一一部入选该工程的电影作品。

青岛农业大学动漫与传媒学院的师生员工，努力践行“老老实实做人，勤勤恳恳做事，兢兢业业做学问”的院训，在人才培养中坚持理论与实践相结合，课堂与社会相结合，社会需求与培养目标相结合，积极探索学、研、产相结合的办学模式。力争为我们国家发展培养出更多更优秀的艺术传媒人才，同时结合人才的培养，创作出更多具有民族文化内涵，民族动漫特色的动画片等文化艺术精品，为文化产业的发展和文化创意人才的培养做出更大的贡献。

中国廣告
China Advertising
SINCE 1981
中国第一本广告专业杂志
www.ad-cn.net
创刊于1981年，中国第一本广告专业杂志
Since 1981
China's Premier Professional Advertising Magazine
www.ad-cn.net
Published since 1981, the Shanghai-based China Advertising is China's premier trade journal for the advertising industry. Published under the auspices of the General Administration of Press and Publication, China Advertising covers the development of the industry in China and adopts an international perspective. It is widely regarded as an authoritative source of information and insights for advertising and media professionals. The journal has also been an active sponsor of high-level industry forums and seminars.
中国廣告
2014 1
CHINAAdvertising
品牌，你现在要什么？
在中国做广告　先读《中国廣告》
中国新闻传播类核心期刊　中国学术期刊网全文收录期刊
定价:每册人民币15元/港币30元
国内刊号：CN31-1174/F
国际刊号：ISSN 1005-9156
国外发行：中国国际图书贸易总公司
国外发行代号：MO722
地址：中国上海宁海东路200号申鑫大厦1805室　邮编：200021
电话：021-63745465 63552298 63747497　传真：021-63551811
官方网站：www. ad-cn.net
Price: RMB 15 / HKD 30
Chinese Serial Publication Code: CN31-1174/F
International Serial Publication Code: ISSN 1005-9156
Overseas Subsidiaries: China International Book Trading Corporation
Overseas Code: MO722
Address：Room 1805，Shenxin Mansion, No 200，Ninghai East Road，Shanghai PRC
Zip Code：200021
Tel：021-63745465 63552298 63747497　Fax：021-63551811
Official website: www.ad-cn.net
E-mail:china-ad@online.sh.cn china-ad@163.net

图书在版编目(CIP)数据

中国广告案例年鉴. 2013～2014 / 中国广告杂志社编. -- 上海 : 东方出版中心, 2014.9
ISBN 978-7-5473-0723-6

Ⅰ. ①中… Ⅱ. ①中… Ⅲ. ①广告－案例－中国－2013～2014－年鉴 Ⅳ. ①F713.8-54

中国版本图书馆CIP数据核字(2014)第217918号

2013～2014中国广告案例年鉴——实战案例165

出版发行： 东方出版中心
地　　址： 上海市仙霞路345号
电　　话： 62417400
邮政编码： 200336
印　　刷： 上海江杨装订有限公司
开　　本： 889×1240毫米 1/16
字　　数： 150万
印　　张： 40
版　　次： 2014年9月第1版第1次印刷
ISBN 978-7-5473-0723-6
定　　价： 398元

ISBN 978-7-5473-0723-6